DESCUBRE 2

Lengua y cultura del mundo hispánico

VISTA®
HIGHER LEARNING

Boston, Massachusetts

On the cover: Stained glass, La Boquería Market, Barcelona, Spain

Publisher: José A. Blanco

Professional Development Director: Norah Lulich Jones

Editorial Development: Brian Contreras, Diego García, Sharla Zwirek

Project Management: Kayli Brownstein, Hillary Gospodarek, Sharon Inglis

Rights Management: Ashley Dos Santos, Jorgensen Fernandez, Caitlin O'Brien

Technology Production: Jamie Kostecki, Fabián Montoya, Paola Ríos Schaaf

Design: Gabriel Noreña, Andrés Vanegas

Production: Manuela Arango, Sergio Arias, Oscar Díez

Student Text ISBN: 978-1-68004-322-8
Teacher's Edition ISBN: 978-1-68004-327-3
Library of Congress Control Number: 2015948650

1 2 3 4 5 6 7 8 9   TC   21 20 19 18 17 16

Printed in Canada.

Contents

Scope & Sequence: *Descubre 1A & 1B*

Scope & Sequence: *Descubre 1*

Scope & Sequence: *Descubre 2*

contextos	cultura	estructura	adelante

2

Lección preliminar

A brief overview of the contexts and grammar from Level 1.

Lección 1 En el consultorio

contextos	cultura	estructura	adelante
Health and medical terms Parts of the body Symptoms and medical conditions Health professions	**En detalle:** Servicios de salud **Perfil:** Curanderos y chamanes	**1.1** The imperfect tense **1.2** The preterite and the imperfect **1.3** Constructions with **se** **1.4** Adverbs	**Lectura:** *Libro de la semana* **Panorama:** Costa Rica

Lección 2 La tecnología

contextos	cultura	estructura	adelante
Home electronics Computers and the Internet The car and its accessories	**En detalle:** Las redes sociales **Perfil:** Los mensajes de texto	**2.1** Familiar commands **2.2** **Por** and **para** **2.3** Reciprocal reflexives **2.4** Stressed possessive adjectives and pronouns	**Lectura:** A comic strip **Panorama:** Argentina

Lección 3 La vivienda

contextos	cultura	estructura	adelante
Parts of a house Household chores Table settings	**En detalle:** El patio central **Perfil:** Las islas flotantes del lago Titicaca	**3.1** Relative pronouns **3.2** Formal commands **3.3** The present subjunctive **3.4** Subjunctive with verbs of will and influence	**Lectura:** *Bienvenidos al Palacio de las Garzas* **Panorama:** Panamá

Lección 4 La naturaleza

contextos	cultura	estructura	adelante
Nature The environment Recycling and conservation	**En detalle:** ¡Los Andes se mueven! **Perfil:** La Sierra Nevada de Santa Marta	**4.1** The subjunctive with verbs of emotion **4.2** The subjunctive with doubt, disbelief, and denial **4.3** The subjunctive with conjunctions	**Lectura:** Dos fábulas de Félix María Samaniego y Tomás de Iriarte **Panorama:** Colombia

Lección 5 En la ciudad

contextos	cultura	estructura	adelante
City life Daily chores Money and banking At a post office	**En detalle:** Paseando en metro **Perfil:** Luis Barragán: arquitectura y emoción	**5.1** The subjunctive in adjective clauses **5.2** **Nosotros/as** commands **5.3** Past participles used as adjectives	**Lectura:** *Esquina peligrosa* de Marco Denevi **Panorama:** Venezuela

Lección 6 El bienestar

contextos	cultura	estructura	adelante
Health and well-being Exercise and physical activity Nutrition	**En detalle:** Spas naturales **Perfil:** La quinua	**6.1** The present perfect **6.2** The past perfect **6.3** The present perfect subjunctive	**Lectura:** *Un día de éstos* de Gabriel García Márquez **Panorama:** Bolivia

Lección 7 El mundo del trabajo

contextos	cultura	estructura	adelante
Professions and occupations The workplace Job interviews	**En detalle:** Beneficios en los empleos **Perfil:** César Chávez	**7.1** The future **7.2** The future perfect **7.3** The past subjunctive	**Lectura:** *A Julia de Burgos* de Julia de Burgos **Panorama:** Nicaragua y La República Dominicana

Lección 8 Un festival de arte

contextos	cultura	estructura	adelante
The arts Movies Television	**En detalle:** Museo de Arte Contemporáneo de Caracas **Perfil:** Fernando Botero: un estilo único	**8.1** The conditional **8.2** The conditional perfect **8.3** The past perfect subjunctive	**Lectura:** Tres poemas de Federico García Lorca **Panorama:** El Salvador y Honduras

Lección 9 Las actualidades

contextos	cultura	estructura	adelante
Current events and politics The media Natural disasters	**En detalle:** Protestas sociales **Perfil:** Dos líderes suramericanos	**9.1** **Si** clauses **9.2** Summary of the uses of the subjunctive	**Lectura:** *Don Quijote de la Mancha* de Miguel de Cervantes **Panorama:** Paraguay y Uruguay

Scope & Sequence: *Descubre 3*

Traditional
sequence of study

OR

Year 1

Year 2

Year 3

- Sequenced instruction builds interpretive, interpersonal, and presentational communication skills
- Consistent pedagogy enables a seamless transition from year to year

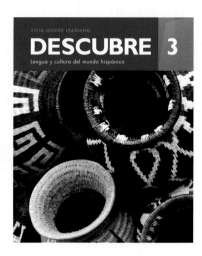

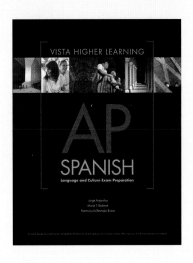

Year 4

AP

Advanced

- Focus on personalized language learning enhances the student experience
- A single technology portal—the Supersite—built specifically for world language education

Alternate
sequence of study

Descubre 1
Lecciones 1 – 6

Hola, ¿qué tal? **1**

En la clase **2**

La familia **3**

Los pasatiempos **4**

Las vacaciones **5**

¡De compras! **6**

Descubre 1
Lecciones 7 – 9

La rutina diaria **7**

La comida **8**

Las fiestas **9**

Descubre 2
Lecciones 1 – 3

En el consultorio **1**

La tecnología **2**

La vivienda **3**

Descubre 2
Lecciones 4 – 9

La naturaleza **4**

En la ciudad **5**

El bienestar **6**

El mundo del trabajo **7**

Un festival de arte **8**

Las actualidades **9**

Year 1

Year 2

Year 3

Are you thinking of pacing *Descubre* more slowly? Then consider this alternative sequence of study successfully used in schools across the country.

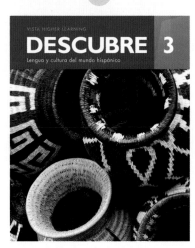

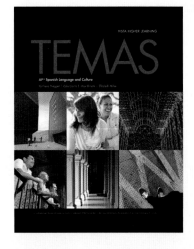

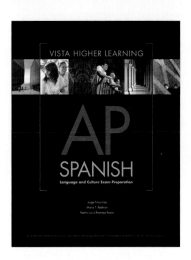

Year 4

AP

Advanced

Pace *Descubre* 1 and 2 over three years to address the specific depth and breadth you need for your program. And no matter which sequence of study you choose, the Supersite is always there to support instruction and learning.

Components

For the **Teacher:** Plan

COMPONENT TITLE	WHAT IS IT?	📘	Ⓢ	💿 DVD
Teacher's Edition	Teacher support for core instruction	•	•	
Audio and Video Scripts	Scripts for all audio and video selections: • Textbook audio scripts • *Cuaderno de actividades comunicativas* scripts • Testing Program scripts • *Fotonovela, Flash cultura, En pantalla,* and *Panorama cultural* scripts • Supersite: Grammar Tutorial, Virtual Chat, and *Prueba escrita (Recapitulación)* scripts		•	•
Lesson Plans	Editable block and standard schedules		•	•
Pacing Guides	Guidelines for how to cover the level's instructional material for a variety of scenarios (standard, block, etc.)	•	•	•
Teacher's DVD Set	*Flash cultura/Fotonovela/Panorama cultural* DVD, Teacher Resources DVD			•
vText: Teacher's Edition	Complete Teacher's Edition in digital format		•	

For the **Teacher:** Teach

COMPONENT TITLE	WHAT IS IT?	📘	Ⓢ	💿 DVD
Activity Pack (includes AK)	Supplementary activities, including: • Additional structured language practice • Communication Activities worksheets for designated Student Edition activities • Additional activities using authentic sources • Communication activities for practicing interpersonal speaking • Chapter review activities • *¡Atrévete!* board game	•	•	•
Cuaderno de actividades comunicativas TE	Communication WB with answers	•	•	•
Cuaderno de práctica TE	Practice WB with answers	•	•	•
Cuaderno para hispanohablantes AK	Heritage learners WB answers		•	•
Digital Image Bank	Images and maps from the text to use for presentation in class, plus a bank of illustrations to use with teacher-generated content		•	•
Grammar Presentation Slides	Textbook grammar presentation reformatted into PowerPoint format		•	•

For the **Teacher:** Assess

COMPONENT TITLE	WHAT IS IT?	📘	Ⓢ	💿 DVD
I Can Worksheets	Lesson Objectives broken down by chapter section and written in student-friendly "I Can" statement format		•	•
Testing Program (includes AK)	Quizzes, Tests, and Exams; includes IPAs	•	•	•
Testing Program Audio	Audio to accompany all tests		•	•

For the **Student**

COMPONENT TITLE	WHAT IS IT?	Print	Supersite	DVD
Student Edition	Core instruction for students	•	•	
Audio Activities Audio	Audio to accompany all *Cuaderno de actividades comunicativas* activities		•	
Audio-synced Readings	Audio to accompany all *Lecturas*		•	
Cuaderno de actividades comunicativas	Video, Audio, and Writing activities	•	•	
Cuaderno de práctica	Written practice for vocabulary and grammar	•	•	
Cuaderno para hispanohablantes	Focused practice for heritage learners	•		
Dictionary	Easy digital access to a dictionary		•	
eBook	Downloadable Student Edition		•	
eCuaderno	Online versions of the *Cuaderno de práctica* and the *Cuaderno de actividades comunicativas*, embedded in the online gradebook, with many auto-graded options		•	
En pantalla Video	Authentic TV clips from across the Spanish-speaking world		•	
End-of-lesson Vocabulary Lists	Core vocabulary for each lesson, with linked audio online	•	•	
Flash cultura Video	Young broadcasters from across the Spanish-speaking world sharing cultural aspects of life		•	
Flashcards	Provide an easy way to study vocabulary		•	
Fotonovela Video	Engaging storyline video		•	
Grammar Tutorials	Animated grammar tutorial pairs lesson concepts with fun examples and interactive questions that check understanding		•	
Grammar Tutorials with Diagnostics*	Interactive grammar tutorial with embedded quick checks and multi-part diagnostic with active feedback and remediation		•	
My Vocabulary	A variety of tools to practice vocabulary		•	
News and Cultural Updates*	Monthly posting of authentic resource links with scaffolded activities		•	
Panorama cultural Video	Short video showcases the nations of the Spanish-speaking world		•	
Partner and Virtual Chats	Additional speaking activities online		•	
Practice Partner App*	Boost language skills on the go, with program video and tutorials		•	
Practice Tests with Diagnostics*	Students get feedback on what they need to study before an exam		•	
Vocab Hot Spots	Vocabulary presentations with embedded audio		•	
Textbook Audio	Audio to accompany all textbook listening activities		•	
Textbook Mouse Activities	Textbook activities that can also be completed digitally; many provide immediate feedback		•	
vText	Virtual interactive textbook for browser-based exploration • Links to all mouse-icon activities, audio, and video • Note-taking capabilities		•	
Vocabulary	Extensive practice with new vocabulary in digital portal		•	
Vocabulary Tutorials	Animated vocabulary tutorials allow students to practice lesson vocabulary and expressions at their own pace		•	
Vocabulary Tutorials with Diagnostics*	Lesson vocabulary and expressions taught in a three-mode process—listen and repeat, identification (Match), and production (Say It)—with diagnostics and personalized remediation		•	
Web-only Activities	Additional online practice for students		•	

■ Print ⓢ Supersite ◎ DVD *Premium Supersite

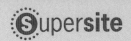
There's more to *Descubre* than meets the page

The *Descubre* Supersite provides a learning environment designed especially for world language instruction. Password-protected and program-specific, this website provides seamless textbook-technology integration that helps build students' love for language learning.

For students:

- engaging media
- motivating user experience
- superior performance
- helpful resources
- plenty of practice

For educators:

- proven instructional design
- powerful course management
- time-saving tools
- enhanced support

Integrated content means a more powerful student experience

- Streaming videos—episodic dramatic series, authentic TV clips, and cultural videos
- Interactive vocabulary tutorials
- Interactive grammar tutorials
- All program audio in downloadable MP3 format
- Textbook activities and additional online-only practice—most with automatic feedback
- Video Chat and Partner Chat activities for conversational skills practice
- My Vocabulary for personalized language study
- Audio-sync readings for all *Lecturas*
- Cultural readings in all levels and literary selections in volume 3
- Reference resources—online dictionary, audio flashcards, and grammar reference
- Online workbooks fully integrated with the Supersite gradebook

Specialized resources ensure a successful implementation

- Online assessments and Testing Program files in editable formats
- Audio and video scripts with English translations
- Grammar presentation slides
- Editable block and standard lesson plans
- Activity Pack
- Digital Image Bank
- Answer keys
- I Can worksheets

Educator tools facilitate instruction and save time

Partner Chat

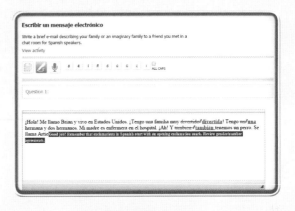

In-line editing

Easy course management

A powerful setup wizard lets you customize your course settings, copy previous courses to save time, and create your all-in-one gradebook. Grades for teacher-created assignments (e.g., pop quizzes, class participation) can be incorporated for a true, up-to-date cumulative grade.

Customized content

Tailor the Supersite to fit your needs. Create your own open-ended or video Partner Chat activities, add video or outside resources, and modify existing content with your own personalized notes.

Grading tools

Grade efficiently via spot-checking, student-by-student, and question-by-question options. Use in-line editing tools to give targeted feedback and voice comments—it's the perfect tool for busy language educators!

Assessment solutions

Administer online quizzes and tests from the Testing Program or develop your own—such as open-ended writing prompts or chat activities for an oral assessment portfolio. Plus, tools allow for time limits and password protection.

Plus!

- Single sign-on for easy integration with your school's Learning Management System*
- Live Chat for video chat, audio chat, and instant messaging with students
- A communication center for announcements, notifications, and student help requests
- Voiceboards for oral assignments, group discussions, homework, and more
- Reporting tools for summarizing student data

* available for select LMSs

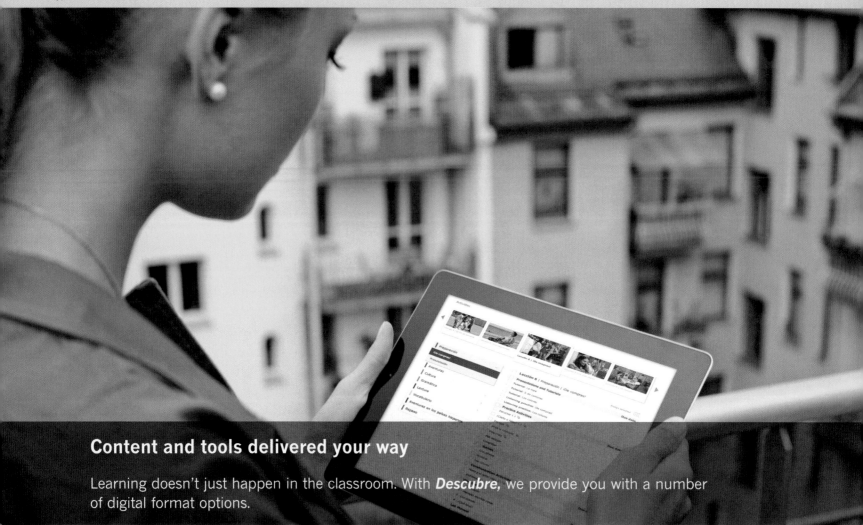

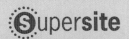

Content and tools delivered your way

Learning doesn't just happen in the classroom. With *Descubre,* we provide you with a number of digital format options.

vText (Online)

- Browser-based electronic text for online viewing
- Links to all mouse-icon textbook activities*, audio, and video
- Access to all Supersite resources
- Highlighting and note taking
- Easy navigation with searchable table of contents
- iPad®-friendly*
- Single- and double-page view and zooming
- Automatically adds auto-graded activities to the gradebook

Available on any PC or device that has Internet connectivity.

eBook (Downloadable for iPad®)

- Downloadable electronic text for offline viewing
- Embedded audio for anytime listening
- Easy navigation with searchable table of contents
- Highlighting and note taking
- Single-page view and zooming

When student is connected online:

- Links to all mouse-icon textbook activities*, audio, and video
- Access to all Supersite resources
- Automatically adds auto-graded activities in teacher gradebook

Available for iPad® via a Vista Higher Learning eBook app.

Visit **vistahigherlearning.com/interactive-texts** to learn more.

* Students must use a computer for audio recording.

Take learning to the next level with Premium Supersite

Monthly news and cultural updates

Receive monthly links to carefully curated authentic resources from across the Spanish-speaking world. From online newspaper articles to TV news segments, each source is chosen for its age-appropriate content, currency, and high interest to students. Each selection includes scaffolded pre-, during-, and post-reading and viewing activities for a wide range of learning abilities.

A new way to master vocabulary

Using a variety of inputs including text, images, and audio, interactive tutorials guide students through three modes—listen and repeat, identification (Match), and production (Say It). Mastery is measured throughout, with targeted, individualized remediation recommendations based on individual student performance.

Grammar Tutorials with more diagnostics

The Grammar Tutorials on the Premium Supersite take learning to a new level with more diagnostics. In addition to the embedded tutorial self-check, these tutorials also offer concluding, multi-part diagnostic activities with active feedback.

Even more practice

The Premium Supersite includes even more practice for all levels of learning.

- Complete eCuaderno with added activities developed specifically to bolster student proficiency
- More Partner and Virtual Chat activities help build student confidence and oral proficiency
- All activities tied to the teacher gradebook for stress-free administration and reporting

Practice Tests with diagnostics

Multi-question practice tests provide students with a low-stakes tool for assessing their knowledge of vocabulary and grammar covered in each lesson. Only available at the Premium Supersite level, these tests are auto-graded and provide immediate feedback, as well as suggestions for additional practice based on performance.

* Available for use on iOS devices (iPhone®, iPad®, or iPod touch®) and Android devices.

Beginning with the **student in mind**

Communicative Goals introduce the chapter's learning objectives.

La tecnología
2
Communicative Goals
I will be able to:
• Talk about using technology and electronics
• Use common expressions on the telephone
• Talk about car trouble
contextos
pages 54–57
• Home electronics
• Computers and the Internet
• The car and its accessories
fotonovela
pages 58–61
Miguel's car has broken down again, and he has to take it to a mechanic. In the meantime, Maru has a similar streak of bad luck with her computer. Can their problems with technology be resolved?
cultura
pages 62–63
• Cell phones in the Spanish-speaking world
• Text messages in Spanish
estructura
pages 64–79
• Familiar commands
• Por and para
• Reciprocal reflexives
• Stressed possessive adjectives and pronouns
• Recapitulación
adelante
pages 80–87
Lectura: A comic strip
Escritura: A personal ad
Escuchar: A commercial about computers
En pantalla
Flash cultura
Panorama: Argentina
A PRIMERA VISTA
• ¿Se llevan ellos bien o mal?
• ¿Crees que hace mucho tiempo que se conocen?
• ¿Son saludables?
• ¿Qué partes del cuerpo se ven en la foto?

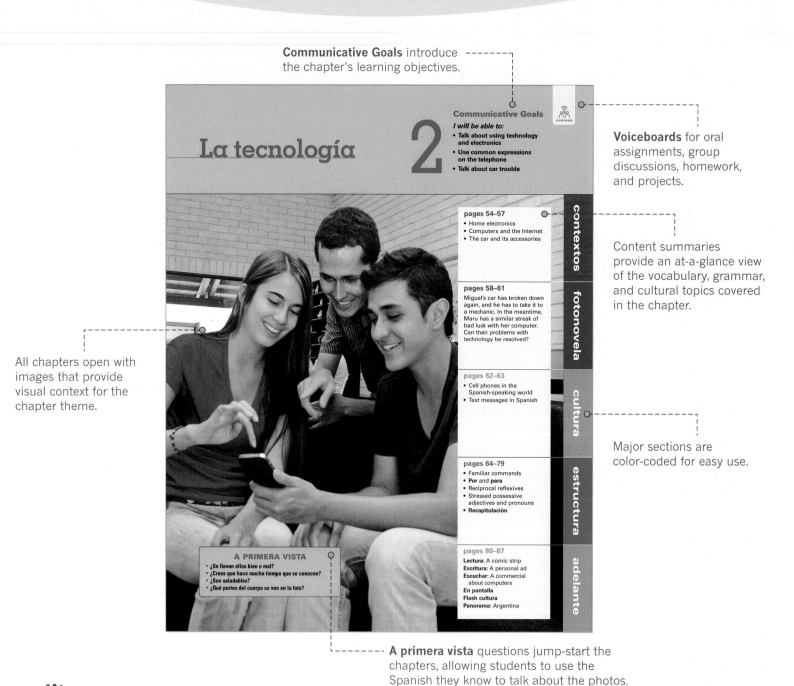

Voiceboards for oral assignments, group discussions, homework, and projects.

Content summaries provide an at-a-glance view of the vocabulary, grammar, and cultural topics covered in the chapter.

All chapters open with images that provide visual context for the chapter theme.

Major sections are color-coded for easy use.

A primera vista questions jump-start the chapters, allowing students to use the Spanish they know to talk about the photos.

Look for the (S) located at the beginning of every section to see the corresponding resources available on the Supersite!

Setting the stage
for communication

Theme-related vocabulary is introduced through expansive, full-color illustrations and easy-to-reference lists.

Práctica starts the chapter's activity sequence with controlled practice.

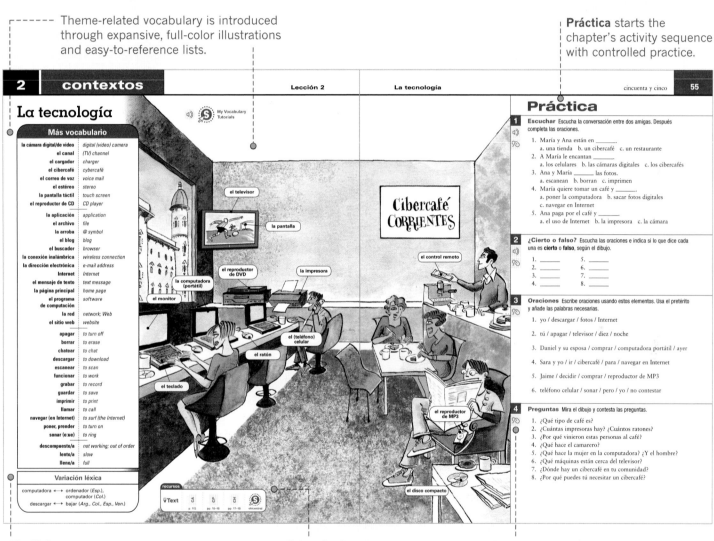

| 2 | contextos | | Lección 2 | La tecnología | cincuenta y cinco | 55 |

La tecnología

🔊 Ⓢ My Vocabulary Tutorials

Más vocabulario

la cámara digital/de video	digital (video) camera
el canal	(TV) channel
el cargador	charger
el cibercafé	cybercafé
el correo de voz	voice mail
el estéreo	stereo
la pantalla táctil	touch screen
el reproductor de CD	CD player
la aplicación	application
el archivo	file
la arroba	@ symbol
el blog	blog
el buscador	browser
la conexión inalámbrica	wireless connection
la dirección electrónica	e-mail address
Internet	Internet
el mensaje de texto	text message
la página principal	home page
el programa de computación	software
la red	network; Web
el sitio web	website
apagar	to turn off
borrar	to erase
chatear	to chat
descargar	to download
escanear	to scan
funcionar	to work
grabar	to record
guardar	to save
imprimir	to print
llamar	to call
navegar (en Internet)	to surf (the Internet)
poner, prender	to turn on
sonar (o:ue)	to ring
descompuesto/a	not working; out of order
lento/a	slow
lleno/a	full

Variación léxica

computadora ←→ ordenador (Esp.), computador (Col.)

descargar ←→ bajar (Arg., Col., Esp., Ven.)

el televisor
la pantalla
el control remoto
el reproductor de DVD
la impresora
la computadora (portátil)
el monitor
el (teléfono) celular
el ratón
el teclado
el reproductor de MP3
el disco compacto

recursos

vText
CA p. 113
CP pp. 15–16
CH pp. 17–18
Ⓢ vhlcentral

Práctica

1 **Escuchar** Escucha la conversación entre dos amigas. Después completa las oraciones. 🔊

1. María y Ana están en _____.
   a. una tienda   b. un cibercafé   c. un restaurante
2. A María le encantan _____.
   a. los celulares   b. las cámaras digitales   c. los cibercafés
3. Ana y María _____ las fotos.
   a. escanean   b. borran   c. imprimen
4. María quiere tomar un café y _____.
   a. poner la computadora   b. sacar fotos digitales
   c. navegar en Internet
5. Ana paga por el café y _____.
   a. el uso de Internet   b. la impresora   c. la cámara

2 **¿Cierto o falso?** Escucha las oraciones e indica si lo que dice cada una es **cierto** o **falso**, según el dibujo. 🔊

1. _____   5. _____
2. _____   6. _____
3. _____   7. _____
4. _____   8. _____

3 **Oraciones** Escribe oraciones usando estos elementos. Usa el pretérito y añade las palabras necesarias.

1. yo / descargar / fotos / Internet
2. tú / apagar / televisor / diez / noche
3. Daniel y su esposa / comprar / computadora portátil / ayer
4. Sara y yo / ir / cibercafé / para / navegar en Internet
5. Jaime / decidir / comprar / reproductor de MP3
6. teléfono celular / sonar / pero / yo / no contestar

4 **Preguntas** Mira el dibujo y contesta las preguntas.

1. ¿Qué tipo de café es?
2. ¿Cuántas impresoras hay? ¿Cuántos ratones?
3. ¿Por qué vinieron estas personas al café?
4. ¿Qué hace el camarero?
5. ¿Qué hace la mujer en la computadora? ¿Y el hombre?
6. ¿Qué máquinas están cerca del televisor?
7. ¿Dónde hay un cibercafé en tu comunidad?
8. ¿Por qué puedes tú necesitar un cibercafé?

Variación léxica highlights linguistic diversity.

Recursos boxes reference additional print and digital student resources.

Mouse icons indicate activities that teachers can assign on the Supersite. All close-ended practice activities are autograded with immediate feedback.

Ⓢ The **vText** online textbook is fully interactive. Students can click the links to access practice activities, audio, and video.

Walkthrough

Fotonovela
bridges language and culture

Fotonovela storyline video brings chapter vocabulary and grammar to life. Students experience local life with a group of students living in Mexico City, Mexico.

Engaging storyline video follows characters through *Descubre* 1 and 2.

Products, perspectives, and practices are featured in every episode.

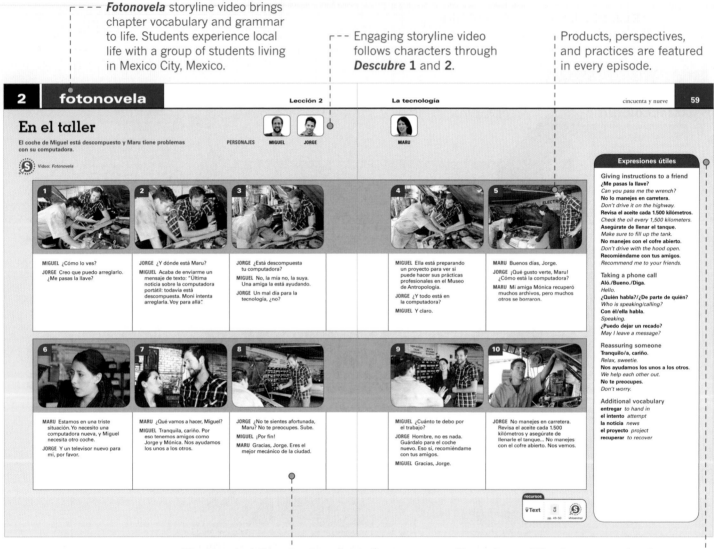

The easy-to-follow storyboard sets the context for the video and the dialogue boxes reinforce the lesson's vocabulary and preview the language structures that will be covered later in the lesson.

Expresiones útiles boxes organize the most important words and expressions from the episode by language function, showing how students can apply them in real, practical ways.

 Assign pre- and post-viewing activities to test student comprehension of lesson vocabulary and key language functions.

Culture
presented in context

En detalle explores the chapter's theme in-depth—in English in early chapters of level 1 and in Spanish thereafter for true cultural comprehension.

Así se dice presents familiar words and phrases related to the lesson's theme that are used in everyday spoken Spanish.

Perfil focuses on the diversity and unity of the contemporary Spanish-speaking world.

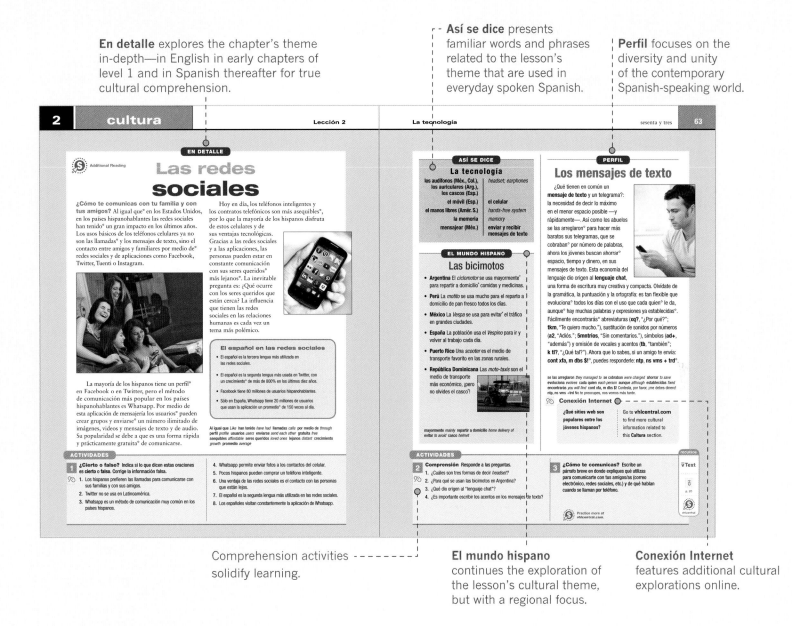

EN DETALLE

Additional Reading

Las redes sociales

¿Cómo te comunicas con tu familia y con tus amigos? Al igual que° en los Estados Unidos, en los países hispanohablantes las redes sociales han tenido° un gran impacto en los últimos años. Los usos básicos de los teléfonos celulares ya no son las llamadas° y los mensajes de texto, sino el contacto entre amigos y familiares por medio de° redes sociales y de aplicaciones como Facebook, Twitter, Tuenti o Instagram.

Hoy en día, los teléfonos inteligentes y los contratos telefónicos son más asequibles°, por lo que la mayoría de los hispanos disfruta de estos celulares y de sus ventajas tecnológicas. Gracias a las redes sociales y a las aplicaciones, las personas pueden estar en constante comunicación con sus seres queridos° más lejanos°. La inevitable pregunta es: ¿Qué ocurre con los seres queridos que están cerca? La influencia que tienen las redes sociales en las relaciones humanas es cada vez un tema más polémico.

La mayoría de los hispanos tiene un perfil° en Facebook o en Twitter, pero el método de comunicación más popular en los países hispanohablantes es Whatsapp. Por medio de esta aplicación de mensajería los usuarios° pueden crear grupos y enviarse° un número ilimitado de imágenes, videos y mensajes de texto y de audio. Su popularidad se debe a que es una forma rápida y prácticamente gratuita° de comunicarse.

El español en las redes sociales
- El español es la tercera lengua más utilizada en las redes sociales.
- El español es la segunda lengua más usada en Twitter, con un crecimiento° de más de 800% en los últimos diez años.
- Facebook tiene 80 millones de usuarios hispanohablantes.
- Sólo en España, Whatsapp tiene 20 millones de usuarios que usan la aplicación un promedio° de 150 veces al día.

Al igual que *Like* han tenido *have had* llamadas *calls* por medio de *through* perfil *profile* usuarios *users* enviarse *send each other* gratuita *free* asequibles *affordable* seres queridos *loved ones* lejanos *distant* crecimiento *growth* promedio *average*

ACTIVIDADES

1 ¿Cierto o falso? Indica si lo que dicen estas oraciones es cierto o falso. Corrige la información falsa.

1. Los hispanos prefieren las llamadas para comunicarse con sus familias y con sus amigos.
2. Twitter no se usa en Latinoamérica.
3. Whatsapp es un método de comunicación muy común en los países hispanos.
4. Whatsapp permite enviar fotos a los contactos del celular.
5. Pocos hispanos pueden comprar un teléfono inteligente.
6. Una ventaja de las redes sociales es el contacto con las personas que están lejos.
7. El español es la segunda lengua más utilizada en las redes sociales.
8. Los españoles visitan constantemente la aplicación de Whatsapp.

ASÍ SE DICE
La tecnología

los audífonos (Méx., Col.), los auriculares (Arg.), los cascos (Esp.)	headset; earphones
el móvil (Esp.)	el celular
el manos libres (Amér. S.)	hands-free system
la memoria	memory
mensajear (Méx.)	enviar y recibir mensajes de texto

EL MUNDO HISPANO
Las bicimotos

- **Argentina** El *ciclomotor* se usa mayormente° para repartir a domicilio° comidas y medicinas.
- **Perú** La *motito* se usa mucho para el reparto a domicilio de pan fresco todos los días.
- **México** La *Vespa* se usa para evitar° el tráfico en grandes ciudades.
- **España** La población usa el *Vespino* para ir y volver al trabajo cada día.
- **Puerto Rico** Una *scooter* es el medio de transporte favorito en las zonas rurales.
- **República Dominicana** Las *moto-taxis* son el medio de transporte más económico, ¡pero no olvides el casco°!

mayormente *mainly* repartir a domicilio *home delivery of* evitar *to avoid* casco *helmet*

PERFIL
Los mensajes de texto

¿Qué tienen en común un **mensaje de texto** y un telegrama?: la necesidad de decir lo máximo en el menor espacio posible —y rápidamente—. Así como los abuelos se las arreglaron° para hacer más baratos sus telegramas, que se cobraban° por número de palabras, ahora los jóvenes buscan ahorrar° espacio, tiempo y dinero, en sus mensajes de texto. Esta economía del lenguaje dio origen al **lenguaje chat**, una forma de escritura muy creativa y compacta. Olvídate de la gramática, la puntuación y la ortografía: es tan flexible que evoluciona° todos los días con el uso que cada quien° le da, aunque° hay muchas palabras y expresiones ya establecidas°. Fácilmente encontrarás° abreviaturas (**xq?**, "¿Por qué?"; **tkm**, "Te quiero mucho."), sustitución de sonidos por números (**a2**, "Adiós."; **5mntrios**, "Sin comentarios."), símbolos (**ad+**, "además") y omisión de vocales y acentos (**tb**, "también"; **k tl?**, "¿Qué tal?"). Ahora que lo sabes, si un amigo te envía: **cont xfa, m dbs $!**°, puedes responderle: **ntp, ns vms + trd**°.

se las arreglaron *they managed to* se cobraban *were charged* ahorrar *to save* evoluciona *evolves* cada quien *each person* aunque *although* establecidas *fixed* encontrarás *you will find* cont xfa, m dbs $! Contesta, por favor, ¡me debes dinero! ntp, ns vms +trd No te preocupes, nos vemos más tarde.

Conexión Internet

¿Qué sitios web son populares entre los jóvenes hispanos?

Go to vhlcentral.com to find more cultural information related to this **Cultura** section.

ACTIVIDADES

2 Comprensión Responde a las preguntas.
1. ¿Cuáles son tres formas de decir *headset*?
2. ¿Para qué se usan las bicimotos en Argentina?
3. ¿Qué dio origen al "lenguaje chat"?
4. ¿Es importante escribir los acentos en los mensajes de texto?

3 ¿Cómo te comunicas? Escribe un párrafo breve en donde expliques qué utilizas para comunicarte con tus amigos/as (correo electrónico, redes sociales, etc.) y de qué hablan cuando se llaman por teléfono.

vText
CH
p. 20
vhlcentral

Practice more at vhlcentral.com.

Comprehension activities solidify learning.

El mundo hispano continues the exploration of the lesson's cultural theme, but with a regional focus.

Conexión Internet features additional cultural explorations online.

Continue the communication-culture connection with additional readings and activities.

Walkthrough

Grammar
as a tool not a topic

Carefully designed charts and diagrams call out key grammatical structures and forms, as well as important related vocabulary.

Sidebars connect previous and current learning.

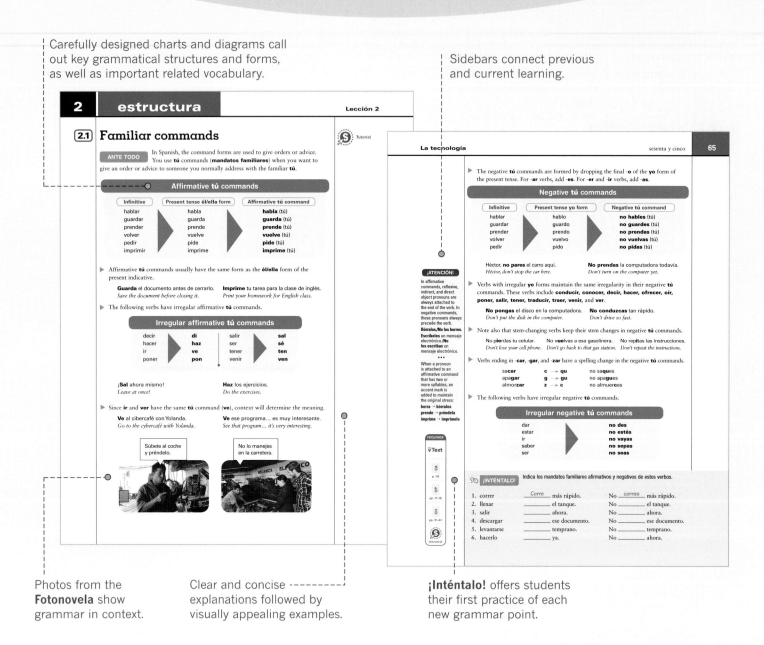

Photos from the **Fotonovela** show grammar in context.

Clear and concise explanations followed by visually appealing examples.

¡Inténtalo! offers students their first practice of each new grammar point.

Students can watch the grammar rules come alive with animated **Grammar Tutorials** featuring **el profesor.**

Visually engaging
and carefully scaffolded formats

Práctica sections include contextualized, personalized activities.

Comunicación sections feature pair and group activities for interpersonal and presentational practice.

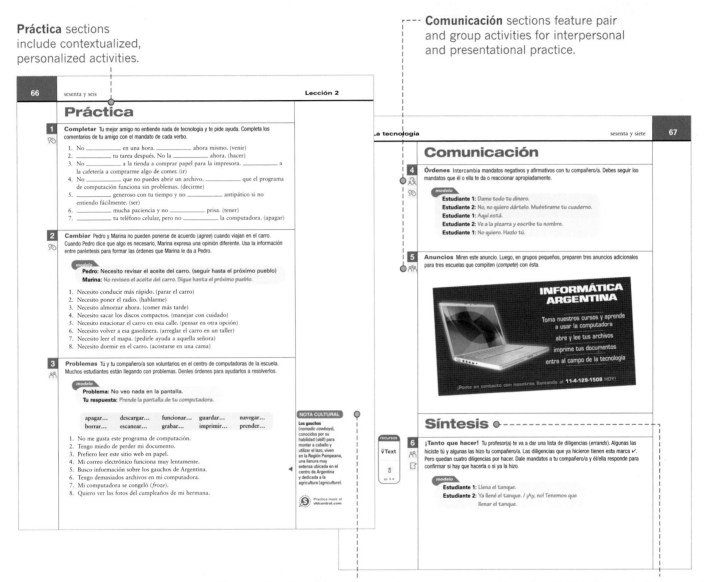

Notas culturales sidebars expand coverage of the cultures of Spanish-speaking peoples and countries.

Síntesis activities integrate the current grammar point with previously learned material, providing built-in, consistent review and recycling.

Incorporate additional communication practice using the Info Gap activities in the **Activity Pack** worksheets available on the Resources tab.

Walkthrough

In-text and online diagnostic activities
provide targeted review

Scaffolded activities test students' comprehension of the chapter's key grammar points.

Resumen gramatical summarizes the grammatical points presented in the chapter.

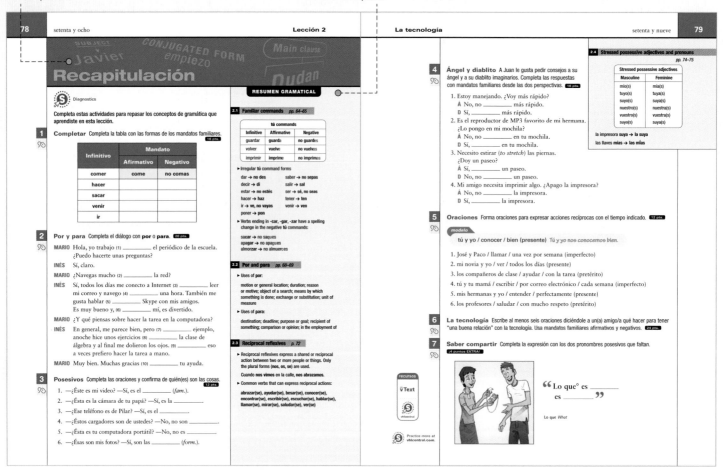

***Recapitulación* on the Supersite**
Assign **Recapitulación** online for a grade or as a self diagnostic. Additional activities are available for extra practice.

Reading skills
developed in context

Antes de leer includes reading strategies and pre-reading activities to develop confidence and skills.

Context-based readings pull all the chapter elements together.

Después de leer activities include comprehension checks and post-reading expansion exercises.

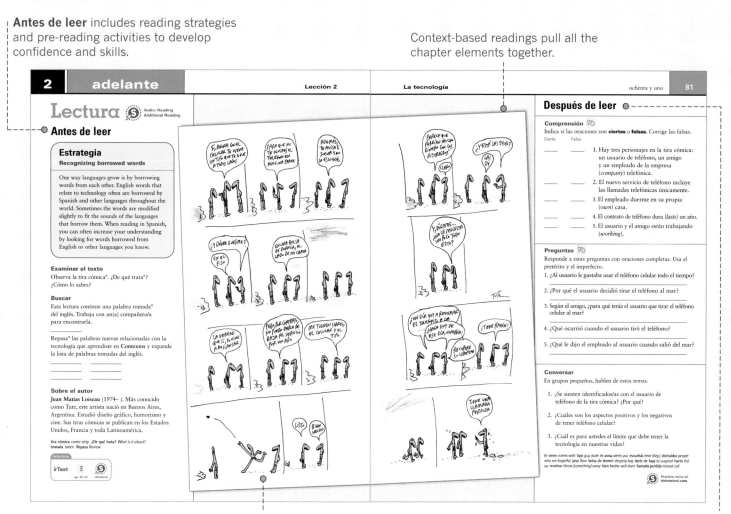

Graphic organizers, photos, and other visual elements support reading comprehension.

Adelante on the Supersite
Students listen to native speakers as auto-sync highlighting of sentences guides students' eyes and comprehension.

Walkthrough

Writing and listening skills
developed in context

Estrategia provides strategies for preparation and execution of the writing task related to the chapter's theme.

Escuchar builds students' listening skills with a recorded conversation or narration.

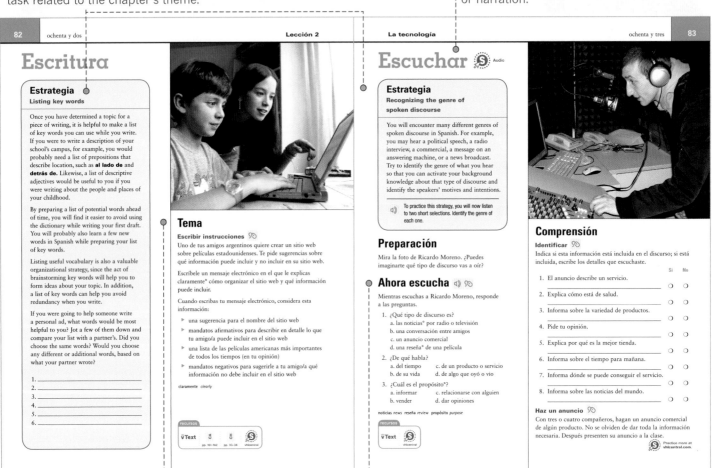

Tema describes the writing topic and includes suggestions for approaching it.

Ahora escucha provides a variety of activities to support comprehension.

Assess writing and listening skills with auto-graded listening activities and teacher-graded composition activities on the Supersite.

Authentic cultural media
for interpretive communication

En pantalla presents TV clips from around the Spanish-speaking world connected to the language, vocabulary, and theme of the chapter.

Flash cultura videos feature young broadcasters from across the Spanish-speaking world sharing aspects of life related to the chapter's theme.

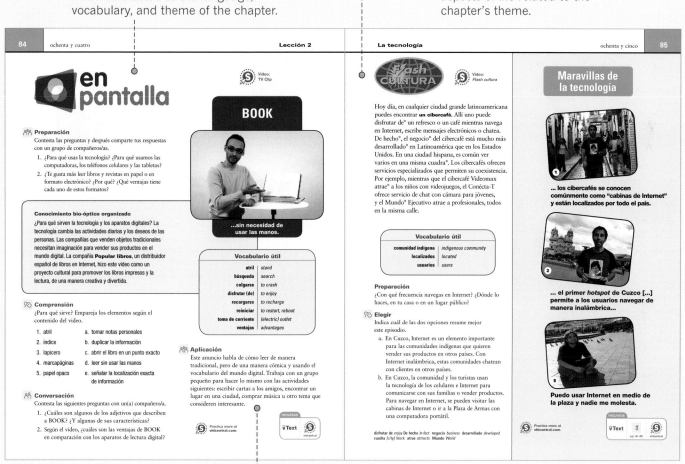

en pantalla

Video: TV Clip

Preparación

Contesta las preguntas y después comparte tus respuestas con un grupo de compañeros/as.

1. ¿Para qué usas la tecnología? ¿Para qué usamos las computadoras, los teléfonos celulares y las tabletas?
2. ¿Te gusta más leer libros y revistas en papel o en formato electrónico? ¿Por qué? ¿Qué ventajas tiene cada uno de estos formatos?

Conocimiento bio-óptico organizado

¿Para qué sirven la tecnología y los aparatos digitales? La tecnología cambia las actividades diarias y los deseos de las personas. Las compañías que venden objetos tradicionales necesitan imaginación para vender sus productos en el mundo digital. La compañía **Popular libros**, un distribuidor español de libros en Internet, hizo este video como un proyecto cultural para promover los libros impresos y la lectura, de una manera creativa y divertida.

Comprensión

¿Para qué sirve? Empareja los elementos según el contenido del video.

1. atril   a. tomar notas personales
2. índice   b. duplicar la información
3. lapicero   c. abrir el libro en un punto exacto
4. marcapáginas   d. leer sin usar las manos
5. papel opaco   e. señalar la localización exacta de información

Conversación

Contesta las siguientes preguntas con un(a) compañero/a.

1. ¿Cuáles son algunos de los adjetivos que describen a BOOK? ¿Y algunas de sus características?
2. Según el video, ¿cuáles son las ventajas de BOOK en comparación con los aparatos de lectura digital?

BOOK

...sin necesidad de usar las manos.

Vocabulario útil

atril	stand
búsqueda	search
colgarse	to crash
disfrutar (de)	to enjoy
recargarse	to recharge
reiniciar	to restart, reboot
toma de corriente	(electric) outlet
ventajas	advantages

Aplicación

Este anuncio habla de cómo leer de manera tradicional, pero de una manera cómica y usando el vocabulario del mundo digital. Trabaja con un grupo pequeño para hacer lo mismo con las actividades siguientes: escribir cartas a los amigos, encontrar un lugar en una ciudad, comprar música u otro tema que consideren interesante.

Practice more at vhlcentral.com.

recursos — vText — vhlcentral

Flash cultura

Video: Flash cultura

Hoy día, en cualquier ciudad grande latinoamericana puedes encontrar **un cibercafé**. Allí uno puede disfrutar de° un refresco o un café mientras navega en Internet, escribe mensajes electrónicos o chatea. De hecho°, el negocio° del cibercafé está mucho más desarrollado° en Latinoamérica que en los Estados Unidos. En una ciudad hispana, es común ver varios en una misma cuadra°. Los cibercafés ofrecen servicios especializados que permiten su coexistencia. Por ejemplo, mientras que el cibercafé Videomax atrae° a los niños con videojuegos, el Conécta-T ofrece servicio de chat con cámara para jóvenes, y el Mundo° Ejecutivo atrae a profesionales, todos en la misma calle.

Vocabulario útil

comunidad indígena	indigenous community
localizados	located
usuarios	users

Preparación

¿Con qué frecuencia navegas en Internet? ¿Dónde lo haces, en tu casa o en un lugar público?

Elegir

Indica cuál de las dos opciones resume mejor este episodio.

a. En Cuzco, Internet es un elemento importante para las comunidades indígenas que quieren vender sus productos en otros países. Con Internet inalámbrica, estas comunidades chatean con clientes en otros países.
b. En Cuzco, la comunidad y los turistas usan la tecnología de los celulares e Internet para comunicarse con sus familias o vender productos. Para navegar en Internet, se pueden visitar las cabinas de Internet o ir a la Plaza de Armas con una computadora portátil.

disfrutar de *enjoy* De hecho *In fact* negocio *business* desarrollado *developed* cuadra *(city) block* atrae *attracts* Mundo *World*

Practice more at vhlcentral.com.

Maravillas de la tecnología

... los cibercafés se conocen comúnmente como "cabinas de Internet" y están localizados por todo el país.

... el primer *hotspot* de Cuzco [...] permite a los usuarios navegar de manera inalámbrica...

Puedo usar Internet en medio de la plaza y nadie me molesta.

recursos — vText — vhlcentral

Scaffolded activity sequence really gets students engaged, understanding, and applying what they have seen.

Watch all the **En pantalla** and **Flash cultura** clips on the Supersite.

Walkthrough

Perspective
through geography

El país en cifras presents interesting facts about the featured country.

Panorama showcases the nations of the Spanish-speaking world with short features about the country's culture—history, places, fine arts, literature, and aspects of everyday life.

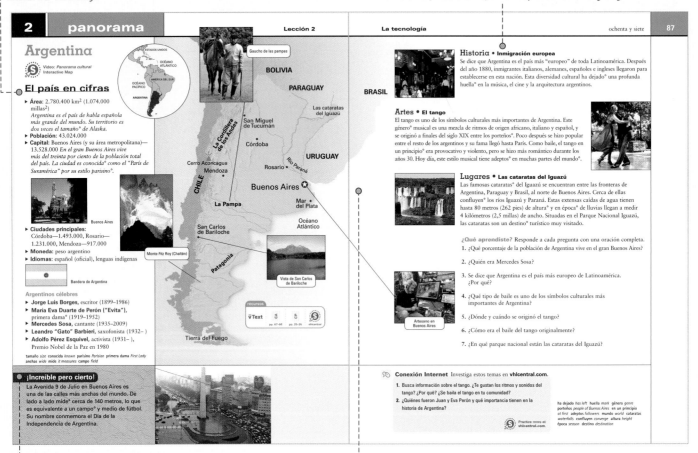

¡Increíble pero cierto! spotlights an intruguing, and often little-known fact about the featured country or its people.

Maps point out major cities, rivers, and geographical features and situate the country in the context of its immediate surroundings and the world.

***Panorama cultural* video on the Supersite**
Authentic footage of the featured Spanish-speaking country exposes students to the sights and sounds of an aspect of its culture.

Vocabulary

Vocabulario
summarizes all the
active vocabulary in
the chapter.

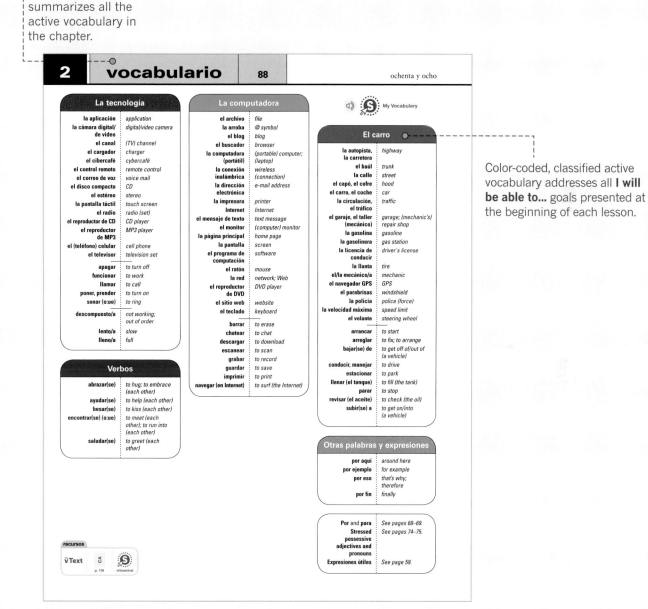

2 vocabulario   88   ochenta y ocho

La tecnología

la aplicación	application
la cámara digital/ de video	digital/video camera
el canal	(TV) channel
el cargador	charger
el cibercafé	cybercafé
el control remoto	remote control
el correo de voz	voice mail
el disco compacto	CD
el estéreo	stereo
la pantalla táctil	touch screen
el radio	radio (set)
el reproductor de CD	CD player
el reproductor de MP3	MP3 player
el (teléfono) celular	cell phone
el televisor	television set
apagar	to turn off
funcionar	to work
llamar	to call
poner, prender	to turn on
sonar (o:ue)	to ring
descompuesto/a	not working; out of order
lento/a	slow
lleno/a	full

Verbos

abrazar(se)	to hug; to embrace (each other)
ayudar(se)	to help (each other)
besar(se)	to kiss (each other)
encontrar(se) (o:ue)	to meet (each other); to run into (each other)
saludar(se)	to greet (each other)

La computadora

el archivo	file
la arroba	@ symbol
el blog	blog
el buscador	browser
la computadora (portátil)	(portable) computer; (laptop)
la conexión inalámbrica	wireless (connection)
la dirección electrónica	e-mail address
la impresora	printer
Internet	Internet
el mensaje de texto	text message
el monitor	(computer) monitor
la página principal	home page
la pantalla	screen
el programa de computación	software
el ratón	mouse
la red	network; Web
el reproductor de DVD	DVD player
el sitio web	website
el teclado	keyboard
borrar	to erase
chatear	to chat
descargar	to download
escanear	to scan
grabar	to record
guardar	to save
imprimir	to print
navegar (en Internet)	to surf (the Internet)

 My Vocabulary

El carro

la autopista, la carretera	highway
el baúl	trunk
la calle	street
el capó, el cofre	hood
el carro, el coche	car
la circulación, el tráfico	traffic
el garaje, el taller (mecánico)	garage; (mechanic's) repair shop
la gasolina	gasoline
la gasolinera	gas station
la licencia de conducir	driver's license
la llanta	tire
el/la mecánico/a	mechanic
el navegador GPS	GPS
el parabrisas	windshield
la policía	police (force)
la velocidad máxima	speed limit
el volante	steering wheel
arrancar	to start
arreglar	to fix; to arrange
bajar(se) de	to get off of/out of (a vehicle)
conducir, manejar	to drive
estacionar	to park
llenar (el tanque)	to fill (the tank)
parar	to stop
revisar (el aceite)	to check (the oil)
subir(se) a	to get on/into (a vehicle)

Otras palabras y expresiones

por aquí	around here
por ejemplo	for example
por eso	that's why; therefore
por fin	finally

Por and para	See pages 68–69.
Stressed possessive adjectives and pronouns	See pages 74–75.
Expresiones útiles	See page 59.

recursos

vText   p. 118   vhlcentral

Color-coded, classified active
vocabulary addresses all **I will
be able to...** goals presented at
the beginning of each lesson.

Active vocabulary is recorded for convenient
study and practice. Flashcards for all terms
are also available.

The **Vista Higher Learning** Story

Your Specialized Foreign Language Publisher

Independent, specialized, and privately owned, Vista Higher Learning was founded in 2000 with one mission: to raise the teaching and learning of world languages to a higher level. This mission is based on the following beliefs:

- It is essential to prepare students for a world in which learning another language is a necessity, not a luxury.
- Language learning should be fun and rewarding, and all students should have the tools they need to achieve success.
- Students who experience success learning a language will be more likely to continue their language studies both inside and outside the classroom.

With this in mind, we decided to take a fresh look at all aspects of language instructional materials. Because we are specialized, we dedicate 100 percent of our resources to this goal and base every decision on how well it supports language learning.

That is where you come in. Since our founding, we have relied on the invaluable feedback of language teachers and students nationwide. This partnership has proved to be the cornerstone of our success, allowing us to constantly improve our programs to meet your instructional needs.

The result? Programs that make language learning exciting, relevant, and effective through:

- unprecedented access to resources
- a wide variety of contemporary, authentic materials
- the integration of text, technology, and media
- a bold and engaging textbook design

By focusing on our singular passion, we let you focus on yours.

The Vista Higher Learning Team

VISTA®
HIGHER LEARNING

www.vistahigherlearning.com

World-Readiness Standards for Learning Languages

Descubre blends the underlying principles of the World-Readiness Standards with features and strategies tailored specifically to build students' language and cultural competencies.

THE FIVE C'S OF FOREIGN LANGUAGE LEARNING

Communication	**Students:** 1. Interact and negotiate meaning in spoken, signed, or written conversations to share information, reactions, feelings, and opinions. (Interpersonal mode) 2. Understand, interpret, and analyze what is heard, read, or viewed on a variety of topics. (Interpretive mode) 3. Present information, concepts, and ideas to inform, explain, persuade, and narrate on a variety of topics using appropriate media and adapting to various audiences of listeners, readers, or viewers. (Presentational mode)
Cultures	**Students use Spanish to investigate, explain, and reflect on:** 1. The relationship of the practices and perspectives of the culture studied. 2. The relationship of the products and perspectives of the culture studied.
Connections	**Students:** 1. Build, reinforce, and expand their knowledge of other disciplines while using Spanish to develop critical thinking and to solve problems creatively. 2. Access and evaluate information and diverse perspectives that are available through Spanish and its cultures.
Comparisons	**Students use Spanish to investigate, explain, and reflect on:** 1. The nature of language through comparisons of the Spanish language and their own. 2. The concept of culture through comparisons of the cultures studied and their own.
Communities	**Students:** 1. Use Spanish both within and beyond the school to interact and collaborate in their community and the globalized world. 2. Set goals and reflect on their progress in using languages for enjoyment, enrichment, and advancement.

Adapted from ACTFL's *Standards for Foreign Language Learning in the 21st Century*

Six-step instructional design

Take advantage of the unique, powerful six-step instructional design in *Descubre*. With a focus on personalization, authenticity, cultural immersion, and the seamless integration of text and technology, language learning comes to life in ways that are meaningful to each and every student.

STEP **1**

STEP **2**

STEP **3**

Context

Begin each lesson by asking students to provide from their own experience words, concepts, categories, and opinions related to the theme. Spend quality time evoking words, images, ideas, phrases, and sentences; group and classify concepts. You are giving students the "hook" for their learning, focusing them on their most interesting topic—themselves—and encouraging them to invest personally in their learning.

Vocabulary

Now turn to the vocabulary section, inviting students to experience it as a new linguistic code to express what they already know and experience in the context of the lesson theme. Vocabulary concepts are presented in context, carefully organized, and frequently reviewed to reinforce student understanding. Involve students in brainstorming, classifying and grouping words and thoughts, and personalizing phrases and sentences. In this way, you will help students see Spanish as a new tool for self-expression.

Media

Once students see that Spanish is a tool for expressing their own ideas, bridge their experiences to those of Spanish speakers through the *Fotonovela* section. The *Fotonovela* Video Program storyline presents and reviews vocabulary and structure in accurate cultural contexts for effective training in both comprehension and personal communication.

STEP 4

Culture

Now bring students into the experience of culture as seen from the perspective of those living in it. Here we share Spanish-speaking cultures' unique geography, history, products, perspectives, and practices. Through *Flash cultura* and *Panorama cultural* (instructional videos) and *En pantalla* (authentic video) students experience and reflect on cultural experiences beyond their own.

STEP 5

Structure

Through context, media, and culture, students have incorporated both previously-learned and new grammatical structures into their personalized communication. Now a formal presentation of relevant grammar demonstrates that grammar is a tool for clearer and more effective communication. Clear presentations and invitations to compare Spanish to English build confidence, fluency, and accuracy.

STEP 6

Skill synthesis

Pulling all their learning together, students now integrate context, personal experience, communication tools, and cultural products, perspectives, and practices. Through extended reading, writing, listening, speaking, and cultural exploration in scaffolded progression, students apply all their skills for a rich, personalized experience of Spanish.

Differentiation

Knowing how to appeal to learners of different abilities and learning styles will allow you to foster a positive teaching environment and motivate all your students. Here are some strategies for creating inclusive learning environments. Consider also the ideas at the base of the Teacher's Edition (TE) pages. Extension and expansion activities are also suggested.

Learners with Special Needs

Learners with special needs include students with attention priority disorders or learning disabilities, slower-paced learners, at-risk learners, and English-language learners. Some inclusion strategies that work well with such students are:

Clear Structure By teaching concepts in a predictable order, you can help students organize their learning. Encourage students to keep outlines of materials they read, classify words into categories such as colors, or follow prewriting steps.

Frequent Review and Repetition Preview material to be taught and review material covered at the end of each lesson. Pair proficient learners with less proficient ones to practice and reinforce concepts. Help students retain concepts through continuous practice and review.

Multi-sensory Input and Output Use visual, auditory, and kinesthetic tasks to add interest and motivation, and to achieve long-term retention. For example, vary input with the use of audio recordings, video, guided visualization, rhymes, and mnemonics.

Additional Time Consider how physical limitations may affect participation in special projects or daily routines. Provide additional time and recommended accommodations.

Different Learning Styles

Visual Learners learn best by seeing, so engage them in activities and projects that are visually creative. Encourage them to write down information and think in pictures as a long-term retention strategy; reinforce their learning through visual displays such as diagrams, videos, and handouts.

Auditory Learners best retain information by listening. Engage them in discussions, debates, and role-playing. Reinforce their learning by playing audio versions of texts or reading aloud passages and stories. Encourage them to pay attention to voice, tone, and pitch to infer meaning.

Kinesthetic Learners learn best through moving, touching, and doing hands-on activities. Involve such students in skits and dramatizations; to infer or convey meaning, have them observe or model gestures such as those used for greeting someone or getting someone's attention.

Advanced Learners

Advanced learners have the potential to learn language concepts and complete assignments at an accelerated pace. They may benefit from assignments that are more challenging than the ones given to their peers. The key to differentiating for advanced learners is adding a degree of rigor to a given task. Examples include sharing perspectives on texts they have read with the class, retelling detailed stories, preparing analyses of texts, or adding to discussions. Here are some other strategies for engaging advanced learners:

Timed Answers Have students answer questions within a specified time limit.

Persuading Adapt activities so students have to write or present their points of view in order to persuade an audience. Pair or group advanced learners to form debating teams.

Pre-AP®

While Pre-AP® strategies are associated with advanced students, all students can benefit from the activities and strategies that are categorized as Pre-AP® in *Descubre.* Long-term success in language learning starts in the first year of instruction, so these strategies should be incorporated throughout students' language-learning career.

Descubre is particularly strong in fostering interpretive communication skills. Students are offered a variety of opportunities to read and listen to spoken language. The *Lectura* sections provide various types of authentic written texts, and the *En pantalla* and *Flash cultura* videos feature Spanish spoken at a natural pace. Encourage students to interact with as much authentic language as possible, as this will lead to long-term success.

Heritage Language Learners

Heritage language learners are students who come from homes where a language other than English is spoken. Spanish heritage learners are likely to have adequate comprehension and conversation skills, but they could require as much explicit instruction of reading and writing skills as their non-heritage peers. Because of their background, heritage language learners can attain, with instruction adapted to their needs, a high level of proficiency and literacy in Spanish. Use these strategies to support them:

Support and Validate Experiences Acknowledge students' experiences with their heritage culture and encourage them to share what they know.

Focus on Accuracy Alert students to common spelling and grammatical errors made by native speakers, such as distinguishing between **c, s,** and **z** or **b** and **v** and appropriate use of irregular verb forms such as **hubo** instead of **hubieron.**

Develop Literacy and Writing Skills Help students focus on reading as well as grammar, punctuation, and syntax skills, but be careful not to assign a workload significantly greater than what is assigned to non-heritage learners.

For each level of the *Descubre* program, the *Cuaderno para hispanohablantes* provides materials developed specifically for heritage learners.

Best Practices

The creators of *Descubre* understand that there are many different approaches to successful language teaching and that no one method works perfectly for all teachers or all learners. These strategies and tips may be applied to any language-teaching method.

Maintain the Target Language

As much as possible, create an immersion environment by using Spanish to *teach* Spanish. Encourage the exclusive use of the target language in your classroom, employing visual aids, mnemonics, circumlocution, or gestures to complement what you say. Encourage students to perceive meaning directly through careful listening and observation, and by using cognates and familiar structures and patterns to deduce meaning.

Cultivate Critical Thinking

Prompt students to reflect, observe, reason, and form judgments in Spanish. Engaging students in activities that require them to compare, contrast, predict, criticize, and estimate will help them to internalize the language structures they have learned.

Encourage Use of Circumlocution

Prompt students to discover various ways of expressing ideas and of overcoming potential blocks to communication through the use of circumlocution and paraphrasing.

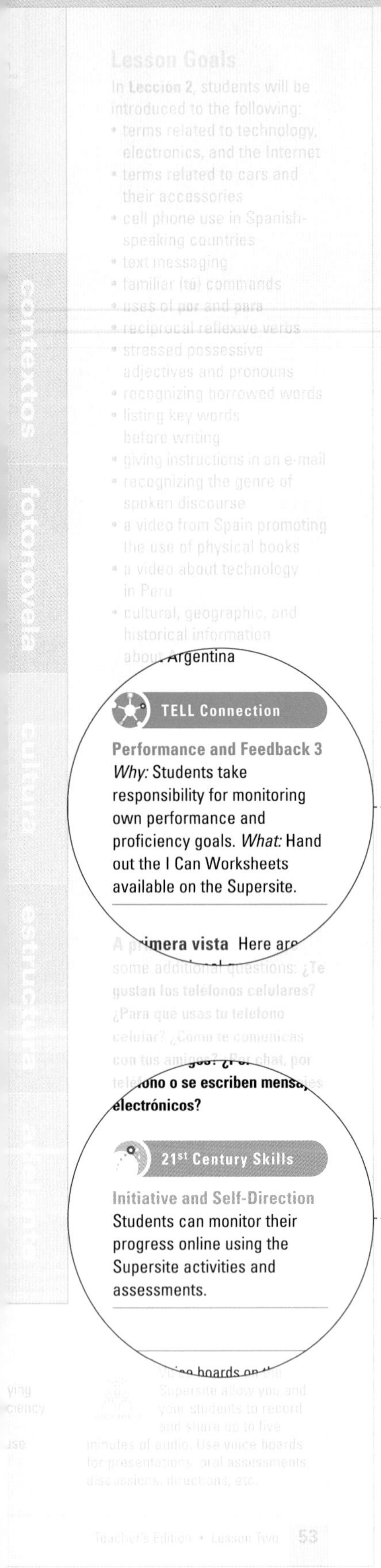

Teaching with *Descubre*

Left sidebar (faded):

Lesson Goals

In **Lección 2**, students will be introduced to the following:
- terms related to technology, electronics, and the Internet
- terms related to cars and their accessories
- cell phone use in Spanish-speaking countries
- text messaging
- familiar (tú) commands
- uses of por and para
- reciprocal reflexive verbs
- stressed possessive adjectives and pronouns
- recognizing borrowed words
- listing key words before writing
- giving instructions in an e-mail
- recognizing the genre of spoken discourse
- a video from Spain promoting the use of physical books
- a video about technology in Peru
- cultural, geographic, and historical information about Argentina

TELL Connection

Performance and Feedback 3
Why: Students take responsibility for monitoring own performance and proficiency goals. *What:* Hand out the I Can Worksheets available on the Supersite.

A primera vista Here are some additional questions: ¿Te gustan los teléfonos celulares? ¿Para qué usas tu teléfono celular? ¿Cómo te comunicas con tus amigos? ¿Por chat, por teléfono o se escriben mensajes electrónicos?

21st Century Skills

Initiative and Self-Direction
Students can monitor their progress online using the Supersite activities and assessments.

...ce boards on the Supersite allow you and your students to record and share up to five minutes of audio. Use voice boards for presentations, oral assessments, discussions, directions, etc.

Teacher's Edition • Lesson Two 53

TELL: Teacher Effectiveness for Language Learning

The TELL Project's goal is to define and focus on the skills, behaviors, and professional growth of world language educators. Find specific TELL suggestions in this Teacher's Edition wrap. Each suggestion asks "why" are we doing this activity and "what" do we do to address the TELL Project goals. Please visit the TELL Project website for more information.

- **Environment:** How do you create a safe and supportive learning environment to prepare for student learning?
- **Planning:** How does your planning of learning experiences prepare for student learning?
- **The Learning Experience:** How do you provide meaningful learning experiences that advance student learning?
- **Performance and Feedback:** How do you and your students use performance and feedback to advance student learning?
- **Learning Tools:** How do you and your students capitalize on a variety of learning tools to maximize student learning?
- **Collaboration:** How does your collaboration with stakeholders support student learning?
- **Professionalism:** How does your continued growth as a professional support student learning?

21st Century Skills

The Partnership for 21st Century Skills ("P21") has developed a framework to identify and classify skills that high school students need to meet today's workplace requirements. In collaboration with ACTFL, P21 has created a map to illustrate the integration of these skills with the World Language Curriculum. Categories include:

- **Interdisciplinary Themes:** Global Awareness; Financial, Economic, Business, and Entrepreneurial Literacy; Civic Literacy; and Health Literacy
- **Information, Media, and Technology Skills:** Communication, Collaboration, Critical Thinking and Problem Solving, Creativity and Innovation, Information and Media Literacy, and Technology Literacy
- **Life and Career Skills:** Flexibility and Adaptability, Initiative and Self-Direction, Social and Cross-Cultural Skills, Productivity and Accountability, Leadership and Responsibility

"I Can" Statements

Students can assess their own progress by using "I Can" (or "Can-Do") Statements. The template below may be customized with the Student Objectives found in **Descubre** to guide student learning, and to train students to assess their progress.

Editable worksheets in the **Content > Resources** area of the Supersite

---

"I Can" Statements

STUDENT OBJECTIVES
Lección 2 Descubre 2

Nombre _____   Fecha _____

Objetivos: Contextos	Fecha	¿Cómo voy?
1. I can recognize words and expressions about technology, electronics, and the Internet.		
2. I can describe cars and their accessories.		

¿Cómo voy?

4 ¡Excelente!: I know this well enough to teach it to someone.

3 Muy bien: I can do this with almost no mistakes.

2 Más o menos: I can do much of this but I have questions.

1 Es difícil: I can do this only with help.

0 ¡Ayúdame!: I can't do this, even with help.

Notas: _____

_____

_____

_____

Assessment

As you use the **Descubre** program, you can employ a variety of assessments to evaluate progress. The program provides comprehensive, discrete answer assessments, as well as more communicative assessments that elicit open-ended, personalized responses.

Diagnostic Testing

The *Recapitulación* section in each lesson of Levels 1 and 2 provides you with an informal opportunity to assess students' readiness for the listening, reading, and writing activities in the *Adelante* section. If some students need additional practice or instruction in a particular area, you can identify this before students move on.

If students have moderate or high access to computers, they could complete the *Recapitulación* auto-graded quiz, also available for Level 3, on the **Descubre** Supersite. After finishing the quiz, each student receives an evaluation of his or her progress, indicating areas where he or she needs to focus. The student is then presented with several options—viewing a summary chart, accessing an online tutorial, or completing some practice items—to reach an appropriate level before beginning the activities in the Adelante section. You will be able to monitor how well students have done through the online gradebook and be able to recommend appropriate study paths until they develop as reflective learners and can decide on their own what works best for them.

Writing Assessment

In each lesson of Levels 1 and 2, the *Adelante* section includes an *Escritura* page that introduces a writing strategy, which students apply as they complete the writing activity. The Teacher's Edition contains suggested rubrics for evaluating students' written work.

You can also apply these rubrics to the process writing activities in the *Cuaderno de actividades comunicativas* and the *Cuaderno para hispanohablantes* for all three levels of **Descubre.** These activities include suggestions for peer- and self-editing that will focus students' attention on what is important for attaining clarity in written communication.

Testing Program

The **Descubre** Testing Program now offers two Quizzes for each *Contextos* section and every grammar point in *Estructura*. Each Quiz A uses discrete answer formats, such as multiple-choice, fill-in-the-blanks, matching and completing charts, while Quiz B uses more open-ended formats, such as asking students to write sentences using prompts or respond to a topic in paragraph format. There is no listening comprehension section for the Quizzes.

Six Tests are available for Levels 1 and 2. Versions A and B are interchangeable, for purposes of administering make-up tests. Tests C and D are shorter versions of Tests A and B. New to this edition, Tests E and F provide a third interchangeable pair that check students' mastery of lesson vocabulary and grammar. All of the Tests contain a listening comprehension section. Level 3 has four Tests for each lesson. Tests A and B contain a greater proportion of controlled activities, while Tests C and D have more open-ended activities. Cumulative Exams are available for all levels.

The tests are also available on the Teacher Resources DVD and the Supersite so that you can customize them by adding, eliminating, or moving items according to your classroom and student needs.

Portfolio Assessment

Portfolios can provide further valuable evidence of your students' learning. They are useful tools for evaluating students' progress in Spanish and also suggest to students how they are likely to be assessed in the real world. Since portfolio activities often comprise classroom tasks that you would assign as part of a lesson or as homework, you should think of the planning, selecting, recording, and interpreting of information about individual performance as a way of blending assessment with instruction.

You may find it helpful to refer to portfolio contents, such as drafts, essays, and samples of presentations when writing student reports and conveying the status of a student's progress to his or her parents.

Ask students regularly to consider which pieces of their own work they would like to share with family and friends, and help them develop criteria for selecting representative samples of essays, stories, poems, recordings of plays or interviews, mock documentaries, and so on. Prompt students to choose a variety of media in their activities wherever possible to demonstrate development in all four language skills. Encourage them to seek peer and parental input as they generate and refine criteria to help them organize and reflect on their own work.

Strategies for Differentiating Assessment

Here are some strategies for modifying tests and other forms of assessment according to your students' needs and your own purposes for administering the assessment.

Adjust Questions Direct complex or higher-level questions to students who are equipped to answer them adequately and modify questions for students with greater needs. Always ask questions that elicit thinking, but keep in mind the students' abilities.

Provide Tiered Assignments Assign tasks of varying complexity depending on individual student needs. Appealing to learners of different abilities and learning styles will allow you to foster a positive teaching environment.

Promote Flexible Grouping Encourage movement among groups of students so that all learners are appropriately challenged. Group students according to interest, oral proficiency levels, or learning styles.

Adjust Pacing Pace the sequence and speed of assessments to suit your students' learning needs. Time advanced learners to challenge them and allow slower-paced learners more time to complete tasks or answer questions.

Integrated
Performance Assessment

Integrated performance assessments (IPA) begin with a real-life task that engages students' interest. To complete the task, students progress through the three modes of communication: they read, view, and listen for information (interpretive mode); they talk and write with classmates about what they have experienced (interpersonal mode); and they share formally what they have learned (presentational mode).

 Editable worksheets in the **Content > Resources** area of the Supersite

ASSESSMENT   Lección 2

Integrated Performance Assessment Rubric

	5 points	3 points	1 point
Interpretive	The student can identify several pros and cons of having a cell phone on constantly.	The student can identify only a few pros and cons of having a cell phone on constantly.	The student can hardly identify pros and cons of having a cell phone on constantly.
Interpersonal	The student can list several pros and cons of having a cell phone.	The student can list only a few pros and cons of having a cell phone.	The student can list very few pros and cons of having a cell phone.
	The student can complete an interview demonstrating mutual understanding. The result of the interview is a clear list for the student's article.	The student can complete an interview with only some difficulty in mutual understanding. The result of the interview is a list for the student's article.	The student can complete an interview but does not reach mutual understanding. The student is not able to prepare a list for his/her article.
Presentational	The student can provide relevant information about a few positive features of a cell phone and some tips for being a balanced cell phone user.	The student can provide some information about features of cell phones and balanced usage, but details are missing.	The presentation lacks detail, and the information about cell phones and advice isunclear.

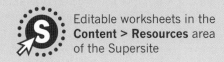
Nombre _____ Fecha _____

PERFORMANCE TASK   Lección 2

All responses and communication must be in Spanish.

Context

You are writing an article for the school newspaper about cell phones and technology use among students at your school. Your goal is to inform other students and to provide tips on balanced use of their phone.

Interpretive task

First, read the comic strip on pages 80–81 of your textbook. Make a list of the positive features of cell phones that are mentioned. Also make a list of the annoyances or implied annoyances of carrying around a cell phone all the time.

Interpersonal task

Compare your list with your partner's. Take turns asking each other what positive and negative characteristics of cell phones are mentioned in the comic strip. Then work together to come up with additional pros and cons, thinking specifically about teens at your school.

Presentational task

Write a short article in which you highlight some of the newest, most impressive, or most practical features of cell phones now. Mention at least three positive things about cell phones. Then give some tips on how to be balanced and not overuse your phone. Mention at least three tips.

A critical step in administering the IPA is to define and share rubrics with students before beginning the task. They need to be aware of what successful performance should look like.

Descubre 2 Pacing Guide

DAY	WARM-UP / ACTIVATE	PRESENT / PRACTICE / COMMUNICATE	REFLECT / CONCLUDE / CONNECT
1 Context for Communication	Evoke student experiences & vocabulary for context [5] Present **A primera vista** [5] 10 minutes	Present vocabulary using illustrations, phrases, categories, association [15] Students demonstrate, role-play, illustrate, classify, associate, & define [10] 25 minutes	Students restate context [5] Introduce homework: Complete selected **Práctica** activities (text and/or **Supersite**) [5] 10 minutes
2 Vocabulary as a Tool	Students restate context and connect to vocabulary [5] Assessment: **Contextos** [5] 10 minutes	Students complete **Práctica** [5] Students do **Comunicación** activities [20] 25 minutes	Students review and personalize key vocabulary in context [5] Introduce homework: **Supersite** flashcards, context illustrations & audio; end-of-chapter list and audio; remaining auto-graded activities [5] 10 minutes
3 Media as a Bridge	Student pairs/small groups review vocabulary [5] Assessment: **Contextos** [5] 10 minutes	Present **Ortografía y pronunciación** using **Supersite** or DVD [10] Orient students to **Fotonovela** and **Expresiones útiles** through video stills with observation, role-play, and prediction [5] First viewing of **Fotonovela** [10] 25 minutes	Student pairs reflect on **Fotonovela** content and connection to vocabulary and context [5] Introduce homework: Complete (selected) text or **Supersite ¿Qué pasó?** activities [5] 10 minutes
4 Media as a Bridge	Choral (whole-class) spelling and pronunciation review [5] Role-play or review of homework activities [5] 10 minutes	Second viewing of **Fotonovela** [10] **¿Qué pasó?** activities [10] Student pairs/small groups write/illustrate sentences on context-vocabulary-**Fotonovela** connections [5] 25 minutes	Students share sentences/illustrations with whole class [5] Introduce homework: Watch **Fotonovela** again on **Supersite**; complete remaining auto-graded activities [5] 10 minutes
5 Culture for Communication	Assessment: **Fotonovela** 10 minutes	Present (select) **Cultura** features in whole class or in small groups using jigsaw, numbered heads together, etc. [20] Student pairs/small groups do selected item(s) from **Actividades** [10] 30 minutes	Introduce homework: Use **Supersite** to do **Conexión Internet** and/or **Actividades** [5] 5 minutes
6 Grammar as a Tool	Assessment: **Cultura** 5 minutes	Present **Flash cultura** using DVD or **Supersite** [15] Present grammatical concept using text, **Supersite** (tutorials, slides), and **Fotonovela** segments [15] Students complete **Inténtalo**, sharing results with partners [5] 35 minutes	Introduce homework: Complete (selected) **Práctica** activities using text and/or **Supersite**; watch tutorials as desired [5] 5 minutes
7 Grammar in Context	Student pairs re-present grammatical structures to each other and share results of completed **Práctica** activities 10 minutes	Student pairs/small groups complete **Práctica** activities [5] Students do **Comunicación** activities [20] 25 minutes	Student pairs/small groups preview **Síntesis** [5] Introduce homework: Complete (selected) **Práctica** and/or **Comunicación** activities in text and/or **Supersite** [5] 10 minutes
8 Grammar as a Tool	Student groups present **Síntesis** and/or review homework activities [5] Assessment: **Estructura** [10] 15 minutes	Present grammatical concept using text, **Supersite** (tutorials, slides), and **Fotonovela** segments [15] Students complete **Inténtalo**, sharing results with partners [5] 20 minutes	Student pairs explain grammatical structure to partner; begin **Práctica** activities [5] Introduce homework: Complete (selected) **Práctica** activities using text and/or **Supersite**; watch tutorials as desired [5] 10 minutes
9 Grammar in Context	Student pairs re-present grammatical structures to each other and share results of completed **Práctica** activities 10 minutes	Student pairs/small groups complete **Práctica** activities [5] Students do **Comunicación** activities [20] 25 minutes	Student pairs/small groups preview **Síntesis** [5] Introduce homework: Complete (selected) **Práctica** and/or **Comunicación** activities in text and/or **Supersite** [5] 10 minutes
10 Grammar as a Tool	Student groups present **Síntesis** and/or review homework activities [5] Assessment: **Estructura** [10] 15 minutes	Present grammatical concept using text, **Supersite** (tutorials, slides), and **Fotonovela** segments [15] Students complete **Inténtalo**, sharing results with partners [5] 20 minutes	Student pairs explain grammatical structure to partner; begin **Práctica** activities [5] Introduce homework: Complete (selected) **Práctica** activities using text and/or **Supersite**; watch tutorials as desired [5] 10 minutes

Traditional Schedule

DAY	WARM-UP / ACTIVATE	PRESENT / PRACTICE / COMMUNICATE	REFLECT / CONCLUDE
11 Grammar in Context	Student pairs re-present grammatical structures to each other and share results of completed **Práctica** activities 10 minutes	Student pairs/small groups complete **Práctica** activities [5] Students do **Comunicación** activities [20] 25 minutes	Student pairs/small groups preview **Síntesis** [5] Introduce homework: Complete (selected) **Práctica** and/or **Comunicación** activities in text and/or **Supersite** [5] 10 minutes
12 Grammar as a Tool	Student groups present **Síntesis** and/or review homework activities [5] Assessment: **Estructura** [10] 15 minutes	Present grammatical concept using text, **Supersite** (tutorials, slides), and **Fotonovela** segments [15] Students complete **Inténtalo**, sharing results with partners [5] 20 minutes	Student pairs explain grammatical structure to partner; begin **Práctica** activities [5] Introduce homework: Complete (selected) **Práctica** activities using text and/or **Supersite**; watch tutorials as desired [5] 10 minutes
13 Grammar in Context	Student pairs re-present grammatical structures to each other and share results of completed **Práctica** activities 10 minutes	Student pairs/small groups complete **Práctica** activities [5] Students do **Comunicación** activities [20] 25 minutes	Student pairs/small groups preview **Síntesis** [5] Introduce homework: Complete (selected) **Práctica** and/or **Comunicación** activities in text and/or **Supersite** [5] 10 minutes
14 Skill Synthesis: Interpretive (Reading)	Assessment: **Estructura** 10 minutes	Guide students through **Antes de leer**, including **Estrategia** [10] Students read **Lectura** (whole class or small groups) [15] 25 minutes	Student pairs/small groups begin **Después de leer** [5] Introduce homework: Reread **Lectura** and complete **Después de leer** activities (text or **Supersite**) [5] 10 minutes
15 Skill Synthesis: Presentational (Writing)	Assessment: **Lectura** 15 minutes	Guide students through **Escritura**, including **Estrategia** and **Tema** [15] Students prepare writing plan, sharing with partner [10] 25 minutes	Introduce homework: First draft of **Tema** writing assignment 5 minutes
16 Skill Synthesis: Interpretive (Listening)	Student pairs read partner's first draft of **Tema** of **Escritura** and share comments 10 minutes	Guide students through **Estrategia** and **Preparación** in **Escuchar** and present selection [15] Students (individuals, pairs, or small groups) do **Comprensión** activities [15] 30 minutes	Introduce homework: Complete second draft of **Escritura** assignment 5 minutes
17 Skill Synthesis: Interpretive (Viewing)	Student group peer review of second draft of **Tema** of **Escritura** 10 minutes	Guide students through the introduction and **Vocabulario útil** of **En pantalla** and show clip using **Supersite** [20] Student pairs do post-viewing activities; show clip again as necessary [10] 30 minutes	Introduce homework: Final version of **Escritura** assignment 5 minutes
18 Geographical Context	Assessment: **Escuchar** or **En pantalla** 5 minutes	Present **Panorama** to whole class or to small groups using jigsaw, numbered heads together, etc. [20] Present **Panorama cultural** using DVD or **Supersite** [15] 35 minutes	Introduce homework: **Panorama**: selected activities (text or **Supersite**) 5 minutes
19 Communication-based Synthesis and Review	Assessment: **Panorama** 5 minutes	Student pairs/small groups/whole class prepare and check **Recapitulación** [20] Guide review of lesson context, vocabulary, structures, skills [10] 30 minutes	Confirm understanding of assessment content and grading rubric [5] Introduce homework: Prepare for lesson test using text and **Supersite** [5] 10 minutes
20 Assessment	**Orientation** Students look over lesson content in preparation 5 minutes	**Assessment** Lesson Test: 40 minutes	

Descubre 2 Pacing Guide

DAY		WARM-UP / ACTIVATE		PRESENT / PRACTICE / COMMUNICATE	
1	Context for Communication	Evoke student experiences & vocabulary for context [5] Present **A primera vista** [5] 10 minutes		Present vocabulary using illustrations, phrases, categories, association [15] Students demonstrate, role-play, illustrate, classify, associate, & define [15] 30 minutes	
2	Media as a Bridge	Student pairs/small groups review vocabulary [5] Assessment: **Contextos** [5] 10 minutes		Present **Pronunciación** using **Supersite** or DVD [15] Orient students to **Fotonovela** and **Expresiones útiles** through video stills with observation, role-play, and prediction [10] First viewing of **Fotonovela** [10] 35 minutes	
3	Culture for Communication	Assessment: **Fotonovela** 10 minutes		Present (select) **Cultura** features in whole class or in small groups using jigsaw, numbered heads together, etc. [20] Student pairs/small groups do selected item(s) from **Actividades** [15] 35 minutes	
4	Grammar as a Tool	Assessment: **Cultura** 10 minutes		Present grammatical concept using text, **Supersite** (tutorials, slides), and **Fotonovela** segments [25] Students complete **Inténtalo**, sharing results with partners [5] 30 minutes	
5	Grammar as a Tool	Assessment: **Estructura** 10 minutes		Present grammatical concept using text, **Supersite** (tutorials, slides), and **Fotonovela** segments [25] Students complete **Inténtalo**, sharing results with partners [5] 30 minutes	
6	Grammar as a Tool	Assessment: **Estructura** 10 minutes		Present grammatical concept using text, **Supersite** (tutorials, slides), and **Fotonovela** segments [25] Students complete **Inténtalo**, sharing results with partners [5] 30 minutes	
7	Grammar as a Tool	Assessment: **Estructura** 10 minutes		Present grammatical concept using text, **Supersite** (tutorials, slides), and **Fotonovela** segments [25] Students complete **Inténtalo**, sharing results with partners [5] 30 minutes	
8	Skill Synthesis	Assessment: **Estructura** 10 minutes		Interpretive (Reading) Guide students through **Antes de leer**, including **Estrategia** [10] Students read **Lectura** (whole class or small groups) and do **Después de leer** [25] 35 minutes	
9	Skill Synthesis and Review	Student group peer review of drafts of **Tema** of **Escritura** [5] Assessment: **Lectura** [10] 15 minutes		Interpretive (Listening) Guide students through **Estrategia** and **Preparación** in Escuchar and present selection [10] Students (individuals, pairs, or small groups) do **Comprensión** activities [15] 25 minutes	
10	Assessment and Geography	Guide review of lesson context, vocabulary, structures, skills 5 minutes		Present **Panorama** features to whole class or to small groups using jigsaw, numbered heads together, etc. [25] Present **Panorama cultural** video using DVD or **Supersite** [10] 35 minutes	

Block Schedule

REFLECT	PRESENT / PRACTICE / COMMUNICATE	REFLECT / CONCLUDE	DAY
Students restate context (individually or in pairs) and create personalized sentences	Students do select **Práctica** activities [15] Students do **Comunicación** activities [15]	Students review key vocabulary through personalized phrases and sentences [5] Introduce homework: **Supersite** flashcards, context illustrations & audio; end-of-lesson list and audio; auto-graded activities [5]	1
5 minutes	30 minutes	10 minutes	
Student pairs reflect on **Fotonovela** and begin **¿Qué pasó?** comprehension activities	Second viewing of **Fotonovela** [10] Students complete **¿Qué pasó?** activities [5] Student pairs/small groups write/illustrate vocabulary-**Fotonovela** connections [5]	Students reflect on connection of vocabulary and video to lesson context [5] Introduce homework: Watch **Fotonovela** again on **Supersite**; complete remaining auto-graded activities [5]	2
10 minutes	20 minutes	10 minutes	
Individual students reflect on information presented and identify concept or topic of initial personal interest	Orient students to **Flash cultura** vocabulary, content, and learning outcomes on **Supersite** [10] Present **Flash cultura** using DVD or **Supersite** and discuss [15]	Student pairs/small groups do selected item(s) from **Actividades** [5] Introduce homework: Use **Supersite** to do **Flash cultura** activities, **Conexión Internet**, and/or **Actividades** [5]	3
5 minutes	25 minutes	10 minutes	
Student pairs explain grammatical structure to partner	Student pairs do select **Práctica** activities [15] Students do **Comunicación** activities [15]	Student pairs/small groups preview **Síntesis** [5] Introduce homework: Complete (selected) **Práctica** and/or **Comunicación** activities in text and/or **Supersite** [5]	4
5 minutes	30 minutes	10 minutes	
Student pairs explain grammatical structure to partner	Student pairs/small groups do select **Práctica** activities [15] Students do **Comunicación** activities [15]	Student pairs/small groups preview **Síntesis** [5] Introduce homework: Complete (selected) **Práctica** and/or **Comunicación** activities in text and/or **Supersite** [5]	5
5 minutes	30 minutes	10 minutes	
Student pairs explain grammatical structure to partner	Student pairs/small groups do select **Práctica** activities [15] Students do **Comunicación** activities [15]	Student pairs/small groups preview **Síntesis** [5] Introduce homework: Complete (selected) **Práctica** and/or **Comunicación** activities in text and/or **Supersite** [5]	6
5 minutes	30 minutes	10 minutes	
Student pairs explain grammatical structure to partner	Student pairs/small groups do select **Práctica** activities [15] Students do **Comunicación** activities [15]	Student pairs/small groups preview **Síntesis** [5] Introduce homework: Complete (selected) **Práctica** and/or **Comunicación** activities in text and/or **Supersite** [5]	7
5 minutes	30 minutes	10 minutes	
	Presentational (Writing) Guide students through **Escritura**, including **Estrategia** and **Tema** [10] Place students in pairs/small groups and orient to process writing through **Supersite** or **CA** [5] Students begin writing [15]	Student pairs share writing plan with partner [5] Introduce homework: First draft of **Tema** writing assignment [5]	8
	30 minutes	10 minutes	
	Interpretive (Viewing) Guide students through the introduction and **Vocabulario útil** of **En pantalla** and show clip via **Supersite** [10] Student pairs do post-viewing activities; show clip again as necessary [10]	Students do **Recapitulación** [15] Confirm understanding of assessment content and grading rubric [5] Introduce homework: Complete **Escritura** writing assignment and review **Recapitulación** and lesson vocabulary (text or **Supersite**) [5]	9
	20 minutes	25 minutes	
Introduce homework: **Panorama**: selected activities (text or **Supersite**)	**Assessment** Lesson Test: 40 minutes		10
5 minutes			

Index of Cultural References

Index of Cultural References

Spas
    Baños de San Vicente (volcanic
        mud baths, Ecuador), 202
    Ecotermales (hot springs, Arenal,
        Costa Rica), 202
    Las Hornillas y Las Pailas (natural
        thermal baths, Costa Rica), 202
    Volcán de lodo El Totumo
        (Colombia), 202
Tazumal (archaeological site, El Salvador),
   290
Tiahuanaco (Bolivia), *see* **History**
Volcanoes
    Arenal (Costa Rica), 50
    Concepción (Nicaragua), 256
    Maderas (Nicaragua), 256
    Masaya (Nicaragua), 247

Social Customs and Daily Life
apodos de ciudades, 171
Arab influence (influencia árabe), 98
Batalla de Flores (*Flower Parade*), 159
beneficios laborales, 236
bicimotos, 63
cibercafés, 85
chamanes (*shamans*), 27
curanderos (*healers*), 27
días festivos, 255
gauchos, 324
hamaca (*hammock*), 99
mate, *see* **Food**
mecedora (*rocking chair*), 99
metro, 170, 189
parques públicos, 223
patio central (*inner patio*), 98
redes sociales, 62–63
servicios de salud (health services), 26
turismo ecológico, 157

Sports
automovilismo, 84
béisbol, 259
surfing (El Salvador), 291

DESCUBRE 2

Lengua y cultura del mundo hispánico

VISTA®
HIGHER LEARNING

Boston, Massachusetts

On the cover: Stained glass, La Boquería Market, Barcelona, Spain

Publisher: José A. Blanco
Professional Development Director: Norah Lulich Jones
Editorial Development: Brian Contreras, Diego García, Sharla Zwirek
Project Management: Kayli Brownstein, Hillary Gospodarek, Sharon Inglis
Rights Management: Ashley Dos Santos, Jorgensen Fernandez, Caitlin O'Brien
Technology Production: Jamie Kostecki, Fabián Montoya, Paola Ríos Schaaf
Design: Gabriel Noreña, Andrés Vanegas
Production: Manuela Arango, Sergio Arias, Oscar Díez

Student Text ISBN: 978-1-68004-322-8
Library of Congress Control Number: 2015948650

1 2 3 4 5 6 7 8 9   TC   20 19 18 17 16 15

Printed in Canada.

DESCUBRE 2

Lengua y cultura del mundo hispánico

Table of Contents

así somos

así lo hacemos

Lección preliminar

contextos

fotonovela

Lección 1

En el consultorio

Lección 2

La tecnología

cultura   así pasó   así nos gusta

cultura   estructura   adelante

Table of Contents

	contextos	**fotonovela**

Table of Contents

	contextos	**fotonovela**

Consulta

The Spanish-Speaking World

OCÉANO ÁRTICO

Mar de Siberia Oriental

Mar de Beaufort

Bahía de Baffin

GROENLANDIA (DINAMARCA)

RUSIA

Alaska (EE.UU.)

60N

Mar de Bering

Bahía de Hudson

Mar del Labrador

CANADÁ

ESTADOS UNIDOS

OCÉANO ATLÁNTICO

30N

Trópico de Cáncer

Golfo de México

MÉXICO

ISLAS BAHAMAS
REPÚBLICA DOMINICANA

Islas Hawái (EE.UU.)

BELICE

CUBA

PUERTO RICO (EE.UU.)

ISLAS MARSHALL

JAMAICA

HAITÍ

SAN CRISTÓBAL Y NIEVES
ANTIGUA Y BARBUDA
GUADALUPE (FRANCIA)
DOMINICA
MARTINICA (FRANCIA)
BARBADOS
SANTA LUCÍA

GUATEMALA

SAN VICENTE Y LAS GRANADINAS

Mar Caribe

EL SALVADOR
HONDURAS
NICARAGUA
COSTA RICA
PANAMÁ

GRANADA

VENEZUELA

TRINIDAD Y TOBAGO
GUAYANA FRANCESA (FRANCIA)

ESTADOS FEDERADOS DE MICRONESIA

KIRIBATI

OCÉANO PACÍFICO

COLOMBIA

GUYANA

SURINAM

NAURU

ISLAS SALOMÓN

Islas Galápagos (Ecuador)

ECUADOR

ISLAS TUVALU

SAMOA OCCIDENTAL

PERÚ

BRASIL

VANUATU

FIYI

SAMOA ORIENTAL (EE.UU.)

BOLIVIA

APIA

Trópico de Capricornio

PARAGUAY

NUEVA CALEDONIA (FRANCIA)

Isla de Pascua (CHILE)

30S

URUGUAY

NUEVA ZELANDA

CHILE

ARGENTINA

Islas Malvinas

El mundo

● Países hispanohablantes

● Países con alto número de hispanohablantes

60S

ANTÁRTIDA

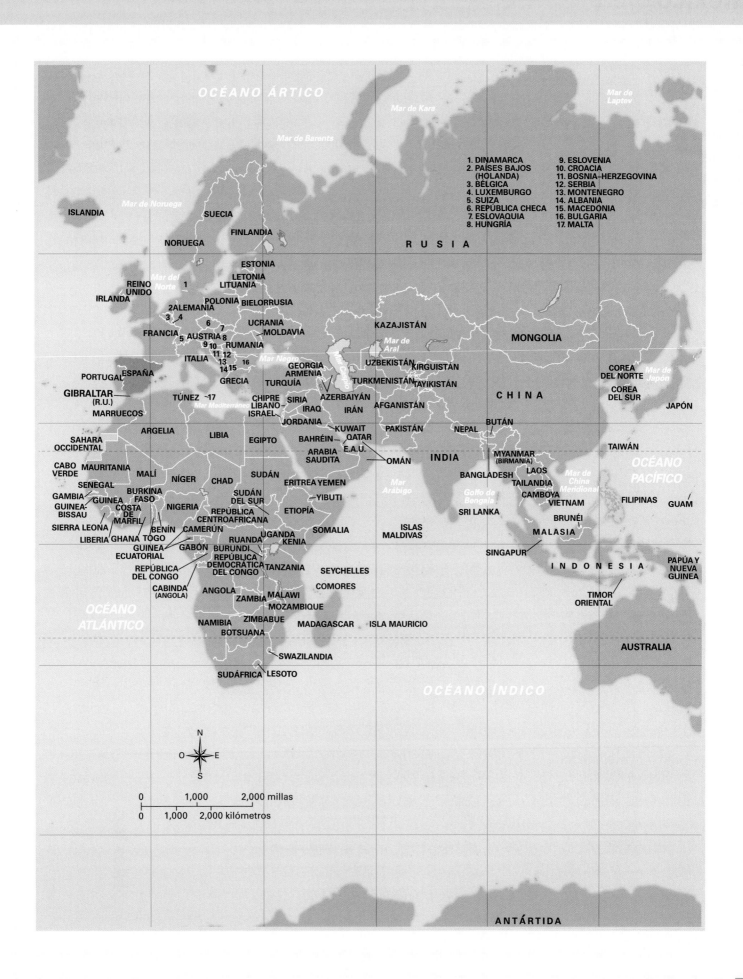

OCÉANO ÁRTICO

Mar de Kara

Mar de Laptev

Mar de Barents

1. DINAMARCA   9. ESLOVENIA
2. PAÍSES BAJOS   10. CROACIA
   (HOLANDA)   11. BOSNIA–HERZEGOVINA
3. BÉLGICA   12. SERBIA
4. LUXEMBURGO   13. MONTENEGRO
5. SUIZA   14. ALBANIA
6. REPÚBLICA CHECA   15. MACEDONIA
7. ESLOVAQUIA   16. BULGARIA
8. HUNGRÍA   17. MALTA

ISLANDIA

Mar de Noruega

SUECIA

FINLANDIA

NORUEGA

RUSIA

ESTONIA

Mar del Norte

REINO UNIDO

LETONIA

LITUANIA

IRLANDA

POLONIA

BIELORRUSIA

2 ALEMANIA

3 4

UCRANIA

MOLDAVIA

KAZAJISTÁN

MONGOLIA

6 7

FRANCIA

5 AUSTRIA 8

9 10 RUMANIA

ITALIA

11 12

13 15

14 16

Mar Negro

Mar de Aral

Mar Caspio

UZBEKISTÁN

KIRGUISTÁN

GEORGIA

ARMENIA

TURKMENISTÁN TAYIKISTÁN

CHINA

COREA DEL NORTE

Mar de Japón

PORTUGAL

ESPAÑA

GRECIA

TURQUÍA

COREA DEL SUR

GIBRALTAR (R.U.)

TÚNEZ 17

Mar Mediterráneo

CHIPRE

SIRIA

AZERBAIYÁN

LÍBANO ISRAEL

IRAQ

IRÁN

AFGANISTÁN

JAPÓN

MARRUECOS

JORDANIA

KUWAIT

PAKISTÁN

NEPAL

BUTÁN

TAIWÁN

ARGELIA

LIBIA

EGIPTO

BAHRÉIN

QATAR

ARABIA SAUDITA

E.A.U.

OMÁN

INDIA

MYANMAR (BIRMANIA)

OCÉANO PACÍFICO

SAHARA OCCIDENTAL

CABO VERDE

MAURITANIA

MALÍ

NÍGER

CHAD

SUDÁN

ERITREA YEMEN

Mar Arábigo

BANGLADESH

LAOS

Mar de China Meridional

SENEGAL

BURKINA FASO

SUDÁN DEL SUR

YIBUTI

Golfo de Bengala

TAILANDIA

CAMBOYA

VIETNAM

FILIPINAS

GUAM

GAMBIA

GUINEA-BISSAU

GUINEA

COSTA DE MARFIL

NIGERIA

REPÚBLICA CENTROAFRICANA

ETIOPÍA

SRI LANKA

BRUNÉI

SIERRA LEONA

LIBERIA GHANA TOGO

BENÍN

CAMERÚN

RUANDA

UGANDA

KENIA

SOMALIA

ISLAS MALDIVAS

MALASIA

GUINEA ECUATORIAL

GABÓN

BURUNDI

REPÚBLICA DEMOCRÁTICA DEL CONGO

SINGAPUR

INDONESIA

PAPÚA Y NUEVA GUINEA

REPÚBLICA DEL CONGO

CABINDA (ANGOLA)

TANZANIA

SEYCHELLES

COMORES

TIMOR ORIENTAL

ANGOLA

MALAWI

ZAMBIA

MOZAMBIQUE

OCÉANO ATLÁNTICO

NAMIBIA

ZIMBABUE

MADAGASCAR

ISLA MAURICIO

BOTSUANA

AUSTRALIA

SWAZILANDIA

SUDÁFRICA LESOTO

OCÉANO ÍNDICO

N
O   E
S

0   1,000   2,000 millas

0   1,000   2,000 kilómetros

ANTÁRTIDA

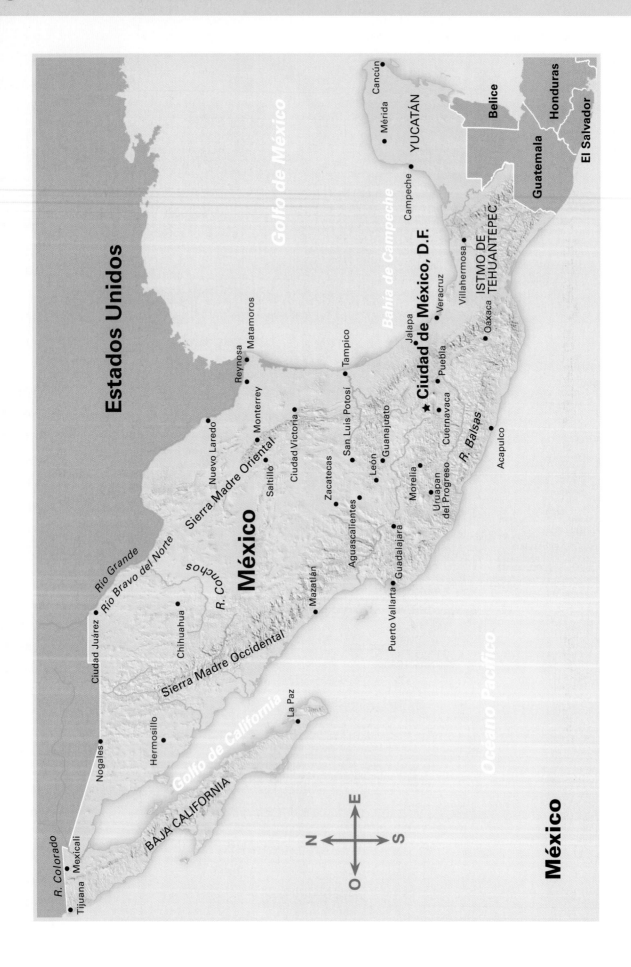

Estados Unidos

Golfo de México

Bahía de Campeche

R. Colorado
Tijuana
Mexicali
Nogales
Ciudad Juárez
Río Grande
Río Bravo del Norte
Chihuahua
R. Conchos
Hermosillo
Sierra Madre Occidental
BAJA CALIFORNIA
Golfo de California
La Paz
Mazatlán
México
Sierra Madre Oriental
Saltillo
Nuevo Laredo
Monterrey
Reynosa
Matamoros
Ciudad Victoria
Zacatecas
San Luis Potosí
Tampico
Aguascalientes
León
Guanajuato
Guadalajara
Puerto Vallarta
Morelia
Uruapan del Progreso
Cuernavaca
Ciudad de México, D.F.
Puebla
Jalapa
Veracruz
Villahermosa
R. Balsas
Acapulco
Oaxaca
ISTMO DE TEHUANTEPEC
Campeche
Mérida
Cancún
YUCATÁN
Belice
Honduras
Guatemala
El Salvador
Océano Pacífico
México

N
E
S
O

Central America and the Caribbean

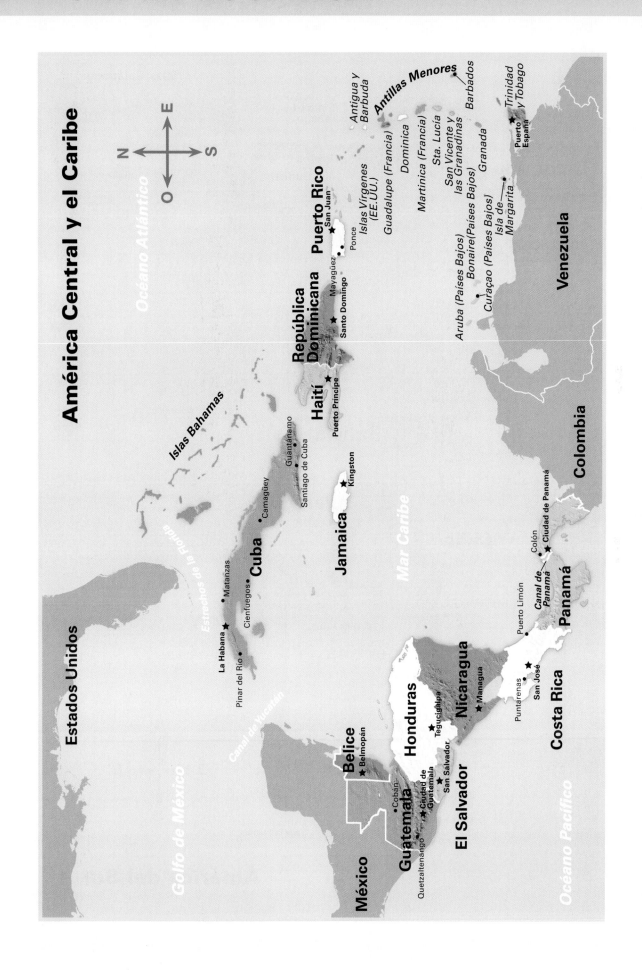

América Central y el Caribe

N
E
O
S

Estados Unidos

Golfo de México

Océano Atlántico

Islas Bahamas

Estrechos de la Florida

Pinar del Río
La Habana
Matanzas
Cienfuegos
Cuba
Camagüey
Santiago de Cuba
Guantánamo

Canal de Yucatán

México

Quetzaltenango
Cobán
Ciudad de Guatemala
Guatemala
San Salvador
El Salvador

Belice
Belmopán

Honduras
Tegucigalpa

Nicaragua
Managua

Puerto Limón

Puntarenas
San José
Costa Rica

Océano Pacífico

Jamaica
Kingston

Mar Caribe

Colón
Ciudad de Panamá
Canal de Panamá
Panamá

Colombia

Venezuela

Haití
Puerto Príncipe

República Dominicana
Santo Domingo

Puerto Rico
San Juan
Mayagüez
Ponce

Islas Vírgenes (EE.UU.)

Antigua y Barbuda

Antillas Menores

Guadalupe (Francia)

Dominica

Martinica (Francia)

Sta. Lucía

San Vicente y las Granadinas

Barbados

Granada

Trinidad y Tobago
Puerto España

Aruba (Países Bajos)
Bonaire (Países Bajos)
Curaçao (Países Bajos)
Isla de Margarita

South America

Mar Caribe

Barranquilla
Maracaibo
Caracas ★
Puerto España
Trinidad y Tobago

Venezuela

Medellín

Colombia
Bogotá ★
Cali

Pasto

★ Quito

Ecuador
Guayaquil

Iquitos

Perú

R. Orinoco

Georgetown ★
Guyana
Paramaribo ★
Surinam
Cayena ★
Guayana Francesa

R. Negro

R. Amazonas
Belém

Manaus

R. Madeira

Recife

Islas Galápagos

Océano Pacífico
Isla Pinta
Isla Marchena
Isla Genovesa
Isla Isabela
Línea ecuatorial
Volcán Darwin
Isla Santiago (San Salvador)
Isla Fernandina
Puerto Ayora
Isla San Cristóbal
Santo Tomás
Isla Santa Cruz
Puerto Baquerizo Moreno
Isla Santa María
Isla Española

Cordillera de los Andes

Lima ★
Cuzco
Lago Titicaca
Arequipa
★ La Paz
Arica
Sucre ★
Bolivia
Iquique

Océano Pacífico

Antofagasta

Salta

Chile

Brasil
★ Brasilia

R. Paraguay
R. Paraná
Belo Horizonte
São Paulo
Santos
Río de Janeiro
Salvador

Paraguay
Asunción ★
R. Uruguay
Pôrto Alegre

Córdoba
R. Paraná
Valparaíso
Mendoza
Rosario
★ Santiago
Buenos Aires ★
Uruguay
Montevideo

Concepción

Cordillera de los Andes

Argentina

Bahía Blanca

Océano Atlántico

N
O — E
S

Puerto Montt

Estrecho de Magallanes
Islas Malvinas
Punta Arenas

Tierra del Fuego

América del Sur

Spain

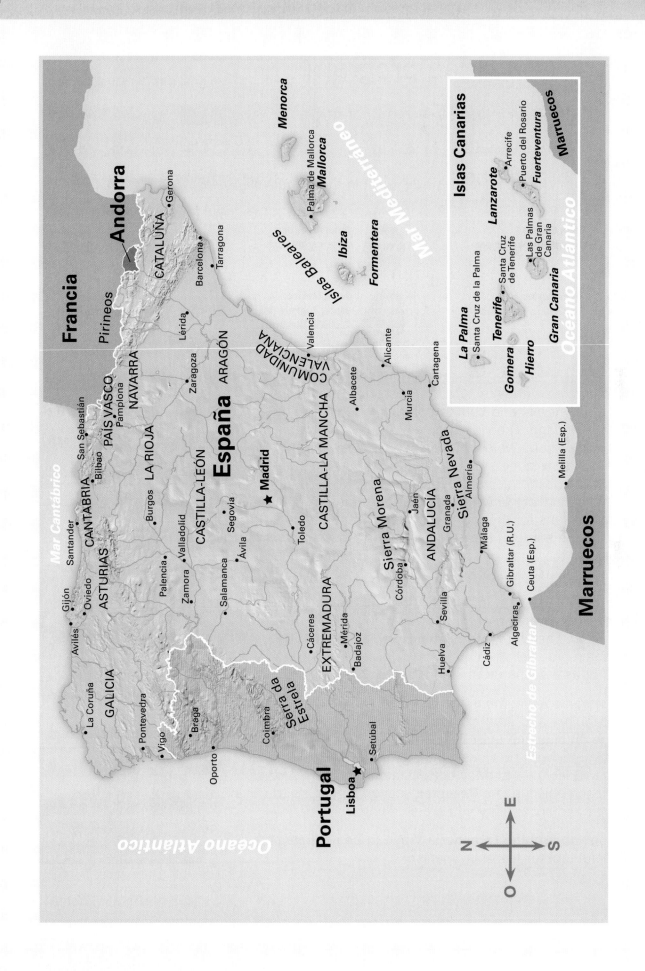

Francia

Andorra

Pirineos

CATALUÑA

Gerona

Menorca

Palma de Mallorca

Mallorca

Mar Mediterráneo

Islas Canarias

Marruecos

Tarragona

Barcelona

Lérida

NAVARRA

ARAGÓN

Zaragoza

España

COMUNIDAD VALENCIANA

Valencia

Alicante

Islas Baleares

Ibiza

Formentera

Mar Cantábrico

PAÍS VASCO

San Sebastián

Pamplona

Bilbao

LA RIOJA

CASTILLA-LEÓN

Burgos

Madrid

Segovia

CASTILLA-LA MANCHA

Albacete

Murcia

Cartagena

CANTABRIA

Santander

ASTURIAS

Gijón

Oviedo

Avilés

Palencia

Valladolid

Zamora

Salamanca

Ávila

Toledo

Sierra Morena

Jaén

Córdoba

Granada

ANDALUCÍA

Sierra Nevada

Almería

Málaga

Melilla (Esp.)

GALICIA

La Coruña

Pontevedra

Vigo

Braga

Coimbra

Serra da Estrela

Cáceres

EXTREMADURA

Mérida

Badajoz

Sevilla

Huelva

Cádiz

Algeciras

Gibraltar (R.U.)

Ceuta (Esp.)

Estrecho de Gibraltar

Marruecos

Portugal

Lisboa

Setúbal

Oporto

Océano Atlántico

Islas Canarias

Marruecos

Lanzarote

Arrecife

Puerto del Rosario

Fuerteventura

La Palma

Santa Cruz de la Palma

Tenerife

Santa Cruz de Tenerife

Las Palmas de Gran Canaria

Gran Canaria

Gomera

Hierro

Océano Atlántico

N

E

S

O

Video Programs

Fotonovela video program

The Cast

Here are the main characters you will meet in the **Fotonovela** Video:

From Mexico,
Jimena Díaz Velázquez

From Argentina,
Juan Carlos Rossi

From the U.S.,
Marissa Wagner

From Mexico,
Felipe Díaz Velázquez

From Mexico,
María Eugenia (Maru)
Castaño Ricaurte

From Spain,
Miguel Ángel
Lagasca Martínez

Fully integrated with your text, the *Descubre* Fotonovela Video is a dynamic and contemporary window into the Spanish language. The video centers around the Díaz family, whose household includes two college-aged children and a visiting student from the U.S. Over the course of an academic year, Jimena, Felipe, Marissa, and their friends explore **el D.F.** and other parts of Mexico as they make plans for their futures. Their adventures take them through some of the greatest natural and cultural treasures of the Spanish-speaking world, as well as the highs and lows of everyday life.

The **Fotonovela** section in each textbook lesson is actually an abbreviated version of the dramatic episode featured in the video. Therefore, each **Fotonovela** section can be done before you see the corresponding video episode, after it, or as a section that stands alone.

In each dramatic segment, the characters interact using the vocabulary and grammar you are studying. As the storyline unfolds, the episodes combine new vocabulary and grammar with previously taught language, exposing you to a variety of authentic accents along the way. At the end of each episode, the **Resumen** section highlights the grammar and vocabulary you are studying.

We hope you find the **Fotonovela** Video to be an engaging and useful tool for learning Spanish!

En pantalla video program

The *Descubre* Supersite features an authentic video clip for each lesson. Clip formats include commercials, TV shows, and even a short film. These clips have been carefully chosen to be comprehensible for students learning Spanish, and are accompanied by activities and vocabulary lists to facilitate understanding. More importantly, though, these clips are a fun and motivating way to improve your Spanish!

Here are the countries represented in each lesson in **En pantalla**:

Lesson 1 **Spain**	Lesson 4 **Argentina**	Lesson 7 **Uruguay**
Lesson 2 **Spain**	Lesson 5 **Uruguay**	Lesson 8 **Mexico**
Lesson 3 **Spain**	Lesson 6 **Mexico**	Lesson 9 **Mexico**

Flash cultura video program

In the dynamic **Flash cultura** Video, young people from all over the Spanish-speaking world share aspects of life in their countries with you. The similarities and differences among Spanish-speaking countries that come up through their adventures will challenge you to think about your own cultural practices and values. The segments provide valuable cultural insights as well as linguistic input; the episodes will introduce you to a variety of accents and vocabulary as they gradually move into Spanish.

Panorama cultural video program

The **Panorama cultural** Video is integrated with the **Panorama** section in each lesson. Each segment is 2–3 minutes long and consists of documentary footage from each of the countries featured. The images were specially chosen for interest level and visual appeal, while the all-Spanish narrations were carefully written to reflect the vocabulary and grammar covered in the textbook.

Supersite

(S)upersite

Each section of your textbook comes with resources and activities on the *Descubre* Supersite. You can access them from any computer with an Internet connection. Visit vhlcentral.com to get started.

My Vocabulary **Tutorials**	→ **CONTEXTOS** Listen to audio of the **Vocabulary**, watch dynamic **Tutorials**, and practice using Flashcards.
Video: *Fotonovela*	→ **FOTONOVELA** Travel with Marissa to Mexico and meet her host family. Watch the **Video** again at home to see the characters use the vocabulary in a real context.
Audio	→ **PRONUNCIACIÓN** Improve your accent by listening to native speakers, then recording your voice and comparing it to the samples provided.
Additional Reading	→ **CULTURA** Explore cultural topics through the *Conexión Internet* activity or reading the *Más cultura* selection.
Tutorial	→ **ESTRUCTURA** Watch an animated **Tutorial**, and then answer *el profesor*'s questions to make sure you got it.
Audio: Reading **Additional Reading** **Audio** **Video: TV Clip** **Video:** *Flash cultura* **Video:** *Panorama cultural* **Interactive Map**	→ **ADELANTE** Listen along as the **reading** is read aloud. Read another selection related to the chapter's theme. Listen again to the audio from *Escuchar*. Watch the **En pantalla**, **Flash cultura**, and **Panorama cultural Videos** again outside of class so that you can pause and repeat to really understand what you hear. Use the **Interactive Map** to explore the places you might want to visit.
My Vocabulary **Diagnostics**	→ **VOCABULARIO - RECAPITULACIÓN** Just what you need to get ready for the test! Review the **vocabulary** with **audio**. Practice vocabulary with Flashcards in **My Vocabulary**. Complete the Diagnostic *Recapitulación* to see what you might still need to study. Get additional **Remediation Activities**.

Icons

Icons

Familiarize yourself with these icons that appear throughout *Descubre*.

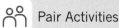

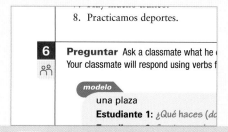

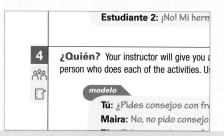

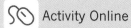 Listening

The listening icon indicates that audio is available. You will see it in the lesson's **Contextos**, **Pronunciación**, **Escuchar**, and **Vocabulario** sections.

Pair Activities

Two heads indicate a pair activity.

Handout

The activities marked with this icon require handouts that your teacher will give you to help you complete the activity.

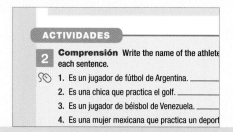

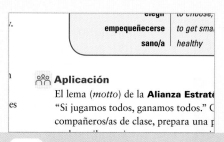

Activity Online

The mouse icon indicates when an activity is also available on the Supersite.

Group Activities

Three heads indicate a group activity.

Partner Chat/Virtual Chat Activities

Two heads with a speech bubble indicate that the activity may be assigned as a Partner Chat or a Virtual Chat activity on the Supersite.

Recursos

Recursos boxes let you know exactly which print and technology ancillaries you can use to reinforce and expand on every section of the lessons in your textbook. They even include page numbers when applicable.

vText
Materials also available in the interactive online textbook

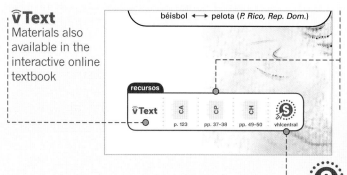
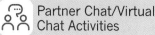

CA Cuaderno de actividades comunicativas

CP Cuaderno de práctica

CH Cuaderno para hispanohablantes

Three workbooks with additional vocabulary and grammar practice; audio activities; and pre-, during, and post-viewing activities for the video programs.

Supersite
Additional practice on the Supersite, not included in the textbook.

The Spanish-Speaking World

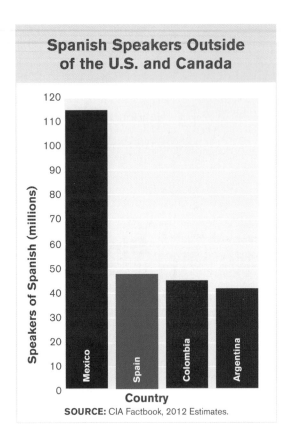

Spanish Speakers Outside of the U.S. and Canada

Speakers of Spanish (millions)

Country

SOURCE: CIA Factbook, 2012 Estimates.

Do you know someone whose first language is Spanish? Chances are you do! More than approximately forty million people living in the U.S. speak Spanish; after English, it is the second most commonly spoken language in this country. It is the official language of twenty-two countries and an official language of the European Union and United Nations.

The Growth of Spanish

Have you ever heard of a language called Castilian? It's Spanish! The Spanish language as we know it today has its origins in a dialect called Castilian (**castellano** in Spanish). Castilian developed in the 9th century in north-central Spain, in a historic provincial region known as Old Castile. Castilian gradually spread towards the central region of New Castile, where it was adopted as the main language of commerce. By the 16th century, Spanish had become the official language of Spain and eventually, the country's role in exploration, colonization, and overseas trade led to its spread across Central and South America, North America, the Caribbean, parts of North Africa, the Canary Islands, and the Philippines.

Spanish in the United States

1500

1600

1700

16th Century
Spanish is the official language of Spain.

1565
The Spanish arrive in Florida and found St. Augustine.

1610
The Spanish found Santa Fe, today's capital of New Mexico, the state with the most Spanish speakers in the U.S.

Spanish in the United States

Spanish came to North America in the 16th century with the Spanish who settled in St. Augustine, Florida. Spanish-speaking communities flourished in several parts of the continent over the next few centuries. Then, in 1848, in the aftermath of the Mexican-American War, Mexico lost almost half its land to the United States, including portions of modern-day Texas, New Mexico, Arizona, Colorado, California, Wyoming, Nevada, and Utah. Overnight, hundreds of thousands of Mexicans became citizens of the United States, bringing with them their rich history, language, and traditions.

This heritage, combined with that of the other Hispanic populations that have immigrated to the United States over the years, has led to the remarkable growth of Spanish around the country. After English, it is the most commonly spoken language in 43 states. More than 12 million people in California alone claim Spanish as their first or "home" language.

You've made a popular choice by choosing to take Spanish in school. Not only is Spanish found and heard almost everywhere in the United States, but it is the most commonly taught foreign language in classrooms throughout the country! Have you heard people speaking Spanish in your community? Chances are that you've come across an advertisement, menu, or magazine that is in Spanish. If you look around, you'll find that Spanish can be found in some pretty common places. For example, most ATMs respond to users in both English and Spanish. News agencies and television stations such as **CNN** and **Telemundo** provide Spanish-language broadcasts. When you listen to the radio or download music from the Internet, some of the most popular choices are Latino artists who perform in Spanish. Federal government agencies such as the Internal Revenue Service and the Department of State provide services in both languages. Even the White House has an official Spanish-language webpage! Learning Spanish can create opportunities within your everyday life.

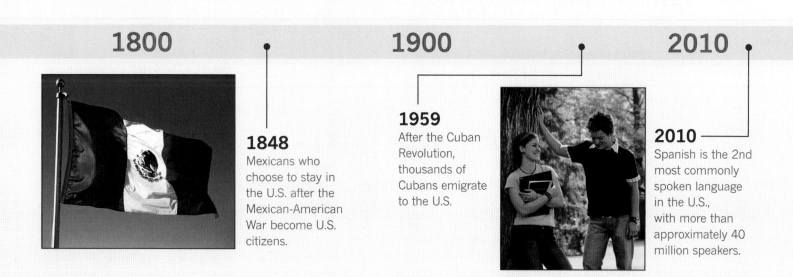

1800

1900

2010

1848
Mexicans who choose to stay in the U.S. after the Mexican-American War become U.S. citizens.

1959
After the Cuban Revolution, thousands of Cubans emigrate to the U.S.

2010
Spanish is the 2nd most commonly spoken language in the U.S., with more than approximately 40 million speakers.

Why Study Spanish?

Learn an International Language

There are many reasons to learn Spanish, a language that has spread to many parts of the world and has along the way embraced words and sounds of languages as diverse as Latin, Arabic, and Nahuatl. Spanish has evolved from a medieval dialect of north-central Spain into the fourth most commonly spoken language in the world. It is the second language of choice among the majority of people in North America.

Understand the World Around You

Knowing Spanish can also open doors to communities within the United States, and it can broaden your understanding of the nation's history and geography. The very names Colorado, Montana, Nevada, and Florida are Spanish in origin. Just knowing their meanings can give you some insight into, of all things, the landscapes for which the states are renowned. Colorado means "colored red;" Montana means "mountain;" Nevada is derived from "snow-capped mountain;" and Florida means "flowered." You've already been speaking Spanish whenever you talk about some of these states!

Connect with the World

Learning Spanish can change how you view the world. While you learn Spanish, you will also explore and learn about the origins, customs, art, music, and literature of people in close to two dozen countries. When you travel to a Spanish-speaking country, you'll be able to converse freely with the people you meet. And whether in the U.S., Canada, or abroad, you'll find that speaking to people in their native language is the best way to bridge any culture gap.

State Name	Meaning in Spanish
Colorado	"colored red"
Florida	"flowered"
Montana	"mountain"
Nevada	"snow-capped mountain"

Why Study Spanish?

Expand Your Skills

Studying a foreign language can improve your ability to analyze and interpret information and help you succeed in many other subject areas. When you first begin learning Spanish, your studies will focus mainly on reading, writing, grammar, listening, and speaking skills. You'll be amazed at how the skills involved with learning how a language works can help you succeed in other areas of study. Many people who study a foreign language claim that they gained a better understanding of English. Spanish can even help you understand the origins of many English words and expand your own vocabulary in English. Knowing Spanish can also help you pick up other related languages, such as Italian, Portuguese, and French. Spanish can really open doors for learning many other skills in your school career.

Explore Your Future

How many of you are already planning your future careers? Employers in today's global economy look for workers who know different languages and understand other cultures. Your knowledge of Spanish will make you a valuable candidate for careers abroad as well as in the United States or Canada. Doctors, nurses, social workers, hotel managers, journalists, businessmen, pilots, flight attendants, and many other professionals need to know Spanish or another foreign language to do their jobs well.

How to Learn Spanish

Start with the Basics!

As with anything you want to learn, start with the basics and remember that learning takes time! The basics are vocabulary, grammar, and culture.

Vocabulary | Every new word you learn in Spanish will expand your vocabulary and ability to communicate. The more words you know, the better you can express yourself. Focus on sounds and think about ways to remember words. Use your knowledge of English and other languages to figure out the meaning of and memorize words like **conversación, teléfono, oficina, clase,** and **música**.

Grammar | Grammar helps you put your new vocabulary together. By learning the rules of grammar, you can use new words correctly and speak in complete sentences. As you learn verbs and tenses, you will be able to speak about the past, present, or future, express yourself with clarity, and be able to persuade others with your opinions. Pay attention to structures and use your knowledge of English grammar to make connections with Spanish grammar.

Culture | Culture provides you with a framework for what you may say or do. As you learn about the culture of Spanish-speaking communities, you'll improve your knowledge of Spanish. Think about a word like **salsa**, and how it connects to both food and music. Think about and explore customs observed on **Nochevieja** (New Year's Eve) or at a **fiesta de quince años** (a girl's fifteenth birthday party). Watch people greet each other or say good-bye. Listen for idioms and sayings that capture the spirit of what you want to communicate!

Teenagers celebrating at a **fiesta de quince años.**

Listen, Speak, Read, and Write

Listening | Listen for sounds and for words you can recognize. Listen for inflections and watch for key words that signal a question such as **cómo** (*how*), **dónde** (*where*), or **qué** (*what*). Get used to the sound of Spanish. Play Spanish pop songs or watch Spanish movies. Borrow books on CD from your local library, or try to visit places in your community where Spanish is spoken. Don't worry if you don't understand every single word. If you focus on key words and phrases, you'll get the main idea. The more you listen, the more you'll understand!

Speaking | Practice speaking Spanish as often as you can. As you talk, work on your pronunciation, and read aloud texts so that words and sentences flow more easily. Don't worry if you don't sound like a native speaker, or if you make some mistakes. Time and practice will help you get there. Participate actively in Spanish class. Try to speak Spanish with classmates, especially native speakers (if you know any), as often as you can.

Reading | Pick up a Spanish-language newspaper or a pamphlet on your way to school, read the lyrics of a song as you listen to it, or read books you've already read in English translated into Spanish. Use reading strategies that you know to understand the meaning of a text that looks unfamiliar. Look for cognates, or words that are related in English and Spanish, to guess the meaning of some words. Read as often as you can, and remember to read for fun!

Writing | It's easy to write in Spanish if you put your mind to it. And remember that Spanish spelling is phonetic, which means that once you learn the basic rules of how letters and sounds are related, you can probably become an expert speller in Spanish! Write for fun—make up poems or songs, write e-mails or instant messages to friends, or start a journal or blog in Spanish.

Tips for Learning Spanish

- Listen to Spanish radio shows. Write down words that you can't recognize or don't know and look up the meaning.

- Watch Spanish TV shows or movies. Read subtitles to help you grasp the content.

- Read Spanish-language newspapers, magazines, or blogs.

- Listen to Spanish songs that you like —anything from Shakira to a traditional mariachi melody. Sing along and concentrate on your pronunciation.

- Seek out Spanish speakers. Look for neighborhoods, markets, or cultural centers where Spanish might be spoken in your community. Greet people, ask for directions, or order from a menu at a Mexican restaurant in Spanish.

- Pursue language exchange opportunities (**intercambio cultural**) in your school or community. Try to join language clubs or cultural societies, and explore opportunities for studying abroad or hosting a student from a Spanish-speaking country in your home or school.

- Connect your learning to everyday experiences. Think about naming the ingredients of your favorite dish in Spanish. Think about the origins of Spanish place names in the U.S., like Cape Canaveral and Sacramento, or of common English words like *adobe, chocolate, mustang, tornado,* and *patio.*

- Use mnemonics, or a memorizing device, to help you remember words. Make up a saying in English to remember the order of the days of the week in Spanish (L, M, M, J, V, S, D).

- Visualize words. Try to associate words with images to help you remember meanings. For example, think of a **paella** as you learn the names of different types of seafood or meat. Imagine a national park and create mental pictures of the landscape as you learn names of animals, plants, and habitats.

- Enjoy yourself! Try to have as much fun as you can learning Spanish. Take your knowledge beyond the classroom and find ways to make the learning experience your very own.

Getting Started

Useful Spanish Expressions

The following expressions will be very useful in getting you started learning Spanish. You can use them in class to check your understanding or to ask and answer questions about the lessons. Read **En las instrucciones** ahead of time to help you understand direction lines in Spanish, as well as your teacher's instructions. Remember to practice your Spanish as often as you can!

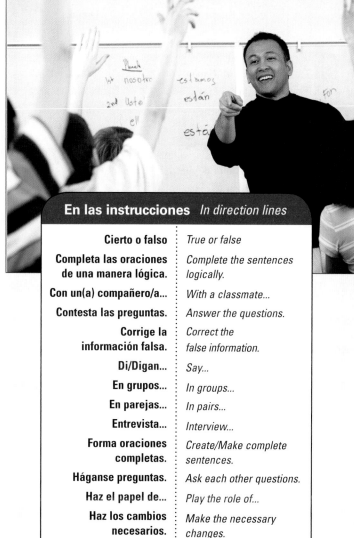

Expresiones útiles *Useful expressions*

¿Cómo se dice _____ en español?	How do you say _____ in Spanish?
¿Cómo se escribe _____?	How do you spell _____?
¿Comprende(n)?	Do you understand?
Con permiso.	Excuse me.
De acuerdo.	Okay.
De nada.	You're welcome.
¿De veras?	Really?
¿En qué página estamos?	What page are we on?
Enseguida.	Right away.
Más despacio, por favor.	Slower, please.
Muchas gracias.	Thanks a lot.
No entiendo.	I don't understand.
No sé.	I don't know.
Perdone.	Excuse me.
Pista	Clue
Por favor.	Please.
Por supuesto.	Of course.
¿Qué significa _____?	What does _____ mean?
Repite, por favor.	Please repeat.
Tengo una pregunta.	I have a question.
¿Tiene(n) alguna pregunta?	Do you have questions?
Vaya(n) a la página dos.	Go to page 2.

En las instrucciones *In direction lines*

Cierto o falso	True or false
Completa las oraciones de una manera lógica.	Complete the sentences logically.
Con un(a) compañero/a...	With a classmate...
Contesta las preguntas.	Answer the questions.
Corrige la información falsa.	Correct the false information.
Di/Digan...	Say...
En grupos...	In groups...
En parejas...	In pairs...
Entrevista...	Interview...
Forma oraciones completas.	Create/Make complete sentences.
Háganse preguntas.	Ask each other questions.
Haz el papel de...	Play the role of...
Haz los cambios necesarios.	Make the necessary changes.
Indica/Indiquen si las oraciones...	Indicate if the sentences...
Lee/Lean en voz alta.	Read aloud.
...que mejor completa...	...that best completes...
Toma nota...	Take note...
Tomen apuntes.	Take notes.
Túrnense...	Take turns...

Common Names

Get started learning Spanish by using a Spanish name in class. You can choose from the lists on these pages, or you can find one yourself. How about learning the Spanish equivalent of your name? The most popular Spanish female names are Lucía, María, Paula, Sofía, and Valentina. The most popular male names in Spanish are Alejandro, Daniel, David, Mateo, and Santiago. Is your name, or that of someone you know, in the Spanish top five?

Más nombres masculinos	Más nombres femeninos
Alfonso	Alicia
Antonio (Toni)	Beatriz (Bea, Beti, Biata)
Carlos	Blanca
César	Carolina (Carol)
Diego	Claudia
Ernesto	Diana
Felipe	Emilia
Francisco (Paco)	Irene
Guillermo	Julia
Ignacio (Nacho)	Laura
Javier (Javi)	Leonor
Leonardo	Liliana
Luis	Lourdes
Manolo	Margarita (Marga)
Marcos	Marta
Oscar (Óscar)	Noelia
Rafael (Rafa)	Patricia
Sergio	Rocío
Vicente	Verónica

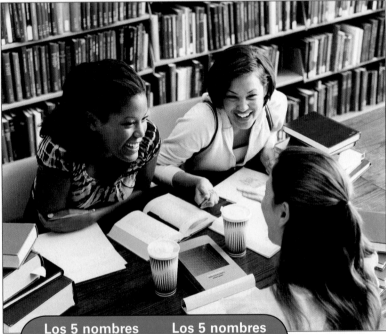

Los 5 nombres masculinos más populares	Los 5 nombres femeninos más populares
Alejandro	Lucía
Daniel	María
David	Paula
Mateo	Sofía
Santiago	Valentina

Acknowledgments

On behalf of its authors and editors, Vista Higher Learning expresses its sincere appreciation to the many instructors and teachers across the U.S. and Canada who contributed their ideas and suggestions. Their insights and detailed comments were invaluable to us as we created *Descubre.*

In-depth reviewers

Patrick Brady
Tidewater Community College, VA

Christine DeGrado
Chestnut Hill College, PA

Martha L. Hughes
Georgia Southern University, GA

Aida Ramos-Sellman
Goucher College, MD

Reviewers

Kathleen Aguilar
Fort Lewis College, CO

Aleta Anderson
Grand Rapids Community College, MI

Gunnar Anderson
SUNY Potsdam, NY

Nona Anderson
Ouachita Baptist University, AR

Ken Arant
Darton College, GA

Vicki Baggia
Phillips Exeter Academy, NH

Jorge V. Bajo
Oracle Charter School, NY

Ana Basoa-McMillan
Columbia State Community College, TN

Timothy Benson
Lake Superior College, MN

Georgia Betcher
Fayetteville Technical Community College, NC

Teresa Borden
Columbia College, CA

Courtney Bradley
The Principia, MO

Vonna Breeze-Marti
Columbia College, CA

Christa Bucklin
University of Hartford, CT

Mary Cantu
South Texas College, TX

Christa Chatrnuch
University of Hartford, CT

Tina Christodouleas
SUNY Cortland, NY

Edwin Clark
SUNY Potsdam, NY

Donald Clymer
Eastern Mennonite University, VA

Ann Costanzi
Chestnut Hill College, PA

Patricia Crespo-Martin
Foothill College, CA

Miryam Criado
Hanover College, KY

Thomas Curtis
Madison Area Technical College, WI

Patricia S. Davis
Darton College, GA

Danion Doman
Truman State University, MO

Deborah Dubiner
Carnegie Mellon University, PA

Benjamin Earwicker
Northwest Nazarene University, ID

Deborah Edson
Tidewater Community College, VA

Matthew T. Fleming
Grand Rapids Community College, MI

Ruston Ford
Indian Hills Community College, IA

Marianne Franco
Modesto Junior College, CA

Elena García
Muskegon Community College, MI

María D. García
Fayetteville Technical Community College, NC

Lauren Gates
East Mississippi Community College, MS

Marta M. Gómez
Gateway Academy, MO

Danielle Gosselin
Bishop Brady High School, NH

Charlene Grant
Skidmore College, NY

Betsy Hance
Kennesaw State University, GA

Marti Hardy
Laurel School, OH

Dennis Harrod
Syracuse University, NY

Fanning Hearon
Brunswick School, CT

Richard Heath
Kirkwood Community College, IA

Óscar Hernández
South Texas College, TX

Yolanda Hernández
Community College of Southern Nevada, North Las Vegas, NV

Martha L. Hughes
Georgia Southern University, GA

Martha Ince
Cushing Academy, MA

Acknowledgments

Reviewers

Stacy Jazan
Glendale Community College, CA

María Jiménez Smith
Tarrant County College, TX

Emory Kinder
Columbia Prep School, NY

Marina Kozanova
Crafton Hills College, CA

Tamara Kunkel
Alice Lloyd College, KY

Anna Major
The Westminster Schools, GA

Armando Maldonado
Morgan Community College, CO

Molly Marostica Smith
Canterbury School of Florida, FL

Jesús G. Martínez
Fresno City College, CA

Laura Martínez
Centralia College, WA

Daniel Millis
Verde Valley School, AZ

Deborah Mistron
Middle Tennessee State
University, TN

Mechteld Mitchin
Village Academy, OH

Anna Montoya
Florida Institute of Technology, FL

Robert P. Moore
Loyola Blakefield Jesuit School, MD

S. Moshir
St. Bernard High School, CA

Javier Muñoz-Basols
Trinity School, NY

William Nichols
Grand Rapids Community College, MI

Bernice Nuhfer-Halten
Southern Polytechnic State
University, GA

Amanda Papanikolas
Drew School, CA

Elizabeth M. Parr
Darton College, GA

Julia E. Patiño
Dillard University, LA

Martha Pérez
Kirkwood Community College, IA

Teresa Pérez-Gamboa
University of Georgia, GA

Marion Perry
The Thacher School, CA

Molly Perry
The Thacher School, CA

Melissa Pytlak
The Canterbury School, CT

Ana F. Sache
Emporia State University, KS

Celia S. Samaniego
Cosumnes River College, CA

Virginia Sánchez-Bernardy
San Diego Mesa College, CA

Frank P. Sanfilippo
Columbia College, CA

Piedad Schor
South Kent School, CT

David Schuettler
The College of St. Scholastica, MN

Romina Self
Ankeny Christian Academy, IA

David A. Short
Indian Hills Community College, IA

Carol Snell-Feikema
South Dakota State University, SD

Matias Stebbings
Columbia Grammar
& Prep School, NY

Mary Studer Shea
Napa Valley College, CA

Cathy Swain
University of Maine, Machias, ME

Cristina Szterensus
Rock Valley College, IL

John Tavernakis
College of San Mateo, CA

David E. Tipton
Circleville Bible College, OH

Larry Thornton
Trinity College School, ON

Linda Tracy
Santa Rosa Junior College, CA

Beverly Turner
Truckee Meadows Community College, OK

Christine Tyma DeGrado
Chestnut Hill College, PA

Fanny Vera de Viacava
Canterbury School, CT

Luis Viacava
Canterbury School, CT

María Villalobos-Buehner
Grand Valley State University, MI

Hector Villarreal
South Texas College, TX

Juanita Villena-Álvarez
University of South Carolina, Beaufort, SC

Marcella Anne Wendzikowski
Villa Maria College of Buffalo, NY

Doug West
Sage Hill School, CA

Paula Whittaker
Bishop Brady High School, NH

Mary Zold-Herrera
Glenbrook North High School, IL

About the Authors

José A. Blanco founded Vista Higher Learning in 1998. A native of Barranquilla, Colombia, Mr. Blanco holds degrees in Literature and Hispanic Studies from Brown University and the University of California, Santa Cruz. He has worked as a writer, editor, and translator for Houghton Mifflin and D.C. Heath and Company, and has taught Spanish at the secondary and university levels. Mr. Blanco is also the co-author of several other Vista Higher Learning programs: **Vistas, Panorama, Aventuras,** and **¡Viva!** at the introductory level; **Ventanas, Facetas, Enfoques, Imagina,** and **Sueña** at the intermediate level; and **Revista** at the advanced conversation level.

Philip Redwine Donley received his M.A. in Hispanic Literature from the University of Texas at Austin in 1986 and his Ph.D. in Foreign Language Education from the University of Texas at Austin in 1997. Dr. Donley taught Spanish at Austin Community College, Southwestern University, and the University of Texas at Austin. He published articles and conducted workshops about language anxiety management and the development of critical thinking skills, and was involved in research about teaching languages to the visually impaired. Dr. Donley was also the co-author of **Vistas, Aventuras,** and **Panorama,** three introductory college Spanish textbook programs published by Vista Higher Learning. Dr. Donley passed away in 2003.

About the Illustrators

Yayo, an internationally acclaimed illustrator, was born in Colombia. He has illustrated children's books, newspapers, and magazines, and has been exhibited around the world. He currently lives in Montreal, Canada.

Pere Virgili lives and works in Barcelona, Spain. His illustrations have appeared in textbooks, newspapers, and magazines throughout Spain and Europe.

Born in Caracas, Venezuela, **Hermann Mejía** studied illustration at the Instituto de Diseño de Caracas. Hermann currently lives and works in the United States.

Lección preliminar

Communicative Goals
VOICE BOARD

I will be able to:
- Identify myself and others
- Describe people and things
- Discuss everyday activities
- Tell what happened in the past
- Express preferences

Lesson Goals

In **Lección preliminar**, students will review the following:
- identifying and describing people and things
- present tense of **ser** and **estar**
- articles, adjectives, and agreement
- discussing everyday activities
- present tense of **-ar** verbs
- present tense of **-er** and **-ir** verbs
- present tense of **tener, venir,** and **ir**
- stem-changing verbs (**e:ie, o:ue, e:i**)
- information about summer activities in Latin America
- preterite tense of regular verbs
- preterite of **ser** and **ir**, and other irregular preterites
- verbs that change meaning in the preterite
- expressing preferences
- direct and indirect object pronouns
- **gustar** and similar verbs
- double object pronouns

A primera vista Have students look at the photo. Ask: **¿Crees que son amigos estos jóvenes? ¿Cómo son? ¿Cómo están? ¿Qué hacen?**

 TELL Connection

Environment 1
Why: A positive learning environment of relationships is built when the teacher uses appropriate information about each student's language abilities to tailor learning. *What:* The **Lección preliminar** can provide a primarily inductive analysis of students' knowledge and skills of first year study, whether through ***Descubre 1*** or another program. In addition, student and teacher use of and reflection on such Supersite tools as instructional and authentic media, and grammar tutorials, can keep review fresh, communicative, and purposeful.

INSTRUCTIONAL RESOURCE

VOICE BOARD

Voice boards on the Supersite allow you and your students to record and share up to five minutes of audio. Use voice boards for presentations, oral assessments, discussions, directions, etc.

Section Goals

In **Lección preliminar**, students will review grammar and vocabulary from **DESCUBRE, nivel 1**.

Communication 1.1
Comparisons 4.1

1 Teaching Tip Before filling in the blanks, have students underline the subject in each sentence for items 1–4. For item 5, remind them that there is no stated subject when telling time.

1 Expansion
- For each item, have students formulate a possible answer to the question or a question that could have elicited the statement.
- Have students use each of the answers in an original sentence.

2 Teaching Tip Before beginning this activity, briefly review common expressions with the verb **estar**. Read aloud these exchanges and have students repeat them: **1. ¿Cómo está usted? Bien, gracias. ¿Y usted? 2. ¿Dónde están ustedes? Estamos en clase. 3. ¿Qué tiempo hace hoy? Está soleado/nublado.**

3 Expansion Elicit from students key words in each sentence that cue the use of either **ser** or **estar**. Ex: 1. **de** (indicates origin); 2. **en** (indicates location); etc.

4 Teaching Tip Point out that feminine singular nouns that begin with **a-** require masculine definite and indefinite articles to avoid repetition of the **a** sound. For example, **agua** takes **el/un** in the singular (**el agua, un agua**) but **las/unas** in the plural (**las aguas, unas aguas**).

4 Expansion After checking the answers as a class, have students convert the singular nouns to plural and vice versa, and then provide the articles.

---

1 Completar Complete the sentences with the correct form of the verb **ser**.

1. Maite _____es_____ de España, ¿verdad?
2. ¿Quiénes _____son_____ los chicos en el autobús?
3. Juan y yo _____somos_____ estudiantes.
4. ¿De dónde _____eres_____ tú?
5. _____Son_____ las nueve de la mañana.

2 El primer día de clases Fill in the blanks in the conversation below with the correct form of **estar**.

—Hola, Martín. ¿Cómo (1) _____estás_____ (tú)?
—Bien. Oye, ¿sabes dónde (2) _____está_____ el gimnasio? Mis compañeros del equipo de béisbol (3) _____están_____ allí.
—Pero, hombre, ¡yo también (4) _____estoy_____ en el equipo! Vamos juntos al gimnasio, (5) (nosotros) _____estamos_____ muy cerca.

3 ¿Ser o estar? Complete with the correct forms of **ser** or **estar**.

Me llamo Julio. Mis padres (1) _____son_____ de México, pero mi familia (2) _____está_____ en Arizona ahora. Mi padre (3) _____es_____ médico en el hospital; la agencia de viajes de mi mamá (4) _____está_____ cerca de nuestra casa. Nosotros tres (5) _____somos_____ altos y morenos. Yo (6) _____soy_____ estudiante de décimo grado. Mis clases (7) _____son_____ buenas, pero a veces (yo) (8) _____estoy_____ aburrido. Todos los estudiantes (9) _____están_____ nerviosos hoy porque hoy empiezan los exámenes finales.

4 Género y número Add the appropriate definite or indefinite article for each noun.

Definidos
1. _la_ comunidad
2. _los_ pintores
3. _el_ programa
4. _la_ natación
5. _las_ revistas

Indefinidos
6. _un_ lápiz
7. _unos_ pasajeros
8. _unas_ computadoras
9. _un_ traje de baño
10. _una_ lección

1.1 Present tense of ser and estar

¿Y ustedes de dónde son?

Yo soy de Buenos Aires, Argentina. Miguel es de España.

ser			
yo	soy	nosotros/as	somos
tú	eres	vosotros/as	sois
Ud./él/ella	es	Uds./ellos/ellas	son

▶ Uses of **ser**: nationality, origin, profession or occupation, characteristics, generalizations, possession, what something is made of, time and date, time and place of events

estar			
yo	estoy	nosotros/as	estamos
tú	estás	vosotros/as	estáis
Ud./él/ella	está	Uds./ellos/ellas	están

▶ Uses of **estar**: location, health, physical states and conditions, emotional states, weather expressions, ongoing actions

▶ **Ser** and **estar** can both be used with many of the same adjectives, but the meaning will change.

Juan **es** delgado.   Juan **está** más delgado hoy.
Juan is thin.   *Juan looks thinner today.*

1.2 Articles

▶ Articles tell the gender (masculine/feminine) and number (singular/plural) of the nouns they precede.

Definite articles	
el libro	la lección
los programas	las profesoras

Indefinite articles	
un chico	una silla
unos chicos	unas sillas

1.3 Adjectives and agreement

Eres gordo, antipático y muy feo.

Yucatán es una península bonita. Los cenotes son hermosos.

▶ Adjectives are words that describe nouns. In Spanish, adjectives agree with, or match, the nouns they modify in both gender and number.

Descriptive Adjectives

Masculine		Feminine	
Singular	**Plural**	**Singular**	**Plural**
alto	altos	alta	altas
inteligente	inteligentes	inteligente	inteligentes
trabajador	trabajadores	trabajadora	trabajadoras

▶ Descriptive adjectives and adjectives of nationality follow the noun:

    el chico rubio, la mujer española

▶ Adjectives of quantity precede the noun:

    muchos libros, dos turistas

Note: When placed before a masculine noun, these adjectives are shortened.

    bueno → buen   malo → mal   grande → gran

Possessive Adjectives

Singular		Plural	
mi	nuestro/a	mis	nuestros/as
tu	vuestro/a	tus	vuestros/as
su	su	sus	sus

▶ Possessive adjectives are always placed before the nouns they modify.

    nuestros amigos   mi madre

---

5 Opuestos Complete the sentences with the appropriate form of **ser** or **estar** and an adjective with the opposite meaning of the adjective in italics.

> **modelo**
> La biblioteca está *cerrada* hoy, pero los bancos <u>están</u> <u>abiertos</u>.

1. La habitación de mi hermana siempre está *sucia*, pero mi habitación (ser/estar) <u>está</u> <u>limpia/ordenada</u>.
2. Estoy *contento* porque estamos de vacaciones, pero mis padres (ser/estar) <u>están</u> <u>tristes</u> porque tienen que trabajar.
3. Tu primo es *alto y moreno*, pero tú (ser/estar) <u>eres</u> <u>bajo/a</u> y <u>rubio/a</u>.
4. Mi amigo Fernando dice que las matemáticas son *difíciles*, pero yo creo que (ser/estar) <u>son</u> <u>fáciles</u>.

6 Entrevista Write down as many descriptive adjectives about yourself as you can in three minutes. Then, in pairs, use **ser** or **estar** to ask your partner if he/she has the same characteristics. Finally, tell the class what you have in common.   Answers will vary.

> **modelo**
> **(Yo):** *delgada, morena, trabajadora, contenta, simpática.*
> **(Preguntas):** *¿Tú eres trabajadora? ¿Estás contenta?*
> **(Oraciones):** *Somos morenas, estamos contentas y somos trabajadoras.*

7 Posesivos Write the appropriate form of each possessive adjective. The first item has been done for you.

1. Él es <u>mi</u> (*my*) hermano.
2. <u>Tu</u> (*Your*, fam.) familia es muy simpática.
3. <u>Nuestro</u> (*Our*) sobrino es italiano.
4. ¿Ella es <u>su</u> (*his*) profesora?
5. <u>Su</u> (*Your*, form.) maleta es de color verde.
6. <u>Sus</u> (*Her*) amigos son de Colombia.
7. Son <u>nuestras</u> (*our*) compañeras de clase.
8. <u>Mis</u> (*My*) padres están en el trabajo.

8 Mi familia y mis amigos Write a brief description of your family, your relatives, and your friends. Use as many possessive adjectives as possible to identify the person or persons you are describing.   Answers will vary.

Practice more at vhlcentral.com.

---

5 Teaching Tip Students are likely to refer to bilingual dictionaries for adjectives that they have forgotten. Remind them to double-check the words that they find by looking up their English translations in the Spanish section of the dictionary, to make sure that they are not depending on a rarely used meaning of a word.

5 Expansion Ask students to write three sentences comparing themselves to a friend. Tell them to follow the structure used in **Actividad 5** and the adjectives **cómico/ serio, perezoso/trabajador**, or **deportista/estudioso**. Challenge advanced students to use other adjectives.

6 Teaching Tip Before students begin brainstorming, ask questions to get them thinking about their characteristics as well as their current state of being. Ex: **¿Cómo eres? ¿Alto, bajo, moreno, rubio? ¿Cómo estás? ¿Contento, triste, aburrido, emocionado?**

6 Expansion Collect students' papers and shuffle them. Redistribute the papers with the names folded down. Have students guess whose paper they have by the description given.

7 Expansion
• Have students change the sentences' subjects from singular to plural and vice versa, then rewrite the rest of the sentence making sure there is proper agreement between subject, possessive adjective, verb, and object.
• Replace the English possessive adjectives in parentheses with other possessive adjectives and have the class give the corresponding Spanish forms.

EXPANSION

Language Notes The terms *definite* and *indefinite article* (in English or Spanish) may be intimidating to some students. Explain that **definido** refers to a particular (as opposed to a non-specific) subject. Give these examples: **Una profesora está en el pasillo.** vs. **La profesora está en el pasillo.** Allow a heritage speaker to explain the difference in implication.

TEACHING OPTIONS

Game Play a game of *Twenty Questions* to reinforce the distinction between definite and indefinite articles while also reviewing descriptive adjectives. Name a person such as **director**. Students have to ask questions to determine whether it is **el director (de nuestra escuela)**, or **un director (cualquiera)**. They may ask yes/no questions, such as **¿Es moreno?** or **¿Es amable?** You might also use the names of students in your class.

Communication 1.1
Comparisons 4.1

1 Teaching Tip Many students will benefit from rewriting the -ar, -er, and -ir verb charts in their notebooks. Consider requiring that they rewrite the charts in the margins of any relevant class work or homework assignments until they demonstrate relative mastery.

1 Expansion As you go over the answers to the activity, hold the attention of advanced students and heritage speakers by asking personalized questions. Ex: **Rosa baila un tango en el teatro. ¿Dónde bailas tú, Magda?**

2 Teaching Tip After going over the answers, practice the **yo** form of **tener**. Ask: **¿Tiene alguien frío? _____, ¿tienes frío?** Have students respond using complete sentences.

2 Expansion Remind students of the usefulness of **tener** in giving physical descriptions. Say, for example, **tiene pelo corto y rubio** and have students point out the character to which you are referring. After one or two examples, let students try using **tener** in a description of their own, and have them trade papers to identify the illustration corresponding to their partner's description.

1 Completar Complete each sentence with the appropriate form of the verb.

1. Rosa ___baila___ (bailar) un tango en el teatro.
2. Mis amigos ___hablan___ (hablar) francés muy bien.
3. Yo ___abro___ (abrir) la ventana cuando hace calor.
4. Mi hermano y yo ___aprendemos___ (aprender) a nadar en la piscina.
5. ¿Dónde ___viven___ (vivir) ustedes?
6. ¿Tú ___recibes___ (recibir) regalos el día de tu cumpleaños?
7. Los estudiantes ___corren___ (correr) a casa por la tarde.
8. Nosotros ___miramos___ (mirar) la televisión.
9. Usted nunca ___come___ (comer) comida picante, ¿verdad?
10. Mis hermanos y yo ___practicamos___ (practicar) el fútbol después de las clases.
11. Ustedes siempre ___desayunan___ (desayunar) en la cafetería.
12. ¿___Viajan___ (Viajar) tus padres a Roma esta semana?

2 Tener Look at the drawings and describe these people, using an expression with **tener**.

1. ___Tiene (mucha) prisa.___

2. ___Tiene (mucho) calor.___

3. ___Tiene veintiún años.___

4. ___Tienen (mucha) hambre.___

5. ___Tienen (mucho) frío.___

6. ___Tiene (mucha) sed.___

2.1 Present tense of –ar, –er, –ir verbs

Tomo cuatro clases.

► To create the present-tense forms of most regular verbs, drop the infinitive endings (-ar, -er, -ir) and add the appropriate endings that correspond to the different subject pronouns.

hablar			
yo	hablo	nosotros/as	hablamos
tú	hablas	vosotros/as	habláis
Ud./él/ella	habla	Uds./ellos/ellas	hablan

comer		escribir	
como	comemos	escribo	escribimos
comes	coméis	escribes	escribís
come	comen	escribe	escriben

2.2 Present tense of tener and venir

Tengo una hermana que se llama Jimena.

tener		venir	
tengo	tenemos	vengo	venimos
tienes	tenéis	vienes	venís
tiene	tienen	viene	vienen

► **Tener** is used in many common phrases expressing feelings and age.

tener... años	to be... years old
tener calor	to be hot
tener frío	to be cold
tener ganas de + inf.	to feel like doing something
tener hambre	to be hungry
tener prisa	to be in a hurry
tener razón	to be right
tener sed	to be thirsty
tener que + inf.	to have to do something

TEACHING OPTIONS

TPR Prepare strips of paper with phrases like **tengo hambre** or **tengo que estudiar** from the list of **tener** expressions. Have a volunteer choose a strip of paper and act out the phrase. Have the rest of the class guess. The first to guess correctly is the next to act out a phrase.

TEACHING OPTIONS

Pairs As a class, reread the paragraph in **Actividad 3** and tell students to imagine that they are overhearing one side of a phone conversation. Ask them at what points the speaker would pause and listen to the other person. Then have pairs of students write the missing lines of dialogue for the person on the other end of the phone. Have pairs practice reading the completed conversation aloud. Call on a few pairs to act out their conversations for the class.

2.3 Present tense of the verb ir

ir			
yo	voy	nosotros/as	vamos
tú	vas	vosotros/as	vais
Ud./él/ella	va	Uds./ellos/ellas	van

▶ **Ir** has many everyday uses, including expressing future plans:

ir a + [*infinitivo*] = *to be going to* + [*infinitive*]

vamos a [*infinitivo*] = *let's do something*

2.4 Verbs with stem changes and irregular yo forms

La familia almuerza en Xochimilco.

e:ie o:ue u:ue stem-changing verbs

	empezar	volver	jugar
yo	empiezo	vuelvo	juego
tú	empiezas	vuelves	juegas
Ud./él/ella	empieza	vuelve	juega
nosotros/as	empezamos	volvemos	jugamos
vosotros/as	empezáis	volvéis	jugáis
Uds./ellos/ellas	empiezan	vuelven	juegan

Other e:ie verbs: **cerrar, comenzar, entender, pensar, perder, preferir, querer**

Other o:ue verbs: **almorzar, contar, dormir, encontrar, mostrar, poder, recordar**

e:i stem-changing verbs

pedir			
yo	pido	nosotros/as	pedimos
tú	pides	vosotros/as	pedís
Ud./él/ella	pide	Uds./ellos/ellas	piden

Other e:i verbs: **conseguir, decir, repetir, seguir**

Verbs with irregular yo forms

hacer	poner	salir	suponer	traer
hago	pongo	salgo	supongo	traigo

ver: veo, ves, ve, vemos, veis, ven
oír: oigo, oyes, oye, oímos, oís, oyen

---

3 **Ir** Complete this paragraph with the present-tense forms of **ir**.

El sábado yo (1) <u>voy</u> al Museo de Bellas Artes porque mi artista favorito (2) <u>va</u> a presentar una exposición. Mis amigos no (3) <u>van</u> al museo conmigo porque todos (4) <u>van</u> a jugar al fútbol, pero yo (5) <u>voy</u> a ir porque yo (6) <u>voy</u> a ser artista. ¿(7) <u>Vas</u> (tú) al museo también? ¿Por qué no (8) <u>vamos</u> juntos?

4 **Verbos** Complete the chart with the correct verb forms.

Infinitive	yo	nosotros/as	ellos/as
poder	**puedo**	podemos	pueden
comenzar	comienzo	**comenzamos**	comienzan
hacer	hago	**hacemos**	**hacen**
oír	oigo	oímos	oyen
jugar	**juego**	jugamos	juegan
repetir	repito	repetimos	**repiten**

5 **Oraciones** Arrange the words in the correct order to form complete logical sentences. ¡Ojo! Remember to conjugate the verbs according to the subject.

1. amigos / unos / tener / interesantes / tú / muy
   Tú tienes unos amigos muy interesantes.

2. autobús / yo / en / comercial / centro / venir / del
   Yo vengo en autobús del centro comercial./Yo vengo del centro comercial en autobús.

3. tener / dinero / no / suficiente / ellos
   Ellos no tienen suficiente dinero.

4. sábados / cine / todos / los / ir / yo / al
   Yo voy al cine todos los sábados./Todos los sábados, yo voy al cine.

6 **Conversación** Complete this conversation with the appropriate forms of the verbs. Then act it out with a partner.

PABLO   Óscar, voy al centro ahora.

ÓSCAR   ¿A qué hora (1) <u>piensas</u> (pensar) volver? El partido de fútbol (2) <u>empieza</u> (empezar) a las dos.

PABLO   (3) <u>Vuelvo</u> (Volver) a la una. (4) <u>Quiero</u> (Querer) ver el partido.

ÓSCAR   (5) ¿<u>Recuerdas</u> (Recordar) (tú) que nuestro equipo es muy bueno? (6) ¡<u>Podemos</u> (Poder) ganar!

PABLO   No, (7) <u>pienso</u> (pensar) que vamos a (8) <u>perder</u> (perder). Los jugadores de Guadalajara son salvajes (*wild*) cuando (9) <u>juegan</u> (jugar).

---

3 **Teaching Tip** Compare **al** to English contractions. Emphasize the fact that this contraction is different from most English contractions since it is obligatory.

3 **Expansion** After completing **Actividad 3**, review the structure **Tengo que…** and have students come up with three reasons they might give for not accepting the speaker's invitation to the museum.

4 **Teaching Tips**
• Remind students that gender has no bearing on verb conjugation.
• Give students the option of inserting names into their charts, such as **Ana y Paco** for **ellos/as.**

4 **Expansion** In pairs, have one student formulate questions using the conjugated verbs from the chart and another answer in complete sentences. They can reverse the roles and use other personal pronouns such as **tú** or **él/ella** for further practice.

5 **Teaching Tip** You may want to allow slower-paced students to work together on this activity. Coach students having difficulty to begin the process by finding the verb. Knowing the verb should help them to identify the subject.

6 **Teaching Tip** Alert students to the fact that all of the verbs in **Actividad 6** are stem-changing. By way of review, you may choose to have the class recite the conjugations of each of the verbs in the exercise. Allow the more verbal students to take the lead in this exercise.

6 **Expansion** Discuss the popular concept of **el centro (de la ciudad),** referenced in this conversation. Ask if your town or city has a **centro,** and what qualifies it as such.

---

7 Teaching Tip Remind students of the personal **a** in Spanish. Give some examples, such as: **Veo la televisión** vs. **Veo al director.** Have students point out an instance of the personal **a** in the activity.

7 Expansion Have early finishers amend **Marta's** paragraph by writing sentences employing unused words from the list (**cerrar, hacer, mostrar**).

7 Un día típico Complete the paragraph with the appropriate forms of the verbs in the word list. Not all verbs will be used. Some may be used more than once.

almorzar	ir	salir
cerrar	jugar	seguir
empezar	mostrar	ver
hacer	querer	volver

¡Hola! Me llamo Marta y vivo en Guadalajara, México. ¿Cómo es un día típico en mi vida? Pues, por la mañana desayuno con mis padres y juntos (1) __vemos__ las noticias (*news*) en la televisión. A las siete y media, (yo) (2) __salgo__ de mi casa y tomo el autobús. Es bueno llegar temprano a la escuela porque siempre (3) __veo__ a mis amigos en la cafetería. Conversamos y planeamos lo que (4) __queremos__ hacer cada día. A las ocho y cuarto, mi amiga Susana y yo (5) __vamos__ al laboratorio de lenguas. La clase de francés (6) __empieza__ a las ocho y media. ¡Es mi clase favorita! A las doce y media (yo) (7) __almuerzo__ en la cafetería con mis amigos. Después, (yo) (8) __sigo__ con mis clases. Por las tardes, mis amigos (9) __vuelven__ a sus casas, pero yo (10) __juego__ al vóleibol con el equipo de mi escuela.

8 Teaching Tip Remind students that there is no stem change in the **nosotros/as** form.

8 Expansion Drop a pen or pencil on the floor near a student and let them "find" it. As they alert you to their discovery, ask the class **¿Qué encuentra _____?** Elicit a full-sentence response. Then ask another student: **¿Puedes cerrar la ventana?** As students get the idea that they are acting out items from **Actividad 8**, call on others to **dormir, almorzar, contar,** and **mostrar su cuaderno.** Use props as needed. Discuss each action as a class. (**¿Qué hace Alicia?**)

8 Describir Use a verb from the list to describe what these people are doing.

almorzar	contar	encontrar
cerrar	dormir	mostrar

1. las niñas Las niñas duermen.

2. yo (Yo) Cierro la ventana.

3. nosotros (Nosotros) Almorzamos.

4. tú (Tú) Encuentras una maleta.

5. Pedro Pedro muestra una foto.

6. Teresa Teresa cuenta.

TEACHING OPTIONS

Pairs Review the use of the **usted** form and continue to practice stem-changing verbs by having students write out questions about your own daily routine, using the verbs from **Actividad 7**. Have them role-play with a partner the responses you might give. Then call on students for their questions and answer them.

DIFFERENTIATION

Heritage Speakers Generate interest in **Actividad 7** by having heritage speakers talk about high school students' daily routines in their families' countries of origin. Ask the rest of the class comprehension questions; then work as a group to compare and contrast the daily routines with that of a typical high school student in this country.

9 Contestar Answer these questions. Answers will vary.

> modelo
>
> ¿Qué pides en la cafetería?
> En la *cafetería*, yo pido pizza.

1. ¿Cuántas horas duermes cada noche? ¿Tienes sueño ahora?
2. ¿Cuándo haces la tarea de matemáticas?
3. ¿Adónde sales con tus amigos?
4. ¿Prefieres ver películas en el cine o en casa? Cuando ves películas en el cine, ¿con quién vas?
5. ¿Qué traes a la clase de español?
6. ¿Quién pone (*sets*) la mesa en tu casa?
7. ¿A qué hora almuerzas en la escuela? ¿Qué comes? ¿Traes comida de tu casa o compras comida?
8. ¿Oyes música cuando estudias? ¿Qué música tienes?
9. ¿Practicas deportes o prefieres los juegos (*games*) de mesa? ¿Qué juegas?
10. ¿Crees que esta clase va a ser fácil o difícil?

10 Preguntas Use four different verbs from the list to ask a partner four questions about his or her life. In total, you and your partner should use at least eight verbs. Answers will vary.

almorzar	hacer	poder
dormir	ir	preferir
empezar	pedir	tener

> modelo
>
> **Estudiante 1:** ¿Tienes hermanos?
> **Estudiante 2:** Sí, tengo dos hermanos.

11 Una carta Write a letter to a friend describing what you do on a typical day and your plans for this weekend. Use at least six verbs from pages 4–5, **ir a** + *infinitive* to talk about your plans for the weekend, and **tener que** + *infinitive* to talk about your obligations. You may use the paragraph in **Actividad 7** as a model.

Answers will vary.

Un día típico

Hola, me llamo Julia y vivo en Vancouver, Canadá. Por la mañana, yo...

 Practice more at vhlcentral.com.

9 Teaching Tip Instead of reviewing answers as a whole class, give students more verbal practice by having them go over the questions and answers with a partner. Write the **yo** forms of each of the verbs on the board so that students can verify their correct written forms.

9 Expansion Have early finishers try to predict what their partners' answers will be before pairing up to go over each other's responses.

9 Virtual Chat You can also assign activity 9 on the Supersite. Students record individual responses that appear in your gradebook.

10 Teaching Tips
- Point out the consistent pattern of the stem-changing verbs in the list: only in the first-, second-, and third-person singular and in the third-person plural.
- It may be helpful to use a different color to highlight stem changes on the board as you go over answers. Ask students to point out stem-changing verbs that are used in common classroom directions. Ex: **sigue, repite, cierra**

11 Teaching Tip Have students plan their compositions by using a story map structured around **la mañana, la tarde,** and **la noche.** Make sure that students describe at least a couple of activities falling under each heading.

EN DETALLE

Unas vacaciones de
voluntario

¿Qué hiciste durante las vacaciones de verano? Muchos estudiantes de secundaria contestarían° esta pregunta con historias sobre cómo disfrutaron° su tiempo libre. Pero otra actividad ha ganado° atención recientemente: el trabajo voluntario durante las vacaciones.

En Latinoamérica, se le llama **aprendizaje-servicio°**, una combinación de educación formal y voluntariado°. En países como México, Argentina y Chile, los jóvenes reciben crédito académico mientras° usan su creatividad y su talento en beneficio de los demás°. Así se promueve° la participación activa de los jóvenes estudiantes en la sociedad. Los voluntarios

también ganan experiencias que no podrían° obtener en el salón de clases: en Buenos Aires, un grupo de adolescentes de los colegios más exclusivos ayuda con las tareas en centros comunitarios; en una escuela de Resistencia, en Argentina, los chicos de barrios marginales° les enseñan computación a los adultos desocupados° de su propia comunidad.

En 2001, la Secretaría de Educación de Argentina creó el Programa Nacional de Escuela y Comunidad para los proyectos de aprendizaje-servicio por todo el país. ¿Hay algún requisito° de servicio comunitario para graduarse en tu escuela?

Otras vacaciones de voluntarios

En León, Nicaragua, 16 estudiantes costarricenses° construyeron casas para familias nicaragüenses como parte del programa Hábitat para la Humanidad. Adrián, un voluntario, dijo: "Fue una experiencia increíble. Podía° divertirme y al mismo tiempo hacer algo útil° y de beneficio para otros durante mis vacaciones".

Los estudiantes de la escuela técnica de Junín de los Andes adaptaron molinos de viento° a las necesidades de las poblaciones mapuches°. Por este proyecto ganaron un premio° en la Feria Mundial de Ciencias de 1999.

---

contestarían *would answer* disfrutaron *they enjoyed* ha ganado *has gained* aprendizaje-servicio *service learning* voluntariado *volunteerism* mientras *while* los demás *others* Así se promueve *Thus it promotes* no podrían *they could not* barrios marginales *disadvantaged neighborhoods* desocupados *unemployed* requisito *requirement* costarricenses *Costa Rican* Podía *I was able to* útil *useful* molinos de viento *windmills* mapuches *indigenous people of Central and Southern Chile and Southern Argentina* premio *prize*

ACTIVIDADES

1 **¿Cierto o falso?** Indica si lo que dice cada oración es cierto o falso. Corrige la información falsa.

 1. El aprendizaje-servicio consiste en ir a cursos de verano. **Falso.** Es una combinación de educación formal y voluntariado.
2. En este programa, los jóvenes voluntarios aprenden cosas que no se aprenden en el salón de clases. **Cierto.**
3. Los estudiantes de Resistencia, Argentina les enseñan computación a los chicos de los colegios más exclusivos. **Falso.** Les enseñan computación a los adultos desocupados de su propia comunidad.

4. En 2001, la Secretaría de Educación de Argentina creó un programa nacional de aprendizaje-servicio. **Cierto.**
5. De su experiencia como voluntario en Nicaragua, el joven Adrián dijo: "Fue una experiencia horrible". **Falso.** Adrián dijo: "Fue una experiencia increíble".
6. Los estudiantes de una escuela técnica adaptaron molinos de viento a las necesidades de las poblaciones indígenas de su país. **Cierto.**

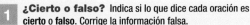

ASÍ SE DICE

el buceo	*diving*
el ciclismo	*cycling*
el colegio	*high school, elementary school, middle school*
la ola	*[ocean] wave*
los países hispanohablantes	*países donde se habla español*
surfear, hacer surf	*to surf*
el/la surfista, el/la surfero/a, el/la surfo/a, tablista	*surfer*

EL MUNDO HISPANO

Deportes importantes

No cabe duda° que el fútbol y el vóleibol son los deportes más populares en Latinoamérica. Sin embargo°, también se practican otros deportes en el mundo hispano.

Deporte	Lugar(es)
el béisbol	el Caribe (esp. la República Dominicana y Cuba), México, Venezuela
el ciclismo	Colombia, España y otras regiones montañosas
el rugby	Argentina, Chile
el baloncesto (básquetbol)	España, Puerto Rico, Colombia, Centroamérica
el jai-alai°	Originado en el País Vasco (España), también es popular en México
la equitación (montar a caballo)	México, Argentina, España
el surf	las Islas Canarias (España), México, Chile, Perú, etc.

no cabe duda *there is no doubt* **sin embargo** *nevertheless*
jai-alai *Basque sport played with a small ball hurled at high speeds*

PERFIL

Hacer surf al estilo hispano

"Hay que sentir la ola. Cuando la sientes, te paras en la tabla° y la agarras". La frase "agarrar° una ola" nunca tendrá° el mismo significado para alguien que no ha practicado° el deporte del surf. Originado en Hawai, es popular en muchas partes del mundo, incluso en el mundo hispano. Sólo necesitas una tabla y una costa marina.

Gabriel Villarán es probablemente el surfista hispanoamericano más

La surfista argentina Ornella Pellizari

famoso del mundo. Nació en 1984 en Lima, Perú, donde su madre, su padre y su hermano eran° surfistas. Villarán fue el campeón° latinoamericano dos veces, ganó el primer lugar en los Juegos Panamericanos de Surf en 2006 y fue sub-campeón mundial en 2010.

A los once años, la argentina **Ornella Pellizari** se compró una tabla con el dinero que había ahorrado°. A los dieciocho años, ganó el Campeonato Latinoamericano de Surf Profesional femenino. Dice **Pellizari**: "Una vez que empecé a surfear, no salí más del agua".

te paras *you stand* **la tabla** *surfboard* **agarrar** *to grab* **nunca tendrá** *will never have* **no ha practicado** *has not practiced* **eran** *were* **el campeón** *champion* **había ahorrado** *she had saved*

ACTIVIDADES

2 **Comprensión** Completa las oraciones.

1. El deporte del surf se originó en ___Hawai___.
2. Gabriel Villarán nació en ___Lima, Perú___.
3. Junto con el fútbol, el ___vóleibol___ es uno de los deportes más populares en Latinoamérica.
4. A los dieciocho años, Pellizari ganó el Campeonato Latinoamericano de Surf Profesional para ___mujeres___.
5. El deporte del ___jai-alai___ tiene su origen en el País Vasco.

3 **¿Qué vamos a hacer?** Your class has the opportunity to go on a week's vacation. Working in a small group, decide whether **el aprendizaje-servicio** or **los deportes** best suits the group's talents and interests. Plan activities you can agree on, including where you might go, and the type of volunteering or sport activity. Present your vacation plans to the class.
Answers will vary.

Practice more at vhlcentral.com.

Así se dice Model the pronunciation of each new term and have students repeat it.

Perfil
- **Gabriel Villarán** began surfing at the age of five, and got his own board at age eight. Despite his family's background in surfing, Villarán has worked hard to become a champion in his own right. He says that he hopes "to show other young people who don't have any money that it's possible to achieve your dreams."
- Surfing also runs in **Ornella Pellizari's** family. She and her sister, Agostina, regularly take first and second place at surfing competitions. Both sisters also enjoy other sports, including skateboarding, soccer, and rugby.

El mundo hispano Have students rank the sports in order of least interesting to most interesting for them. Then, have them list the three countries that are most compatible with their sports interests.

2 **Expansion** Have students expand one of the statements in **Actividad 2** into a short paragraph, using the information they learned in **Cultura,** and anything else they might know about the subject.

3 **Teaching Tip** As groups are trying to come to an agreement, encourage them to make a list of pros and cons for each option (**aprendizaje-servicio** and **deportes**). After group members have had a chance to contribute to the lists, conduct a vote.

21st Century Skills

3 **Flexibility and Adaptability** Remind students to include input from all team members, adapting their presentation so it represents the whole group.

Communication 1.1
Comparisons 4.1

1 Expansion Have students rewrite each sentence in the present, replacing time references when necessary with **ahora**. Ex: **1. Yo cierro las ventanas ahora.**

2 Teaching Tip Emphasize that the preterites with j-stems omit the letter **i** in the third-person plural form. Have students write out the forms in their notebooks and repeat them aloud. Use them in sentences: **Mis amigos trajeron comida a la fiesta. Dijeron la verdad.**

2 Expansion To further comprehension, have students reread the paragraph and create a page from a weekly agenda listing the activities.

3 Teaching Tip Discuss different context clues to help students determine whether a sentence should be completed with **ser** or **ir**. An **a** following the verb often indicates use of **ir** (**Los viajeros fueron a Perú**). A place or destination also often indicates **ir** (**Patricia fue a la cafetería**). An adjective usually indicates **ser** (**Tú fuiste muy generoso**).

---

1 Completar Complete each sentence with the appropriate preterite form.

1. Yo ___cerré___ (cerrar) las ventanas anoche.
2. Los estudiantes ___escribieron___ (escribir) las respuestas en la pizarra.
3. María y yo ___nadamos___ (nadar) en la piscina el sábado.
4. Tú ___viviste___ (vivir) en la casa amarilla, ¿no?
5. Mis abuelos no ___gastaron___ (gastar) mucho dinero.
6. Enrique no ___bebió___ (beber) ni té ni café.
7. ¿___Tomaste___ (Tomar) tú la última galleta?
8. Todos los jugadores ___oyeron___ (oír) las malas noticias.
9. Yo ___decidí___ (decidir) comer más frutas y verduras.
10. Ellos ___olvidaron___ (olvidar) la dirección de la tienda.

2 El fin de semana pasado Complete the paragraph by choosing the correct verb and conjugating it in the appropriate preterite form.

El sábado a las diez de la mañana, mi hermano (1) ___ganó___ (costar, usar, ganar) un partido de tenis. A la una, yo (2) ___llegué___ (llegar, compartir, llevar) a la tienda con mis amigos y nosotros (3) ___compramos___ (costar, comprar, abrir) dos o tres cosas. A las tres, mi amigo Pepe (4) ___llamó___ (pasear, nadar, llamar) a su novia por teléfono. ¿Y el domingo? Mis primos me (5) ___visitaron___ (salir, gastar, visitar) y nosotros (6) ___hablamos___ (hablar, traer, pedir) por horas. Mi mamá (7) ___preparó___ (mostrar, leer, preparar) mi comida favorita y mis primos (8) ___comieron___ (vender, comer, empezar) con nosotros. Después, (yo) (9) ___vi___ (salir, ver, servir) una película en la televisión.

3 ¿Ser o ir? Complete these sentences with the appropriate preterite form of **ser** or **ir**. Indicate the infinitive of each verb form.

1. Los viajeros ___fueron (ir)___ a Perú.
2. Usted ___fue (ser)___ muy amable.
3. Yo ___fui (ser)___ muy cordial.
4. Patricia ___fue (ir)___ a la cafetería.
5. Guillermo y yo ___fuimos (ir)___ a ver una película.
6. Ellos ___fueron (ser)___ simpáticos.
7. Yo ___fui (ir)___ a su casa.
8. Él ___fue (ir)___ a Machu Picchu.
9. Tú ___fuiste (ir)___ pronto a clase.
10. Tomás y yo ___fuimos (ser)___ muy felices.
11. Tú ___fuiste (ser)___ muy generoso.
12. Este semestre los exámenes ___fueron (ser)___ muy difíciles.
13. Cuatro estudiantes no ___fueron (ir)___ a la fiesta.
14. La película ___fue (ser)___ muy divertida.
15. Mi amiga y yo ___fuimos (ir)___ al gimnasio el domingo.

3.1 Preterite tense of regular verbs

▶ The preterite tense is used to describe actions or states that were completed at a definite time in the past.

▶ The preterite of regular verbs is formed by dropping the infinitive ending (-ar, -er, -ir) and adding the preterite endings. Note that the endings of regular -er and -ir verbs are identical in the preterite tense.

comprar	vender	escribir
compré	vendí	escribí
compraste	vendiste	escribiste
compró	vendió	escribió
compramos	vendimos	escribimos
comprasteis	vendisteis	escribisteis
compraron	vendieron	escribieron

▶ These verbs have spelling changes in the preterite:

-car: buscar → yo busqué
-gar: llegar → yo llegué
-zar: empezar → yo empecé
creer: creí, creíste, creyó, creímos, creísteis, creyeron
leer: leí, leíste, leyó, leímos, leísteis, leyeron
oír: oí, oíste, oyó, oímos, oísteis, oyeron
ver: vi, viste, vio, vimos, visteis, vieron

▶ -ar and -er verbs that have a stem change in the present tense are regular in the preterite.

jugar (u:ue): Él **jugó** al fútbol ayer.
volver (o:ue): Ellas **volvieron** tarde anoche.

▶ -ir verbs that have a stem change in the present tense also have a stem change in the preterite.

pedir (e:i): La semana pasada, él **pidió** tacos.

3.2 Preterite of ser and ir

¿Por qué no te afeitaste por la mañana?

▶ The preterite forms of **ser** and **ir** are identical. Context will determine the meaning.

ser and ir	
fui	fuimos
fuiste	fuisteis
fue	fueron

TEACHING OPTIONS

Game Make a list of all the verbs students have studied in the preterite. Call out an infinitive and toss a ball to a student. The student has ten seconds to say the preterite conjugations and toss the ball to another student, at which point you call out another infinitive. For a greater degree of difficulty, shorten the time limit, or write the verb list on the board and have the students run the game.

TEACHING OPTIONS

Pairs Have students write a paragraph about what they did yesterday using seven verbs from this page. Then have them pair up with a classmate for peer editing, paying special attention to using correct preterite forms. Have peer editors initial their partners' papers.

3.3 Other irregular preterites

▶ The preterite forms of the following verbs are also irregular. Pay attention to the different stem changes.

Los amigos estuvieron de vacaciones en Yucatán.

u-stem	estar poder poner saber tener	estuv- pud- pus- sup- tuv-	-e, -iste, -o, -imos, -isteis, -ieron
i-stem	hacer querer venir	hic- quis- vin-	-e, -iste, -o, -imos, -isteis, -ieron
j-stem	conducir decir traducir traer	conduj- dij- traduj- traj-	-e, -iste, -o, -imos, -isteis, -eron

Preterite of **dar**: di, diste, dio, dimos, disteis, dieron

Preterite of **hay** (*inf.* haber): hubo

3.4 Verbs that change meaning in the preterite

Maru y Miguel se conocieron en la playa.

▶ The verbs **conocer**, **saber**, **poder**, and **querer** change meanings when used in the preterite.

	Present	Preterite
conocer	to know	to meet
saber	to know information	to find out; to learn
poder	to be able; can	to succeed
querer	to want; to love	to try

---

4 ¿Cuándo? In pairs, use the time expressions from the word list to ask and answer questions about when you and others did the activities.

Answers will vary.

anoche	ayer	el año pasado	la semana pasada
anteayer	dos veces	el mes pasado	una vez

modelo

Estudiante 1: *¿Cuándo escribiste una carta?*
Estudiante 2: *Yo escribí una carta anoche.*

1. mi compañero/a: llegar tarde a clase
2. mi mejor (*best*) amigo/a: volver de Brasil
3. mis padres: ver una película
4. yo: llevar un traje/vestido
5. el presidente de los EE.UU.: no escuchar a la gente
6. mis amigos y yo: comer en un restaurante

5 Verbos Complete the chart with the preterite form of the verbs.

Infinitive	yo	ella	nosotros
conducir	conduje	condujo	condujimos
hacer	hice	hizo	hicimos
saber	supe	supo	supimos

6 Cambiar Change each verb from present to preterite.

modelo
Escucho la canción.
Escuché la canción.

1. **Tengo** que ayudar a mi padre. ___Tuve___
2. La maestra **repite** la pregunta. ___repitió___
3. ¿**Vas** al cine con tu amigo? ___Fuiste___
4. Mis padres **piden** arroz en el restaurante del barrio. ___pidieron___
5. El camarero les **sirve** papas fritas. ___sirvió___
6. **Vengo** de la escuela en autobús. ___Vine___
7. El concierto **es** a las ocho. ___fue___
8. ¿Dónde **pones** las llaves del auto? ___pusiste___
9. ¿Y ellos cómo lo **saben**? ___supieron___
10. ¿Quién **trae** la comida? ___trajo___

7 Oraciones Form complete sentences using the information provided in the correct order. Use the preterite tense of the verbs.

1. ir / al / semana / pasada / yo / dentista / la
   Yo fui al dentista la semana pasada./La semana pasada yo fui al dentista.
2. parque / Pablo / y / correr / perro / su / por / el
   Pablo y su perro corrieron por el parque.
3. día / leer / ellos / periódicos / tres / cada
   Ellos leyeron tres periódicos cada día./Cada día, ellos leyeron tres periódicos.
4. nunca / la historia / Doña Rita / la verdad / saber / de
   Doña Rita nunca supo la verdad de la historia.

---

4 Teaching Tip Read through the time expressions in the word bank. To remind students of their meanings, draw a calendar on the board, use gestures to indicate the passage of time, or use circumlocution.

4 Expansion Have students make all necessary changes in each sentence to make it true. They may negate it, change the time expression, or change the subject.

5 Teaching Tip Explain the **c:z** spelling change in the third-person singular preterite of **hacer**. Ask students what "hico" would sound like. If necessary, compare to words like **chico**.

5 Expansion Have students add three more lines to the chart and supply preterite conjugations for three verbs that they have trouble with. Encourage them to consult recent homework assignments if necessary.

6 Teaching Tip Remind students that when studying the preterite there will be some verb conjugations that seem easy and others that take more practice. Encourage them to highlight the verbs that they have trouble with. This way they can go back and write down their forms, and read through them out loud with a study partner.

7 Expansion Have students determine in which context they would most likely find each sentence. Ex: **una carta a un amigo, una novela, un periódico**

DIFFERENTIATION

Heritage Speakers Have heritage speakers ask a family member about the experience of moving to this country. Have students share their stories with the class. If needed, write key words on the board. Ask the rest of the class comprehension questions.

EXPANSION

Extra Practice Record a variety of interesting television commercials or a short segment of a show. Play the video(s) in class with the sound turned off. Have students use the preterite to tell what happened.

8 Teaching Tips

• Stress the meaning of **poder** in the preterite by giving examples of both its affirmative (*to manage; to succeed*) and negative (*to try and fail*) meanings. Ex: **Pude hacer toda la tarea de español anoche, pero no pude hacer toda la tarea de ciencias.**

• Stress the meaning of **querer** in the preterite by giving examples of both its affirmative (*to try*) and negative (*to refuse*) meanings. Ex: **Quisimos ver una película el sábado, pero no quise ver ninguna película violenta.**

9 Teaching Tip A few of the items in this activity could use either the present or the past tense and make sense. In item 1, if the text were the narration of a real-time documentary, or if the party planners in item 5 are unaware that the speaker knows their plans, the present tense is appropriate. Allow students to defend and explain their responses if they differ.

9 Expansion Have students suppose that the series of statements in this activity are excerpted from a book chapter about a party. Have them determine in what sequence they most likely would have appeared. After, have them pair up with a classmate, compare thoughts, and tell their partner how and why they came to their conclusion.

10 Teaching Tip Since direct object pronouns are not reviewed until page 14, allow students to repeat objects in their responses, if needed. (**Sí, ya escribí el correo electrónico.**) Do not discourage students from using pronouns if they wish.

10 Expansion Ask students to reread the questions and put checkmarks next to the tasks that they have truly already done today.

---

8 Escoger Choose the most logical option.

1. Ayer te llamé varias veces, pero tú no contestaste. a
   a. Quise hablar contigo.   b. Pude hablar contigo.
2. Las chicas fueron a la fiesta. Cantaron y bailaron mucho. a
   a. Ellas pudieron divertirse.   b. Ellas no supieron divertirse.
3. Yo no hice lo que ellos me pidieron. ¡Tengo mis principios! b
   a. No supe hacerlo.   b. No quise hacerlo.

9 ¿Presente o pretérito? Choose the correct form of the verbs in parentheses.

1. Después de muchos intentos (*tries*), (podemos/pudimos) hacer una piñata.
2. —¿Conoces a Pepe?
   —Sí, lo (conozco/conocí) en tu fiesta.
3. Como no es de aquí, Cristina no (sabe/supo) mucho de las celebraciones locales.
4. Yo no (quiero/quise) ir a un restaurante grande, pero tú decides.
5. Ellos (quieren/quisieron) darme una sorpresa, pero Nina me lo dijo todo.
6. Mañana se terminan las clases; por fin (podemos/pudimos) divertirnos.
7. Ayer no (tengo/tuve) tiempo de llamarte.
8. ¿(Quieres/Quisiste) ir al cine conmigo esta tarde?
9. Todavía no sabemos quiénes lo (dicen/dijeron), pero mañana lo vamos a saber.
10. Dos veces al año, mi hermano y yo (hacemos/hicimos) algo especial juntos.

10 Preguntas Pretend that your friend or parent keeps checking up on what you did. Respond that you already (**ya**) did what he/she asks. (Switch roles every two questions.)

> **modelo**
> leer la lección
> **Estudiante 1:** ¿Leíste la lección?
> **Estudiante 2:** Sí, ya la leí.

1. escribir el correo electrónico
   ¿Escribiste...?/Sí, ya lo escribí.
2. lavar (*to wash*) la ropa
   ¿Lavaste...?/Sí, ya la lavé.
3. oír las noticias
   ¿Oíste...?/Sí, ya las oí.
4. practicar los verbos
   ¿Practicaste...?/Sí, ya los practiqué.
5. empezar la tarea
   ¿Empezaste...?/Sí, ya la empecé.
6. buscar las llaves
   ¿Buscaste...?/Sí, ya las busqué.

EXPANSION

Extra Practice Have all students practice conjugating at least one, and up to six verbs that they have a hard time remembering in the preterite. Allow students who finish early to create a class set of flashcards of these verbs, with the infinitive form on one side and the conjugation on the other.

Small Groups Divide the class into small groups. Give the first student in each group the task of beginning a story, with

EXPANSION

the option of choosing a sentence from a recent homework or in-class assignment (as the first sentence only). Instruct them to write one paragraph using the preterite. On the next day, have the second student take the story opener home and add another paragraph to it, and so on, until the whole group has contributed a paragraph. When groups have finished, share the stories in class.

Una película Working with a partner, prepare a brief summary of a movie you have seen. First, make a list of verbs you will use to describe the film's plot. Then present your summary to the class and have the other students guess what movie you described. Answers will vary.

> **modelo**
>
> decidir, decir, llegar, tener miedo, traducir, ver
> Un día, Peter Quill decidió...

12 Conversar In small groups, ask each other what you did yesterday or last weekend. Use the word list and keep track of the activities that more than one person did so you can share them later with the class. Answers will vary.

asistir a una reunión	ir al centro comercial
cenar en un restaurante	ir de compras
dar una fiesta	limpiar la habitación
dar un regalo	mirar la televisión
empezar una novela	pasarlo bien
escribir una carta	poner un anuncio en el periódico
escribir un correo electrónico	tener una idea
escuchar música	tener un sueño (*dream*)
hacer la tarea	traducir un poema
ir al cine	visitar a un amigo

13 Escribir Describe a dream (**un sueño**) you had recently, or invent one. Use at least six preterite verbs, including a minimum of two irregular verbs. You may write your description as a paragraph or as a poem. Answers will vary.

AYUDA

soñar con =
to dream about

 Practice more at
vhlcentral.com.

---

11 Teaching Tips
- If possible, do not have groups perform on the same day that the assignment is given, so that they have more time to prepare.
- Encourage students to memorize their lines and polish their presentation, using props and gestures to create an interesting performance.

11 Expansion After the class guesses the movie, have them share (in the preterite) what happened that gave it away.

12 Teaching Tips
- Review forms of the verb **ir** as a class.
- Provide additional verbs that might be useful in this activity: **comprar, escuchar, estudiar, hacer, jugar, leer**.

12 Expansion Have students summarize in writing what each of their group members did. Encourage them to record at least two activities for each person in their group. Circulate and make sure that group members are conversing in the second and first person. Remind them that when they tell about what someone else did, they will need to use a different verb form. Allow advanced students to take the lead and help others in their groups.

13 Teaching Tip Before beginning, create a rubric or writers' checklist as a class. Then have students team up in pairs or groups of three to peer edit their work using the rubric.

TEACHING OPTIONS

Game Toward the end of the class period, tell students you want to see how closely they have been paying attention to you. Challenge them to write down everything that you did since the beginning of class. (Ex: **Usted dijo "Buenas tardes" y abrió la ventana. Repasó la tarea...** etc.) Offer a small incentive to the individual who comes up with the longest legitimate list. (Check it as a class.) This can also be done as a paired activity.

EXPANSION

Extra Practice Assign each student a Latin American country with a colonial history. Ask them to create a timeline showing major milestones on the road to independence. Remind them to use the preterite, and provide useful vocabulary words, such as **luchar, ganar, perder, batalla, invadir, conquistar, reinar, triunfar**, etc. Have students present their timelines as mini-reports to the class.

1 Teaching Tip Before beginning this activity, remind students that when object pronouns are attached to infinitives or participles, a written accent is often required to maintain proper word stress. Call out several examples and have volunteers write them on the board.

1 Expansion If students finish the activity early, have them give the alternate answer for each item, using a different position for the pronoun.

2 Teaching Tips
• Draw students' attention to the difference between **mi** (the possessive pronoun, as in: **Es mi chaqueta**) and **mí** with an accent (the object of a preposition, as in: **Me vieron a mí**).
• Explain why **ti** does not carry a written accent. Remind them that the written accent on **mí** serves to differentiate it from **mi**, which has identical spelling but different meaning. **Ti** does not have any other meanings.

2 Expansion Have students convert each sentence into the preterite. (Students do not need to learn the slight change in meaning in item 4; this will not be relevant until students start to differentiate the imperfect from the preterite.)

3 Teaching Tip Discuss as a class verbs that are likely to be used with indirect object pronouns (**dar, decir, traer, mostrar**, etc.). Advise students to be sure they can conjugate these verbs in the present as well as the preterite tense.

3 Expansion Challenge students to think of another object that could replace the pronoun they used in their answer. For example, in number 1, **le** could stand for **a mi padre, a mi hermano,** or **a mi profesora**.

1 Vacaciones Ramón is going to San Juan, Puerto Rico with his friends, Javier and Marcos. Express his thoughts more succinctly using direct object pronouns.

> **modelo**
>
> Quiero hacer una excursión.
> *Quiero hacerla./La quiero hacer.*

1. Voy a hacer mi maleta.
   Voy a hacerla./La voy a hacer.
2. Necesitamos llevar los pasaportes.
   Necesitamos llevarlos./Los necesitamos llevar.
3. Marcos está pidiendo el folleto turístico.
   Marcos está pidiéndolo./Marcos lo está pidiendo.
4. Javier debe llamar a sus padres.
   Javier debe llamarlos./Javier los debe llamar.
5. Ellos esperan visitar el Viejo San Juan.
   Ellos esperan visitarlo./Ellos lo esperan visitar.
6. Puedo llamar a Javier por la mañana.
   Puedo llamarlo por la mañana./Lo puedo llamar por la mañana.
7. Prefiero llevar mi cámara.
   Prefiero llevarla./La prefiero llevar.
8. No queremos perder nuestras reservaciones de hotel.
   No queremos perderlas./No las queremos perder.

2 Oraciones Form complete sentences using the information provided. Use indirect object pronouns and the present tense of the verbs.

1. Javier / prestar / el abrigo / a Gabriel
   Javier le presta el abrigo a Gabriel.

2. nosotros / vender / ropa / a los clientes
   Nosotros les vendemos ropa a los clientes.

3. el vendedor / traer / las camisetas / a mis amigos y a mí
   El vendedor nos trae las camisetas (a mis amigos y a mí).

4. yo / querer dar / consejos / a ti
   Yo quiero darte consejos (a ti)./Yo te quiero dar consejos (a ti).

5. ¿tú / ir a comprar / un regalo / a mí?
   ¿Tú me vas a comprar un regalo (a mí)?/¿Vas a comprarme un regalo (a mí)?

6. Carmen y Sofía / mostrar / las fotos / a Milena
   Carmen y Sofía le muestran las fotos a Milena.

3 ¿Directo o indirecto? Restate the sentences, replacing the underlined words with the correct direct or indirect object pronoun.

> **modelo**
>
> Lidia quiere ver <u>una película</u>. → Lidia la quiere ver./
> Lidia quiere verla.

1. Siempre digo la verdad <u>a mi madre</u>.
   Siempre le digo la verdad.
2. Juan Carlos puede traer <u>los refrescos</u> a la fiesta.
   Juan Carlos los puede traer./Juan Carlos puede traerlos.
3. ¿No quieres ver <u>las pinturas</u> *(paintings)* en el museo?
   ¿No las quieres ver en el museo?/¿No quieres verlas en el museo?
4. Raquel va a comprar un regalo <u>para su prima</u>.
   Raquel le va a comprar un regalo./Raquel va a comprarle un regalo.
5. Leí <u>el último libro de Harry Potter</u> anoche.
   Lo leí anoche.
6. Voy a regalar estos libros <u>a mis padres</u>.
   Les voy a regalar estos libros./Voy a regalarles estos libros.

4.1 Direct and indirect object pronouns

¿La bolsa? Acabo de comprarla.

► Direct and indirect object pronouns take the place of nouns.

► Direct object pronouns directly receive the action of the verb.

Direct object pronouns

Singular		Plural	
me	lo	nos	los
te	la	os	las

In affirmative sentences:

Adela practica **el tenis**. → Adela **lo** practica.

In negative sentences:

Adela **no lo** practica.

With an infinitive:

Adela **lo** va a practicar. / Adela va a practicar**lo**.

With the present progressive:

Adela **lo** está practicando. / Adela está practicándo**lo**.

► Indirect object pronouns identify *to whom* or *for whom* an action is done.

Jimena le dice a Felipe: "¡No seas grosero!"

Indirect object pronouns

Singular	Plural
me	nos
te	os
le	les

► Place an indirect object pronoun in a sentence in the same position where a direct object pronoun would go.

► Both the indirect object pronoun and the person to which it refers may be used together in a sentence for clarity or extra emphasis. Use the construction a + [*prepositional pronoun*].

Su madre **les** ofrece una solución **a los niños**.

TEACHING OPTIONS

Small Groups Have students gather in teams of three or four. In the middle of each team, place a grouping of objects, such as **unos lápices, una revista, un espejo,** and **unas gafas de sol**. Include a few photos of people. Make sure there is an object or picture that can represent each of the different indirect and direct object pronouns. Call out an object pronoun (direct or indirect), and the student whose turn it is has to name someone or something that

TEACHING OPTIONS

could be represented by that pronoun. For **los** the student might name **unos lápices**. Continue until all students have had a turn.
Pairs Have students work with a classmate to correct **Actividad 3** in order to gain more oral practice. Instruct pairs to have one student read the given sentence and the other to read its shorter equivalent without looking at their paper. Have students switch roles after one or two turns.

4.2 Gustar and similar verbs

▶ Though **gustar** is translated as *to like*, its literal meaning is *to please*. **Gustar** is preceded by an indirect object pronoun indicating who is pleased. It is followed by a noun (the subject) indicating *the thing that pleases*. Many verbs follow this pattern.

Me gusta viajar y salir con mis amigos.

aburrir	faltar	importar	molestar
encantar	fascinar	interesar	quedar

▶ With singular subjects or verbs in the infinitive, use the third person singular form.

Me gusta la clase.

No nos interesó el proyecto.

Les fascina ir al cine.

▶ With plural subjects, use the third person plural form.

Te quedaron diez dólares.

Le aburren los documentales.

▶ The construction **a** + [*noun/pronoun*] may be added for clarity or emphasis.

A mí me encanta bailar, ¿y a ti?

4.3 Double object pronouns

¿Me las vendes por 480?

▶ When direct and indirect object pronouns are used together, the indirect object pronoun always goes before the direct object pronoun.

Nos van a servir los platos. → **Nos los** van a servir. / Van a servír**noslos**.

▶ The indirect object pronouns **le** and **les** always change to **se** when they precede **lo, la, los,** and **las**.

Le escribí una carta. → **Se la** escribí.

▶ Spanish speakers often clarify to whom the pronoun **se** refers by adding **a usted, a él, a ella, a ustedes, a ellos,** or **a ellas**.

---

4 **La música** Complete each sentence with the correct indirect object pronoun and verb form. Use the present tense.

1. A Adela __le__ __gusta__ (gustar) la música de Enrique Iglesias.
2. A mí __me encantan__ (encantar) las canciones (*songs*) de Maná.
3. A mis amigos no __les__ __molesta__ (molestar) la música alta (*loud*).
4. A nosotros __nos__ __fascinan__ (fascinar) los grupos de pop latino.
5. A mi padre no __le__ __interesan__ (interesar) los cantantes (*singers*) de hoy.
6. ¿Qué tipo de música __te__ __gusta__ (gustar) a ti?

5 **Descripciones** Look at the pictures and describe what is happening. Use the verbs from the word bank. Answers may vary.

encantar	interesar	molestar	quedar

1. a ti A ti no te queda bien este vestido. A ti te queda mal/grande este vestido.

2. a Sara A Sara le interesan los libros de arte moderno.

3. a Ramón A Ramón le molesta el despertador.

4. a nosotros A nosotros nos encanta esquiar.

6 **En el restaurante** Complete each sentence with the missing direct or indirect object pronoun.

Objeto directo

1. ¿La ensalada? El camarero nos __la__ sirvió.
2. ¿El salmón? La dueña me __lo__ recomienda.
3. ¿La comida? Voy a preparárte__la__.
4. ¿Las bebidas? Estamos pidiéndose__las__.
5. ¿Los refrescos? Te __los__ puedo traer ahora.

Objeto indirecto

1. ¿Puedes traerme tu plato? No, no __te__ lo puedo traer.
2. ¿Quieres mostrarle la carta? Sí, voy a mostrár__se__la ahora.
3. ¿Les serviste la carne? No, no __se__ la serví.
4. ¿Vas a leerle el menú? No, no __se__ lo voy a leer.
5. ¿Me recomiendas la langosta? Sí, __te__ la recomiendo.

---

4 **Teaching Tips**
- Remind students that **me, te, le, nos,** and **les** never function as subjects.
- Have students underline the subject in each sentence before they conjugate the verb. Remind them that for **gustar** and similar verbs, the subject is placed at the end of the sentence.

4 **Expansion** Have students ask a partner three questions regarding their tastes in music. Have them begin with **¿A ti...?** and use three different verbs from the exercise. Have them write down the responses using complete sentences.

5 **Teaching Tip** Remind students that **quedar** can mean *to fit* or *to remain; to have left*. **No me queda esta blusa. Sólo me quedan cinco dólares.**

5 **Expansion** Have students choose one of the illustrations from this activity and write four additional sentences about the person, using verbs like **gustar**.

6 **Teaching Tip** Draw the students' attention to the accentuation of the verbs that have pronouns attached at the end. Remind students that accents are always written on verbs followed by double object pronouns.

6 **Expansion** Have students draw arrows from each of their answers under **objeto directo** to the noun to which it refers.

Extra Practice Have each student choose one of the verbs like **gustar (aburrir, encantar, faltar, fascinar, importar, interesar, molestar, quedar)**. Then have them conduct a survey of at least ten classmates, asking **¿Qué te molesta? ¿Qué te encanta?** or other questions using whatever verbs they have chosen. Have them record their classmates' responses in sentence form, and share the most interesting answers with the class.

Pairs Have students help you list popular TV shows on the board. Then, instruct them to go down the list with a classmate, asking **¿Te gusta...?** Encourage them to use as many of the verbs like **gustar** as they can. If they have not seen a show, they can say **No lo veo** (or **No lo he visto**).

7 Teaching Tip Students who prefer the "after and attached" position of the pronouns will often over-generalize its use. If a student converts **Mi hija manda las invitaciones** to **Mi hija mándaselas,** watch for your heritage speakers to notice these errors. They should be able to explain the implication of the phrase (that it is a command), if not the rule behind it.

8 Teaching Tip Depending on class size and available time, you may choose to have students work in small groups for this activity, rather than giving reports to the whole class. Call on a volunteer from each group to summarize the responses.

8 Expansion Teach students the expressions **A mí también** and **A mí tampoco**. As they complete the activity, encourage them to use **a mí también** for affirmative sentences and **a mí tampoco** for negative sentences whenever they agree with someone's likes and dislikes. Ex:
—**A Tony le aburre el béisbol.**
—**A mí también.**
—**A Luisa no le interesan las matemáticas.**
—**A mí tampoco.**

9 Partner Chat You can also assign activity 9 on the Supersite. Students work in pairs to record the activity online. The pair's recorded conversation will appear in your gradebook.

21ˢᵗ Century Skills

9 Productivity and Accountability
Provide students with the oral testing rubric found in the Teacher Resources on the Supersite. Ask them to keep these strategies in mind as they prepare their oral exchanges.

---

7 **¿Quién?** Ms. Cervallos had a dinner party and is now remembering the different things people did to help her. Change the underlined nouns to direct object pronouns and make any other necessary changes.

> **modelo**
> ¿Quién me trajo <u>la carne</u> del supermercado? (mi esposo)
> Mi esposo me la trajo.

1. ¿Quién mandó <u>las invitaciones</u> a mis sobrinas Raquel y María Eugenia? (mi hija) Mi hija se las mandó.
2. No pude ir a la tienda para buscar bebidas. ¿Quién me compró <u>el agua mineral</u>? (mi hijo) Mi hijo me la compró.
3. ¿Quién me prestó <u>los platos</u>? (mi mamá) Mi mamá me los prestó.
4. Los entremeses fueron todos muy ricos. ¿Quién nos preparó <u>los entremeses</u>? (Silvia y Renata) Silvia y Renata nos los prepararon.
5. No hubo suficientes sillas en el comedor (*dining room*). ¿Quién nos trajo <u>las sillas</u> que faltaban (*were lacking*)? (Héctor y Lorena) Héctor y Lorena nos las trajeron.
6. No tuve tiempo de pedirle <u>la sal y la pimienta</u> a Mónica. ¿Quién le pidió <u>la sal y la pimienta</u> a Mónica? (mi hijo) Mi hijo se las pidió.
7. Muchas personas estuvieron en la fiesta. ¿Quién sirvió <u>el pastel de chocolate</u> a los invitados? (mis hijos) Mis hijos se lo sirvieron.

8 **Entrevista** Interview a classmate (or friend/relative) using all the **gustar**-like verbs in the box on page 15. Write down his or her answers and report to the class. (There will be three sentences per verb, as in the model.) Answers will vary.

> **modelo**
> **Pregunta:** ¿Qué te molesta mucho (a ti)?
> **Respuesta:** A mí me molestan las preguntas estúpidas.
> **A la clase:** A mi amigo Arturo le molestan las preguntas estúpidas.

9 **En la tienda** In groups of three, write a brief conversation between a salesperson and two friends who are out shopping. Each person should use at least two verbs like **gustar**, two direct and indirect object pronouns, and one sentence with double object pronouns. Use the instructions as a guide or invent your own details. Answers will vary.

> **modelo**
> **Dependiente:** Buenas tardes. ¿En qué les puedo servir?
> **Clienta 1:** Hola, necesito un vestido, pero éstos no me gustan.
> **Dependiente:** ¡Ay, tengo unos que le van a quedar perfecto! Voy a traérselos.
> **Clienta 2:** A mí me fascinan estos zapatos. Los voy a comprar.

Dependiente/a	**Clientes/as**
Saluda a los/las clientes/as y pregúntales en qué les puedes servir.	Saluden al/a la dependiente/a y díganle (*tell him/her*) qué quieren comprar.
Habla de los gustos de los/las clientes/as y empieza a mostrarles la ropa.	Hablen de los colores y estilos que más les interesan.
Da opiniones favorables (las botas le quedan fantásticas)...	Decidan cuáles son las cosas que les gustan y qué van a comprar.

Practice more at vhlcentral.com.

En el consultorio

1

Communicative Goals

I will be able to:
- Describe how I feel physically
- Talk about health and medical conditions

VOICE BOARD

A PRIMERA VISTA
- ¿Están en una farmacia o en un hospital?
- ¿El hombre es doctor o dentista?
- ¿Qué hace él, una operación o un examen médico?
- ¿Crees que la paciente está nerviosa?

Lesson Goals

In **Lección 1**, students will be introduced to the following:
- names of parts of the body
- health-related terms
- medical-related vocabulary
- health services in Spanish-speaking countries
- healers and shamans
- the imperfect tense
- uses of the preterite and imperfect tenses
- impersonal constructions with **se**
- using **se** for unplanned events
- forming adverbs using [*adjective*] + **-mente**
- common adverbs and adverbial expressions
- activating background knowledge
- mastering the simple past tenses
- writing about an illness or accident
- listening for specific information
- a television commercial for **Strepsils,** a throat lozenge
- a video about hospitals in Argentina
- cultural, geographic, and economic information about Costa Rica

21ˢᵗ Century Skills

Health Literacy
Ask: How do you monitor your health? Where do you go when you are sick? Does your family use home remedies? Prompt students to compare their experiences with what they learn in this lesson.

A primera vista Ask these additional questions: **¿Cuándo fue la última vez que viste a tu médico/a? ¿Estuviste en su consultorio la semana pasada? ¿Cuáles son las mejores comidas para sentirte bien?**

SUPPORT FOR BACKWARD DESIGN

Lección 1 Essential Questions
1. How do people discuss their health?
2. What do people do when they become ill?
3. What is it like to visit a doctor in the Spanish-speaking world?

Lección 1 Integrated Performance Assessment
Before teaching this chapter, review the Integrated Performance Assessment (IPA) and its accompanying scoring rubric provided in the Testing Program. Use the IPA to assess students' progress toward proficiency targets at the end of the chapter.
IPA Context: You are the school nurse or doctor's aide. It is the beginning of the school year and you want to give students advice on how to best take care of themselves if they get come down with the common cold or flu.

Voice boards on the Supersite allow you and your students to record and share up to five minutes of audio. Use voice boards for presentations, oral assessments, discussions, directions, etc.

Section Goals

In **Contextos**, students will learn and practice:

• names of parts of the body
• vocabulary for talking about illnesses and accidents
• vocabulary associated with medical visits

 Communication 1.2
Comparisons 4.1

Student Resources

Cuaderno de actividades comunicativas, pp. 1–2, 109
Cuaderno de práctica, pp. 1–2
Cuaderno para hispanohablantes, pp. 1–2
Supersite: Activities, *eCuaderno*

Teacher Resources

Workbook TEs; Digital Image Bank; Textbook and Audio Activities MP3s; Audio Scripts; Testing Program Quizzes; Activity Pack

Teaching Tips

• Pretend to be accident-prone. Ex: **Ayer fui a pasear en bicicleta y me caí. Me lastimé las rodillas y los brazos. Luego, cuando llegué a casa, me di con la puerta y me lastimé el ojo. Esta mañana cerré la puerta del auto y me lastimé el dedo.** Then ask comprehension questions about what hurts. Ex: **¿Me duele la garganta? (No.)** Finally, ask students about treatment options.

• Use the **Lección 1 Contextos** Digital Image Bank to support this presentation.

• Have students refer to the scene as you give yes/no statements. Ex: **¿Sí o no? La enfermera le toma la temperatura a la paciente. (Sí.)** Then ask volunteers to describe what is going on in the scene.

1 | contextos

En el consultorio

🔊  My Vocabulary Tutorials

Más vocabulario

la clínica	clinic
el consultorio	doctor's office
el/la dentista	dentist
el examen médico	physical exam
la farmacia	pharmacy
el hospital	hospital
la operación	operation
la sala de emergencia(s)	emergency room
el cuerpo	body
el oído	(sense of) hearing; inner ear
el accidente	accident
la salud	health
el síntoma	symptom
caerse	to fall (down)
darse con	to bump into; to run into
doler (o:ue)	to hurt
enfermarse	to get sick
estar enfermo/a	to be sick
lastimarse (el pie)	to injure (one's foot)
poner una inyección	to give an injection
recetar	to prescribe
romperse (la pierna)	to break (one's leg)
sacar(se) un diente	to have a tooth removed
sufrir una enfermedad	to suffer an illness
torcerse (o:ue) (el tobillo)	to sprain (one's ankle)
toser	to cough

Variación léxica

gripe ⟷ gripa (*Col., Gua., Méx.*)
resfriado ⟷ catarro (*Cuba, Esp., Gua.*)
sala de emergencia(s) ⟷ sala de urgencias (*Arg., Col., Esp., Méx.*)
romperse ⟷ quebrarse (*Arg., Gua.*)

recursos

v̄Text	CA	CP	CH	Ⓢ
	pp. 1–2, 109	pp. 1–2	pp. 1–2	vhlcentral

el corazón
el paciente
SALIDA
el ojo
la nariz
la cabeza
la doctora
la oreja
la boca
el cuello
la garganta
el estómago
el dedo
la rodilla
el pie
el dedo del pie

Síntomas y condiciones médicas

el dolor (de cabeza)	(head)ache; pain
la gripe	flu
la infección	infection
el resfriado	cold
la tos	cough
congestionado/a	congested; stuffed up
embarazada	pregnant
grave	grave; serious
mareado/a	dizzy; nauseated
médico/a	medical
saludable	healthy
sano/a	healthy
ser alérgico/a (a)	to be allergic (to)
tener dolor (m.)	to have pain
tener fiebre (f.)	to have a fever

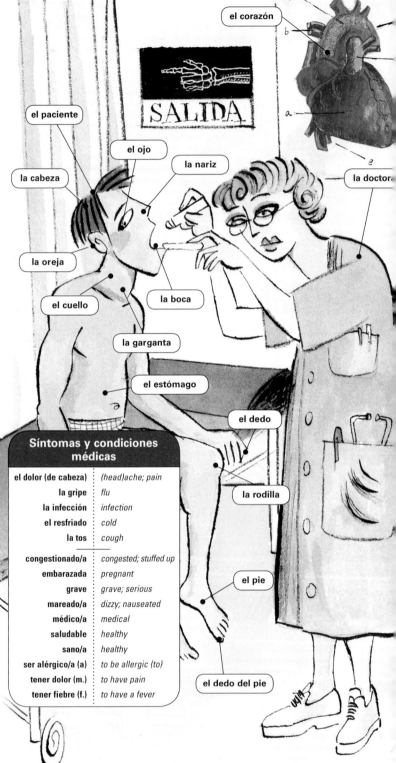

TEACHING OPTIONS

TPR Play a game of **Simón dice.** Write **toquen** on the board and explain that it means *touch*. Start by saying: **Simón dice... toquen la nariz.** Students are to touch their noses and keep their hands there until instructed to do otherwise. Work through various parts of the body. Be sure to give instructions occasionally without saying **Simón dice...**

EXPANSION

Variación léxica Point out differences in health-related vocabulary, as well as some false cognates. **Embarazada** means *pregnant*, not *embarrassed*. You may also want to present **constipado/a** and explain that it does not mean *constipated*, but rather *congested* or *stuffed up*. Point out that, whereas in English people have ten fingers and ten toes, in Spanish people have twenty **dedos: diez dedos de las manos y diez de los pies.**

la radiografía

el hueso

la enfermera

la paciente

Estornuda.

Toma la temperatura.

el brazo

la pierna

el tobillo

La medicina

el antibiótico	*antibiotic*
la aspirina	*aspirin*
la pastilla	*pill; tablet*
la receta	*prescription*

Práctica

1 **Escuchar** Escucha las preguntas y selecciona la respuesta más adecuada.

  a. Tengo dolor de cabeza y fiebre.
  b. No fui a la clase porque estaba (*I was*) enfermo.
  c. Me caí la semana pasada jugando al tenis.
  d. Debes ir a la farmacia.
  e. Porque tengo gripe.
  f. Sí, tengo mucha tos por las noches.
  g. Lo llevaron directamente a la sala de emergencia.
  h. No sé. Todavía tienen que tomarme la temperatura.

1. __c__   3. __g__   5. __f__   7. __a__
2. __e__   4. __d__   6. __h__   8. __b__

2 **Seleccionar** Escucha la conversación entre Daniel y su doctor y selecciona la respuesta que mejor complete cada oración.

1. Daniel cree que tiene __a__.
  a. gripe   b. un resfriado   c. la temperatura alta
2. A Daniel le duele la cabeza, estornuda, tose y __c__.
  a. se cae   b. tiene fiebre   c. está congestionado
3. El doctor le __b__.
  a. pone una inyección   b. toma la temperatura
  c. mira el oído
4. A Daniel no le gustan __a__.
  a. las inyecciones   b. los antibióticos   c. las visitas al doctor
5. El doctor dice que Daniel tiene __b__.
  a. gripe   b. un resfriado   c. fiebre
6. Después de la consulta, Daniel va a __c__.
  a. la sala de emergencia   b. la clínica   c. la farmacia

3 **Completar** Completa las oraciones con una palabra de la misma familia de la palabra subrayada. Usa la forma correcta de cada palabra.

1. Cuando <u>oyes</u> algo, usas el ___oído___.
2. Cuando te <u>enfermas</u>, te sientes ___enfermo/a___ y necesitas ir al consultorio para ver a la ___enfermera___.
3. ¿Alguien ___estornudó___? Creo que oí un <u>estornudo</u> (*sneeze*).
4. No puedo <u>arrodillarme</u> (*kneel down*) porque me lastimé la ___rodilla___ en un accidente de coche.
5. ¿Vas al ___consultorio___ para <u>consultar</u> al doctor?
6. Si te rompes un <u>diente</u>, vas al ___dentista___.

4 **Contestar** Mira los dibujos y contesta las preguntas. Answers will vary.

1. ¿Qué hace la doctora?   4. ¿Qué hace el paciente?
2. ¿Qué hay en   5. ¿A quién le duele
   la pared (*wall*)?   la garganta?
3. ¿Qué hace la enfermera?   6. ¿Qué tiene la paciente?

TEACHING OPTIONS

Game Play **Concentración**. On eight cards, write names for parts of the body or items found in a doctor's office. On another eight cards, draw or paste a picture that matches each word. Place the cards facedown in four rows of four. In pairs, students select two cards. If the cards match, the pair keeps them. If the cards do not match, students replace them in their original position. The pair with the most cards at the end wins.

DIFFERENTIATION

Heritage Speakers Ask heritage speakers to describe a visit they made to a doctor's office. Verify comprehension by having students relate what was said. On the board, write any non-active vocabulary that students may use, such as **auscultar los pulmones, sacar la lengua, tomar la presión arterial, la sangre**, and so forth.

 Communication 1.1

1 **Teaching Tip** Before playing the audio, have students read through the list of responses. Explain that not all the questions are directed at the same person.

1 **Script** 1. ¿Cuándo te caíste? 2. ¿Por qué vas al médico? 3. ¿Adónde llevaron a Juan después del accidente? 4. ¿Adónde debo ir para conseguir estas pastillas? 5. ¿Tienes mucha tos? 6. ¿Tienes fiebre? 7. ¿Cuáles son sus síntomas, señor? 8. Ayer no te vi en la clase de biología. ¿Por qué? *Teacher Resources DVD*

2 **Teaching Tip** To challenge students, write the activity items on the board as cloze sentences. Have students complete them as they listen.

2 **Script** DANIEL: Hola, doctor. Me siento enfermo. Creo que tengo gripe. DOCTOR: ¿Cuándo te enfermaste? DA: La semana pasada. DO: ¿Cuáles son tus síntomas? DA: Me duele la cabeza, estornudo y tengo mucha tos por las noches. Ah, y también estoy congestionado. DO: Voy a tomarte la temperatura. DA: ¿Me va a poner una inyección, doctor? No me gustan las inyecciones. DO: No tienes fiebre y, tranquilo, no necesitas inyecciones. Esto es un simple resfriado. Voy a recetarte unas pastillas y pronto tu salud va a mejorar. DA: Gracias, doctor. Voy a pasar por la farmacia al salir de la consulta. *Teacher Resources DVD*

3 **Teaching Tip** Have students identify the part of speech of each underlined word and each fill-in-the-blank answer.

3 **Expansion** Have students write two additional items for a partner to complete.

4 **Teaching Tip** Have pairs play a memory game. Have them study the drawing for 30 seconds, then ask each other the questions.

5 Teaching Tip Point out that there may be several parts of the body associated with each activity. Encourage students to list as many as they can.

5 Expansion Do the activity in reverse. Name parts of the body and ask students to associate them with as many activities as they can.

6 Expansion
- Ask for a show of hands for those who fall into the different health levels based on point totals. Analyze the trends of the class—are your students healthy or unhealthy?
- Ask for volunteers from each of the three groups to explain whether they think the results of the survey are accurate or not. Ask them to give examples based on their own eating, exercise, and other health habits.
- You may want to have students brainstorm a few additional health-related questions and responses and adjust the point totals accordingly. Ex: **¿Con qué frecuencia te lavas las manos? ¿Con qué frecuencia usas seda dental? ¿Tomas el sol sin bloqueador solar? ¿Comes comida rápida (McDonald's, etc.)? ¿Consumes mucha cafeína?**

21st Century Skills

6 Collaboration
If you have access to students in a Spanish-speaking country, ask them to complete the questionnaire. Then, ask groups of students to read their counterparts' responses and prepare a comparison of the results for both classes.

5

Asociaciones Trabajen en parejas para identificar las partes del cuerpo que ustedes asocian con estas actividades. Sigan el modelo. Answers will vary.

> **modelo**
> nadar
> **Estudiante 1:** Usamos los brazos para nadar.
> **Estudiante 2:** Usamos las piernas también.

1. hablar por teléfono
2. tocar el piano
3. correr en el parque
4. escuchar música
5. ver una película
6. toser
7. llevar zapatos
8. comprar perfume
9. estudiar biología
10. comer lomo a la plancha

◄ **AYUDA**

Remember that in Spanish, parts of the body are usually referred to with an article and not a possessive adjective: **Me duelen los pies.** The indirect object pronoun **me** is used to express the concept of *my*.

6

Cuestionario Contesta el cuestionario seleccionando las respuestas que reflejen mejor tus experiencias. Suma (Add) los puntos de cada respuesta y anota el resultado. Después, con el resto de la clase, compara y analiza los resultados del cuestionario y comenta lo que dicen de la salud y de los hábitos de todo el grupo. Answers will vary.

¿Tienes buena salud?

27–30 puntos	Salud y hábitos excelentes
23–26 puntos	Salud y hábitos buenos
22 puntos o menos	Salud y hábitos problemáticos

1. ¿Con qué frecuencia te enfermas? (resfriados, gripe, etc.)
Cuatro veces por año o más. (1 punto)
Dos o tres veces por año. (2 puntos)
Casi nunca. (3 puntos)

2. ¿Con qué frecuencia tienes dolores de estómago o problemas digestivos?
Con mucha frecuencia. (1 punto)
A veces. (2 puntos)
Casi nunca. (3 puntos)

3. ¿Con qué frecuencia sufres de dolores de cabeza?
Frecuentemente. (1 punto)
A veces. (2 puntos)
Casi nunca. (3 puntos)

4. ¿Comes verduras y frutas?
No, casi nunca como verduras ni frutas. (1 punto)
Sí, a veces. (2 puntos)
Sí, todos los días. (3 puntos)

5. ¿Eres alérgico/a a algo?
Sí, a muchas cosas. (1 punto)
Sí, a algunas cosas. (2 puntos)
No. (3 puntos)

6. ¿Haces ejercicios aeróbicos?
No, casi nunca hago ejercicios aeróbicos. (1 punto)
Sí, a veces. (2 puntos)
Sí, con frecuencia. (3 puntos)

7. ¿Con qué frecuencia te haces un examen médico?
Nunca o casi nunca. (1 punto)
Cada dos años. (2 puntos)
Cada año y/o antes de empezar a practicar un deporte. (3 puntos)

8. ¿Con qué frecuencia vas al dentista?
Nunca voy al dentista. (1 punto)
Sólo cuando me duele un diente. (2 puntos)
Por lo menos una vez por año. (3 puntos)

9. ¿Qué comes normalmente por la mañana?
No como nada por la mañana. (1 punto)
Tomo una bebida dietética. (2 puntos)
Como cereal y fruta. (3 puntos)

10. ¿Con qué frecuencia te sientes mareado/a?
Frecuentemente. (1 punto)
A veces. (2 puntos)
Casi nunca. (3 puntos)

◄ **AYUDA**

Remember that the word **médico/a** means *doctor*, and can be used interchangeably with **doctor(a)**. It can also be used as an adjective to mean *medical*, as in **examen médico**.

 Practice more at **vhlcentral.com**.

TEACHING OPTIONS

Small Groups On the board, write popular expressions related to parts of the body and guide students in guessing their meanings. Ex: **tomarle el pelo (a alguien), no tener pelos en la lengua, salvarse por un pelo, costar un ojo de la cara, no tener dos dedos de frente, ponerle los pelos de punta, hablar hasta por los codos**. In small groups, have students create a sentence about a famous person or classmate for each expression.

EXPANSION

Game Play a modified version of **20 Preguntas**. Ask a volunteer to think of a part of the body. Other students get one chance each to ask a yes/no question until someone guesses the correct body part. Limit attempts to ten questions per item. Encourage students to guess by associating activities with various parts of the body.

Comunicación

7 **¿Qué les pasó?** Trabajen en un grupo de dos o tres personas. Hablen de lo que les pasó y de cómo se sienten las personas que aparecen en los dibujos. Answers will vary.

1. Adela
2. Francisco
3. Pilar

4. Pedro
5. Cristina
6. Félix

8 **Un accidente** Cuéntale a la clase de un accidente o una enfermedad que tuviste. Incluye información que conteste estas preguntas. Answers will vary.

- ✔ ¿Qué ocurrió?
- ✔ ¿Dónde ocurrió?
- ✔ ¿Cuándo ocurrió?
- ✔ ¿Cómo ocurrió?
- ✔ ¿Quién te ayudó y cómo?
- ✔ ¿Tuviste algún problema después del accidente o después de la enfermedad?
- ✔ ¿Cuánto tiempo tuviste el problema?

recursos

v̂Text

CA
pp. 1–2

9 **Crucigrama** Tu profesor(a) les va a dar a ti y a un(a) compañero/a un crucigrama (crossword) incompleto. Tú tienes las palabras que necesita tu compañero/a y él/ella tiene las palabras que tú necesitas. Tienen que darse pistas para completarlo. No pueden decir la palabra necesaria; deben utilizar definiciones, ejemplos y frases. Answers will vary.

> **modelo**
> **10 horizontal:** La usamos para hablar.
> **14 vertical:** Es el doctor que examina los dientes.

Successful Language Learning Tell students to imagine situations in which they commonly see a doctor and to think about what they would say in Spanish in each of these situations.

7 Expansion
- Ask students to list the various possibilities of what happened to these people and how they feel. Have them name possible treatments for each.
- Bring in magazine pictures related to illness, medicine, and medical appointments. Have students describe what is going on in the images.

8 Teaching Tip Model this activity by talking about an illness or accident you had.

8 Expansion To practice more verb forms, have students discuss with a partner illnesses or accidents that someone they know had.

8 Virtual Chat (Premium) You can also assign activity 4 on the Supersite. Students record individual responses that appear in your gradebook.

9 Teaching Tip Divide the class into pairs and distribute the Communication Activities worksheets from the *Activity Pack.* Give students ten minutes to complete this activity.

9 Expansion Have pairs use words from the crossword to role-play a visit to a doctor's office.

TEACHING OPTIONS

Pairs For homework, ask students to draw an alien or other fantastic being. In the next class period, have students describe the alien to a classmate, who will draw it according to the description. Ex: **Tiene una cabeza grande y tres piernas delgadas con pelo en las rodillas. Encima de la cabeza tiene ocho ojos pequeños y uno grande…** Then have students compare the drawings for accuracy.

EXPANSION

Extra Practice Write **Mido _____ pies y _____ pulgadas** on the board and explain what it means. Then have students write physical descriptions of themselves, using as much vocabulary from this lesson as they can. Collect the papers, shuffle them, and read the descriptions aloud. The rest of the class has to guess who is being described.

Section Goals

In **Fotonovela**, students will:
- receive comprehensible input from free-flowing discourse
- learn functional phrases that preview lesson grammatical structures

 Communication 1.2
Cultures 2.1, 2.2

Student Resources
Cuaderno de actividades comunicativas, pp. 47–48
Supersite: *Fotonovela* video, Activities, eCuaderno

Teacher Resources
Workbook TE; Video Script & Translation

Video Synopsis While out with her friend **Elena, Jimena's** cold symptoms start bothering her. Despite taking **don Diego's** and **Elena's** home remedies, the cold symptoms persist. At her mother's insistence, **Jimena** goes to the doctor, who prescribes some medicine.

Teaching Tips
- Hand out the **Antes de ver el video** and the **Mientras ves el video** activities from the *Cuaderno de actividades comunicativas* and go over the **Antes de ver** questions before starting the **Fotonovela**.
- Have students scan the **Fotonovela** for words and expressions related to illness, injury, and health care. Then have them predict what will happen in this episode.
- Review the predictions and ask a few questions to guide students in summarizing this episode.

¡Qué dolor!

Jimena no se siente bien y tiene que ir al doctor.

PERSONAJES   ELENA   JIMENA

 Video: *Fotonovela*

ELENA ¿Cómo te sientes?

JIMENA Me duele un poco la garganta. Pero no tengo fiebre.

ELENA Creo que tienes un resfriado. Te voy a llevar a casa.

ELENA ¿Don Diego ya fue a la farmacia? ¿Cuánto tiempo hace que lo llamaste?

JIMENA Hace media hora. Ay, qué cosas, de niña apenas me enfermaba. No perdí ni un solo día de clases.

ELENA Yo tampoco.

ELENA Nunca tenía resfriados, pero me rompí el brazo dos veces. Mi hermana y yo estábamos paseando en bicicleta y casi me di con un señor que caminaba por la calle. Me caí y me rompí el brazo.

(La Sra. Díaz llama a Jimena.)

JIMENA Hola, mamá. Don Diego me trajo los medicamentos... ¿Al doctor? ¿Estás segura? Allá nos vemos. *(A Elena)* Mi mamá ya hizo una cita para mí con el Dr. Meléndez.

SRA. DÍAZ ¿Te pusiste un suéter anoche?

JIMENA No, mamá. Se me olvidó.

SRA. DÍAZ Doctor, esta jovencita salió anoche, se le olvidó ponerse un suéter y parece que le dio un resfriado.

DR. MELÉNDEZ Jimena, ¿cuáles son tus síntomas?

JIMENA Toso con frecuencia y me duele la garganta.

DR. MELÉNDEZ ¿Cuánto tiempo hace que tienes estos síntomas?

JIMENA Hace dos días que me duele la garganta.

TEACHING OPTIONS

¡Qué dolor! Play the **¡Qué dolor!** episode and have students jot down key words that they hear. Then have them work in small groups to prepare a brief plot summary based on their lists of key words. Play the segment again and have students return to their groups to refine their summaries. Finally, discuss the plot of this episode with the entire class and correct any errors of fact or sequencing.

EXPANSION

Extra Practice Photocopy the **Fotonovela** Video Script (Supersite) and white out words related to injuries and illnesses in order to make a master for a cloze activity. Have students fill in the missing words as they watch the episode.

DON DIEGO　　**SRA. DÍAZ**　　**DR. MELÉNDEZ**

4

JIMENA ¿Qué es esto?

ELENA Es té de jengibre. Cuando me dolía el estómago, mi mamá siempre me hacía tomarlo. Se dice que es bueno para el dolor de estómago.

JIMENA Pero no me duele el estómago.

5

JIMENA Hola, don Diego. Gracias por venir.

DON DIEGO Fui a la farmacia. Aquí están las pastillas para el resfriado. Se debe tomar una cada seis horas con las comidas. Y no se deben tomar más de seis pastillas al día.

9

DR. MELÉNDEZ Muy bien. Aquí no tienes infección. No tienes fiebre. Te voy a mandar algo para la garganta. Puedes ir por los medicamentos inmediatamente a la farmacia.

10

SRA. DÍAZ Doctor, ¿cómo está? ¿Es grave?

DR. MELÉNDEZ No, no es nada grave. Jimena, la próxima vez, escucha a tu mamá. ¡Tienes que usar suéter!

Expresiones útiles

Discussing medical conditions

¿Cómo te sientes?
How do you feel?

Me duele un poco la garganta.
My throat hurts a little.

No me duele el estómago.
My stomach doesn't hurt.

De niño/a apenas me enfermaba.
As a child, I rarely got sick.

¡Soy alérgico/a a chile!
I'm allergic to chili powder!

Discussing remedies

Se dice que el té de jengibre es bueno para el dolor de estómago.
They say ginger tea is good for stomachaches.

Aquí están las pastillas para el resfriado.
Here are the pills for your cold.

Se debe tomar una cada seis horas.
You should take one every six hours.

Expressions with hacer

Hace + [*period of time*] **que** + [*present /preterite*]

¿Cuánto tiempo hace que tienes estos síntomas?
How long have you had these symptoms?

Hace dos días que me duele la garganta.
My throat has been hurting for two days.

¿Cuánto tiempo hace que lo llamaste?
How long has it been since you called him?

Hace media hora.
It's been a half hour (since I called).

Additional vocabulary

canela *cinnamon*
miel *honey*
terco/a *stubborn*

recursos

v Text　CA　**S**
pp. 47–48　vhlcentral

¿Qué pasó?

1 ¿Cierto o falso?
Decide si lo que dicen estas oraciones sobre Jimena es **cierto** o **falso**. Corrige las oraciones falsas.

	Cierto	Falso	
1. Dice que de niña apenas se enfermaba.	☑	○	
2. Tiene dolor de garganta y fiebre.	○	☑	Tiene dolor de garganta, pero no tiene fiebre.
3. Olvidó ponerse un suéter anoche.	☑	○	
4. Hace tres días que le duele la garganta.	○	☑	Hace dos días que le duele la garganta.
5. El doctor le dice que tiene una infección.	○	☑	El doctor le dice que no tiene una infección.

2 Identificar
Identifica quién puede decir estas oraciones.

1. Como dice tu mamá, tienes que usar suéter. Dr. Meléndez
2. Por pasear en bicicleta me rompí el brazo dos veces. Elena
3. ¿Cuánto tiempo hace que toses y te duele la garganta? Dr. Meléndez
4. Tengo cita con el Dr. Meléndez. Jimena
5. Dicen que el té de jengibre es muy bueno para los dolores de estómago. Elena
6. Nunca perdí un día de clases porque apenas me enfermaba. Jimena

DR. MELÉNDEZ

ELENA

JIMENA

3 Ordenar
Pon estos sucesos en el orden correcto.

a. Jimena va a ver al doctor. __4__
b. El doctor le dice a la Sra. Díaz que no es nada serio. __6__
c. Elena le habla a Jimena de cuando se rompió el brazo. __2__
d. El doctor le receta medicamentos. __5__
e. Jimena le dice a Elena que le duele la garganta. __1__
f. Don Diego le trae a Jimena las pastillas para el resfriado. __3__

4 En el consultorio
Trabajen en parejas para representar los papeles de un(a) doctor(a) y su paciente. Usen las instrucciones como guía. Answers will vary. ◄

El/La doctor(a)
- Pregúntale al / a la paciente qué le pasó.
- Pregúntale cuánto tiempo hace que se cayó.
- Mira el dedo. Debes recomendar un tratamiento (*treatment*) al / a la paciente.

El/La paciente
→ Dile que te caíste en casa. Describe tu dolor.
→ Describe la situación. Piensas que te rompiste el dedo.
→ Debes hacer preguntas al / a la doctor(a) sobre el tratamiento (*treatment*).

---

1 Expansion Give students these sentences as items 6–7:
6. Toma té de jengibre porque le duele el estómago. (Falso. No le duele el estómago.) 7. Tose con frecuencia. (Cierto.)

2 Expansion Give students these sentences as items 7–8:
7. Si quieres, ya puedes ir a la farmacia. (Dr. Meléndez)
8. De pequeña nunca tenía resfriados. (Elena/Jimena)

Nota cultural In the Dominican Republic, drinking **té de jengibre** is a Christmas tradition. It is made with fresh ginger root, cinnamon sticks, and sugar, and served hot.

4 Partner Chat You can also assign activity 4 on the Supersite. Students work in pairs to record the activity online. The pair's recorded conversation will appear in your gradebook.

Pre-AP*

4 Interpersonal Speaking
Possible conversation
E1: Buenos días. ¿Cómo se lastimó?
E2: Doctor, me caí en casa. Me duele mucho la mano.
E1: ¿Y cuánto tiempo hace que se cayó?
E2: Hace más de dos horas. Creo que me rompí el dedo.
E1: ¿Ah, sí? ¿Le duele mucho?
E2: Me duele muchísimo, doctor. Y estoy mareada.
E1: Bueno, le voy a sacar una radiografía primero.
E2: ¿Está roto el dedo?
E1: No se preocupe. No está roto el dedo. Como le duele mucho, le voy a recetar unas pastillas.
E2: Sí, doctor. Gracias.

DIFFERENTIATION

Heritage Speakers Ask heritage speakers to prepare a poster about the health care system of their families' countries of origin or other Spanish-speaking countries they have visited. Have them present their posters to the class, who can ask questions about the information.

EXPANSION

Extra Practice Ask students questions about the **Fotonovela**.
Ex: 1. ¿Quién fue a la farmacia para conseguirle unas pastillas a Jimena? (Don Diego fue a la farmacia.) 2. ¿Quién se rompió el mismo brazo dos veces? (Elena se lo rompió dos veces.) 3. ¿Por qué la mamá de Elena le daba té de jengibre? (Porque le dolía el estómago.) 4. ¿Cuáles son las síntomas de Jimena? (Tose mucho y le duele la garganta.)

Ortografía y pronunciación
El acento y las sílabas fuertes

 Audio

In Spanish, written accent marks are used on many words. Here is a review of some of the principles governing word stress and the use of written accents.

as·pi·ri·na   gri·pe   to·man   an·tes

In Spanish, when a word ends in a vowel, **-n**, or **-s**, the spoken stress usually falls on the next-to-last syllable. Words of this type are very common and do not need a written accent.

a·sí   in·glés   in·fec·ción   hé·ro·e

When a word ends in a vowel, **-n**, or **-s**, and the spoken stress does *not* fall on the next-to-last syllable, then a written accent is needed.

hos·pi·tal   na·riz   re·ce·tar   to·ser

When a word ends in any consonant *other* than **-n** or **-s**, the spoken stress usually falls on the last syllable. Words of this type are very common and do not need a written accent.

lá·piz   fút·bol   hués·ped   sué·ter

When a word ends in any consonant *other* than **-n** or **-s** and the spoken stress does *not* fall on the last syllable, then a written accent is needed.

far·ma·cia   bio·lo·gí·a   su·cio   frí·o

Diphthongs (two weak vowels or a strong and weak vowel together) are normally pronounced as a single syllable. A written accent is needed when a diphthong is broken into two syllables.

sol   pan   mar   tos

Spanish words of only one syllable do not usually carry a written accent (unless it is to distinguish meaning: **se** and **sé**.)

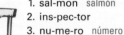 **Práctica** Busca las palabras que necesitan acento escrito y escribe su forma correcta.

1. sal·mon   salmón
2. ins·pec·tor
3. nu·me·ro   número
4. fa·cil   fácil
5. ju·go
6. a·bri·go
7. ra·pi·do   rápido
8. sa·ba·do   sábado
9. vez
10. me·nu   menú
11. o·pe·ra·cion   operación
12. im·per·me·a·ble
13. a·de·mas   además
14. re·ga·te·ar
15. an·ti·pa·ti·co   antipático
16. far·ma·cia
17. es·qui   esquí
18. pen·sion   pensión
19. pa·is   país
20. per·don   perdón

 El ahorcado Juega al ahorcado (*hangman*) para adivinar las palabras.

1. _ l _ _ _ _ _ a   Vas allí cuando estás enfermo.   clínica
2. _ _ _ _ e _ c _ _ n   Se usa para poner una vacuna (*vaccination*).   inyección
3. _ _ d _ o _ _ _ _ _ _ a Permite ver los huesos.   radiografía
4. _ _ _ _ i _ o   Trabaja en un hospital.   médico
5. a _ _ _ b _ _ _ _ _ _ _ Es una medicina.   antibiótico

recursos

vText	CA	CH	S
	p. 108	p. 3	vhlcentral

Section Goals

In **Cultura**, students will:
- read about health services in Spanish-speaking countries
- learn health-related terms
- read about **curanderos** and **chamanes**
- read about home remedies and medicinal plants

Communication 1.1, 1.2
Cultures 2.1, 2.2
Connections 3.1, 3.2
Comparisons 4.1

Student Resources
Cuaderno para hispanohablantes, p. 4
Supersite: Activities

21st Century Skills

Global Awareness
Students will gain perspectives on the Spanish-speaking world.

En detalle
Antes de leer Ask students about their experiences with health care while traveling.
Ex: **¿Alguna vez te enfermaste durante un viaje? ¿Dónde? ¿Fuiste al hospital o al doctor?**

Lectura
- Point out that many over-the-counter health care products in the U.S. are available by request at pharmacies in Spanish-speaking countries (e.g., facial cleansers, sunscreen, contact lens solution).
- Most pharmacies are closed on Sundays.

Después de leer
- Ask students which three factors would be most important in an ideal health care system.

1 Expansion Add these as items 9–10: **9. El sistema de salud en Cuba no es muy desarrollado. (Falso. Es muy desarrollado.) 10. Las farmacias tienen un horario comercial. (Cierto.)**

EN DETALLE

Additional Reading

Servicios de salud

¿Sabías que en los países hispanos no necesitas pagar por los servicios de salud? Ésta es una de las diferencias que hay entre países como los Estados Unidos y los países hispanos.

En la mayor parte de estos países, el gobierno ofrece servicios médicos muy baratos o gratuitos° a sus ciudadanos°. Los turistas y extranjeros también pueden tener acceso a los servicios médicos a bajo° costo. La Seguridad Social y organizaciones similares son las responsables de gestionar° estos servicios.

Naturalmente, esto no funciona igual° en todos los países. En Ecuador, México y Perú, la situación varía según las regiones. Los habitantes de las ciudades y pueblos grandes tienen acceso a más servicios médicos, mientras que quienes viven en pueblos remotos sólo cuentan con° pequeñas clínicas.

Cruz verde de farmacia en Madrid, España

Por su parte, Costa Rica, Colombia, Cuba y España tienen sistemas de salud muy desarrollados°. En España, por ejemplo, la mayoría de la gente tiene acceso a ellos y en muchos casos son completamente gratuitos. Según un informe de la Organización Mundial de la Salud, el sistema de salud español ocupa uno de los primeros diez lugares del mundo. Esto se debe no sólo al buen funcionamiento° del sistema, sino también al nivel de salud general de la población. Impresionante, ¿no?

Consulta médica en la República Dominicana

Las farmacias

Farmacia de guardia: Las farmacias generalmente tienen un horario comercial. Sin embargo°, hay farmacias de guardia que abren las veinticuatro horas del día.

Productos farmacéuticos: Todavía hay muchas farmacias tradicionales que están más especializadas en medicinas y productos farmacéuticos. No venden una gran variedad de productos.

Recetas: Muchos medicamentos se venden sin receta médica. Los farmacéuticos aconsejan° a las personas sobre problemas de salud y les dan las medicinas.

Cruz° verde: En muchos países, las farmacias tienen como símbolo una cruz verde. Cuando la cruz verde está encendida°, la farmacia está abierta.

gratuitos *free (of charge)* ciudadanos *citizens* bajo *low* gestionar *to manage* igual *in the same way* cuentan con *have* desarrollados *developed* funcionamiento *operation* Sin embargo *However* aconsejan *advise* Cruz *Cross* encendida *lit (up)*

ACTIVIDADES

1 **¿Cierto o falso?** Indica si lo que dicen las oraciones es cierto o falso. Corrige la información falsa.

1. En los países hispanos los gobiernos ofrecen servicios de salud accesibles a sus ciudadanos. **Cierto.**

2. En los países hispanos los extranjeros tienen que pagar mucho dinero por los servicios médicos. **Falso.** Los extranjeros tienen acceso a los servicios médicos a bajo costo.
3. El sistema de salud español es uno de los mejores del mundo. **Cierto.**
4. Las farmacias de guardia abren sólo los sábados y domingos. **Falso.** Las farmacias de guardia abren las 24 horas del día.

5. En los países hispanos las farmacias venden una gran variedad de productos. **Falso.** En los países hispanos las farmacias están más especializadas en medicinas y productos farmacéuticos.
6. Los farmacéuticos de los países hispanos aconsejan a los enfermos y venden algunas medicinas sin necesidad de receta. **Cierto.**
7. En México y otros países, los pueblos remotos cuentan con grandes centros médicos. **Falso.** Cuentan con pequeñas clínicas.
8. Muchas farmacias usan una cruz verde como símbolo. **Cierto.**

PRE-AP*

Presentational Speaking with Cultural Comparison Ask students to write a short paragraph in which they compare the health care systems in the U.S. or Canada with those of different Spanish-speaking countries. Then have students read their paragraphs for the class, who will ask follow-up questions. You may want to have students review comparisons before writing.

TEACHING OPTIONS

Pairs Ask pairs to write a dialogue in which a foreign tourist in a Spanish-speaking country goes to the emergency room due to an injury. Have them use vocabulary from **Contextos** and **Expresiones útiles**. Have students role-play their dialogues for the class.

Así se dice
- To challenge students, add these words to the list: **la espalda** (*back*); **la fractura** (*fracture*); **el hombro** (*shoulder*); **el jarabe** (*cough syrup*); **la lengua** (*tongue*); **la muñeca** (*wrist*); **sangrar** (*to bleed*).
- Practice new vocabulary by asking questions. Ex: **¿Te haces un chequeo todos los años?**

Perfil **Curanderos** sometimes experience discrimination in the medical field. However, recently, some medical doctors have grown to understand the beliefs of **los curanderos** and are working to support their ceremonies and natural care while providing modern medical attention.

El mundo hispano
- Ask: **¿Conocen otros remedios caseros o naturales?**
- Ask heritage speakers to describe home remedies used in their families.

21ˢᵗ Century Skills

Information and Media Literacy: Conexión Internet Students access and critically evaluate information from the Internet.

2 **Expansion** Give students these questions as items 6–8: **6. ¿Para qué se usa el azúcar en Centroamérica?** (para detener la sangre) **7. ¿Quiénes curan los males de la mente y el alma?** (los chamanes) **8. ¿En qué se basan los conocimientos de los curanderos y chamanes?** (en la tradición, la experiencia, la observación y la intuición)

3 **Teaching Tip** Have students write recommendations for a friend with the flu. Ex: **Debes tomar sopa de pollo.**

21ˢᵗ Century Skills

3 **Flexibility and Adaptability** Remind students to include input from all team members, adapting their presentation so it represents the whole group.

La salud

el chequeo (Esp., Méx.)	el examen médico
la droguería (Col.)	la farmacia
la herida	*injury; wound*
la píldora	la pastilla
los primeros auxilios	*first aid*
la sangre	*blood*

Remedios caseros° y plantas medicinales

- **Achiote°** En Suramérica se usa para curar inflamaciones de garganta. Las hojas° de achiote se cuecen° en agua, se cuelan° y se hacen gárgaras° con esa agua.

- **Ají** En Perú se usan cataplasmas° de las semillas° de ají para aliviar los dolores reumáticos y la tortícolis°.

- **Azúcar** En Nicaragua y otros países centroamericanos se usa el azúcar para detener° la sangre en pequeñas heridas.

- **Sábila°** En Latinoamérica, el jugo de las hojas de sábila se usa para reducir cicatrices°. Se recomienda aplicarlo sobre la cicatriz dos veces al día, durante varios meses.

Remedios caseros *Home remedies* Achiote *Annatto* hojas *leaves* se cuecen *are cooked* se cuelan *they are drained* hacer gárgaras *gargle* cataplasmas *pastes* semillas *seeds* tortícolis *stiff neck* detener *to stop* sábila *aloe vera* cicatrices *scars*

Curanderos° y chamanes

¿Quieres ser doctor(a), juez(a)°, político/a o psicólogo/a? En algunas sociedades de las Américas **los curanderos** y **los chamanes** no tienen que escoger entre estas profesiones porque ellos son mediadores de conflictos y dan consejos a la comunidad. Su opinión es muy respetada.

Códice Florentino, México, siglo XVI

Desde las culturas antiguas° de las Américas muchas personas piensan que la salud del cuerpo y de la mente sólo puede existir si hay un equilibrio entre el ser humano y la naturaleza. Los curanderos y los chamanes son quienes cuidan este equilibrio.

Los curanderos se especializan más en enfermedades físicas, mientras que los chamanes están más

relacionados con los males° de la mente y el alma°. Ambos° usan plantas, masajes y rituales y sus conocimientos se basan en la tradición, la experiencia, la observación y la intuición.

Cuzco, Perú

Curanderos *Healers* juez(a) *judge* antiguas *ancient* males *illnesses* alma *soul* Ambos *Both*

Conexión Internet

¿Cuáles son algunos hospitales importantes del mundo hispano?	Go to **vhlcentral.com** to find more cultural information related to this **Cultura** section.

2 **Comprensión** Contesta las preguntas.

1. ¿Cómo se les llama a las farmacias en Colombia? droguerías
2. ¿Qué parte del achiote se usa para curar la garganta? las hojas
3. ¿Cómo se aplica la sábila para reducir cicatrices? Se aplica el jugo sobre la cicatriz dos veces al día.
4. En algunas partes de las Américas, ¿quiénes mantienen el equilibrio entre el ser humano y la naturaleza? los chamanes y curanderos
5. ¿Qué usan los curanderos y chamanes para curar? Usan plantas, masajes y rituales.

3 **¿Qué haces cuando tienes gripe?** Escribe cuatro oraciones sobre las cosas que haces cuando tienes gripe. Explica si vas al doctor, si tomas medicamentos o si sigues alguna dieta especial. Después, comparte tu texto con un(a) compañero/a. Answers will vary.

TEACHING OPTIONS

TPR Divide the class into two teams, **remedios naturales** and **medicina moderna**, and have them stand at opposite sides of the room. Read a medical scenario aloud. The team whose name defines the situation most accurately has five seconds to step forward. Ex: **1. Juan tiene dolor de cabeza. Hoy tiene una migraña. Decide comprar vitamina B2. (remedios naturales) 2. María tiene mucha ansiedad. Además siente estrés por su**

TEACHING OPTIONS

trabajo. Toma pastillas calmantes. (medicina moderna)
Small Groups Have small groups create a television commercial for a new natural product. Encourage them to include a customer testimonial stating how long they have had these symptoms (**hace** + [*time period*] + **que** + [*present*]), when he or she started using the product (**hace** + [*time period*] + **que** + [*preterite*]), and how they feel now.

Section Goal

In **Estructura 1.1**, students will learn the imperfect tense.

Communication 1.1
Comparisons 4.1

Student Resources
Cuaderno de actividades comunicativas, pp. 3–4, 109
Cuaderno de práctica, pp. 3–4
Cuaderno para hispanohablantes, pp. 5–6
Supersite: Activities, *eCuaderno*

Teacher Resources
Workbook TEs; Grammar Slides; Audio Activities MP3s; Audio Script; Testing Program Quizzes; Activity Pack

Teaching Tips
- Explain to students that they can already express the past with the preterite tense, and now they are learning the imperfect tense, which also expresses the past but in a different way.
- As you work through the discussion of the imperfect, test comprehension by asking volunteers to supply the correct form of verbs for the subjects you name. Ex: **romper/nosotros (rompíamos)**
- Point out that **había** is impersonal and can be followed by a singular or plural noun. Ex: **Había una enfermera. Había muchos pacientes.**

¡Atención! To demonstrate that the accents on **-er** and **-ir** verbs break diphthongs, write **farmacia** and **vendia** on the board. Ask volunteers to pronounce each word, and have the class identify which needs a written accent to break the diphthong (**vendía**).

1.1 The imperfect tense

 Tutorial

ANTE TODO In **Descubre, nivel 1,** you learned the preterite tense. You will now learn the imperfect, which describes past activities in a different way.

The imperfect of regular verbs

		cantar	beber	escribir
SINGULAR FORMS	yo	cant**aba**	beb**ía**	escrib**ía**
	tú	cant**abas**	beb**ías**	escrib**ías**
	Ud./él/ella	cant**aba**	beb**ía**	escrib**ía**
PLURAL FORMS	nosotros/as	cant**ábamos**	beb**íamos**	escrib**íamos**
	vosotros/as	cant**abais**	beb**íais**	escrib**íais**
	Uds./ellos/ellas	cant**aban**	beb**ían**	escrib**ían**

De niña apenas me enfermaba.

Cuando me dolía el estómago, mi mamá me daba té de jengibre.

▶ There are no stem changes in the imperfect.

entender (e:ie)

servir (e:i)

doler (o:ue)

Entendíamos japonés.
We used to understand Japanese.
El camarero les **servía** el café.
The waiter was serving them coffee.
A Javier le **dolía** el tobillo.
Javier's ankle was hurting.

▶ The imperfect form of **hay** is **había** *(there was; there were; there used to be).*

▶ **¡Atención!** **Ir, ser,** and **ver** are the only verbs that are irregular in the imperfect.

The imperfect of irregular verbs

		ir	ser	ver
SINGULAR FORMS	yo	ib**a**	er**a**	ve**ía**
	tú	ib**as**	er**as**	ve**ías**
	Ud./él/ella	ib**a**	er**a**	ve**ía**
PLURAL FORMS	nosotros/as	íb**amos**	ér**amos**	ve**íamos**
	vosotros/as	ib**ais**	er**ais**	ve**íais**
	Uds./ellos/ellas	ib**an**	er**an**	ve**ían**

TEACHING OPTIONS

Large Group Write a list of activities on the board. Ex: **1. tenerle miedo a la oscuridad 2. ir a la escuela en autobús 3. llevar el almuerzo a la escuela 4. comer brócoli 5. ser atrevido/a en clase 6. creer en Santa Claus.** Have students copy the list on a sheet of paper and check off the items that they used to do when they were in the second grade. Then have them circulate around the room and find other students that used to do the

EXPANSION

same activities. Ex: **¿Le tenías miedo a la oscuridad?** When they find a student who used to do the same activity, have them write that student's name next to the item. Then have students report back to the class. Ex: **Mark y yo creíamos en Santa Claus.**
Extra Practice To provide oral practice with the imperfect tense, change the subjects in **¡Inténtalo!** on page 29. Have students give the appropriate forms for each infinitive listed.

CONSULTA

You will learn more about the contrast between the preterite and the imperfect in **Estructura 1.2,** pp. 32–33.

Uses of the imperfect

▶ As a general rule, the imperfect is used to describe actions that are seen by the speaker as incomplete or "continuing," while the preterite is used to describe actions that have been completed. The imperfect expresses what was happening at a certain time or how things used to be. The preterite, in contrast, expresses a completed action.

—¿Qué te **pasó**?
What happened to you?

—Me **torcí** el tobillo.
I sprained my ankle.

—¿Dónde **vivías** de niño?
Where did you live as a child?

—**Vivía** en San José.
I lived in San José.

▶ These expressions are often used with the imperfect because they express habitual or repeated actions: **de niño/a** (*as a child*), **todos los días** (*every day*), **mientras** (*while*).

Uses of the imperfect

1. Habitual or repeated actions	**Íbamos** al parque los domingos. *We used to go to the park on Sundays.*
2. Events or actions that were in progress	Yo **leía** mientras él **estudiaba**. *I was reading while he was studying.*
3. Physical characteristics.	**Era** alto y guapo. *He was tall and handsome.*
4. Mental or emotional states	**Quería** mucho a su familia. *He loved his family very much.*
5. Telling time.	**Eran** las tres y media. *It was 3:30.*
6. Age	Los niños **tenían** seis años. *The children were six years old.*

recursos

v̂Text

CA
p. 109

CP
pp. 3–4

CH
pp. 5–6

vhlcentral

¡INTÉNTALO! Indica la forma correcta de cada verbo en el imperfecto.

1. Mis hermanos _____veían_____ (ver) televisión todas las tardes.
2. Yo _____viajaba_____ (viajar) en el tren de las 3:30.
3. ¿Dónde _____vivía_____ (vivir) Samuel de niño?
4. Tú _____hablabas_____ (hablar) con Javier.
5. Leonardo y yo _____corríamos_____ (correr) por el parque.
6. Ustedes _____iban_____ (ir) a la clínica.
7. Nadia _____bailaba_____ (bailar) merengue.
8. ¿Cuándo _____asistías_____ (asistir) tú a clase de español?
9. Yo _____era_____ (ser) muy feliz.
10. Nosotras _____comprendíamos_____ (comprender) las preguntas.

EXPANSION

Extra Practice Prepare a list of sentences in the present tense. Ex: **Todos los días jugamos al tenis.** Read aloud each sentence twice, pausing to allow students to convert the present tense to the imperfect. Ex: **Todos los días jugábamos al tenis.**
Extra Practice Ask students to write a description of their first-grade classroom and teacher, using the imperfect. Ex: **En la sala de clases había… La maestra se llamaba… Ella era…**

TEACHING OPTIONS

Have students share their descriptions with a classmate.
TPR Have the class stand and form a circle. Call out a name or subject pronoun and an infinitive (Ex: **ellas/ver**). Toss a ball to a student, who will say the correct imperfect form (Ex: **veían**). He or she should then name a new subject and infinitive and throw the ball to another student.

Teaching Tips

• Ask students to compare and contrast what can be captured by a home video and a snapshot in the family picture album. Then call their attention to the brief description of the uses of the imperfect. Which actions would be best captured by a home video? (Continuing actions; incomplete actions; what was happening; how things used to be.) Which actions are best captured in a snapshot? (A completed action.)

• Ask students to answer questions about themselves in the past. Ex: **Y tú, ____, ¿ibas al parque los domingos cuando eras niño/a? ¿Qué hacías mientras tu madre preparaba la comida? ¿Cómo eras de niño/a?**

• Ask questions about the **Fotonovela** characters using the imperfect. Ex: **De niña, ¿Jimena se enfermaba mucho o poco? (Se enfermaba poco.) ¿Tenía Elena muchos resfriados? (No, no tenía muchos resfriados.) ¿Qué tomaban para los dolores de estómago en la casa de Elena? (Tomaban té de jengibre.) ¿Qué remedio para la garganta usaban en la casa de don Diego? (Usaban miel con canela.)**

Successful Language Learning Ask students to think about what they used to do when they were younger and imagine how to say it in Spanish. This is good practice for real-life conversations because people often talk about their childhood when making new friends.

 TELL Connection

Performance and Feedback 2
Why: We can't fix a problem unless we know it exists. *What:* Throughout *Descubre*, use **¡Inténtalo!** activities to provide immediate and specific feedback to students. You will quickly be able to gauge what additional explanation or practice they need.

1 Teaching Tips
- Before assigning the activity, review the forms of the imperfect by calling out an infinitive and a series of subject pronouns. Ask volunteers to give the corresponding forms. Ex: **querer: usted (quería); yo (quería); nosotras (queríamos).** Include irregular verbs.
- As a model, write these sentences on the board and have volunteers supply the verb forms and then reorder the sentences. **No ____ (dormir) bien. (dormía/1) ____ (Ser) la una de la mañana cuando llamé al doctor. (Era/3) Me desperté a las once porque ____ (sentirse) mal. (me sentía/2)**

1 Expansion Have students write a conversation between **Miguelito** and his friends in which he relates what happened after the accident.

2 Expansion To challenge students, ask them to state the reason the imperfect was used in each sentence.

3 Expansion Write these sentences on the board, and have students work in pairs to complete them. **1. Fui al doctor porque ____. 2. Tuvo que ir al dentista porque ____. 3. El médico le dio unas pastillas porque ____. 4. La enfermera le tomó la temperatura porque ____.**

Práctica

1 Completar Primero, completa las oraciones con el imperfecto de los verbos. Luego, pon las oraciones en orden lógico y compáralas con las de un(a) compañero/a.

a. El doctor dijo que no ___era___ (ser) nada grave. ___7___
b. El doctor ___quería___ (querer) ver la nariz del niño. ___6___
c. Su mamá ___estaba___ (estar) dibujando cuando Miguelito entró llorando. ___3___
d. Miguelito ___tenía___ (tener) la nariz hinchada (*swollen*). Fueron al hospital. ___4___
e. Miguelito no ___iba___ (ir) a jugar más. Ahora quería ir a casa a descansar. ___8___
f. Miguelito y sus amigos ___jugaban___ (jugar) al béisbol en el patio. ___2___
g. ___Eran___ (Ser) las dos de la tarde. ___1___
h. Miguelito le dijo a la enfermera que le ___dolía___ (doler) la nariz. ___5___

2 Transformar Forma oraciones completas para describir lo que hacían Julieta y César. Usa las formas correctas del imperfecto y añade todas las palabras necesarias.

1. Julieta y César / ser / paramédicos
   Julieta y César eran paramédicos.
2. trabajar / juntos y / llevarse / muy bien
   Trabajaban juntos y se llevaban muy bien.
3. cuando / haber / accidente, / siempre / analizar / situación / con cuidado
   Cuando había un accidente, siempre analizaban la situación con cuidado.
4. preocuparse / mucho / por / pacientes
   Se preocupaban mucho por los pacientes.
5. si / paciente / tener / mucho / dolor, / ponerle / inyección
   Si el paciente tenía mucho dolor, le ponían una inyección.

3 En la escuela de medicina Usa los verbos de la lista para completar las oraciones con las formas correctas del imperfecto. Algunos verbos se usan más de una vez. Some answers will vary.

caerse	enfermarse	ir	querer	tener
comprender	estornudar	pensar	sentirse	tomar
doler	hacer	poder	ser	toser

1. Cuando Javier y Victoria ___eran___ estudiantes de medicina, siempre ___tenían___ que ir al doctor.
2. Cada vez que él ___tomaba___ un examen, a Javier le ___dolía___ mucho la cabeza.
3. Cuando Victoria ___hacía___ ejercicios aeróbicos, siempre ___se sentía___ mareada.
4. Todas las primaveras, Javier ___estornudaba/tosía___ mucho porque es alérgico al polen.
5. Victoria también ___se caía___ de su bicicleta camino a la escuela.
6. Después de comer en la cafetería, a Victoria siempre le ___dolía___ el estómago.
7. Javier ___quería/pensaba___ ser doctor para ayudar a los demás.
8. Pero no ___comprendía___ por qué él ___se enfermaba___ con tanta frecuencia.
9. Cuando Victoria ___tenía___ fiebre, no ___podía___ ni leer el termómetro.
10. A Javier ___le dolían___ los dientes, pero nunca ___quería___ ir al dentista.
11. Victoria ___tosía/estornudaba___ mucho cuando ___se sentía___ congestionada.
12. Javier y Victoria ___pensaban___ que nunca ___iban___ a graduarse.

Practice more at vhlcentral.com.

TEACHING OPTIONS

TPR Model gestures for physical or emotional states using the imperfect. Ex: **Me dolía la cabeza.** (Furrow your brow and rub your forehead.) **Tenía fiebre.** (Fan yourself.) Then have students stand. Say an expression at random (Ex: **Estornudabas**) and signal a student to perform the appropriate gesture. Keep a brisk pace. Vary by pointing to more than one student (Ex: **Ustedes se enfermaban**).

TEACHING OPTIONS

Small Groups In small groups, have students talk about doctors or dentists they used to visit. Tell each group to select the best and worst experience and write a description of each to share with the class.
Extra Practice If possible, have students bring in video clips from popular movies or YouTube. Choose three or four clips and have the students describe the events after viewing each one.

Comunicación

Communication 1.1
Comparisons 4.1

4 **Entrevista** Trabajen en parejas. Un(a) estudiante usa estas preguntas para entrevistar a su compañero/a. Luego compartan los resultados de la entrevista con la clase. Answers will vary.

1. Cuando eras estudiante de primaria, ¿te gustaban tus profesores/as?
2. ¿Veías mucha televisión cuando eras niño/a?
3. Cuando tenías diez años, ¿cuál era tu programa de televisión favorito?
4. Cuando eras niño/a, ¿qué hacía tu familia durante las vacaciones?
5. ¿Cuántos años tenías en 2006?
6. Cuando estabas en el quinto año escolar, ¿qué hacías con tus amigos/as?
7. Cuando tenías once años, ¿cuál era tu grupo musical favorito?
8. Antes de tomar esta clase, ¿sabías hablar español?

4 **Teaching Tip** To simplify, have students record the results of their interviews in a Venn diagram, which they can use to present the information to the class.

4 **Virtual Chat** You can also assign activity 4 on the Supersite. Students record individual responses that appear in your gradebook.

5 **Describir** En parejas, túrnense para describir cómo eran sus vidas cuando eran niños. Pueden usar las sugerencias de la lista u otras ideas. Luego informen a la clase sobre la vida de su compañero/a. Answers will vary.

> **modelo**
> De niña, mi familia y yo siempre íbamos a Tortuguero. Tomábamos un barco desde Limón, y por las noches mirábamos las tortugas (*turtles*) en la playa. Algunas veces teníamos suerte, porque las tortugas venían a poner (*lay*) huevos. Otras veces, volvíamos al hotel sin ver ninguna tortuga.

- las vacaciones
- ocasiones especiales
- qué hacías durante el verano
- celebraciones con tus amigos/as
- celebraciones con tu familia

- cómo era tu escuela
- cómo eran tus amigos/as
- los viajes que hacías
- a qué jugabas
- qué hacías cuando te sentías enfermo/a

21ˢᵗ Century Skills

4 **Technology Literacy** Ask students to prepare a digital presentation to show the whole-class preferences for several of the items in this activity.

5 **Teaching Tips**
- After students have completed the activity in pairs, divide the class into small groups. Then, after each student reports to the class, have groups decide on a follow-up question to ask.
- You may want to assign this activity as a short written composition.

Síntesis

recursos

v̂Text

CA

pp. 3–4

6 **En el consultorio** Tu profesor(a) te va a dar una lista incompleta con los pacientes que fueron al consultorio del doctor Donoso ayer. En parejas, conversen para completar sus listas y saber a qué hora llegaron las personas al consultorio y cuáles eran sus problemas. Answers will vary.

5 **Partner Chat** You can also assign activity 5 on the Supersite. Students work in pairs to record the activity online. The pair's recorded conversation will appear in your gradebook.

 Communication 1.1

6 **Teaching Tip** Divide the class into pairs and distribute the Communication Activities worksheets from the *Activity Pack*. Give students ten minutes to complete this activity.

6 **Expansion** Have pairs write Dr. Donoso's advice for three of the patients. Then have them read the advice to the class and compare it with what other pairs wrote for the same patients.

1.2 The preterite and the imperfect

Tutorial

ANTE TODO Now that you have learned the forms of the preterite and the imperfect, you will learn more about how they are used. The preterite and the imperfect are not interchangeable. In Spanish, the choice between these two tenses depends on the context and on the point of view of the speaker.

Me rompí el brazo cuando estaba paseando en bicicleta.

Tenía dolor de cabeza, pero me tomé una aspirina y se me fue.

COMPARE & CONTRAST

Use the preterite to...

1. Express actions that are viewed by the speaker as completed
   Sandra **se rompió** la pierna.
   Sandra broke her leg.

   Fueron a Buenos Aires ayer.
   They went to Buenos Aires yesterday.

2. Express the beginning or end of a past action
   La película **empezó** a las nueve.
   The movie began at nine o'clock.

   Ayer **terminé** el proyecto para la clase de química.
   Yesterday I finished the project for chemistry class.

3. Narrate a series of past actions or events
   La doctora me **miró** los oídos, me **hizo** unas preguntas y **escribió** la receta.
   The doctor looked in my ears, asked me some questions, and wrote the prescription.

   Me di con la mesa, **me caí** y **me lastimé** el pie.
   I bumped into the table, I fell, and I injured my foot.

Use the imperfect to...

1. Describe an ongoing past action with no reference to its beginning or end
   Sandra **esperaba** al doctor.
   Sandra was waiting for the doctor.

   El médico **se preocupaba** por sus pacientes.
   The doctor worried about his patients.

2. Express habitual past actions and events
   Cuando **era** joven, **jugaba** al tenis.
   When I was young, I used to play tennis.

   De niño, Eduardo **se enfermaba** con mucha frecuencia.
   As a child, Eduardo used to get sick very frequently.

3. Describe physical and emotional states or characteristics
   La chica **quería** descansar. **Se sentía** mal y **tenía** dolor de cabeza.
   The girl wanted to rest. She felt ill and had a headache.

   Ellos **eran** altos y **tenían** ojos verdes.
   They were tall and had green eyes.

   Estábamos felices de ver a la familia.
   We were happy to see our family.

AYUDA

These words and expressions, as well as similar ones, commonly occur with the preterite: **ayer, anteayer, una vez, dos veces, tres veces, el año pasado, de repente.**
They usually imply that an action has happened at a specific point in time.

AYUDA

These words and expressions, as well as similar ones, commonly occur with the imperfect: **de niño/a, todos los días, mientras, siempre, con frecuencia, todas las semanas**.
They usually express habitual or repeated actions in the past.

▶ The preterite and the imperfect often appear in the same sentence. In such cases the imperfect describes what *was happening*, while the preterite describes the action that "interrupted" the ongoing activity.

Miraba la tele cuando **sonó** el teléfono.
I was watching TV when the phone rang.

Felicia **leía** el periódico cuando **llegó** Ramiro.
Felicia was reading the newspaper when Ramiro arrived.

▶ You will also see the preterite and the imperfect together in narratives such as fiction, news, and the retelling of events. The imperfect provides background information, such as time, weather, and location, while the preterite indicates the specific events that occurred.

Eran las dos de la mañana y el detective ya no **podía** mantenerse despierto. **Se bajó** lentamente del coche, **estiró** las piernas y **levantó** los brazos hacia el cielo oscuro.
It was two in the morning, and the detective could no longer stay awake. He slowly stepped out of the car, stretched his legs, and raised his arms toward the dark sky.

La luna **estaba** llena y no **había** en el cielo ni una sola nube. De repente, el detective **escuchó** un grito espeluznante proveniente del parque.
The moon was full and there wasn't a single cloud in the sky. Suddenly, the detective heard a piercing scream coming from the park.

Un médico colombiano desarrolló una vacuna contra la malaria

En 1986, el doctor colombiano Manuel Elkin Patarroyo creó la primera vacuna sintética para combatir la malaria. Esta enfermedad parecía haberse erradicado hacía décadas en muchas partes del mundo. Sin embargo, justo cuando Patarroyo terminó de elaborar la inmunización, los casos de malaria empezaban a aumentar de nuevo. En mayo de 1993, el doctor colombiano cedió la patente de la vacuna a la Organización Mundial de la Salud en nombre de Colombia. Los grandes laboratorios farmacéuticos presionaron a la OMS porque querían la vacuna. Las presiones no tuvieron éxito y, en 1995, el doctor Patarroyo y la OMS pactaron continuar con el acuerdo inicial: la vacuna seguía siendo propiedad de la OMS.

---

recursos

vText

CA
p. 110

CP
pp. 5–8

CH
pp. 7–8

vhlcentral

¡INTÉNTALO! Elige el pretérito o el imperfecto para completar la historia. Explica por qué se usa ese tiempo verbal en cada ocasión. Answers will vary. Suggested answers:

1. _____Eran_____ (Fueron/Eran) las doce.
2. _____Había_____ (Hubo/Había) mucha gente en la calle.
3. A las doce y media, Tomás y yo _____entramos_____ (entramos/entrábamos) en el restaurante Tárcoles.
4. Todos los días yo _____almorzaba_____ (almorcé/almorzaba) con Tomás al mediodía.
5. El camarero _____llegó_____ (llegó/llegaba) inmediatamente, para darnos el menú.
6. Nosotros _____empezamos_____ (empezamos/empezábamos) a leerlo.
7. Yo _____pedí_____ (pedí/pedía) el pescado.
8. De repente, el camarero _____volvió_____ (volvió/volvía) a nuestra mesa.
9. Y nos _____dio_____ (dio/daba) una mala noticia.
10. Desafortunadamente, no _____tenían_____ (tuvieron/tenían) más pescado.
11. Por eso Tomás y yo _____decidimos_____ (decidimos/decidíamos) comer en otro lugar.
12. _____Llovía_____ (Llovió/Llovía) mucho cuando _____salimos_____ (salimos/salíamos) del restaurante.
13. Así que _____regresamos_____ (regresamos/regresábamos) al restaurante Tárcoles.
14. Esta vez, _____pedí_____ (pedí/pedía) arroz con pollo.

TEACHING OPTIONS

Pairs Ask students to narrate the most interesting, embarassing, exciting, or annoying thing that has happened to them recently. Tell them to describe what happened and how they felt, using the preterite and the imperfect.
Video Show the **Fotonovela** again to give students more input about the use of the imperfect. Stop the video at appropriate moments to contrast the use of preterite and imperfect tenses.

DIFFERENTIATION

Heritage Speakers Have heritage speakers work with other students in pairs to write a simple summary of this lesson's **Fotonovela**. First, as a class, briefly summarize the episode in English and write which verbs would be in the imperfect or preterite. Then have pairs write their paragraphs. They should set the scene, describe where the characters were, what they were doing, and what happened.

Teaching Tips

• Involve the class in a conversation about what they did in the past. Ask: **_____, ¿paseabas en bicicleta cuando eras niño/a? ¿Te caíste alguna vez? _____, ¿cuando eras niño/a, iba tu familia de vacaciones todos los años?**

• Give additional examples from your own experiences that contrast the imperfect and the preterite. Ex: **Quería ver la nueva película _____, pero anoche sólo pude ir a las diez de la noche. La película fue buena, pero terminó muy tarde. Era la una cuando llegué a casa. Me acosté muy tarde y esta mañana, cuando me levanté, estaba cansadísimo/a.**

• Use presentation or word processing software to create a simple narration in Spanish in such a way that the first screen shows only the sentences with imperfect verbs and the second screen has only the preterite. Project the first group of sentences and read them aloud. Ask students what tense is used (imperfect) and if they know what happened and why not (no, it only sets the scene). Then show the second set of sentences. After reading through them, ask students the tense (preterite), if they know what happened (yes), and if this is an interesting story (no). Then show a final screen that combines the tenses in a single narration and read through it. Explain that, now that students have learned both the imperfect and the preterite, they are able to communicate in a more complete, interesting way.

• After completing **¡Inténtalo!**, have students explain why the preterite or imperfect was used in each case. Then call on different students to create new sentences illustrating the same uses.

Práctica

1 Expansion Ask comprehension questions about the article. Ex: **¿Qué pasó ayer? (Hubo un accidente.) ¿Dónde hubo un accidente? (en el centro de San José) ¿Qué tiempo hacía? (Estaba muy nublado y llovía.) ¿Qué le pasó a la mujer que manejaba? (Murió al instante.) ¿Y a su pasajero? (Sufrió varias fracturas.) ¿Qué hizo el conductor del autobús? (Intentó dar un viraje brusco y perdió el control del autobús.) ¿Qué les pasó a los pasajeros del autobús? (Nada; no se lastimó ninguno.)**

1 **En el periódico** Completa esta noticia con la forma correcta del pretérito o el imperfecto.

Un accidente trágico

Ayer temprano por la mañana (1)___hubo___ (haber) un trágico accidente en el centro de San José cuando el conductor de un autobús no (2)___vio___ (ver) venir un carro. La mujer que (3)___manejaba___ (manejar) el carro (4)___murió___ (morir) al instante y los paramédicos (5)___tuvieron___ (tener) que llevar al pasajero al hospital porque (6)___sufrió___ (sufrir) varias fracturas. El conductor del autobús (7)___dijo___ (decir)

que no (8)___vio___ (ver) el carro hasta el último momento porque (9)___estaba___ (estar) muy nublado y (10)___llovía___ (llover). Él (11)___intentó___ (intentar) *(to attempt)* dar un viraje brusco *(to swerve),* pero (12)___perdió___ (perder) el control del autobús y no (13)___pudo___ (poder) evitar *(to avoid)* el accidente. Según nos informaron, no (14)___se lastimó___ (lastimarse) ningún pasajero del autobús.

AYUDA

Reading Spanish-language newspapers is a good way to practice verb tenses. You will find that both the imperfect and the preterite occur with great regularity. Many newsstands carry international papers, and many Spanish-language newspapers (such as Spain's *El País*, Mexico's *Reforma*, and Argentina's *Clarín*) are on the Web.

2 Teaching Tip To simplify, begin by reading through the items as a class. Have students label each blank *I* for *imperfect* or *P* for *preterite*.

2 Expansion Have volunteers explain why they chose the preterite or imperfect in each case. Ask them to point out any words or expressions that triggered one tense or the other.

2 **Seleccionar** Utiliza el tiempo verbal adecuado, según el contexto.

1. La semana pasada, Manolo y Aurora ___querían___ (querer) dar una fiesta. ___Decidieron___ (Decidir) invitar a seis amigos y servirles mucha comida.

2. Manolo y Aurora ___estaban___ (estar) preparando la comida cuando Elena ___llamó___ (llamar). Como siempre, ___tenía___ (tener) que estudiar para un examen.

3. A las seis, ___volvió___ (volver) a sonar el teléfono. Su amigo Francisco tampoco ___podía___ (poder) ir a la fiesta, porque ___tenía___ (tener) fiebre. Manolo y Aurora ___se sentían___ (sentirse) muy tristes, pero ___tenían___ (tener) que preparar la comida.

4. Después de otros quince minutos, ___sonó___ (sonar) el teléfono. Sus amigos, los señores Vega, ___estaban___ (estar) en camino *(en route)* al hospital: a su hijo le ___dolía___ (doler) mucho el estómago. Sólo dos de los amigos ___podían___ (poder) ir a la cena.

5. Por supuesto, ___iban___ (ir) a tener demasiada comida. Finalmente, cinco minutos antes de las ocho, ___llamaron___ (llamar) Ramón y Javier. Ellos ___pensaban___ (pensar) que la fiesta ___era___ (ser) la próxima semana.

6. Tristes, Manolo y Aurora ___se sentaron___ (sentarse) a comer solos. Mientras ___comían___ (comer), pronto ___llegaron___ (llegar) a la conclusión de que ___era___ (ser) mejor estar solos: ¡La comida ___estaba___ (estar) malísima!

3 Expansion
• After students compare their sentences, ask them to report to the class the most interesting things their partners said.
• To challenge students, ask them to expand on one of their sentences, creating a paragraph about an imaginary or actual past experience.

3 **Completar** Completa las frases de una manera lógica. Usa el pretérito o el imperfecto. En parejas, comparen sus respuestas. Answers will vary.

1. De niño/a, yo...
2. Yo conducía el auto mientras...
3. Anoche mi hermano/a...
4. Ayer el/la profesor(a)...
5. La semana pasada un(a) amigo/a...
6. Con frecuencia mis padres...
7. Esta mañana en la cafetería...
8. Hablábamos con el doctor cuando...

Practice more at **vhlcentral.com**.

TEACHING OPTIONS

Small Groups In groups of four, have students write a short article about an imaginary trip they took last summer. Students should use the imperfect to set the scene and the preterite to narrate the events. Each student should contribute three sentences to the article. When finished, have students read their articles to the class.

DIFFERENTIATION

Heritage Speakers Ask heritage speakers to write a brief narration of a well-known fairy tale, such as *Little Red Riding Hood* (**Caperucita Roja**). Allow them to change details as they see fit, modernizing the story or setting it in another country, for example, but tell them to pay special attention to the use of preterite and imperfect verbs. Have them share their retellings with the class.

Comunicación

Communication 1.1
Comparisons 4.1

4 **Entrevista** Usa estas preguntas para entrevistar a un(a) compañero/a acerca de la primera persona que conoció de un país hispanohablante. Si quieres, puedes añadir otras preguntas.

Answers will vary.

1. ¿Cómo se llamaba?
2. ¿Cuántos años tenían ustedes cuando se conocieron?
3. ¿Cómo era él/ella?
4. ¿Qué le gustaba hacer?
5. ¿Le interesaban los deportes?
6. ¿Por cuánto tiempo fueron amigos?
7. ¿Qué hacían ustedes juntos?
8. ¿Alguna vez se fueron de viaje?

5 **La sala de emergencias** En parejas, miren la lista e inventen qué les pasó a estas personas que están en la sala de emergencias. Answers will vary.

> **modelo**
> Eran las tres de la tarde. Como todos los días, Pablo jugaba al fútbol con sus amigos. Estaba muy contento. De repente, se cayó y se rompió el brazo. Después fue a la sala de emergencias.

Paciente	Edad	Hora	Estado
1. Pablo Romero	9 años	15:20	hueso roto (el brazo)
2. Estela Rodríguez	45 años	15:25	tobillo torcido
3. Lupe Quintana	29 años	15:37	embarazada, dolores
4. Manuel López	52 años	15:45	infección de garganta
5. Marta Díaz	3 años	16:00	congestión, fiebre
6. Roberto Salazar	32 años	16:06	dolor de oído
7. Marco Brito	18 años	16:18	daño en el cuello, posible fractura
8. Ana María Ortiz	66 años	16:29	reacción alérgica a un medicamento

6 **Situación** Anoche alguien robó (*stole*) el examen de la **Lección 1** del escritorio de tu profesor(a) y tú tienes que averiguar quién lo hizo. Pregúntales a tres compañeros dónde estaban, con quién estaban y qué hicieron entre las ocho y las doce de la noche. Answers will vary.

Síntesis

7 **La primera vez** En grupos, cuéntense cómo fue la primera vez que les pusieron una inyección, se rompieron un hueso, pasaron la noche en un hospital, estuvieron mareados/as, etc. Incluyan estos datos en su conversación: una descripción del tiempo que hacía, sus edades, qué pasó y cómo se sentían.
Answers will vary.

Communication 1.1

4 Teaching Tip To simplify, have students prepare a few notes to help them with their responses.

4 Expansion Have students write a summary of their partners' responses, omitting all names. Collect the summaries, then read them to the class. Have students guess who had the relationship described in the summary.

4 Virtual Chat You can also assign activity 4 on the Supersite. Students record individual responses that appear in your gradebook.

5 Teaching Tip Remind students that the 24-hour clock is often used for schedules. Go through a few of the times and ask volunteers to provide the equivalent in the 12-hour clock.

5 Expansion Have pairs share their answers with the class, without mentioning the patient's name. The class must guess who it is.

7 Teaching Tip To simplify, before assigning groups, have students list information for their descriptions, such as their age, the time, the weather and so forth. Then have them list the events in the order they happened.

7 Expansion Have students decide who in their group is the most accident-prone on the basis of his or her responses. Ask the group to prepare a doctor's account of his or her treatments.

7 Partner Chat You can also assign activity 7 on the Supersite. Students work in pairs to record the activity online. The pair's recorded conversation will appear in your gradebook.

TEACHING OPTIONS

Small Groups Have small groups write a skit and perform it for the class. Three students walk into the nurse's office. Each explains to the nurse what happened and why he or she should be seen first. Students should use the preterite and imperfect. **Game** Create a short narrative in the past based on a well-known story. Allow space between sentences so they may be easily cut into strips. Then make a copy of the narrative and edit it, changing all preterites to imperfects and vice versa. Make two copies of each version and cut the sentences apart. Place a complete set of both versions into two separate bags, mix the strips up, and challenge two teams to reconstruct the correct version. The team that does so first wins.

Section Goals

In **Estructura 1.3**, students will be introduced to:
- constructions with **se**
- using **se** for unplanned events

 Communication 1.1
Comparisons 4.1

Student Resources
Cuaderno de actividades comunicativas, p. 111
Cuaderno de práctica, pp. 9–10
Cuaderno para hispanohablantes, pp. 9–10
Supersite: Activities, *eCuaderno*

Teacher Resources
Workbook TEs; Grammar Slides; Audio Activities MP3s; Audio Script; Testing Program Quizzes; Activity Pack

Teaching Tips
- Have students look at the three signs in the grammar explanation, and ask simple questions about the situations. Ex: **¿Podemos nadar en esta playa? (No, se prohíbe nadar.)**
- Test comprehension by asking questions based on similar **se** constructions. Ex: **¿Se habla español en Inglaterra? (No, se habla inglés.) ¿Dónde se hacen las películas norteamericanas? (Se hacen en Hollywood.)**
- Divide the board into two columns, labeled **Sí** and **No**. Ask volunteers to describe what is and is not allowed in Spanish class, using constructions with **se**. Ex: **Se debe hablar español. Se prohíben las gafas de sol.**

1.3 # Constructions with **se**

 Tutorial

ANTE TODO In **Lección 7** of **Descubre, nivel 1** you learned how to use **se** as the third-person reflexive pronoun (**Él se despierta. Ellos se visten. Ella se baña.**). **Se** can also be used to form constructions in which the person performing the action is not expressed or is de-emphasized.

Se + verb

▶ In Spanish, verbs that are not reflexive can be used with **se** to form statements in which the person performing the action is not defined.

Se habla español en Costa Rica.
Spanish is spoken in Costa Rica.

Se puede leer en la sala de espera.
You can read in the waiting room.

Se hacen operaciones aquí.
They perform operations here.

Se necesitan medicinas enseguida.
They need medicine right away.

▶ **¡Atención!** Note that the third person singular verb form is used with singular nouns and the third person plural form is used with plural nouns.

Se vende ropa. **Se venden** camisas.

▶ You often see **se** in signs, advertisements, and directions.

SE PROHÍBE NADAR

Se necesitan programadores
Grupo Tecno
Tel. 778-34-34

ENTRADA
Se entra por la izquierda

Se for unplanned events

¿Te pusiste un suéter anoche?

No, mamá. Se me olvidó.

▶ **Se** also describes accidental or unplanned events. In this construction, the person who performs the action is de-emphasized, implying that the accident or unplanned event is not his or her direct responsibility. Note this construction.

se + [INDIRECT OBJECT PRONOUN] + [VERB] + [SUBJECT]
Se me cayó la pluma.

AYUDA

In English, the passive voice or indefinite subjects (*you, they, one*) are used where Spanish uses constructions with **se**.

TEACHING OPTIONS

TPR Use impersonal constructions with **se** to have students draw what you say. Ex: You say: **Se prohíbe entrar,** and students draw a door with a diagonal line through it. Other possible expressions: **Se sale por la derecha. Se permiten perros. Se prohíben botellas.**

Extra Practice For homework, have students research the Internet for common icons or international signs. Then, in pairs,

TEACHING OPTIONS

have students write directions using **se** for each image. Ex: **Se prohíbe pasear en bicicleta. Se prohíbe pasar. Se habla español.**

TPR Mime activities and have students state what happened, using **se**. Ex: Leave your keys out on the table, wave goodbye, and head for the door. (**Se le olvidaron/quedaron las llaves.**) Mime turning a key in the ignition, but the car does not start. (**Se le dañó el auto.**)

▶ In this type of construction, what would normally be the direct object of the sentence becomes the subject, and it agrees with the verb, not with the indirect object pronoun.

I.O. PRONOUN	VERB		SUBJECT
Se	me, te, le nos, os, les	quedó / cayó / dañó	la receta. / la taza. / el radio. (SINGULAR)
		rompieron / olvidaron / perdieron	las botellas. / las pastillas. / las llaves. (PLURAL)

▶ These verbs are the ones most frequently used with **se** to describe unplanned events.

Verbs commonly used with se

caer	to fall; to drop	perder (e:ie)	to lose
dañar	to damage; to break down	quedar	to be left behind
olvidar	to forget	romper	to break

Se me perdió el teléfono de la farmacia.
I lost the pharmacy's phone number.

Se nos olvidaron los pasajes.
We forgot the tickets.

▶ **¡Atención!** While Spanish has a verb for *to fall* (**caer**), there is no direct translation for *to drop*. **Dejar caer** (*To let fall*) or a **se** construction is often used to mean *to drop*.

El médico **dejó caer** la aspirina.
The doctor dropped the aspirin.

A mí **se me cayeron** los cuadernos.
I dropped the notebooks.

▶ To clarify or emphasize who the person involved in the action is, this construction commonly begins with the preposition **a** + [*noun*] or **a** + [*prepositional pronoun*].

Al paciente se le perdió la receta.
The patient lost his prescription.

A ustedes se les quedaron los libros en casa.
You left the books at home.

recursos

v̂Text

CA
p. 111

CP
pp. 9–10

CH
pp. 9–10

vhlcentral

 ¡INTÉNTALO! Completa las oraciones con **se** + la forma correcta del verbo.

A

1. ___Se enseñan___ (enseñar) cinco lenguas en esta escuela.
2. ___Se come___ (comer) muy bien en Las Delicias.
3. ___Se venden___ (vender) muchas camisetas allí.
4. ___Se sirven___ (servir) platos exquisitos cada noche.

Completa las oraciones con **se** y los verbos en pretérito.

B

1. ___Se me rompieron___ (*I broke*) las gafas.
2. ___Se te cayeron___ (*You* (fam., sing.) *dropped*) las pastillas.
3. ___Se les perdió___ (*They lost*) la receta.
4. ___Se le quedó___ (*You* (form., sing.) *left*) aquí la radiografía.

Teaching Tips
• Test comprehension by asking volunteers to change sentences from plural to singular and vice versa. Ex: **Se me perdieron las llaves. (Se me perdió la llave.)**
• Have students finish sentences using a construction with **se** to express an unplanned event. Ex: **1. Al doctor ____. (se le cayó el termómetro) 2. A la profesora ____. (se le quedaron los papeles en casa)**
• Involve students in a conversation about unplanned events that happened to them recently. Say: **Se me olvidaron las gafas de sol esta mañana. Y a ti, ____, ¿se te olvidó algo esta mañana? ¿Qué se te olvidó?** Continue with other verbs. Ex: **¿A quién se le perdió algo importante esta semana? ¿Qué se te perdió?**

Successful Language Learning Tell students that this construction has no exact equivalent in English. Tell them to examine the examples in the textbook and make up some of their own in order to get a feel for how this construction works.

EXPANSION

Video Show the **Fotonovela** again to give students more input containing constructions with **se**. Have students write down as many of the examples as they can. After viewing, have students edit their lists and cross out any reflexive verbs that they mistakenly understood to be constructions with **se**.

DIFFERENTIATION

Heritage Speakers Ask heritage speakers to write a fictional or true account of a day in which everything went wrong, using as many constructions with **se** as possible. Have them read their accounts aloud to the class, who will summarize the events.
Extra Practice Have students use **se** constructions to make excuses in different situations. Ex: You did not bring in a composition to class. (**Se me dañó la computadora.**)

Práctica

1 **¿Cierto o falso?** Lee estas oraciones sobre la vida en 1901. Indica si lo que dice cada oración es **cierto** o **falso**. Luego corrige las oraciones falsas.

1. Se veía mucha televisión.   Falso. No se veía televisión. Se leía mucho.
2. Se escribían muchos libros.   Cierto.
3. Se viajaba mucho en tren.   Cierto.
4. Se montaba a caballo.   Cierto.
5. Se mandaba mucho correo electrónico.   Falso. No se mandaba correo electrónico. Se mandaban muchas cartas y postales.
6. Se preparaban muchas comidas en casa.   Cierto.
7. Se llevaban minifaldas.   Falso. No se llevaban minifaldas. Se llevaban faldas largas.
8. Se pasaba mucho tiempo con la familia.   Cierto.

2 **Traducir** Traduce estos letreros (*signs*) y anuncios al español.

1. Nurses needed   Se necesitan enfermeros/as
2. Eating and drinking prohibited   Se prohíbe comer y beber
3. Programmers sought   Se buscan programadores
4. English is spoken   Se habla inglés
5. Computers sold   Se venden computadoras
6. No talking   Se prohíbe hablar
7. Teacher needed   Se necesita profesor(a)
8. Books sold   Se venden libros
9. Do not enter   Se prohíbe entrar
10. Spanish is spoken   Se habla español

3 **¿Qué pasó?** Mira los dibujos e indica lo que pasó en cada uno.   Some answers will vary.

1. camarero / pastel
Al camarero se le cayó el pastel.

2. Sr. Álvarez / espejo
Al señor Álvarez se le rompió el espejo.

3. Arturo / tarea
A Arturo se le olvidó la tarea.

4. Sra. Domínguez / llaves
A la Sra. Domínguez se le perdieron las llaves.

5. Carla y Lupe / botellas de refresco
A Carla y a Lupe se les rompieron las botellas de refresco.

6. Juana / platos
A Juana se le rompieron los platos.

Practice more at
vhlcentral.com.

---

1 **Expansion**
• Change the date from 1901 to 2012 and go through the exercise again orally.
• In pairs, have students use constructions with **se** to write a description of a period in history such as the French or American Revolution, the Sixties, and Prohibition. Then have pairs form groups of six and read their descriptions aloud to their group.
• Have pairs use **se** constructions to note cultural differences between Spanish-speaking countries and their own. Ex: **Aquí se habla inglés, pero en _____ se habla español.**

2 **Teaching Tips**
• Model the activity by asking volunteers to translate similar phrases. Ex: Nurse sought **(Se busca enfermero/a)** Used books bought **(Se compran libros usados)**
• Ask students to discuss with a partner where these signs could be found locally.

3 **Teaching Tip** To simplify, have students work in pairs to brainstorm verbs that could be used to complete this activity.

3 **Expansion** Add another visual aspect to this activity. Use magazine pictures to have students continue describing past events using constructions with **se**.

EXPANSION

Extra Practice Have students imagine that they have just seen a movie about the future. Have them work in groups to prepare a description of the way of life portrayed in the movie using the imperfect tense and constructions with se. Ex: **No se necesitaba trabajar. Se usaban robots para hacer todo. Se viajaba por telepatía. No se comía nada sino en los fines de semana.**

TEACHING OPTIONS

Game Divide the class into teams of four. Have each team think of a famous place or public building and compose four signs that could be found on the premises. Teams will take turns reading their signs aloud. Each team that correctly identifies the place or building receives one point. The team with the most points wins.

Communication 1.1
Comparisons 4.1

Comunicación

4 **¿Distraído/a yo?** Trabajen en parejas y usen estas preguntas para averiguar cuál de los/las dos es más distraído (*absentminded*). Answers will vary.

¿Alguna vez…

1. se te olvidó invitar a alguien a una fiesta o comida? ¿A quién?
2. se te quedó algo importante en la casa? ¿Qué?
3. se te perdió algo importante durante un viaje? ¿Qué?
4. se te rompió algo muy caro? ¿Qué?

¿Sabes…

5. si se permite el ingreso (*admission*) de perros al parque cercano a tu casa?
6. si en el supermercado se aceptan cheques?
7. dónde se arreglan zapatos y botas?
8. qué se sirve en la cafetería de la escuela los lunes?

5 **Opiniones** En parejas, terminen cada oración con ideas originales. Después, comparen los resultados con la clase para ver qué pareja tuvo las mejores ideas. Answers will vary.

1. No se tiene que dejar propina cuando…
2. Antes de viajar, se debe…
3. Si se come bien, …
4. Para tener una vida sana, se debe…
5. Se sirve la mejor comida en…
6. Se hablan muchas lenguas en…

Síntesis

6 **Anuncios** En grupos, preparen dos anuncios de televisión para presentar a la clase. Usen el imperfecto y por lo menos dos construcciones con **se** en cada uno. Answers will vary.

> **modelo**
> Se me cayeron unos libros en el pie y me dolía mucho. Pero ahora no, gracias a SuperAspirina 500. ¡Dos pastillas y se me fue el dolor! Se puede comprar SuperAspirina 500 en todas las farmacias Recetamax.

4 **Teaching Tip** Encourage students to give detailed responses. Model this by choosing from the first set of questions and providing as many details as possible. Ex: **Una vez cuando era adolescente se me rompió un plato muy caro de mi abuela. Pero ella no se enojó. Me dijo: No te preocupes por el plato. ¿Te lastimaste?**

4 **Expansion** Have each pair decide on the most unusual answer to the questions. Ask the student who gave it to describe the event to the class.

4 **Virtual Chat** You can also assign activity 4 on the Supersite. Students record individual responses that appear in your gradebook.

5 **Expansion** Ask pairs to write similar beginnings to three different statements using **se** constructions. Have pairs exchange papers and finish each other's sentences.

Communication 1.1

6 **Expansion** After all the groups have presented their ads, have each group write a letter of complaint. Their letter should be directed to one of the other groups, claiming false advertising.

EXPANSION

Extra Practice Write these sentence fragments on the board and ask students to supply at least two logical endings using a construction with **se**. **1. Una vez, cuando yo comía en un restaurante elegante, ____. (se me rompió un vaso; se me perdió la tarjeta de crédito) 2. Ayer cuando yo venía a clase, ____. (se me dañó la bicicleta; me caí y se me rompió el brazo) 3. Cuando era niño/a, siempre ____. (se me olvidaban las cosas; se me perdían las cosas) 4. El otro día cuando yo lavaba los platos, ____. (se me rompieron tres vasos; se me acabó el detergente)**

1.4 Adverbs

 Tutorial

ANTE TODO Adverbs are words that describe how, when, and where actions take place. They can modify verbs, adjectives, and even other adverbs. In previous lessons, you have already learned many Spanish adverbs, such as the ones below.

aquí	hoy	nunca
ayer	mal	siempre
bien	muy	temprano

▶ The most common adverbs end in **-mente**, equivalent to the English ending -ly.

verdaderamente *truly, really*   **generalmente** *generally*   **simplemente** *simply*

▶ To form these adverbs, add **-mente** to the feminine form of the adjective. If the adjective does not have a special feminine form, just add **-mente** to the standard form. **¡Atención!** Adjectives do not lose their accents when adding **-mente**.

ADJECTIVE	FEMININE FORM	SUFFIX	ADVERB
seguro	segura	-mente	seguramente
fabuloso	fabulosa	-mente	fabulosamente
enorme		-mente	enormemente
fácil		-mente	fácilmente

▶ Adverbs that end in **-mente** generally follow the verb, while adverbs that modify an adjective or another adverb precede the word they modify.

Maira dibuja **maravillosamente**.
Maira draws wonderfully.

Sergio está **casi siempre** ocupada.
Sergio is almost always busy.

Common adverbs and adverbial expressions

a menudo	*often*	**así**	*like this; so*	**menos**	*less*
a tiempo	*on time*	**bastante**	*enough; rather*	**muchas veces**	*a lot; many times*
a veces	*sometimes*	**casi**	*almost*		
además (de)	*furthermore; besides*	**con frecuencia**	*frequently*	**poco**	*little*
				por lo menos	*at least*
apenas	*hardly; scarcely*	**de vez en cuando**	*from time to time*	**pronto**	*soon*
		despacio	*slowly*	**rápido**	*quickly*

¡INTÉNTALO! Transforma los adjetivos en adverbios.

1. alegre _alegremente_
2. constante _constantemente_
3. gradual _gradualmente_
4. perfecto _perfectamente_
5. real _realmente_
6. frecuente _frecuentemente_
7. tranquilo _tranquilamente_
8. regular _regularmente_
9. maravilloso _maravillosamente_
10. normal _normalmente_
11. básico _básicamente_
12. afortunado _afortunadamente_

Communication 1.1
Comparisons 4.1

Práctica

1 **Escoger** Completa la historia con los adverbios adecuados.

1. La cita era a las dos, pero llegamos ___tarde___. (menos, nunca, tarde)
2. El problema fue que ___ayer___ se nos dañó el despertador. (aquí, ayer, despacio)
3. La recepcionista no se enojó porque sabe que normalmente llego ___a tiempo___. (a veces, a tiempo, poco)
4. ___Por lo menos___ el doctor estaba listo. (Por lo menos, Muchas veces, Casi)
5. ___Apenas___ tuvimos que esperar cinco minutos. (Así, Además, Apenas)
6. El doctor dijo que nuestra hija Irene necesitaba cambiar su rutina diaria ___inmediatamente___. (temprano, menos, inmediatamente)
▶ 7. El doctor nos explicó ___bien___ las recomendaciones del Secretario de Sanidad (*Surgeon General*) sobre la salud de los jóvenes. (de vez en cuando, bien, apenas)
8. ___Afortunadamente___ nos dijo que Irene estaba bien, pero tenía que hacer más ejercicio y comer mejor. (Bastante, Afortunadamente, A menudo)

Practice more at
vhlcentral.com.

Comunicación

2 **Aspirina Alivirina** Lee el anuncio y responde a las preguntas con un(a) compañero/a.

Answers will vary.

NO HAY TIEMPO PARA EL DOLOR DE CABEZA.

Si tienes prisa, o simplemente quieres que tu dolor de cabeza se vaya muy pronto, piensa en **Alivirina**®. Se asimila mejor y actúa rápidamente. Ya no se puede perder tiempo por un dolor de cabeza.

ALIVIRINA

1. ¿Cuáles son los adverbios que aparecen en el anuncio?
2. Según el anuncio, ¿cuáles son las ventajas (*advantages*) de este tipo de aspirina?
3. ¿Tienen ustedes dolores de cabeza? ¿Qué toman para curarlos?
4. ¿Qué medicamentos ven con frecuencia en los anuncios de televisión? Escriban descripciones de varios de estos anuncios. Usen adverbios en sus descripciones.

1 **Teaching Tip** Review common adverbs and adverbial expressions by drawing a three-column chart on the board. Label the columns **¿Cómo?**, **¿Cuándo?**, and **¿Dónde?** Ask volunteers to call out adverbs for each column. Write the correct answers on the board. Ex: **¿Cómo? (despacio, fácilmente) ¿Cuándo? (nunca, siempre, a menudo) ¿Dónde? (aquí, allí)**

2 **Teaching Tip** Before assigning the activity, ask some general questions about the ad. Ex: **¿Qué producto se vende? (aspirina) ¿Dónde se encuentra un anuncio de este tipo? (en una revista)**

2 **Expansion** Have pairs create a similar ad for a different pharmaceutical product. Collect the ads and read the descriptions aloud. The rest of the class should try to identify the product.

2 **Partner Chat (Premium)** You can also assign activity 4 on the Supersite. Students work in pairs to record the activity online. The pair's recorded conversation will appear in your gradebook.

EXPANSION

Extra Practice Add an auditory aspect to this grammar practice. Prepare sentences using adverbs and read them aloud slowly to allow students time to write. Ex: **A mi profesor de español siempre se le olvidan las cosas. Con frecuencia se pone dos medias diferentes por la mañana. Habla despacio cuando es necesario. De vez en cuando se le pierden los papeles.** Ask comprehension questions as a follow-up.

TEACHING OPTIONS

Game Divide the class into teams of three. Each team should have a piece of paper. Say the name of a historical figure and give teams three minutes to write down as many facts as they can about that person, using adverbs and adverbial expressions. At the end of each round, have teams read their answers aloud. Award one point to the team with the most correct answers for each historical figure.

Section Goal

In **Recapitulación**, students will review the grammar concepts from this lesson.

Student Resources
Supersite: Activities

1 **Teaching Tip** Ask students to identify the infinitive for each row.

1 **Expansion** Ask students to provide the forms for **ir**, **ver**, and **doler**.

2 **Expansion**
- To challenge students, have them create sentences to express the opposite meaning for each item. Ex: **1. Pablito se cae muy poco.**
- Ask students to write a paragraph in which they use at least five of the listed adverbs. Then have them exchange papers with a partner for peer editing.

Recapitulación

Diagnostics

Completa estas actividades para repasar los conceptos de gramática que aprendiste en esta lección.

1 **Completar** Completa el cuadro con la forma correcta del imperfecto.
24 pts.

yo/Ud./él/ella	tú	nosotros	Uds./ellos/ellas
era	eras	éramos	eran
cantaba	**cantabas**	cantábamos	cantaban
venía	venías	**veníamos**	venían
quería	querías	queríamos	**querían**

2 **Adverbios** Escoge el adverbio correcto de la lista para completar estas oraciones. Lee con cuidado las oraciones; los adverbios sólo se usan una vez. No vas a usar uno de los adverbios. **16 pts.**

a menudo	apenas	fácilmente
a tiempo	casi	maravillosamente
además	despacio	por lo menos

1. Pablito se cae _a menudo_: un promedio (*average*) de cuatro veces por semana.

2. No me duele nada y no sufro de ninguna enfermedad; me siento _maravillosamente_ bien.

3. —Doctor, ¿cómo supo que tuve una operación de garganta?
—Muy _fácilmente_, lo leí en su historial médico (*medical history*).

4. ¿Le duele mucho la espalda? Entonces tiene que levantarse _despacio_.

5. Ya te sientes mucho mejor, ¿verdad? Mañana puedes volver al trabajo; tu temperatura es _casi_ normal.

6. Es importante hacer ejercicio con regularidad, _por lo menos_ tres veces a la semana.

7. El examen médico no comenzó ni tarde ni temprano. Comenzó _a tiempo_, a las tres de la tarde.

8. Parece que ya te estás curando del resfriado. _Apenas_ estás congestionada.

RESUMEN GRAMATICAL

1.1 **The imperfect tense** *pp. 28–29*

The imperfect of regular verbs

cantar	beber	escribir
cantaba	bebía	escribía
cantabas	bebías	escribías
cantaba	bebía	escribía
cantábamos	bebíamos	escribíamos
cantabais	bebíais	escribíais
cantaban	bebían	escribían

▶ There are no stem changes in the imperfect: entender (e:ie) → entendía; servir (e:i) → servía; doler (o:ue) → dolía

▶ The imperfect of hay is había.

▶ Only three verbs are irregular in the imperfect.
ir: iba, ibas, iba, íbamos, ibais, iban
ser: era, eras, era, éramos, erais, eran
ver: veía, veías, veía, veíamos, veíais, veían

1.2 **The preterite and the imperfect** *pp. 32–33*

Preterite	Imperfect
1. Completed actions	1. Ongoing past action
Fueron a Buenos Aires ayer.	Usted miraba el fútbol.
2. Beginning or end of past action	2. Habitual past actions
La película empezó a las nueve.	Todos los domingos yo visitaba a mi abuela.
3. Series of past actions or events	3. Description of states or characteristics
Me caí y me lastimé el pie.	Ella era alta. Quería descansar.

1.3 **Constructions with se** *pp. 36–37*

	Se + verb
	prohíbe fumar.
Se	habla español.
	hablan varios idiomas.

TEACHING OPTIONS

TPR Divide the class into three groups: **-ar** verbs, **-er** verbs, and **-ir** verbs. Read a series of sentences that contain the imperfect tense. Have groups stand up when their verb form is used. Ex: **Mi escuela primaria tenía un patio grande.** (-er verb group stands)

EXPANSION

Extra Practice Ask students to use the preterite and imperfect to write a paragraph about an imaginary scenario in which a celebrity got injured and went to the emergency room. Have students describe the person's age, where he or she was, the weather, the time, what he or she was doing when the accident occurred, and what happened at the hospital. Ask volunteers to read their paragraphs aloud.

3 **Un accidente** Escoge el imperfecto o el pretérito según el contexto para completar esta conversación. **20 pts.**

NURIA Hola, Felipe. ¿Estás bien? ¿Qué es eso? ¿(1) (~~Te lastimaste~~/Te lastimabas) el pie?

FELIPE Ayer (2) (~~tuve~~/tenía) un pequeño accidente.

NURIA Cuéntame. ¿Cómo (3) (~~pasó~~/pasaba)?

FELIPE Bueno, (4) (fueron/~~eran~~) las cinco de la tarde y (5) (~~llovió~~/llovía) mucho cuando (6) (~~salí~~/salía) de la casa en mi bicicleta. No (7) (~~vi~~/veía) a una chica que (8) (caminó/~~caminaba~~) en mi dirección, y los dos (9) (~~nos caímos~~/nos caíamos) al suelo (*ground*).

NURIA Y la chica, ¿está bien ella?

FELIPE Sí. Cuando llegamos al hospital, ella sólo (10) (tuvo/~~tenía~~) dolor de cabeza.

Se for unplanned events		
Se	me, te, le, nos, os, les	cayó la taza.
		dañó el radio.
		rompieron las botellas.
		olvidaron las llaves.

1.4 **Adverbs** *p. 40*

Formation of adverbs
fácil → fácilmente
seguro → seguramente
verdadero → verdaderamente

4 **Oraciones** Escribe oraciones con **se** a partir de los elementos dados (*given*). Usa el tiempo especificado entre paréntesis y añade pronombres cuando sea necesario. **10 pts.**

> **modelo**
> Carlos / quedar / la tarea en casa (pretérito)
> *A Carlos se le quedó la tarea en casa.*

1. en la farmacia / vender / medicamentos (presente) En la farmacia se venden medicamentos.

2. ¿(tú) / olvidar / las llaves / otra vez? (pretérito) ¿Se te olvidaron las llaves otra vez?

3. (yo) / dañar / la computadora (pretérito) Se me dañó la computadora.

4. en esta clase / prohibir / hablar inglés (presente) En esta clase se prohíbe hablar inglés.

5. ellos / romper / las gafas / en el accidente (pretérito) A ellos se les rompieron las gafas en el accidente.

5 **En la consulta** Escribe al menos cinco oraciones sobre tu última visita al médico. Incluye cinco verbos en pretérito y cinco en imperfecto. Habla de qué te pasó, cómo te sentías, cómo era el/la doctor(a), qué te dijo, etc. Usa tu imaginación. **30 pts.** Answers will vary.

6 **Refrán** Completa el refrán con las palabras que faltan. **¡2 puntos EXTRA!**

" Lo que __bien__ (*well*) se aprende, nunca __se__ pierde. "

3 **Teaching Tip** To challenge students, have them explain why they used the preterite and imperfect in each case and how the meaning might change if the other tense was used.

4 **Teaching Tip** For items 2, 3, and 5, have volunteers rewrite the sentences on the board using other pronouns. Ex: **2. (nosotros) ¿Se nos olvidaron las llaves otra vez?**

4 **Expansion** Give students these additional items: **6. (yo) / caer / el vaso de cristal (pretérito) (Se me cayó el vaso de cristal.) 7. (ustedes) / quedar / las maletas en el aeropuerto (pretérito) (A ustedes se les quedaron las maletas en el aeropuerto.) 8. en esta tienda / hablar / español e italiano (presente) (En esta tienda se hablan español e italiano.)**

5 **Teaching Tip** After writing their paragraphs, have students work in pairs and ask each other follow-up questions about their visits.

6 **Teaching Tips**
- Have volunteers give additional examples of situations in which one might use this expression.
- Ask students to give the English equivalent of this phrase. (*What is well learned is never lost.*) Ask them how this expression might relate to their own lives and studies.

EXPANSION

Extra Practice Write questions on the board that elicit the use of **se**. Have pairs write two responses for each question. Ex: **¿Qué se hace para mantener la salud? ¿Dónde se come bien en esta ciudad? ¿Cuándo se dan fiestas en esta escuela? ¿Dónde se consiguen los jeans más baratos?**

TEACHING OPTIONS

Game Divide the class into two teams and have them line up. Point to the first member of each team and call out an adjective that can be changed into an adverb (Ex: **lento**). The first student to reach the board and correctly write the adverb (**lentamente**) earns a point for his or her team. If the student can also write an "opposite" adverb (Ex: **rápidamente**), he or she earns a bonus point. The team with the most points at the end wins.

Section Goals

In **Lectura**, students will:
- learn to activate background knowledge to understand a reading selection
- read a content-rich text on health care while traveling

 Communication 1.1, 1.2, 1.3
Cultures 2.1, 2.2
Connections 3.1, 3.2
Comparisons 4.2

Student Resources
Cuaderno para hispanohablantes, pp. 13–14
Supersite: Activities

 Pre-AP*

Interpretive Reading: Estrategia
Tell students that they will find it easier to understand the content of a reading selection on a particular topic by reviewing what they know about the subject before reading. Then ask students to brainstorm ways to stay healthy while traveling. Possible responses: do not drink tap water, do not eat raw fruit or vegetables, pack personal medical supplies that might not be available at the destination.

Examinar el texto Students should mention that the text is an interview (**entrevista**) by a journalist (**periodista**) of an author (**autora**) whose book is about staying healthy while traveling.

Conocimiento previo Have small groups write a paragraph summarizing ways to safeguard health while traveling, based on their collective experiences. If no one in the group can relate personally to a given situation, encourage students to draw on the experiences of people they know. Have groups share their paragraphs with the class.

Lectura

 Audio: Reading Additional Reading

Antes de leer

Estrategia

Activating background knowledge

Using what you already know about a particular subject will often help you better understand a reading selection. For example, if you read an article about a recent medical discovery, you might think about what you already know about health in order to understand unfamiliar words or concepts.

Examinar el texto

Utiliza las estrategias de lectura que tú consideras más efectivas para hacer algunas observaciones preliminares acerca del texto. Después trabajen en parejas para comparar sus observaciones acerca del texto. Luego contesten estas preguntas:

- Analicen el formato del texto: ¿Qué tipo de texto es? ¿Dónde creen que se publicó este artículo?
- ¿Quiénes son Carla Baron y Tomás Monterrey?
- Miren la foto del libro. ¿Qué sugiere el título del libro sobre su contenido?

Conocimiento previo

Ahora piensen en su conocimiento previo° sobre el cuidado de la salud en los viajes. Consideren estas preguntas:

- ¿Viajaron alguna vez a otro estado o a otro país?
- ¿Tuvieron problemas durante sus viajes con el agua, la comida o el clima del lugar?
- ¿Olvidaron poner en su maleta algún medicamento que después necesitaron?
- Imaginen que su compañero/a se va de viaje. Díganle por lo menos cinco cosas que debe hacer para prevenir cualquier problema de salud.

conocimiento previo *background knowledge*

recursos

v̂ Text · CH pp. 13–14 · vhlcentral

Libro de la semana

Cómo hacer un viaje saludable y feliz

Carla Baron

Después de leer

Correspondencias

Busca las correspondencias entre los problemas y las recomendaciones.

Problemas
1. el agua ___b___
2. el sol ___d___
3. la comida ___a___
4. la identificación ___e___
5. el clima ___c___

Recomendaciones
a. Hay que adaptarse a los ingredientes desconocidos (*unfamiliar*).
b. Toma sólo productos purificados (*purified*).
c. Es importante llevar ropa adecuada cuando viajas.
d. Lleva loción o crema con alta protección solar.
e. Lleva tu pasaporte.

DIFFERENTIATION

Heritage Speakers Ask heritage speakers to state consequences for a tourist who does not follow the recommendations in **Correspondencias**. Ex: **a. La persona prueba una comida picante y le da dolor de estómago.** After each consequence is stated, have volunteers suggest an appropriate course of action or treatment. Ex: **Debe ir a una farmacia y comprar unas pastillas, como *Tums*.** Encourage

TEACHING OPTIONS

heritage speakers to respond to the students' suggestions.
Small Groups Ask small groups to select a country they would like to visit. Have them research and write a report about the food and beverage precautions that should be taken (**precauciones que se deben tomar**) by visitors to that country. They should mention precautions such as not eating undercooked meat or unwashed fruits and not drinking tap water.

Entrevista a Carla Baron
por Tomás Monterrey

Tomás: ¿Por qué escribió su libro *Cómo hacer un viaje saludable y feliz?*

Carla: Me encanta viajar, conocer otras culturas y escribir. Mi primer viaje lo hice cuando era estudiante universitaria. Todavía recuerdo el día en que llegamos a San Juan, Puerto Rico. Era el panorama ideal para unas vacaciones maravillosas, pero al llegar a la habitación del hotel, bebí mucha agua de la llave° y luego pedí un jugo de frutas con mucho hielo°. El clima en San Juan es tropical y yo tenía mucha sed y calor. Los síntomas llegaron en menos de media hora: pasé dos días con dolor de estómago y corriendo al cuarto de baño cada diez minutos. Desde entonces, siempre que viajo sólo bebo agua mineral y llevo un pequeño bolso con medicinas necesarias como pastillas para el dolor y también bloqueador solar, una crema repelente de mosquitos y un desinfectante.

Tomás: ¿Son reales° las situaciones que se narran en su libro?

Carla: Sí, son reales y son mis propias° historias°. A menudo los autores crean caricaturas divertidas de un turista en dificultades. ¡En mi libro la turista en dificultades soy yo!

Tomás: ¿Qué recomendaciones puede encontrar el lector en su libro?

Carla: Bueno, mi libro es anecdótico y humorístico, pero el tema de la salud se trata° de manera seria. En general, se dan recomendaciones sobre ropa adecuada para cada sitio, consejos para protegerse del sol, y comidas y bebidas adecuadas para el turista que viaja al Caribe o Suramérica.

Tomás: ¿Tiene algún consejo para las personas que se enferman cuando viajan?

Carla: Muchas veces los turistas toman el avión sin saber nada acerca del país que van a visitar. Ponen toda su ropa en la maleta, toman el pasaporte, la cámara fotográfica y ¡a volar°! Es necesario tomar precauciones porque nuestro cuerpo necesita adaptarse al clima, al sol, a la humedad, al agua y a la comida. Se trata de° viajar, admirar las maravillas del mundo y regresar a casa con hermosos recuerdos. En resumen, el secreto es "prevenir en vez de° curar".

llave *faucet* hielo *ice* reales *true* propias *own* historias *stories*
se trata *is treated* ¡a volar! *Off they go!* Se trata de *It's a question of*
en vez de *instead of*

Seleccionar

Selecciona la respuesta correcta.

1. El tema principal de este libro es ___d___.
   a. Puerto Rico b. la salud y el agua c. otras culturas
   d. el cuidado de la salud en los viajes
2. Las situaciones narradas en el libro son ___a___.
   a. autobiográficas b. inventadas
   c. ficticias   d. imaginarias
3. ¿Qué recomendaciones no vas a encontrar en este libro? ___d___
   a. cómo vestirse adecuadamente
   b. cómo prevenir las quemaduras solares
   c. consejos sobre la comida y la bebida
   d. cómo dar propina en los países del Caribe o de Suramérica

4. En opinión de la señorita Baron, ___b___.
   a. es bueno tomar agua de la llave y beber jugo de frutas con mucho hielo
   b. es mejor tomar solamente agua embotellada (*bottled*)
   c. los minerales son buenos para el dolor abdominal
   d. es importante visitar el cuarto de baño cada diez minutos
5. ¿Cuál de estos productos no lleva la autora cuando viaja a otros países? ___c___
   a. desinfectante   b. crema repelente
   c. detergente   d. pastillas medicinales

 Practice more at
vhlcentral.com.

In **Escritura**, students will:
- write a narrative using the preterite and the imperfect
- integrate lesson vocabulary and structures in their narrative

 Communication 1.3

Student Resources
Cuaderno de actividades comunicativas, pp. 159–160
Cuaderno para hispanohablantes, pp. 15–16
Supersite: Activities, *eCuaderno*

Teacher Resources
Workbook TE

 Pre-AP*

Interpersonal Writing:
Estrategia Write these sentences on the board:
1. El niño ya lloraba cuando la enfermera vino a ponerle una inyección. 2. Cuando el médico estaba en la sala de emergencias, no había antibióticos para todos los pacientes. 3. Fue a sacarse un diente la semana pasada.
Ask volunteers to explain why the preterite or imperfect tense was used in each case. Then have the class write down actions for their composition in the preterite or imperfect and compare their lists with those of a few classmates.

Tema Before students begin writing, ask them to brainstorm as many details as possible. Tell them to organize the narrative by making a chronological list of the story's actions.

Teaching Tip Tell students to consult **Apéndice A: Plan de escritura** for step-by-step writing instructions.

 21ˢᵗ Century Skills

Productivity and Accountability
Provide the rubric to students before they hand their work in for grading.

Escritura

Estrategia
Mastering the simple past tenses

In Spanish, when you write about events that occurred in the past you will need to know when to use the preterite and when to use the imperfect tense. A good understanding of the uses of each tense will make it much easier to determine which one to use as you write.

Look at the summary of the uses of the preterite and the imperfect and write your own example sentence for each of the rules described. Answers will vary.

Preterite vs. imperfect

Preterite
1. Completed actions
   _____
   _____
2. Beginning or end of past actions
   _____
   _____
3. Series of past actions
   _____
   _____

Imperfect
1. Ongoing past actions
   _____
   _____
2. Habitual past actions
   _____
   _____
3. Mental, physical, and emotional states and characteristics in the past
   _____
   _____

Get together with a few classmates to compare your example sentences. Then use these sentences and the chart as a guide to help you decide which tense to use as you are writing a story or other type of narration about the past.

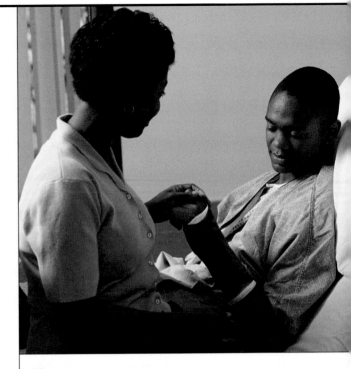

Tema

Escribir una historia

Escribe una historia acerca de una experiencia tuya° (o de otra persona) con una enfermedad, accidente o problema médico. Tu historia puede ser real o imaginaria y puede tratarse de un incidente divertido, humorístico o desastroso. Incluye todos los detalles relevantes. Consulta la lista de sugerencias° con detalles que puedes incluir.

▶ Descripción del/de la paciente
  nombre y apellidos
  edad
  características físicas
  historial médico°

▶ Descripción de los síntomas
  enfermedades
  accidente
  problemas médicos

▶ Descripción del tratamiento°
  tratamientos
  recetas
  operaciones

tuya *of yours* **sugerencias** *suggestions*
historial médico *medical history*
tratamiento *treatment*

recursos

v̂Text

CA
pp. 159–160

CH
pp. 15–16

S
vhlcentral

EVALUATION: Historia

Criteria	Scale	Scoring	
Content	1 2 3 4	Excellent	18–20 points
Organization	1 2 3 4	Good	14–17 points
Use of preterite and imperfect	1 2 3 4	Satisfactory	10–13 points
Use of vocabulary	1 2 3 4	Unsatisfactory	< 10 points
Accuracy and mechanics	1 2 3 4		

Escuchar Audio

Section Goals

In **Escuchar**, students will:
- listen to a short paragraph and jot down information
- answer questions based on the content of a recorded conversation

 Communication 1.2

Student Resources
Supersite: Activities

Teacher Resources
Textbook and Audio Activities MP3s, Audio Scripts

Estrategia

Listening for specific information

You can listen for specific information effectively once you identify the subject of a conversation and use your background knowledge to predict what kinds of information you might hear.

To practice this strategy, you will listen to a paragraph from a letter Marta wrote to a friend about her fifteenth birthday celebration. Before you listen to the paragraph, use what you know about this type of party to predict the content of the letter. What kinds of details might Marta include in her description of the celebration? Now listen to the paragraph and jot down the specific information Marta relates. Then compare these details to the predictions you made about the letter.

Preparación

Mira la foto. ¿Con quién crees que está conversando Carlos Peña? ¿De qué están hablando?

Ahora escucha

Ahora escucha la conversación de la señorita Méndez y Carlos Peña. Marca las oraciones donde se mencionan los síntomas de Carlos.

1. ____ Tiene infección en los ojos.	8. ✔ Le duele la cabeza.
2. ____ Se lastimó el dedo.	9. ____ Es alérgico a la aspirina.
3. ✔ No puede dormir.	10. ✔ Tiene tos.
4. ✔ Siente dolor en los huesos.	11. ✔ Le duele la garganta.
5. ____ Está mareado.	12. ____ Se rompió la pierna.
6. ✔ Está congestionado.	13. ____ Tiene dolor de oído.
7. ____ Le duele el estómago.	14. ✔ Tiene frío.

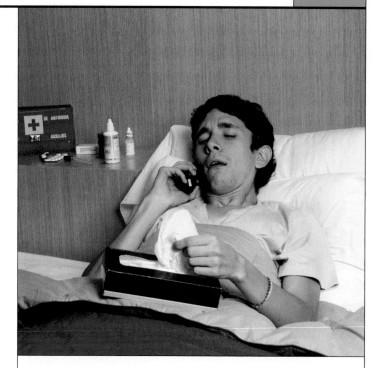

Comprensión

Preguntas

1. ¿Tiene fiebre Carlos? Carlos no sabe si tiene fiebre pero tiene mucho frío y le duelen los huesos.
2. ¿Cuánto tiempo hace que le duele la garganta a Carlos? Hace cinco días que le duele la garganta.
3. ¿Qué tiene que hacer el médico antes de recetarle algo a Carlos? Tiene que ver si tiene una infección.
4. ¿A qué hora es su cita con el médico? Es a las tres de la tarde.
5. Después de darle una cita con el médico, ¿qué otra información le pide a Carlos la señorita del consultorio? Le pide su nombre, su fecha de nacimiento y su número de teléfono.
6. En tu opinión, ¿qué tiene Carlos? ¿Gripe? ¿Un resfriado? ¿Alergias? Explica tu opinión. Answers will vary.

Diálogo

Con un(a) compañero/a, escribe el diálogo entre el Dr. Aguilar y Carlos Peña en el consultorio del médico. Usa la información del diálogo telefónico para pensar en lo que dice el médico mientras examina a Carlos. Imagina cómo responde Carlos y qué preguntas le hace al médico. ¿Cuál es el diagnóstico del médico? Answers will vary.

 Practice more at vhlcentral.com.

recursos · vText vhlcentral

Estrategia
Script Ya sé que no pudiste venir a mi quinceañera. ¡Cuánto lo siento, Juanita! Vinieron muchos invitados, ¡creo que eran más de cien! Todos se divirtieron y yo lo pasé fenomenal. Llevé un traje largo y rosado con mucho encaje, y guantes y zapatos del mismo color. Mi tía Rosa, la madrina de la fiesta, me preparó el pastel. Me imagino que sabes que el pastel era de chocolate porque me fascina el chocolate. Me dieron muchos regalos. ¡Imagínate!, mis abuelos me regalaron un viaje para ir a visitarte.

Teaching Tip Have students look at the photo and guide them to see that **Carlos Peña** is talking to a health care provider about his illness.

Ahora escucha
Script SRTA. MÉNDEZ: Consultorio del Dr. Aguilar. Buenos días.
CARLOS PEÑA: Buenos días, señorita. Habla Carlos Peña. Mire, no me siento nada bien.
M: ¿Qué tiene?
C: Tengo mucha tos. Apenas me deja dormir. Estoy muy congestionado y tengo un tremendo dolor de cabeza.
M: ¿Cuánto tiempo hace que se siente así?
C: Bueno, hace cinco días que me empezó a doler la garganta. Fue de mal en peor.
M: ¿Tiene fiebre?

(Script continues at far left in the bottom panels.)

C: Pues, en realidad, no lo sé. No me tomé la temperatura, pero creo que sí tengo fiebre porque tengo mucho frío y me duelen los huesos.
M: Pienso que usted tiene la gripe. Primero hay que verificar que no tiene una infección, pero creo que el doctor le va a recetar algo que va a ayudarle. Le puedo dar una cita con el médico hoy a las tres de la tarde.
C: Excelente.

M: ¿Cómo me dijo que se llama?
C: Carlos Peña, señorita.
M: ¿Y su fecha de nacimiento y su teléfono, por favor?
C: 4 de octubre de 1983, y mi teléfono... seis cuarenta y tres, veinticinco, cincuenta y dos.
M: Muy bien. Hasta las tres.
C: Sí. Muchas gracias, señorita, y hasta luego.

Section Goals

In **En pantalla**, students will:
- read about technology in Spanish-speaking countries
- watch a television commercial for **Strepsils**, a Spanish throat lozenge

Communication 1.1, 1.2
Cultures 2.1, 2.2
Connections 3.2
Comparisons 4.2

Student Resources
Supersite: *En pantalla* video, Activities

Teacher Resources
Transcript & Translation

Interpretar los sentimientos

To check comprehension, ask:
1. ¿Para qué sirve la música? (para divertirse y expresar la emoción) 2. ¿Cuál emoción expresa la salsa? (la alegría) ¿Y el tango? (el amor, el dolor, la pasión) 3. ¿Cuál objeto se usa en el anuncio? (un tocadiscos) 4.¿Qué les gusta conservar a los hispanos? (cosas que se quedan en la familia por varias generaciones)

Pre-AP*

Audiovisual interpretive Communication
Antes de ver Strategy
- Have students look at the video stills, read the captions, and predict how music might be used to sell throat lozenges.
- Read through the **Vocabulario útil** with students and model the pronunciation.
- Before showing the ad, assure students that they do not need to understand every word they hear. Tell them to rely on visual cues and to listen for the words from **Vocabulario útil**.

Conversación To personalize even more, ask students to come up with other medical situations, along with music and an object to illustrate each.

Video: TV Clip

🗣 Preparación

Contesta las preguntas y después comparte tus respuestas con un par de compañeros/as. Answers will vary.

1. Piensa en tus tres canciones favoritas. Identifica una emoción que te producen cuando las escuchas.
2. Ahora piensa en tus tres cosas favoritas. Identifica por qué cada una de ellas es importante en tu vida.

Interpretar los sentimientos

La música en los países hispanos es muy importante, no sólo para la diversión, sino también para expresar emociones. Probablemente ya conoces la **salsa**, que expresa la alegría y que oímos mucho en las fiestas. El **tango** expresa emociones profundas como el amor, el dolor y la pasión. En este anuncio vas a oír un tango como música de fondo°, usando un tocadiscos° que un bisabuelo compró en 1910. La tecnología más reciente es muy importante para los hispanos. Sin embargo°, a muchas personas les gusta conservar cosas que se quedan en una familia por varias generaciones, como este tocadiscos.

de fondo *background* **tocadiscos** *record player* **sin embargo** *however*

Anuncio de Strepsils

... los problemas de garganta...

Vocabulario útil

alivio	*relief*
pinchazo	*sharp pain (lit. puncture)*
suaviza (suavizar)	*soothes (to soothe)*

🔁 Comprensión

Ordena las palabras o expresiones según aparecen en el anuncio. Tres de estas palabras no aparecen en el anuncio.

<u>4</u> a. gargantas irritadas   ___ e. pastillas
___ b. receta   <u>5</u> f. alivio
<u>2</u> c. comienzan   <u>1</u> g. a menudo
<u>3</u> d. calma   ___ h. dolor

🗣 Conversación

Con un(a) compañero/a, relaciona un tipo de música y un objeto con cada una de estas situaciones.
Answers will vary.
- Te sientes mareado/a.
- Tienes un dolor de cabeza muy fuerte.
- Estás completamente saludable.

🗣 Aplicación

Con un(a) compañero/a, prepara un anuncio para vender un medicamento para uno de los problemas que identificaste en **Conversación**. Usa música y un objeto para ilustrar el problema y el medicamento que quieres vender. Answers will vary.

Practice more at **vhlcentral.com.**

recursos

v̂Text   vhlcentral

Cultural Comparison Ask students what their family's habits are with regard to material items, and how they compare with the description of Hispanics' attitudes. Do they keep items a long time, or replace them quickly? Is there anything in their family that has been passed down from generation to generation?

TEACHING OPTIONS

Pairs Organize a debate by dividing students in two groups. One group prepares a defense of the statement **"Siempre debemos usar las nuevas tecnologías en nuestra vida diaria"**, and the other of the statement **"Debemos conservar la tecnología vieja si todavía nos sirve"**.

Video:
Flash cultura

Argentina tiene una gran tradición médica influenciada desde el siglo XIX por la medicina francesa. Tres de los cinco premios Nobel de esta nación están relacionados con investigaciones médicas que han hecho° grandes aportes° al avance de las ciencias de la salud. Además, existen otros adelantos° de médicos argentinos que han hecho historia. Entre ellos se cuentan el *bypass* coronario, desarrollado° por el cirujano° René Favaloro en 1967, y una técnica extraordinaria de cirugía cardiovascular desarrollada en 1978 por Federico Benetti, quien es considerado uno de los padres de la cirugía cardíaca moderna.

Vocabulario útil

la cita previa	previous appointment
la guardia	emergency room
Me di un golpe.	I got hit.
la práctica	rotation (hands-on medical experience)

Preparación

¿Qué haces si tienes un pequeño accidente o quieres hacer una consulta? ¿Visitas a tu doctor general o vas al hospital? ¿Debes pedir un turno (*appointment*)?
Answers will vary.

¿Cierto o falso?

Indica si las oraciones son **ciertas** o **falsas**.

1. Silvina tuvo un accidente en su automóvil. Falso.
2. Silvina fue a la guardia del hospital. Cierto.
3. La guardia del hospital está abierta sólo durante el día y es necesario tener cita previa. Falso.
4. Los entrevistados (*interviewees*) tienen enfermedades graves. Falso.
5. En Argentina, los médicos reciben la certificación cuando terminan la práctica. Cierto.

han hecho *have done* aportes *contributions* adelantos *advances* desarrollado *developed* cirujano *surgeon* podría *could*

La salud

¿Le podría° pedir que me explique qué es la guardia?

Nuestro hospital público es gratuito para todas las personas.

... la carrera de medicina comienza con el primer año de la universidad.

 Practice more at vhlcentral.com.

recursos
vText · CA · S
pp. 89–90 vhlcentral

Section Goal

In **Panorama**, students will read about the geography, culture, and economy of Costa Rica.

Communication 1.3
Cultures 2.1, 2.2
Connections 3.1, 3.2
Comparisons 4.2

Student Resources

Cuaderno de actividades comunicativas, pp. 65–66
Cuaderno de práctica, pp. 13–14
Supersite: *Panorama cultural* video, Activities, *eCuaderno*

Teacher Resources

Workbook TEs; Digital Image Bank; Video Script & Translation

Teaching Tips

• Use the **Lección 1 Panorama** Digital Image Bank to support this presentation.

• Have students look at the map of Costa Rica. Encourage them to mention the physical features that they notice. Discuss the map and the images in the call-out photos.

El país en cifras After each section, ask students questions about the content. Ex: **¿Entre qué masas de agua está Costa Rica? Las ciudades principales, ¿en qué lado de la cordillera Central están?** When reading about Costa Rica's population, point out that the country's literacy rate is greater than 93%, the best in Latin America. Point out that **Óscar Arias** received the Nobel Peace Prize for his work in resolving civil wars in the other Central American countries during the 1970s.

¡Increíble pero cierto! Costa Rica has one of the most longstanding democratic traditions in the Americas. Although it has no army, it does have a national police force and a rural guard.

Costa Rica

 Video: *Panorama cultural*
Interactive Map

El país en cifras

▶ **Área:** 51.100 km² (19.730 millas²), *aproximadamente el área de Virginia Occidental°*

▶ **Población:** 4.755.000

Costa Rica es el país de Centroamérica con la población más homogénea. El 94% de sus habitantes es blanco y mestizo°. Más del 50% de la población es de ascendencia° española y un alto porcentaje tiene sus orígenes en otros países europeos.

▶ **Capital:** San José—1.515.000

▶ **Ciudades principales:** Alajuela, Cartago, Puntarenas, Heredia

▶ **Moneda:** colón costarricense

▶ **Idioma:** español (oficial)

Bandera de Costa Rica

Costarricenses célebres

▶ **Carmen Lyra,** escritora (1888–1949)

▶ **Chavela Vargas,** cantante (1919–2012)

▶ **Óscar Arias Sánchez,** ex presidente de Costa Rica (1941–)

▶ **Laura Chinchilla Miranda,** ex presidenta de Costa Rica (1959–)

▶ **Claudia Poll,** nadadora° olímpica (1972–)

Óscar Arias recibió el Premio Nobel de la Paz en 1987.

Virginia Occidental *West Virginia* mestizo *of indigenous and white parentage* ascendencia *descent* nadadora *swimmer* ejército *army* gastos *expenditures* invertir *to invest* cuartel *barracks*

Vista del volcán Arenal
Niñas en el carnaval de Limón
Río Tempisque
Cordillera de Guanacaste
Río San Juan
Volcán Arenal
Cordillera Central
Cordillera de Tilarán
Alajuela
Puntarenas
Heredia
Río Grande de Tárcoles
Volcán Irazú
San José
Cartago
Océano Pacífico
Cordiller

Edificio Metálico en San José

ESTADOS UNIDOS
OCÉANO ATLÁNTICO
COSTA RICA
OCÉANO PACÍFICO
AMÉRICA DEL SUR

Basílica de Nuestra Señora de los Ángeles en Cartago

recursos
v̄Text | CA pp. 65–66 | CP pp. 13–14 | vhlcentral

¡Increíble pero cierto!

Costa Rica es el único país latinoamericano que no tiene ejército°. Sin gastos° militares, el gobierno puede invertir° más dinero en la educación y las artes. En la foto aparece el Museo Nacional de Costa Rica, antiguo cuartel° del ejército.

MUSEO NACIONAL

DIFFERENTIATION

Heritage Speakers Invite students of Costa Rican background or whose families are from Central America to share information about the national nicknames that Central Americans use for each other. Costa Ricans are called **ticos**, Nicaraguans are referred to as **nicas**, and Guatemalans are known as **chapines**.

EXPANSION

Variación léxica Tell students that if they visit Costa Rica, they may hear a few interesting colloquialisms. For example, **pulpería** is the word for *corner grocery store*. A gas station is called a **bomba**, literally *pump*. When giving directions, a city block is called **cien metros**, literally *a hundred meters*.

Lugares • Los parques nacionales

El sistema de parques nacionales de Costa Rica ocupa aproximadamente el 12% de su territorio y fue establecido° para la protección de su biodiversidad. En los parques, los ecoturistas pueden admirar montañas, cataratas° y una gran variedad de plantas exóticas. Algunos ofrecen también la oportunidad de ver quetzales°, monos°, jaguares, armadillos y mariposas° en su hábitat natural.

Mar Caribe

Economía • Las plantaciones de café

Costa Rica fue el primer país centroamericano en desarrollar° la industria del café. En el siglo° XIX, los costarricenses empezaron a exportar esta semilla a Inglaterra°, lo que significó una contribución importante a la economía de la nación. Actualmente, más de 50.000 costarricenses trabajan en el cultivo del café. Este producto representa cerca del 15% de sus exportaciones anuales.

Puerto Limón

Sociedad • Una nación progresista

Costa Rica es un país progresista. Tiene un nivel de alfabetización° del 96%, uno de los más altos de Latinoamérica. En 1871, esta nación centroamericana abolió la pena de muerte° y en 1948 eliminó el ejército e hizo obligatoria y gratuita° la educación para todos sus ciudadanos.

 anca

PANAMÁ

Parque Morazán
en San José

¿Qué aprendiste? Contesta las preguntas con oraciones completas.

1. ¿Cómo se llama la capital de Costa Rica?
   La capital de Costa Rica se llama San José.
2. ¿Quién es Claudia Poll?
   Claudia Poll es una nadadora olímpica.
3. ¿Qué porcentaje del territorio de Costa Rica ocupan los parques nacionales?
   Los parques nacionales ocupan aproximadamente el 12% del territorio de Costa Rica.
4. ¿Para qué se establecieron los parques nacionales? Los parques nacionales se establecieron para proteger los ecosistemas de la región y su biodiversidad.
5. ¿Qué pueden ver los turistas en los parques nacionales? En los parques nacionales, los turistas pueden ver cataratas, montañas y muchas plantas exóticas.
6. ¿Cuántos costarricenses trabajan en las plantaciones de café hoy día?
   Más de 50.000 costarricenses trabajan en las plantaciones de café hoy día.
7. ¿Cuándo eliminó Costa Rica la pena de muerte?
   Costa Rica eliminó la pena de muerte en 1870.

Conexión Internet Investiga estos temas en **vhlcentral.com**.

1. Busca información sobre Óscar Arias Sánchez. ¿Quién es? ¿Por qué se le considera (is he considered) un costarricense célebre?
2. Busca información sobre los artistas de Costa Rica. ¿Qué artista, escritor o cantante te interesa más? ¿Por qué?

establecido *established* cataratas *waterfalls* quetzales *type of tropical bird* monos *monkeys* mariposas *butterflies* en desarrollar *to develop* siglo *century* Inglaterra *England* nivel de alfabetización *literacy rate* pena de muerte *death penalty* gratuita *free*

Practice more at
vhlcentral.com.

Worth Noting Costa Rica has three types of lands protected by ecological legislation: **parques nacionales, refugios silvestres,** and **reservas biológicas.** Costa Rica's most famous protected area is the **Reserva Biológica Bosque Nuboso Monteverde** (Monteverde Cloud Forest Biological Reserve), where over 400 different species of birds have been recorded. The town of Monteverde was founded in 1950 by Quakers from the United States, who began dairy farming and cheese-making there. In order to protect the watershed, the settlers decided to preserve about a third of their property as a biological reserve. In 1972 this area more than doubled, and then became the **Reserva Biológica.** Today Monteverde still has a cheese factory (**La Fábrica de Quesos Monteverde**) and its cheeses are sold throughout the country.

Los parques nacionales
Costa Rica's system of national parks was begun in the 1960s. With the addition of buffer zones in which some logging and farming are allowed, the percentage of Costa Rica's territory protected by environmental legislation rose to 27%.

Las plantaciones de café
Invite students to prepare a coffee-tasting session, where they sample coffees from Central America. You may wish to compare them to South American or African coffees as well. Teach vocabulary to describe the flavors: **rico, amargo, fuerte,** and so forth.

Una nación progresista
Because of its mild climate (in terms of weather *and* politics), Costa Rica has become a major destination for retired and expatriate North Americans. Survey students to see how many have visited Costa Rica already, and how many know of friends or family who have visited or live there.

Conexión Internet Students will find supporting Internet activities and links at **vhlcentral.com**.

21st Century Skills

Information and Media Literacy: Conexión Internet Students access and critically evaluate information from the Internet.

Teaching Tip You may want to wrap up this section by playing the *Panorama cultural* video footage for this lesson.

21st Century Skills

Creativity and Innovation
Ask students to prepare a list of three products or perspectives they learned about in this lesson to share with the class. You may ask them to focus specifically on the **Cultura** and **Panorama** sections.

21st Century Skills

Leadership and Responsibility
Extension Project
Establish a partner classroom in a Spanish-speaking country. As a class, have students decide on three questions they want to ask the partner class related to the topic of the lesson they have just completed. Based on the responses they receive, work as a class to explain to the Spanish-speaking partners one aspect of their responses that surprised the class and why.

 **My Vocabulary**

El cuerpo

la boca	mouth
el brazo	arm
la cabeza	head
el corazón	heart
el cuello	neck
el cuerpo	body
el dedo	finger
el dedo del pie	toe
el estómago	stomach
la garganta	throat
el hueso	bone
la nariz	nose
el oído	(sense of) hearing; inner ear
el ojo	eye
la oreja	(outer) ear
el pie	foot
la pierna	leg
la rodilla	knee
el tobillo	ankle

La salud

el accidente	accident
el antibiótico	antibiotic
la aspirina	aspirin
la clínica	clinic
el consultorio	doctor's office
el/la dentista	dentist
el/la doctor(a)	doctor
el dolor (de cabeza)	(head)ache; pain
el/la enfermero/a	nurse
el examen médico	physical exam
la farmacia	pharmacy
la gripe	flu
el hospital	hospital
la infección	infection
el medicamento	medication
la medicina	medicine
la operación	operation
el/la paciente	patient
la pastilla	pill; tablet
la radiografía	X-ray
la receta	prescription
el resfriado	cold (illness)
la sala de emergencia(s)	emergency room
la salud	health
el síntoma	symptom
la tos	cough

Verbos

caerse	to fall (down)
dañar	to damage; to break down
darse con	to bump into; to run into
doler (o:ue)	to hurt
enfermarse	to get sick
estar enfermo/a	to be sick
estornudar	to sneeze
lastimarse (el pie)	to injure (one's foot)
olvidar	to forget
poner una inyección	to give an injection
prohibir	to prohibit
recetar	to prescribe
romper	to break
romperse (la pierna)	to break (one's leg)
sacar(se) un diente	to have a tooth removed
ser alérgico/a (a)	to be allergic (to)
sufrir una enfermedad	to suffer an illness
tener dolor (m.)	to have pain
tener fiebre (f.)	to have a fever
tomar la temperatura	to take someone's temperature
torcerse (o:ue) (el tobillo)	to sprain (one's ankle)
toser	to cough

Adjetivos

congestionado/a	congested; stuffed-up
embarazada	pregnant
grave	grave; serious
mareado/a	dizzy; nauseated
médico/a	medical
saludable	healthy
sano/a	healthy

Adverbios

a menudo	often
a tiempo	on time
a veces	sometimes
además (de)	furthermore; besides
apenas	hardly; scarcely
así	like this; so
bastante	enough; rather
casi	almost
con frecuencia	frequently
de niño/a	as a child
de vez en cuando	from time to time
despacio	slowly
menos	less
muchas veces	a lot; many times
poco	little
por lo menos	at least
pronto	soon
rápido	quickly
todos los días	every day

Conjunción

mientras	while

Expresiones útiles	See page 23.

recursos

v̂Text | CA p. 112 | vhlcentral

La tecnología

Communicative Goals

I will be able to:
- Talk about using technology and electronics
- Use common expressions on the telephone
- Talk about car trouble

A PRIMERA VISTA
- ¿Se llevan ellos bien o mal?
- ¿Crees que hace mucho tiempo que se conocen?
- ¿Son saludables?
- ¿Qué partes del cuerpo se ven en la foto?

Lesson Goals
In **Lección 2**, students will be introduced to the following:
- terms related to technology, electronics, and the Internet
- terms related to cars and their accessories
- cell phone use in Spanish-speaking countries
- text messaging
- familiar (**tú**) commands
- uses of **por** and **para**
- reciprocal reflexive verbs
- stressed possessive adjectives and pronouns
- recognizing borrowed words
- listing key words before writing
- giving instructions in an e-mail
- recognizing the genre of spoken discourse
- a video from Spain promoting the use of physical books
- a video about technology in Peru
- cultural, geographic, and historical information about Argentina

 21ˢᵗ Century Skills

Initiative and Self-Direction
Students can monitor their progress online using the Supersite activities and assessments.

A primera vista Here are some additional questions: **¿Te gustan los teléfonos celulares? ¿Para qué usas tu teléfono celular? ¿Cómo te comunicas con tus amigos? ¿Por chat, por teléfono o se escriben mensajes electrónicos?**

TELL Connection

Performance and Feedback 3
Why: Students take responsibility for monitoring own performance and proficiency goals. *What:* Hand out the I Can Worksheets available on the Supersite.

SUPPORT FOR BACKWARD DESIGN

Lección 2 Essential Questions
1. How do people talk about technology and electronics?
2. What are some common expressions that people use while speaking on the telephone?
3. How do people use cell phones across the Spanish-speaking world?

Lección 2 Integrated Performance Assessment
Before teaching this chapter, review the Integrated Performance Assessment (IPA) and its accompanying scoring rubric provided in the Testing Program. Use the IPA to assess students' progress toward proficiency targets at the end of the chapter.
IPA Context: You are writing an article for the school newspaper about cell phones and technology use among students at your school. Your goal is to inform other students and to provide tips on balanced use of their phone.

Voice boards on the Supersite allow you and your students to record and share up to five minutes of audio. Use voice boards for presentations, oral assessments, discussions, directions, etc.

Section Goals

In **Contextos**, students will learn and practice:
- vocabulary related to technology, electronics, and the Internet
- terms related to cars and their accessories

 Communication 1.2
Comparisons 4.1

Student Resources
Cuaderno de actividades comunicativas, p. 113
Cuaderno de práctica, pp. 15–16
Cuaderno para hispanohablantes, pp. 17–18
Supersite: Activities, *eCuaderno*

Teacher Resources
Workbook TEs; Digital Image Bank; Textbook and Audio Activities MP3s; Audio Scripts; Testing Program Quizzes; Activity Pack

Teaching Tips
- Ask students about electronic items they have. Ex: **¿Quiénes tienen cámara digital? ¿Quiénes tienen teléfono celular? ¿Cuántas veces al día lo usas?**
- Use the **Lección 2 Contextos** Digital Image Bank to support this presentation.
- Have students look at the illustration on pages 54–55. Ask students questions to elicit computer vocabulary and ask them about their computer use. Ex: **¿Es portátil la computadora? ¿Qué se usa para mover el cursor? ¿Quiénes navegan en la red? ¿Cuál es tu sitio web favorito?**
- Explain that Spanish speakers sometimes adopt English loan words, especially those related to technology. For example, **el email** is often used instead of **el correo electrónico.** In Argentina, Chile, and Puerto Rico, **el mouse** is more common than **el ratón.**

2 | contextos

La tecnología

My Vocabulary Tutorials

Más vocabulario

la cámara digital/de video	digital (video) camera
el canal	(TV) channel
el cargador	charger
el cibercafé	cybercafé
el correo de voz	voice mail
el estéreo	stereo
la pantalla táctil	touch screen
el reproductor de CD	CD player
la aplicación	application
el archivo	file
la arroba	@ symbol
el blog	blog
el buscador	browser
la conexión inalámbrica	wireless connection
la dirección electrónica	e-mail address
Internet	Internet
el mensaje de texto	text message
la página principal	home page
el programa de computación	software
la red	network; Web
el sitio web	website
apagar	to turn off
borrar	to erase
chatear	to chat
descargar	to download
escanear	to scan
funcionar	to work
grabar	to record
guardar	to save
imprimir	to print
llamar	to call
navegar (en Internet)	to surf (the Internet)
poner, prender	to turn on
sonar (o:ue)	to ring
descompuesto/a	not working; out of order
lento/a	slow
lleno/a	full

Variación léxica

computadora ⟷ ordenador (*Esp.*), computador (*Col.*)

descargar ⟷ bajar (*Arg., Col., Esp., Ven.*)

el televisor

la pantalla

el reproductor de DVD

la impresora

la computadora (portátil)

el monitor

el (teléfono) celular

el ratón

el teclado

recursos

v̂Text

CA
p. 113

CP
pp. 15–16

CH
pp. 17–18

vhlcentral

TEACHING OPTIONS

Large Group Ask students to write down a list of six electronic devices they have or use frequently. If possible, have them specify the brand name. Then have students circulate around the room and ask others if they have the same items. If someone answers affirmatively, the student should get the person's signature (**Firma aquí, por favor**). Students should try to get a different signature for each item.

TEACHING OPTIONS

Game Add a visual aspect to this vocabulary practice. Play **Concentración.** On eight cards, write names of electronic items. On another eight cards, draw or paste a picture that matches each name. Place the cards facedown in four rows of four. In pairs, students select two cards. If the cards match, the pair keeps them. If the cards do not match, students replace them in their original position. The pair with the most cards at the end wins.

Práctica

1 **Escuchar** Escucha la conversación entre dos amigas. Después completa las oraciones.

1. María y Ana están en ___b___.
   a. una tienda   b. un cibercafé   c. un restaurante
2. A María le encantan ___b___.
   a. los celulares   b. las cámaras digitales   c. los cibercafés
3. Ana y María ___c___ las fotos.
   a. escanean   b. borran   c. imprimen
4. María quiere tomar un café y ___c___.
   a. poner la computadora   b. sacar fotos digitales
   c. navegar en Internet
5. Ana paga por el café y ___a___.
   a. el uso de Internet   b. la impresora   c. la cámara

2 **¿Cierto o falso?** Escucha las oraciones e indica si lo que dice cada una es **cierto** o **falso**, según el dibujo.

1. cierto   5. cierto
2. falso   6. falso
3. falso   7. cierto
4. cierto   8. falso

3 **Oraciones** Escribe oraciones usando estos elementos. Usa el pretérito y añade las palabras necesarias.

1. yo / descargar / fotos / Internet
   Yo descargué las fotos por Internet.
2. tú / apagar / televisor / diez / noche
   Tú apagaste el televisor a las diez de la noche.
3. Daniel y su esposa / comprar / computadora portátil / ayer
   Daniel y su esposa compraron una computadora portátil ayer.
4. Sara y yo / ir / cibercafé / para / navegar en Internet
   Sara y yo fuimos al cibercafé para navegar en Internet.
5. Jaime / decidir / comprar / reproductor de MP3
   Jaime decidió comprar un reproductor de MP3.
6. teléfono celular / sonar / pero / yo / no contestar
   El teléfono celular sonó, pero yo no contesté.

4 **Preguntas** Mira el dibujo y contesta las preguntas. Answers will vary.

1. ¿Qué tipo de café es?
2. ¿Cuántas impresoras hay? ¿Cuántos ratones?
3. ¿Por qué vinieron estas personas al café?
4. ¿Qué hace el camarero?
5. ¿Qué hace la mujer en la computadora? ¿Y el hombre?
6. ¿Qué máquinas están cerca del televisor?
7. ¿Dónde hay un cibercafé en tu comunidad?
8. ¿Por qué puedes tú necesitar un cibercafé?

Cibercafé CORRIENTES

el control remoto

el reproductor de MP3

el disco compacto

1 **Teaching Tip** To simplify, have students read through the items before listening.

1 **Script** ANA: ¿María? ¿Qué haces aquí en el cibercafé? ¿No tienes Internet en casa? MARÍA: Pues, sí, pero la computadora está descompuesta. Tengo que esperar unos días más. A: Te entiendo. Me pasó lo mismo con la computadora portátil hace poco. Todavía no funciona bien … por eso vine aquí. M: ¿Recibiste algún mensaje interesante? A: Sí. Mi hijo está de vacaciones con unos amigos en Argentina. Tiene una cámara digital y me mandó unas fotos digitales. M: ¡Qué bien! Me encantan las cámaras digitales. Normalmente imprimimos las fotos con nuestra impresora y no tenemos que ir a ninguna tienda. Es muy conveniente. *Script continues on page 56.*

2 **Teaching Tip** To challenge students, have them provide the correct information.

2 **Script** 1. Hay dos personas navegando en Internet. 2. El camarero está hablando por su teléfono celular. 3. Dos señoras están usando la impresora. 4. En la pantalla del televisor se puede ver un partido de fútbol. 5. Un hombre habla por teléfono mientras navega en la red. 6. Hay cuatro computadoras portátiles en el cibercafé. 7. Hay dos discos compactos encima de una mesa. 8. El cibercafé tiene impresora pero no tiene reproductor de DVD. *Teacher Resources DVD*

3 **Expansion** Have students create three more items for a partner to complete.

4 **Teaching Tips**
- For item 7, if there aren't any cybercafés in the community, ask students if they think one is needed and why.
- For item 8, survey the class for overall trends.

TEACHING OPTIONS

Pairs Have pairs of students role-play situations in a cybercafé. 1. An irate customer who claims to have been overcharged for brief Internet use. The employee, who insists on being paid the full amount, claims that the customer spent quite a bit of time online. 2. A customer who has been waiting over an hour to use a computer and must ask another customer to log off. The second customer becomes annoyed at the request and the two must sort it out.

DIFFERENTIATION

Heritage Speakers Ask heritage speakers to describe their experiences with Spanish-language Web applications, such as e-mail, instant messenger, or websites. Do they or their families regularly visit Spanish-language websites? Which ones?

56 Teacher's Edition • Lesson Two

Script (continued)

A: Claro que sí. También imprimo fotos, pero no voy a imprimirlas ahora. M: Buena idea. Ahí está mi café. Voy a navegar en Internet mientras tomo mi cafecito. A: Bueno. Tengo que irme. Voy a pagar por el café y el uso de Internet. ¿No es muy caro, verdad? M: Para nada, es muy barato. Hasta luego. A: Chau. Nos vemos.

Teacher Resources DVD

Teaching Tips

• Using cognate vocabulary, ask students about cars. Ex: **¿Quiénes tienen carro? ¿Qué tipo de carro es? ¿Cuánto cuesta la gasolina ahora?**

• Use the **Lección 2 Contextos Digital Image Bank** to support this vocabulary presentation.

• Have students refer to the scene as you give true/false statements. Ex: **Un mecánico limpia el parabrisas. (Falso.)**

5 Teaching Tip Before beginning the activity, ask several brief yes/no questions to test comprehension. Ex: **¿Sí o no? ¿Se usa el baúl para llenar el tanque? (No.)**

5 Expansion Have students create three similar sentence starters for a partner to complete. Write some on the board and have the class complete them together.

6 Expansion Ask groups to discuss car troubles they or someone they know has had. Possible subjects: a visit to the mechanic, a car accident, getting a speeding ticket. Write helpful vocabulary on the board. Ex: **ponerle una multa, exceder la velocidad máxima,** etc. Have each group pick the strangest or funniest story to share with the class.

el capó, el cofre
el parabrisas
Revisa el aceite. (revisar)
Llena el tanque. (llenar)
el carro, el coche
el radio
el navegador GPS
el baúl
la gasolina
el volante
la llanta

En la gasolinera

Más vocabulario

la autopista, la carretera	highway
la calle	street
la circulación, el tráfico	traffic
el garaje, el taller (mecánico)	garage; (mechanic's) repair shop
la licencia de conducir	driver's license
el/la mecánico/a	mechanic
la policía	police (force)
la velocidad máxima	speed limit
arrancar	to start
arreglar	to fix; to arrange
bajar(se) de	to get off of/out of (a vehicle)
conducir, manejar	to drive
estacionar	to park
parar	to stop
subir(se) a	to get on/into (a vehicle)

5 Completar Completa estas oraciones con las palabras correctas.

1. Para poder conducir legalmente, necesitas... una licencia de conducir.
2. Puedes poner las maletas en... el baúl.
3. Si tu carro no funciona, debes llevarlo a... un mecánico/un taller/un garaje.
4. Para llenar el tanque de tu coche, necesitas ir a... la gasolinera.
5. Antes de un viaje largo, es importante revisar... el aceite.
6. Otra palabra para autopista es... carretera.
7. Mientras hablas por teléfono celular, no es buena idea... manejar/conducir.
8. Otra palabra para coche es... carro.

6 Conversación Completa la conversación con las palabras de la lista. No vas a usar dos de las palabras.

el aceite	la gasolina	llenar	el parabrisas	el taller
el baúl	las llantas	manejar	revisar	el volante

EMPLEADO Bienvenido al _____taller_____ mecánico Óscar. ¿En qué le puedo servir?

JUAN Buenos días. Quiero _____llenar_____ el tanque y revisar _____el aceite_____, por favor.

EMPLEADO Con mucho gusto. Si quiere, también le limpio el parabrisas.

JUAN Sí, gracias. Está un poquito sucio. La próxima semana tengo que _____manejar_____ hasta Buenos Aires. ¿Puede cambiar _____las llantas_____? Están gastadas (*worn*).

EMPLEADO Claro que sí, pero voy a tardar (*it will take me*) un par de horas.

JUAN Mejor regreso mañana. Ahora no tengo tiempo. ¿Cuánto le debo por _____la gasolina_____?

EMPLEADO Sesenta pesos. Y veinticinco por _____revisar_____ y cambiar el aceite.

CONSULTA

For more information about **Buenos Aires**, see **Panorama**, p. 86.

Practice more at **vhlcentral.com.**

TEACHING OPTIONS

TPR Draw a car on the board. Be sure to include identifiable parts (windshield, steering wheel, etc.). Make sticky notes that contain the Spanish names for these items. Have students place the notes on the corresponding parts of the car.
Variación léxica Ask students if they can explain why a trunk is called **maletera** in Peru (it is where one puts the **maletas**) or a **cajuela** in Mexico (it is related to the words **caja** and **cajón**).

DIFFERENTIATION

Heritage Speakers Ask heritage speakers to describe general car trends in their families' countries of origin. What brands are available? What size models are most popular?
TPR Divide the class into small groups. Have students take turns miming actions involving electronics or parts of a car. The other group members should guess the object being used. Ex: A student mimes clicking a mouse. (**el ratón**)

Comunicación

7 Preguntas Trabajen en grupos y túrnense para contestar estas preguntas. Después compartan sus respuestas con la clase. *Answers will vary.*

1. a. ¿Tienes un teléfono celular? ¿Para qué lo usas?
   b. ¿Qué utilizas más: el teléfono o el correo electrónico? ¿Por qué?
   c. En tu opinión, ¿cuáles son las ventajas (*advantages*) y desventajas de los diferentes modos de comunicación?

2. a. ¿Con qué frecuencia usas la computadora?
   b. ¿Para qué usas Internet?
   c. ¿Tienes tu propio blog? ¿Cómo es?

3. a. ¿Miras la televisión con frecuencia? ¿Qué programas ves?
   b. ¿Dónde miras tus programas favoritos, en la tele o en la computadora?
   c. ¿Ves películas en la computadora? ¿Cuál es tu película favorita de todos los tiempos (*of all time*)?
   d. A través de (*By*) qué medio escuchas música: ¿radio, estéreo, reproductor de MP3 o computadora?

4. a. ¿Tienes licencia de conducir?
   b. ¿Tienes carro? Descríbelo.

NOTA CULTURAL

Algunos sitios web utilizan códigos para identificar su país de origen. Éstos son los códigos para algunos países hispanohablantes:

Argentina .ar
Colombia .co
España .es
México .mx
Venezuela .ve

---

8 Postal En parejas, lean la tarjeta postal. Después contesten las preguntas. *Answers will vary.*

19 julio de 1979

Hola, Paco:

¡Saludos! Estamos de viaje por unas semanas. La Costa del Sol es muy bonita. No hemos encontrado (*we haven't found*) a tus amigos porque nunca están en casa cuando llamamos. El teléfono suena y suena y nadie contesta. Vamos a seguir llamando.

Sacamos muchas fotos muy divertidas. Cuando regresemos y las revelemos (*get them developed*), te las voy a enseñar. Las playas son preciosas. Hasta ahora el único problema fue que la oficina en la cual reservamos un carro perdió nuestros papeles y tuvimos que esperar mucho tiempo.

También tuvimos un pequeño problema con el hotel. La agencia de viajes nos reservó una habitación en un hotel que está muy lejos de todo. No podemos cambiarla, pero no me importa mucho. A pesar de eso, estamos contentos.

Tu hermana, Gabriela

EUROPA 12""
ESPAÑA

Francisco Jiménez
San Lorenzo 3250
Rosario, Argentina 2000

1. ¿Cuáles son los problemas que ocurren en el viaje de Gabriela?
2. Con la tecnología de hoy, ¿existen los mismos problemas cuando se viaja? ¿Por qué?
3. Hagan una comparación entre la tecnología de los años 70 y 80 y la de hoy.
4. Imaginen que la hija de Gabriela escribe un mensaje electrónico sobre el mismo tema con fecha de hoy. Escriban ese mensaje, incorporando la tecnología actual (teléfonos celulares, Internet, cámaras digitales, etc.). Inventen nuevos problemas.

EXPANSION

Extra Practice For homework, have students do an Internet research project on technology and technology terminology in the Spanish-speaking world. Suggest possible topics and websites where students may look for information. Have students write out their reports and present them to the class.

TEACHING OPTIONS

Large Groups Stage a debate about the role of technology in today's world. Divide the class into two groups and assign each side a position. Propose this debate topic: **La tecnología: ¿beneficio o no?** Allow groups time to plan their arguments before staging the debate.

Communication 1.1, 1.2

7 Teaching Tip For item 2, if few or no students have their own blogs, ask them if they follow any and what they are about. Encourage them to seek out some blogs related to learning Spanish as a foreign language.

7 Expansion Write names of different communication devices on the board (Ex: **teléfono celular, computadora**). Then survey the class to find out how many people own or use these items. Analyze the trends of the class.

7 Virtual Chat (Premium) You can also assign activity 7 on the Supersite. Students record individual responses that appear in your gradebook.

21ˢᵗ Century Skills

7 Collaboration
If you have access to students in a Spanish-speaking country, ask them to answer the questions. Then ask groups of students to read their counterparts' responses and prepare a comparison of the results for both classes.

8 Teaching Tip Possible answers: **1. Gabriela no encuentra a los amigos de Paco porque nunca están en casa, tuvo que esperar mucho por el carro y su hotel estaba muy lejos de todo. 2. No existen los mismos problemas porque existen el correo de voz y los teléfonos celulares, se puede reservar un carro en Internet y se puede buscar información sobre un hotel en la red antes del viaje.**

8 Expansion Ask groups to write a postcard similar to the one in the activity, except that in theirs the problems encountered during the trip are a direct result of the existence of technology, not its absence.

Section Goals

In **Fotonovela**, students will:
- receive comprehensible input from free-flowing discourse
- learn functional phrases that preview lesson grammatical structures

 Communication 1.2
Cultures 2.1, 2.2

Student Resources
Cuaderno de actividades comunicativas, pp. 49–50
Supersite: *Fotonovela* video, Activities, *eCuaderno*

Teacher Resources
Workbook TE; Video Script & Translation

Video Recap: Lección 1
Before doing this **Fotonovela** section, review the previous one with these questions:
1. ¿Qué estaba haciendo Jimena cuando empezó a sentirse mal? (Estaba estudiando con su amiga, Elena.) 2. ¿Quién llevó a Jimena al médico? (Elena la llevó.) 3. ¿Cuáles eran los síntomas de Jimena? (Tosía, le dolía la garganta y estaba congestionada.)

Video Synopsis **Miguel's** car has broken down again, and he has to take it to his friend **Jorge's** repair shop. In the meantime, **Maru** has bad luck with her computer. Their friends do their best to help them with their technological problems. **Miguel's** car is saved one last time, but **Maru** may not be so lucky with her computer.

Teaching Tips
- Hand out the **Antes de ver el video** and the **Mientras ves el video** activities from the *Cuaderno de actividades comunicativas* and go over the **Antes de ver** questions before starting the **Fotonovela**.
- Have students predict the content of this episode based on the video stills only.
- Review the predictions and ask students questions to guide them in summarizing this episode.

En el taller

El coche de Miguel está descompuesto y Maru tiene problemas con su computadora.

PERSONAJES   MIGUEL   JORGE

 Video: *Fotonovela*

1
MIGUEL ¿Cómo lo ves?
JORGE Creo que puedo arreglarlo. ¿Me pasas la llave?

2
JORGE ¿Y dónde está Maru?
MIGUEL Acaba de enviarme un mensaje de texto: "Última noticia sobre la computadora portátil: todavía está descompuesta. Moni intenta arreglarla. Voy para allá".

3
JORGE ¿Está descompuesta tu computadora?
MIGUEL No, la mía no, la suya. Una amiga la está ayudando.
JORGE Un mal día para la tecnología, ¿no?

6
MARU Estamos en una triste situación. Yo necesito una computadora nueva, y Miguel necesita otro coche.
JORGE Y un televisor nuevo para mí, por favor.

7
MARU ¿Qué vamos a hacer, Miguel?
MIGUEL Tranquila, cariño. Por eso tenemos amigos como Jorge y Mónica. Nos ayudamos los unos a los otros.

8
JORGE ¿No te sientes afortunada, Maru? No te preocupes. Sube.
MIGUEL ¡Por fin!
MARU Gracias, Jorge. Eres el mejor mecánico de la ciudad.

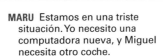

TEACHING OPTIONS

En el taller Show the **En el taller** episode once without sound and have the class create a plot summary based on the visual cues. Then show the episode with sound and have the class make corrections and fill in any gaps in the plot summary.

TEACHING OPTIONS

Small Groups Ask students to read the **Fotonovela** captions aloud in groups of three. Then have one or two groups role-play the dialogue for the class. Encourage them to ad-lib whenever possible.

MARU

MIGUEL Ella está preparando un proyecto para ver si puede hacer sus prácticas profesionales en el Museo de Antropología.

JORGE ¿Y todo está en la computadora?

MIGUEL Y claro.

MARU Buenos días, Jorge.

JORGE ¡Qué gusto verte, Maru! ¿Cómo está la computadora?

MARU Mi amiga Mónica recuperó muchos archivos, pero muchos otros se borraron.

MIGUEL ¿Cuánto te debo por el trabajo?

JORGE Hombre, no es nada. Guárdalo para el coche nuevo. Eso sí, recomiéndame con tus amigos.

MIGUEL Gracias, Jorge.

JORGE No manejes en carretera. Revisa el aceite cada 1.500 kilómetros y asegúrate de llenarle el tanque... No manejes con el cofre abierto. Nos vemos.

recursos

 vText    CA   vhlcentral

pp. 49–50

Expresiones útiles

Giving instructions to a friend

¿Me pasas la llave?
Can you pass me the wrench?

No lo manejes en carretera.
Don't drive it on the highway.

Revisa el aceite cada 1.500 kilómetros.
Check the oil every 1,500 kilometers.

Asegúrate de llenar el tanque.
Make sure to fill up the tank.

No manejes con el cofre abierto.
Don't drive with the hood open.

Recomiéndame con tus amigos.
Recommend me to your friends.

Taking a phone call

Aló./Bueno./Diga.
Hello.

¿Quién habla?/¿De parte de quién?
Who is speaking/calling?

Con él/ella habla.
Speaking.

¿Puedo dejar un recado?
May I leave a message?

Reassuring someone

Tranquilo/a, cariño.
Relax, sweetie.

Nos ayudamos los unos a los otros.
We help each other out.

No te preocupes.
Don't worry.

Additional vocabulary

entregar *to hand in*
el intento *attempt*
la noticia *news*
el proyecto *project*
recuperar *to recover*

Expresiones útiles Point out the phrases **No lo manejes, Revisa, Asegúrate, No conduzcas, Recomiéndame,** and **No te preocupes**. Explain that these are **tú** commands, a direct way of telling someone to do or not to do something. Then draw attention to the words **Nos ayudamos** and tell students that this is a reciprocal reflexive construction that expresses a shared action between the friends. Point out the words **la mía** and **la suya** in the caption of video still 3 and tell the class that these are examples of possessive pronouns. Tell students that they will learn more about these grammar concepts in **Estructura**.

Nota cultural Prácticas profesionales are similar to unpaid internships in the U.S. Normally, they are carried out as a requirement for a study program, in the form of a professional practicum or fieldwork.

EXPANSION

Extra Practice Make a photocopy of the **Fotonovela** Video Script (Supersite) and white out key words to create a master for a cloze activity. Hand out photocopies of the master to students and have them fill in the missing words as they watch the **En el taller** episode. You may have students share their answers in small groups and help each other fill in any gaps.

PRE-AP*

Interpersonal Speaking Write some phone call scenarios on the board. Ex: **1. Llamas a la casa de tu mejor amigo/a, pero no está. 2. Llamas a tu madre/padre para contarle un problema que tienes.** Ask students to sit or stand back-to-back in pairs, and have them role-play the conversations, using phrases from **Expresiones útiles.** To simplify, have students brainstorm phrases for each situation. If nearly all students have cell phones, have them use the phones as props.

Communication 1.1, 1.2

¿Qué pasó?

1 **Seleccionar** Selecciona las respuestas que completan correctamente estas oraciones.

1. Jorge intenta arreglar __b__.
   a. la computadora de Maru b. el coche de Miguel c. el teléfono celular de Felipe
2. Maru dice que se borraron muchos __a__ de su computadora.
   a. archivos b. sitios web c. mensajes de texto
3. Jorge dice que necesita un __c__.
   a. navegador GPS b. reproductor de DVD c. televisor
4. Maru dice que Jorge es el mejor __a__.
   a. mecánico de la ciudad b. amigo del mundo c. compañero de la clase
5. Jorge le dice a Miguel que no maneje su coche en __c__.
   a. el tráfico b. el centro de la ciudad c. la carretera

2 **Identificar** Identifica quién puede decir estas oraciones.

1. Cómprate un coche nuevo y recomiéndame con tus amigos. Jorge
2. El mensaje de texto de Maru dice que su computadora todavía está descompuesta. Miguel
3. Mi amiga Mónica me ayudó a recuperar muchos archivos, pero necesito una computadora nueva. Maru
4. No conduzcas con el cofre abierto y recuerda que el tanque debe estar lleno. Jorge
5. Muchos de los archivos de mi computadora se borraron. Maru

 MARU

 MIGUEL

JORGE

3 **Problema mecánico** Trabajen en parejas para representar los papeles de un(a) mecánico/a y un(a) cliente/a que está llamando al taller porque su carro está descompuesto. Usen las instrucciones como guía. Answers will vary.

Mecánico/a	Cliente/a
Contesta el teléfono con un saludo y el nombre del taller.	Saluda y explica que tu carro está descompuesto.
Pregunta qué tipo de problema tiene exactamente.	Explica que tu carro no arranca cuando hace frío.
Di que debe traer el carro al taller.	Pregunta cuándo puedes llevarlo.
Ofrece una hora para revisar el carro.	Acepta la hora que ofrece el/la mecánico/a.

Ahora cambien los papeles y representen otra conversación. Ustedes son un(a) técnico/a y un(a) cliente/a. Usen estas ideas:

el celular no guarda mensajes
la computadora no descarga fotos

la impresora imprime muy lentamente
el reproductor de DVD está descompuesto

 Practice more at vhlcentral.com.

Ortografía y pronunciación
La acentuación de palabras similares

Although accent marks usually indicate which syllable in a word is stressed, they are also used to distinguish between words that have the same or similar spellings.

 Audio

Él maneja el coche.   **Sí, voy si quieres.**

Although one-syllable words do not usually carry written accents, some *do* have accent marks to distinguish them from words that have the same spelling but different meanings.

Sé cocinar. **Se baña.**   **¿Tomas té?** **Te duermes.**

Sé (*I know*) and **té** (*tea*) have accent marks to distinguish them from the pronouns **se** and **te**.

para mí   **mi cámara**   **Tú lees.**   **tu estéreo**

Mí (*Me*) and **tú** (*you*) have accent marks to distinguish them from the possessive adjectives **mi** and **tu**.

¿Por qué vas?   **Voy porque quiero.**

Several words of more than one syllable also have accent marks to distinguish them from words that have the same or similar spellings.

Éste es rápido.   **Este módem es rápido.**

Demonstrative pronouns may have accent marks to distinguish them from demonstrative adjectives.

¿Cuándo fuiste?   **Fui cuando me llamó.**
¿Dónde trabajas?   **Voy al taller donde trabajo.**

Adverbs have accent marks when they are used to convey a question.

Práctica Marca los acentos en las palabras que los necesitan.

ANA Alo, soy Ana. ¿Que tal? *Aló/¿Qué?*
JUAN Hola, pero... ¿por que me llamas tan tarde? *¿por qué?*
ANA Porque mañana tienes que llevarme a la escuela. Mi auto esta dañado. *está*
JUAN ¿Como se daño? *¿Cómo?/dañó*
ANA Se daño el sabado. Un vecino (*neighbor*) choco con (*crashed into*) el. *dañó/sábado/chocó/él*

Crucigrama Utiliza las siguientes pistas (*clues*) para completar el crucigrama. ¡Ojo con los acentos!

Horizontales

1. Él _____ levanta.
4. No voy _____ no puedo.
7. Tú _____ acuestas.
9. ¿_____ es el examen?
10. Quiero este video y _____.

Verticales

2. ¿Cómo _____ usted?
3. Eres _____ mi hermano.
5. ¿_____ tal?
6. Me gusta _____ suéter.
8. Navego _____ la red.

	¹S	²E		³C		
		S	⁴P	O	R	⁵Q	⁶E
				⁷T	⁸E	M	U	S
⁹C	U	Á	N	D	O		¹⁰É	S	E

recursos

vText   CA p. 114   CH p. 19   vhlcentral

Section Goal

In **Ortografía y pronunciación**, students will learn about the use of accent marks to distinguish between words that have the same or similar spellings.

Comparisons 4.1

Student Resources
Cuaderno de actividades comunicativas, p. 114
Cuaderno para hispanohablantes, p. 19
Supersite: Activities, eCuaderno

Teacher Resources
Workbook TE; Textbook and Audio Activities MP3s; Audio Scripts

Teaching Tips
- As you go through each point in the explanation, pronounce the example sentences, as well as some of your own, and have students write them on the board.
- Write the example sentences, as well as some of your own, on the board without accent marks. Ask students where the written accents should go.
- Use gestures and tone to emphasize the difference in stress between **por qué** and **porque**.
- Ask students to provide words they learned in previous lessons that exemplify each point. Have them make a two-column chart of words they know. Ex: **mi/mí, tu/tú, te/té, el/él, si/sí, se/sé**, etc.

TEACHING OPTIONS

Small Groups Have students work in groups to explain which words in the **Práctica** activity need written accents and why. If necessary, have them quickly review the information about accents in **Ortografía y pronunciación, Lección 1**, page 25.
Extra Practice Prepare a series of mini-dialogues. Slowly read each one aloud, pausing to allow students to write. Then, in pairs, have students check their work. Ex: **1.** —¿**Ésta es** tu cámara? —Sí, ¿por qué? —Porque es idéntica a la que mi papá me compró. **2.** —¿Dónde encontraste mi mochila? —¡Pues, donde la dejaste! —Ah, es verdad. ¡Qué tonta soy! Se me olvidó detrás del sofá. **3.** —¿Cuándo visitó Buenos Aires Mario? —Yo sé que Laura fue el año pasado, ¿pero cuándo fue él? —¡Ni idea! Por eso te lo pregunté a ti.** Ask comprehension questions as a follow-up.

Section Goals

In **Cultura**, students will:
- read about social networks in Spanish-speaking countries
- learn technology-related terms
- read about different types of **bicimotos**
- read about text messaging

Communication 1.1, 1.2
Cultures 2.1, 2.2
Connections 3.1, 3.2
Comparisons 4.2

Student Resources
Cuaderno para hispanohablantes, p. 20
Supersite: Activities

21st Century Skills

Global Awareness
Students will gain perspectives on the Spanish-speaking world to develop respect and openness to others and to interact appropriately and effectively with citizens of Spanish-speaking cultures.

En detalle

TELL Connection

Learning Experience 6
Why: Students gain perspective, understanding their own and others' ways of thinking. *What:* Ask: **¿Usan Uds. las redes sociales? ¿Cuáles? ¿Con qué frecuencia las usan?**

Lectura
In the boxed feature, ask students what they think are the two languages used most on social networks.

Después de leer Ask students: **¿Nos comunicábamos mejor antes o después del invento de las redes sociales? ¿Por qué?**

1 Expansion Ask students to write two additional true/false statements. Then have them exchange papers with a classmate to complete.

EN DETALLE

Additional Reading

Las redes sociales

¿Cómo te comunicas con tu familia y con tus amigos? Al igual que° en los Estados Unidos, en los países hispanohablantes las redes sociales han tenido° un gran impacto en los últimos años. Los usos básicos de los teléfonos celulares ya no son las llamadas° y los mensajes de texto, sino el contacto entre amigos y familiares por medio de° redes sociales y de aplicaciones como Facebook, Twitter, Tuenti o Instagram.

La mayoría de los hispanos tiene un perfil° en Facebook o en Twitter, pero el método de comunicación más popular en los países hispanohablantes es Whatsapp. Por medio de esta aplicación de mensajería los usuarios° pueden crear grupos y enviarse° un número ilimitado de imágenes, videos y mensajes de texto y de audio. Su popularidad se debe a que es una forma rápida y prácticamente gratuita° de comunicarse.

Hoy en día, los teléfonos inteligentes y los contratos telefónicos son más asequibles°, por lo que la mayoría de los hispanos disfruta de estos celulares y de sus ventajas tecnológicas. Gracias a las redes sociales y a las aplicaciones, las personas pueden estar en constante comunicación con sus seres queridos° más lejanos°. La inevitable pregunta es: ¿Qué ocurre con los seres queridos que están cerca? La influencia que tienen las redes sociales en las relaciones humanas es cada vez un tema más polémico.

El español en las redes sociales

- El español es la tercera lengua más utilizada en las redes sociales.
- El español es la segunda lengua más usada en Twitter, con un crecimiento° de más de 800% en los últimos diez años.
- Facebook tiene 80 millones de usuarios hispanohablantes.
- Sólo en España, Whatsapp tiene 20 millones de usuarios que usan la aplicación un promedio° de 150 veces al día.

Al igual que *Like* han tenido *have had* llamadas *calls* por medio de *through* perfil *profile* usuarios *users* enviarse *send each other* gratuita *free* asequibles *affordable* seres queridos *loved ones* lejanos *distant* crecimiento *growth* promedio *average*

ACTIVIDADES

1 **¿Cierto o falso?** Indica si lo que dicen estas oraciones es **cierto** o **falso**. Corrige la información falsa.

1. Los hispanos prefieren las llamadas para comunicarse con sus familias y con sus amigos. Falso. Los hispanos prefieren comunicarse por medio de redes sociales y de aplicaciones.
2. Twitter no se usa en Latinoamérica. Falso. La mayoría de los hispanos tiene un perfil en Facebook o en Twitter.
3. Whatsapp es un método de comunicación muy común en los países hispanos. Cierto.
4. Whatsapp permite enviar fotos a los contactos del celular. Cierto.
5. Pocos hispanos pueden comprar un teléfono inteligente. Falso. Hoy en día los teléfonos inteligentes son más asequibles.
6. Una ventaja de las redes sociales es el contacto con las personas que están lejos. Cierto.
7. El español es la segunda lengua más utilizada en las redes sociales. Falso. El español es la tercera lengua más utilizada en las redes sociales.
8. Los españoles visitan constantemente la aplicación de Whatsapp. Cierto.

EXPANSION

Extra Practice Tell students to imagine that they are writing to a friend who refuses to use social networks. Have students persuade their friend by describing how it has changed their own lives. If necessary, review comparatives and superlatives, **hace** + [*time period*] + **que** + [*present*] and **hace** + [*time period*] + **que** + [*preterite*].

DIFFERENTIATION

Heritage Speakers Ask heritage speakers to describe social network use in their families.
Pairs In pairs, have students list, in order of importance, the top five reasons to use social networks. Have pairs share their lists with the class to see if a consensus can be reached. Make sure students write their lists in Spanish.

Así se dice
• Model the pronunciation of each term and have students repeat it.
• To challenge students, add these words to the list: **el navegador** (*browser*); **la señal** (*signal*); **tener la batería baja** (*to have a low battery*).
• Ask questions using the terms. Ex: **Si hablas por teléfono mientras manejas, ¿usas un manos libres? Nunca mensajeas mientras conduces, ¿verdad?**

Perfil Have students look up more abbreviations in an online Spanish SMS dictionary. In pairs, ask students to make a list of the abbreviations they would use most when texting.

El mundo hispano
• Ask: **¿Alguna vez paseaste en bicimoto? ¿Qué te pareció?**
• Have students write three fill-in-the-blank sentences about this section for a partner to complete.

21st Century Skills

Information and Media Literacy: Conexión Internet Students access and critically evaluate information from the Internet.

2 Expansion Ask additional comprehension questions. Ex: **¿Para qué necesita memoria un móvil? (para guardar fotos, música, videos y mensajes de texto)**

3 Teaching Tip Allow students ten minutes to write a rough draft without looking up any words or grammar. Then have students work with a classmate to peer edit and consult any necessary resources.

3 Expansion To challenge students, have them also explain how they expect their methods of communication will be different in ten years, using **ir a +** [*infinitive*].

ASÍ SE DICE

La tecnología

los audífonos (Méx., Col.), los auriculares (Arg.), los cascos (Esp.)	*headset; earphones*
el móvil (Esp.)	el celular
el manos libres (Amér. S.)	*hands-free system*
la memoria	*memory*
mensajear (Méx.)	**enviar y recibir mensajes de texto**

EL MUNDO HISPANO

Las bicimotos

• **Argentina** El *ciclomotor* se usa mayormente° para repartir a domicilio° comidas y medicinas.

• **Perú** La *motito* se usa mucho para el reparto a domicilio de pan fresco todos los días.

• **México** La *Vespa* se usa para evitar° el tráfico en grandes ciudades.

• **España** La población usa el *Vespino* para ir y volver al trabajo cada día.

• **Puerto Rico** Una *scooter* es el medio de transporte favorito en las zonas rurales.

• **República Dominicana** Las *moto-taxis* son el medio de transporte más económico, ¡pero no olvides el casco°!

mayormente *mainly* repartir a domicilio *home delivery of* evitar *to avoid* casco *helmet*

PERFIL

Los mensajes de texto

¿Qué tienen en común un **mensaje de texto** y un telegrama?: la necesidad de decir lo máximo en el menor espacio posible —y rápidamente—. Así como los abuelos se las arreglaron° para hacer más baratos sus telegramas, que se cobraban° por número de palabras, ahora los jóvenes buscan ahorrar° espacio, tiempo y dinero, en sus mensajes de texto. Esta economía del lenguaje dio origen al **lenguaje chat**, una forma de escritura muy creativa y compacta. Olvídate de la gramática, la puntuación y la ortografía: es tan flexible que evoluciona° todos los días con el uso que cada quien° le da, aunque° hay muchas palabras y expresiones ya establecidas°. Fácilmente encontrarás° abreviaturas (**xq?**, "¿Por qué?"; **tkm**, "Te quiero mucho."), sustitución de sonidos por números (**a2**, "Adiós."; **5mntrios**, "Sin comentarios."), símbolos (**ad+**, "además") y omisión de vocales y acentos (**tb**, "también"; **k tl?**, "¿Qué tal?"). Ahora que lo sabes, si un amigo te envía: **cont xfa, m dbs $!**°, puedes responderle: **ntp, ns vms + trd**°.

se las arreglaron *they managed to* se cobraban *were charged* ahorrar *to save* evoluciona *evolves* cada quien *each person* aunque *although* establecidas *fixed* encontrarás *you will find* cont xfa, m dbs $! Contesta, por favor, ¡me debes dinero! ntp, ns vms +trd No te preocupes, nos vemos más tarde.

Conexión Internet

¿Qué sitios web son populares entre los jóvenes hispanos?	Go to **vhlcentral.com** to find more cultural information related to this **Cultura** section.

ACTIVIDADES

2 Comprensión Responde a las preguntas.

1. ¿Cuáles son tres formas de decir *headset*?
   los audífonos, los auriculares, los cascos
2. ¿Para qué se usan las bicimotos en Argentina?
   para repartir a domicilio comidas y medicinas
3. ¿Qué dio origen al "lenguaje chat"?
   la necesidad de ahorrar espacio, tiempo y dinero
4. ¿Es importante escribir los acentos en los mensajes de texto?
   No. La gramática, la ortografía y la puntuación no importan en un mensaje de texto.

3 ¿Cómo te comunicas? Escribe un párrafo breve en donde expliques qué utilizas para comunicarte con tus amigos/as (correo electrónico, redes sociales, etc.) y de qué hablan cuando se llaman por teléfono. Answers will vary.

recursos

vText

CH
p. 20

S
vhlcentral

Practice more at **vhlcentral.com**.

TEACHING OPTIONS

Pairs For homework, ask student pairs to write a short dialogue between two people using text messages. If necessary, have them research additional text message abbreviations on the Internet. Encourage humor and creativity. In the next class period, have pairs exchange dialogues with another pair, who will decipher the conversation.

TEACHING OPTIONS

TPR Call out true/false statements about the information presented on pages 62–63. If the statement is true, have students raise their right hand, and if it is false, have students raise their left hand. To challenge students, have volunteers correct the false statements.

Section Goals

In **Estructura 2.1**, students will learn:
• affirmative **tú** commands
• negative **tú** commands

Communication 1.1
Comparisons 4.1

Student Resources
Cuaderno de actividades comunicativas, pp. 5–6, 115
Cuaderno de práctica, pp. 17–18
Cuaderno para hispanohablantes, pp. 21–24
Supersite: Activities, *eCuaderno*

Teacher Resources
Workbook TEs; Grammar Slides; Audio Activities MP3s; Audio Script; Testing Program Quizzes; Activity Pack

Teaching Tips
• Model the use of informal commands with simple examples using TPR and gestures. Ex: Point to a student and say: ____ , **levántate. Gracias, ahora siéntate.** Give other commands using **camina, vuelve, toca,** and **corre.**
• Help students recognize that the affirmative **tú** command forms of regular verbs are the same as the third-person singular forms.
• Emphasize that **tú** commands are used with people one addresses as **tú.**

2.1 ## Familiar commands

 Tutorial

ANTE TODO In Spanish, the command forms are used to give orders or advice. You use **tú** commands (**mandatos familiares**) when you want to give an order or advice to someone you normally address with the familiar **tú.**

Affirmative **tú** commands

Infinitive	Present tense él/ella form	Affirmative **tú** command
hablar	habla	**habla** (tú)
guardar	guarda	**guarda** (tú)
prender	prende	**prende** (tú)
volver	vuelve	**vuelve** (tú)
pedir	pide	**pide** (tú)
imprimir	imprime	**imprime** (tú)

▶ Affirmative **tú** commands usually have the same form as the **él/ella** form of the present indicative.

Guarda el documento antes de cerrarlo.
Save the document before closing it.

Imprime tu tarea para la clase de inglés.
Print your homework for English class.

▶ The following verbs have irregular affirmative **tú** commands.

Irregular affirmative **tú** commands

decir	**di**	salir	**sal**
hacer	**haz**	ser	**sé**
ir	**ve**	tener	**ten**
poner	**pon**	venir	**ven**

¡**Sal** ahora mismo!
Leave at once!

Haz los ejercicios.
Do the exercises.

▶ Since **ir** and **ver** have the same **tú** command (**ve**), context will determine the meaning.

Ve al cibercafé con Yolanda.
Go to the cybercafé with Yolanda.

Ve ese programa… es muy interesante.
See that program… it's very interesting.

Súbete al coche y préndelo.

No lo manejes en la carretera.

▶ The negative **tú** commands are formed by dropping the final **-o** of the **yo** form of the present tense. For **-ar** verbs, add **-es**. For **-er** and **-ir** verbs, add **-as**.

Negative tú commands

Infinitive	Present tense yo form	Negative tú command
hablar	hablo	**no hables** (tú)
guardar	guardo	**no guardes** (tú)
prender	prendo	**no prendas** (tú)
volver	vuelvo	**no vuelvas** (tú)
pedir	pido	**no pidas** (tú)

Héctor, **no pares** el carro aquí.   **No prendas** la computadora todavía.
Héctor, don't stop the car here.   *Don't turn on the computer yet.*

▶ Verbs with irregular **yo** forms maintain the same irregularity in their negative **tú** commands. These verbs include **conducir, conocer, decir, hacer, ofrecer, oír, poner, salir, tener, traducir, traer, venir,** and **ver**.

No pongas el disco en la computadora.   **No conduzcas** tan rápido.
Don't put the disk in the computer.   *Don't drive so fast.*

▶ Note also that stem-changing verbs keep their stem changes in negative **tú** commands.

No p**ie**rdas tu celular.   No v**ue**lvas a esa gasolinera.   No rep**i**tas las instrucciones.
Don't lose your cell phone.   *Don't go back to that gas station.*   *Don't repeat the instructions.*

▶ Verbs ending in **-car**, **-gar**, and **-zar** have a spelling change in the negative **tú** commands.

sa**car**	c → **qu**	no sa**qu**es
apa**gar**	g → **gu**	no apa**gu**es
almor**zar**	z → **c**	no almuer**c**es

▶ The following verbs have irregular negative **tú** commands.

Irregular negative tú commands

dar	**no des**
estar	**no estés**
ir	**no vayas**
saber	**no sepas**
ser	**no seas**

¡INTÉNTALO!   Indica los mandatos familiares afirmativos y negativos de estos verbos.

1. correr   <u>*Corre*</u> más rápido.   No <u>*corras*</u> más rápido.
2. llenar   <u>Llena</u> el tanque.   No <u>llenes</u> el tanque.
3. salir   <u>Sal</u> ahora.   No <u>salgas</u> ahora.
4. descargar   <u>Descarga</u> ese documento.   No <u>descargues</u> ese documento.
5. levantarse   <u>Levántate</u> temprano.   No <u>te levantes</u> temprano.
6. hacerlo   <u>Hazlo</u> ya.   No <u>lo hagas</u> ahora.

¡ATENCIÓN!

In affirmative commands, reflexive, indirect, and direct object pronouns are always attached to the end of the verb. In negative commands, these pronouns always precede the verb.

Bórralos./No los borres.
Escríbeles un mensaje electrónico./**No les escribas** un mensaje electrónico.

• • •

When a pronoun is attached to an affirmative command that has two or more syllables, an accent mark is added to maintain the original stress:

borra → bórralos
prende → préndela
imprime → imprímelo

---

recursos

v̂Text

CA
p. 115

CP
pp. 17–18

CH
pp. 21–24

Ⓢ
vhlcentral

Teaching Tips

• Contrast the negative forms of **tú** commands by giving an affirmative command followed by a negative command. Ex: _____ , **camina a la puerta. No camines rápidamente.** Write the examples on the board as you go along.

• Test comprehension and practice negative **tú** commands by calling out the infinitives of a variety of regular verbs the students already know and asking individual students to convert them into negative commands. Ex: **toser: no tosas; pedir: no pidas; pensar: no pienses.**

• Ask volunteers to convert affirmative **tú** commands with reflexive pronouns and object pronouns into negative **tú** commands. Ex: **Imprímelo. (No lo imprimas.) Vete. (No te vayas.)**

DIFFERENTIATION

Heritage Speakers Ask heritage speakers to bring in a Spanish advertisement that uses informal commands. Ask them to explain why they think informal commands were used instead of formal ones.

Pairs As a class, brainstorm one or two unique situations in which **tú** commands may be used, such as an owner talking to his pet. Have pairs write and act out a situation for the class.

TEACHING OPTIONS

Pairs Have pairs imagine that they are in charge of a computer lab. Have them write down four things students must do and four things they must not do while in the lab. Instruct them to use **tú** commands throughout. Write **Mandatos afirmativos** and **Mandatos negativos** on the board and ask individuals to write one of their commands in the appropriate column.

Práctica

1 Expansion Continue this activity orally with the class, using regular verbs. Call out a negative command and designate individuals to make corresponding affirmative commands. Ex: **No sirvas la comida ahora. (Sirve la comida ahora./Sírvela ahora.)**

1

Completar Tu mejor amigo no entiende nada de tecnología y te pide ayuda. Completa los comentarios de tu amigo con el mandato de cada verbo.

1. No ___vengas___ en una hora. ___Ven___ ahora mismo. (venir)
2. ___Haz___ tu tarea después. No la ___hagas___ ahora. (hacer)
3. No ___vayas___ a la tienda a comprar papel para la impresora. ___Ve___ a la cafetería a comprarme algo de comer. (ir)
4. No ___me digas___ que no puedes abrir un archivo. ___Dime___ que el programa de computación funciona sin problemas. (decirme)
5. ___Sé___ generoso con tu tiempo y no ___seas___ antipático si no entiendo fácilmente. (ser)
6. ___Ten___ mucha paciencia y no ___tengas___ prisa. (tener)
7. ___Apaga___ tu teléfono celular, pero no ___apagues___ la computadora. (apagar)

2 Expansion Ask volunteers to role-play the exchanges between **Pedro** and **Marina**. Encourage them to ad-lib and add more to the exchanges as they go along.

2

Cambiar Pedro y Marina no pueden ponerse de acuerdo (*agree*) cuando viajan en el carro. Cuando Pedro dice que algo es necesario, Marina expresa una opinión diferente. Usa la información entre paréntesis para formar las órdenes que Marina le da a Pedro.

> **modelo**
> **Pedro:** Necesito revisar el aceite del carro. (seguir hasta el próximo pueblo)
> **Marina:** *No revises el aceite del carro. Sigue hasta el próximo pueblo.*

1. Necesito conducir más rápido. (parar el carro) No conduzcas más rápido. Para el carro.
2. Necesito poner el radio. (hablarme) No pongas el radio. Háblame.
3. Necesito almorzar ahora. (comer más tarde) No almuerces ahora. Come más tarde.
4. Necesito sacar los discos compactos. (manejar con cuidado) No saques... Maneja...
5. Necesito estacionar el carro en esta calle. (pensar en otra opción) No estaciones... Piensa...
6. Necesito volver a esa gasolinera. (arreglar el carro en un taller) No vuelvas... Arregla...
7. Necesito leer el mapa. (pedirle ayuda a aquella señora) No leas... Pídele...
8. Necesito dormir en el carro. (acostarse en una cama) No duermas... Acuéstate...

3 Teaching Tip To simplify, review the vocabulary in the word bank by asking students to make associations with each word. Ex: **imprimir (documento), descargar (programa)**

3

Problemas Tú y tu compañero/a son voluntarios en el centro de computadoras de la escuela. Muchos estudiantes están llegando con problemas. Denles órdenes para ayudarlos a resolverlos.
Answers will vary. Suggested answers:

> **modelo**
> **Problema:** No veo nada en la pantalla.
> **Tu respuesta:** *Prende la pantalla de tu computadora.*

apagar...	descargar...	funcionar...	guardar...	navegar...
borrar...	escanear...	grabar...	imprimir...	prender...

1. No me gusta este programa de computación. Descarga otro.
2. Tengo miedo de perder mi documento. Guárdalo.
3. Prefiero leer este sitio web en papel. Imprímelo.
4. Mi correo electrónico funciona muy lentamente. Borra los mensajes más viejos.
5. Busco información sobre los gauchos de Argentina. Navega en Internet.
6. Tengo demasiados archivos en mi computadora. Borra algunos archivos.
7. Mi computadora se congeló (*froze*). Apaga la computadora y luego préndela.
8. Quiero ver las fotos del cumpleaños de mi hermana. Descárgalas.

NOTA CULTURAL

Los gauchos (*nomadic cowboys*), conocidos por su habilidad (*skill*) para montar a caballo y utilizar el lazo, viven en la Región Pampeana, una llanura muy extensa ubicada en el centro de Argentina y dedicada a la agricultura (*agriculture*).

Practice more at **vhlcentral.com**.

TEACHING OPTIONS

TPR Have pairs of students brainstorm a list of actions that can be mimed. Then have them give each other **tú** commands based on the actions. Call on several pairs to demonstrate their actions for the class. When a repertoire of mimable actions is established, do TPR with the class using these commands/actions.
Pairs Tell students to imagine that they belong to their grandparents' generation and are not very familiar with new

TEACHING OPTIONS

technology. Have them write three questions about electronic devices to ask a partner, who will answer using affirmative and negative commands. If the response uses a negative command, it should be followed by an affirmative command. Ex: **¿Debo apagar la computadora cada vez que salgo de la casa? (No, no la apagues. Pero guarda todos tus documentos.)** Students should ask follow-up questions when necessary.

Comunicación

4   **Órdenes** Intercambia mandatos negativos y afirmativos con tu compañero/a. Debes seguir los mandatos que él o ella te da o reaccionar apropiadamente.   Answers will vary.

> ### modelo
> **Estudiante 1:** Dame todo tu dinero.
> **Estudiante 2:** No, no quiero dártelo. Muéstrame tu cuaderno.
> **Estudiante 1:** Aquí está.
> **Estudiante 2:** Ve a la pizarra y escribe tu nombre.
> **Estudiante 1:** No quiero. Hazlo tú.

5   **Anuncios** Miren este anuncio. Luego, en grupos pequeños, preparen tres anuncios adicionales para tres escuelas que compiten (*compete*) con ésta.   Answers will vary.

INFORMÁTICA ARGENTINA

Toma nuestros cursos y aprende a usar la computadora

abre y lee tus archivos

imprime tus documentos

entra al campo de la tecnología

¡Ponte en contacto con nosotros llamando al **11-4-129-1508** HOY!

Síntesis

recursos

v̂Text

CA

pp. 5–6

6   **¡Tanto que hacer!** Tu profesor(a) te va a dar una lista de diligencias (*errands*). Algunas las hiciste tú y algunas las hizo tu compañero/a. Las diligencias que ya hicieron tienen esta marca ✔. Pero quedan cuatro diligencias por hacer. Dale mandatos a tu compañero/a y él/ella responde para confirmar si hay que hacerla o si ya la hizo.   Answers will vary.

> ### modelo
> **Estudiante 1:** Llena el tanque.
> **Estudiante 2:** Ya llené el tanque. / ¡Ay, no! Tenemos que
>   llenar el tanque.

Communication 1.1
Comparisons 4.1

4 Teaching Tip To simplify, ask students to brainstorm a list of commands they might ask their classmates to do.

4 Expansion Have volunteers report to the class what they were asked to do, what they did, and what they did not do.

4 Partner Chat (Premium) You can also assign activity 4 on the Supersite. Students work in pairs to record the activity online. The pair's recorded conversation will appear in your gradebook.

5 Teaching Tip Ask comprehension questions about the ad. **¿Qué se anuncia? (cursos de informática) ¿Cómo puedes informarte? (llamar por teléfono) ¿Dónde se encuentra este tipo de anuncio? (en periódicos y revistas)**

5 Expansion Post the finished ads in different places around the classroom. Have groups circulate and write one question for each poster. Then have group members ask their questions. Group answers should include a **tú** command.

Communication 1.1

6 Teaching Tips
- Divide the class into pairs and distribute the Communication Activities worksheets from the Activity Pack. Give students ten minutes to finish.
- Ask volunteers to give examples of **tú** commands that college students would give to their lazy roommate. Ex: **Apaga la tele. No te acuestes en el sofá.**

Section Goal

In **Estructura 2.2**, students will learn when to use **por** and **para**.

Communication 1.1
Comparisons 4.1

Student Resources
Cuaderno de actividades comunicativas, p. 116
Cuaderno de práctica, pp. 19–20
Cuaderno para hispanohablantes, pp. 25–26
Supersite: Activities, *eCuaderno*

Teacher Resources
Workbook TEs; Grammar Slides; Audio Activities MP3s; Audio Script; Testing Program Quizzes; Activity Pack

Teaching Tips
• Bring in magazine advertisements or write popular sayings on the board and have students identify the uses of **por** and **para**. Ex: **Habla hasta por los codos; Para un mundo más justo; Calabaza, calabaza, cada uno para su casa; Por la boca muere el pez.**
• Ask students to translate phrases requiring **por**. Ex: *talk by phone, send information by e-mail, walk across campus, walk along Bécquer Street, arrive in the afternoon/in the morning, be worried about the accident/about your friend, drive 30 miles per hour, study for four hours.*

2.2 Por and para

Tutorial

ANTE TODO Unlike English, Spanish has two words that mean *for*: **por** and **para**. These two prepositions are not interchangeable. Study the following charts to see how they are used.

▶ **Por** and **para** are most commonly used to describe aspects of movement, time, and action, but in different circumstances.

Por	Para
Movement	
Through or by a place	**Toward a destination**
La excursión nos llevó **por** el centro.	Mis amigos van **para** el estadio.
The tour took us through downtown.	*My friends are going to the stadium.*
Time	
Duration of an event	**Action deadline**
Ana navegó la red **por** dos horas.	Tengo que escribir un ensayo **para** mañana.
Ana surfed the net for two hours.	*I have to write an essay by tomorrow.*
Action	
Reason or motive for an action or circumstance	**Indication of for whom something is intended or done**
Llegué a casa tarde **por** el tráfico.	Estoy preparando una sorpresa **para** Eduardo.
I got home late because of the traffic.	*I'm preparing a surprise for Eduardo.*

▶ Here is a list of the uses of **por** and **para**.

Por is used to indicate...

1. **Movement: Motion or a general location** (around, through, along, by)
   Pasamos **por** el parque y **por** el río.
   We passed by the park and along the river.

2. **Time: Duration of an action** (for, during, in)
   Estuve en la Patagonia **por** un mes.
   I was in Patagonia for a month.

3. **Action: Reason or motive for an action** (because of, on account of, on behalf of)
   Lo hizo **por** su familia.
   She did it on behalf of her family.

4. **Object of a search** (for, in search of)
   Vengo **por** ti a las ocho.
   I'm coming for you at eight.
   Manuel fue **por** su cámara digital.
   Manuel went in search of his digital camera.

5. **Means by which something is done** (by, by way of, by means of)
   Ellos viajan **por** la autopista.
   They travel by (by way of) the highway.

6. **Exchange or substitution** (for, in exchange for)
   Le di dinero **por** el reproductor de MP3.
   I gave him money for the MP3 player.

7. **Unit of measure** (per, by)
   José manejaba a 120 kilómetros **por** hora.
   José was driving 120 kilometers per hour.

¡ATENCIÓN!

Por is also used in several idiomatic expressions, including:
por aquí *around here*
por ejemplo *for example*
por eso *that's why; therefore*
por fin *finally*

AYUDA

Remember that when giving an exact time, **de** is used instead of **por** before **la mañana, la tarde,** or **la noche.**
La clase empieza a las nueve **de** la mañana.

• • •

In addition to **por**, **durante** is also commonly used to mean *for* when referring to time.
Esperé al mecánico **durante** cincuenta minutos.

> **Para is used to indicate...**

1. Movement: Destination .... (*toward, in the direction of*)	Salimos **para** Córdoba el sábado. *We are leaving for Córdoba on Saturday.*
2. Time: Deadline or a specific time in the future .... (*by, for*)	Él va a arreglar el carro **para** el viernes. *He will fix the car by Friday.*
3. Action: Purpose or goal + [infinitive] .... (*in order to*)	Juan estudia **para** (ser) mecánico. *Juan is studying to be a mechanic.*
4. Purpose + [noun] .... (*for, used for*)	Es una llanta **para** el carro. *It's a tire for the car.*
5. The recipient of something .... (*for*)	Compré una impresora **para** mi abuelo. *I bought a printer for my grandfather.*
6. Comparison with others or an opinion.. (*for, considering*)	**Para** un joven, es demasiado serio. *For a young person, he is too serious.* **Para** mí, esta lección no es difícil. *For me, this lesson isn't difficult.*
7. In the employment of .... (*for*)	Sara trabaja **para** Telecom Argentina. *Sara works for Telecom Argentina.*

▶ In many cases it is grammatically correct to use either **por** or **para** in a sentence. The meaning of the sentence is different, however, depending on which preposition is used.

Caminé **por** el parque.   Caminé **para** el parque.
I walked through the park.   *I walked to (toward) the park.*

Trabajó **por** su padre.   Trabajó **para** su padre.
He worked for (in place of) his father.   *He worked for his father('s company).*

recursos

v̂Text

CA p. 116

CP pp. 19–20

CH pp. 25–26

vhlcentral

¡INTÉNTALO! Completa estas oraciones con las preposiciones **por** o **para**.

1. Fuimos al cibercafé _por_ la tarde.
2. Necesitas un navegador GPS _para_ encontrar la casa de Luis.
3. Entraron _por_ la puerta.
4. Quiero un pasaje _para_ Buenos Aires.
5. _Para_ arrancar el carro, necesito la llave.
6. Arreglé el televisor _para_ mi amigo.
7. Estuvieron nerviosos _por_ el examen.
8. ¿No hay una gasolinera _por_ aquí?
9. El reproductor de MP3 es _para_ usted.
10. Juan está enfermo. Tengo que trabajar _por_ él.
11. Estuvimos en Canadá _por_ dos meses.
12. _Para_ mí, el español es fácil.
13. Tengo que estudiar la lección _para_ el lunes.
14. Voy a ir _por_ la carretera.
15. Compré dulces _para_ mi novia.
16. Compramos el auto _por_ un buen precio.

Teaching Tips
• Create a matching activity for the uses of **para**. Write sentences exemplifying each use of **para** listed, but not in the order they are given in the text. Ex: **1. Maru escribió un mensaje para Miguel. 2. Este autobús va para Mérida. 3. Para Jimena, los estudios son importantes. 4. Jorge trabaja para un taller. 5. Estudia para llegar a ser doctora. 6. El baúl es para las maletas. 7. Tengo que entregar el proyecto para la semana que viene.** Call on individual students to match each sentence with its usage.
• Have students make two flashcards. On one they write **por** and on the other **para**. Call out one of the uses for either word. Students hold up the appropriate card. Then call on a volunteer to write a sentence illustrating that use on the board. The class verifies the accuracy of the sentence.
• Add a visual aspect to this grammar presentation. Use magazine pictures to practice sentences demonstrating the uses of **por** and **para**. Ex: **Este señor hace la cena para su esposa. Los novios montan a caballo por el campo.**

TEACHING OPTIONS

Large Group Give each student in the class a strip of paper on which you have written one of the uses of **por** or **para**, or a sentence that exemplifies one of the uses. Have students circulate around the room until they find the person who has the match for their use or sentence. After everyone has found a partner, the pairs read their sentences and uses to the class.

TEACHING OPTIONS

Game Play **Concentración**. Create one card for each use of **por** and **para**, and one card with a sentence illustrating each use, for a total of 28 cards. Shuffle the cards and lay them face down. Then, taking turns, students uncover two cards at a time, trying to match a use to a sentence. The student with the most matches wins.

Communication 1.1
Comparisons 4.1

1 Expansion To challenge students, have them list the uses of **por** and **para** found in the paragraph. Then ask them to work in pairs to add sentences to the paragraph, employing the remaining uses of **por** and **para**. (Remaining uses of **por**: reason or motive, object of search, means, unit of measure; remaining uses of **para**: destination, deadline, purpose + [*noun*], comparison, employment.)

2 Teaching Tips
- Model the activity by creating a sentence with an element from each column. Ask a volunteer to explain your choice of **por** or **para**. Possible sentences: **Fuimos al mercado para comprar frutas por la mañana. No fueron a Buenos Aires por tres días para divertirse.**
- Divide the class into groups of three. Groups should write as many sentences as they can by combining elements from each column in a given amount of time. The group with the most correct sentences wins.

3 Expansion Have students take turns with a partner to expand their descriptions to a short oral narrative. After each drawing has been described, ask students to pick two or three of their narratives and link them into a story.

Práctica

1 **Completar** Completa este párrafo con las preposiciones **por** o **para**.

El mes pasado mi familia y yo hicimos un viaje a Buenos Aires y sólo pagamos dos mil dólares (1)__por__ los pasajes. Estuvimos en Buenos Aires (2)__por__ una semana y paseamos por toda la ciudad. Durante el día caminamos (3)__por__ la plaza San Martín, el microcentro y el barrio de La Boca, donde viven muchos artistas. (4)__Por__ la noche fuimos a una tanguería, que es una especie de teatro, (5)__para__ mirar a la gente bailar tango. Dos días después decidimos hacer una excursión (6)__por__ las pampas (7)__para__ ver el paisaje y un rodeo con gauchos. Alquilamos (*We rented*) un carro y manejamos (8)__por__ todas partes y pasamos unos días muy agradables. El último día que estuvimos en Buenos Aires fuimos a Galerías Pacífico (9)__para__ comprar recuerdos (*souvenirs*) (10)__para__ nuestros parientes. Compramos tantos regalos que tuvimos que pagar impuestos (*duties*) en la aduana al regresar.

2 **Oraciones** Crea oraciones originales con los elementos de las columnas. Une los elementos usando **por** o **para**. Answers will vary.

> **modelo**
> Fuimos a Mar del Plata por razones de salud para visitar a un especialista.

(no) fue al mercado	por/para	comprar frutas	por/para	¿?
(no) fuimos a las montañas	por/para	tres días	por/para	¿?
(no) fuiste a Mar del Plata	por/para	razones de salud	por/para	¿?
(no) fueron a Buenos Aires	por/para	tomar el sol	por/para	¿?

3 **Describir** Usa **por** o **para** y el tiempo presente para describir estos dibujos. Answers will vary.

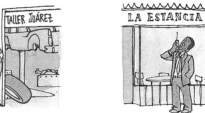

1. _____ 2. _____ 3. _____

4. _____ 5. _____ 6. _____

Practice more at **vhlcentral.com**.

TEACHING OPTIONS

Large Group Have students create ten questions for a survey about the use of modern technology. Questions should include as many uses of **por** and **para** as possible. When finished, have students administer their survey to five different people in the room, then compile their results. Ex: **¿Por cuántos minutos al día hablas por teléfono celular?** Ask students to present a summary of their findings to the class.

EXPANSION

Extra Practice Ask students to imagine they are explaining to a younger sibling how to take care of the family car and why certain types of maintenance are necessary. Students should employ as many different uses of **por** and **para** in their explanations as possible.

Comunicación

Communication 1.1
Comparisons 4.1

4 **Descripciones** Usa **por** o **para** y completa estas frases de manera lógica. Luego, compara tus respuestas con las de un(a) compañero/a. *Answers will vary.*

1. En casa, hablo con mis amigos...
2. Mi padre/madre trabaja...
3. Ayer fui al taller...
4. Los miércoles tengo clases...
5. A veces voy a la biblioteca...
6. Esta noche tengo que estudiar...
7. Necesito... dólares...
8. Compré un regalo...
9. Mi mejor amigo/a estudia...
10. Necesito hacer la tarea...

4 Teaching Tip Model the activity by completing item 1 in two different ways.

4 Virtual Chat (Premium) You can also assign activity 4 on the Supersite.

Pre-AP*

5 Interpersonal Speaking Ask students questions about the car in the picture. Ex: **¿Te gusta este carro? ¿Cuánto se paga por un carro así? ¿A cuántas millas por hora corre este carro? ¿Es fácil de estacionar?**

5 **Situación** En parejas, dramaticen esta situación. Utilicen muchos ejemplos de **por** y **para**.
Answers will vary.

Hijo/a

Pídele dinero a tu padre/madre.
Dile que quieres comprar un carro.
Explica tres razones por las que necesitas un carro.
Dile que por no tener un carro tu vida es muy difícil.

Padre/Madre

Pregúntale a tu hijo/a para qué lo necesita.
Pregúntale por qué necesita un carro.
Explica por qué sus razones son buenas o malas.
Decide si vas a darle el dinero y explica por qué.

5 Expansion
- Ask volunteers to role-play their conversation for the class.
- Show a picture of an old used car and ask students to create a new conversation. The parents are offering to buy their son/daughter this car instead of the one shown in the activity.

5 Partner Chat You can also assign activity 5 on the Supersite.

 Communication 1.1

Síntesis

6 **Una subasta (*auction*)** Cada estudiante debe traer a la clase un objeto o una foto del objeto para vender. En grupos, túrnense para ser el/la vendedor(a) y los postores (*bidders*). Para empezar, el/la vendedor(a) describe el objeto y explica para qué se usa y por qué alguien debe comprarlo.
Answers will vary.

modelo

Vendedora: Aquí tengo un reproductor de CD. Pueden usarlo para escuchar su música favorita o para escuchar canciones en español. Sólo hace un año que lo compré y todavía funciona perfectamente. ¿Quién ofrece $1.500 para empezar?

Postor(a) 1: Pero los reproductores de CD son anticuados. Te doy $20.

Vendedora: Ah, pero éste es muy especial porque viene con el CD que grabé cuando quería ser cantante de ópera.

Postor(a) 2: Ah, ¡entonces te doy $100!

6 Teaching Tips
- Before the bidding begins, display the items to be auctioned off and name them. Invite students to walk around with their group members and discuss what the items are, their purposes, and how much they will pay for them.
- Have groups prepare the opening statements for the items their members brought. Students then take turns opening up the bidding for the entire class. Non-group members may bid on each item. Group members should place bids to keep the bidding alive.

TEACHING OPTIONS

Small Groups Have students create a television advertisement for a car or piece of technological equipment. Students should describe the item, say why the customer should buy it, reveal how much it costs, explain that the item is on sale only until a certain date, and detail any possible trade-ins. Students should use **por** and **para** as much as possible in their ad.

EXPANSION

Extra Practice For students still having trouble distinguishing between **por** and **para**, have them create a mnemonic device, like a story or chant, for remembering the different uses. Ex: **Vine por la tarde y busqué por el parque, por el río y por el centro. Busqué por horas. Viajé por carro, por tren y por avión.** Do the same for **para**.

Section Goal

In **Estructura 2.3**, students will learn the use of reciprocal reflexives.

Communication 1.1
Comparisons 4.1

Student Resources
Cuaderno de actividades comunicativas, p. 117
Cuaderno de práctica, pp. 21–22
Cuaderno para hispanohablantes, pp. 27–28
Supersite: Activities, *eCuaderno*

Teacher Resources
Workbook TEs; Grammar Slides; Audio Activities MP3s; Audio Script; Testing Program Quizzes; Activity Pack

Teaching Tips

- Ask a volunteer to explain what reflexive verbs are. Ask other students to provide examples. Review reflexive verbs and pronouns by asking students questions about their personal routine. Ex: **Yo me desperté a las seis de la mañana. Y tú, _____, ¿a qué hora te despertaste?**

- After going over the example sentences, ask students questions that contain or require reciprocal constructions. Ex: **¿Los estudiantes y los profesores siempre se saludan? ¿Se ven ustedes con frecuencia durante la semana? En las elecciones, ¿los candidatos siempre se respetan?**

- Add a visual aspect to this grammar presentation. Hold up images of pairs of celebrities and have students write descriptions about them, using reciprocal reflexives. Remind students they can use the present, preterite, or imperfect tense. Ex: Photos of Jennifer Aniston and Brad Pitt (**Antes se querían mucho, pero ahora no se hablan...**)

2.3 Reciprocal reflexives

🔲 Tutorial

ANTE TODO You have learned that reflexive verbs indicate that the subject of a sentence does the action to itself. Reciprocal reflexives **(los reflexivos recíprocos)**, on the other hand, express a shared or reciprocal action between two or more people or things. In this context, the pronoun means *(to) each other* or *(to) one another*.

Luis y Marta **se** miran en el espejo.
Luis and Marta look at themselves in the mirror.

Luis y Marta **se** miran.
Luis and Marta look at each other.

▶ Only the plural forms of the reflexive pronouns (**nos, os, se**) are used to express reciprocal actions because the action must involve more than one person or thing.

Cuando **nos vimos** en la calle, **nos abrazamos**.
When we saw each other on the street, we hugged (one another).

Ustedes **se** van a **encontrar** en el cibercafé, ¿no?
You are meeting (each other) at the cybercafé, right?

Nos ayudamos cuando usamos la computadora.
We help each other when we use the computer.

Las amigas **se saludaron** y **se besaron**.
The friends greeted each other and kissed (one another).

¡ATENCIÓN!

Here is a list of common verbs that can express reciprocal actions:

abrazar(se) *to hug; to embrace (each other)*
ayudar(se) *to help (each other)*
besar(se) *to kiss (each other)*
encontrar(se) *to meet (each other); to run into (each other)*
saludar(se) *to greet (each other)*

🔲 **¡INTÉNTALO!** Indica el reflexivo recíproco adecuado y el presente o el pretérito de estos verbos.

presente

1. (escribir) Los novios _se escriben_.
   Nosotros _nos escribimos_.
   Ana y Ernesto _se escriben_.
2. (escuchar) Mis tíos _se escuchan_.
   Nosotros _nos escuchamos_.
   Ellos _se escuchan_.
3. (ver) Nosotros _nos vemos_.
   Fernando y Tomás _se ven_.
   Ustedes _se ven_.
4. (llamar) Ellas _se llaman_.
   Mis hermanos _se llaman_.
   Pepa y yo _nos llamamos_.

pretérito

1. (saludar) Nicolás y tú _se saludaron_.
   Nuestros vecinos _se saludaron_.
   Nosotros _nos saludamos_.
2. (hablar) Los amigos _se hablaron_.
   Elena y yo _nos hablamos_.
   Nosotras _nos hablamos_.
3. (conocer) Alberto y yo _nos conocimos_.
   Ustedes _se conocieron_.
   Ellos _se conocieron_.
4. (encontrar) Ana y Javier _se encontraron_.
   Los primos _se encontraron_.
   Mi hermana y yo _nos encontramos_.

recursos

v̂Text

CA
p. 117

CP
pp. 21-22

CH
pp. 27-28

🔲
vhlcentral

EXPANSION

Extra Practice Have students describe what they and their friend(s) do together, using these verbs: **llamarse por teléfono, verse, decirse, ayudarse, encontrarse, reunirse.** Ex: **Mi amigo y yo siempre nos ayudamos con las tareas. Nos reunimos en la biblioteca o en mi casa y estudiamos por horas. Cuando hay examen de español, nos hacemos preguntas sobre el vocabulario y la gramática.**

TEACHING OPTIONS

Pairs Have students write a conversation in which they discuss two friends who are romantically involved, but have had a misunderstanding. Ask them to incorporate these verbs: **conocerse, encontrarse, quererse, hablarse, enojarse, besarse, mirarse,** and **entenderse.** Have pairs role-play their conversations for the class.

Communication 1.1
Comparisons 4.1

Práctica

1 **Un amor recíproco** Describe a Laura y a Elián usando los verbos recíprocos.

> **modelo**
> Laura veía a Elián todos los días. Elián veía a Laura todos los días.
> *Laura y Elián se veían todos los días.*

1. Laura conocía bien a Elián. Elián conocía bien a Laura.
   Laura y Elián se conocían bien.
2. Laura miraba a Elián con amor. Elián la miraba con amor también.
   Laura y Elián se miraban con amor.
3. Laura entendía bien a Elián. Elián entendía bien a Laura.
   Laura y Elián se entendían bien.
4. Laura hablaba con Elián todas las noches por teléfono. Elián hablaba con Laura todas las noches por teléfono.
   Laura y Elián se hablaban todas las noches por teléfono.
5. Laura ayudaba a Elián con sus problemas. Elián la ayudaba también con sus problemas.
   Laura y Elián se ayudaban con sus problemas.

2 **Describir** Mira los dibujos y describe lo que estas personas hicieron. Answers will vary. Possible answers:

1. Las hermanas __se abrazaron__ .
2. Ellos __se besaron__ .

3. Gilberto y Mercedes __no se miraron__ / __no se hablaron__ / __se enojaron__ .
4. Tú y yo __nos saludamos__ / __nos encontramos en la calle__

 Practice more at vhlcentral.com.

Comunicación

3 **Preguntas** En parejas, túrnense para hacerse estas preguntas. Answers will vary.

1. ¿Se vieron tú y tu mejor amigo/a ayer? ¿Cuándo se ven ustedes normalmente?
2. ¿Dónde se encuentran tú y tus amigos?
3. ¿Se ayudan tú y tu mejor amigo/a con sus problemas?
4. ¿Se entienden bien tú y tu hermano/a menor?
5. ¿Dónde se conocieron tú y tu mejor amigo/a? ¿Cuánto tiempo hace que se conocen ustedes?
6. ¿Cuándo se dan regalos tú y tus amigos?
7. ¿Se escriben tú y tus amigos mensajes de texto o prefieren llamarse por teléfono?
8. ¿Siempre se llevan bien tú y tus parientes? Explica.

1 **Teaching Tip** To simplify, before beginning the activity, review conjugations of the imperfect tense.

1 **Expansion**
- Have students expand upon the sentences to create a story about **Laura** and **Elián** falling in love.
- Have students rewrite the sentences, imagining that they are talking about themselves and their boyfriend/girlfriend, a close friend, or a relative.

2 **Teaching Tip** Have pairs choose a drawing and create the story of what the characters did leading up to the moment pictured and what they did after. Ask pairs to share their stories with the class.

Communication 1.1
Comparisons 4.1

3 **Teaching Tips**
- To simplify, ask students to prepare short answers before talking to their partner.
- Have students ask follow-up questions. Ex: **¿A qué hora se vieron ayer? ¿Dónde se vieron? ¿Por qué se vieron?**
- Encourage students to verify what they hear by paraphrasing or summarizing their partner's responses.

TELL Connection

Learning Experience 7
Why: Students meet interpersonal speaking objectives. *What:* Students engage in personalized conversations in context.

21st Century Skills

3 **Technology Literacy**
Ask students to prepare a digital presentation to show the whole-class preferences for several of the items in this activity.

Section Goals

In **Estructura 2.4**, students will learn:
- the stressed possessive adjectives and pronouns
- placement of stressed possessive adjectives

Communication 1.1
Comparisons 4.1

Student Resources

Cuaderno de actividades comunicativas, pp. 7–8, 118
Cuaderno de práctica, pp. 23–24
Cuaderno para hispanohablantes, p. 29
Supersite: Activities, *eCuaderno*

Teacher Resources

Workbook TEs; Grammar Slides; Audio Activities MP3s; Audio Script; Testing Program Quizzes; Activity Pack

Teaching Tips

- Ask questions that involve unstressed possessive adjectives and respond to student answers with statements that involve the stressed possessive adjectives. Write each stressed possessive adjective you introduce on the board as you say it. Ex: ____ , **¿es éste tu lápiz? (Sí.) Pues, este lápiz es tuyo, ____ .** Show your own pencil. **Éste es mi lápiz. Este lápiz es mío.**
- Write the masculine forms of the stressed possessive adjectives/pronouns on the board, and ask volunteers to give the feminine and plural forms. Emphasize that when a stressed possessive adjective is used, the word it modifies is preceded by an article.

2.4 Stressed possessive adjectives and pronouns

🖱 Tutorial

ANTE TODO   Spanish has two types of possessive adjectives: the unstressed (or short) forms you learned in **Descubre, nivel 1** and the stressed (or long) forms. The stressed forms are used for emphasis or to express *of mine*, *of yours*, and so on.

Stressed possessive adjectives

Masculine singular	Feminine singular	Masculine plural	Feminine plural	
mío	**mía**	**míos**	**mías**	*my; (of) mine*
tuyo	**tuya**	**tuyos**	**tuyas**	*your; (of) yours (fam.)*
suyo	**suya**	**suyos**	**suyas**	*your; (of) yours (form.); his; (of) his; her; (of) hers; its*
nuestro	**nuestra**	**nuestros**	**nuestras**	*our; (of) ours*
vuestro	**vuestra**	**vuestros**	**vuestras**	*your; (of) yours (fam.)*
suyo	**suya**	**suyos**	**suyas**	*your; (of) yours (form.); their; (of) theirs*

▶ **¡Atención!** Used with **un/una**, these possessives are similar in meaning to the English expression *of mine/yours/etc.*

     Juancho es **un** amigo **mío**.   Ella es **una** compañera **nuestra**.
     Juancho is a friend of mine.   *She is a classmate of ours.*

▶ Stressed possessive adjectives agree in gender and number with the nouns they modify. While unstressed possessive adjectives are placed before the noun, stressed possessive adjectives are placed after the noun they modify.

     su impresora   ▶   la impresora **suya**
     her printer   *her printer*

     nuestros televisores   ▶   los televisores **nuestros**
     our television sets   *our television sets*

▶ A definite article, an indefinite article, or a demonstrative adjective usually precedes a noun modified by a stressed possessive adjective.

Me encantan {
     unos discos compactos **tuyos**.   *I love some of your CDs.*
     los discos compactos **tuyos**.   *I love your CDs.*
     estos discos compactos **tuyos**.   *I love these CDs of yours.*

▶ Since **suyo**, **suya**, **suyos**, and **suyas** have more than one meaning, you can avoid confusion by using the construction: [*article*] + [*noun*] + **de** + [*subject pronoun*].

     el teclado **suyo**   ▶   el teclado **de él/ella/usted**   *his/her/your keyboard*
                                  el teclado **de ustedes/ellos/ellas**   *your/their keyboard*

Possessive pronouns

▶ Possessive pronouns **(los pronombres posesivos)** are used to replace a noun + [*possessive adjective*]. In Spanish, the possessive pronouns have the same forms as the stressed possessive adjectives, and they are preceded by a definite article.

la cámara **nuestra**	**la nuestra**
el navegador GPS **tuyo**	**el tuyo**
los archivos **suyos**	**los suyos**

▶ A possessive pronoun agrees in number and gender with the noun it replaces.

—Aquí está **mi coche**. ¿Dónde está **el tuyo**?
Here's my car. Where is yours?

—¿Tienes **las revistas** de Carlos?
Do you have Carlos' magazines?

—**El mío** está en el taller de mi hermano.
Mine is at my brother's garage.

—No, pero tengo **las nuestras**.
No, but I have ours.

¿También está descompuesta tu computadora?

No, la mía no, la suya.

¡INTÉNTALO!   Indica las formas tónicas (*stressed*) de estos adjetivos posesivos y los pronombres posesivos correspondientes.

	adjetivos	pronombres
1. su cámara digital	la cámara digital suya	la suya
2. mi televisor	el televisor mío	el mío
3. nuestros discos compactos	los discos compactos nuestros	los nuestros
4. tus direcciones electrónicas	las direcciones electrónicas tuyas	las tuyas
5. su monitor	el monitor suyo	el suyo
6. mis videos	los videos míos	los míos
7. nuestra impresora	la impresora nuestra	la nuestra
8. tu estéreo	el estéreo tuyo	el tuyo
9. nuestro blog	el blog nuestro	el nuestro
10. mi computadora	la computadora mía	la mía

recursos

v**Text**

CA
pp. 7–8, 118

CP
pp. 23–24

CH
p. 29

vhlcentral

Teaching Tips
• Ask students questions using unstressed possessive adjectives or the [*article*] + [*noun*] + **de** construction before a name, and have them answer with a possessive pronoun. Ex: ¿**Tienes tu cuaderno? Sí, tengo el mío.**
• Point out that the function of the stressed possessives is to give emphasis. They are often used to point out contrasts. Ex: ¿**Tu carro es azul? Pues, el carro mío es rojo. ¿Tu cámara digital no es buena? La mía es excelente.**

EXPANSION

Video Replay the **Fotonovela**, having students listen for each use of an unstressed possessive adjective and write down the sentence in which it occurs. Next, have students rewrite those sentences using a stressed possessive adjective. Then, discuss how the use of stressed possessive adjectives affected the meaning or fluidity of the sentences.

TEACHING OPTIONS

Pairs Tell students that their laundry has gotten mixed up with their twin sibling's and since they are the same size and have the same tastes in clothing, they cannot tell what belongs to whom. Have them ask each other questions about different articles of clothing. Ex: —¿**Son tuyos estos pantalones de rayas? —Sí, son míos. —Y, ¿estos calcetines rojos son tuyos? —Sí, son míos, pero esta camisa grandísima no es mía.**

1 Expansion Have students write four additional dehydrated sentences that use stressed possessive adjectives or pronouns. Have them exchange papers with a classmate, who will "rehydrate" them.

2 Expansion Have students continue the activity, using these items: **el navegador GPS, las calculadoras, el reproductor de DVD, los ratones**

3 Teaching Tip To simplify, have students begin by scanning the conversations and writing the English translation of the word for each blank. Ex: 1. *Ours*. Then have them identify the noun that the pronoun refers to and state its gender and number. Ex: 1. **la casa**; feminine singular.

3 Expansion Have students create conversations modeled after the ones in the activity and perform them for the class. Each one should consist of at least six lines and use as many stressed possessive adjectives and pronouns as possible.

Práctica

1 **Oraciones** Forma oraciones con estas palabras. Usa el presente y haz los cambios necesarios.

1. un / amiga / suyo / vivir / Mendoza Una amiga suya vive en Mendoza.
2. ¿me / prestar / computadora / tuyo? ¿Me prestas la computadora tuya?
3. el / coche / suyo / nunca / funcionar / bien El coche suyo nunca funciona bien.
4. no / nos / interesar / problemas / suyo No nos interesan los problemas suyos.
5. yo / querer / cámara digital / mío / ahora mismo Yo quiero la cámara digital mía ahora mismo.
6. un / amigos / nuestro / manejar / como / loco Unos amigos nuestros manejan como locos.

2 **¿Es suyo?** Un policía ha capturado (*has captured*) al hombre que robó (*robbed*) en tu casa. Ahora quiere saber qué cosas son tuyas. Túrnate con un(a) compañero/a para hacer el papel del policía y usa las pistas (*clues*) para contestar las preguntas.

> **modelo**
> no/viejo
> **Policía:** Esta impresora, ¿es suya?
> **Estudiante:** No, no es mía. La mía era más vieja.

1. sí
E1: Este control remoto, ¿es suyo?
E2: Sí, es mío.

2. no/pequeño
E1: Este televisor, ¿es suyo?
E2: No, no es mío. El mío era más pequeño.

3. sí E1: Estos teléfonos celulares, ¿son suyos?
E2: Sí, son míos.

4. sí E1: Esta computadora portátil, ¿es suya?
E2: Sí, es mía.

5. no/grande E1: Esta cámara de video, ¿es suya?
E2: No, no es mía. La mía era más grande.

6. no/caro E1: Estos reproductores de MP3, ¿son suyos?
E2: No, no son míos. Los míos eran más caros.

3 **Conversaciones** Completa estas conversaciones con las formas adecuadas de los pronombres posesivos.

1. —La casa de ellos estaba en la Avenida Alvear. ¿Dónde estaba la casa de ustedes?
   —_____La nuestra_____ estaba en la calle Bolívar.
2. —A Carmen le encanta su monitor nuevo.
   —¿Sí? A José no le gusta _____el suyo_____.
3. —Puse mis discos aquí. ¿Dónde pusiste _____los tuyos_____, Alfonso?
   —Puse _____los míos_____ en el escritorio.
4. —Se me olvidó traer mis llaves. ¿Trajeron ustedes _____las suyas_____?
   —No, dejamos _____las nuestras_____ en casa.
5. —Yo compré mi computadora en una tienda y Marta compró _____la suya_____ en Internet. Y _____la tuya_____, ¿dónde la compraste?
   —_____La mía_____ es de Cibermax.

Practice more at
vhlcentral.com.

TEACHING OPTIONS

Large Groups Have students bring in a photo of their favorite car and tell them to imagine that everyone in town is picking up his or her car at the mechanic's shop at the same time. Have students role-play a scene between the mechanic and several customers. The mechanic tries to determine to whom each car belongs.
Pairs In pairs, have students make a wish list consisting of

TEACHING OPTIONS

ten items that they need for next year, then give it to another pair. Students must then divide the items between themselves, deciding who gets what on the list, and justifying their claim. Ex: —**La bicicleta nueva es mía. La necesito para ir a la escuela.** — **Bueno, entonces el navegador GPS es mío porque acabo de comprar un automóvil nuevo.** Students should try to use at least one possessive adjective or pronoun in their claims.

Comunicación

4 **Vendedores competitivos** Trabajen en grupos de tres. Uno/a de ustedes va a una tienda a comprar un aparato tecnológico (reproductor de MP3, computadora portátil, monitor, etc.). Los/Las otros/as dos son empleados/as de dos marcas rivales y compiten para convencer al/a la cliente/a de que compre su producto. Usen los adjetivos posesivos y túrnense para comprar y vender. ¿Quién es el/la mejor vendedor/a? Answers will vary.

> **modelo**
>
> **Estudiante 1:** *Buenos días, quiero comprar un reproductor de MP3.*
> **Estudiante 2:** *Tengo lo que necesita. El mío, tiene capacidad para 500 canciones.*
> **Estudiante 3:** *El tuyo es muy viejo, con el mío también puedes ver videos…*

5 **Comparar** Trabajen en parejas. Intenta (*Try to*) convencer a tu compañero/a de que algo que tú tienes es mejor que lo que él/ella tiene. Pueden hablar de sus reproductores de MP3, teléfonos celulares, clases, horarios o amigos/as. Answers will vary.

> **modelo**
>
> **Estudiante 1:** *Mi computadora tiene una pantalla de quince*
> *pulgadas (inches). ¿Y la tuya?*
> **Estudiante 2:** *La mía es mejor porque tiene una pantalla*
> *de diecisiete pulgadas.*
> **Estudiante 1:** *Pues la mía…*

Síntesis

6 **Inventos locos** En grupos pequeños, imaginen que construyeron un aparato tecnológico revolucionario. Dibujen su invento y descríbanlo contestando estas preguntas. Incluyan todos los detalles que crean (*that you believe*) necesarios. Luego, compártanlo con la clase. Utilicen los posesivos, **por** y **para** y el vocabulario de **Contextos**. Answers will vary.

> **modelo**
>
> *Nuestro aparato se usa para cocinar huevos y funciona*
> *de una manera muy fácil…*

- ¿Para qué se usa?   • ¿Cuánto cuesta?
- ¿Cómo es?   • ¿Qué personas van a comprar este aparato?

 Communication 1.1
Comparisons 4.1

4 **Teaching Tip** Encourage students to bring in personal items to use as props, or have them print out photos of the items.

5 **Teaching Tip** Before beginning the activity, have students make a list of objects to compare. Then have them brainstorm as many different qualities or features of those objects as they can. Finally, have them list adjectives that they might use to compare the objects they have chosen.

5 **Expansion** Have pairs who had a heated discussion perform it for the class.

5 **Partner Chat** You can also assign activity 5 on the Supersite. Students work in pairs to record the activity online. The pair's recorded conversation will appear in your gradebook.

 Communication 1.1

6 **Expansion** To challenge students, have them modify their ad for television or radio.

Extra Practice
- Write the names of four different means of communication on slips of paper and post them in different corners of the room: **el correo electrónico, el teléfono, el mensaje de texto, una carta.** Tell students to pick their preferred means of communication and go to that corner. Then have each group write five reasons for their choice as well as one reason why they did not choose any of the others, using stressed possessive adjectives and pronouns.
- Write a cloze paragraph on the board and have students complete it with the correct stressed possessive adjectives and pronouns. To simplify, add a word bank.

Section Goal

In **Recapitulación**, students will review the grammar concepts from this lesson.

Student Resources
Supersite: Activities

1 Teaching Tip Remind students that the **–s** ending is only present in negative familiar commands.

1 Expansion To challenge students, have them write mini-dialogues that include these command forms and the vocabulary of the lesson.

2 Teaching Tip Ask students to identify the rule associated with each use of **por** or **para** in the sentences.

2 Expansion Ask questions using **por** and **para**. Ex: **¿Hablan mucho por Skype? ¿Para qué clase estudian más, la clase de español o la clase de matemáticas?**

3 Expansion Make plural nouns singular and singular nouns plural in each question and have students repeat the activity. Ex: **1. ¿Éstos son mis videos? (Sí, son los tuyos.)**

Recapitulación

 Diagnostics

Completa estas actividades para repasar los conceptos de gramática que aprendiste en esta lección.

1 Completar Completa la tabla con las formas de los mandatos familiares. **16 pts.**

Infinitivo	Mandato	
	Afirmativo	**Negativo**
comer	**come**	**no comas**
hacer	haz	no hagas
sacar	saca	no saques
venir	ven	no vengas
ir	ve	no vayas

2 Por y para Completa el diálogo con **por** o **para**. **20 pts.**

MARIO Hola, yo trabajo (1) ___para___ el periódico de la escuela. ¿Puedo hacerte unas preguntas?

INÉS Sí, claro.

MARIO ¿Navegas mucho (2) ___por___ la red?

INÉS Sí, todos los días me conecto a Internet (3) ___para___ leer mi correo y navego (4) ___por___ una hora. También me gusta hablar (5) ___por___ Skype con mis amigos. Es muy bueno y, (6) ___para___ mí, es divertido.

MARIO ¿Y qué piensas sobre hacer la tarea en la computadora?

INÉS En general, me parece bien, pero (7) ___por___ ejemplo, anoche hice unos ejercicios (8) ___para___ la clase de álgebra y al final me dolieron los ojos. (9) ___Por___ eso a veces prefiero hacer la tarea a mano.

MARIO Muy bien. Muchas gracias (10) ___por___ tu ayuda.

3 Posesivos Completa las oraciones y confirma de quién(es) son las cosas. **12 pts.**

1. —¿Éste es mi video? —Sí, es el ___tuyo___ (*fam.*).
2. —¿Ésta es la cámara de tu papá? —Sí, es la ___suya___.
3. —¿Ese teléfono es de Pilar? —Sí, es el ___suyo___.
4. —¿Éstos cargadores son de ustedes? —No, no son ___nuestros___.
5. —¿Ésta es tu computadora portátil? —No, no es ___mía___.
6. —¿Ésas son mis fotos? —Sí, son las ___suyas___ (*form.*).

RESUMEN GRAMATICAL

2.1 Familiar commands *pp. 64–65*

tú commands		
Infinitive	**Affirmative**	**Negative**
guardar	**guarda**	no guardes
volver	**vuelve**	no vuelvas
imprimir	**imprime**	no imprimas

▶ Irregular **tú** command forms

dar → **no des**   saber → **no sepas**
decir → **di**   salir → **sal**
estar → **no estés**   ser → **sé, no seas**
hacer → **haz**   tener → **ten**
ir → **ve, no vayas**   venir → **ven**
poner → **pon**

▶ Verbs ending in **-car, -gar, -zar** have a spelling change in the negative **tú** commands:

sacar → **no saques**
apagar → **no apagues**
almorzar → **no almuerces**

2.2 Por and para *pp. 68–69*

▶ Uses of **por:**

motion or general location; duration; reason or motive; object of a search; means by which something is done; exchange or substitution; unit of measure

▶ Uses of **para:**

destination; deadline; purpose or goal; recipient of something; comparison or opinion; in the employment of

2.3 Reciprocal reflexives *p. 72*

▶ Reciprocal reflexives express a shared or reciprocal action between two or more people or things. Only the plural forms (**nos, os, se**) are used.

Cuando **nos** vimos en la calle, **nos** abrazamos.

▶ Common verbs that can express reciprocal actions:

abrazar(se), ayudar(se), besar(se), conocer(se), encontrar(se), escribir(se), escuchar(se), hablar(se), llamar(se), mirar(se), saludar(se), ver(se)

TEACHING OPTIONS

Pairs Have pairs create a short survey about technology use. Encourage them to use **por** and **para**, as well as adverbs like **a menudo, normalmente**, etc. Then have them exchange their surveys with another pair and complete them. Ask volunteers to share their survey results with the class.

EXPANSION

Extra Practice Tell students that you are a new student in class who likes to take people's things. Go around the room and gather students' belongings (books, pens, bags, etc.). In each case, insist that the item is yours. Ex: **Esta mochila es mía.** Have students protest and take their item back. Ex: **Esta mochila no es tuya, es mía.** Have other students contribute by asking, **¿Esta mochila es suya o es mía?**

4 **Ángel y diablito** A Juan le gusta pedir consejos a su ángel y a su diablito imaginarios. Completa las respuestas con mandatos familiares desde las dos perspectivas. **16 pts.**

1. Estoy manejando. ¿Voy más rápido?
   Á No, no ___vayas___ más rápido.
   D Sí, ___ve___ más rápido.
2. Es el reproductor de MP3 favorito de mi hermana. ¿Lo pongo en mi mochila?
   Á No, no ___lo pongas___ en tu mochila.
   D Sí, ___ponlo___ en tu mochila.
3. Necesito estirar (*to stretch*) las piernas. ¿Doy un paseo?
   Á Sí, ___da___ un paseo.
   D No, no ___des___ un paseo.
4. Mi amigo necesita imprimir algo. ¿Apago la impresora?
   Á No, no ___apagues___ la impresora.
   D Sí, ___apaga___ la impresora.

2.4 Stressed possessive adjectives and pronouns

pp. 74–75

Stressed possessive adjectives	
Masculine	**Feminine**
mío(s)	mía(s)
tuyo(s)	tuya(s)
suyo(s)	suya(s)
nuestro(s)	nuestra(s)
vuestro(s)	vuestra(s)
suyo(s)	suya(s)

la impresora **suya** → la **suya**
las llaves **mías** → las **mías**

5 **Oraciones** Forma oraciones para expresar acciones recíprocas con el tiempo indicado. **12 pts.**

> **modelo**
> tú y yo / conocer / bien (presente) *Tú y yo nos conocemos bien.*

1. José y Paco / llamar / una vez por semana (imperfecto)
   José y Paco se llamaban una vez por semana.
2. mi novia y yo / ver / todos los días (presente)
   Mi novia y yo nos vemos todos los días.
3. los compañeros de clase / ayudar / con la tarea (pretérito)
   Los compañeros de clase se ayudaron con la tarea.
4. tú y tu mamá / escribir / por correo electrónico / cada semana (imperfecto)
   Tú y tu mamá se escribían por correo electrónico cada semana.
5. mis hermanas y yo / entender / perfectamente (presente)
   Mis hermanas y yo nos entendemos perfectamente.
6. los profesores / saludar / con mucho respeto (pretérito)
   Los profesores se saludaron con mucho respeto.

6 **La tecnología** Escribe al menos seis oraciones diciéndole a un(a) amigo/a qué hacer para tener "una buena relación" con la tecnología. Usa mandatos familiares afirmativos y negativos. **24 pts.**
Answers will vary.

7 **Saber compartir** Completa la expresión con los dos pronombres posesivos que faltan.
¡4 puntos EXTRA!

❝ Lo que° es ___mío___ es ___tuyo___. ❞

Lo que *What*

4 Teaching Tip Have volunteers role-play each exchange for the class. Encourage them to ad-lib as they go.

4 Expansion Give students these situations as items 5–8: **5. Mi amigo tiene las respuestas del examen final de historia. ¿Se las pido? (No, no se las pidas.; Sí, pídeselas.) 6. Es el cumpleaños de mi madrastra. ¿Le compro algo? (Sí, cómprale algo.; No, no le compres nada.) 7. Rompí la computadora portátil de mi padre. ¿Se lo digo? (Sí, díselo.; No, no se lo digas.) 8. No tengo nada de dinero. ¿Busco trabajo? (Sí, búscalo.; No, no lo busques.)**

5 Expansion Have students create two additional dehydrated sentences. Then have them exchange papers with a classmate and complete the exercise.

6 Teaching Tip To challenge students, have them first write a letter from the point of view of the friend who needs help with technology. Then have students write their suggestions according to the problems outlined in the letter.

7 Teaching Tip Explain that this expression takes the masculine possessive form because it does not refer to anything specific, as denoted by **lo que**.

TEACHING OPTIONS

TPR Divide the class into two groups, **por** and **para**, and have them line up. Choose a volunteer to go first from each team and say an English sentence using an equivalent of **por** or **para**. Ex: Yesterday I got sick and my brother worked *for* me. The student whose team corresponds to the correct Spanish equivalent of *for* has five seconds to step forward and give the Spanish translation. Ex: **Ayer me enfermé y mi hermano trabajó *por* mí.**

TEACHING OPTIONS

Small Groups As a class, brainstorm a list of infinitives that can be made reciprocal (**llamar, abrazar, conocer**, etc.) and write them on the board. In small groups, have students create a dialogue using at least six of these infinitives. Then have students act out their dialogues for the class. Encourage students to use the lesson vocabulary.

Section Goals

In **Lectura**, students will:
- learn how to recognize borrowed words
- increase their reading comprehension in Spanish by using borrowed words to predict content
- read a content-rich text with borrowed words

  Communication 1.1, 1.2, 1.3
Cultures 2.1, 2.2
Connections 3.1, 3.2
Comparisons 4.2

Student Resources
Cuaderno para hispanohablantes, pp. 30–32
Supersite: Activities

 Pre-AP*

Interpretive Reading: Estrategia
Tell students that recognizing words borrowed from English will help them understand unfamiliar texts.

Examinar el texto If students struggle answering these questions, have them focus on the character in red shorts and what he is holding and saying.

Buscar Invite students to speculate as to why so many words related to technology are loan words from English.

Sobre el autor **Juan Matías Loiseau** has also made two award-winning short films, ***El Ángel de Dorotea*** (2005) and ***Abismos*** (2007).

Lectura  Audio: Reading
Additional Reading

Antes de leer

Estrategia
Recognizing borrowed words

One way languages grow is by borrowing words from each other. English words that relate to technology often are borrowed by Spanish and other languages throughout the world. Sometimes the words are modified slightly to fit the sounds of the languages that borrow them. When reading in Spanish, you can often increase your understanding by looking for words borrowed from English or other languages you know.

Examinar el texto

Observa la tira cómica°. ¿De qué trata°? ¿Cómo lo sabes? Answers will vary.

Buscar

Esta lectura contiene una palabra tomada° del inglés. Trabaja con un(a) compañero/a para encontrarla.

el celular

Repasa° las palabras nuevas relacionadas con la tecnología que aprendiste en **Contextos** y expande la lista de palabras tomadas del inglés. Answers will vary.

_____ _____
_____ _____
_____ _____

Sobre el autor

Juan Matías Loiseau (1974–). Más conocido como Tute, este artista nació en Buenos Aires, Argentina. Estudió diseño gráfico, humorismo y cine. Sus tiras cómicas se publican en los Estados Unidos, Francia y toda Latinoamérica.

tira cómica *comic strip* ¿De qué trata? *What is it about?*
tomada *taken* Repasa *Review*

recursos

v̂Text | CH
pp. 30–32 | vhlcentral

TEACHING OPTIONS

Pairs Have pairs of students work together to create an alternate ending to this comic. Then have students get together in groups and share their new endings. Have the group select one to present to the class.

TEACHING OPTIONS

Game Have students write a short description of a new type of technology that has changed their lives. Tell them to present the most general clues first, moving toward more specific clues. Ex: **Con esto puedo enviarles mensajes cortos a mis amigos. Y los amigos míos pueden contestarme inmediatamente. Uso el celular sin usar minutos. (mensajes de texto)** Have students read their descriptions for the class to guess.

Después de leer

Comprensión

Indica si las oraciones son **ciertas** o **falsas**. Corrige las falsas.

Cierto	Falso	
✓	___	1. Hay tres personajes en la tira cómica: un usuario de teléfono, un amigo y un empleado de la empresa (*company*) telefónica.
___	✓	2. El nuevo servicio de teléfono incluye las llamadas telefónicas únicamente. También viene con un tipo que te sigue a todos lados.
___	✓	3. El empleado duerme en su propia (*own*) casa. Duerme al lado de la cama del usuario.
✓	___	4. El contrato de teléfono dura (*lasts*) un año.
___	✓	5. El usuario y el amigo están trabajando (*working*). Están de vacaciones.

Preguntas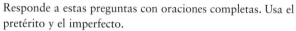

Responde a estas preguntas con oraciones completas. Usa el pretérito y el imperfecto.

1. ¿Al usuario le gustaba usar el teléfono celular todo el tiempo?
No, al usuario le molestaba usar el celular todo el tiempo.

2. ¿Por qué el usuario decidió tirar el teléfono al mar?
Porque el celular y el tipo lo tenían harto.

3. Según el amigo, ¿para qué tenía el usuario que tirar el teléfono celular al mar?
El usuario tenía que tirar el teléfono al mar para recuperar su libertad.

4. ¿Qué ocurrió cuando el usuario tiró el teléfono?
El empleado fue a buscar el teléfono.

5. ¿Qué le dijo el empleado al usuario cuando salió del mar?
El empleado le dijo que tenía una llamada perdida.

Conversar

En grupos pequeños, hablen de estos temas.
Answers will vary.

1. ¿Se sienten identificados/as con el usuario de teléfono de la tira cómica? ¿Por qué?

2. ¿Cuáles son los aspectos positivos y los negativos de tener teléfono celular?

3. ¿Cuál es para ustedes el límite que debe tener la tecnología en nuestras vidas?

te viene *comes with* tipo *guy, dude* te avisa *alerts you* escuchás *hear (Arg.)* distraídos *people who are forgetful* piso *floor* bolsa de dormir *sleeping bag* darle de baja *to suspend* harto *fed up* revolear *throw (something) away* bien hecho *well done* llamada perdida *missed call*

 Practice more at **vhlcentral.com.**

Comprensión Have students write three additional true/false statements for a classmate to complete.

Preguntas
• Have students work in pairs to answer these questions.
• Assign a number to each panel in the comic. Have students identify the panel(s) where they found the information needed for their answers.

Conversar For item 2, survey the class and write their answers on the board in a two-column chart with the headings **Lo positivo** and **Lo negativo**. Then ask the class to determine which column wins out overall.

TEACHING OPTIONS

Large Groups Ask students to work in groups of six. Tell them to improvise and create a humorous story as a group. Ask one person in the group to start it off by giving an introductory sentence, such as: **Ayer estuvimos en el coche y ocurrió algo muy raro.** Have others add sentences with additional details to complete the story. Encourage students to be creative and make the story as long as they wish.

TEACHING OPTIONS

Pairs In pairs, have students create a comic strip about cars or car accessories. Tell them that they may use the same main characters as the comic on these pages, or they may develop new characters. Have students present their comics to the class.

Section Goals

In **Escritura**, students will:
- learn to prepare for writing by making a list of key words
- write an e-mail to a friend giving instructions for creating a website

 Communication 1.3

Student Resources
Cuaderno de actividades comunicativas, pp. 161–162
Cuaderno para hispanohablantes, pp. 33–34
Supersite: Activities, *eCuaderno*

Teacher Resources
Workbook TE

 Pre-AP*

Interpersonal Writing: Estrategia
Encourage students to rely on vocabulary they already know when preparing their list of key words. They should consult the dictionary only if they need a word that they consider central to their writing.

Tema Have students brainstorm and categorize a list of verbs and instructions for their e-mails. Ask a volunteer to write them on the board.

Pre-AP*

Presentational Writing
Remind students that they are writing with the purpose of persuading their friend to follow their suggestions. Suggest that they brainstorm as many details as possible in Spanish.

 21st Century Skills

Productivity and Accountability
Provide the rubric to students before they hand their work in for grading. Ask students to make sure they have met the highest standard possible.

Escritura

Estrategia
Listing key words

Once you have determined a topic for a piece of writing, it is helpful to make a list of key words you can use while you write. If you were to write a description of your school's campus, for example, you would probably need a list of prepositions that describe location, such as **al lado de** and **detrás de**. Likewise, a list of descriptive adjectives would be useful to you if you were writing about the people and places of your childhood.

By preparing a list of potential words ahead of time, you will find it easier to avoid using the dictionary while writing your first draft. You will probably also learn a few new words in Spanish while preparing your list of key words.

Listing useful vocabulary is also a valuable organizational strategy, since the act of brainstorming key words will help you to form ideas about your topic. In addition, a list of key words can help you avoid redundancy when you write.

If you were going to help someone write a personal ad, what words would be most helpful to you? Jot a few of them down and compare your list with a partner's. Did you choose the same words? Would you choose any different or additional words, based on what your partner wrote?

1. _____
2. _____
3. _____
4. _____
5. _____
6. _____

Tema

Escribir instrucciones

Uno de tus amigos argentinos quiere crear un sitio web sobre películas estadounidenses. Te pide sugerencias sobre qué información puede incluir y no incluir en su sitio web.

Escríbele un mensaje electrónico en el que le explicas claramente° cómo organizar el sitio web y qué información puede incluir.

Cuando escribas tu mensaje electrónico, considera esta información:

▸ una sugerencia para el nombre del sitio web

▸ mandatos afirmativos para describir en detalle lo que tu amigo/a puede incluir en el sitio web

▸ una lista de las películas americanas más importantes de todos los tiempos (en tu opinión)

▸ mandatos negativos para sugerirle a tu amigo/a qué información no debe incluir en el sitio web

claramente *clearly*

recursos
vText | CA pp. 161–162 | CH pp. 33–34 | vhlcentral

EVALUATION: Instrucciones

Criteria	Scale		Scoring	
Content	1 2 3 4 5		Excellent	18–20 points
Organization	1 2 3 4 5		Good	14–17 points
Use of vocabulary	1 2 3 4 5		Satisfactory	10–13 points
Grammatical accuracy	1 2 3 4 5		Unsatisfactory	< 10 points

Escuchar Audio

Estrategia

Recognizing the genre of spoken discourse

You will encounter many different genres of spoken discourse in Spanish. For example, you may hear a political speech, a radio interview, a commercial, a message on an answering machine, or a news broadcast. Try to identify the genre of what you hear so that you can activate your background knowledge about that type of discourse and identify the speakers' motives and intentions.

To practice this strategy, you will now listen to two short selections. Identify the genre of each one.

Preparación

Mira la foto de Ricardo Moreno. ¿Puedes imaginarte qué tipo de discurso vas a oír?

Ahora escucha

Mientras escuchas a Ricardo Moreno, responde a las preguntas.

1. ¿Qué tipo de discurso es?
   a. las noticias° por radio o televisión
   b. una conversación entre amigos
   c. un anuncio comercial
   d. una reseña° de una película

2. ¿De qué habla?
   a. del tiempo   c. de un producto o servicio
   b. de su vida   d. de algo que oyó o vio

3. ¿Cuál es el propósito°?
   a. informar   c. relacionarse con alguien
   b. vender   d. dar opiniones

noticias *news* reseña *review* propósito *purpose*

recursos

v̂Text   vhlcentral

Comprensión

Identificar

Indica si esta información está incluida en el discurso; si está incluida, escribe los detalles que escuchaste.

	Sí	No
1. El anuncio describe un servicio. *Venden computadoras y productos para computadoras.*	☑	○
2. Explica cómo está de salud. _____	○	☑
3. Informa sobre la variedad de productos. *programas de computación, impresoras,*	☑	○
4. Pide tu opinión. *computadoras portátiles* _____	○	☑
5. Explica por qué es la mejor tienda. *Tiene buenos precios/Los dependientes conocen los últimos avances.*	☑	○
6. Informa sobre el tiempo para mañana. _____	○	☑
7. Informa dónde se puede conseguir el servicio. *en Mundo de Computación*	☑	○
8. Informa sobre las noticias del mundo. _____	○	☑

Haz un anuncio

Con tres o cuatro compañeros, hagan un anuncio comercial de algún producto. No se olviden de dar toda la información necesaria. Después presenten su anuncio a la clase.

Practice more at vhlcentral.com.

a escoger la computadora más adecuada para usted. ¡Es facilísimo! Los dependientes de nuestra tienda de computación conocen los últimos avances en programas de computación, conexiones a Internet, computadoras portátiles, impresoras y más.

También tenemos los mejores precios. Venga inmediatamente a Mundo de Computación en Paseo Las Américas para ver qué fácil es comprar la computadora perfecta. O visite nuestro sitio web en la dirección www.mundodecom.ar.

Section Goals

In **Escuchar**, students will:
- practice recognizing the genre of two short examples of spoken discourse
- answer questions based on a broadcast advertisement for a computer store

 Communication 1.2

Student Resources
Supersite: Activities

Teacher Resources
Textbook and Audio Activities MP3s, Audio Scripts

21st Century Skills

Critical Thinking and Problem Solving
Students practice aural comprehension as a tool to negotiate meaning in Spanish.

Estrategia
Script 1. Buenos días. Hoy tenemos la gran oportunidad de conversar con el futbolista Carlos Roa del equipo argentino. Carlos, ¿qué opinas del partido que ganaron contra Chile? 2. Buenos días. Ésta es la residencia del arquitecto Rivera. No hay nadie en casa en estos momentos. Por favor, deje un mensaje y lo llamaré lo más pronto posible.

Teaching Tip Make sure students correctly identified the two genres in the **Estrategia** recording as **entrevista** and **mensaje de correo de voz**. Then, have them look at the photo and describe what they see. Guide them to see that **Ricardo Moreno** is broadcasting from a radio studio.

Ahora escucha
Script ¿Necesita navegar en Internet o imprimir documentos? ¿Descargar fotos? Si usted está buscando una computadora y no está seguro del tipo de computadora que necesita, hable con nosotros. Le ayudamos

(Script continues at far left in the bottom panels.)

Section Goals

In **En pantalla**, students will:
- experience a book described digitally
- watch a video created by a Spanish bookseller

 Communication 1.1, 1.2, 1.3
Connections 3.1
Communities 5.2

Student Resources
Supersite: *En pantalla* video, Activities

Teacher Resources
Transcript & Translation

Conocimiento bio-óptico organizado
Check comprehension: **1. ¿Qué cambia la tecnología? (la vida diaria y los deseos de las personas) 2. ¿Qué necesitan los vendedores de objetos tradicionales para poder vender? (imaginación) 3. ¿Quién hizo este video y para qué? (Lo hizo un distribuidor español para promover los libros y la lectura.)**

 Pre-AP*

Audiovisual Interpretive Communication
Antes de ver **Strategy**
Explain to students that they do not need to understand every word they hear. They can bolster understanding using the graphics, other visual clues, and cognates.

Comprensión Ask students to read the sentences aloud to become more comfortable with the concepts and to prepare for the activities that follow.

Conversación Students can use both the specific contexts of the video and their own ideas to provide humor and insights into the digital versus traditional approaches to this basic task.

Aplicación Engage students in identifying and acting out additional activities to which the humorous digital approach to non-digital tools can be applied.

 Video: TV Clip

BOOK

...sin necesidad de usar las manos.

Preparación Answers will vary.
Contesta las preguntas y después comparte tus respuestas con un grupo de compañeros/as.

1. ¿Para qué usas la tecnología? ¿Para qué usamos las computadoras, los teléfonos celulares y las tabletas?
2. ¿Te gusta más leer libros y revistas en papel o en formato electrónico? ¿Por qué? ¿Qué ventajas tiene cada uno de estos formatos?

Conocimiento bio-óptico organizado

¿Para qué sirven la tecnología y los aparatos digitales? La tecnología cambia las actividades diarias y los deseos de las personas. Las compañías que venden objetos tradicionales necesitan imaginación para vender sus productos en el mundo digital. La compañía **Popular libros**, un distribuidor español de libros en Internet, hizo este video como un proyecto cultural para promover los libros impresos y la lectura, de una manera creativa y divertida.

Vocabulario útil

atril	stand
búsqueda	search
colgarse	to crash
disfrutar (de)	to enjoy
recargarse	to recharge
reiniciar	to restart, reboot
toma de corriente	(electric) outlet
ventajas	advantages

Comprensión
¿Para qué sirve? Empareja los elementos según el contenido del video.

1. atril   d
2. índice   e
3. lapicero   a
4. marcapáginas   c
5. papel opaco   b

a. tomar notas personales
b. duplicar la información
c. abrir el libro en un punto exacto
d. leer sin usar las manos
e. señalar la localización exacta de información

Conversación
Contesta las siguientes preguntas con un(a) compañero/a.

1. ¿Cuáles son algunos de los adjetivos que describen a BOOK? ¿Y algunas de sus características?
2. Según el video, ¿cuáles son las ventajas de BOOK en comparación con los aparatos de lectura digital?
Answers will vary.

Aplicación
Este anuncio habla de cómo leer de manera tradicional, pero de una manera cómica y usando el vocabulario del mundo digital. Trabaja con un grupo pequeño para hacer lo mismo con las actividades siguientes: escribir cartas a los amigos, encontrar un lugar en una ciudad, comprar música u otro tema que consideren interesante.
Answers will vary.

 Practice more at vhlcentral.com.

recursos

vText   vhlcentral

TEACHING OPTIONS

Heritage Speakers Have heritage speakers share ways in which their culture of origin approaches everyday tasks with regard to the use of digital and traditional tools. How does the attitude toward digital tools (and having the latest digital device) compare to that which they have observed in the United States? Can they identify any trends in attitude toward digital devices used in everyday tasks or for connecting people with each other?

Expansion Have students do a survey among various student groups in their school to determine the use of and the attitudes toward digital devices. Begin with the class defining activities (such as reading, writing, listening to music, or doing research). Then establish columns for information such as preferred devices, advantages, disadvantages, or changes in use over time. Have students share and pool their findings and graph the results.

  Video: *Flash cultura*

Hoy día, en cualquier ciudad grande latinoamericana puedes encontrar **un cibercafé**. Allí uno puede disfrutar de° un refresco o un café mientras navega en Internet, escribe mensajes electrónicos o chatea. De hecho°, el negocio° del cibercafé está mucho más desarrollado° en Latinoamérica que en los Estados Unidos. En una ciudad hispana, es común ver varios en una misma cuadra°. Los cibercafés ofrecen servicios especializados que permiten su coexistencia. Por ejemplo, mientras que el cibercafé Videomax atrae° a los niños con videojuegos, el Conécta-T ofrece servicio de chat con cámara para jóvenes, y el Mundo° Ejecutivo atrae a profesionales, todos en la misma calle.

Vocabulario útil

comunidad indígena	*indigenous community*
localizados	*located*
usuarios	*users*

Preparación

¿Con qué frecuencia navegas en Internet? ¿Dónde lo haces, en tu casa o en un lugar público? Answers will vary.

Elegir

Indica cuál de las dos opciones resume mejor este episodio.

a. En Cuzco, Internet es un elemento importante para las comunidades indígenas que quieren vender sus productos en otros países. Con Internet inalámbrica, estas comunidades chatean con clientes en otros países.

b. En Cuzco, la comunidad y los turistas usan la tecnología de los celulares e Internet para comunicarse con sus familias o vender productos. Para navegar en Internet, se pueden visitar las cabinas de Internet o ir a la Plaza de Armas con una computadora portátil.

disfrutar de *enjoy* De hecho *In fact* negocio *business* desarrollado *developed* cuadra *(city) block* atrae *attracts* Mundo *World*

Maravillas de la tecnología

1

... los cibercafés se conocen comúnmente como "cabinas de Internet" y están localizados por todo el país.

2

... el primer *hotspot* de Cuzco [...] permite a los usuarios navegar de manera inalámbrica...

3

Puedo usar Internet en medio de la plaza y nadie me molesta.

 Practice more at vhlcentral.com.

recursos

 pp. 91–92

Section Goals

In **Flash cultura**, students will:
• read about cybercafés in Latin America
• watch a video about technology in Peru

 Cultures 2.1, 2.2 Comparisons 4.2

Student Resources
Cuaderno de actividades comunicativas, pp. 91–92
Supersite: *Flash cultura* video, *eCuaderno*

Teacher Resources
Workbook TE; Video Script & Translation

Introduction To check comprehension, give students these true/false statements:
1. Normalmente no se bebe en los cibercafés. (Falso.)
2. Hay más cibercafés en Latinoamérica que en los Estados Unidos. (Cierto.)
3. Normalmente hay varios cibercafés en la misma cuadra. (Cierto.) 4. Generalmente todos los cibercafés ofrecen los mismos servicios. (Falso.)

Antes de ver
• Have students look at the video stills, read the captions, and predict the content of the video.
• Have students look at the captions for cognates and loan words related to technology.
• Read through **Vocabulario útil** with students. Model the pronunciation. Ask a volunteer to explain what **indígena** means.

Preparación Survey the class to find the students that spend the most time on the Internet. Have volunteers ask them about their Internet use.

21st Century Skills

Information and Media Literacy
Go to the Supersite to complete the **Conexión Internet** activity associated with **En pantalla** and **Flash cultura**.

EXPANSION

Extra Practice Have students conduct online research to find out what kinds of products indigenous groups in Peru sell on the Internet. Have students find a few websites through which they could purchase products, and prepare a short oral report on the items' cultural significance, cost, and shipping.
Small Groups Have small groups discuss how they would design and run their own cybercafé. Encourage them to be

TEACHING OPTIONS

creative and include specific details. Have groups present their businesses to the class.
Small Groups Have small groups research one of the indigenous groups of Peru. Each group member should write a paragraph about one topic, such as history, language, music, or cultural customs in modern-day Peru. Have groups combine their paragraphs into a report.

Section Goal

In **Panorama**, students will read about the geography, history, and culture of Argentina.

Communication 1.3
Cultures 2.1, 2.2
Connections 3.1, 3.2
Comparisons 4.2

Student Resources
Cuaderno de actividades comunicativas, pp. 67–68
Cuaderno de práctica, pp. 25–26
Supersite: *Panorama cultural* video, Activities, eCuaderno

Teacher Resources
Workbook TEs; Digital Image Bank; Video Script & Translation

21st Century Skills

Global Awareness
Students will gain perspectives and learn to interact appropriately with citizens of Spanish-speaking cultures.

Teaching Tips
- Use the **Lección 2 Panorama** Digital Image Bank to support this presentation.
- Have students look at the map of Argentina and guide them to recognize Argentina's great size and the variety of topographical features, such as mountains (**los Andes**), vast plains (**las pampas**), and large rivers.
- Point out that Argentina is one of the largest beef producers in the world and that **gauchos** have played an important role in the culture of the country. Bariloche is an important winter recreation area. Remind students that June–August is winter in the southern hemisphere.

El país en cifras Patagonia is very sparsely populated, but Buenos Aires is a metropolis about the size of New York City. Invite students to mention anything they know about Argentina.

Argentina

Video: *Panorama cultural*
Interactive Map

El país en cifras

- **Área:** 2.780.400 km² (1.074.000 millas²)
  Argentina es el país de habla española más grande del mundo. Su territorio es dos veces el tamaño° de Alaska.
- **Población:** 43.024.000
- **Capital:** Buenos Aires (y su área metropolitana)—13.528.000 *En el gran Buenos Aires vive más del treinta por ciento de la población total del país. La ciudad es conocida° como el "París de Suramérica" por su estilo parisino°.*

Buenos Aires

- **Ciudades principales:**
  Córdoba—1.493.000, Rosario—1.231.000, Mendoza—917.000
- **Moneda:** peso argentino
- **Idiomas:** español (oficial), lenguas indígenas

Bandera de Argentina

Argentinos célebres
- **Jorge Luis Borges,** escritor (1899–1986)
- **María Eva Duarte de Perón ("Evita"),** primera dama° (1919–1952)
- **Mercedes Sosa,** cantante (1935–2009)
- **Leandro "Gato" Barbieri,** saxofonista (1932–)
- **Adolfo Pérez Esquivel,** activista (1931–), Premio Nobel de la Paz en 1980

tamaño *size* conocida *known* parisino *Parisian* primera dama *First Lady* anchas *wide* mide *it measures* campo *field*

¡Increíble pero cierto!
La Avenida 9 de Julio en Buenos Aires es una de las calles más anchas° del mundo. De lado a lado mide° cerca de 140 metros, lo que es equivalente a un campo° y medio de fútbol. Su nombre conmemora el Día de la Independencia de Argentina.

Gaucho de las pampas

BOLIVIA

PARAGUAY

Las catar del Igua

ESTADOS UNIDOS
OCÉANO ATLÁNTICO
AMÉRICA DEL SUR
OCÉANO PACÍFICO
ARGENTINA

La Cordillera de los Andes

San Miguel de Tucumán

Córdoba

URUGUA

Cerro Aconcagua
Mendoza

Río Paraná

Rosario

CHILE

Buenos Aires ✪

La Pampa

Mar del Plata

Océano Atlántico

San Carlos de Bariloche

Monte Fitz Roy (Chaltén)

Patagonia

Vista de San Carlos de Bariloche

recursos

vText   CA   CP   vhlcentral
         pp. 67–68   pp. 25–26

Tierra del Fuego

EXPANSION

Worth Noting The Argentinian cowboy, the **gaucho**, has played as significant a role in the folklore of Argentina as the cowboy of the Old West has played in that of the United States. Two classic works of Argentinian literature focus on the **gaucho**. *El gaucho Martín Fierro*, an epic poem by **José Hernández** (1834–1886), celebrates the **gaucho's** fiercely independent way of life, whereas **Domingo Sarmiento's** (1811–1888) biography,

EXPANSION

Facundo: Civilización y barbarie, describes the nomadic, uneducated **gauchos** as hindrances in Argentina's pursuit of economic, social, and political progress.

Extra Practice Have students listen to a song of one of the many recordings by singer **Mercedes Sosa**. Then, have pairs work together to transcribe the lyrics. Invite volunteers to share their work with the class.

Historia • Inmigración europea

Se dice que Argentina es el país más "europeo" de toda Latinoamérica. Después del año 1880, inmigrantes italianos, alemanes, españoles e ingleses llegaron para establecerse en esta nación. Esta diversidad cultural ha dejado° una profunda huella° en la música, el cine y la arquitectura argentinos.

BRASIL

Artes • El tango

El tango es uno de los símbolos culturales más importantes de Argentina. Este género° musical es una mezcla de ritmos de origen africano, italiano y español, y se originó a finales del siglo XIX entre los porteños°. Poco después se hizo popular entre el resto de los argentinos y su fama llegó hasta París. Como baile, el tango en un principio° era provocativo y violento, pero se hizo más romántico durante los años 30. Hoy día, este estilo musical tiene adeptos° en muchas partes del mundo°.

Lugares • Las cataratas del Iguazú

Las famosas cataratas° del Iguazú se encuentran entre las fronteras de Argentina, Paraguay y Brasil, al norte de Buenos Aires. Cerca de ellas confluyen° los ríos Iguazú y Paraná. Estas extensas caídas de agua tienen hasta 80 metros (262 pies) de altura° y en época° de lluvias llegan a medir 4 kilómetros (2,5 millas) de ancho. Situadas en el Parque Nacional Iguazú, las cataratas son un destino° turístico muy visitado.

Artesano en Buenos Aires

¿Qué aprendiste? Responde a cada pregunta con una oración completa.

1. ¿Qué porcentaje de la población de Argentina vive en el gran Buenos Aires?
   Más del treinta por ciento de la población de Argentina vive en el gran Buenos Aires.
2. ¿Quién era Mercedes Sosa?
   Mercedes Sosa era una cantante argentina.
3. Se dice que Argentina es el país más europeo de Latinoamérica. ¿Por qué? Se dice que Argentina es el país más europeo de Latinoamérica porque muchos inmigrantes europeos se establecieron allí.
4. ¿Qué tipo de baile es uno de los símbolos culturales más importantes de Argentina?
   El tango es uno de los símbolos culturales más importantes de Argentina.
5. ¿Dónde y cuándo se originó el tango?
   El tango se originó entre los porteños a finales del siglo XIX.
6. ¿Cómo era el baile del tango originalmente?
   El tango era un baile provocativo y violento.
7. ¿En qué parque nacional están las cataratas del Iguazú?
   Las cataratas del Iguazú están en el Parque Nacional Iguazú.

Conexión Internet Investiga estos temas en **vhlcentral.com**.

1. Busca información sobre el tango. ¿Te gustan los ritmos y sonidos del tango? ¿Por qué? ¿Se baila el tango en tu comunidad?
2. ¿Quiénes fueron Juan y Eva Perón y qué importancia tienen en la historia de Argentina?

ha dejado *has left* huella *mark* género *genre* porteños *people of Buenos Aires* en un principio *at first* adeptos *followers* mundo *world* cataratas *waterfalls* confluyen *converge* altura *height* época *season* destino *destination*

Practice more at vhlcentral.com.

¡Increíble pero cierto!
Avenida 9 de Julio is so wide that pedestrians need a few minutes and several green lights to cross it (there are stoplights to control pedestrian traffic). To help alleviate this, some urban planners have advocated making the central part of the avenue subterranean.

Inmigración europea Among the waves of immigrants were thousands of European Jews. An interesting chapter in the history of the **pampas** features Jewish **gauchos**. A generous, pre-Zionist philanthropist purchased land for Jews who settled on the Argentine grasslands. At one time, the number of Yiddish-language newspapers in Argentina was second only to that in New York City.

El tango Carlos Gardel (1890–1935) is considered the great classic interpreter of **tango**. If possible, bring in a recording of his version of a **tango** such as *Cuesta abajo* or *Volver*. **Astor Piazzola** (1921–1992) was a modern exponent of **tango**. His **tango nuevo** has found interpreters such as cellist Yo-Yo Ma and the Kronos Quartet. For more information about **el tango**, you may want to play the *Panorama cultural* video footage for this lesson.

Las cataratas del Iguazú At just over ten miles away, **Puerto Iguazú** is the closest city to the falls. Other nearby attractions include the **Itaipú** dam, which is the world's biggest hydroelectric facility, and the **Parque de las Aves**, where one can observe many near-extinct and exotic species of birds.

Conexión Internet Students will find supporting Internet activities and links at **vhlcentral.com**.

EXPANSION

Variación léxica Argentinians frequently use the word **¡che!** to get the attention of someone they are talking to. **Che** also serves as a kind of spoken exclamation point with which Argentinians pepper their speech. This is so noticeable to outsiders that Argentinians are often given the nickname **Che** in other parts of the Spanish-speaking world. Another notable feature of Argentinian Spanish is the existence, alongside **tú**, of **vos** as the second-person singular familiar pronoun. **Vos** is also heard in other parts of Latin America, and it is accompanied by corresponding verb forms in the present tense. Here are some equivalents: **vos contás / tú cuentas, vos pensás / tú piensas, vos sos / tú eres, vos ponés / tú pones, vos venís / tú vienes.**

Student Resources
Cuaderno de actividades comunicativas, p. 118
Supersite: Activities, *eCuaderno*

Teacher Resources
Workbook TE; Textbook and Testing Audio MP3s; Testing Audio Script; Testing Program Tests

21st Century Skills

Creativity and Innovation
Ask students to prepare a list of three products or perspectives they learned about in this lesson to share with the class. You may ask them to focus specifically on the **Cultura** and **Panorama** sections.

21st Century Skills

Leadership and Responsibility Extension Project
As a class, have students decide on three questions they want to ask the partner class related to the topic of the lesson they have just completed. Based on the responses they receive, work as a class to explain to the Spanish-speaking partners one aspect of their responses that surprised the class and why.

 **My Vocabulary**

La tecnología

la aplicación	application
la cámara digital/ de video	digital/video camera
el canal	(TV) channel
el cargador	charger
el cibercafé	cybercafé
el control remoto	remote control
el correo de voz	voice mail
el disco compacto	CD
el estéreo	stereo
la pantalla táctil	touch screen
el radio	radio (set)
el reproductor de CD	CD player
el reproductor de MP3	MP3 player
el (teléfono) celular	cell phone
el televisor	television set
apagar	to turn off
funcionar	to work
llamar	to call
poner, prender	to turn on
sonar (o:ue)	to ring
descompuesto/a	not working; out of order
lento/a	slow
lleno/a	full

Verbos

abrazar(se)	to hug; to embrace (each other)
ayudar(se)	to help (each other)
besar(se)	to kiss (each other)
encontrar(se) (o:ue)	to meet (each other); to run into (each other)
saludar(se)	to greet (each other)

La computadora

el archivo	file
la arroba	@ symbol
el blog	blog
el buscador	browser
la computadora (portátil)	(portable) computer; (laptop)
la conexión inalámbrica	wireless (connection)
la dirección electrónica	e-mail address
la impresora	printer
Internet	Internet
el mensaje de texto	text message
el monitor	(computer) monitor
la página principal	home page
la pantalla	screen
el programa de computación	software
el ratón	mouse
la red	network; Web
el reproductor de DVD	DVD player
el sitio web	website
el teclado	keyboard
borrar	to erase
chatear	to chat
descargar	to download
escanear	to scan
grabar	to record
guardar	to save
imprimir	to print
navegar (en Internet)	to surf (the Internet)

El carro

la autopista, la carretera	highway
el baúl	trunk
la calle	street
el capó, el cofre	hood
el carro, el coche	car
la circulación, el tráfico	traffic
el garaje, el taller (mecánico)	garage; (mechanic's) repair shop
la gasolina	gasoline
la gasolinera	gas station
la licencia de conducir	driver's license
la llanta	tire
el/la mecánico/a	mechanic
el navegador GPS	GPS
el parabrisas	windshield
la policía	police (force)
la velocidad máxima	speed limit
el volante	steering wheel
arrancar	to start
arreglar	to fix; to arrange
bajar(se) de	to get off of/out of (a vehicle)
conducir, manejar	to drive
estacionar	to park
llenar (el tanque)	to fill (the tank)
parar	to stop
revisar (el aceite)	to check (the oil)
subir(se) a	to get on/into (a vehicle)

Otras palabras y expresiones

por aquí	around here
por ejemplo	for example
por eso	that's why; therefore
por fin	finally

Por and **para**	See pages 68–69.
Stressed possessive adjectives and pronouns	See pages 74–75.
Expresiones útiles	See page 59.

recursos

v̂Text CA p. 118 vhlcentral

La vivienda

Communicative Goals

I will be able to:
- Welcome people to my home
- Describe my house or apartment
- Talk about household chores
- Give instructions

Lesson Goals

In **Lección 3**, students will be introduced to the following:
- terms for parts of a house, common household objects, and household chores
- central patios
- floating islands in Lake Titicaca
- relative pronouns
- formal (**usted/ustedes**) commands
- the present subjunctive
- subjunctive with verbs and expressions of will and influence
- locating the main parts of a sentence
- using linking words
- using visual cues while listening
- a television commercial for **Balay,** a brand of appliances
- a video about the **Museo Casa de Frida Kahlo**
- cultural and geographic information about Panama

 21ˢᵗ Century Skills

Initiative and Self-Direction
Students can monitor their progress online using the Supersite activities and assessments.

A primera vista Here are some additional questions you can ask based on the photo: **¿Cómo es tu casa? ¿Qué haces en casa por la noche? ¿Qué haces los fines de semana? ¿Qué aparatos tienes en tu casa?**

 TELL Connection

Performance and Feedback 3
Why: Students take responsibility for monitoring own performance and proficiency goals. *What:* Hand out the I Can Worksheets available on the Supersite.

A PRIMERA VISTA
- ¿Están los chicos en casa?
- ¿Viven en una casa o en un apartamento?
- ¿Ya comieron o van a comer?
- ¿Están de buen humor o de mal humor?

SUPPORT FOR BACKWARD DESIGN

***Lección 3* Essential Questions**
1. How do people talk about their home or apartment?
2. How do people talk about household chores?
3. What are some features of homes in the Spanish-speaking world?

***Lección 3* Integrated Performance Assessment**
Before teaching this chapter, review the Integrated Performance Assessment (IPA) and its accompanying scoring rubric provided in the Testing Program. Use the IPA to assess students' progress toward proficiency targets at the end of the chapter.
IPA Context: You are discussing household chores with a friend when you start to suspect that you are given many more chores than your friends or siblings. You decide to do some investigation to establish the facts. After your research, you and a partner will create a comparison chart that illustrates the tasks both of you do around the home.

Voice boards on the Supersite allow you and your students to record and share up to five minutes of audio. Use voice boards for presentations, oral assessments, discussions, directions, etc.

Section Goals

In **Contextos**, students will learn and practice:
• terms for parts of a house
• names of common household objects
• terms for household chores

 Communication 1.2
Comparisons 4.1

Student Resources
Cuaderno de actividades comunicativas, pp. 9–10, 119
Cuaderno de práctica, pp. 27–28
Cuaderno para hispanohablantes, pp. 35–36
Supersite: Activities, *eCuaderno*

Teacher Resources
Workbook TEs; Digital Image Bank; Textbook and Audio Activities MP3s; Audio Scripts; Testing Program Quizzes; Activity Pack

Teaching Tips
• Use the Digital Image Bank #14 to support this presentation.
• As students look at the illustration in their books, describe the house, naming the kinds of rooms and introducing those that are not shown. Ex: **Ésta es la casa de los Hernández. Hay una sala grande, un dormitorio, una oficina, una cocina y un altillo. También hay un cuarto de baño, un sótano, un patio y un garaje, pero no vemos estos cuartos en la ilustración.**
• Ask open-ended questions about the house and housework in the illustration. Ex: **¿Dónde se pone la comida después de regresar del supermercado?** Ask personalized questions. Ex: _____, **¿vives en una casa o en un apartamento? ¿Cuántos cuartos hay?**

La vivienda

 My Vocabulary Tutorials

Más vocabulario

las afueras	suburbs; outskirts
el alquiler	rent (payment)
el ama (*m., f.*) de casa	housekeeper; caretaker
el barrio	neighborhood
el edificio de apartamentos	apartment building
el/la vecino/a	neighbor
la vivienda	housing
el balcón	balcony
la entrada	entrance
la escalera	stairs; stairway
el garaje	garage
el jardín	garden; yard
el pasillo	hallway
el patio	patio; yard
el sótano	basement; cellar
la cafetera	coffee maker
el electrodoméstico	electrical appliance
el horno (de microondas)	(microwave) oven
la lavadora	washing machine
la luz	light; electricity
la secadora	clothes dryer
la tostadora	toaster
el cartel	poster
la mesita de noche	night stand
los muebles	furniture
alquilar	to rent
mudarse	to move (from one house to another)

Variación léxica

dormitorio ⟷ cuarto (*Arg.*); aposento (*Rep. Dom.*); recámara (*Méx.*)

apartamento ⟷ departamento (*Arg., Chile, Méx.*); piso (*Esp.*)

lavar los platos ⟷ lavar/fregar los trastes (*Amér. C., Rep. Dom.*)

el altillo

el dormitorio
la cómoda
el armario
el cuadro/ la pintura
Hace la cama. (hacer)
la almohada
la manta

Los quehaceres domésticos

arreglar	to neaten; to straighten up
barrer el suelo	to sweep the floor
cocinar	to cook
ensuciar	to get (something) dirty
hacer quehaceres domésticos	to do household chores
lavar (el suelo, los platos)	to wash (the floor, the dishes)
limpiar la casa	to clean the house
planchar (la ropa)	to iron (the clothes)
quitar la mesa	to clear the table
quitar el polvo	to dust

la sala
las cortinas
la lámpara
la mesita
el sofá
la alfombra
Pasa la aspiradora. (pasar)

recursos

vText | CA p. 119 | CP pp. 27–28 | CH pp. 35–36 | vhlcentral

Extra Practice Ask students to complete these analogies.
1. aspiradora : _____ :: lavadora : ropa (alfombra) (*Aspiradora* es a _____ como *lavadora* es a ropa.)
2. frío : calor :: congelador : _____ (horno)
3. cama : dormitorio :: _____ : oficina (escritorio)
4. platos : cocina :: carro : _____ (garaje)

Heritage Speakers Ask heritage speakers to tell the class any other terms their families use to refer to rooms in a home or household appliances. Ex: **el lavaplatos = el lavavajillas; el altillo = el ático, el desván.**

 Communication 1.1

Práctica

1 Escuchar Escucha la conversación y completa las oraciones.

1. Pedro va a limpiar primero ___la sala___.
2. Paula va a comenzar en ___la cocina___.
3. Pedro va a ___planchar la ropa___ en el sótano.
4. Pedro también va a limpiar ___la oficina___.
5. Ellos están limpiando la casa porque ___la madre de Pedro viene a visitarlos___.

2 Respuestas Escucha las preguntas y selecciona la respuesta más adecuada. Una respuesta no se va a usar.

  _3_ a. Sí, la alfombra estaba muy sucia.
  _5_ b. No, porque todavía se están mudando.
  _1_ c. Sí, sacudí la mesa y el estante.
  ___ d. Sí, puse el pollo en el horno.
  _2_ e. Hice la cama, pero no limpié los muebles.
  _4_ f. Sí, después de sacarla de la secadora.

3 Escoger Escoge la letra de la respuesta correcta.

1. Cuando quieres tener una lámpara y un despertador cerca de tu cama, puedes ponerlos en __c__.
   a. el barrio   b. el cuadro   c. la mesita de noche
2. Si no quieres vivir en el centro de la ciudad, puedes mudarte __b__.
   a. al alquiler   b. a las afueras   c. a la vivienda
3. Guardamos (*We keep*) los pantalones, las camisas y los zapatos en __b__.
   a. la secadora   b. el armario   c. el patio
4. Para subir de la planta baja al primer piso, usamos __c__.
   a. la entrada   b. el cartel   c. la escalera
5. Ponemos cuadros y pinturas en __a__.
   a. las paredes   b. los quehaceres   c. los jardines

4 Definiciones En parejas, identifiquen cada cosa que se describe. Luego inventen sus propias descripciones de algunas palabras y expresiones de **Contextos**.

> **modelo**
> **Estudiante 1:** *Es donde pones los libros.*
> **Estudiante 2:** *el estante*

1. Es donde pones la cabeza cuando duermes. una almohada
2. Es el quehacer doméstico que haces después de comer. lavar los platos/ quitar la mesa
3. Algunos de ellos son las cómodas y los sillones. los muebles
4. Son las personas que viven en tu barrio. los vecinos
5. _____
6. _____

(Illustration labels)

la oficina
la pared
Sacude los muebles. (sacudir)
el estante
el sillón
el refrigerador
la cocina
el congelador
la cocina, la estufa
el horno
el lavaplatos
Saca la basura. (sacar)

---

1 Teaching Tip Check answers by converting each sentence into a question.

1 Script PEDRO: Paula, tenemos que limpiar toda la casa esta mañana. ¿Por dónde podemos empezar? PAULA: Pienso empezar por la cocina. Voy a lavar los platos, sacar la basura y barrer el suelo. PE: Pues, primero voy a limpiar la sala. Necesito pasar la aspiradora y sacudir los muebles. PA: Después de la sala, ¿qué cuarto quieres limpiar? PE: Después quiero limpiar la oficina. PA: Entonces yo voy a limpiar el dormitorio de huéspedes. PE: Bueno. Debes hacer la cama en ese dormitorio también. PA: Ya lo sé. Ah, ¿puedes planchar la ropa en el sótano, Pedro? PE: Sí… Espero que todo vaya bien durante la visita de mi madre. PA: Sí. Pues yo espero que ella no venga hasta que todo esté limpio. ¡No nos queda mucho tiempo para terminar! *Teacher Resources DVD*

2 Teaching Tip To simplify, before listening, have students read through the items and brainstorm questions that could have elicited these answers.

2 Script 1. ¿Sacudiste los muebles de la oficina? 2. ¿Arreglaste tu dormitorio? 3. ¿Pasaste la aspiradora? 4. ¿Planchaste la ropa? 5. ¿Visitaste a los nuevos vecinos? *Teacher Resources DVD*

3 Expansion To challenge students, write these items on the board as a cloze activity.

4 Expansion Have pairs give each other words from **Contextos** for their partners to define. Ex: **el pasillo (Pasas por este lugar cuando vas de un cuarto a otro.)**

TEACHING OPTIONS

Small Groups Have groups of three interview each other about their dream house, one conducting the interview, one answering, and one taking notes. At three-minute intervals have students switch roles until each has been interviewer, interviewee, and note-taker. Then have a volunteer from each group use the notes to tell the class about their team members' dream houses.

TEACHING OPTIONS

Game Ask students to bring in pictures of mansions, castles, or palaces. Divide the class into teams of three, and have each team write a description of parts of the residence that are not visible in the photo. Have each team read its description aloud. To determine the winner, ask the students to vote for the best description.

Teaching Tips
- Use the Digital Image Bank #15 to support this vocabulary presentation.
- Ask volunteers to name the items on the table. Then talk about the uses of the silverware (**cubiertos**), glassware (**cristalería**), and china (**vajilla**) pictured. Ex: **La taza sirve para tomar café.**
- Add a visual aspect to this vocabulary presentation. Bring in silverware, plates, and glasses. As you hold up each item, engage students in a conversation. Have them name each item and guide you in setting the table. Ex: **¿Dónde pongo el tenedor, a la derecha o a la izquierda del plato?** Then model table manners common to many Spanish-speaking countries and contrast them to dining in the U.S. Ex: resting wrists (never elbows!) on the table, versus placing one hand in your lap.

5 Expansion
- Ask students additional questions, modeled on the sentence starters in **Actividad 5**. Ex: **¿Qué se necesita para comer la carne?**
- Add a visual aspect to this activity. Using pictures of different foods or dishes, ask students what utensils are needed. Ex: **¿Qué se necesita para comer este plato de espaguetis? (un tenedor y una cuchara)**

6 Teaching Tip Before forming groups, model the activity with your own information. Ex: **En casa, mi esposa siempre pasa la aspiradora, pero yo sacudo los muebles. Mi hijo…**

6 Partner Chat You can also assign activity 6 on the Supersite. Students work in pairs to record the activity online. The pair's recorded conversation will appear in your gradebook.

el comedor

5 Completar Completa estas frases con las palabras más adecuadas.

1. Para comer una ensalada necesitas… un tenedor/un plato
2. Para tomar café necesitas… una taza
3. Para poner la comida en la mesa necesitas… un plato/poner la mesa
4. Para limpiarte la boca después de comer necesitas… una servilleta
5. Para cortar (to cut) un bistec necesitas… un cuchillo (y un tenedor)
6. Para tomar agua necesitas… un vaso
7. Para tomar sopa necesitas… una cuchara/un plato

6 Los quehaceres Trabajen en grupos para indicar quién hace estos quehaceres domésticos en sus casas. Luego contesten las preguntas. Answers will vary.

barrer el suelo · lavar la ropa · planchar la ropa
cocinar · lavar los platos · sacar la basura
hacer las camas · pasar la aspiradora · sacudir los muebles

modelo
Estudiante 1: ¿Quién pasa la aspiradora en tu casa?
Estudiante 2: Mi hermano y yo pasamos la aspiradora.

1. ¿Quién hace más quehaceres, tú o tus compañeros/as?
2. ¿Quiénes hacen la mayoría de los quehaceres, los hombres o las mujeres?
3. ¿Piensas que debes hacer más quehaceres? ¿Por qué?

 Practice more at vhlcentral.com.

DIFFERENTIATION

Heritage Speakers Ask heritage speakers to talk about special features, details, or areas of their homes that are particular to their family's culture. Ex: In Colombian homes, decorating the dining room with a **bodegón** (still-life painting of fruit). Also, if their families have told them about houses and apartments in their countries of origin, have them share these details with the class.

EXPANSION

Extra Practice Write these sentence starters on the board, and have the students complete them with appropriate chores. **1. Antes de pasar la aspiradora, tienes que… (sacudir los muebles.) 2. Después de lavar y secar la ropa, normalmente… (tienes que plancharla.) 3. Después de comer, tienes que… (lavar los platos.) 4. Tienes que levantarte antes de… (hacer la cama.) 5. Antes de sentarte a comer, tienes que… (poner la mesa.)**

Comunicación

7 La vida doméstica En parejas, describan las habitaciones que ven en estas fotos. Identifiquen y describan cinco muebles o adornos (*accessories*) de cada foto y digan dos quehaceres que se pueden hacer en cada habitación. Answers will vary.

8 Mi apartamento Dibuja el plano (*floor plan*) de un apartamento amueblado (*furnished*) imaginario y escribe los nombres de las habitaciones y de los muebles. En parejas, siéntense espalda contra espalda (*sit back to back*). Uno/a de ustedes describe su apartamento mientras su compañero/a lo dibuja según la descripción. Cuando terminen, miren el segundo dibujo. ¿Es similar al dibujo original? Hablen de los cambios que se necesitan hacer para mejorar el dibujo. Repitan la actividad intercambiando papeles. Answers will vary.

recursos

vText

CA

pp. 9–10

9 ¡Corre, corre! Tu profesor(a) va a darte una serie incompleta de dibujos que forman una historia. Tú y tu compañero/a tienen dos series diferentes. Descríbanse los dibujos para completar la historia. Answers will vary.

> **modelo**
> **Estudiante 1:** Marta quita la mesa.
> **Estudiante 2:** Francisco...

EXPANSION

Extra Practice Have students complete this cloze activity.
Los _____ (quehaceres) domésticos de un estudiante universitario pueden ser un desastre. Sólo _____ (pasa) la aspiradora una vez al semestre y nunca _____ (sacude) los muebles. Los _____ (platos) sucios llenan la _____ (cocina). Saca la ropa de la _____ (secadora) y se la pone sin _____ (planchar). Y, ¿por qué hacer la _____ (cama)? Se va a acostar en ella de nuevo, ¿no?

TEACHING OPTIONS

Game Have students bring in real estate ads. Ask teams of three to write a description of a property. Teams then take turns reading their descriptions aloud. Other teams guess the price. The team that guesses the amount closest to the real price without going over scores one point.

---

7 Teaching Tips
• Model the activity using magazine pictures. Have students guess which photo you are describing. Ex: **¡Qué comedor más desordenado! ¡Es un desastre! Alguien debe quitar los platos sucios de la mesa.**
• Give students a few minutes to look at the pictures and brainstorm answers.

7 Partner Chat (Premium) You can also assign activity 7 on the Supersite.

8 Teaching Tips
• Draw a floor plan of a four-room apartment on the board. Ask volunteers to describe it.
• Have students draw their floor plans before you assign pairs.

8 Expansion
• Have students make the suggested changes to their floor plans and repeat the activity again with a different partner.
• Have pairs repeat the activity, drawing floor plans of their actual homes.
• In pairs, tell students to imagine that they are interior decorators. Give each pair the same furniture catalogue, but set different budgets. Tell them they must design the apartment of their dreams without going over the spending limit. Have students describe their apartments to the class while volunteers draw them on the board.

9 Teaching Tip Divide the class into pairs and distribute the Communication Activities worksheets from the Activity Pack that correspond to this activity. Give students ten minutes to complete this activity.

9 Expansion Have pairs tell each other about an occasion when they had to clean up their home. Have volunteers share their partners' stories with the class.

Los quehaceres

Jimena y Felipe deben limpiar el apartamento para poder ir de viaje con Marissa

PERSONAJES   JIMENA   FELIPE

 Video: *Fotonovela*

SR. DÍAZ Quieren ir a Yucatán con Marissa, ¿verdad?

SRA. DÍAZ Entonces, les sugiero que arreglen este apartamento. Regresamos más tarde.

SR. DÍAZ Les aconsejo que preparen la cena para las 8:30.

MARISSA ¿Qué pasa?

JIMENA Nuestros papás quieren que Felipe y yo arreglemos toda la casa.

FELIPE Y que, además, preparemos la cena.

MARISSA ¡Pues, yo les ayudo!

MARISSA Mis padres siempre quieren que mis hermanos y yo ayudemos con los quehaceres. No me molesta ayudar. Pero odio limpiar el baño.

JIMENA Lo que más odio yo es sacar la basura.

MARISSA Yo lleno el lavaplatos... después de vaciarlo.

DON DIEGO Juan Carlos, ¿por qué no terminas de pasar la aspiradora? Y Felipe, tú limpia el polvo. ¡Ya casi acaban!

(*Los chicos preparan la cena y ponen la mesa.*)

JUAN CARLOS ¿Dónde están los tenedores?

JIMENA Allá.

JUAN CARLOS ¿Y las servilletas?

MARISSA Aquí están.

FELIPE La sala está tan limpia. Le pasamos la aspiradora al sillón y a las cortinas. ¡Y también a las almohadas!

JIMENA Yucatán, ¡ya casi llegamos!

SRA. DÍAZ   **SR. DÍAZ**   **MARISSA**   **JUAN CARLOS**   **DON DIEGO**

JUAN CARLOS Hola, Jimena. ¿Está Felipe? *(a Felipe)* Te olvidaste del partido de fútbol.

FELIPE Juan Carlos, ¿verdad que mi papá te considera como de la familia?

JUAN CARLOS Sí.

(Don Diego llega a ayudar a los chicos.)

FELIPE Tenemos que limpiar la casa hoy.

JIMENA ¿Nos ayuda, don Diego?

DON DIEGO Claro. Recomiendo que se organicen en equipos para limpiar.

(Papá y mamá regresan a casa.)

SRA. DÍAZ ¡Qué bonita está la casa!

SR. DÍAZ Buen trabajo, muchachos. ¿Qué hay para cenar?

JIMENA Quesadillas. Vengan.

SRA. DÍAZ Don Diego, quédese a cenar con nosotros. Venga.

SR. DÍAZ Sí, don Diego. Pase.

DON DIEGO Gracias.

recursos

v̂ Text   CA   vhlcentral
pp. 51-52

Expresiones útiles

Making recommendations
Le(s) sugiero que arregle(n) este apartamento.
I suggest you tidy up this apartment.
Le(s) aconsejo que prepare(n) la cena para las ocho y media.
I recommend that you have dinner ready for eight thirty.

Organizing work
Recomiendo que se organicen en equipos para limpiar.
I recommend that you divide yourselves into teams to clean.
Yo lleno el lavaplatos... después de vaciarlo.
I'll fill the dishwasher... after I empty it.
¿Por qué no terminas de pasar la aspiradora?
Why don't you finish vacuuming?
¡Ya casi acaban!
You're almost finished!
Felipe, tú quita el polvo.
Felipe, you dust.

Making polite requests
Don Diego, quédese a cenar con nosotros.
Don Diego, stay and have dinner with us.
Venga.
Come on.
Don Diego, pase.
Don Diego, come in.

Additional vocabulary
el plumero *duster*

96 Teacher's Edition • Lesson Three

1 **Expansion** Give students these true/false statements as items 6–7: **6. Marissa lleva seis platos a la mesa. (Falso. Marissa lleva seis vasos a la mesa.) 7. Después de terminar con la limpieza, don Diego se va a su casa. (Falso. Don Diego se queda a cenar.)**

Nota cultural In Mexico, **quesadillas** are typically made with corn tortillas and Oaxacan cheese. Other ingredients may be added, such as **chorizo** or **huitlacoche** (a type of corn fungus). In northern regions, **quesadillas** are also made with wheat flour tortillas and any cheese that melts easily.

2 **Teaching Tip** Before beginning this activity, have the class skim the **Fotonovela** captions on pages 94–95.

2 **Expansion** Give students these sentences as items 6–7: **6. No puedo ver el partido de fútbol hoy. (Felipe) 7. ¡Vengan a comer las quesadillas! (Jimena)**

3 **Expansion** Ask pairs to come up with lists of other household chores that can be done in each of the rooms. Have them share their answers with the class. Keep count of the items on their lists to find out which pair came up with the most correct possibilities.

Pre-AP*

4 **Interpersonal Speaking**
E1: Quiero mostrarte mi casa. Ésta es la sala. Me gusta mirar la televisión allí. Aquí está la oficina. Allí hablo por teléfono y trabajo en la computadora. Éste es el garaje. Es donde tengo mis dos coches. Y aquí está la cocina, donde preparo las comidas. Quiero que me ayudes a sacudir los muebles y pasar la aspiradora.
E2: Está bien. Ahora quiero mostrarte mi apartamento…

¿Qué pasó?

1 **¿Cierto o falso?** Indica si lo que dicen estas oraciones es **cierto** o **falso**. Corrige las oraciones falsas.

	Cierto	Falso
1. Felipe y Jimena tienen que preparar el desayuno. Felipe y Jimena tienen que preparar la cena.	○	⊘
2. Don Diego ayuda a los chicos organizando los quehaceres domésticos.	⊘	○
3. Jimena le dice a Juan Carlos dónde están los tenedores.	⊘	○
4. A Marissa no le molesta limpiar el baño. Marissa odia limpiar el baño.	○	⊘
5. Juan Carlos termina de lavar los platos. Juan Carlos termina de pasar la aspiradora.	○	⊘

2 **Identificar** Identifica quién puede decir estas oraciones.

1. Yo les ayudo, no me molesta hacer quehaceres domésticos. Marissa
2. No me gusta sacar la basura, pero es necesario hacerlo. Jimena
3. Es importante que termines de pasar la aspiradora, Juan Carlos. Don Diego
4. ¡La casa está muy limpia! ¡Qué bueno que pasamos la aspiradora! Felipe
5. ¡Buen trabajo, chicos! ¿Qué vamos a cenar? Sr. Díaz

 JIMENA
 DON DIEGO
 FELIPE
 SR. DÍAZ
 MARISSA

3 **Completar** Los chicos y don Diego están haciendo los quehaceres. Adivina en qué cuarto está cada uno de ellos.

1. Jimena limpia el congelador. Jimena está en ___la cocina___.
2. Don Diego limpia el escritorio. Don Diego está en ___la oficina___.
3. Felipe pasa la aspiradora debajo de la mesa y las sillas. Felipe está en ___el comedor___.
4. Juan Carlos sacude el sillón. Juan Carlos está en ___la sala___.
5. Marissa hace la cama. Marissa está en ___el dormitorio___.

4 **Mi casa** Dibuja el plano de una casa o de un apartamento. Puede ser el plano de la casa o del apartamento donde vives o de donde te gustaría (*you would like*) vivir. Después, trabajen en parejas y describan lo que se hace en cuatro de las habitaciones. Para terminar, pídanse (*ask for*) ayuda para hacer dos quehaceres domésticos. Pueden usar estas frases en su conversación. Answers will vary.

Quiero mostrarte…	Al fondo hay…
Ésta es (la cocina).	Quiero que me ayudes a (sacar la basura).
Allí yo (preparo la comida).	Por favor, ayúdame con…

 Practice more at vhlcentral.com.

Ortografía y pronunciación
Mayúsculas y minúsculas

Here are some of the rules that govern the use of capital letters (**mayúsculas**) and lowercase letters (**minúsculas**) in Spanish. Audio

---

Los estudiantes llegaron al aeropuerto a las dos. Luego fueron al hotel.

In both Spanish and English, the first letter of every sentence is capitalized.

Rubén Blades   Panamá   Colón   los Andes

The first letter of all proper nouns (names of people, countries, cities, geographical features, etc.) is capitalized.

Cien años de soledad   Don Quijote de la Mancha
El País   Muy Interesante

The first letter of the first word in titles of books, films, and works of art is generally capitalized, as well as the first letter of any proper names. In newspaper and magazine titles, as well as other short titles, the initial letter of each word is often capitalized.

---

la señora Ramos   don Francisco
el presidente   Sra. Vives

Titles associated with people are *not* capitalized unless they appear as the first word in a sentence. Note, however, that the first letter of an abbreviated title is capitalized.

Último   Álex   MENÚ   PERDÓN

Accent marks should be retained on capital letters. In practice, however, this rule is often ignored.

---

lunes   viernes   marzo   primavera

The first letter of days, months, and seasons is <u>not</u> capitalized.

---

español   estadounidense   japonés   panameños

The first letter of nationalities and languages is <u>not</u> capitalized.

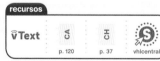

Profesor Herrera, ¿es cierto que somos venenosas°?

Sí, Pepito. ¿Por qué lloras?

Práctica Corrige las mayúsculas y minúsculas incorrectas.

1. soy lourdes romero. Soy Colombiana.
   Soy Lourdes Romero. Soy colombiana.
2. éste Es mi Hermano álex.
   Éste es mi hermano Álex.
3. somos De panamá. Somos de Panamá.
4. ¿es ud. La sra. benavides?
   ¿Es Ud. la Sra. Benavides?
5. ud. Llegó el Lunes, ¿no?
   Ud. llegó el lunes, ¿no?

Palabras desordenadas Lee el diálogo de las serpientes. Ordena las letras para saber de qué palabras se trata. Después escribe las letras indicadas para descubrir por qué llora Pepito.

m n a a P á   ⬭ _ _ _ _ _

s t e m r a   ⬭ _ _ _ _ _

i g s l é n   _ _ _ ⬭ _ _

y a U r u g u   _ _ _ ⬭ _ _ _

r o ñ e s a   _ _ _ _ _ ⬭

¡ _ orque _ e acabo de morder° la _ en _ u _ !

Respuestas: Panamá, martes, inglés, Uruguay, señora. ¡Porque me acabo de morder la lengua!

venenosas *venomous*   morder *to bite*

recursos

vText   CA p. 120   CH p. 37   vhlcentral

Section Goal

In **Ortografía y pronunciación**, students will learn about the rules for capitalization in Spanish.

 Comparisons 4.1

Student Resources
Cuaderno de actividades comunicativas, p. 120
Cuaderno para hispanohablantes, p. 37
Supersite: Activities, *eCuaderno*

Teacher Resources
Workbook TE; Textbook and Audio Activities MP3s; Audio Scripts

Teaching Tips
- Explain that in a few Spanish city and country names the definite article is considered part of the name, and is thus capitalized. Ex: **La Habana, La Coruña, La Haya, El Salvador**.
- As in English, Spanish titles of books, films, and works of art are italicized in print; however, capitalization rules differ. In Spanish, only the first word and any proper noun gets an initial capital. Spanish treatment of the names of newspapers and magazines is the same as in English; they are italicized in print and each word is capitalized. Tell students that ***El País*** is a Spanish newspaper and ***Muy Interesante*** is a popular science magazine.
- After going through the explanation, write example titles, names, sentences, etc., all in lowercase on the board. Then, ask pairs to decide which letters should be capitalized.

EXPANSION

Extra Practice Have students scan the reading on the next page. Have them circle all the capital letters and explain why each is capitalized. Then point out the words **árabe, españoles,** and **islámica** and have volunteers explain why they are not capitalized.

Extra Practice Add an auditory aspect to this **Ortografía y pronunciación** section. Read this sentence aloud for students

EXPANSION

to write down: **El doctor Guzmán, el amigo panameño de la señorita Rivera, llegó a Quito el lunes, doce de mayo.** To allow students time to write, read the sentence twice slowly and once at full speed. Tell the class to abbreviate all titles. Have volunteers write their version of the sentence on the board, and as a class correct any errors.

Section Goals

In **Cultura**, students will:

- read about central patios and courtyards.
- learn home-related terms
- read about the floating islands of Lake Titicaca
- read about unique furniture pieces

Communication 1.1, 1.2
Cultures 2.1, 2.2
Connections 3.1, 3.2
Comparisons 4.2

Student Resources
Cuaderno para hispanohablantes, p. 38
Supersite: Activities

21st Century Skills

Global Awareness
Students will gain perspectives on the Spanish-speaking world to develop respect and openness to others.

En detalle
Antes de leer Have students look at the photos and predict the content of this reading. Ask students if they have seen similar architecture.

Lectura
- Explain that in Spain, central patios are most common in the southern regions.
- Point out that university and administrative buildings often have central patios as well.
- Have students make a list of characteristics of central patios.

Después de leer Ask students to give possible reasons why this architecture is not as common in the U.S. and Canada.

1 Expansion Give students these true/false statements as items 11–12: **11. Los patios centrales son comunes en México, España y Colombia. (Cierto.) 12. Las casas con patio central generalmente tienen tres pisos o más. (Falso. Tienen dos o tres pisos.)**

EN DETALLE

 Additional Reading

El patio central

En las tardes cálidas° de Oaxaca, México; Córdoba, España; o Popayán, Colombia, es un placer sentarse en **el patio central** de una casa y tomar un refresco disfrutando de° una buena conversación. De influencia árabe, esta característica arquitectónica° fue traída° a las Américas por los españoles. En la época° colonial, se construyeron casas, palacios, monasterios, hospitales y escuelas con patio central. Éste es un espacio privado e íntimo en donde se puede disfrutar del sol y de la brisa° estando aislado° de la calle.

El centro del patio es un espacio abierto. Alrededor de° él, separado por columnas, hay un pasillo cubierto°. Así, en el patio hay zonas de sol y de sombra°. El patio es una parte importante de la vivienda familiar y su decoración se cuida° mucho. En el centro del patio muchas veces hay una fuente°, plantas e incluso árboles°. El agua es un elemento muy importante en la cultura islámica porque simboliza la purificación del cuerpo y del alma°.

Por esta razón y para disminuir° la temperatura, el agua en estas construcciones es muy importante. El agua y la vegetación ayudan a mantener la temperatura fresca y el patio proporciona° luz y ventilación a todas las habitaciones.

La distribución

Las casas con patio central eran usualmente las viviendas de familias adineradas°. Son casas de dos o tres pisos. Los cuartos de la planta baja son las áreas comunes: cocina, comedor, sala, etc., y tienen puertas al patio. En los pisos superiores están las habitaciones privadas de la familia.

cálidas *hot* disfrutando de *enjoying* arquitectónica *architectural* traída *brought* época *era* brisa *breeze* aislado *isolated* Alrededor de *Surrounding* cubierto *covered* sombra *shade* se cuida *is looked after* fuente *fountain* árboles *trees* alma *soul* disminuir *lower* proporciona *provides* adineradas *wealthy*

ACTIVIDADES

1 **¿Cierto o falso?** Indica si lo que dicen las oraciones es cierto o **falso**. Corrige las falsas.

1. Los patios centrales de Latinoamérica tienen su origen en la tradición indígena. **Falso.** Los patios centrales tienen su origen en la arquitectura árabe.
2. Los españoles llevaron a América el concepto del patio. **Cierto.**
3. En la época colonial las casas eran las únicas construcciones con patio central. **Falso.** Se construyeron casas, palacios, monasterios, hospitales y escuelas.
4. El patio es una parte importante en estas construcciones, y es por eso que se le presta atención a su decoración. **Cierto.**
5. El patio central es un lugar de descanso que da luz y ventilación a las habitaciones. **Cierto.**
6. Las fuentes en los patios tienen importancia por razones culturales y porque bajan la temperatura. **Cierto.**
7. En la cultura española el agua simboliza salud y bienestar del cuerpo y del alma. **Falso.** En la cultura islámica el agua simboliza salud y bienestar del cuerpo y del alma.
8. Las casas con patio central eran para personas adineradas. **Cierto.**
9. Los cuartos de la planta baja son privados. **Falso.** Los cuartos de la planta baja son las áreas comunes.
10. Los dormitorios están en los pisos superiores. **Cierto.**

EXPANSION

Culture Note Discuss other features of homes in Spanish-speaking countries. For example, in Spain, washing machines are typically the front-loading type and are installed in the kitchen. Most families do not own clothes dryers; they hang their clothing to air-dry on a balcony, patio, or in a laundry room.

TEACHING OPTIONS

Small Groups Have students work in groups of three and compare a house with a central patio to a house with a backyard. Tell them to make a list of **similitudes** and **diferencias**. After completing their charts, have two groups get together and compare their lists.

ASÍ SE DICE

La vivienda

el ático, el desván	el altillo
la cobija (Col., Méx.), la frazada (Arg., Cuba, Ven.)	la manta
el escaparate (Cuba, Ven.), el ropero (Méx.)	el armario
el fregadero	*kitchen sink*
el frigidaire (Perú); el frigorífico (Esp.), la nevera	el refrigerador
el lavavajillas (Arg., Esp., Méx.)	el lavaplatos

EL MUNDO HISPANO

Los muebles

- **Mecedora°** La mecedora es un mueble típico de Latinoamérica, especialmente de la zona del Caribe. A las personas les gusta relajarse mientras se mecen° en el patio.

- **Mesa camilla** Era un mueble popular en España hasta hace algunos años. Es una mesa con un bastidor° en la parte inferior° para poner un brasero°. En invierno, las personas se sentaban alrededor de la mesa camilla para conversar, jugar a las cartas o tomar café.

- **Hamaca** Se cree que los taínos hicieron las primeras hamacas con fibras vegetales. Su uso es muy popular en toda Latinoamérica para dormir y descansar.

Mecedora Rocking chair   *se mecen they rock themselves*   *bastidor frame*   *inferior bottom*   *brasero container for hot coals*

PERFIL

Las islas flotantes del lago Titicaca

Bolivia y Perú comparten **el lago Titicaca**, donde viven **los uros**, uno de los pueblos indígenas más antiguos de América. Hace muchos años, los uros fueron a vivir al lago escapando de **los incas**. Hoy en día, siguen viviendo allí en **islas flotantes** que ellos mismos hacen con unos juncos° llamados **totoras**. Primero tejen° grandes plataformas. Luego, con el mismo material, construyen

sus casas sobre las plataformas. La totora es resistente, pero con el tiempo el agua la pudre°. Los habitantes de las islas

PERÚ

Lago Titicaca →

BOLIVIA

necesitan renovar continuamente las plataformas y las casas. Sus muebles y sus barcos también están hechos° de juncos. Los uros viven de la pesca y del turismo; en las islas hay unas tiendas donde venden artesanías° hechas con totora.

juncos reeds   *tejen they weave*   *la pudre rots it*   *hechos made*   *artesanías handcrafts*

🔗 Conexión Internet

¿Cómo son las casas modernas en los países hispanos?	Go to **vhlcentral.com** to find more cultural information related to this **Cultura** section.

ACTIVIDADES

1 **Comprensión** Responde a las preguntas.

1. Tu amigo mexicano te dice: "La **cobija** azul está en el **ropero**". ¿Qué quiere decir?   La manta azul está en el armario.

2. ¿Quiénes hicieron las primeras hamacas? ¿Qué material usaron? los taínos; fibras vegetales

3. ¿Qué grupo indígena vive en el lago Titicaca? Los uros viven en el lago Titicaca.

4. ¿Qué pueden comprar los turistas en las islas flotantes del lago Titicaca?   Pueden comprar artesanías hechas con totora.

3 **Viviendas tradicionales** Escribe cuatro oraciones sobre una vivienda tradicional que conoces. Explica en qué lugar se encuentra, de qué materiales está hecha y cómo es.   Answers will vary.

recursos

v̂Text

CH

p. 38

vhlcentral

S Practice more at vhlcentral.com.

Section Goal

In **Estructura 3.1**, students will learn the relative pronouns **que, quien(es), lo que** and their uses.

 Communication 1.1
Comparisons 4.1

Student Resources
Cuaderno de actividades comunicativas, p. 121
Cuaderno de práctica, pp. 29–30
Cuaderno para hispanohablantes, p. 39
Supersite: Activities, eCuaderno

Teacher Resources
Workbook TEs; Grammar Slides; Audio Activities MP3s; Audio Script; Testing Program Quizzes; Activity Pack

Teaching Tips
• Have students look at the **Fotonovela** on pages 94–95. Ask questions about the episode. Restate each student response as a sentence using a relative pronoun. Write the sentences on the board and underline the relative pronouns. Ex:
1. ¿Quiénes van a arreglar la casa? (Felipe y Jimena) Sí, ellos son las personas que van a limpiar la casa. 2. ¿Qué cuarto tiene lavaplatos? (la cocina) Sí, la cocina es el cuarto que tiene lavaplatos.
• Compare and contrast the use of **que** and **quien** by writing some examples on the board. Ex: **Es la chica que vino con Carlos a mi fiesta. Es la chica a quien conocí en mi fiesta.** Have students deduce the rule.

3.1 Relative pronouns

 Tutorial

ANTE TODO In both English and Spanish, relative pronouns **(pronombres relativos)** are used to combine two sentences or clauses that share a common element, such as a noun or pronoun. Study this diagram.

Mis padres me regalaron **la pintura**.
My parents gave me the painting.

La pintura es muy bonita.
The painting is very beautiful.

La pintura **que** mis padres me regalaron es muy bonita.
The painting that my parents gave me is very beautiful.

Lourdes es muy inteligente.
Lourdes is very intelligent.

Lourdes estudia español.
Lourdes is studying Spanish.

Lourdes, **quien** estudia español, es muy inteligente.
Lourdes, who studies Spanish, is very intelligent.

 Te olvidaste del partido que es a la una.

 ¿Dónde están las servilletas que estaban sobre el refrigerador?

► Spanish has three frequently used relative pronouns. **¡Atención!** Even though interrogative words (**qué, quién**, etc.) always carry an accent, relative pronouns never carry a written accent.

que	that; which; who
quien(es)	who; whom; that
lo que	that which; what

► **Que** is the most frequently used relative pronoun. It can refer to things or to people. Unlike its English counterpart, *that*, **que** is never omitted.

¿Dónde está la cafetera **que** compré?
Where is the coffee maker (that) I bought?

El hombre **que** limpia es Pedro.
The man who is cleaning is Pedro.

► The relative pronoun **quien** refers only to people, and is often used after a preposition or the personal **a. Quien** has two forms: **quien** (singular) and **quienes** (plural).

¿Son las chicas **de quienes** me hablaste la semana pasada?
Are they the girls (that) you told me about last week?

Eva, **a quien** conocí anoche, es mi nueva vecina.
Eva, whom I met last night, is my new neighbor.

EXPANSION

Extra Practice Write these sentences on the board, and have students supply the correct relative pronoun.
1. Hay una escalera _____ sube al primer piso. (que)
2. Elena es la muchacha a _____ le presté la aspiradora. (quien)
3. ¿Dónde pusiste la ropa _____ acabas de quitarte? (que)
4. ¿Cuáles son los estudiantes a _____ les alquilas tu casa? (quienes)

DIFFERENTIATION

Heritage Speakers Using complex sentences with relative pronouns, have heritage speakers describe a location in their families' communities where people can get together. Ex: town square, park, café, etc.

▶ **Quien(es)** is occasionally used instead of **que** in clauses set off by commas.

Lola, **quien** es cubana, es médica.
Lola, who is Cuban, is a doctor.

Su tía, **que** es alemana, ya llegó.
His aunt, who is German, already arrived.

▶ Unlike **que** and **quien(es), lo que** doesn't refer to a specific noun. It refers to an idea, a situation, or a past event and means *what, that which,* or *the thing that.*

Lo que me molesta es el calor.
What bothers me is the heat.

Lo que quiero es una casa.
What I want is a house.

Este supermercado tiene todo **lo que** necesito.

A Samuel no le gustó **lo que** le dijo Violeta.

¡INTÉNTALO! Completa estas oraciones con pronombres relativos.

1. Voy a utilizar los platos ___que___ me regaló mi abuela.
2. Ana comparte un apartamento con la chica a ___quien___ conocimos en la fiesta de Jorge.
3. Esta oficina tiene todo ___lo que___ necesitamos.
4. Puedes estudiar en el dormitorio ___que___ está a la derecha de la cocina.
5. Los señores ___que___ viven en esa casa acaban de llegar de Centroamérica.
6. Los niños a ___quienes___ viste en nuestro jardín son mis sobrinos.
7. La piscina ___que___ ves desde la ventana es la piscina de mis vecinos.
8. Úrsula, ___quien/que___ ayudó a mamá a limpiar el refrigerador, es muy simpática.
9. El hombre de ___quien___ hablo es mi padre.
10. ___Lo que___ te dijo Pablo no es cierto.
11. Tengo que sacudir los muebles ___que___ están en el altillo una vez al mes.
12. No entiendo por qué no lavaste los vasos ___que___ te dije.
13. La mujer a ___quien___ saludaste vive en las afueras.
14. ¿Sabes ___lo que___ necesita este dormitorio? ¡Unas cortinas!
15. No quiero volver a hacer ___lo que___ hice ayer.

---

1 Expansion Ask students to write alternate endings for each of the sentences. Then ask several volunteers to read their sentences aloud.

2 Expansion Ask questions about the content of the activity. Ex: **1. ¿Quiénes quieren comprar una casa? (Jaime y Tina) 2. ¿Qué casa quieren comprar? (una casa que está en las afueras de la ciudad) 3. ¿De quién era la casa? (de una artista famosa) 4. ¿Cómo venden la casa? (con todos los muebles que tenía) 5. ¿Qué tipo de alfombra tiene la sala? (una alfombra que la artista trajo de Kuwait)**

3 Teaching Tip Ask a volunteer to read the **modelo** aloud. Ask another volunteer to explain what word is replaced by the relative pronoun **que**.

3 Expansion Have pairs write three more sentences that contain relative pronouns and refer to **Javier** and **Ana's** new home.

Práctica

1 Combinar Combina elementos de la columna A y la columna B para formar oraciones lógicas.

NOTA CULTURAL

Rubén Blades es un cantante, compositor y actor panameño muy famoso. Este versátil abogado fue también Ministro de Turismo en su país (2004–2009) y fue nombrado Embajador contra el racismo por las Naciones Unidas en el 2000.

A

1. Ése es el hombre _____ d .
2. Rubén Blades, _____ c .
3. No traje _____ e .
4. ¿Te gusta la manta _____ b ?
5. ¿Cómo se llama el programa _____ g ?
6. La mujer _____ a .

B

a. con quien bailaba es mi vecina
b. que te compró Cecilia
c. quien es de Panamá, es un cantante muy bueno
d. que arregló mi lavadora
e. lo que necesito para la clase de matemáticas
f. que comiste en el restaurante
g. que escuchaste en la radio anoche

2 Completar Completa la historia sobre la casa que Jaime y Tina quieren comprar, usando los pronombres relativos **que, quien, quienes** o **lo que**.

1. Jaime y Tina son las personas a _____quienes_____ conocí la semana pasada.
2. Quieren comprar una casa _____que_____ está en las afueras de la ciudad.
3. Es una casa _____que_____ era de una artista famosa.
4. La artista, a _____quien_____ yo conocía, murió el año pasado y no tenía hijos.
5. Ahora se vende la casa con todos los muebles _____que_____ ella tenía.
6. La sala tiene una alfombra _____que_____ ella trajo de Kuwait.
7. La casa tiene muchos estantes, _____lo que_____ a Tina le encanta.

3 Oraciones Javier y Ana acaban de casarse y han comprado (*they have bought*) una casa y muchas otras cosas. Combina sus declaraciones para formar una sola oración con los pronombres relativos **que, quien(es)** y **lo que**.

> **modelo**
> Vamos a usar los vasos nuevos mañana. Los pusimos en el comedor.
> *Mañana vamos a usar los vasos nuevos que pusimos en el comedor.*

1. Tenemos una cafetera nueva. Mi prima nos la regaló.
   Tenemos una cafetera nueva que mi prima nos regaló.
2. Tenemos una cómoda nueva. Es bueno porque no hay espacio en el armario.
   Tenemos una cómoda nueva, lo que es bueno porque no hay espacio en el armario.
3. Esos platos no nos costaron mucho. Están encima del horno.
   Esos platos que están encima del horno no nos costaron mucho.
4. Esas copas me las regaló mi amiga Amalia. Ella viene a visitarme mañana.
   Esas copas me las regaló mi amiga Amalia, quien viene a visitarme mañana.
5. La lavadora está casi nueva. Nos la regalaron mis suegros.
   La lavadora que nos regalaron mis suegros está casi nueva.
6. La vecina nos dio una manta de lana. Ella la compró en México.
   La vecina nos dio una manta de lana que compró en México.

Practice more at
vhlcentral.com.

EXPANSION

Extra Practice Have students use relative pronouns to complete this series. **1. ____ tenemos que hacer es buscar otra casa. (Lo que) 2. El apartamento ____ tenemos tiene dos dormitorios. (que) 3. Ayer hablamos con un amigo ____ alquila una casa. (que) 4. Buscamos algo similar a ____ él tiene: tres dormitorios, dos baños, cocina, sala y comedor. (lo que) 5. Nos dio el nombre de unos agentes a ____ podemos contactar. (quienes)**

TEACHING OPTIONS

Pairs Ask pairs of students to write a description of a new household gadget, using relative pronouns. Their descriptions should include the purpose of the gadget and how it is used.

Communication 1.1
Comparisons 4.1

Comunicación

4 **Entrevista** En parejas, túrnense para hacerse estas preguntas. Answers will vary.

1. ¿Qué es lo que más te gusta de vivir en las afueras o en la ciudad?
2. ¿Cómo son las personas que viven en tu barrio?
3. ¿Cuál es el quehacer doméstico que menos te gusta? ¿Y el que más te gusta?
4. ¿Quién es la persona que hace los quehaceres domésticos en tu casa?
5. ¿Quiénes son las personas con quienes más sales los fines de semana? ¿Quién es la persona a quien más llamas por teléfono?
6. ¿De qué vecino es el coche que más te gusta?
7. ¿Cuál es el barrio de tu ciudad que más te gusta y por qué?
8. ¿Quién es la persona a quien más llamas cuando tienes problemas?
9. ¿Cuál es el lugar de la casa donde te sientes más cómodo/a?
10. ¿Qué es lo que más te gusta de tu barrio?
11. ¿Qué hace el vecino que más llama la atención?
12. ¿Qué es lo que menos te gusta de tu barrio?

5 **Adivinanza** En grupos, túrnense para describir distintas partes de una vivienda usando pronombres relativos. Los demás compañeros tienen que hacer preguntas hasta que adivinen (*they guess*) la palabra. Answers will vary.

> **modelo**
>
> **Estudiante 1:** Es lo que tenemos en el dormitorio.
> **Estudiante 2:** ¿Es el mueble que usamos para dormir?
> **Estudiante 1:** No. Es lo que usamos para guardar la ropa.
> **Estudiante 3:** Lo sé. Es la cómoda.

Síntesis

6 **Definir** En parejas, definan las palabras. Usen los pronombres relativos **que, quien(es)** y **lo que**. Luego compartan sus definiciones con la clase. Answers will vary.

alquiler	flan	patio	tenedor
amigos	guantes	postre	termómetro
aspiradora	jabón	sillón	vaso
enfermera	manta	sótano	vecino

AYUDA

Remember that **de**, followed by the name of a material, means *made of*.
Es de algodón.
It's made of cotton.

• • •

Es un tipo de means *It's a kind/sort of…*
Es un tipo de flor.
It's a kind of flower.

> **modelo**
>
> lavadora Es lo que se usa para lavar la ropa.
> pastel Es un postre que comes en tu cumpleaños.

---

4 **Teaching Tip** Have students take notes on the answers provided by their partners to use in expansion activities.

4 **Expansion**
• Have pairs team up to form groups of four. Each student will report on his or her partner, using the information obtained in the interview.
• Have pairs of students write four additional questions. Ask pairs to exchange their questions with another pair, and then interview each other using the new set of questions. Students should ask their partner follow-up questions as needed.

4 **Virtual Chat** You can also assign activity 4 on the Supersite. Students record individual responses that appear in your gradebook.

5 **Expansion** Have groups choose their three best **adivinanzas** and present them to the class.

 Communication 1.1

6 **Expansion** Have pairs select one of the items listed in the activity and develop a magazine ad that advertises the item they chose. Their ad should include at least three sentences with relative pronouns.

 TELL Connection

Learning Experience 7
Why: Provide opportunities for students to become effective communicators.
What: Circumlocution training develops confidence and resilience.

TEACHING OPTIONS

Small Groups Have students bring in pictures of houses (exterior only). Have them work in groups of three to write a description of what they imagine the interiors to be like. Remind them to use relative pronouns in their descriptions.
Extra Practice Add an auditory aspect to this grammar practice. Prepare short descriptions of easily recognizable residences, such as the White House, Hearst Castle, Alcatraz prison,

EXPANSION

Graceland, and Buckingham Palace. Write their names on the board in random order. Then read your descriptions aloud and have students match each one to the appropriate name. Ex: **Es un castillo que está situado en una pequeña montaña cerca del océano Pacífico de California. Lo construyó un norteamericano considerado bastante excéntrico. Es un sitio que visitan muchos turistas cada año.** (Hearst Castle)

Section Goals

In **Estructura 3.2**, students will learn:
- formal (**usted/ustedes**) commands
- use of object pronouns with formal commands

 Communication 1.1
Comparisons 4.1

Student Resources
Cuaderno de actividades comunicativas,
pp. 11–12, 122
Cuaderno de práctica,
pp. 31–32
Cuaderno para hispanohablantes, pp. 40–43
Supersite: Activities, *eCuaderno*

Teacher Resources
Workbook TEs; Grammar Slides; Audio Activities MP3s; Audio Script; Testing Program Quizzes; Activity Pack

Teaching Tips
- Model the use of formal commands with simple examples using TPR and gestures. Ex: **Levántense. Siéntense.** Then point to individual students and give commands in an exaggerated formal tone. Ex: **Señor(ita) _____, levántese.** Give other commands using **salga/salgan, vuelva/vuelvan,** and **venga/vengan.**
- Write these sentences on the board, contrasting their meaning with the examples in the text: **Habla con ellos. Come frutas y verduras. Laven los platos ahora mismo. Beban menos té y café.**
- Have volunteers give the command forms for other verbs, such as **alquilar, correr,** or **imprimir.**

3.2 Formal (usted/ustedes) commands

 Tutorial

ANTE TODO As you learned in **Lección 2**, the command forms are used to give orders or advice. Formal commands are used with people you address as **usted** or **ustedes.** Observe these examples, then study the chart.

Hable con ellos, don Francisco.
Talk with them, Don Francisco.

Coma frutas y verduras.
Eat fruits and vegetables.

Laven los platos ahora mismo.
Wash the dishes right now.

Beban menos té y café.
Drink less tea and coffee.

Formal commands (Ud. and Uds.)

Infinitive	Present tense yo form	Ud. command	Uds. command
limpiar	limpi**o**	limpi**e**	limpi**en**
barrer	barr**o**	barr**a**	barr**an**
sacudir	sacud**o**	sacud**a**	sacud**an**
decir (e:i)	dig**o**	dig**a**	dig**an**
pensar (e:ie)	piens**o**	piens**e**	piens**en**
volver (o:ue)	vuelv**o**	vuelv**a**	vuelv**an**
servir (e:i)	sirv**o**	sirv**a**	sirv**an**

▶ The **usted** and **ustedes** commands, like the negative **tú** commands, are formed by dropping the final **-o** of the **yo** form of the present tense. For **-ar** verbs, add **-e** or **-en**. For **-er** and **-ir** verbs, add **-a** or **-an**.

Don Diego, quédese a cenar con nosotros.

No se preocupen, yo los ayudo.

▶ Verbs with irregular **yo** forms maintain the same irregularity in their formal commands. These verbs include **conducir, conocer, decir, hacer, ofrecer, oír, poner, salir, tener, traducir, traer, venir,** and **ver.**

Oiga, don Manolo...
Listen, Don Manolo...

¡Salga inmediatamente!
Leave immediately!

Ponga la mesa, por favor.
Set the table, please.

Hagan la cama antes de salir.
Make the bed before leaving.

▶ Note also that verbs maintain their stem changes in **usted** and **ustedes** commands.

e:ie	o:ue	e:i

No **pierda** la llave.
Cierren la puerta.

Vuelva temprano, joven.
Duerman bien, chicos.

Sirva la sopa, por favor.
Repitan las frases.

AYUDA

By learning formal commands, it will be easier for you to learn the subjunctive forms that are presented in **Estructura 3.3**, p. 108.

that are presented in **Estructura 3.3**, p. 108.

EXPANSION

Video Replay the **Fotonovela** and ask students to write down each formal command that they hear. Then, in groups of three, have students compare their lists.

Extra Practice Describe situations and have students call out **ustedes** commands that would be used. Ex: A mother sending her kids off to overnight camp (**Cepíllense los dientes antes de dormir.**); An aerobics class (**Levanten los brazos.**)

TEACHING OPTIONS

TPR Have students stand. Using the verbs presented in the discussion of formal commands, give commands at random (Ex: **Barra el suelo.**) and point to a student who should perform the appropriate gesture. Keep a brisk pace. Vary by pointing to more than one student. Ex: **Pongan la mesa.**

▶ Verbs ending in **-car, -gar,** and **-zar** have a spelling change in the command forms.

sa**car**	c → qu	sa**qu**e, sa**qu**en
ju**gar**	g → gu	jue**gu**e, jue**gu**en
almor**zar**	z → c	almuer**c**e, almuer**c**en

▶ These verbs have irregular formal commands.

Infinitive	Ud. command	Uds. command
dar	**dé**	**den**
estar	**esté**	**estén**
ir	**vaya**	**vayan**
saber	**sepa**	**sepan**
ser	**sea**	**sean**

▶ To make a formal command negative, simply place **no** before the verb.

No ponga las maletas en la cama.   **No ensucien** los sillones.
Don't put the suitcases on the bed.   *Don't dirty the armchairs.*

▶ In affirmative commands, reflexive, indirect, and direct object pronouns are always attached to the end of the verb.

Siénten**se**, por favor.   Acuésten**se** ahora.
Síga**me**, Laura.   Póngan**las** en el suelo, por favor.

▶ **¡Atención!** When a pronoun is attached to an affirmative command that has two or more syllables, an accent mark is added to maintain the original stress.

limpie → **límpielo**   **lean** → **léanlo**
diga → **dígamelo**   **sacudan** → **sacúdanlos**

▶ In negative commands, these pronouns always precede the verb.

No **se** preocupe.   No **los** ensucien.
No **me lo** dé.   No **nos las** traigan.

▶ **Usted** and **ustedes** can be used with the command forms to strike a more formal tone. In such instances, they follow the command form.

Muéstrele usted la foto a su amigo.   **Tomen ustedes** esta mesa.
Show the photo to your friend.   *Take this table.*

¡INTÉNTALO!   Indica los mandatos (*commands*) afirmativos y negativos correspondientes.

1. escucharlo (Ud.) _Escúchelo_ . _No lo escuche_ .
2. decírmelo (Uds.) _Díganmelo_ . _No me lo digan_ .
3. salir (Ud.) _Salga_ . _No salga_ .
4. servírnoslo (Uds.) _Sírvannoslo_ . _No nos lo sirvan_ .
5. barrerla (Ud.) _Bárrala_ . _No la barra_ .
6. hacerlo (Ud.) _Hágalo_ . _No lo haga_ .

EXPANSION

Extra Practice Write a list of situations on the board using singular and plural forms. Ex: **La cocina está sucia. Mis amigos y yo tenemos hambre. Tenemos miedo.** Then have students write responses in the form of commands. Ex: **Límpiela. Hagan la cena. No tengan miedo.**

DIFFERENTIATION

Heritage Speakers Ask heritage speakers to make a list of ten commands they would hear in their homes that may not be heard elsewhere. Ex: **Sírvale el café al niño. Acuéstese después de almorzar. Tome este té de jengibre para el dolor de estómago.**

Sidebar (left column)

1 Expansion
- Ask volunteers to give additional organizational tips for **señora González**.
- To challenge students, have them work in pairs to formulate a list of instructions for the movers. Ex: **Tengan cuidado con los platos. No pongan los cuadros en una caja.** Then, with the class, compare and contrast the commands the pairs have formulated.

2 Teaching Tip To simplify, before starting the activity, have volunteers describe the situation in each of the drawings and identify who is speaking to whom.

2 Expansion Continue the exercise by using magazine pictures. Ex: **Tengan paciencia con los niños.**

Extra Practice To add an auditory aspect to this grammar practice, prepare several different series of formal commands that would be expressed in particular circumstances. After you read each set of commands aloud, students should guess the situation. Ex: **Por favor, siéntense todos. Abróchense los cinturones de seguridad y apaguen todos los aparatos electrónicos. Ahora coloquen el respaldo de su asiento en posición vertical y aseguren la mesa de servicio. (un avión)**

Práctica

1 Completar La señora González quiere mudarse de casa. Ayúdala a organizarse. Indica el mandato formal de cada verbo.

1. ___Lea___ los anuncios del periódico y ___guárdelos___. (Leer, guardarlos)
2. ___Vaya___ personalmente y ___vea___ las casas usted misma. (Ir, ver)
3. Decida qué casa quiere y ___llame___ al agente. ___Pídale___ un contrato de alquiler. (llamar, Pedirle)
4. ___Contrate___ un camión (*truck*) para ese día y ___pregúnteles___ la hora exacta de llegada. (Contratar, preguntarles)
5. El día de la mudanza (*On moving day*) ___esté___ tranquila. ___Vuelva___ a revisar su lista para completar todo lo que tiene que hacer. (estar, Volver)
6. Primero, ___dígales___ a todos en casa que usted va a estar ocupada. No ___les diga___ que usted va a hacerlo todo. (decirles, decirles)
7. ___Saque___ tiempo para hacer las maletas tranquilamente. No ___les haga___ las maletas a los niños más grandes. (Sacar, hacerles)
8. No ___se preocupe___. ___Sepa___ que todo va a salir bien. (preocuparse, Saber)

2 ¿Qué dicen? Mira los dibujos y escribe un mandato lógico para cada uno. Usa palabras que aprendiste en **Contextos**. Answers will vary. Suggested answers:

1. ___Abran sus libros, por favor.___

2. ___Cierre la puerta. ¡Hace frío!___

3. ___Traiga usted la cuenta, por favor.___

4. ___La cocina está sucia. Bárranla, por favor.___

5. ___Duerma bien, niña.___

6. ___Arreglen el cuarto, por favor. Está desordenado.___

Practice more at
vhlcentral.com.

TEACHING OPTIONS

Small Groups In small groups, have students imagine that they are going to be roommates in a study-abroad program. Have the groups make a list of ground rules for their living arrangements. Ex: **No pongan la tele después de las diez. Saquen la basura temprano. No estacionen el carro en la calle. No inviten a sus amigos a la casa después de las once.**

EXPANSION

Extra Practice Add an auditory aspect to this grammar practice. Prepare a series of sentences that contain formal commands. Read each twice, pausing after the second time for students to write. Then ask volunteers to write their sentences on the board and correct them as a class. Ex: **1. Saquen la basura a la calle. 2. Almuerce usted conmigo hoy. 3. Niños, no jueguen en el patio. 4. Váyase inmediatamente. 5. Esté usted aquí a las diez.**

Comunicación

3

Solucionar Trabajen en parejas. Un(a) estudiante presenta los problemas de la columna A y el/la otro/a los de la columna B. Usen mandatos formales y túrnense para ofrecer soluciones. Answers will vary.

> **modelo**
>
> **Estudiante 1:** Vilma se torció un tobillo jugando al tenis. Es la tercera vez.
> **Estudiante 2:** *No juegue más al tenis. / Vaya a ver a un especialista.*

A

1. Se me perdió el libro de español con todas mis notas.
2. A Vicente se le cayó la botella de agua mineral para la cena.
3. ¿Cómo? ¿Se le olvidó traer el traje de baño a la playa?
4. Se nos quedaron los pasaportes en la casa. El avión sale en una hora.

B

1. Mis hermanas no se levantan temprano. Siempre llegan tarde a la escuela.
2. A mi abuela le robaron (*stole*) las maletas. Era su primer día de vacaciones.
3. Nuestra casa es demasiado pequeña para nuestra familia.
4. Me preocupo constantemente por Roberto. Trabaja demasiado.

4

Conversaciones En parejas, escojan dos situaciones y preparen conversaciones para presentar a la clase. Usen mandatos formales. Answers will vary.

> **modelo**
>
> **Lupita:** Señor Ramírez, siento mucho llegar tan tarde. Mi niño se enfermó. ¿Qué debo hacer?
> **Sr. Ramírez:** *No se preocupe. Siéntese y descanse un poco.*

SITUACIÓN 1 Profesor Rosado, no vine la semana pasada porque el equipo jugaba en Boquete. ¿Qué debo hacer para ponerme al día (*catch up*)?

SITUACIÓN 2 Los invitados de la boda llegan a las cuatro de la tarde, las mesas están sin poner y el champán sin servir. Son las tres de la tarde y los camareros apenas están llegando. ¿Qué deben hacer los camareros?

SITUACIÓN 3 Mi novio es un poco aburrido. No le gustan ni el cine, ni los deportes, ni salir a comer. Tampoco habla mucho. ¿Qué puedo hacer?

▶ **SITUACIÓN 4** Tengo que preparar una presentación para mañana sobre el Canal de Panamá. ¿Por dónde comienzo?

Síntesis

5

Presentar En grupos, preparen un anuncio de televisión para presentar a la clase. El anuncio debe tratar de un detergente, un electrodoméstico o una agencia inmobiliaria (*real estate agency*). Usen mandatos formales, los pronombres relativos **(que, quien(es)** o **lo que)** y el **se** impersonal. Answers will vary.

> **modelo**
>
> *Compre el lavaplatos Destellos. Tiene todo lo que usted desea. Es el lavaplatos que mejor funciona. Venga a verlo ahora mismo... No pierda ni un minuto más. Se aceptan tarjetas de crédito.*

Communication 1.1
Comparisons 4.1

3 Teaching Tip Ask volunteers to offer other suggestions for the problem in the **modelo**. Ex: **Tenga usted más cuidado. Compre nuevos zapatos de tenis.**

3 Expansion Ask pairs to pick their most humorous or unusual response to present to the class.

3 Virtual Chat (Premium) You can also assign activity 3 on the Supersite.

4 Partner Chat You can also assign activity 4 on the Supersite.

Communication 1.1

5 Teaching Tip Divide the class into small groups. Have them choose a product or business and brainstorm positive attributes that they want to advertise.

5 Expansion
- Ask groups to present their commercials to the class.
- Have groups make a video of their ads outside of class. Encourage them to be as creative as possible.

 **21st Century Skills**

Productivity and Accountability
Provide students with the oral testing rubric found in the Teacher Resources on the Supersite. Ask them to keep these strategies in mind as they prepare their oral exchanges.

The Affective Dimension
When presenting the television commercial, students may feel more comfortable speaking if they assume the personae of celebrity endorsers.

Teaching Tip See the Communication Activities from the *Cuaderno de actividades comunicativas* for an additional activity to practice the material presented in this section.

Section Goals

In **Estructura 3.3**, students will learn:
- present subjunctive of regular verbs
- present subjunctive of stem-changing verbs
- irregular verbs in the present subjunctive
- general uses of the subjunctive

 Communication 1.1
Comparisons 4.1

Student Resources
Cuaderno de actividades comunicativas, p. 123
Cuaderno de práctica, pp. 33–34
Cuaderno para hispanohablantes, pp. 44–47
Supersite: Activities, *eCuaderno*

Teacher Resources
Workbook TEs; Grammar Slides; Audio Activities MP3s; Audio Script; Testing Program Quizzes; Activity Pack

Teaching Tips
- On the board, make two columns labeled *Indicative* and *Subjunctive,* and write sentences like these under each column: Column 1: **Mi esposo lava los platos. Mi esposo barre el suelo. Mi esposo cocina.** Column 2: **Es importante que mi esposo lave los platos. Es urgente que mi esposo barra el suelo. Es bueno que mi esposo cocine.** Underline **mi esposo lave,** guiding students to notice the difference between the indicative and subjunctive forms. Do the same for the other sentences.
- Check for understanding by asking volunteers to give subjunctive forms of other regular verbs from this lesson such as **planchar, barrer,** and **sacudir.**
- Emphasize that the formation of the subjunctive is very similar to formal commands and negative **tú** commands.

3.3 The present subjunctive

S Tutorial

ANTE TODO With the exception of commands, all the verb forms you have been using have been in the indicative mood. The indicative is used to state facts and to express actions or states that the speaker considers to be real and definite. In contrast, the subjunctive mood expresses the speaker's attitude toward events, as well as actions or states the speaker views as uncertain or hypothetical.

Por favor, quiten los platos de la mesa.

Les aconsejo que preparen la cena.

▶ The present subjunctive is formed very much like **usted** commands, **ustedes** commands, and *negative* **tú** commands. From the **yo** form of the present indicative, drop the **-o** ending, and replace it with the subjunctive endings.

INFINITIVE	PRESENT INDICATIVE	VERB STEM	PRESENT SUBJUNCTIVE
hablar	**hablo**	habl-	**hable**
comer	**como**	com-	**coma**
escribir	**escribo**	escrib-	**escriba**

▶ The present subjunctive endings are:

-ar verbs		-er and -ir verbs	
-e	-emos	-a	-amos
-es	-éis	-as	-áis
-e	-en	-a	-an

Present subjunctive of regular verbs

		hablar	comer	escribir
SINGULAR FORMS	yo	habl**e**	com**a**	escrib**a**
	tú	habl**es**	com**as**	escrib**as**
	Ud./él/ella	habl**e**	com**a**	escrib**a**
PLURAL FORMS	nosotros/as	habl**emos**	com**amos**	escrib**amos**
	vosotros/as	habl**éis**	com**áis**	escrib**áis**
	Uds./ellos/ellas	habl**en**	com**an**	escrib**an**

AYUDA
Note that, in the present subjunctive, -**ar** verbs use endings normally associated with present tense -**er** and -**ir** verbs. Likewise, -**er** and -**ir** verbs in the present subjunctive use endings normally associated with -**ar** verbs in the present tense. Note also that, in the present subjunctive, the **yo** form is the same as the **Ud./él/ella** form.

¡LENGUA VIVA!
You may think that English has no subjunctive, but it does! While once common, it now survives mostly in set expressions such as *If I were you...* and *Be that as it may...*

TEACHING OPTIONS

TPR Have the class stand in a circle. Name an infinitive of a regular verb and subject pronoun (Ex: **alquilar/yo**), and toss a ball to a student. He or she must provide the correct subjunctive form (Ex: **alquile**) and toss the ball back. You may want to have students give an entire phrase (Ex: **que yo alquile**) so that they become accustomed to this structure.

EXPANSION

Extra Practice Read aloud sentences that use the subjunctive, and have students repeat. Then call out a different subject for the subordinate clause, and have students say the new sentence, making all the necessary changes. Ex: **Es malo que ustedes trabajen mucho. Javier. (Es malo que Javier trabaje mucho.) Es necesario que lleguen temprano. Nosotras. (Es necesario que lleguemos temprano.)**

▶ Verbs with irregular **yo** forms show the same irregularity in all forms of the present subjunctive.

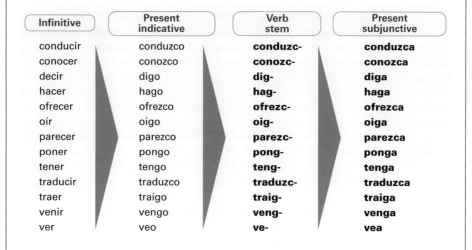

Infinitive	Present indicative	Verb stem	Present subjunctive
conducir	conduzco	**conduzc-**	**conduzca**
conocer	conozco	**conozc-**	**conozca**
decir	digo	**dig-**	**diga**
hacer	hago	**hag-**	**haga**
ofrecer	ofrezco	**ofrezc-**	**ofrezca**
oír	oigo	**oig-**	**oiga**
parecer	parezco	**parezc-**	**parezca**
poner	pongo	**pong-**	**ponga**
tener	tengo	**teng-**	**tenga**
traducir	traduzco	**traduzc-**	**traduzca**
traer	traigo	**traig-**	**traiga**
venir	vengo	**veng-**	**venga**
ver	veo	**ve-**	**vea**

▶ To maintain the **c, g,** and **z** sounds, verbs ending in **-car, -gar,** and **-zar** have a spelling change in all forms of the present subjunctive.

sacar: sa**qu**e, sa**qu**es, sa**qu**e, sa**qu**emos, sa**qu**éis, sa**qu**en

jugar: jue**gu**e, jue**gu**es, jue**gu**e, ju**gu**emos, ju**gu**éis, jue**gu**en

almorzar: almuer**c**e, almuer**c**es, almuer**c**e, almor**c**emos, almor**c**éis, almuer**c**en

Present subjunctive of stem-changing verbs

▶ **-Ar** and **-er** stem-changing verbs have the same stem changes in the subjunctive as they do in the present indicative.

pensar (e:ie): p**ie**nse, p**ie**nses, p**ie**nse, pensemos, penséis, p**ie**nsen

mostrar (o:ue): m**ue**stre, m**ue**stres, m**ue**stre, mostremos, mostréis, m**ue**stren

entender (e:ie): ent**ie**nda, ent**ie**ndas, ent**ie**nda, entendamos, entendáis, ent**ie**ndan

volver (o:ue): v**ue**lva, v**ue**lvas, v**ue**lva, volvamos, volváis, v**ue**lvan

▶ **-Ir** stem-changing verbs have the same stem changes in the subjunctive as they do in the present indicative, but in addition, the **nosotros/as** and **vosotros/as** forms undergo a stem change. The unstressed **e** changes to **i,** while the unstressed **o** changes to **u.**

pedir (e:i): p**i**da, p**i**das, p**i**da, p**i**damos, p**i**dáis, p**i**dan

sentir (e:ie): s**ie**nta, s**ie**ntas, s**ie**nta, s**i**ntamos, s**i**ntáis, s**ie**ntan

dormir (o:ue): d**ue**rma, d**ue**rmas, d**ue**rma, d**u**rmamos, d**u**rmáis, d**ue**rman

Teaching Tips

- Give examples of sentences for one or two forms of each verb, using the impersonal expressions introduced in this section. Ex: _____, **es bueno que le des tu lápiz a _____. Es importante que ustedes estén en la clase a las _____ en punto. Es bueno que mi hija vaya de compras conmigo esta tarde. Es necesario que ustedes sepan todas las formas del subjuntivo.**

- Check understanding by writing on the board main clauses ending in **que** that require a subjunctive in the subordinate clause. Invite volunteers to suggest several endings for each, using verbs they have just gone over. Ex: **Es importante que… (aprendamos español, yo entienda la lección, los estudiantes traigan sus libros).**

- Point out that, in order to use the subjunctive in the subordinate clause, the conjunction **que** must be present and there must be a change of subject. Write these sentences on the board: **Es importante que limpies la cocina. Es importante limpiar la cocina.** Have a volunteer explain why the subjunctive is used only in the first sentence. Emphasize that, while the first example states one person's responsibility, the second is a broad statement about the importance of cleaning kitchens.

- Reiterate that, whereas the word _that_ is usually optional in English, **que** is required in Spanish. As in the ¡Inténtalo!, you may want to have students practice subjunctive forms with **que**, so that its use becomes routine.

Irregular verbs in the present subjunctive

▶ These five verbs are irregular in the present subjunctive.

Irregular verbs in the present subjunctive

		dar	estar	ir	saber	ser
SINGULAR FORMS	yo	dé	esté	vaya	sepa	sea
	tú	des	estés	vayas	sepas	seas
	Ud./él/ella	dé	esté	vaya	sepa	sea
PLURAL FORMS	nosotros/as	demos	estemos	vayamos	sepamos	seamos
	vosotros/as	deis	estéis	vayáis	sepáis	seáis
	Uds./ellos/ellas	den	estén	vayan	sepan	sean

▶ **¡Atención!** The subjunctive form of **hay** (_there is, there are_) is also irregular: **haya**.

General uses of the subjunctive

▶ The subjunctive is mainly used to express: 1) will and influence, 2) emotion, 3) doubt, disbelief, and denial, and 4) indefiniteness and nonexistence.

▶ The subjunctive is most often used in sentences that consist of a main clause and a subordinate clause. The main clause contains a verb or expression that triggers the use of the subjunctive. The conjunction **que** connects the subordinate clause to the main clause.

Main clause	Connector	Subordinate clause
Es muy importante	que	**vayas** al hotel ahora mismo.

▶ These impersonal expressions are always followed by clauses in the subjunctive:

Es bueno que…	**Es mejor que…**	**Es malo que…**
It's good that…	_It's better that…_	_It's bad that…_
Es importante que…	**Es necesario que…**	**Es urgente que…**
It's important that…	_It's necessary that…_	_It's urgent that…_

¡INTÉNTALO! Indica el presente del subjuntivo de estos verbos.

1. (alquilar, beber, vivir)   que yo _alquile, beba, viva_
2. (estudiar, aprender, asistir) que tú _estudies, aprendas, asistas_
3. (encontrar, poder, tener)   que él _encuentre, pueda, tenga_
4. (hacer, pedir, dormir)   que nosotras _hagamos, pidamos, durmamos_
5. (dar, hablar, escribir)   que ellos _den, hablen, escriban_
6. (pagar, empezar, buscar)   que ustedes _paguen, empiecen, busquen_
7. (ser, ir, saber)   que yo _sea, vaya, sepa_
8. (estar, dar, oír)   que tú _estés, des, oigas_

recursos

v̂Text

CA
p. 123

CP
pp. 33–34

CH
pp. 44–47

Ⓢ
vhlcentral

EXPANSION

Video Show the **Fotonovela** again to give students more comprehensible input that uses the present subjunctive. Stop the video where appropriate and ask students to say which of the four principal uses of the subjunctive (will and influence; emotion; doubt, disbelief, and denial; indefiniteness and nonexistence) is expressed in each instance.

EXPANSION

Extra Practice Prepare a short paragraph using the present subjunctive. Read each sentence twice, pausing for students to write. Ex: **Es urgente que encontremos una casa nueva. Es mejor que cada uno tenga su propio dormitorio. Necesitamos una casa que esté cerca de la escuela. No es urgente que nos mudemos inmediatamente....** Then, ask the class comprehension questions.

Communication 1.1
Comparisons 4.1

Práctica y Comunicación

1 **Completar** Completa las oraciones con el presente del subjuntivo de los verbos entre paréntesis. Luego empareja las oraciones del primer grupo con las del segundo grupo.

A

1. Es mejor que __cenemos__ en casa. (nosotros, cenar) __b__
2. Es importante que __visites__ las casas colgadas de Cuenca. (tú, visitar) __c__
3. Señora, es urgente que le __saque__ el diente. Tiene una infección. (yo, sacar) __e__
4. Es malo que Ana les __dé__ tantos dulces a los niños. (dar) __a__
5. Es necesario que __lleguen__ a la una de la tarde. (ustedes, llegar) __f__
6. Es importante que __nos acostemos__ temprano. (nosotros, acostarse) __d__

B

a. Es importante que __coman__ más verduras. (ellos, comer)
b. No, es mejor que __salgamos__ a comer. (nosotros, salir)
c. Y yo creo que es bueno que __vaya__ a Madrid después. (yo, ir)
d. En mi opinión, no es necesario que __durmamos__ tanto. (nosotros, dormir)
e. ¿Ah, sí? ¿Es necesario que me __tome__ un antibiótico también? (yo, tomar)
f. Para llegar a tiempo, es necesario que __almorcemos__ temprano. (nosotros, almorzar)

NOTA CULTURAL

Las casas colgadas (*hanging*) de Cuenca, España, son muy famosas. Estas casas están situadas en un acantilado (*cliff*) y forman parte del paisaje de la ciudad.

2 **Minidiálogos** En parejas, completen los minidiálogos con expresiones impersonales de una manera lógica. *Answers will vary.*

> **modelo**
>
> **Miguelito:** Mamá, no quiero arreglar mi cuarto.
> **Sra. Casas:** Es necesario que lo arregles. Y es importante que sacudas los muebles también.

1. **MIGUELITO** Mamá, no quiero estudiar. Quiero salir a jugar con mis amigos.
   SRA. CASAS _____

2. **MIGUELITO** Mamá, es que no me gustan las verduras. Prefiero comer pasteles.
   SRA. CASAS _____

3. **MIGUELITO** ¿Tengo que poner la mesa, mamá?
   SRA. CASAS _____

4. **MIGUELITO** No me siento bien, mamá. Me duele todo el cuerpo y tengo fiebre.
   SRA. CASAS _____

3 **Entrevista** Trabajen en parejas. Entrevístense usando estas preguntas. Expliquen sus respuestas.
Answers will vary.

1. ¿Es importante que los niños ayuden con los quehaceres domésticos?
2. ¿Es urgente que los norteamericanos aprendan otras lenguas?
3. Si un(a) norteamericano/a quiere aprender francés, ¿es mejor que lo aprenda en Francia?
4. En su escuela, ¿es necesario que los estudiantes coman en la cafetería?
5. ¿Es importante que todas las personas asistan a la universidad?

 Practice more at vhlcentral.com.

---

1 **Expansion** After students have paired the sentences from each group, have them continue a couple of the short conversations with three more sentences using the subjunctive. Ex: **No es posible que encontremos un restaurante con mesas disponibles a las siete. Es mejor que salgamos ahora mismo para no tener ese problema. Sin embargo, es importante que no manejemos muy rápido; no quiero causar un accidente.**

2 **Teaching Tip** Have students brainstorm impersonal expressions that a mother would say to her young son.

2 **Expansion**
- Ask volunteers to share their mini-dialogues with the rest of the class.
- Ask questions about **Miguelito** and his mother. Ex: **Para la señora Casas, ¿es necesario que Miguelito coma pasteles? (No. Es necesario que Miguelito coma las verduras.) ¿Qué quiere Miguelito? (Quiere salir a jugar con sus amigos.)** Have a volunteer explain why the second response does not take the subjunctive. (There isn't a change of subject and **que** is absent.)

3 **Expansion** Ask students to report on their partner's answers using complete sentences and explanations.

3 **Virtual Chat** You can also assign activity 3 on the Supersite. Students record individual responses that appear in your gradebook.

21st Century Skills

3 **Technology Literacy**
Ask students to prepare a digital presentation to show the trends of the whole class for this activity.

DIFFERENTIATION

Heritage Speakers Have heritage speakers think of any major social differences between their own cultural communities and mainstream culture. Invite them to share these comparisons with the class using impersonal expressions. Ex: **Aquí, es necesario que llames antes de ir a visitar a un amigo. En mi cultura, es normal que lleguemos sin llamar a la casa de un amigo.**

TEACHING OPTIONS

Small Groups Divide the class into groups of four. Assign each group one of these personal characteristics: **apariencia física, dinero, inteligencia, personalidad.** Have groups use the subjunctive to write a short paragraph about the importance or unimportance of this trait for certain individuals. Ex: **Para ser presidente, es importante que la persona tenga carisma....**

Section Goals

In **Estructura 3.4**, students will learn:
- the subjunctive with verbs and expressions of will and influence
- common verbs of will and influence

Communication 1.1
Comparisons 4.1

Student Resources

Cuaderno de actividades comunicativas, p. 124
Cuaderno de práctica, pp. 35–36
Cuaderno para hispanohablantes, pp. 48–49
Supersite: Activities, eCuaderno

Teacher Resources

Workbook TEs; Grammar Slides; Digital Image Bank; Audio Activities MP3s; Audio Script; Testing Program Quizzes; Activity Pack

Teaching Tips

- Write the word **Sugerencias** on the board. Ask volunteers for household tips and write them on the board in the infinitive form, followed by the student's name in parentheses. Ex: **hacer todos los quehaceres los sábados** (Paul); **lavar los platos a mano** (Sara) When you have approximately ten suggestions, begin rephrasing them using verbs of will and influence with subordinate clauses. Ex: **Paul nos aconseja que hagamos todos los quehaceres los sábados. Sara recomienda que lavemos los platos a mano.** After you have modeled several responses, ask volunteers to continue.
- Have a volunteer read the advertisement for **Dentabrit** and ask students what is the subject of each clause.

3.4 Subjunctive with verbs of will and influence

 Tutorial

ANTE TODO You will now learn how to use the subjunctive with verbs and expressions of will and influence.

Quiero que tengas dientes más blancos.

▶ Verbs of will and influence are often used when someone wants to affect the actions or behavior of other people.

Enrique **quiere** que salgamos a cenar.
Enrique wants us to go out to dinner.

Paola **prefiere** que cenemos en casa.
Paola prefers that we have dinner at home.

▶ Here is a list of widely used verbs of will and influence.

Verbs of will and influence

aconsejar	*to advise*	pedir (e:i)	*to ask (for)*
desear	*to wish; to desire*	preferir (e:ie)	*to prefer*
importar	*to be important; to matter*	prohibir	*to prohibit*
		querer (e:ie)	*to want*
insistir (en)	*to insist (on)*	recomendar (e:ie)	*to recommend*
mandar	*to order*	rogar (o:ue)	*to beg*
necesitar	*to need*	sugerir (e:ie)	*to suggest*

▶ Some impersonal expressions, such as **es necesario que, es importante que, es mejor que,** and **es urgente que,** are considered expressions of will or influence.

▶ When the main clause contains an expression of will or influence, the subjunctive is required in the subordinate clause, provided that the two clauses have different subjects.

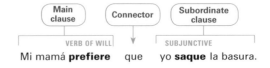

Main clause	Connector	Subordinate clause
VERB OF WILL		SUBJUNCTIVE
Mi mamá **prefiere**	que	yo **saque** la basura.

¡ATENCIÓN!

In English, verbs or expressions of will and influence often use the infinitive, such as *I want you to go.* This is not the case in Spanish, where the subjunctive would be used in a subordinate clause.

TEACHING OPTIONS

Small Groups Have small groups write nine sentences, each of which uses a different verb of will and influence with the subjunctive. Ask volunteers to write some of their group's best sentences on the board. Work with the class to read the sentences and check for accuracy.

EXPANSION

Extra Practice Have students finish these sentence starters.
1. Yo insisto en que mis amigos… 2. No quiero que mi familia… 3. Para mí es importante que el amor… 4. Prefiero que mi comida… 5. Mi novio/a no quiere que yo… 6. Los profesores siempre recomiendan a los estudiantes que… 7. El doctor sugiere que nosotros… 8. Mi madre me ruega que… 9. El policía manda que los estudiantes… 10. El fotógrafo prefiere que la gente…

Les sugiero que arreglen este apartamento.

Recomiendo que se organicen en equipos.

▶ Indirect object pronouns are often used with the verbs **aconsejar, importar, mandar, pedir, prohibir, recomendar, rogar,** and **sugerir.**

Te aconsejo que estudies.
I advise you to study.

Le sugiero que vaya a casa.
I suggest that he go home.

Les recomiendo que barran el suelo.
I recommend that you sweep the floor.

Le ruego que no venga.
I'm begging him not to come.

▶ Note that all the forms of **prohibir** in the present tense carry a written accent, except for the **nosotros/as** form: **prohíbo, prohíbes, prohíbe, prohibimos, prohibís, prohíben.**

Ella les **prohíbe** que miren
la televisión.
*She prohibits them from
watching TV.*

Nos **prohíben** que nademos
en la piscina.
*They prohibit that we swim in
the swimming pool.*

▶ The infinitive is used with words or expressions of will and influence if there is no change of subject in the sentence.

No quiero **sacudir** los muebles.
I don't want to dust the furniture.

Paco prefiere **descansar.**
Paco prefers to rest.

Es importante **sacar** la basura.
It's important to take out the trash.

No es necesario **quitar** la mesa.
It's not necessary to clear the table.

🔗 **¡INTÉNTALO!**   Completa cada oración con la forma correcta del verbo entre paréntesis.

1. Te sugiero que ___vayas___ (ir) con ella al supermercado.
2. Él necesita que yo le ___preste___ (prestar) dinero.
3. No queremos que tú ___hagas___ (hacer) nada especial para nosotros.
4. Mis papás quieren que yo ___limpie___ (limpiar) mi cuarto.
5. Nos piden que la ___ayudemos___ (ayudar) a preparar la comida.
6. Quieren que tú ___saques___ (sacar) la basura todos los días.
7. Quiero ___descansar___ (descansar) esta noche.
8. Es importante que ustedes ___limpien___ (limpiar) los estantes.
9. Su tía les manda que ___pongan___ (poner) la mesa.
10. Te aconsejo que no ___salgas___ (salir) con él.
11. Mi tío insiste en que mi prima ___haga___ (hacer) la cama.
12. Prefiero ___ir___ (ir) al cine.
13. Es necesario ___estudiar___ (estudiar).
14. Recomiendo que ustedes ___pasen___ (pasar) la aspiradora.

recursos

v̂Text

CA
p. 124

CP
pp. 35–36

CH
pp. 48–49

vhlcentral

Teaching Tips

• Elicit indirect object pronouns with verbs of influence by making statements that give advice and asking students for advice. Ex: **Yo siempre les aconsejo a mis estudiantes que estudien mucho. ¿Qué me recomiendan ustedes a mí?** Continue: **1. Mi coche no arranca cuando hace mucho frío. ¿Qué me recomiendas, ____? 2. Mi apartamento está siempre desordenado. ¿Qué me aconsejan? 3. Voy a tener huéspedes este fin de semana. ¿Qué nos sugieren que hagamos?** Ask follow-up questions as appropriate.

• Write these sentences on the board: **Quiero que almuerces en la cafetería. Quiero almorzar en la cafetería.** Ask a volunteer to explain why an infinitive is used in the second sentence instead of the subjunctive.

EXPANSION

Extra Practice Create sentences that follow the pattern of the sentences in **¡Inténtalo!** Say the sentence, have students repeat it, then give a different subject pronoun for the subordinate clause, varying the person and number. Have students then say the sentence with the new subject, changing pronouns and verbs as necessary.

TEACHING OPTIONS

TPR Have students stand. At random, call out implied commands using statements with verbs of will or influence and actions that can be mimed. Ex: **Quiero que laves los platos. Insisto en que hagas la cama.** When you make a statement, point to a student to mime the action. Also use plural statements and point to more than one student. When you use negative statements, students should do nothing. Keep a brisk pace.

Práctica

1 **Completar** Completa el diálogo con palabras de la lista.

cocina	haga	quiere	sea
comas	ponga	saber	ser
diga	prohíbe	sé	vaya

IRENE Tengo problemas con Vilma. Sé que debo hablar con ella. ¿Qué me recomiendas que le (1)___diga___?

JULIA Pues, necesito (2)___saber___ más antes de darte consejos.

IRENE Bueno, para empezar me (3)___prohíbe___ que traiga dulces a la casa.

JULIA Pero chica, tiene razón. Es mejor que tú no (4)___comas___ cosas dulces.

IRENE Sí, ya lo sé. Pero quiero que (5)___sea___ más flexible. Además, insiste en que yo (6)___haga___ todo en la casa.

JULIA Yo (7)___sé___ que Vilma (8)___cocina___ y hace los quehaceres todos los días.

IRENE Sí, pero siempre que hay fiesta me pide que (9)___ponga___ los cubiertos (*silverware*) y las copas en la mesa y que (10)___vaya___ al sótano por las servilletas y los platos. ¡Es lo que más odio: ir al sótano!

JULIA Mujer, ¡Vilma sólo (11)___quiere___ que ayudes en la casa!

2 **Aconsejar** En parejas, lean lo que dice cada persona. Luego den consejos lógicos usando verbos como **aconsejar, recomendar** y **prohibir**. Sus consejos deben ser diferentes de lo que la persona quiere hacer. Answers will vary.

> **modelo**
> **Isabel:** Quiero conseguir un comedor con los muebles más caros del mundo.
> **Consejo:** *Te aconsejamos que consigas unos muebles menos caros.*

1. **DAVID** Pienso poner el cuadro del lago de Maracaibo en la cocina.
2. **SARA** Voy a ir en bicicleta a comprar unas copas de cristal.
3. **SR. ALARCÓN** Insisto en comenzar a arreglar el jardín en marzo.
4. **SRA. VILLA** Quiero ver las tazas y los platos de la tienda El Ama de Casa Feliz.
5. **DOLORES** Voy a poner servilletas de tela (*cloth*) para los cuarenta invitados.
6. **SR. PARDO** Pienso poner todos mis muebles nuevos en el altillo.
7. **SRA. GONZÁLEZ** Hay una fiesta en casa esta noche, pero no quiero limpiarla.
8. **CARLITOS** Hoy no tengo ganas de hacer las camas ni de quitar la mesa.

3 **Preguntas** En parejas, túrnense para contestar las preguntas. Usen el subjuntivo. Answers will vary.

1. ¿Te dan consejos tus amigos/as? ¿Qué te aconsejan? ¿Aceptas sus consejos? ¿Por qué?
2. ¿Qué te sugieren tus profesores que hagas antes de terminar las clases que tomas?
3. ¿Insisten tus amigos/as en que salgas mucho con ellos?
4. ¿Qué quieres que te regalen tu familia y tus amigos/as en tu cumpleaños?
5. ¿Qué le recomiendas tú a un(a) amigo/a que no quiere salir los sábados con su novio/a?
6. ¿Qué les aconsejas a los nuevos estudiantes de tu escuela?

NOTA CULTURAL

En el **lago de Maracaibo**, en Venezuela, hay casas suspendidas sobre el agua que se llaman **palafitos**. Este tipo de construcciones les recordó a los conquistadores la ciudad de Venecia, Italia, de donde viene el nombre "Venezuela", que significa "pequeña Venecia".

Practice more at vhlcentral.com.

Comunicación

4   **Inventar** En parejas, preparen una lista de seis personas famosas. Un(a) estudiante da el nombre de una persona famosa y el/la otro/a le da un consejo. Answers will vary.

> **modelo**
>
> **Estudiante 1:** *Judge Judy.*
> **Estudiante 2:** *Le recomiendo que sea más simpática con la gente.*
> **Estudiante 2:** *Bradley Cooper.*
> **Estudiante 1:** *Le aconsejo que haga más películas.*

5   **Hablar** En parejas, miren la ilustración. Imaginen que Gerardo es su hermano y necesita ayuda para arreglar su casa y resolver sus problemas románticos y económicos. Usen expresiones impersonales y verbos como **aconsejar, sugerir** y **recomendar.** Answers will vary.

> **modelo**
>
> *Es mejor que arregles el apartamento más a menudo.*
> *Te aconsejo que no dejes para mañana lo que puedes hacer hoy.*

Síntesis

6   **La doctora Salvamórez** Hernán tiene problemas con su madre y le escribe a la doctora Salvamórez, columnista del periódico *Panamá y su gente.* Ella responde a las cartas de personas con problemas familiares. En parejas, lean el mensaje de Hernán y después usen el subjuntivo para escribir los consejos de la doctora. Answers will vary.

> Estimada doctora Salvamórez:
>
> Mi madre nunca quiere que yo salga de casa. No le molesta que vengan mis amigos a visitarme. Pero insiste en que nosotros sólo miremos los programas de televisión que ella quiere. Necesita saber dónde estoy en cada momento, y yo necesito que ella me dé un poco de independencia. ¿Qué hago?
>
> Hernán

Heritage Speakers Have heritage speakers write a list of five suggestions for students participating in an exchange program in their cultural communities. Their suggestions should focus on participating in the daily life of their host family's home. Ask students to share their suggestions with the class. Facilitate conversation by having students respond to the suggestions or ask additional questions.

Small Groups Divide the class into small groups. Write the names of famous historical figures on slips of paper and place them in small paper bags; give each group a bag. Have students take turns drawing names and giving three pieces of "advice" about what the person should do. The other students will try to guess who it is. They are allowed to ask additional questions, if necessary, to figure out the person's identity.

 Communication 1.1
Comparisons 4.1

4 Teaching Tip Ask volunteers to read the **modelo** aloud and provide other suggestions for Judge Judy and Bradley Cooper.

4 Expansion Ask each pair to pick its favorite response and share it with the class, who will vote for the most clever, shocking, or humorous suggestion.

4 Partner Chat (Premium) You can also assign activity 4 on the Supersite.

5 Teaching Tips
• Use the **Lección 3 Estructura** Digital Image Bank to support the presentation of this activity.
• Ask volunteers to describe the drawing, naming everything they see and all the chores that need to be done.

5 Expansion Have students change partners and take turns playing the roles of **Gerardo** and his sibling giving him advice. Ex: **Te sugiero que pongas la pizza en la basura....**

Communication 1.1

6 Expansion
• Have pairs compare their responses in groups of four. Ask groups to choose which among all of the suggestions are the most likely to work for **Hernán** and have them share these with the class.
• Have pairs choose a famous couple in history or fiction. Ex: Elizabeth Bennet and Mr. Darcy or Napoleon and Josephine. Then have them write a letter from one of the couples to **doctora Salvamórez.** Finally, have them exchange their letters with another pair and write the corresponding responses from the doctor.

Section Goal

In **Recapitulación**, students will review the grammar concepts from this lesson.

Student Resources
Supersite: Activities

1 Expansion Give students additional verbs to conjugate in the subjunctive. Ex: **comer, dar, estar, saber, traer**.

2 Expansion
- Have volunteers take turns reading aloud portions of the brochure.
- To challenge students, ask them to work in pairs to write four pieces of advice for a real estate agent, using impersonal expressions. Ex: **Es importante que sea honesto....** Have a few pairs read their sentences for the class.

Extra Practice On note cards or sticky notes, write names of well-known characters from literature, film, or television. Making sure that students do not see the name assigned to them, stick a note on the back of each student's shirt. Have students circulate around the room, giving each other hints about the identity of their characters, using the subjunctive. Tell students to be sure to use only the present tense in the main clause. Ex: **Tu madre dice que es importante que te cases con el conde París. / Tu novio te pide que te cases con él en secreto. / Deseas que toda tu familia crea que estás muerta.** (Julieta Capuleto)

Recapitulación

Completa estas actividades para repasar los conceptos de gramática que aprendiste en esta lección.

1 Completar Completa el cuadro con la forma correspondiente del presente de subjuntivo. **24 pts.**

yo/él/ella	tú	nosotros/as	Uds./ellos/ellas
limpie	limpies	limpiemos	limpien
venga	**vengas**	vengamos	vengan
quiera	quieras	**queramos**	quieran
ofrezca	ofrezcas	ofrezcamos	**ofrezcan**

2 El apartamento ideal Completa este folleto (*brochure*) informativo con la forma correcta del presente de subjuntivo. **16 pts.**

¿Eres joven y buscas tu primera vivienda? Te ofrezco estos consejos:

- Te sugiero que primero (tú) (1) ___escribas___ (escribir) una lista de las cosas que quieres en un apartamento.

- Quiero que después (2) ___pienses___ (pensar) muy bien cuáles son tus prioridades. Es necesario que cada persona (3) ___tenga___ (tener) sus prioridades claras, porque el hogar (*home*) perfecto no existe.

- Antes de decidir en qué área quieren vivir, les aconsejo a ti y a tu futuro/a compañero/a de apartamento que (4) ___salgan___ (salir) a ver la ciudad y que (5) ___conozcan___ (conocer) los distintos barrios y las afueras.

- Pidan que el agente les (6) ___muestre___ (mostrar) todas las partes de cada casa.

- Finalmente, como consumidores, es importante que nosotros (7) ___sepamos___ (saber) bien nuestros derechos (*rights*); por eso, deben insistir en que todos los puntos del contrato (8) ___estén___ (estar) muy claros antes de firmarlo (*signing it*).

¡Buena suerte!

RESUMEN GRAMATICAL

3.1 Relative pronouns *pp. 100–101*

Relative pronouns	
que	that; which; who
quien(es)	who; whom; that
lo que	that which; what

3.2 Formal commands *pp. 104–105*

Formal commands (Ud. and Uds.)		
Infinitive	Present tense yo form	Ud(s). command
limpiar	limpio	limpie(n)
barrer	barro	barra(n)
sacudir	sacudo	sacuda(n)

▶ Verbs with stem changes or irregular **yo** forms maintain the same irregularity in the formal commands:

hacer: yo **hago** → **Hagan** la cama.

Irregular formal commands	
dar	dé (Ud.); den (Uds.)
estar	esté(n)
ir	vaya(n)
saber	sepa(n)
ser	sea(n)

3.3 The present subjunctive *pp. 108–110*

Present subjunctive of regular verbs		
hablar	comer	escribir
hable	coma	escriba
hables	comas	escribas
hable	coma	escriba
hablemos	comamos	escribamos
habléis	comáis	escribáis
hablen	coman	escriban

---

3 **Relativos** Completa las oraciones con **lo que**, **que** o **quien(es)**. **16 pts.**

1. Me encanta la alfombra __que__ está en el comedor.
2. Mi amiga Tere, con __quien__ trabajo, me regaló ese cuadro.
3. Todas las cosas __que__ tenemos vienen de la casa de mis abuelos.
4. Hija, no compres más cosas. __Lo que__ debes hacer ahora es organizarlo todo.
5. La agencia de decoración de __que__ le hablé se llama Casabella.
6. Esas flores las dejaron en la puerta mis nuevos vecinos, a __quienes__ aún (*yet*) no conozco.
7. Leonor no compró nada, porque __lo que__ le gustaba era muy caro.
8. Mi amigo Aldo, a __quien__ visité ayer, es un cocinero excelente.

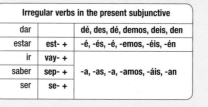

Irregular verbs in the present subjunctive		
dar		dé, des, dé, demos, deis, den
estar	est- +	-é, -és, -é, -emos, -éis, -én
ir	vay- +	
saber	sep- +	-a, -as, -a, -amos, -áis, -an
ser	se- +	

3.4 **Subjunctive with verbs of will and influence**
pp. 112–113

▶ Verbs of will and influence: **aconsejar, desear, importar, insistir (en), mandar, necesitar, pedir (e:i), preferir (e:ie), prohibir, querer (e:ie), recomendar (e:ie), rogar (o:ue), sugerir (e:ie)**

4 **Los señores Mejía** Martín y Ángela Mejía van a hacer un curso de verano en Costa Rica y una vecina va a cuidarles (*take care of*) la casa mientras ellos no están. Completa las instrucciones de la vecina con mandatos formales. Usa cada verbo una sola vez y añade pronombres de objeto directo o indirecto si es necesario. **20 pts.**

arreglar	dejar	hacer	pedir	sacudir
barrer	ensuciar	limpiar	poner	tener

Primero, (1) __hagan__ ustedes las maletas. Las cosas que no se llevan a Costa Rica, (2) __pónganlas__ en el altillo. Ángela, (3) __arregle/limpie__ las habitaciones y Martín, (4) __limpie/arregle__ usted la cocina y el baño. Después, los dos (5) __barran__ el suelo y (6) __sacudan__ los muebles de toda la casa. Ángela, no (7) __deje__ sus joyas (*jewelry*) en el apartamento. (8) __Tengan__ cuidado ¡y (9) __no ensucien__ nada antes de irse! Por último, (10) __pídanle__ a alguien que recoja (*pick up*) su correo.

5 **Los quehaceres** A tu hermano no le gusta ayudar con los quehaceres. Escribe al menos seis oraciones dándole consejos sobre cómo hacer más divertidos los quehaceres. **24 pts.**
Answers will vary.

modelo
Te sugiero que pongas música mientras lavas los platos...

6 **El circo** Completa esta famosa frase que tiene su origen en el circo (*circus*). **¡4 puntos EXTRA!**

" ¡__Pasen__ (Pasar) ustedes y __vean__ (ver)! El espectáculo va a comenzar. "

3 **Teaching Tip** Have students circle the noun or idea to which each relative pronoun refers.

3 **Expansion**
• Ask volunteers to give the corresponding questions for each item. Ex: **1. ¿Qué alfombra te encanta?**
• Have students work in pairs to create four additional sentences using relative pronouns.

4 **Teaching Tips**
• To simplify, have students begin by scanning the paragraph and identifying which blanks call for **usted** commands and which call for **ustedes** commands.
• Tell students that some answers will contain object pronouns (items 2 and 10).

5 **Teaching Tip** Before beginning this activity, have pairs discuss their own habits regarding chores.

6 **Expansion** To challenge students, ask them to write two **ustedes** commands for people attending a circus and one **usted** command for the master of ceremonies.

Section Goals

In **Lectura**, students will:
- learn to locate the main parts of a sentence
- read a content-rich text with long sentences

 Communication 1.1, 1.2, 1.3
Cultures 2.1, 2.2
Connections 3.1, 3.2
Comparisons 4.2

Student Resources
Cuaderno para hispanohablantes, pp. 50–51
Supersite: Activities

 Pre-AP*

Interpretive Reading: Estrategia
Tell students that if they have trouble understanding long sentences in Spanish, they should pause and identify the main verb of the sentence and its subject. They should then reread the entire sentence.

Examinar el texto Students should see from the layout (cover page with title, photo, and phone number; interior pages with an introduction and several headings followed by short paragraphs) that this is a brochure. Revealing cognates are: **información** (cover) and **residencia oficial del Presidente de Panamá** (introduction).

¿Probable o improbable? Ask volunteers to read aloud each item and give the answer. Have a volunteer rephrase the improbable statement so that it is probable.

Oraciones largas Ask pairs to create a couple of long sentences. Have them point out the main verb and subject.

Lectura  Audio: Reading Additional Reading

Antes de leer

Estrategia
Locating the main parts of a sentence

Did you know that a text written in Spanish is an average of 15% longer than the same text written in English? Since the Spanish language tends to use more words to express ideas, you will often encounter long sentences when reading in Spanish. Of course, the length of sentences varies with genre and with authors' individual styles. To help you understand long sentences, identify the main parts of the sentence before trying to read it in its entirety. First locate the main verb of the sentence, along with its subject, ignoring any words or phrases set off by commas. Then reread the sentence, adding details like direct and indirect objects, transitional words, and prepositional phrases.

Examinar el texto

Mira el formato de la lectura. ¿Qué tipo de documento es? ¿Qué cognados encuentras en la lectura? ¿Qué te dicen sobre el tema de la selección?

¿Probable o improbable?

Mira brevemente el texto e indica si estas oraciones son probables o improbables.

1. Este folleto° es de interés turístico. probable
2. Describe un edificio moderno cubano. improbable
3. Incluye algunas explicaciones de arquitectura. probable
4. Espera atraer° a visitantes al lugar. probable

Oraciones largas

Mira el texto y busca algunas oraciones largas. Con un(a) compañero/a, identifiquen las partes principales de la oración y después examinen las descripciones adicionales. ¿Qué significan las oraciones?

folleto *brochure* atraer *to attract* épocas *time periods*

Bienvenidos al Palacio de las Garzas

El palacio está abierto de martes a domingo.
Para más información,
llame al teléfono 507-226-7000.
También puede solicitar° un folleto
a la casilla° 3467,
Ciudad de Panamá, Panamá.

Después de leer

Ordenar

Pon estos eventos en el orden cronológico adecuado.

__3__ El palacio se convirtió en residencia presidencial.

__2__ Durante diferentes épocas°, maestros, médicos y banqueros ejercieron su profesión en el palacio.

__4__ El Dr. Belisario Porras ocupó el palacio por primera vez.

__1__ Los españoles construyeron el palacio.

__5__ Se renovó el palacio.

__6__ Los turistas pueden visitar el palacio de martes a domingo.

recursos
v̂Text
CH
pp. 50–51
vhlcentral

El Palacio de las Garzas° es la residencia oficial del Presidente de Panamá desde 1903. Fue construido en 1673 para ser la casa de un gobernador español. Con el paso de los años fue almacén, escuela, hospital, aduana, banco y por último, palacio presidencial.

En la actualidad el edificio tiene tres pisos, pero los planos originales muestran una construcción de un piso con un gran patio en el centro. La restauración del palacio comenzó en el año 1922 y los trabajos fueron realizados por el arquitecto Villanueva-Meyer y el pintor Roberto Lewis. El palacio, un monumento al estilo colonial, todavía conserva su elegancia y buen gusto, y es una de las principales atracciones turísticas del barrio Casco Viejo°.

Planta baja

EL PATIO DE LAS GARZAS

Una antigua puerta de hierro° recibe a los visitantes. El patio interior todavía conserva los elementos originales de la construcción: piso de mármol°, columnas cubiertas° de nácar° y una magnífica fuente° de agua en el centro. Aquí están las nueve garzas que le dan el nombre al palacio y que representan las nueve provincias de Panamá.

Primer piso

EL SALÓN AMARILLO

Aquí el turista puede visitar una galería de cuarenta y un retratos° de gobernadores y personajes ilustres de Panamá. La principal atracción de este salón es el sillón presidencial, que se usa especialmente cuando hay cambio de presidente. Otros atractivos de esta área son el comedor Los Tamarindos, que se destaca° por la elegancia de sus muebles y sus lámparas de cristal, y el Patio Andaluz, con sus coloridos mosaicos que representan la unión de la cultura indígena y la española.

EL SALÓN DR. BELISARIO PORRAS

Este elegante y majestuoso salón es uno de los lugares más importantes del Palacio de las Garzas. Lleva su nombre en honor al Dr. Belisario Porras, quien fue tres veces presidente de Panamá (1912–1916, 1918–1920 y 1920–1924).

Segundo piso

Es el área residencial del palacio y el visitante no tiene acceso a ella. Los armarios, las cómodas y los espejos de la alcoba fueron comprados en Italia y Francia por el presidente Porras, mientras que las alfombras, cortinas y frazadas° son originarias de España.

solicitar *request* **casilla** *post office box* **Garzas** *Herons* **Casco Viejo** *Old Quarter* **hierro** *iron* **mármol** *marble* **cubiertas** *covered* **nácar** *mother-of-pearl* **fuente** *fountain* **retratos** *portraits* **se destaca** *stands out* **frazadas** *blankets*

Preguntas

Contesta las preguntas.

1. ¿Qué sala es notable por sus muebles elegantes y sus lámparas de cristal? el comedor de Los Tamarindos
2. ¿En qué parte del palacio se encuentra la residencia del presidente? en el segundo piso
3. ¿Dónde empiezan los turistas su visita al palacio? en el patio de las Garzas
4. ¿En qué lugar se representa artísticamente la rica herencia cultural de Panamá? en el patio andaluz
5. ¿Qué salón honra la memoria de un gran panameño? el salón Dr. Belisario Porras
6. ¿Qué partes del palacio te gustaría (*would you like*) más visitar? ¿Por qué?
Answers will vary.

Conversación

En grupos de tres o cuatro estudiantes, hablen sobre lo siguiente: Answers will vary.

1. ¿Qué tiene en común el Palacio de las Garzas con otras residencias presidenciales u otras casas muy grandes?
2. ¿Te gustaría vivir en el Palacio de las Garzas? ¿Por qué?
3. Imagina que puedes diseñar tu palacio ideal. Describe los planos para cada piso del palacio.

 Practice more at vhlcentral.com.

Section Goals
In **Escritura**, students will:
• learn to use linking words
• write a lease agreement

 Communication 1.3

Student Resources
Cuaderno de actividades comunicativas, pp. 163–164
Cuaderno para hispanohablantes, pp. 52–53
Supersite: Activities, *eCuaderno*

Teacher Resources
Workbook TE

 Pre-AP*

Interpersonal Writing: Estrategia
Go over the strategy as a class. Point out that students are already familiar with the linking words in the list. Encourage students to give examples of how they will use the linking words.

Tema
• Review with students the details suggested for inclusion in the lease agreement. You may wish to present the following terms students can use in their agreements: **arrendatario** (*tenant*); **arrendador** (*landlord*); **propietario** (*owner*); **estipulaciones** (*stipulations*); **con antelación** (*in advance*).
• Provide students with samples of legal documents in Spanish. (Many legal forms are downloadable from the Internet.) Go over the format of these documents with students, clarifying legal terminology as necessary.

 21ˢᵗ Century Skills

Productivity and Accountability
Provide the rubric to students before they hand their work in for grading. Ask students to make sure they have met the highest standard possible on the rubric before submitting their work.

Escritura

Estrategia
Using linking words

You can make your writing sound more sophisticated by using linking words to connect simple sentences or ideas and create more complex sentences. Consider these passages, which illustrate this effect:

Without linking words

En la actualidad el edificio tiene tres pisos. Los planos originales muestran una construcción de un piso con un gran patio en el centro. La restauración del palacio comenzó en el año 1922. Los trabajos fueron realizados por el arquitecto Villanueva-Meyer y el pintor Roberto Lewis.

With linking words

En la actualidad el edificio tiene tres pisos, pero los planos originales muestran una construcción de un piso con un gran patio en el centro. La restauración del palacio comenzó en el año 1922 y los trabajos fueron realizados por el arquitecto Villanueva-Meyer y el pintor Roberto Lewis.

Linking words

cuando	*when*
mientras	*while*
o	*or*
pero	*but*
porque	*because*
pues	*since*
que	*that; who; which*
quien	*who*
sino	*but (rather)*
y	*and*

Tema

Escribir un contrato de arrendamiento°
Eres el/la administrador(a)° de un edificio de apartamentos. Prepara un contrato de arrendamiento para los nuevos inquilinos°. El contrato debe incluir estos detalles:

▶ la dirección° del apartamento y del/de la administrador(a)

▶ las fechas del contrato

▶ el precio del alquiler y el día que se debe pagar

▶ el precio del depósito

▶ información y reglas° acerca de:
  la basura
  el correo
  los animales domésticos
  el ruido°
  los servicios de electricidad y agua
  el uso de electrodomésticos

▶ otros aspectos importantes de la vida comunitaria

contrato de arrendamiento *lease* administrador(a) *manager* inquilinos *tenants* dirección *address* reglas *rules* ruido *noise*

recursos

v̂Text | CA pp. 163–164 | CH pp. 52–53 | vhlcentral

EVALUATION: Contrato

Criteria	Scale
Content	1 2 3 4
Organization	1 2 3 4
Use of vocabulary	1 2 3 4
Use of linking words	1 2 3 4
Grammatical accuracy	1 2 3 4

Scoring	
Excellent	18–20 points
Good	14–17 points
Satisfactory	10–13 points
Unsatisfactory	< 10 points

Escuchar Audio

Estrategia
Using visual cues

Visual cues like illustrations and headings provide useful clues about what you will hear.

 To practice this strategy, you will listen to a passage related to the following photo. Jot down the clues the photo gives you as you listen.

Preparación

Mira el dibujo. ¿Qué pistas te da para comprender la conversación que vas a escuchar? ¿Qué significa *bienes raíces*?

Ahora escucha

Mira los anuncios de esta página y escucha la conversación entre el señor Núñez, Adriana y Felipe. Luego indica si cada descripción se refiere a la casa ideal de Adriana y Felipe, a la casa del anuncio o al apartamento del anuncio.

Oraciones	La casa ideal	La casa del anuncio	El apartamento del anuncio
Es barato.	___	___	✔
Tiene cuatro dormitorios.	___	✔	___
Tiene una oficina.	✔	___	___
Tiene un balcón.	___	___	✔
Tiene una cocina moderna.	___	✔	___
Tiene un jardín muy grande.	___	✔	___
Tiene un patio.	✔	___	___

18G

Bienes raíces

Se vende.
4 dormitorios,
3 baños, cocina
moderna, jardín
con árboles frutales.
B/. 225.000

Se alquila.
2 dormitorios,
1 baño. Balcón.
Urbanización Las
Brisas. B/. 525

Comprensión

Preguntas

1. ¿Cuál es la relación entre el señor Núñez, Adriana y Felipe? ¿Cómo lo sabes? El Sr. Núñez es el padre de Adriana y Adriana es la esposa de Felipe.

2. ¿Qué diferencia de opinión hay entre Adriana y Felipe sobre dónde quieren vivir? Felipe prefiere vivir en la ciudad, pero Adriana quiere vivir en las afueras.

3. Usa la información de los dibujos y la conversación para entender lo que dice Adriana al final. ¿Qué significa "todo a su debido tiempo"? Answers will vary. Suggested answer: All in good time!

Conversación

En parejas, túrnense para hacer y contestar las preguntas.
Answers will vary.
1. ¿Qué tienen en común el apartamento y la casa del anuncio con el lugar donde tú vives?

2. ¿Qué piensas de la recomendación del señor Núñez?

3. ¿Dónde prefieres vivir tú, en un apartamento o en una casa? Explica por qué.

 Practice more at vhlcentral.com.

recursos
v̂ Text | vhlcentral

F: Pues, señor Núñez, yo prefiero vivir en la ciudad. Así tenemos el teatro, los parques, los centros comerciales… todo cerca de casa. Sé que Adriana quiere vivir en las afueras porque es más tranquilo. S: De todos modos van a necesitar un mínimo de dos dormitorios, un baño, una sala grande… ¿Qué más?
A: Es importante que tengamos una oficina para mí y un patio para las plantas. S: Como no tienen mucho dinero ahorrado, es

mejor que alquilen un apartamento pequeño por un tiempo. Así pueden ahorrar su dinero para comprar la casa ideal. Miren este apartamento. Tiene un balcón precioso y está en un barrio muy seguro y bonito. Y el alquiler es muy razonable. F: Adriana, me parece que tu padre tiene razón. Con un alquiler tan barato, podemos comprar muebles y también ahorrar dinero cada mes.
A: ¡Ay!, quiero mi casa. Pero, bueno, ¡todo a su debido tiempo!

Section Goals

In **Escuchar**, students will:
• use visual cues to help them understand an oral passage
• answer questions based on the content of a recorded conversation

 Communication 1.2

Student Resources
Supersite: Activities

Teacher Resources
Textbook and Audio Activities MP3s, Audio Scripts

21st Century Skills

Critical Thinking and Problem Solving
Students practice aural comprehension as a tool to negotiate meaning in Spanish.

Estrategia
Script En mi niñez lo pasé muy bien. Vivíamos en una pequeña casa en la isla Colón con vistas al mar. Pasaba las horas buceando alrededor de los arrecifes de coral. A veces me iba a pasear por las plantaciones de bananos o a visitar el pueblo de los indios guaymí. Otros días iba con mi hermano al mar en una pequeña lancha para pescar. Era una vida feliz y tranquila. Ahora vivo en la Ciudad de Panamá. ¡Qué diferencia!

Ahora escucha
Script ADRIANA: Mira, papá, tienen una sección especial de bienes raíces en el periódico. Felipe, mira esta casa… tiene un jardín enorme.
FELIPE: ¡Qué linda! ¡Uy, qué cara! ¿Qué piensa usted? ¿Debemos buscar una casa o un apartamento?
SR. NÚÑEZ: Bueno, hijos, hay muchas cosas que deben considerar. Primero, ¿les gustaría vivir en las afueras o en el centro de la ciudad?

(Script continues at far left in the bottom panels.)

Section Goals

In **En pantalla**, students will:
- read about the production of electrical appliances in Spain
- watch a television commercial for **Balay**, a Spanish appliance brand

Communication 1.1, 1.2
Cultures 2.1, 2.2
Connections 3.2
Comparisons 4.2

Student Resources
Supersite: *En pantalla* video, Activities

Teacher Resources
Transcript & Translation

España como productor de electrodomésticos
To check comprehension, ask these questions. **1. ¿Cuál es la posición de España en el mercado de electrodomésticos a nivel mundial** (*worldwide*)? **(No domina el mercado, pero intenta convertirse en un productor importante.) 2. ¿Cómo promociona Balay sus productos? (haciendo énfasis en las mejores características para los clientes)**

 Pre-AP*

Audiovisual Interpretive Communication
Antes de ver **Strategy**
- Have students look at the video still and predict the contents of the commercial.
- Ask a volunteer to read the **Vocabulario útil** aloud.

Comprensión Once students have classified the words, ask them what the intention of the commercial is (**mostrar que la vida moderna está llena de ruidos y que es mejor tener electrodomésticos silenciosos).**

Conversación Once students finish discussing the questions in pairs, ask them to share their answers with the whole class.

 Video: TV Clip

Preparación
Clasifica de 1 a 6 las características que debe tener un buen electrodoméstico (como el refrigerador, la lavadora, el lavaplatos o la aspiradora), de modo que 1 sea la más importante y 6 la menos importante. Luego compara tu clasificación con un par de compañeros/as y expliquen sus respuestas. Answers will vary.

___ rápido   ___ silencioso   ___ moderno
___ fácil de usar   ___ barato   ___ elegante

Anuncio de Balay
...un poco de silencio.

España como productor de electrodomésticos
Aunque el mercado de los electrodomésticos es en general dominado por países como Estados Unidos, China o Alemania, otros países intentan° convertirse° en productores importantes de este tipo de artículos de uso doméstico. En el contexto europeo, España es uno de los países que intentan competir en la producción de aparatos electrodomésticos. Con rivales tan grandes como Francia, Reino Unido o Italia, la competencia es bastante difícil y demanda que los productores sean creativos al momento de hacer nuevos artículos. Una de las compañías productoras de electrodomésticos en España es Balay. Para promocionar sus productos, los anuncios de Balay hacen énfasis en las mejores características para sus clientes.

intentan *try to* convertirse *become*

Vocabulario útil	
aislante	*insulating*
campana	*range hood*
lavavajillas	*dishwasher*
se agradece	*it is appreciated*

Comprensión
Escribe una S (Silencio) o una R (Ruido [*noise*]) al lado de cada imagen del anuncio, según la sensación correspondiente.
R 1. reloj despertador   S 4. lavavajillas Balay
R 2. oficina   R 5. construcciones
S 3. niño durmiendo   S 6. mujer en la cocina

Conversación
Discute esta pregunta con un(a) compañero/a:
¿Cómo pueden los aparatos electrónicos ayudarnos a tener mejor calidad de vida?

Aplicación
En grupos de tres, inventen un electrodoméstico nuevo (por ejemplo, un refrigerador que exprima (*squeeze*) naranjas y dispense jugo automáticamente, o un televisor que se pueda controlar con los ojos). Sean creativos/as y presenten su electrodoméstico a la clase explicando por qué su aparato es diferente y cómo funciona. Answers will vary.

 Practice more at vhlcentral.com.

 recursos
vText vhlcentral

TEACHING OPTIONS
Pairs Divide the class into pairs. Assign half of the pairs to create an ad for an appliance using the latest technology. Tell the other pairs to create an ad for an appliance that would appeal to people who aren't comfortable with new technology. Have pairs present their ads to the class.

TEACHING OPTIONS
Large Groups Divide the class into two groups and have each one create a survey consisting of eight questions about their classmates' lifestyles. One group should ask about students' living space, the second should ask about students' daily chores and habits. Once groups have created their surveys, have them exchange surveys with other groups and complete them. Then ask volunteers from each group to summarize the survey results.

 Video:
Flash cultura

En el sur de la Ciudad de México hay una construcción que fusiona° el funcionalismo con elementos de la cultura mexicana. Es la casa y estudio° en que el muralista Diego Rivera y su esposa, Frida Kahlo, vivieron desde 1934. El creador fue el destacado° arquitecto y pintor mexicano Juan O'Gorman, amigo de la pareja. Como Frida y Diego necesitaban cada uno un lugar tranquilo para trabajar, O'Gorman hizo dos casas, cada una con un taller°, conectadas por un puente° en la parte superior°. En 1981, años después de la muerte de los artistas, se creó ahí el Museo Casa Estudio Diego Rivera y Frida Kahlo. Este museo busca conservar, investigar y difundir° la obra° de estos dos mexicanos, como lo hace el Museo Casa de Frida Kahlo, que vas a ver a continuación.

Vocabulario útil

jardinero	gardener
muros	walls
la silla de ruedas	wheelchair
las valiosas obras	valuable works

Preparación

Imagina que vives con un(a) artista, ¿cómo sería (*would be*) tu casa? Answers will vary.

¿Cierto o falso?

Indica si lo que dicen estas oraciones es **cierto** o **falso**.

1. La casa de Frida Kahlo está en el centro de México, D.F. Falso.
2. La casa de Frida se transformó en un museo en los años 50. Cierto.
3. Frida Kahlo vivió sola en su casa. Falso.
4. Entre las obras que se exhiben está el cuadro (*painting*) *Las dos Fridas*. Cierto.
5. El jardinero actual (*current*) jamás conoció ni a Frida ni a Diego. Falso.
6. En el museo se exhiben la silla de ruedas y los aparatos ortopédicos de Frida. Cierto.

fusiona *fuses* estudio *studio* destacado *prominent* taller *art studio* puente *bridge* parte superior *top* difundir *to spread* obra *work*

La casa de Frida

El hogar en que nació la pintora Frida Kahlo en 1907 se caracteriza por su arquitectura típicamente mexicana...

Esta casa tiene varios detalles que revelan el amor de esta mexicana por la cultura de su país, por ejemplo, la cocina.

Uno de los espacios más atractivos de esta casa es este estudio que Diego instaló...

 Practice more at
vhlcentral.com.

recursos

vText   CA
pp. 93–94   vhlcentral

Section Goals

In **Flash cultura**, students will:
- read about the **Museo Casa Estudio Diego Rivera y Frida Kahlo**
- watch a video about the **Museo Casa de Frida Kahlo**

Cultures 2.1, 2.2
Comparisons 4.2

Student Resources
Cuaderno de actividades comunicativas, pp. 93–94
Supersite: *Flash cultura* video, eCuaderno

Teacher Resources
Workbook TE; Video Script & Translation

Introduction To check comprehension, give students cloze sentences. Ex: **El ____ está en el sur de la Ciudad de México.** (Museo Casa Estudio Diego Rivera y Frida Kahlo) **Juan O'Gorman hizo para cada artista una ____ con un ____.** (casa; taller)

Antes de ver
- Read through **Vocabulario útil** with students and model the pronunciation.
- Assure students that they do not need to understand every Spanish word they hear in the video. Tell them to rely on visual cues and to listen for cognates and words from **Vocabulario útil**.

Preparación Before considering the first question, have students think about what types of artists they would be.

¿Cierto o falso? Have students correct the false statements.

TELL Connection

Learning Experience 6
Why: Students need to engage in cultural observation and analysis. *What:* **Flash cultura** provides clear presentation of cultural products, practices, and perspectives.

Section Goal

In **Panorama**, students will read about the geography and culture of Panama.

Communication 1.3
Cultures 2.1, 2.2
Connections 3.1, 3.2
Comparisons 4.2

Student Resources
Cuaderno de actividades comunicativas, pp. 69–70
Cuaderno de práctica, pp. 37–38
Supersite: *Panorama cultural* video, Activities, *eCuaderno*

Teacher Resources
Workbook TEs; Digital Image Bank; Video Script & Translation

Teaching Tips

• Use the Digital Image Bank to support this presentation.

• Have students look at the map of Panama and discuss the physical features of the country. Point out the bodies of water that run along the coasts of Panama, and the canal that cuts through the isthmus (**istmo**). Then, have students look at the call-out photos and read the captions. Point out that the Kuna live on the San Blas Islands in the Caribbean Sea.

El país en cifras Mention that the national currency, the balboa, is named for **Vasco Núñez de Balboa**, who explored the Isthmus of Panama in 1501. Tell students that **chibcha** is a major indigenous language group, with dialects spoken by people from central Colombia through eastern Nicaragua.

¡Increíble pero cierto! The Panama Canal also provides a much safer route than the unpredictable and often dangerous passage through the Straits of Magellan.

Panamá

Video: *Panorama cultural*
Interactive Map

El país en cifras

▶ **Área:** 75.420 km² (29.119 millas²), *aproximadamente el área de Carolina del Sur*

▶ **Población:** 3.608.000

▶ **Capital:** La Ciudad de Panamá—1.346.000

▶ **Ciudades principales:** Colón, David

▶ **Moneda:** balboa; es equivalente al dólar estadounidense.
En Panamá circulan los billetes de dólar estadounidense. El país centroamericano, sin embargo, acuña° su propia moneda. "El peso" es una moneda grande equivalente a cincuenta centavos°. La moneda de cinco centavos es llamada frecuentemente "real".

▶ **Idiomas:** español (oficial), lenguas indígenas, inglés
Muchos panameños son bilingües. La lengua materna del 14% de los panameños es el inglés.

Bandera de Panamá

Panameños célebres

▶ **Mariano Rivera,** beisbolista (1969–)

▶ **Mireya Moscoso,** política (1946–)

▶ **Rubén Blades,** músico y político (1948–)

▶ **Danilo Pérez,** pianista (1966–)

▶ **Jorge Cham,** caricaturista (1976–)

acuña *mints* centavos *cents* peaje *toll* promedio *average*

Turistas pasan sobre un río en un bosque tropical.

Mujer kuna lavando una mola

COSTA RICA

Lago Gatún

Canal de Panamá

Islas San Blas

Bocas del Toro

Mar Caribe

Colón

Cordillera de San Blas

Río Chepo

Serranía de Tabasará

David

Río Cobre

Ciudad de Panamá

Isla del Rey

Océano Pacífico

Golfo de Panamá

Isla de Coiba

ESTADOS UNIDOS

OCÉANO ATLÁNTICO

PANAMÁ

AMÉRICA DEL SUR

recursos

vText | CA pp. 69–70 | CP pp. 37–38 | vhlcentral

Ruinas de un fuerte panameño

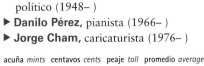

¡Increíble pero cierto!

¿Conocías estos datos sobre el Canal de Panamá?

• Gracias al Canal de Panamá, el viaje en barco de Nueva York a Tokio es 3.000 millas más corto.

• Su construcción costó 639 millones de dólares.

• Hoy lo usan en promedio 39 barcos al día.

• El peaje° promedio° cuesta 54.000 dólares.

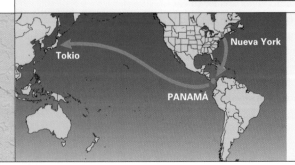

Nueva York

Tokio

PANAMÁ

EXPANSION

Extra Practice Discuss how **Rubén Blades** changed the world of salsa music by introducing lyrics with social commentary into what previously had been simply dance music. To add an interpretive element, bring in his recording *Buscando América*, and have students listen to *El padre Antonio y su monaguillo*

Andrés, based on the story of Archbishop **Óscar Romero** of El Salvador. Or, listen to the story of *Pedro Navaja* on *Siembra*, **Blades'** classic collaboration with **Willie Colón**. Have students write a summary of the song in English or describe how **Blades'** salsa differs from traditional "romantic" salsa.

Lugares • **El Canal de Panamá**

El Canal de Panamá conecta el océano Pacífico con el océano Atlántico. La construcción de este cauce° artificial empezó en 1903 y concluyó diez años después. Es una de las principales fuentes° de ingresos° del país, gracias al dinero que aportan los más de 14.000 buques° que transitan anualmente por esta ruta y a las actividades comerciales que se han desarrollado° en torno a° ella.

Artes • **La mola**

La mola es una forma de arte textil de los kunas, una tribu indígena que vive principalmente en las islas San Blas. Esta pieza artesanal se confecciona con fragmentos de tela° de colores vivos. Algunos de sus diseños son abstractos, inspirados en las formas del coral, y otros son geométricos, como en las molas más tradicionales. Antiguamente, estos tejidos se usaban sólo como ropa, pero hoy día también sirven para decorar las casas.

Naturaleza • **El mar**

Panamá, cuyo° nombre significa "lugar de muchos peces°", es un país muy frecuentado por los aficionados del buceo y la pesca. El territorio panameño cuenta con una gran variedad de playas en los dos lados del istmo°, con el mar Caribe a un lado y el océano Pacífico al otro. Algunas zonas costeras están destinadas al turismo. Otras están protegidas por la diversidad de su fauna marina, en la que abundan los arrecifes° de coral, como el Parque Nacional Marino Isla Bastimentos.

COLOMBIA

Vista de la Ciudad de Panamá

¿Qué aprendiste? Contesta cada pregunta con una oración completa.

1. ¿Cuál es la lengua materna del catorce por ciento de los panameños?
   El inglés es la lengua materna del catorce por ciento de los panameños.
2. ¿A qué unidad monetaria (*monetary unit*) es equivalente el balboa?
   El balboa es equivalente al dólar estadounidense.
3. ¿Qué océanos une el Canal de Panamá?
   El Canal de Panamá une los océanos Atlántico y Pacífico.
4. ¿Quién es Mariano Rivera?
   Mariano Rivera es un beisbolista panameño.
5. ¿Qué son las molas?
   Las molas son una forma de arte textil de los kunas.
6. ¿Cómo son los diseños de las molas?
   Algunos diseños son abstractos y otros son geométricos.
7. ¿Para qué se usan las molas?
   Las molas se usan como ropa y para decorar las casas.
8. ¿Cómo son las playas de Panamá?
   Son muy variadas; unas están destinadas al turismo, otras tienen valor ecológico.
9. ¿Qué significa "Panamá"?
   "Panamá" significa "lugar de muchos peces".

Conexión Internet Investiga estos temas en **vhlcentral.com**.

1. Investiga la historia de las relaciones entre Panamá y los Estados Unidos y la decisión de devolver (*give back*) el Canal de Panamá. ¿Estás de acuerdo con la decisión? Explica tu opinión.
2. Investiga sobre los kunas u otro grupo indígena de Panamá. ¿En qué partes del país viven? ¿Qué lenguas hablan? ¿Cómo es su cultura?

Practice more at vhlcentral.com.

cauce *channel* fuentes *sources* ingresos *income* buques *ships* han desarrollado *have developed* en torno a *around* tela *fabric* cuyo *whose* peces *fish* istmo *isthmus* arrecifes *reefs*

Student Resources
Cuaderno de actividades comunicativas, p. 124
Supersite: Activities, *eCuaderno*

Teacher Resources
Workbook TE; Textbook and Testing Audio MP3s; Testing Audio Script; Testing Program Tests

21st Century Skills

Creativity and Innovation
Ask students to prepare a list of three products or perspectives they learned about in this lesson to share with the class. You may ask them to focus specifically on the **Cultura** and **Panorama** sections.

21st Century Skills

Leadership and Responsibility Extension Project
As a class, have students decide on three questions they want to ask the partner class related to the topic of the lesson they have just completed. Based on the responses they receive, work as a class to explain to the Spanish-speaking partners one aspect of their responses that surprised the class and why.

My Vocabulary

Las viviendas

las afueras	suburbs; outskirts
el alquiler	rent (payment)
el ama (*m., f.*) de casa	housekeeper; caretaker
el barrio	neighborhood
el edificio de apartamentos	apartment building
el/la vecino/a	neighbor
la vivienda	housing
alquilar	to rent
mudarse	to move (from one house to another)

Los cuartos y otros lugares

el altillo	attic
el balcón	balcony
la cocina	kitchen
el comedor	dining room
el dormitorio	bedroom
la entrada	entrance
la escalera	stairs; stairway
el garaje	garage
el jardín	garden; yard
la oficina	office
el pasillo	hallway
el patio	patio; yard
la sala	living room
el sótano	basement; cellar

Los muebles y otras cosas

la alfombra	carpet; rug
la almohada	pillow
el armario	closet
el cartel	poster
la cómoda	chest of drawers
las cortinas	curtains
el cuadro	picture
el estante	bookcase; bookshelves
la lámpara	lamp
la luz	light; electricity
la manta	blanket
la mesita	end table
la mesita de noche	night stand
los muebles	furniture
la pared	wall
la pintura	painting; picture
el sillón	armchair
el sofá	couch; sofa

Los electrodomésticos

la cafetera	coffee maker
la cocina, la estufa	stove
el congelador	freezer
el electrodoméstico	electric appliance
el horno (de microondas)	(microwave) oven
la lavadora	washing machine
el lavaplatos	dishwasher
el refrigerador	refrigerator
la secadora	clothes dryer
la tostadora	toaster

La mesa

la copa	wineglass
la cuchara	(table or large) spoon
el cuchillo	knife
el plato	plate
la servilleta	napkin
la taza	cup
el tenedor	fork
el vaso	glass

Los quehaceres domésticos

arreglar	to neaten; to straighten up
barrer el suelo	to sweep the floor
cocinar	to cook
ensuciar	to get (something) dirty
hacer la cama	to make the bed
hacer quehaceres domésticos	to do household chores
lavar (el suelo, los platos)	to wash (the floor, the dishes)
limpiar la casa	to clean the house
pasar la aspiradora	to vacuum
planchar (la ropa)	to iron (the clothes)
poner la mesa	to set the table
quitar la mesa	to clear the table
quitar el polvo	to dust
sacar la basura	to take out the trash
sacudir los muebles	to dust the furniture

Verbos y expresiones verbales

aconsejar	to advise
insistir (en)	to insist (on)
mandar	to order
recomendar (e:ie)	to recommend
rogar (o:ue)	to beg
sugerir (e:ie)	to suggest
Es bueno que…	It's good that…
Es importante que…	It's important that…
Es malo que…	It's bad that…
Es mejor que…	It's better that…
Es necesario que…	It's necessary that…
Es urgente que…	It's urgent that…

Relative pronouns	See page 100.
Expresiones útiles	See page 95.

recursos

v̂ Text · CA p. 124 · vhlcentral

La naturaleza

Communicative Goals

I will be able to:
- Talk about and discuss the environment
- Express my beliefs and opinions about issues

A PRIMERA VISTA
- ¿Son estas personas excursionistas?
- ¿Es importante que usen zapatos deportivos?
- ¿Se llevan bien o mal?
- ¿Se divierten o no?

Lesson Goals

In **Lección 4**, students will be introduced to the following:
- terms to describe nature and the environment
- conservation and recycling terms
- the Andes mountain range
- Colombia's Santa Marta mountain range
- subjunctive with verbs and expressions of emotion
- subjunctive with verbs and expressions of doubt, disbelief, and denial
- expressions of certainty
- subjunctive with conjunctions
- when the infinitive follows a conjunction
- recognizing the purpose of a text
- considering audience and purpose when writing
- writing a persuasive letter or article
- using background knowledge and context to guess meaning
- a public service announcement for **Edenor**, Argentina's largest distributor of electricity
- a video about nature in Costa Rica
- cultural, geographic, and historical information about Colombia

21st Century Skills

Initiative and Self-Direction
Students can monitor their progress online using the Supersite activities and assessments.

A primera vista Here are some additional questions you can ask based on the photo: **¿Te interesa la ecología? ¿Te gusta entrar en contacto con la naturaleza? ¿Cómo te sientes cuando estás fuera de la ciudad? ¿Te preocupa la ecología de la región donde vives?**

SUPPORT FOR BACKWARD DESIGN

Lección 4 **Essential Questions**
1. How do people talk about the environment?
2. How do people express beliefs and opinions?
3. What are some features of mountain ranges in South America?

Lección 4 **Integrated Performance Assessment**
Before teaching this chapter, review the Integrated Performance Assessment (IPA) and its accompanying scoring rubric provided in the Testing Program. Use the IPA to assess students' progress toward proficiency targets at the end of the chapter.
IPA Context: You and your classmates would like to take an ecotourism trip and are investigating different destinations. You are going to compare three different locations and then choose the destination you like the best.

Voice boards on the Supersite allow you and your students to record and share up to five minutes of audio. Use voice boards for presentations, oral assessments, discussions, directions, etc.

Section Goals

In **Contextos**, students will learn and practice:
- terms to describe nature and the environment
- conservation terms

Communication 1.2
Comparisons 4.1

Student Resources
Cuaderno de actividades comunicativas, p. 125
Cuaderno de práctica, pp. 41–42
Cuaderno para hispanohablantes, pp. 55–56
Supersite: Activities, *eCuaderno*

Teacher Resources
Workbook TEs; Digital Image Bank; Textbook and Audio Activities MP3s; Audio Scripts; Testing Program Quizzes; Activity Pack

Teaching Tips
- Write **la naturaleza** and **la conservación** on the board and ask students to guess what they mean. As a class, brainstorm as many English words as possible for each category. Once there are about fifteen words under each heading, have students look for Spanish equivalents in their texts.
- Use the **Lección 4 Contextos** Digital Image Bank to support this presentation.
- Point to the illustrated vocabulary items and ask volunteers to identify each item. Then ask questions about the items in **Más vocabulario**. Ex: **¿Qué recursos naturales hay en nuestra región? ¿Hay problemas de contaminación del medio ambiente aquí? ¿Cómo se llama el río de nuestra ciudad? ¿Se puede nadar allí? ¿Se debe pescar allí? ¿Por qué no?**

---

4 contextos

La naturaleza

My Vocabulary Tutorials

Más vocabulario

el animal	animal
el bosque (tropical)	(tropical; rain) forest
el desierto	desert
la naturaleza	nature
la planta	plant
la selva, la jungla	jungle
la tierra	land; soil
el cielo	sky
la estrella	star
la luna	moon
el calentamiento global	global warming
el cambio climático	climate change
la conservación	conservation
la contaminación (del aire; del agua)	(air; water) pollution
la deforestación	deforestation
la ecología	ecology
el/la ecologista	ecologist
el ecoturismo	ecotourism
la energía (nuclear; solar)	(nuclear; solar) energy
la extinción	extinction
la fábrica	factory
el medio ambiente	environment
el peligro	danger
el recurso natural	natural resource
la solución	solution
el gobierno	government
la ley	law
la (sobre)población	(over)population
ecologista	ecological
puro/a	pure
renovable	renewable

recursos

vText

CA
p. 125

CP
pp. 41–42

CH
pp. 55–56

S
vhlcentral

Variación léxica

hierba ⟷ pasto (*Méx., Perú*); grama (*Venez., Col.*)

el ave, el pájaro

el cráter

el volcán

el pez (sing.), los peces (pl.)

la vaca

el árbol

la hierba

la flor

el perro

el gato

Heritage Speakers Explain that **hierba** can also be spelled **yerba**, but the pronunciation is the same. Ask heritage speakers to think of things found in nature that have more than one name. Ex: **culebra/serpiente/víbora** (*snake*); **piedra/roca** (*rock*); **bosque tropical/selva tropical** (*rain forest*).

Extra Practice Write a vocabulary word on a scrap of paper and show it to a volunteer. That student should go to the board

and draw pictures that represent the word. The class must guess the word, then spell it in Spanish as the volunteer writes it on the board.

TPR Have students stand in a circle. Pronounce a word from **Contextos**, use it in a sentence, then repeat the word. Toss a ball to a student, who must spell the word (including accents) and toss the ball back. Students who misspell are eliminated.

 Communication 1.1

Práctica

1 Escuchar Mientras escuchas las frases, anota los sustantivos (*nouns*) que se refieren a las plantas, los animales, la tierra y el cielo.

Plantas	Animales	Tierra	Cielo
flores	perro	valle	sol
hierba	gatos	volcán	nubes
árboles	vacas	bosques tropicales	estrellas

2 ¿Cierto o falso? Escucha las oraciones e indica si lo que dice cada una es **cierto** o **falso**, según el dibujo.

1. cierto
2. falso
3. falso
4. cierto
5. cierto
6. falso

3 Seleccionar Selecciona la palabra que no está relacionada.

1. estrella • gobierno • luna • sol   gobierno
2. lago • río • mar • peligro   peligro
3. vaca • gato • pájaro • población   población
4. cielo • cráter • aire • nube   cráter
5. desierto • solución • selva • bosque   solución
6. flor • hierba • renovable • árbol   renovable

4 Definir Trabaja con un(a) compañero/a para definir o describir cada palabra. Sigue el modelo. Answers will vary.

> **modelo**
> **Estudiante 1:** ¿Qué es el cielo?
> **Estudiante 2:** El cielo está sobre la tierra y tiene nubes.

1. la población
2. un valle
3. el calentamiento global
4. la naturaleza
5. un desierto
6. la extinción
7. la ecología
8. un sendero

5 Describir Trabajen en parejas para describir estas fotos. Answers will vary.

---

1 Teaching Tip To simplify, have students brainstorm a few words for each category before listening.

1 Script 1. Mi novio siempre me compra flores para nuestro aniversario. 2. Cuando era pequeño, jugaba con mi perro todo el tiempo. 3. En los desiertos casi no hay hierba. 4. Algunos científicos dicen que la temperatura del sol va a aumentar en los próximos años. 5. No puedo visitarte porque soy alérgico a los gatos.
Script continues on page 130.

2 Teaching Tip To challenge students, have them correct the false statements.

2 Script 1. Hay un gato jugando con un perro. 2. La vaca está en un sendero de la montaña. 3. No hay nubes sobre el valle. 4. La vaca está comiendo hierba. 5. Una pareja come sobre la hierba. 6. Las piedras están lejos del río.
Teacher Resources DVD

3 Expansion Have students state a category for the related words. Ex: **1. cosas que están en el cielo**

4 Expansion Have pairs read their definitions aloud in random order for the class to guess which term is being described.

5 Teaching Tip To simplify, give students these guidelines to help them prepare their descriptions: objects in the photos, colors, the weather, the time of day, where the photo was taken.

5 Expansion Ask students to imagine the photos were taken on a recent vacation. Have them write a brief essay about their vacation, incorporating their descriptions.

Labels on illustration: el sol, la nube, el valle, el sendero, el lago, la piedra, el río

---

TEACHING OPTIONS

TPR Make a series of true/false statements related to the lesson theme using the vocabulary. Tell students to remain seated if a statement is true and to stand if it is false. Ex: **A los gatos les gusta nadar en los lagos.** (Students stand.) **Los carros son responsables en parte de la contaminación del aire.** (Students remain seated.)

TEACHING OPTIONS

Game Have students fold a sheet of paper in half four times to create 16 squares and choose one vocabulary word to write in each square. Call out definitions for the vocabulary words. If students have the defined word, they mark their paper. The first student to mark four words in a row (across, down, or diagonally) calls out ¡**Loto!** Have the student read aloud his or her words to check if the definitions have been given.

Script (continued)

6. Durante la tormenta, las nubes grises cubrían toda la ciudad. 7. En el mar Caribe hay muchos peces exóticos. 8. Algunas noches vamos al campo para ver las estrellas. 9. El Puracé es un volcán activo en los Andes colombianos. 10. Los árboles de los bosques tropicales contienen las curas para muchas enfermedades.
Teacher Resources DVD

Teaching Tips
- Use the **Lección 4 Contextos** Digital Image Bank to support this vocabulary presentation.
- Engage students in a discussion about recycling and conservation. Ask volunteers to describe what is happening in the drawing. Ask: **¿Qué hace la señora de la izquierda? (Recicla una lata de aluminio.)** Cover the active vocabulary, then ask about students' own experiences and opinions. Ex: **¿Tiene un buen programa de reciclaje nuestra ciudad? ¿Qué hacen ustedes para reducir la contaminación del medio ambiente? ¿Qué hace la escuela? ¿Cómo estamos afectados por la contaminación en nuestra ciudad/región? ¿Cuál es el mayor problema ecológico de nuestra región? ¿Qué evitan ustedes por razones ecológicas?**

6 Expansion
- Ask questions to engage students in a conversation that requires them to recycle the activity vocabulary. Ex: **¿Qué debemos hacer para mantener las calles limpias de basura? ¿Para qué trabajan los científicos? ¿Por qué es necesario que trabajemos para proteger el medio ambiente?**
- Have students write five additional sentences, using different forms of the verbs. Ask volunteers to share their sentences with the class.

El reciclaje

el envase de plástico

Recoge la botella de vidrio. (recoger)

Recicla la lata de aluminio. (reciclar)

Más vocabulario

cazar	to hunt
conservar	to conserve
contaminar	to pollute
controlar	to control
cuidar	to take care of
dejar de (+ *inf.*)	to stop (doing something)
desarrollar	to develop
descubrir	to discover
destruir	to destroy
estar afectado/a (por)	to be affected (by)
estar contaminado/a	to be polluted
evitar	to avoid
mejorar	to improve
proteger	to protect
reducir	to reduce
resolver (o:ue)	to resolve; to solve
respirar	to breathe

6 **Completar** Selecciona la palabra o la expresión adecuada para completar cada oración.

contaminar	destruyen	reciclamos
controlan	están afectadas	recoger
cuidan	mejoramos	resolver
descubrir	proteger	se desarrollaron

1. Si vemos basura en las calles, la debemos ____recoger____.
2. Los científicos trabajan para ____descubrir____ nuevas soluciones.
3. Es necesario que todos trabajemos juntos para ____resolver____ los problemas del medio ambiente.
4. Debemos ____proteger____ el medio ambiente porque hoy día está en peligro.
5. Muchas leyes nuevas ____controlan____ el nivel de emisiones que producen las fábricas.
6. Las primeras civilizaciones ____se desarrollaron____ cerca de los ríos y los mares.
7. Todas las personas ____están afectadas____ por la contaminación.
8. Los turistas deben tener cuidado de no ____contaminar____ los lugares que visitan.
9. Podemos conservar los recursos si ____reciclamos____ el aluminio, el vidrio y el plástico.
10. La contaminación y la deforestación ____destruyen____ el medio ambiente.

Practice more at **vhlcentral.com**.

TEACHING OPTIONS

Pairs Have pairs of students write each vocabulary word from this page on index cards. Pairs then shuffle the cards and take turns drawing from the stack. The student who draws a card then must make a comment about conservation or the environment, using the word he or she has drawn. The other student writes down the comment. After students finish the stack, call on volunteers to share their comments.

TEACHING OPTIONS

Small Groups Divide the class into groups of three or four. Have each group make a list of eight environmental problems in the region. Ask groups to trade lists. Have them write solutions to the problems on the list they receive, and then give the lists back to the original group. After reading the solutions, the original groups should give reasons why the solutions are viable or not.

Comunicación

7   **¿Es importante?** En parejas, lean este párrafo y contesten las preguntas. Some answers will vary.

Los problemas del medio ambiente

importantísimo
muy importante
importante
poco importante
no es importante

la deforestación   los animales en peligro de extinción   la contaminación del aire   la contaminación del agua   la basura en las ciudades

Para celebrar el Día de la Tierra, una estación de radio colombiana hizo una pequeña encuesta entre estudiantes de escuela secundaria y les preguntaron sobre los problemas del medio ambiente. Se les preguntó cuáles creían que eran los cinco problemas más importantes del medio ambiente. Ellos también tenían que decidir el orden de importancia de estos problemas, del uno al cinco.

Los resultados probaron (*proved*) que la mayoría de los estudiantes están preocupados por la contaminación del aire. Muchos mencionaron que no hay aire puro en las ciudades. El problema número dos para los estudiantes es que los ríos y los lagos están afectados por la contaminación. La deforestación quedó como el problema número tres, la basura en las ciudades como el número cuatro y los animales en peligro de extinción como el número cinco.

1. Según la encuesta, ¿qué problema consideran el más grave? ¿Qué problema consideran el menos grave? la contaminación del aire; los animales en peligro de extinción

2. ¿Cómo creen que se puede evitar o resolver el problema más importante?

3. ¿Es necesario resolver el problema menos importante? ¿Por qué?

4. ¿Consideran ustedes que existen los mismos problemas en su comunidad? Den algunos ejemplos.

8   **Situaciones** Trabajen en grupos pequeños para representar estas situaciones. Answers will vary.

1. Unos/as representantes de una agencia ambiental (*environmental*) hablan con el/la presidente/a de una fábrica que está contaminando un río o el aire.

2. Un(a) guía de ecoturismo habla con un grupo sobre cómo disfrutar (*enjoy*) de la naturaleza y conservar el medio ambiente.

3. Un(a) representante de la escuela habla con un grupo de nuevos estudiantes sobre la campaña (*campaign*) ambiental de la escuela y trata de reclutar (*tries to recruit*) miembros para un club que trabaja por la protección del medio ambiente.

9   **Escribir una carta** Trabajen en parejas para escribir una carta a una empresa real o imaginaria que esté contaminando el medio ambiente. Expliquen las consecuencias que sus acciones van a tener para el medio ambiente. Sugiéranle algunas ideas para que solucione el problema. Utilicen por lo menos diez palabras de **Contextos**. Answers will vary.

---

7 **Expansion** Divide the class into groups of five to discuss questions 2–4. Groups should reach a consensus for each question, then report back to the class.

7 **Partner Chat (Premium)** You can also assign activity 7 on the Supersite. Students work in pairs to record the activity online. The pair's recorded conversation will appear in your gradebook.

 **TELL Connection**

Learning Tools 1
Why: A wide variety of tools supports comprehension.
What: Charts and graphs powerfully connect language to visualization.

8 **Teaching Tip** Divide the class into groups of three or four. Have each group choose a situation, but make sure that each situation is selected by at least one group. Have students take turns playing each role. After groups have had time to prepare their situations, invite some of them to present them to the class.

9 **Teaching Tips**
• Remind students that a business letter in Spanish begins with a salutation, such as **Estimado(s) señor(es)**, and ends with a closing such as **Atentamente**.
• With the class, brainstorm a list of agencies or companies that are known to not be environmentally conscious. Ask the class to categorize the companies according to how they harm the environment. Then divide the class into pairs and have them choose a company for the activity. Alternately, you can vary the activity to have it focus on green companies.

DIFFERENTIATION

Heritage Speakers Ask heritage speakers to interview family members or people in their community about the environmental challenges in their families' countries of origin. Encourage them to find out how the problems affect the land and the people. Have students report their findings to the class.

TEACHING OPTIONS

Large Group Prepare two sets of index cards, one with environmental problems and the other with possible solutions. Ex: **la destrucción de los bosques – reducir las áreas de deforestación; la contaminación de los ríos – controlar el tipo de sustancias que hay en el agua** Shuffle the two sets of cards and distribute them. Have students with problem cards circulate around the room, asking questions until they find a viable solution.

Section Goals

In **Fotonovela**, students will:
- receive comprehensible input from free-flowing discourse
- learn functional phrases that preview lesson grammatical structures

 Communication 1.2
Cultures 2.1, 2.2

Student Resources
Cuaderno de actividades comunicativas, pp. 53–54
Supersite: *Fotonovela* video, Activities, *eCuaderno*

Teacher Resources
Workbook TE; Video Script & Translation

Video Recap: Lección 3
Before doing this **Fotonovela** section, review the previous episode with these questions:
1. ¿Por qué tuvieron que arreglar la casa Felipe y Jimena? (Porque querían ir a la Yucatán con Marissa.)
2. ¿Quiénes ayudaron a los hermanos a limpiar la casa? (Juan Carlos, Marissa y don Diego) 3. ¿Qué recomendación les hizo don Diego a los chicos para limpiar la casa más rápido? (organizarse en equipos)
4. ¿Pudieron terminar la cena a tiempo? (Sí, la terminaron a tiempo.) ¿A quién invitaron a cenar? (Invitaron a don Diego.)

Video Synopsis Jimena, Felipe, Juan Carlos, and **Marissa** take a trip to the **Yucatán** Peninsula. While **Marissa** and **Jimena** visit a turtle sanctuary and the Mayan ruins of **Tulum**, the boys take a guided tour of the jungle, where **Felipe** has a mishap.

Teaching Tip Have students scan the **Fotonovela** captions and list words related to nature and the environment. Then have them predict what will happen in this episode.

4 | fotonovela

Lección 4

Aventuras en la naturaleza

Las chicas visitan un santuario de tortugas, mientras los chicos pasean por la selva.

PERSONAJES   MARISSA   JIMENA

 Video: *Fotonovela*

1

MARISSA Querida tía Ana María, lo estoy pasando muy bien. Es maravilloso que México tenga tantos programas estupendos para proteger a las tortugas. Hoy estamos en Tulum, y ¡el paisaje es espectacular! Con cariño, Marissa.

2

MARISSA Estoy tan feliz de que estés aquí conmigo.
JIMENA Es mucho más divertido cuando se viaja con amigos.
(Llegan Felipe y Juan Carlos)
JIMENA ¿Qué pasó?
JUAN CARLOS No lo van a creer.

3

GUÍA A menos que protejamos a los animales de la contaminación y la deforestación, muchos van a estar en peligro de extinción. Por favor, síganme y eviten pisar las plantas.

6

FELIPE Decidí seguir un río y...
MARISSA No es posible que un guía continúe el recorrido cuando hay dos personas perdidas.
JIMENA Vamos a ver, chicos, ¿qué pasó? Dígannos la verdad.

7

JUAN CARLOS Felipe se cayó. Él no quería contarles.
JIMENA ¡Lo sabía!

8

FELIPE Y ustedes, ¿qué hicieron hoy?
JIMENA Marissa y yo fuimos al santuario de las tortugas.

TEACHING OPTIONS

Aventuras en la naturaleza Play the **Aventuras en la naturaleza** episode and have students give you a "play-by-play" description of the action. Write their descriptions on the board. Then replay it, asking the class to list any key words they hear.

Write some of the key words on the board. Finally, discuss the material on the board with the class and guide students toward an accurate summary of the plot.

JUAN CARLOS   **FELIPE**   **GUÍA**

FELIPE Nos retrasamos sólo cinco minutos... Qué extraño. Estaban aquí hace unos minutos.

JUAN CARLOS ¿Adónde se fueron?

FELIPE No creo que puedan ir muy lejos.

(*Se separan para buscar al grupo.*)

FELIPE Juan Carlos encontró al grupo. ¡Yo esperaba encontrarlos también! ¡Pero nunca vinieron por mí! Yo estaba asustado. Regresé al lugar de donde salimos y esperé. Me perdí todo el recorrido.

MARISSA Aprendimos sobre las normas que existen para proteger a las tortugas marinas.

JIMENA Pero no cabe duda de que necesitamos aprobar más leyes para protegerlas.

MARISSA Fue muy divertido verlas tan cerca.

JUAN CARLOS Entonces se divirtieron. ¡Qué bien!

JIMENA Gracias, y tú, pobrecito, pasaste todo el día con mi hermano. Siempre te mete en problemas.

recursos

v Text   CA   (S)   pp. 53–54   vhlcentral

Expresiones útiles

Talking about the environment

Aprendimos sobre las normas que existen para proteger a las tortugas marinas.
We learned about the regulations that exist to protect sea turtles.

Afortunadamente, ahora la población está aumentando.
Fortunately, the population is now growing.

No cabe duda de que necesitamos aprobar más leyes para protegerlas.
There is no doubt that we need to pass more laws to protect them.

Es maravilloso que México tenga tantos programas estupendos para proteger a las tortugas.
It's marvelous that Mexico has so many wonderful programs to protect the turtles.

A menos que protejamos a los animales de la contaminación y la deforestación, muchos van a estar en peligro de extinción.
Unless we protect animals from pollution and habitat loss, many of them will become endangered.

Additional vocabulary

aumentar
to grow; to get bigger
meterse en problemas
to get into trouble
perdido/a
lost
el recorrido
tour
sobre todo
above all

¿Qué pasó?

1 **Teaching Tip** To challenge students, write these sentences on the board without the multiple choice items and have students complete them.

2 **Expansion** Have pairs of students write questions or statements that could have elicited these comments.

Nota cultural **Tulum** is the third most-visited archeological site in Mexico, after **Teotihuacán** and **Chichén Itzá**.

3 **Expansion** Ask students to write three additional questions for a classmate to answer.

4 **Possible Conversation**
E1: ¿Hay problemas de contaminación donde vives?
E2: Sí, tenemos un problema muy grave de contaminación de los ríos. Hay muchos papeles, botellas y latas en los ríos.
E1: Sí, tenemos un problema gravísimo de contaminación del aire. Esto causa enfermedades para los habitantes.
E2: Qué terrible. ¿Cómo podemos resolver los problemas de la contaminación?
E1: Bueno, ahora tenemos un programa de reciclaje. También algunas personas tratan de no usar el auto. Usan el metro o caminan.

The Affective Dimension
Many students feel nervous when called on to give an answer or to read aloud. You can minimize anxiety by asking for volunteers and by having students work in pairs or groups.

4 **Partner Chat** You can also assign activity 4 on the Supersite. Students work in pairs to record the activity online. The pair's recorded conversation will appear in your gradebook.

---

1 **Seleccionar** Selecciona la respuesta más lógica para completar cada oración.

1. México tiene muchos programas para _____c_____ a las tortugas.
   a. destruir   b. reciclar   c. proteger
2. Según la guía, muchos animales van a estar en peligro de _____b_____ si no los protegemos.
   a. reciclaje   b. extinción   c. deforestación
3. La guía les pide a los visitantes que eviten pisar _____a_____.
   a. las plantas   b. las piedras   c. la tierra
4. Felipe no quería contarles a las chicas que se _____c_____.
   a. divirtió   b. alegró   c. cayó
5. Jimena dice que debe haber más _____b_____ para proteger a las tortugas.
   a. playas   b. leyes   c. gobiernos

2 **Identificar** Identifica quién puede decir estas oraciones. Puedes usar algunos nombres más de una vez.

1. Fue divertido ver a las tortugas y aprender las normas para protegerlas. Marissa/Jimena
2. Tenemos que evitar la contaminación y la deforestación. guía
3. Estoy feliz de estar aquí, Tulum es maravilloso. Marissa
4. Es una lástima que me pierda el recorrido. Felipe
5. No es posible que esa historia que nos dices sea verdad. Jimena/Marissa
6. No van a creer lo que le sucedió a Felipe. Juan Carlos
7. Tenemos que cuidar las plantas y los animales. guía
8. Ojalá que mi hermano no se meta en más problemas. Jimena

FELIPE   MARISSA

JIMENA

GUÍA   JUAN CARLOS

3 **Preguntas** Contesta estas preguntas usando la información de **Fotonovela**.

1. ¿Qué lugar visitan Marissa y Jimena?
   Marissa y Jimena visitan un santuario de tortugas.
2. ¿Adónde fueron Juan Carlos y Felipe?
   Juan Carlos y Felipe fueron a la selva.
3. Según la guía, ¿por qué muchos animales están en peligro de extinción?
   Muchos animales están en peligro de extinción por la contaminación y la deforestación.
4. ¿Por qué Jimena y Marissa no creen la historia de Felipe?
   Porque no es posible que un guía continúe el recorrido cuando hay dos personas perdidas.
5. ¿Qué esperaba Felipe cuando se perdió?
   Felipe esperaba encontrar al grupo.

4 **El medio ambiente** En parejas, discutan algunos problemas ambientales y sus posibles soluciones. Usen estas preguntas y frases en su conversación. Answers will vary.

- ¿Hay problemas de contaminación donde vives?
- Tenemos un problema muy grave de contaminación de...
- ¿Cómo podemos resolver los problemas de la contaminación?

Practice more at **vhlcentral.com**.

EXPANSION

Extra Practice Add an auditory aspect to this vocabulary practice. Use the sentences in **Actividad 1** or **Actividad 2** for a dictation activity. Have students close their books and write what they hear as each sentence is read twice slowly and once at regular speed. Then have students open their books and check their work for accuracy. Ask comprehension questions as a follow-up.

TEACHING OPTIONS

Small Groups Have students work in groups of three to write a short article about their environmental concerns for a local newsletter (**boletín informativo**). Their articles should include a description of a few environmental problems and some suggestions for solving them. Have groups share their articles with the class.

Ortografía y pronunciación
Los signos de puntuación

In Spanish, as in English, punctuation marks are important because they help you express your ideas in a clear, organized way.

 Audio

> **No podía ver las llaves. Las buscó por los estantes, las mesas, las sillas, el suelo; minutos después, decidió mirar por la ventana. Allí estaban…**

The **punto y coma (;)**, the **tres puntos (…)**, and the **punto (.)** are used in very similar ways in Spanish and English.

> **Argentina, Brasil, Paraguay y Uruguay son miembros de Mercosur.**

In Spanish, the **coma (,)** is not used before **y** or **o** in a series.

> **13,5%**   **29,2°**   **3.000.000**   **$2.999,99**

In numbers, Spanish uses a **coma** where English uses a decimal point and a **punto** where English uses a comma.

 **Cómo te llamas**   **¿Dónde está?**   **¡Ven aquí!**   **Hola**

Questions in Spanish are preceded and followed by **signos de interrogación (¿ ?)**, and exclamations are preceded and followed by **signos de exclamación (¡ !)**.

Práctica Lee el párrafo e indica los signos de puntuación necesarios. _Answers will vary._

> Ayer recibí la invitación de boda de Marta mi amiga colombiana inmediatamente empecé a pensar en un posible regalo fui al almacén donde Marta y su novio tenían una lista de regalos había de todo copas cafeteras tostadoras finalmente decidí regalarles un perro ya sé que es un regalo extraño pero espero que les guste a los dos

¿Palabras de amor? El siguiente diálogo tiene diferentes significados (_meanings_) dependiendo de los signos de puntuación que utilices y el lugar donde los pongas. Intenta encontrar los diferentes significados. _Answers will vary._

JULIÁN	me quieres
MARISOL	no puedo vivir sin ti
JULIÁN	me quieres dejar
MARISOL	no me parece mala idea
JULIÁN	no eres feliz conmigo
MARISOL	no soy feliz

recursos
v̂Text   CA p. 126   CH p. 57   vhlcentral

Section Goal

In **Ortografía y pronunciación**, students will learn the use of punctuation marks in Spanish.

Comparisons 4.1

Student Resources
Cuaderno de actividades comunicativas, p. 126
Cuaderno para hispanohablantes, p. 57
Supersite: Activities, _eCuaderno_

Teacher Resources
Workbook TE; Textbook and Audio Activities MP3s; Audio Scripts

Teaching Tips
- Explain that there is no space before or between ellipsis marks in Spanish. There is, however, a space after the third ellipsis point when used within a sentence.
- Model reading the numerical examples. Ex: **13,5% = trece coma cinco por ciento.** Write numbers on the board for translations into Spanish. Ex: 89.3%; 5,020,307; $13.50.
- Explain that the inverted question mark or exclamation point does not always come at the beginning of a sentence, but where the question or exclamation begins. Ex:
  —**¿Cómo estás, Mirta?**
  —**¡Bien! Y tú, ¿cómo estás?**
  —**Ay, ¡me duele la cabeza!**

¿Palabras de amor? Two possibilities for punctuation:

J: **¿Me quieres?**
M: **¡No puedo vivir sin ti!**
J: **¿Me quieres dejar?**
M: **No. Me parece mala idea.**
J: **¿No eres feliz conmigo?**
M: **No. Soy feliz.**

J: **¿Me quieres?**
M: **No. Puedo vivir sin ti.**
J: **¡Me quieres dejar!**
M: **No me parece mala idea.**
J: **¿No eres feliz conmigo?**
M: **No soy feliz.**

 **EN DETALLE**

 Additional Reading

¡Los Andes se mueven!

Los Andes, la cadena° de montañas más extensa de América, son conocidos como "la espina dorsal° de Suramérica". Sus 7.240 kilómetros (4.500 millas) van desde el norte° de la región entre Venezuela y Colombia, hasta el extremo sur°, entre Argentina y Chile, y pasan por casi todos los países suramericanos. La cordillera° de los Andes, formada hace 27 millones de años, es la segunda más alta del mundo, después de la del Himalaya (aunque° esta última es mucho más "joven", ya que se formó hace apenas cinco millones de años).

Para poder atravesar° de un lado a otro de los Andes, existen varios pasos o puertos° de montaña. Situados a grandes alturas°, son generalmente estrechos° y peligrosos. En algunos de ellos hay, también, vías ferroviarias°.

De acuerdo con° varias instituciones científicas, la cordillera de los Andes se eleva° y se hace más angosta° cada año. La capital de Chile se acerca° a la capital de Argentina a un ritmo° de 19,4 milímetros por año. Si ese ritmo se mantiene°, Santiago y Buenos Aires podrían unirse° en unos... 63 millones de años, ¡casi el

mismo tiempo que ha transcurrido° desde la extinción de los dinosaurios!

Arequipa, Perú

Los Andes en números

3 Cordilleras que forman los Andes: Las cordilleras Central, Occidental y Oriental

900 (A.C.°) Año aproximado en que empezó el desarrollo° de la cultura chavín, en los Andes peruanos

600 Número aproximado de volcanes que hay en los Andes

6.960 Metros (**22.835** pies) de altura del Aconcagua (Argentina), el pico° más alto de los Andes

cadena *range* espina dorsal *spine* norte *north* sur *south* cordillera *mountain range* aunque *although* atravesar *to cross* puertos *passes* alturas *heights* estrechos *narrow* vías ferroviarias *railroad tracks* De acuerdo con *According to* se eleva *rises* angosta *narrow* se acerca *gets closer* ritmo *rate* se mantiene *keeps going* podrían unirse *could join together* ha transcurrido *has gone by* A.C. *Before Christ* desarrollo *development* pico *peak*

ACTIVIDADES

1 **Escoger** Escoge la opción que completa mejor cada oración.

1. Los Andes son la cadena montañosa más extensa del...
   a. mundo.   b. continente americano.   c. hemisferio norte.
2. "La espina dorsal de Suramérica" es...
   a. los Andes.   b. el Himalaya.   c. el Aconcagua.
3. La cordillera de los Andes se extiende...
   a. de este a oeste.   b. de sur a oeste.   c. de norte a sur.
4. El Himalaya y los Andes tienen...
   a. diferente altura.   b. la misma altura.   c. el mismo color.
5. Es posible atravesar los Andes por medio de...
   a. montañas   b. puertos   c. metro
6. En algunos de los puertos de montaña de los Andes hay...
   a. puertas.   b. vías ferroviarias.   c. cordilleras.
7. En 63 millones de años, Buenos Aires y Santiago podrían...
   a. separarse.   b. desarrollarse.   c. unirse.
8. El Aconcagua es...
   a. una montaña.   b. un grupo indígena.   c. un volcán.

ASÍ SE DICE

La naturaleza

el arco iris	*rainbow*
la catarata	*waterfall*
el cerro; la colina; la loma	*hill, hillock*
la cima; la cumbre; el tope (Col.)	*summit; mountaintop*
la maleza; los rastrojos (Col.); la yerba mala (Cuba); los hierbajos (Méx.); los yuyos (Arg.)	*weeds*
la niebla	*fog*

EL MUNDO HISPANO

Cuerpos° de agua

- **Lago de Maracaibo** es el lago natural más grande de Suramérica y tiene una conexión directa y natural con el mar.

- **Lago Titicaca** es el lago navegable más alto del mundo. Se encuentra a más de 3.800 metros de altitud.

- **Bahía Mosquito** es una bahía bioluminiscente. En sus aguas viven unos microorganismos que emiten luz° cuando sienten que algo agita° el agua.

Cuerpos *Bodies* emiten luz *emit light* agita *shakes*

PERFIL

La Sierra Nevada de Santa Marta

La Sierra Nevada de Santa Marta es una cadena de montañas en la costa norte de Colombia. Se eleva abruptamente desde las costas del mar Caribe y en apenas 42 kilómetros llega a una altura de 5.775 metros

(18.947 pies) en sus picos nevados°. Tiene las montañas más altas de Colombia y es la formación montañosa costera° más alta del mundo.

Los pueblos indígenas que habitan allí lograron° mantener los frágiles ecosistemas de estas montañas a través de° un sofisticado sistema de terrazas° y senderos empedrados° que

permitieron° el control de las aguas en una región de muchas lluvias, evitando así la erosión de la tierra. La Sierra fue nombrada Reserva de la Biosfera por la UNESCO en 1979.

nevados *snowcapped* costera *coastal* lograron *managed* a través de *by means of* terrazas *terraces* empedrados *cobblestone* permitieron *allowed*

🔗 Conexión Internet

¿Dónde se puede hacer ecoturismo en Latinoamérica?	Go to **vhlcentral.com** to find more cultural information related to this **Cultura** section.

ACTIVIDADES

2 **Comprensión** Indica si lo que dice cada oración es **cierto** o **falso**. Corrige la información falsa.

1. En Colombia, *weeds* se dice **hierbajos**.
Falso. Se dice *rastrojos*.
2. El lago Titicaca es el más grande del mundo.
Falso. Es el lago navegable más alto del mundo.
3. La Sierra Nevada de Santa Marta es la formación montañosa costera más alta del mundo.
Cierto.
4. Los indígenas destruyeron el ecosistema de Santa Marta.
Falso. Lograron mantener los ecosistemas de las montañas.

3 **Maravillas de la naturaleza** Escribe un párrafo breve donde describas alguna maravilla de la naturaleza que has (*you have*) visitado y que te impresionó. Puede ser cualquier (*any*) sitio natural: un río, una montaña, una selva, etc. Answers will vary.

recursos

v̂Text

CH
p. 58

vhlcentral

🅢 Practice more at vhlcentral.com.

TEACHING OPTIONS

TPR Add an auditory aspect to this Cultura presentation. Prepare descriptions of the bodies of water and mountain ranges mentioned on these pages. Ex: **Es la formación montañosa más alta del mundo. Cada año se eleva un poco más. Está formada por tres cordilleras.** Give each student a set of cards with the names of geographical features, and have them hold up the corresponding name for each sentence you read.

TEACHING OPTIONS

Large Group Give five volunteers each a slip of paper with a different lake or mountain range: **el lago Titicaca, el lago de Maracaibo, la Bahía Mosquito, los Andes,** and **la Sierra Nevada de Santa Marta.** Then have the class circulate around the room and ask questions to find out what body of water or mountain range each volunteer represents. Ex: **¿Eres un cuerpo de agua o una montaña? ¿En qué país(es) estás?**

Section Goals

In **Estructura 4.1**, students will learn:
- to use the subjunctive with verbs and expressions of emotion
- common verbs and expressions of emotion

Communication 1.1
Comparisons 4.1

Student Resources
Cuaderno de actividades comunicativas, pp. 13–14, 127
Cuaderno de práctica, pp. 43–44
Cuaderno para hispanohablantes, pp. 59–60
Supersite: Activities, *eCuaderno*

Teacher Resources
Workbook TEs; Grammar Slides; Audio Activities MP3s; Audio Script; Testing Program Quizzes; Activity Pack

Teaching Tips
- Ask students to call out some of the verbs that, when placed in the main clause, trigger the subjunctive in the subordinate clause (see **Estructura 3.4**, p. 112). List the verbs on the board and ask students to use them in sentences as a review of the conjugation of regular **-ar**, **-er**, and **-ir** verbs.
- Model the use of some common verbs and expressions of emotion. Ex: **Me molesta mucho que recojan la basura sólo una vez a la semana. Me sorprende que algunas personas no se procupen por el medio ambiente.** Then ask volunteers to use other verbs and expressions in sentences.

 Tutorial

4.1 The subjunctive with verbs of emotion

ANTE TODO In the previous lesson, you learned how to use the subjunctive with expressions of will and influence. You will now learn how to use the subjunctive with verbs and expressions of emotion.

Main clause		Subordinate clause
Marta **espera**	(que)	yo **vaya** al lago este fin de semana.

▶ When the verb in the main clause of a sentence expresses an emotion or feeling, such as hope, fear, joy, pity, or surprise, the subjunctive is required in the subordinate clause.

Nos alegramos de que te **gusten** las flores.
We are happy that you like the flowers.

Siento que tú no **puedas** venir mañana.
I'm sorry that you can't come tomorrow.

Temo que Ana no **pueda** ir mañana con nosotros.
I'm afraid that Ana won't be able to go with us tomorrow.

Le **sorprende** que Juan **sea** tan joven.
It surprises him that Juan is so young.

Es una lástima que ellos no estén aquí con nosotros.

Me alegro de que te diviertas.

Common verbs and expressions of emotion

alegrarse (de)	to be happy	**tener miedo (de)**	to be afraid (of)
esperar	to hope; to wish	**es extraño**	it's strange
gustar	to be pleasing; to like	**es una lástima**	it's a shame
molestar	to bother	**es ridículo**	it's ridiculous
sentir (e:ie)	to be sorry; to regret	**es terrible**	it's terrible
sorprender	to surprise	**es triste**	it's sad
temer	to be afraid; to fear	**ojalá (que)**	I hope (that); I wish (that)

Me molesta que la gente no **recicle** el plástico.
It bothers me that people don't recycle plastic.

Es triste que **tengamos** problemas como el cambio climático.
It's sad that we have problems like climate change.

Large Group Have students circulate around the room, interviewing each other about their hopes and fears for the future of the environment. Ex: **¿Qué esperas para el futuro del medio ambiente? (Espero que encontremos una solución al problema de la contaminación.) ¿Qué es lo que más temes? (Temo que destruyamos los bosques tropicales.)** Encourage students to use the common verbs and expressions of emotion.

Extra Practice Ask students to imagine that they have just finished watching a documentary about the effects of pollution. Have them write five responses to what they saw and heard, using different verbs or expressions of emotion in each sentence. Ex: **Me sorprende que el río esté contaminado....**

▶ As with expressions of will and influence, the infinitive, not the subjunctive, is used after an expression of emotion when there is no change of subject. Compare these sentences.

Temo **llegar** tarde.	Temo que mi novio **llegue** tarde.
I'm afraid I'll arrive late.	*I'm afraid my boyfriend will arrive late.*

▶ The expression **ojalá (que)** means *I hope* or *I wish*, and it is always followed by the subjunctive. Note that the use of **que** with this expression is optional.

Ojalá (que) se conserven nuestros recursos naturales.	**Ojalá (que) recojan** la basura hoy.
I hope (that) our natural resources will be conserved.	*I hope (that) they collect the garbage today.*

Ojalá que
su aseguradora escuche
sus necesidades con la
misma atención.

COLMENA
salud - medicina
Con su familia, por su futuro.

Por fin usted se puede poner en manos
de una compañía confiable.

¡INTÉNTALO! Completa las oraciones con las formas correctas de los verbos.

1. Ojalá que ellos __descubran__ (descubrir) nuevas formas de energía.
2. Espero que Ana nos __ayude__ (ayudar) a recoger la basura en la carretera.
3. Es una lástima que la gente no __recicle__ (reciclar) más.
4. Esperamos __proteger__ (proteger) el aire de nuestra comunidad.
5. Me alegro de que mis amigos __quieran__ (querer) conservar la naturaleza.
6. Espero que tú __vengas__ (venir) a la reunión (*meeting*) del Club de Ecología.
7. Es malo __contaminar__ (contaminar) el medio ambiente.
8. A mis padres les gusta que nosotros __participemos__ (participar) en la reunión.
9. Es terrible que nuestras ciudades __estén__ (estar) afectadas por la contaminación.
10. Ojalá que yo __pueda__ (poder) hacer algo para reducir el calentamiento global.

Teaching Tip Compare and contrast the use of the infinitive and the subjunctive with examples like these: **Juan espera hacer algo para aliviar el problema de la contaminación ambiental. Juan espera que el gobierno haga algo para aliviar el problema de la contaminación ambiental.** Then ask: **¿Es terrible no reciclar? ¿Es terrible que yo no recicle?**

The Affective Dimension Encourage students to start each class by making a list of what they want to accomplish in class that day. Explain that in doing this, they gradually will feel more comfortable with the subjunctive.

Extra Practice Bring in single-panel cartoons (such as those found in *The New Yorker*) with the captions removed, and/or photos from magazines. Have students write a statement for each one about what the cartoon character or person is thinking, using the subjunctive with verbs of emotion. Encourage students to use creativity and humor. Then, in small groups, have students explain their captions and choose the funniest ones to share with the class.

EXPANSION

Extra Practice Have students look at the drawing for **Contextos** on pages 128–129. Ask them to imagine they are one of the people pictured. Then have them write five sentences about how they feel from the point of view of that person. Ex: **Ojalá Gustavo no olvide el sendero para regresar al carro….**
Pairs Have students tell a partner three things that bother him or her and three things he or she is happy about.

TEACHING OPTIONS

TPR Expand the **¡Inténtalo!** activity. Read the beginning of one of the sentences (stop just before the blank) and throw a ball to a student. He or she must complete the sentence in an original manner, using the correct subjunctive form or an infinitive.

Teaching Tips notes (left column)

1 Teaching Tips
- To simplify, start by having students read the items listed in the word bank. Ask volunteers to point out which verbs are in the subjunctive and which words trigger it.
- Ask individuals to explain why they chose the verbs or expressions they did.

1 Expansion Ask pairs to write a new conversation based on the one in the activity. Students should use the subjunctive at least six times. Call on pairs to perform their conversations for the class. Have the class vote for the funniest or most original one.

2 Teaching Tip Have volunteers look at the dehydrated sentences and name elements that could trigger the subjunctive in a following clause. Ex: **esperar, ojalá, molestarme**

Práctica

1 Completar Completa el diálogo con palabras de la lista. Compara tus respuestas con las de un(a) compañero/a. No vas a usar dos de las palabras.

Bogotá, Colombia

alegro	molesta	salga
encuentre	ojalá	tengo miedo de
estén	pueda	vaya
llegue	reduzcan	visitar

OLGA Me alegro de que tu hermana (1)___vaya___ a Colombia. ¿Va a estudiar?

SARA Sí. Es una lástima que (2)___llegue___ una semana tarde. Ojalá que la universidad la ayude a buscar casa. (3)___Tengo miedo de___ que no consiga dónde vivir.

OLGA Me (4)___molesta___ que seas tan pesimista, pero sí, yo también espero que (5)___encuentre___ gente simpática y que hable mucho español.

SARA Sí, ojalá. Va a hacer un estudio sobre la deforestación en las costas. Es triste que en tantos países los recursos naturales (6)___estén___ en peligro.

OLGA Pues, me (7)___alegro___ de que no se quede mucho en la capital por la contaminación. (8)___Ojalá___ tenga tiempo de viajar por el país.

SARA Sí, espero que (9)___pueda___ ir a Medellín.
Sé que también espera (10)___visitar___ la Catedral de Sal de Zipaquirá.

2 Transformar Transforma estos elementos en oraciones completas para formar un diálogo entre Sara y su madre. Añade palabras si es necesario. Luego, con un(a) compañero/a, presenta el diálogo a la clase.

1. Sara, / esperar / (tú) escribirle / Raquel. / Ser / tu / hermana. / Ojalá / no / sentirse / sola Sara, espero que (tú) le escribas a Raquel. Es tu hermana. Ojalá (que) no se sienta sola.

2. molestarme / (tú) decirme / lo que / tener / hacer. / Ahora / mismo / le / estar / escribiendo Me molesta que (tú) me digas lo que tengo que hacer. Ahora mismo le estoy escribiendo.

3. alegrarme / oírte / decir / eso. / Ser / terrible / estar / lejos / cuando / nadie / recordarte Me alegro de oírte decir eso. Es terrible estar lejos cuando nadie te recuerda.

4. mamá, / ¡yo / tener / miedo de / (ella) no recordarme / mí! / Ser / triste / estar / sin / hermana Mamá, ¡yo tengo miedo que (ella) no me recuerde a mí! Es triste estar sin hermana.

5. ser / ridículo / (tú) sentirte / así. / Tú / saber / ella / quererte / mucho Es ridículo que te sientas así. Tú sabes que ella te quiere mucho.

6. ridículo / o / no, / sorprenderme / (todos) preocuparse / ella / y / (nadie) acordarse de / mí Ridículo o no, me sorprende que todos se preocupen por ella y nadie se acuerde de mí.

NOTA CULTURAL

Los principales factores que determinan la temperatura de **Bogotá, Colombia,** son su proximidad al ecuador y su altitud, 2.640 metros (8.660 pies) sobre el nivel (*level*) del mar. Con un promedio (*average*) de 13° C (56° F), Bogotá disfruta de un clima templado (*mild*) durante la mayor parte del año. Hay, sin embargo, variaciones considerables entre el día (18° C) y la noche (7° C).

Practice more at **vhlcentral.com.**

TEACHING OPTIONS

Game Write verbs from the chart on p. 138, infinitives, and subject pronouns on separate slips of paper and put each set of strips in a separate bag. Divide the class into two teams. One member of each team draws a slip of paper from each bag and writes a sentence on the board combining the elements. For each logical and grammatically correct sentence, that team gets one point. The team with the most points at the end wins.

TEACHING OPTIONS

Pairs Have students write five sentences describing nature or the environment. Students then read their sentences to a partner who will respond to each one, expressing a feeling or hope. Ex: **Hay muchos animales que están en peligro de extinción. (Es terrible que haya muchos animales en peligro de extinción.)**

Communication 1.1
Comparisons 4.1

Comunicación

3 **Comentar** En parejas, túrnense para formar oraciones sobre su comunidad, sus clases, su gobierno o algún otro tema, usando expresiones como **me alegro de que, temo que** y **es extraño que.** Luego, reaccionen a los comentarios de su compañero/a. Answers will vary.

> **modelo**
>
> **Estudiante 1:** Me alegro de que vayan a limpiar el río.
> **Estudiante 2:** Yo también. Me preocupa que el agua del río esté tan sucia.

4 **Contestar** Lee el mensaje electrónico que Raquel le escribió a su hermano. Luego, en parejas, contesten el mensaje usando expresiones como **me sorprende que, me molesta que** y **es una lástima que.** Answers will vary.

De:	Raquel
Para:	Juan
Asunto:	¡Hola!

Hola, Juan:

Siento no escribirte más frecuentemente. La verdad es que estoy muy ocupada todo el tiempo. No sabes cuánto me estoy divirtiendo en Colombia. Me sorprende haber podido adaptarme tan bien. Aprendo mucho más aquí que en el laboratorio de la universidad. Me encanta que me den responsabilidades y que compartan sus muchos conocimientos conmigo. Ay, pero pienso mucho en ti y en toda la familia. Qué triste es que no podamos hablar todos los días como antes. Ojalá que estés bien. Bueno, es todo por ahora. Escríbeme pronto.

Te extraño mucho,

Raquel

AYUDA

Echar de menos (a alguien) and **extrañar (a alguien)** are two ways of saying *to miss (someone).*

Síntesis

recursos

v̂Text

CA
pp. 13–14

5 **No te preocupes** Estás muy preocupado/a por los problemas del medio ambiente y le comentas a tu compañero/a todas tus preocupaciones. Él/Ella va a darte la solución adecuada a tus preocupaciones. Su profesor(a) les va a dar una hoja distinta a cada uno/a con la información necesaria para completar la actividad. Answers will vary.

> **modelo**
>
> **Estudiante 1:** Me molesta que las personas tiren basura en las calles.
> **Estudiante 2:** Por eso es muy importante que los políticos hagan leyes para conservar las ciudades limpias.

TEACHING OPTIONS

Small Groups In groups of three, have students each write three predictions on separate pieces of paper and put them in a bag. Students take turns drawing predictions and reading them to the group. Each group member should respond with an expression of emotion. Ex: **Voy a ganar millones de dólares algún día. (—Me alegro que vayas a ganar millones de dólares. —Yo también. ¡Ojalá que a mí me pase lo mismo!)**

EXPANSION

Extra Practice Ask students to imagine that they are world leaders speaking at an environmental summit. Have students deliver a short speech to the class addressing one or two of the world's environmental problems and how they hope to solve them. Students should use as many verbs and expressions of emotion as possible.

3 Teaching Tips
• To simplify, have students divide a sheet of paper into four columns, with these headings: **Nuestra ciudad, Las clases, El gobierno**, and another subject of their choosing. Ask them to brainstorm topics or issues for each column.
• Have groups write statements about these issues and exchange them with another group, who will write down their reactions.

3 Partner Chat You can also assign activity 3 on the Supersite. Students work in pairs to record the activity online. The pair's recorded conversation will appear in your gradebook.

4 Expansion In pairs, have students tell each other about a memorable event in their lives, such as a recent trip, birthday celebration, or exciting purchase they made. Using verbs and expressions of emotion, partners should draft an e-mail to express their reactions.

Communication 1.1

5 Teaching Tip Divide the class into pairs and distribute the Communication Activities worksheets from the Activity Pack that correspond to this activity. Give students ten minutes to complete the activity.

5 Expansion Have students work in groups of three to create a public service announcement. Groups should choose one of the ecological problems they mentioned in the activity, and include the proposed solutions for that problem in their announcement.

Section Goals

In **Estructura 4.2**, students will learn:

- to use the subjunctive with verbs and expressions of doubt, disbelief, and denial
- common verbs and expressions of doubt, disbelief, and denial
- expressions of certainty

Communication 1.1
Comparisons 4.1

Student Resources

Cuaderno de actividades comunicativas, p. 128
Cuaderno de práctica, pp. 45–46
Cuaderno para hispanohablantes, pp. 61–62
Supersite: Activities, *eCuaderno*

Teacher Resources

Workbook TEs; Grammar Slides; Audio Activities MP3s; Audio Script; Testing Program Quizzes; Activity Pack

Teaching Tips

- Introduce a few of the expressions of doubt, disbelief, or denial by talking about a topic familiar to the class. Ex: **Dudo que el equipo de baloncesto vaya a ganar el partido este fin de semana. Es probable que el otro equipo gane.** As you introduce each expression of doubt, disbelief, or denial, write it on the board, making sure that students understand its meaning and recognize the subjunctive verb in the subordinate clause.
- Ask volunteers to read the captions to the video stills, having them identify the phrase that triggers the subjunctive and the verb in the subjunctive.
- Bring in articles and photos from Spanish-language tabloids. As you hold up each one, have students react, using expressions of doubt, disbelief, and denial. Ex: **Es improbable que una señora hable con extraterrestres.**

4.2 The subjunctive with doubt, disbelief, and denial

Tutorial

ANTE TODO　Just as the subjunctive is required with expressions of emotion, influence, and will, it is also used with expressions of doubt, disbelief, and denial.

Main clause		Subordinate clause
Dudan	que	su hijo les **diga** la verdad.

▸ The subjunctive is always used in a subordinate clause when there is a change of subject and the expression in the main clause implies negation or uncertainty.

No creo que puedan ir muy lejos.

No es posible que el guía continúe el recorrido sin ustedes.

▸ Here is a list of some common expressions of doubt, disbelief, or denial.

Expressions of doubt, disbelief, or denial

dudar	to doubt	**no es seguro**	it's not certain
negar (e:ie)	to deny	**no es verdad**	it's not true
no creer	not to believe	**es imposible**	it's impossible
no estar seguro/a (de)	not to be sure	**es improbable**	it's improbable
no es cierto	it's not true; it's not certain	**(no) es posible**	it's (not) possible
		(no) es probable	it's (not) probable

El gobierno **niega** que el agua **esté** contaminada.
The government denies that the water is contaminated.

Dudo que el gobierno **resuelva** el problema.
I doubt that the government will solve the problem.

Es probable que **haya** menos bosques y selvas en el futuro.
It's probable that there will be fewer forests and jungles in the future.

No es verdad que mi hermano **estudie** ecología.
It's not true that my brother studies ecology.

¡LENGUA VIVA!

In English, the expression *it is probable* indicates a fairly high degree of certainty. In Spanish, however, **es probable** implies uncertainty and therefore triggers the subjunctive in the subordinate clause: **Es muy probable que venga Elena.**

EXPANSION

Extra Practice Write these statements on the board. Ask students to write their reactions using a different expression of doubt, disbelief, or denial for each. **1. Muchos tipos de peces viven en el desierto. 2. El cielo se está cayendo. 3. Los carros pequeños no contaminan. 4. No hay ningún animal en peligro de extinción.** Then have students discuss their answers with a partner.

TEACHING OPTIONS

Pairs Ask students to write five absurd statements and read them aloud to a partner, who will react with an expression of doubt, disbelief, or denial. Ex: **Unos hombres verdes me visitan todos los días.** (**No creo que unos hombres verdes te visiten todos los días.**) Students should respond to their partner's reactions.

Teaching Tips
• Have students respond
  to statements that elicit
  expressions of doubt,
  disbelief, or denial and
  expressions of certainty.
  Ex: **Terminan el nuevo
  gimnasio antes del próximo
  año. (Es seguro que lo terminan
  antes del próximo año.) La
  escuela va a tener un nuevo
  director pronto. (No es verdad
  que la escuela vaya a tener un
  nuevo director pronto.)**
• Have students change the
  items in **¡Inténtalo!**, making
  the affirmative verbs in
  the main clauses negative,
  and the negative ones
  affirmative, and making all
  corresponding changes. Ex:
  1. No dudo que ellos trabajan.

▶ The indicative is used in a subordinate clause when there is no doubt or uncertainty in the main clause. Here is a list of some expressions of certainty.

Expressions of certainty

no dudar	*not to doubt*	**estar seguro/a (de)**	*to be sure*
no cabe duda de	*there is no doubt*	**es cierto**	*it's true; it's certain*
no hay duda de	*there is no doubt*	**es seguro**	*it's certain*
no negar (e:ie)	*not to deny*	**es verdad**	*it's true*
creer	*to believe*	**es obvio**	*it's obvious*

No negamos que **hay** demasiados carros en las carreteras.
We don't deny that there are too many cars on the highways.

No hay duda de que el Amazonas **es** uno de los ríos más largos.
There is no doubt that the Amazon is one of the longest rivers.

Es verdad que Colombia **es** un país bonito.
It's true that Colombia is a beautiful country.

Es obvio que las ballenas **están** en peligro de extinción.
It's obvious that whales are in danger of extinction.

▶ In affirmative sentences, the verb **creer** expresses belief or certainty, so it is followed by the indicative. In negative sentences, however, when doubt is implied, **creer** is followed by the subjunctive.

Creo que **debemos** usar exclusivamente la energía solar.
I believe we should use solar energy exclusively.

No creo que **haya** vida en el planeta Marte.
I don't believe that there is life on the planet Mars.

▶ The expressions **quizás** and **tal vez** are usually followed by the subjunctive because they imply doubt about something.

Quizás haga sol mañana.
Perhaps it will be sunny tomorrow.

Tal vez veamos la luna esta noche.
Perhaps we will see the moon tonight.

¡INTÉNTALO!  Completa estas oraciones con la forma correcta del verbo.

1. Dudo que ellos _trabajen_ (trabajar).
2. Es cierto que él _come_ (comer) mucho.
3. Es imposible que ellos _salgan_ (salir).
4. Es probable que ustedes _ganen_ (ganar).
5. No creo que ella _vuelva_ (volver).
6. Es posible que nosotros _vayamos_ (ir).
7. Dudamos que tú _recicles_ (reciclar).
8. Creo que ellos _juegan_ (jugar) al fútbol.
9. No niego que ustedes _estudian_ (estudiar).
10. Es posible que ella no _venga_ (venir) a casa.
11. Es probable que Lucio y Carmen _duerman_ (dormir).
12. Es posible que mi prima Marta _llame_ (llamar).
13. Tal vez Juan no nos _oiga_ (oír).
14. No es cierto que Paco y Daniel nos _ayuden_ (ayudar).

TEACHING OPTIONS

TPR Call out a series of sentences, using either an expression of certainty or an expression of doubt, disbelief, or denial. Have students stand if they hear an expression of certainty or remain seated if they hear an expression of doubt. Ex: **Es cierto que algunos pájaros hablan.** (Students stand.)
Heritage Speakers Ask heritage speakers to jot down a few statements about things unique to their cultural communities.

EXPANSION

Ex: **Como chiles en el desayuno.** Have the class react using expressions of doubt, disbelief, denial, or certainty. Ex: **Dudo que comas chiles en el desayuno.**
Extra Practice Ask students to write sentences about three things of which they are certain and three things they doubt or cannot believe. Have students share some of their sentences with the class.

1 Expansion Have pairs prepare another conversation between **Raúl** and his father using expressions of doubt, disbelief, and denial, as well as expressions of certainty. This time, **Raúl** is explaining the advantages of the Internet to his reluctant father and trying to persuade him to use it. Have pairs role-play their conversations for the class.

Práctica

1 Escoger Escoge las respuestas correctas para completar el diálogo. Luego dramatiza el diálogo con un(a) compañero/a.

RAÚL Ustedes dudan que yo realmente (1)___estudie___ (estudio/estudie). No niego que a veces me (2)___divierto___ (divierto/divierta) demasiado, pero no cabe duda de que (3)___tomo___ (tomo/tome) mis estudios en serio. Estoy seguro de que cuando me vean graduarme van a pensar de manera diferente. Creo que no (4)___tienen___ (tienen/tengan) razón con sus críticas.

PAPÁ Es posible que tu mamá y yo no (5)___tengamos___ (tenemos/tengamos) razón. Es cierto que a veces (6)___dudamos___ (dudamos/dudemos) de ti. Pero no hay duda de que te (7)___pasas___ (pasas/pases) toda la noche en Internet y oyendo música. No es nada seguro que (8)___estés___ (estás/estés) estudiando.

RAÚL Es verdad que (9)___uso___ (uso/use) mucho la computadora pero, ¡piensen! ¿No es posible que (10)___sea___ (es/sea) para buscar información para mis clases? ¡No hay duda de que Internet (11)___es___ (es/sea) el mejor recurso del mundo! Es obvio que ustedes (12)___piensan___ (piensan/piensen) que no hago nada, pero no es cierto.

PAPÁ No dudo que esta conversación nos (13)___va___ (va/vaya) a ayudar. Pero tal vez esta noche (14)___puedas___ (puedes/puedas) trabajar sin música. ¿Está bien?

2 Expansion
- Continue the activity by making other false statements. Ex: **Voy a hacer una excursión a la Patagonia mañana. Mi abuela sólo come pasteles y cebollas.**
- Tell students to write five statements about themselves or people they know; three should be false and two should be true. Have them read their sentences to a partner, who will react using statements of certainty or disbelief, and try to determine which statements are true.

2 Dudas Carolina es una chica que siempre miente. Expresa tus dudas sobre lo que Carolina está diciendo ahora. Usa las expresiones entre paréntesis para tus respuestas.

> **modelo**
>
> El próximo año Marta y yo vamos de vacaciones por diez meses. (dudar)
> *¡Ja! Dudo que vayan de vacaciones por ese tiempo. ¡Ustedes no son ricas!*

1. Estoy escribiendo una novela en español. (no creer)
   No creo que estés escribiendo una novela en español.
2. Mi tía es la directora de *PETA*. (no ser verdad)
   No es verdad que tu tía sea la directora del PETA.
3. Dos profesores míos juegan para los Osos *(Bears)* de Chicago. (ser imposible)
   Es imposible que dos profesores tuyos jueguen para los Osos de Chicago.
4. Mi mejor amiga conoce al chef Bobby Flay. (no ser cierto)
   No es cierto que tu mejor amiga conozca al chef Bobby Flay.
5. Mi padre es dueño del Centro Rockefeller. (no ser posible)
   No es posible que tu padre sea dueño del Centro Rockefeller.
6. Yo ya tengo un doctorado *(doctorate)* en lenguas. (ser improbable)
   Es improbable que ya tengas un doctorado en lenguas.

◄ **AYUDA**

Here are some useful expressions to say that you don't believe someone.

¡Qué va!
¡Imposible!
¡No te creo!
¡Es mentira!

 Practice more at **vhlcentral.com**.

TEACHING OPTIONS

Large Groups Divide the class into large groups to stage an environmental debate. Some groups should play the role of environmental advocates while others represent industrialists and big business. Have students take turns presenting a policy platform for the group they represent. When they are finished, opposing groups express their doubt, disbelief, and denial.

DIFFERENTIATION

Heritage Speakers Ask heritage speakers to write a paragraph about a current event or political issue in their cultural community. Ask them to be sure to include expressions of certainty as well as expressions of doubt, disbelief, or denial. Have them read their paragraphs to the class, who will react using the subjunctive with emotions, doubt, or disbelief.

Comunicación

Communication 1.1
Comparisons 4.1

3 **Entrevista** En parejas, imaginen que trabajan para un periódico y que tienen que hacerle una entrevista a la ecologista Mary Axtmann, quien colaboró en la fundación del programa Ciudadanos Pro Bosque San Patricio, en Puerto Rico. Escriban seis preguntas para la entrevista después de leer las declaraciones de Mary Axtmann. Al final, inventen las respuestas de Axtmann. Answers will vary.

NOTA CULTURAL

La asociación de **Mary Axtmann** trabaja para la conservación del Bosque San Patricio. También ofrece conferencias sobre temas ambientales, hace un censo anual de pájaros y tiene un grupo de guías voluntarios. La comunidad hace todo el trabajo; la asociación no recibe ninguna ayuda del gobierno.

Declaraciones de Mary Axtmann:

"... que el bosque es un recurso ecológico educativo para la comunidad."

"El Bosque San Patricio es un pulmón (*lung*) que produce oxígeno para la ciudad."

"El Bosque San Patricio está en medio de la ciudad de San Juan. Por eso digo que este bosque es una esmeralda (*emerald*) en un mar de concreto."

"El bosque pertenece (*belongs*) a la comunidad."

"Salvamos este bosque mediante (*by means of*) la propuesta (*proposal*) y no la protesta."

3 **Teaching Tip** Before starting, have the class brainstorm different topics that might be discussed with Mary Axtmann.

3 **Expansion** Ask pairs to role-play their interviews for the class.

3 **Partner Chat (Premium)** You can also assign activity 3 on the Supersite. Students work in pairs to record the activity online. The pair's recorded conversation will appear in your gradebook.

4 **Teaching Tip** Tell groups to choose a secretary, who will write down the group members' true statements and present them to the class.

4 **Adivinar** Escribe cinco oraciones sobre tu vida presente y futura. Cuatro deben ser falsas y sólo una debe ser cierta. Presenta tus oraciones al grupo. El grupo adivina cuál es la oración cierta y expresa sus dudas sobre las oraciones falsas. Answers will vary.

AYUDA

Here are some useful verbs for talking about plans.
esperar → *to hope*
querer → *to want*
pretender → *to intend*
pensar → *to plan*
Note that **pretender** and *pretend* are false cognates. To express *to pretend*, use the verb **fingir**.

modelo
Estudiante 1: Quiero irme un año a la selva a trabajar.
Estudiante 2: Dudo que te guste vivir en la selva.
Estudiante 3: En veinte años voy a ser presidente de los Estados Unidos.
Estudiante 2: No creo que seas presidente de los Estados Unidos en veinte años. ¡Tal vez en cuarenta!

Communication 1.1

Síntesis

5 **Teaching Tip** Assign students to groups of four. Ask group members to appoint a mediator to lead the discussion, a secretary to write the paragraph, a proofreader to check what was written, and a stenographer to take notes on the opinions and solutions of the other group.

5 **Intercambiar** En grupos, escriban un párrafo sobre los problemas del medio ambiente en su estado o en su comunidad. Compartan su párrafo con otro grupo, que va a ofrecer opiniones y soluciones. Luego presenten su párrafo, con las opiniones y soluciones del otro grupo, a la clase. Answers will vary.

5 **Expansion** Have students create a poster illustrating the environmental problems in their community and proposing possible solutions.

21st Century Skills

5 **Collaboration**
If you have access to students in a Spanish-speaking country, have each group send their paragraph to the partner class, who will respond with solutions and opinions. Have each group compare and contrast the feedback they got from their own classmates with the responses from the partner class.

TEACHING OPTIONS

Small Groups In groups of three, have students pretend they are filming a live newscast on local TV. Give each group some breaking news. One student plays the reporter that interviews the other two about the event. The interviewees should use the expressions from this lesson when responding to the reporter's questions. Possible news stories: protest in favor of animal rights, a volcano about to erupt, a local ecological problem.

TEACHING OPTIONS

Game Divide the class into two teams. Team A writes sentences with expressions of certainty while team B writes sentences with expressions of doubt, disbelief, or denial. Put all the sentences in a hat. Each team takes turns drawing sentences and stating the opposite of what the sentence says. The team with the most correct sentences wins.

In **Estructura 4.3**, students will learn:
- conjunctions that require the subjunctive
- conjunctions followed by the subjunctive or the indicative

 Communication 1.1
Comparisons 4.1

Student Resources
Cuaderno de actividades comunicativas, pp. 15–16, 129
Cuaderno de práctica, pp. 47–48
Cuaderno para hispanohablantes, pp. 63–64
Supersite: Activities, eCuaderno

Teacher Resources
Workbook TEs; Grammar Slides; Audio Activities MP3s; Audio Script; Testing Program Quizzes; Activity Pack

Teaching Tips
- To introduce conjunctions that require the subjunctive, make a few statements about yourself. Ex: **Nunca llego a clase tarde a menos que tenga un problema con mi carro. Siempre leo mis mensajes electrónicos antes de que empiece mi primera clase. Camino a clase con tal de que no llueva.** Write each conjunction on the board as you go.
- Have volunteers read the captions to the video stills. Help them identify the conjunctions in the sentences and the subjunctive verbs in the subordinate clauses.

4.3 The subjunctive with conjunctions

 Tutorial

ANTE TODO Conjunctions are words or phrases that connect other words and clauses in sentences. Certain conjunctions commonly introduce adverbial clauses, which describe *how, why, when,* and *where* an action takes place.

Main clause	Conjunction	Adverbial clause
Vamos a visitar a Carlos	**antes de que**	**regrese** a California.

Muchos animales van a estar en peligro de extinción, a menos que los protejamos.

Marissa habla con Jimena antes de que lleguen los chicos.

▶ With certain conjunctions, the subjunctive is used to express a hypothetical situation, uncertainty as to whether an action or event will take place, or a condition that may or may not be fulfilled.

Voy a dejar un recado **en caso de que Gustavo me llame.**
I'm going to leave a message in case Gustavo calls me.

Voy al supermercado **para que tengas** algo de comer.
I'm going to the store so that you'll have something to eat.

▶ Here is a list of the conjunctions that always require the subjunctive.

Conjunctions that require the subjunctive

a menos que	*unless*	**en caso (de) que**	*in case*
antes (de) que	*before*	**para que**	*so that*
con tal (de) que	*provided that*	**sin que**	*without*

Algunos animales van a morir **a menos que** haya leyes para protegerlos.
Some animals are going to die unless there are laws to protect them.

Ellos nos llevan a la selva **para que** veamos las plantas tropicales.
They are taking us to the jungle so that we may see the tropical plants.

▶ The infinitive, not **que** + [*subjunctive*], is used after the prepositions **antes de, para,** and **sin** when there is no change of subject. **¡Atención!** While you may use a present participle with the English equivalent of these phrases, in Spanish you cannot.

Te llamamos **antes de salir** de la casa.
We will call you before leaving the house.

Te llamamos mañana **antes de que salgas.**
We will call you tomorrow before you leave.

EXPANSION

Extra Practice Write these partial sentences on the board. Have students complete them with true or invented information about their own lives. **1. Voy a asistir la universidad con tal de que…, 2. Necesito $500 en caso de que…, 3. Puedo salir este sábado a menos que…, 4. El mundo cambia sin que…, 5. Debo… antes de que…, 6. Mis padres… para que yo…** Encourage students to expand on their answers with additional information when possible.

EXPANSION

Video Have students divide a sheet of paper into four columns, labeling them **Voluntad, Emoción, Duda,** and **Conjunción**. Replay the **Fotonovela** episode. Have them listen for each use of the subjunctive, marking the example they hear in the appropriate column. Play the episode again, then have students write a short summary that includes each use of the subjunctive.

Teaching Tips
• Write sentences that use **antes de** and **para** and ask volunteers to rewrite them so that they end with subordinate clauses instead of a preposition and an infinitive. Ex: **Voy a hablar con Paula antes de ir a clase. (... antes de que ella vaya a clase; ... antes de que Sergio le hable; ... antes de que ella compre esas botas.)**
• As students complete the **¡Inténtalo!** activity, have them identify the conjunctions that always require the subjunctive.

Conjunctions with subjunctive or indicative

Voy a formar un club de ecología tan pronto como vuelva al D.F.

Cuando veo basura, la recojo.

Conjunctions used with subjunctive or indicative

cuando	*when*	**hasta que**	*until*
después de que	*after*	**tan pronto como**	*as soon as*
en cuanto	*as soon as*		

▶ With the conjunctions above, use the subjunctive in the subordinate clause if the main clause expresses a future action or command.

> Vamos a resolver el problema **cuando desarrollemos** nuevas tecnologías.
> *We are going to solve the problem when we develop new technologies.*

> **Después de que** ustedes **tomen** sus refrescos, reciclen las botellas.
> *After you drink your soft drinks, recycle the bottles.*

▶ With these conjunctions, the indicative is used in the subordinate clause if the verb in the main clause expresses an action that habitually happens, or that happened in the past.

> Contaminan los ríos **cuando construyen** nuevos edificios.
> *They pollute the rivers when they build new buildings.*

> Contaminaron el río **cuando construyeron** ese edificio.
> *They polluted the river when they built that building.*

recursos

v̂Text

CA
pp. 15–16, 129

CP
pp. 47–48

CH
pp. 63–64

Ⓢ
vhlcentral

¡INTÉNTALO! Completa las oraciones con las formas correctas de los verbos.

1. Voy a estudiar ecología cuando ___vaya___ (ir) a la universidad.
2. No podemos evitar el cambio climático a menos que todos ___trabajemos___ (trabajar) juntos.
3. No podemos conducir sin ___contaminar___ (contaminar) el aire.
4. Siempre recogemos mucha basura cuando ___vamos___ (ir) al parque.
5. Elisa habló con el presidente del Club de Ecología después de que ___terminó___ (terminar) la reunión.
6. Vamos de excursión para ___observar___ (observar) los animales y las plantas.
7. La contaminación va a ser un problema muy serio hasta que nosotros ___cambiemos___ (cambiar) nuestros sistemas de producción y transporte.
8. El gobierno debe crear más parques nacionales antes de que los bosques y ríos ___estén___ (estar) completamente contaminados.
9. La gente recicla con tal de que no ___sea___ (ser) díficil.

TEACHING OPTIONS

TPR Have students write **I** for **infinitivo** on one piece of paper and **S** for **subjuntivo** on another. Make several statements, some with prepositions followed by the infinitive and some with conjunctions followed by the subjunctive. Students should hold up the paper that represents what they heard. Ex: **Juan habla despacio para que todos lo entiendan. (S) No necesitan un carro para ir al restaurante. (I)**

EXPANSION

Extra Practice Have students use these prepositions and conjunctions to make statements about the environment: **para, para que, sin, sin que, antes de,** and **antes de que.** Ex: **Es importante empezar un programa de reciclaje antes de que tengamos demasiada basura. No es posible conservar los bosques sin que se deje de cortar tantos árboles....**

1 Expansion
• Ask students to write new
endings for each sentence.
Ex: **Voy a llevar a mis hijos
al parque para que... (hagan
más ejercicio/jueguen con
sus amigos/pasen más tiempo
fuera de la casa).**
• Ask pairs to write six original
sentences about a trip they
plan to take. Have them
use one conjunction that
requires the subjunctive in
each sentence.

2 Teaching Tip As you
go through the items, ask
students which conjunctions
require the subjunctive and
which could be followed by
either the subjunctive or the
indicative. For those that could
take both, discuss which one
students used and why.

3 Expansion
• Ask students to identify
the natural resources and
environmental problems
mentioned in the reading.
• Have students create
an advertisement for an
environmental agency that
protects one of the natural
resources mentioned in the
reading. Students should
state the name and goals of
the agency, how these goals
serve the public interest, and
where and how donations
can be made.

Práctica

1 **Completar** La señora Montero habla de una excursión que quiere hacer con su familia. Completa las oraciones con la forma correcta de cada verbo.

1. Voy a llevar a mis hijos al parque para que ___aprendan___ (aprender) sobre la naturaleza.
2. Voy a pasar todo el día allí a menos que ___haga___ (hacer) mucho frío.
3. Podemos explorar el parque en bicicleta sin ___caminar___ (caminar) demasiado.
4. Vamos a bajar al cráter con tal de que no se ___prohíba___ (prohibir).
5. Siempre llevamos al perro cuando ___vamos___ (ir) al parque.
6. No pensamos ir muy lejos en caso de que ___llueva___ (llover).
7. Vamos a almorzar a la orilla (*shore*) del río cuando nosotros ___terminemos___ (terminar) de preparar la comida.
8. Mis hijos van a dejar todo limpio antes de ___salir___ (salir) del parque.

2 **Frases** Completa estas frases de una manera lógica. Answers will vary.

1. No podemos controlar la contaminación del aire a menos que…
2. Voy a reciclar los productos de papel y de vidrio en cuanto…
3. Debemos comprar coches eléctricos tan pronto como…
4. Protegemos los animales en peligro de extinción para que…
5. Mis amigos y yo vamos a recoger la basura de la escuela después de que…
6. No podemos desarrollar nuevas fuentes (*sources*) de energía sin…
7. Hay que eliminar la contaminación del agua para…
8. No podemos proteger la naturaleza sin que…

3 **Organizaciones colombianas** En parejas, lean las descripciones de las organizaciones de conservación. Luego expresen en sus propias (*own*) palabras las opiniones de cada organización.

Answers will vary.

Organización:
Fundación Río Orinoco

Problema:
La destrucción de
los ríos

Solución:
Programa para limpiar las
orillas de los ríos y reducir
la erosión y así proteger
los ríos

Organización:
Oficina de Turismo
Internacional

Problema:
Necesidad de mejorar
la imagen del país en
el mercado turístico
internacional

Solución:
Plan para promover el
ecoturismo en los 54
parques nacionales, usando
agencias de publicidad e
implementando un plan
agresivo de conservación

Organización:
Asociación
Nabusimake-Pico Colón

Problema:
Un lugar turístico popular
en la Sierra Nevada de
Santa Marta necesita
mejor mantenimiento

Solución:
Programa de voluntarios
para limpiar y mejorar
los senderos

AYUDA

Here are some
expressions you can
use as you complete
Actividad 3.
**Se puede evitar…
con tal de que…**
**Es necesario…
para que…**
**Debemos prohibir…
antes de que…**
**No es posible…
sin que…**
**Vamos a… tan
pronto como…**
**A menos que… no
vamos a…**

 Practice more at
vhlcentral.com.

TEACHING OPTIONS

Pairs Ask students to imagine that, unless some dramatic environmental actions are taken, the world as we know it will end in five days. It is their responsibility as community leaders to give a speech warning people what will happen unless everyone takes action. Have students work with a partner to prepare a three-minute presentation for the class, using as many different conjunctions that require the subjunctive as possible.

TEACHING OPTIONS

Small Groups Divide the class into groups of four. The first student begins a sentence, the second picks a conjunction, and the third student finishes the sentence. The fourth student writes the sentence down. Students should take turns playing the different roles until they have created eight sentences.

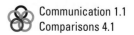

Communication 1.1
Comparisons 4.1

Comunicación

4 **Preguntas** En parejas, túrnense para hacerse estas preguntas. Answers will vary.

1. ¿Qué haces cada noche antes de acostarte?
2. ¿Qué haces después de salir de la escuela?
3. ¿Qué piensas hacer tan pronto como te gradúes?
4. ¿Qué quieres hacer mañana, a menos que haga mal tiempo?
5. ¿Qué haces en tus clases sin que los profesores lo sepan?

5 **Comparar** En parejas, comparen una actividad rutinaria que ustedes hacen con algo que van a hacer en el futuro. Usen palabras de la lista. Answers will vary.

antes de	después de que	hasta que	sin (que)
antes de que	en caso de que	para (que)	tan pronto como

modelo

Estudiante 1: El sábado vamos al lago. Tan pronto como volvamos, vamos a estudiar para el examen.

Estudiante 2: Todos los sábados llevo a mi primo al parque para que juegue. Pero el sábado que viene, con tal de que no llueva, lo voy a llevar a las montañas.

Síntesis

6 **Tres en raya (*Tic-Tac-Toe*)** Formen dos equipos. Una persona comienza una frase y otra persona de su equipo la termina usando palabras de la gráfica. El primer equipo que forme tres oraciones seguidas (*in a row*) gana el tres en raya. Hay que usar la conjunción o la preposición y el verbo correctamente. Si no, ¡no cuenta! Answers will vary.

¡LENGUA VIVA!

Tic-Tac-Toe has various names in the Spanish-speaking world, including **tres en raya, tres en línea, ta-te-ti, gato, la vieja,** and **triqui-triqui.**

modelo

Equipo 1
Estudiante 1: Dudo que podamos eliminar la deforestación…
Estudiante 2: sin que nos ayude el gobierno.
Equipo 2
Estudiante 1: Creo que podemos conservar nuestros recursos naturales…
Estudiante 2: con tal de que todos hagamos algo para ayudar.

cuando	con tal de que	para que
antes de que	para	sin que
hasta que	en caso de que	antes de

4 **Expansion** When pairs have finished asking and answering the questions, work with the whole class, asking several individuals each of the questions and asking other students to react to their responses. Ex: _____ **hace ejercicios aeróbicos antes de acostarse. ¿Quién más hace ejercicio? ¡Uf! Hacer ejercicio a esa hora me parece excesivo. ¿Quiénes ven la tele? ¿Nadie lee un libro antes de acostarse?**

 21st Century Skills

4 **Technology Literacy** Ask students to prepare a digital presentation to show the trends of the whole class for this activity.

4 **Virtual Chat** You can also assign activity 4 on the Supersite. Students record individual responses that appear in your gradebook.

5 **Teaching Tip** Have partners compare the routines of other people they know and what they are going to do in the future. Have them do the same with celebrities, making guesses about their routines.

Communication 1.1

6 **Teaching Tips**
• Have groups prepare *Tic-Tac-Toe* cards like the one shown in the activity.
• Regroup the students to do a second round of *Tic-Tac-Toe*.

Teaching Tip See the Communication Activities worksheets from the *Cuaderno de actividades comunicativas* for an additional activity to practice the material presented in this section.

DIFFERENTIATION

Heritage Speakers Ask heritage speakers if they played *Tic-Tac-Toe* when growing up. What did they call it? Have them look at the names listed in **¡Lengua viva!** to see if they are familiar. Ask them the names of other childhood games they played and to describe them. Are the games similar to those played by other students in the class?

TEACHING OPTIONS

Pairs Ask partners to interview each other about what they must do today for their future goals to become a reality. Students should state what their goals are, the necessary conditions to achieve them, and talk about obstacles they may encounter. Students should use as many conjunctions as possible in their interviews. Have pairs present their interviews to the class.

Section Goal

In **Recapitulación**, students will review the grammar concepts from this lesson.

Student Resources
Supersite: Activities

1 Teaching Tip To simplify, have students first identify the conjunction in each sentence. Then have them determine which conjunctions must take the subjunctive and which may take either the subjunctive or indicative. Finally, have them complete the activity.

1 Expansion Ask students to create three additional sentences using conjunctions.

2 Teaching Tips
• Before students complete the activity, have them identify expressions of doubt, disbelief, or denial that take the subjunctive.
• Have volunteers role-play each dialogue for the class.

2 Expansion Have students rewrite and expand the dialogue using expressions that convey similar meanings. Ex: **1. No cabe duda de que debemos escribir nuestra presentación sobre el reciclaje.**

Recapitulación

(S) Diagnostics

Completa estas actividades para repasar los conceptos de gramática que aprendiste en esta lección.

1 Subjuntivo con conjunciones Escoge la forma correcta del verbo para completar las oraciones. **16 pts.**

1. En cuanto (empiecen/empiezan) las vacaciones, vamos a viajar.
2. Por favor, llámeme a las siete y media en caso de que no (me despierto/me despierte).
3. Toni va a usar su bicicleta hasta que los coches híbridos (cuesten/cuestan) menos dinero.
4. Tan pronto como supe la noticia (news) (te llamé/te llame).
5. Debemos conservar el agua antes de que no (queda/quede) nada para beber.
6. ¿Siempre recoges la basura después de que (terminas/termines) de comer en un picnic?
7. Siempre quiero vender mi camioneta cuando (yo) (piense/pienso) en la contaminación.
8. Estudiantes, pueden entrar al parque natural con tal de que no (tocan/toquen) las plantas.

2 Creer o no creer Completa estos diálogos con la forma correcta del presente de indicativo o de subjuntivo, según el contexto. **16 pts.**

CAROLA Creo que (1) ___debemos___ (nosotras, deber) escribir nuestra presentación sobre el reciclaje.

MÓNICA Hmm, no estoy segura de que el reciclaje (2) ___sea___ (ser) un buen tema. No hay duda de que la gente ya (3) ___sabe___ (saber) reciclar.

CAROLA Sí, pero dudo que todos lo (4) ___practiquen___ (practicar).

. . .

PACO ¿Sabes, Néstor? El sábado voy a ir a limpiar el río con un grupo de voluntarios. ¿Quieres venir?

NÉSTOR No es seguro que (5) ___pueda___ (yo, poder) ir. El lunes hay un examen y tengo que estudiar.

PACO ¿Estás seguro de que no (6) ___tienes___ (tener) tiempo? Es imposible que (7) ___vayas___ (ir) a estudiar todo el fin de semana.

NÉSTOR Pues sí, pero es muy probable que (8) ___llueva___ (llover).

RESUMEN GRAMATICAL

4.1 The subjunctive with verbs of emotion
pp. 138–139

Verbs and expressions of emotion	
alegrarse (de)	tener miedo (de)
esperar	es extraño
gustar	es una lástima
molestar	es ridículo
sentir (e:ie)	es terrible
sorprender	es triste
temer	ojalá (que)

Main clause		Subordinate clause
Marta **espera** Ojalá	que	yo **vaya** al lago mañana. **comamos** en casa.

4.2 The subjunctive with doubt, disbelief, and denial
pp. 142–143

Expressions of doubt, disbelief, or denial (used with subjunctive)	
dudar	no es verdad
negar (e:ie)	es imposible
no creer	es improbable
no estar seguro/a (de)	(no) es posible
no es cierto	(no) es probable
no es seguro	

Expressions of certainty (used with indicative)	
no dudar	estar seguro/a (de)
no cabe duda de	es cierto
no hay duda de	es seguro
no negar (e:ie)	es verdad
creer	es obvio

▶ The infinitive is used after these expressions when there is no change of subject.

4.3 The subjunctive with conjunctions
pp. 146–147

Conjunctions that require the subjunctive	
a menos que	en caso (de) que
antes (de) que	para que
con tal (de) que	sin que

---

3 **Reacciones** Reacciona a estas oraciones según las pistas (*clues*). Sigue el modelo. **20 pts.**

> **The infinitive is used after the prepositions antes de, para, and sin when there is no change of subject.**
>
> Te llamamos **antes de salir** de casa.
>
> Te llamamos mañana **antes de que salgas**.

Conjunctions used with subjunctive or indicative	
cuando después de que en cuanto	hasta que tan pronto como

modelo

Tú casi nunca reciclas nada.
(yo, molestar)
A mí me molesta que tú casi nunca recicles nada.

1. La Ciudad de México tiene un problema grave de contaminación. (ser una lástima)
   Es una lástima que la Ciudad de México tenga un problema grave de contaminación.
2. En ese safari permiten tocar a los animales. (ser extraño)
   Es extraño que en ese safari permitan tocar a los animales.
3. Julia y Víctor no pueden ir a las montañas. (yo, sentir)
   Yo siento que Julia y Víctor no puedan ir a las montañas.
4. El nuevo programa de reciclaje es un éxito. (nosotros, esperar)
   Nosotros esperamos que el nuevo programa de reciclaje sea un éxito.
5. A María no le gustan los perros. (ser una lástima)
   Es una lástima que a María no le gusten los perros.
6. Existen leyes ecológicas en este país. (Juan, alegrarse de)
   Juan se alegra de que existan leyes ecológicas en este país.
7. El gobierno no busca soluciones. (ellos, temer)
   Ellos temen que el gobierno no busque soluciones.
8. La mayoría de la población no cuida el medio ambiente. (ser triste)
   Es triste que la mayoría de la población no cuide el medio ambiente.
9. Muchas personas cazan animales en esta región. (yo, sorprender)
   A mí me sorprende que muchas personas cacen animales en esta región.
10. La situación mejora día a día. (ojalá que) Ojalá que la situación mejore día a día.

4 **Oraciones** Forma oraciones con estos elementos. Usa el subjuntivo cuando sea necesario. **10 pts.**

1. ser ridículo / los coches / contaminar tanto
   Es ridículo que los coches contaminen tanto.
2. no caber duda de / tú y yo / poder / hacer mucho más
   No cabe duda de que tú y yo podemos hacer mucho más.
3. los ecologistas / temer / no conservarse / los recursos naturales
   Los ecologistas temen que no se conserven los recursos naturales.
4. yo / alegrarse de / en mi ciudad / reciclarse / el plástico, el vidrio y el aluminio
   Yo me alegro de que en mi ciudad se reciclen el plástico, el vidrio y el aluminio.
5. todos (nosotros) / ir a respirar / mejor / cuando / (nosotros) llegar / a la montaña
   Todos vamos a respirar mejor cuando lleguemos a la montaña.

5 **Escribir** Escribe un diálogo de al menos siete oraciones en el que un(a) amigo/a hace comentarios pesimistas sobre la situación del medio ambiente en tu región y tú respondes con comentarios optimistas. Usa verbos y expresiones de esta lección. **38 pts.**   Answers will vary.

6 **Canción** Completa estos versos de una canción de Juan Luis Guerra. **¡4 puntos EXTRA!**

❝ Ojalá que ___llueva___ (llover)
café en el campo
pa'° que todos los niños
___canten___ (cantar) en el campo. **❞**

pa' *short for* para

3 **Teaching Tip** Have a volunteer read the model aloud. Remind students that an indirect object pronoun is used with verbs like **molestar**.

3 **Expansion**
- To challenge students, have them rewrite each item, using other verbs of emotion.
- Give students these sentences as items 11–12:
  11. No hay un programa de reciclaje en la escuela. (ser ridículo) (Es ridículo que no haya un programa de reciclaje en la escuela.)
  12. Los voluntarios trabajan para limpiar el río. (yo, gustar) (A mí me gusta que los voluntarios trabajen para limpiar el río.)

4 **Expansion** Ask students to create three additional dehydrated sentences. Then have them exchange papers with a partner and form the sentences.

5 **Teaching Tip** Remind students that, with the exception of **ojalá**, the word **que** must be present and there must be a change of subject in order to use the subjunctive.

6 **Expansion** Have students create their own song verse by replacing **llueva café** and **canten** with other verbs in the subjunctive. Ex: **nieve helado** and **bailen**.

TEACHING OPTIONS

Game Have students make *Bingo* cards of different verbs, expressions, and conjunctions that require the subjunctive in subordinate clauses. Read aloud sentences using the subjunctive. If students have the verb, expression, or phrase on their card, they should cover the space. The first student to complete a horizontal, vertical, or diagonal row is the winner.

TEACHING OPTIONS

Pairs Ask students to write down two true sentences and two false ones. Encourage them to write sentences that are all very likely. In pairs, have students take turns reading their sentences. Their partner should react, using expressions of doubt, disbelief, denial, or certainty. The student who stumps his or her partner with all four statements wins. Have pairs share their most challenging sentences with the class.

In **Lectura**, students will:
- learn that recognizing the purpose of a text can help them understand it
- read two fables

Communication 1.1, 1.2, 1.3
Cultures 2.1, 2.2
Connections 3.1, 3.2
Comparisons 4.2

Student Resources
Cuaderno para hispanohablantes, pp. 65–66
Supersite: Activities

 Pre-AP*

Interpretive Reading: Estrategia
Tell students that recognizing the writer's purpose will help them comprehend an unfamiliar text.

Examinar los textos Have students scan the texts, using the reading strategies they have learned to determine the authors' purposes. Then have them work with a partner to answer the questions. Students should recognize that the texts are fables because the characters are animals.

Predicciones
- Tell pairs that where their predictions differ they should refer back to the texts for resolution.
- Give students these additional predictions: **5. Los textos son infantiles. 6. Se trata de una historia romántica.**

Determinar el propósito
- Tell students to take notes about the characters as they read. Remind students that they should be able to retell the stories in their own words.
- Ask who generally reads fables. Ex: **Por lo general, ¿las fábulas se escriben para niños, adultos o ambos? Expliquen sus respuestas.**

Lectura

Audio: Reading
Additional Reading

Antes de leer

Estrategia
Recognizing the purpose of a text

When you are faced with an unfamiliar text, it is important to determine the writer's purpose. If you are reading an editorial in a newspaper, for example, you know that the journalist's objective is to persuade you of his or her point of view. Identifying the purpose of a text will help you better comprehend its meaning.

Examinar los textos

Primero, utiliza la estrategia de lectura para familiarizarte con los textos. Después contesta estas preguntas y compara tus respuestas con las de un(a) compañero/a. Answers will vary.
- ¿De qué tratan los textos?°
- ¿Son fábulas°, poemas, artículos de periódico…?
- ¿Cómo lo sabes?

Predicciones

Lee estas predicciones sobre la lectura e indica si estás de acuerdo° con ellas. Después compara tus opiniones con las de un(a) compañero/a. Answers will vary.
1. Los textos son del género° de ficción.
2. Los personajes son animales.
3. La acción de los textos tiene lugar en un zoológico.
4. Hay alguna moraleja°.

Determinar el propósito

Con un(a) compañero/a, hablen de los posibles propósitos° de los textos.
Consideren estas preguntas: Answers will vary.
- ¿Qué te dice el género de los textos sobre los posibles propósitos de los textos?
- ¿Piensas que los textos pueden tener más de un propósito? ¿Por qué?

¿De qué tratan los textos? What are the texts about?
fábulas fables   *estás de acuerdo you agree*
género genre   *moraleja moral*   *propósitos purposes*

recursos

v̂Text

CH
pp. 65–66

vhlcentral

Sobre los autores

Félix María Samaniego (1745–1801) nació en España y escribió las *Fábulas morales* que ilustran de manera humorística el carácter humano. Los protagonistas de muchas de sus fábulas son animales que hablan.

El perro y el cocodrilo

Bebiendo un perro en el Nilo°,
  al mismo tiempo corría.
  "Bebe quieto°", le decía
  un taimado° cocodrilo.

Díjole° el perro prudente:
  "Dañoso° es beber y andar°;
  pero ¿es sano el aguardar
  a que me claves el diente°? "

¡Oh qué docto° perro viejo!
  Yo venero° su sentir°
  en esto de no seguir
  del enemigo el consejo.

TEACHING OPTIONS

Pairs Pair more advanced students with those who have less-developed language skills. Ask pairs to write a short description of the events in one of the fables presented here. Encourage them to use transitional words and expressions, such as **primero, finalmente, por eso**, and **entonces**.

DIFFERENTIATION

Heritage Speakers Ask heritage speakers to describe any fables in Spanish with which they are familiar. If possible, have them bring in copies of the text. Have the class compare the protagonists and moral of the fable to those in this **Lectura** section.

Tomás de Iriarte (1750–1791) nació en las islas Canarias y tuvo gran éxito° con su libro *Fábulas literarias*. Su tendencia a representar la lógica a través de° símbolos de la naturaleza fue de gran influencia para muchos autores de su época°.

El pato° y la serpiente

A orillas° de un estanque°,

diciendo estaba un pato:

"¿A qué animal dio el cielo°

los dones que me ha dado°?

"Soy de agua, tierra y aire:

cuando de andar me canso°,

si se me antoja, vuelo°;

si se me antoja, nado".

Una serpiente astuta

que le estaba escuchando,

le llamó con un silbo°,

y le dijo "¡Seo° guapo!

"No hay que echar tantas plantas°;

pues ni anda como el gamo°,

ni vuela como el sacre°,

ni nada como el barbo°;

"y así tenga sabido

que lo importante y raro°

no es entender de todo,

sino ser diestro° en algo".

Nilo *Nile* quieto *in peace* taimado *sly* Díjole *Said to him* Dañoso *Harmful* andar *to walk* ¿es sano... diente? *Is it good for me to wait for you to sink your teeth into me?* docto *wise* venero *revere* sentir *wisdom* éxito *success* a través de *through* época *time* pato *duck* orillas *banks* estanque *pond* cielo *heaven* los dones... dado *the gifts that it has given me* me canso *I get tired* si se... vuelo *if I feel like it, I fly* silbo *hiss* Seo *Señor* No hay... plantas *There's no reason to boast* gamo *deer* sacre *falcon* barbo *barbel (a type of fish)* raro *rare* diestro *skillful*

Después de leer

Comprensión

Escoge la mejor opción para completar cada oración.

1. El cocodrilo _____ perro.
   a. está preocupado por el   b. quiere comerse al
   c. tiene miedo del

2. El perro _____ cocodrilo.
   a. tiene miedo del   b. es amigo del
   c. quiere quedarse con el

3. El pato cree que es un animal _____.
   a. muy famoso   b. muy hermoso
   c. de muchos talentos

4. La serpiente cree que el pato es _____.
   a. muy inteligente   b. muy tonto   c. muy feo

Preguntas

Contesta las preguntas.   Answers will vary.

1. ¿Qué representa el cocodrilo?
   _____

2. ¿Qué representa el pato?
   _____

3. ¿Cuál es la moraleja (*moral*) de "El perro y el cocodrilo"?
   _____

4. ¿Cuál es la moraleja de "El pato y la serpiente"?
   _____

Coméntalo

Answers will vary.

En parejas, túrnense para hacerse estas preguntas. ¿Estás de acuerdo con las moralejas de estas fábulas? ¿Por qué? ¿Cuál de estas fábulas te gusta más? ¿Por qué? ¿Conoces otras fábulas? ¿Cuál es su propósito?

Escribir

Escribe una fábula para compartir con la clase. Puedes escoger algunos animales de la lista o escoger otros. ¿Qué características deben tener estos animales?

- una abeja (*bee*)
- un gato
- un burro
- un perro
- un águila (*eagle*)
- un pavo real (*peacock*)

Practice more at vhlcentral.com.

TELL Connection

Learning Tools 3
Why: Authentic materials provide the perspective behind the cultural product. *What:* Guide a class discussion of three products and perspectives here: these two different fabulists' writings and backgrounds, compared with fables students know (e.g., by Aesop, a Greek).

Comprensión
- To simplify, before beginning the activity, call on volunteers to explain the fables in their own words using Spanish.
- Encourage students to justify their answers by citing the text.

Preguntas For items 1 and 2, have the class brainstorm a list of adjectives to describe each animal.

Coméntalo For additional discussion, have students imagine they must rewrite fables with the same morals, but using other animals as the protagonists. **¿Qué animales escogen para sustituir a estos animales? ¿Cómo cambia la historia?**

Escribir
- Before writing, encourage students to outline their fables. Have them include the characters, the setting, the basic plot, and the moral in their outlines.
- If needed, supply additional vocabulary for students to describe the animals' characteristics. Ex: **sabio, perezoso, terco, fiel, lento, inquieto, orgulloso, egoísta, (im)paciente**

21st Century Skills

Creativity and Innovation
Ask students to prepare a presentation on which fables they believe most effectively teach a moral lesson, inspired by the information on these two pages.

EXPANSION

Extra Practice To challenge students, have them write a story from the viewpoint of the dog, the crocodile, the duck, or the snake, in which they explain their encounter with another animal and what they learned from the experience. You may want to review the imperfect and preterite tenses before assigning this activity.

TEACHING OPTIONS

Small Groups If time and resources permit, bring in other fables in Spanish, such as **Samaniego's *El herrero y el perro*** or ***La abeja haragana*** by **Horacio Quiroga**. Have students work in small groups to read and analyze one fable in terms of its characters and moral. Then have volunteers summarize their analyses for the class.

Section Goals

In **Escritura**, students will:
- learn about a writer's audience and purpose
- write a persuasive letter or article in Spanish

 Communication 1.3

Student Resources
Cuaderno de actividades comunicativas, pp. 165–166
Cuaderno para hispanohablantes, pp. 67–68
Supersite: Activities, *eCuaderno*

Teacher Resources
Workbook TE

 Pre-AP*

Interpersonal Writing: Estrategia
Ask students to apply the answers to questions 1–5 to each of the scenarios listed in **Tema**. Students should discuss the purpose of their writing and how to determine their audience.

Tema If possible, provide students with samples of persuasive letters, such as letters to the editor, in Spanish. Ask students to identify the audience and the author's purpose for each letter.

 Pre-AP*

Presentational Writing
Remind students that they are writing with the purpose of persuading others to protect the environment.

The Affective Dimension
Discuss how students' writing was influenced by their level of interest in the topic.

 21st Century Skills

Leadership and Responsibility
If your community has a Spanish-language newspaper, have students send their letters to the **Cartas al Editor** section.

Escritura

Estrategia
Considering audience and purpose

Writing always has a specific purpose. During the planning stages, a writer must determine to whom he or she is addressing the piece, and what he or she wants to express to the reader. Once you have defined both your audience and your purpose, you will be able to decide which genre, vocabulary, and grammatical structures will best serve your literary composition.

Let's say you want to share your thoughts on local traffic problems. Your audience can be either the local government or the community. You could choose to write a newspaper article, a letter to the editor, or a letter to the city's governing board. But first you should ask yourself these questions:

1. Are you going to comment on traffic problems in general, or are you going to point out several specific problems?

2. Are you simply intending to register a complaint?

3. Are you simply intending to inform others and increase public awareness of the problems?

4. Are you hoping to persuade others to adopt your point of view?

5. Are you hoping to inspire others to take concrete actions?

The answers to these questions will help you establish the purpose of your writing and determine your audience. Of course, your writing can have more than one purpose. For example, you may intend for your writing to both inform others of a problem and inspire them to take action.

Tema
Escribir una carta o un artículo

Escoge uno de estos temas. Luego decide si vas a escribir una carta a un(a) amigo/a, una carta a un periódico, un artículo de periódico o de revista, etc.

1. Escribe sobre los programas que existen para proteger la naturaleza en tu comunidad. ¿Funcionan bien? ¿Participan todos los vecinos de tu comunidad en los programas? ¿Tienes dudas sobre el futuro del medio ambiente en tu comunidad?

2. Describe uno de los atractivos naturales de tu región. ¿Te sientes optimista sobre el futuro del medio ambiente en tu región? ¿Qué están haciendo el gobierno y los ciudadanos° de tu región para proteger la naturaleza? ¿Es necesario hacer más?

3. Escribe sobre algún programa para proteger el medio ambiente a nivel° nacional. ¿Es un programa del gobierno o de una empresa° privada°? ¿Cómo funciona? ¿Quiénes participan? ¿Tienes dudas sobre el programa? ¿Crees que debe cambiarse o mejorarse? ¿Cómo?

ciudadanos *citizens* **nivel** *level* **empresa** *company* **privada** *private*

recursos
v̂Text | CA pp. 165–166 | CH pp. 67–68 | vhlcentral

EVALUATION: Una carta o un artículo

Criteria	Scale	Scoring	
Content	1 2 3 4	Excellent	18–20 points
Organization	1 2 3 4	Good	14–17 points
Use of vocabulary	1 2 3 4	Satisfactory	10–13 points
Accuracy and mechanics	1 2 3 4	Unsatisfactory	< 10 points
Creativity	1 2 3 4		

Escuchar Audio

¡PROTEJAMOS LA TIERRA!

Nuestro patrimonio

Estrategia

**Using background knowledge/
Guessing meaning from context**

Listening for the general idea, or gist, can help you follow what someone is saying even if you can't hear or understand some of the words. When you listen for the gist, you simply try to capture the essence of what you hear without focusing on individual words.

 To practice these strategies, you will listen to a paragraph written by Jaime Urbinas, an urban planner. Before listening to the paragraph, write down what you think it will be about, based on Jaime Urbinas' profession. As you listen to the paragraph, jot down any words or expressions you don't know and use context clues to guess their meanings.

Preparación

Mira el dibujo. ¿Qué pistas° te da sobre el tema del discurso° de Soledad Morales?

Ahora escucha

Vas a escuchar un discurso de Soledad Morales, una activista preocupada por el medio ambiente. Antes de escuchar, marca las palabras y frases que tú crees que ella va a usar en su discurso. Después marca las palabras y frases que escuchaste.

Palabras	Antes de escuchar	Después de escuchar
el futuro	_____	✔
el cine	_____	_____
los recursos naturales	_____	✔
el aire	_____	✔
los ríos	_____	✔
la contaminación	_____	✔
las diversiones	_____	_____
el reciclaje	_____	_____

pistas *clues* **discurso** *speech* **Subraya** *Underline*

Comprensión

Escoger

Subraya° el equivalente correcto de cada palabra.
1. patrimonio (fatherland, heritage, acrimony) heritage
2. ancianos (elderly, ancient, antiques) elderly
3. entrelazadas (destined, interrupted, intertwined) intertwined
4. aguantar (to hold back, to destroy, to pollute) to hold back
5. apreciar (to value, to imitate, to consider) to value
6. tala (planting, cutting, watering) cutting

Ahora ustedes

Trabaja con un(a) compañero/a. Escriban seis recomendaciones que creen que la señora Morales va a darle al gobierno colombiano para mejorar los problemas del medio ambiente. Answers will vary.

1. _____
2. _____
3. _____
4. _____
5. _____
6. _____

 Practice more at vhlcentral.com.

recursos
v̂ Text
vhlcentral

que nos protegen, los animales cuyas vidas están entrelazadas con nuestras vidas. Es una lástima que no apreciemos lo mucho que tenemos. Es terrible que haya días con tanta contaminación del aire que nuestros ancianos se enferman y nuestros hijos no pueden respirar. La tala de árboles es un problema grave... hoy día, cuando llueve, el río Cauca se llena de tierra porque no hay

árboles que aguanten la tierra. La contaminación del río está afectando gravemente la ecología de las playas de Barranquilla, una de nuestras joyas. Ojalá que me oigan y piensen bien en el futuro de nuestra comunidad. Espero que aprendamos a conservar la naturaleza y que podamos cuidar el patrimonio de nuestros hijos.

Section Goals

In **Escuchar**, students will:
• use background knowledge and context to guess the meaning of unknown words
• listen to a short speech

 Communication 1.2

Student Resources
Supersite: Activities

Teacher Resources
Textbook and Audio Activities MP3s, Audio Scripts

 21st Century Skills

Critical Thinking and Problem Solving
Students practice aural comprehension as a tool to negotiate meaning in Spanish.

Estrategia
Script Es necesario que las casas del futuro sean construidas en barrios que tengan todos los recursos esenciales para la vida cotidiana: tiendas, centros comerciales, cines, restaurantes y parques, por ejemplo. El medio ambiente ya no soporta tantas autopistas llenas de coches y, por lo tanto, es importante que la gente pueda caminar para ir de compras o para ir a divertirse. Recomiendo que vivamos en casas con jardines compartidos para usar menos espacio y, más importante, para que los vecinos se conozcan.

Teaching Tip Have students look at the drawing and guess what it depicts.

Ahora escucha
Script Les vengo a hablar hoy porque aunque espero que el futuro sea color de rosa, temo que no sea así. Vivimos en esta tierra de preciosos recursos naturales—nuestros ríos de los cuales dependemos para el agua que nos da vida, el aire que respiramos, los árboles

(Script continues at far left in the bottom panels.)

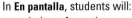

Section Goals

In **En pantalla**, students will:
- read about Argentine journalist **Víctor Sueiro**
- watch a PSA for **Edenor**, Argentina's largest distributor of electricity

 Communication 1.1, 1.2, 1.3
Cultures 2.1, 2.2
Connections 3.2
Comparisons 4.2
Communities 4.1

Student Resources
Supersite: *En pantalla* video, Activities

Teacher Resources
Transcript & Translation

 TELL Connection

Learning Tools 3
Why: Intercultural competence includes understanding humor. *What:* Media provides humor within cultural perspective.

¡Que apague la luz! Ask:
1. ¿Quién fue Víctor Sueiro?
2. ¿Qué vio en 1990? 3. ¿Qué causó la muerte clínica del señor Sueiro? 4. ¿Murió en 1990? ¿Qué ocurrió después?

 Pre-AP*

Audiovisual Interpretive Communication
Antes de ver Strategy
- Have students predict who the people are in the video still, and what they do.
- Remind students to concentrate on the whole story line, using visual context, cognates, and familiar words to guide understanding.

Preparación A bar or pie graph can be used to capture both the type and the rank of the five problems from the class tally, and the types and rank of daily conservation actions. In this way, students can see where the Edenor ad fits in with their lists (**Conversación**) and which topics may be best for their own ad (**Aplicación**).

 Video: TV Clip

Preparación

Contesta las preguntas. Luego comparte tus respuestas con la clase. Y entre todos hagan dos gráficos que muestren sus respuestas (puede ser un gráfico de barras o de torta [*pie*]).

1. En tu opinión, ¿cuáles son los cinco peligros más grandes para el planeta en nuestros días?
2. ¿Qué haces durante un día típico para cuidar y proteger el medio ambiente?

¡Que apague la luz!

En 1990, el periodista argentino Víctor Sueiro vio "un túnel oscuro°, una luz blanca intensa que se hizo más fuerte°" y sintió "una paz° total". Durante cuarenta segundos, una muerte clínica° causada por un paro cardíaco° lo llevó a tener esa famosa visión. Después de "volver de la muerte", se dedicó° a escribir sobre el fin de la vida, los ángeles y misterios similares, y sus libros tuvieron gran éxito. A continuación vas a ver a Sueiro en un anuncio que, con humor, nos hace una invitación ecológica.

oscuro *dark* más fuerte *stronger* paz *peace* muerte clínica *clinical death* paro cardíaco *cardiac arrest* se dedicó *he devoted himself*

Anuncio de Edenor

Tenemos información de que usted fue al más allá y volvió. ¿Es correcto?

Vocabulario útil

derrochar	*to waste*
el más allá	*the afterlife*

Comprensión

Contesta las preguntas con oraciones completas.

1. ¿Qué vio Víctor Sueiro cuando fue al más allá?
   Sueiro vio una luz blanca.
2. ¿Qué le piden que haga? ¿Por qué?
   Le piden que vaya al más allá para que apague la luz y vuelva.
3. ¿Por qué es importante que apague la luz? Es importante que apague la luz para que no se gaste/derroche la energía eléctrica.
4. ¿Qué hace Víctor Sueiro cuando despierta?
   Apaga la televisión y la luz.

Conversación

Discute esta pregunta con toda la clase. Answers will vary.

1. ¿Qué podemos hacer individual y colectivamente para ayudar a conservar la energía?

Aplicación

Trabaja con un grupo pequeño para preparar un anuncio que sugiera una acción específica para mejorar el medio ambiente o proteger la naturaleza. Si es posible, usen humor en su anuncio. Presenten el anuncio a la clase, o hagan un video para su escuela o comunidad. Answers will vary.

 Practice more at **vhlcentral.com**.

 recursos
v̂Text
vhlcentral

TEACHING OPTIONS

Expansion Have students look on the websites of environmental agencies and interest groups (in the United States and around the Spanish-speaking world) to discover what each says about the top threats to the environment. How do the lists compare with those of the class? How might students make changes to their lists or practices based on what they have learned?

DIFFERENTIATION

Heritage Speakers Ask heritage speakers to compare and contrast ways that households in their families' countries of origin are more or less environmentally wasteful than the average U.S. home. For example, clothes dryers are much more prevalent in the U.S.; in Spanish-speaking countries, many people hang their laundry to air-dry.

Section Goals

In **Flash cultura**, students will:
- read about nature reserves in Central America
- watch a video about nature in Costa Rica

Cultures 2.1, 2.2
Comparisons 4.2

Student Resources
Cuaderno de actividades comunicativas, pp. 95–96
Supersite: *Flash cultura* video, *eCuaderno*

Teacher Resources
Workbook TE; Video Script & Translation

 Video: *Flash cultura*

Centroamérica es una región con un gran crecimiento° en el turismo, especialmente ecológico, y no por pocas razones°. Con solamente el uno por ciento° de la superficie terrestre°, esta zona tiene el ocho por ciento de las reservas naturales del planeta. Algunas de estas maravillas son la isla Coiba en Panamá, la Reserva de la Biosfera Maya en Guatemala, el volcán Mombacho en Nicaragua, el parque El Imposible en El Salvador y Pico Bonito en Honduras. En este episodio de *Flash cultura* vas a conocer más tesoros° naturales en un país ecológico por tradición: Costa Rica.

Vocabulario útil

aguas termales	*hot springs*
hace erupción	*erupts*
los poderes curativos	*healing powers*
rocas incandescentes	*incandescent rocks*

Preparación

¿Qué sabes de los volcanes de Costa Rica? ¿Y de sus aguas termales? Si no sabes nada, escribe tres predicciones sobre cada tema. Answers will vary.

¿Cierto o falso?

Indica si estas oraciones son **ciertas** o **falsas**.

1. Centroamérica es una zona de pocos volcanes. Falso.
2. El volcán Arenal está en un parque nacional. Cierto.
3. El volcán Arenal hace erupción pocas veces. Falso.
4. Las aguas termales cerca del volcán vienen del mar. Falso.
5. Cuando Alberto sale del agua, tiene calor. Falso.
6. Se pueden ver las rocas incandescentes desde algunos hoteles. Cierto.

crecimiento *growth* razones *reasons* por ciento *percent* superficie terrestre *earth's surface* tesoros *treasures* rugido *roar*

Naturaleza en Costa Rica

Aquí existen más de cien volcanes. Hoy visitaremos el Parque Nacional Volcán Arenal.

En los alrededores del volcán [...] nacen aguas termales de origen volcánico...

Puedes escuchar cada rugido° del volcán Arenal...

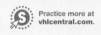 Practice more at vhlcentral.com.

recursos — vText | CA pp. 95–96 | vhlcentral

Introduction To check comprehension, give students these true/false statements:
1. El ecoturismo es cada vez más popular en Centroamérica. (Cierto.) 2. Costa Rica ocupa el 1% de la superficie terrestre. (Falso; Centroamérica ocupa el 1% de la superficie terrestre.) 3. El 8% de las reservas naturales del mundo están en Centroamérica. (Cierto.) 4. El volcán Mombacho está situado entre Honduras y Nicaragua. (Falso; Está en Nicaragua.)

Antes de ver
- Have students look at the video stills, read the captions, and predict the content of the video.
- Explain that students do not need to understand every word they hear. Tell them to rely on visual cues, cognates, and words from **Vocabulario útil**.

Preparación Make sure that students are familiar with hot springs and know that these are a naturally occurring phenomenon.

21st Century Skills

Information and Media Literacy
Go to the Supersite to complete the **Conexión Internet** activity associated with **En pantalla** and **Flash cultura** for additional practice accessing and using culturally authentic sources.

TEACHING OPTIONS

TPR Play the *Naturaleza en Costa Rica* episode a second time. Have students raise their hands each time they hear any of the new words introduced in **Vocabulario útil**.

EXPANSION

Extra Practice Tell students to imagine that the Costa Rican government is considering developing all the existing nature reserves and national parks along the Pacific Coast into tourist areas, thus threatening the region's flora and fauna. Have them write a letter in protest, explaining why this would be a bad idea. Encourage them to use the subjunctive with expressions they have learned in this lesson.

Section Goal

In **Panorama**, students will read about the geography, history, and culture of Colombia.

Communication 1.3
Cultures 2.1, 2.2
Connections 3.1, 3.2
Comparisons 4.2

Student Resources
Cuaderno de actividades comunicativas, pp. 71–72
Cuaderno de práctica, pp. 49–50
Supersite: *Panorama cultural* video, Activities, *eCuaderno*

Teacher Resources
Workbook TEs; Digital Image Bank; Video Script & Translation

21ˢᵗ Century Skills

Global Awareness
Students will gain perspectives on the Spanish-speaking world.

Teaching Tips
- Use the Digital Image Bank to support this presentation.
- Have students look at the map of Colombia and talk about the physical features of the country. Point out the three parallel ranges of the Andes in the west, and the Amazon Basin in the east and south. Point out that there are no major cities in the eastern half of the country. Ask students to suggest reasons for this lack of development.

El país en cifras After reading the **Población** section, ask students what the impact might be of having 55% of the nation's territory unpopulated.

¡Increíble pero cierto!
Spaniards made several attempts to drain Lake Guatavita. Around 1545, **Hernán Pérez de Quesada** set up a bucket brigade that lowered the water level by a few meters, allowing a small amount of gold to be gathered.

Colombia

Video: *Panorama cultural*
Interactive Map

El país en cifras

▶ **Área:** 1.138.910 km² (439.734 millas²),
   tres veces el área de Montana
▶ **Población:** 46.245.000
De todos los países de habla hispana, sólo México tiene más habitantes que Colombia. Casi toda la población colombiana vive en las áreas montañosas y la costa occidental° del país. Aproximadamente el 55% de la superficie° del país está sin poblar°.
▶ **Capital:** Bogotá—8.744.000
▶ **Ciudades principales:** Medellín—3.497.000, Cali—2.352.000, Barranquilla—1.836.000, Cartagena—978.600

Medellín

▶ **Moneda:** peso colombiano
▶ **Idiomas:** español (oficial); lenguas indígenas, criollas y gitanas

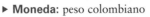
Bandera de Colombia

Colombianos célebres
▶ **Edgar Negret,** escultor°, pintor (1920–2012)
▶ **Juan Pablo Montoya,** automovilista (1975–)
▶ **Fernando Botero,** pintor, escultor (1932–)
▶ **Shakira,** cantante (1977–)
▶ **Sofía Vergara,** actriz (1972–)

occidental *western* superficie *surface* sin poblar *unpopulated*
escultor *sculptor* dioses *gods* arrojaban *threw* oro *gold*
cacique *chief* llevó *led*

Baile típico de Cartagena

Palacio de San Francisco, Bogotá

Barranquilla
Cartagena
Sierra Nevada de Santa Marta
Mar Caribe
PANAMÁ
VENEZUELA
ESTADOS UNIDOS
OCÉANO ATLÁNTICO
COLOMBIA
OCÉANO PACÍFICO
AMÉRICA DEL SUR
Cordillera Occidental de los Andes
Cordillera Central de los Andes
Río Magdalena
Medellín
Bogotá
Río Meta
Cali
Volcán Nevado del Huila
Cordillera Oriental de los Andes
Océano Pacífico
Cultivo de caña de azúcar cerca de Cali
ECUADOR
PERÚ

recursos
vText | CA pp. 71–72 | CP pp. 49–50 | vhlcentral

¡Increíble pero cierto!

En el siglo XVI los exploradores españoles oyeron la leyenda de El Dorado. Esta leyenda cuenta que los indios, como parte de un ritual en honor a los dioses°, arrojaban° oro° a la laguna de Guatavita y el cacique° se sumergía en sus aguas cubierto de oro. Aunque esto era cierto, muy pronto la exageración llevó° al mito de una ciudad de oro.

Laguna de Guatavita

EXPANSION

Culture Note One of Colombia's contributions to Latin popular music is the dance called the **cumbia**. The **cumbia** was born out of the fusion of musical elements contributed by each of Colombia's three main ethnic groups: indigenous Andeans, Africans, and Europeans. According to ethnomusicologists, the flutes and wind instruments characteristically used in the **cumbia** derive from indigenous Andean music, the rhythms have their origin in African music, and the melodies are shaped by popular Spanish melodies. **Cumbias** are popular outside of Colombia, particularly in Mexico. Another Colombian dance, native to the Caribbean coast, is the **vallenato**, a fusion of African and European elements. If possible, bring in examples of **cumbias** and **vallenatos** for the class to listen to and compare and contrast.

Lugares • El Museo del Oro

El famoso Museo del Oro del Banco de la República fue fundado° en Bogotá en 1939 para preservar las piezas de orfebrería° de la época precolombina. Tiene más de 30.000 piezas de oro y otros materiales; en él se pueden ver joyas°, ornamentos religiosos y figuras que representaban ídolos. El cuidado con el que se hicieron los objetos de oro refleja la creencia° de las tribus indígenas de que el oro era la expresión física de la energía creadora° de los dioses.

Literatura • Gabriel García Márquez (1927–2014)

Gabriel García Márquez, ganador del Premio Nobel de Literatura en 1982, es considerado uno de los escritores más importantes de la literatura universal. García Márquez publicó su primer cuento° en 1947, cuando era estudiante universitario. Su libro más conocido, *Cien años de soledad*, está escrito en el estilo° literario llamado "realismo mágico", un estilo que mezcla° la realidad con lo irreal y lo mítico°.

Historia • Cartagena de Indias

Los españoles fundaron la ciudad de Cartagena de Indias en 1533 y construyeron a su lado la fortaleza° más grande de las Américas, el Castillo de San Felipe de Barajas. En la ciudad de Cartagena se conservan muchos edificios de la época colonial, como iglesias, monasterios, palacios y mansiones. Cartagena es conocida también por el Festival Internacional de Música y su prestigioso Festival Internacional de Cine.

Costumbres • El Carnaval

Durante el Carnaval de Barranquilla, la ciudad vive casi exclusivamente para esta fiesta. Este festival es una fusión de las culturas que han llegado° a las costas caribeñas de Colombia y de sus grupos autóctonos°. El evento más importante es la Batalla° de Flores, un desfile° de carrozas° decoradas con flores. En 2003, la UNESCO declaró este carnaval como Patrimonio de la Humanidad°.

BRASIL

 ¿Qué aprendiste? Contesta cada pregunta con una oración completa.

1. ¿Cuáles son las principales ciudades de Colombia? Bogotá, Medellín, Cali, Barranquilla y Cartagena
2. ¿Qué país de habla hispana tiene más habitantes que Colombia? México
3. ¿Quién era Edgar Negret? Edgar Negret era un escultor y pintor colombiano.
4. ¿Cuándo oyeron los españoles la leyenda de El Dorado? en el siglo XVI
5. ¿Para qué fue fundado el Museo del Oro? para preservar las piezas de orfebrería de la época precolombina
6. ¿Quién ganó el Premio Nobel de Literatura en 1982? Gabriel García Márquez
7. ¿Qué construyeron los españoles al lado de la ciudad de Cartagena de Indias? el Castillo de San Felipe de Barajas
8. ¿Cuál es el evento más importante del Carnaval de Barranquilla? la Batalla de Flores

 Conexión Internet Investiga estos temas en **vhlcentral.com**.

1. Busca información sobre las ciudades más grandes de Colombia. ¿Qué lugares de interés hay en estas ciudades? ¿Qué puede hacer un(a) turista en estas ciudades?
2. Busca información sobre pintores y escultores colombianos como Edgar Negret, Débora Arango o Fernando Botero. ¿Cuáles son algunas de sus obras más conocidas? ¿Cuáles son sus temas?

 Practice more at vhlcentral.com.

fundado *founded* orfebrería *goldsmithing* joyas *jewels* creencia *belief* creadora *creative* cuento *story* estilo *style* mezcla *mixes* mítico *mythical* fortaleza *fortress* han llegado *have arrived* autóctonos *indigenous* Batalla *Battle* desfile *parade* carrozas *floats* Patrimonio de la Humanidad *World Heritage*

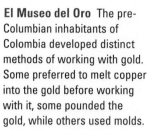

El Museo del Oro The pre-Columbian inhabitants of Colombia developed distinct methods of working with gold. Some preferred to melt copper into the gold before working with it, some pounded the gold, while others used molds.

Gabriel García Márquez (1927–2014) **García Márquez** was raised primarily by his maternal grandparents, who made a profound impression upon his life and literature. His grandfather was a man of strong ideals and a military hero. His grandmother, who held many superstitious beliefs, regaled the young **García Márquez** with fantastical stories.

Cartagena de Indias Since ships full of Andean gold often departed from Cartagena de Indias, it was the frequent target of pirate attacks from the sixteenth through the eighteenth centuries. The most famous siege was led by the English pirate Sir Francis Drake, in 1586. He held the city for 100 days, until the residents surrendered 100,000 pieces of gold.

El Carnaval The many events that make up the **Carnaval de Barranquilla** are spread out over about a month. The opening act is the **Guacherna**, which is a nighttime street parade involving **comparsas** (live bands) and costumed dancers. The **Carnaval's** official slogan is **¡Quien lo vive es quien lo goza!**

Conexión Internet Students will find supporting Internet activities and links at **vhlcentral.com**.

21st Century Skills

Information and Media Literacy Students access and critically evaluate information from the Internet.

EXPANSION

Worth Noting Colombia, like other mountainous countries near the equator, does not experience the four seasons that are known in parts of the United States and Canada. The average temperature of a given location does not vary much during the course of a year. Climate, however, changes dramatically with elevation, the higher altitudes being cooler than the low-lying ones. While the average temperature at sea level is 86°, 57° is the average temperature in Bogotá, the third highest capital in the world, behind La Paz, Bolivia, and Quito, Ecuador. When Colombians speak of **verano** or **invierno**, they are referring to the dry season (**verano**) and the rainy season (**invierno**). When these seasons occur varies from one part of the country to another. In the Andean region, the **verano**, or dry season, generally falls between December and March.

21st Century Skills

Creativity and Innovation
Ask students to prepare a list of three products or perspectives they learned about in this lesson to share with the class. You may ask them to focus specifically on the **Cultura** and **Panorama** sections.

21st Century Skills

Leadership and Responsibility Extension Project
As a class, have students decide on three questions they want to ask the partner class related to the topic of the lesson they have just completed. Based on the responses they receive, work as a class to explain to the Spanish-speaking partners one aspect of their responses that surprised the class and why.

◁)) Ⓢ My Vocabulary

La naturaleza

el árbol	tree
el bosque (tropical)	(tropical; rain) forest
el cielo	sky
el cráter	crater
el desierto	desert
la estrella	star
la flor	flower
la hierba	grass
el lago	lake
la luna	moon
la naturaleza	nature
la nube	cloud
la piedra	stone
la planta	plant
el río	river
la selva, la jungla	jungle
el sendero	trail; path
el sol	sun
la tierra	land; soil
el valle	valley
el volcán	volcano

Los animales

el animal	animal
el ave, el pájaro	bird
el gato	cat
el perro	dog
el pez (sing.), los peces (pl.)	fish
la vaca	cow

El medio ambiente

el calentamiento global	global warming
el cambio climático	climate change
la conservación	conservation
la contaminación (del aire; del agua)	(air; water) pollution
la deforestación	deforestation
la ecología	ecology
el/la ecologista	ecologist
el ecoturismo	ecotourism
la energía (nuclear, solar)	(nuclear, solar) energy
el envase	container
la extinción	extinction
la fábrica	factory
el gobierno	government
la lata	(tin) can
la ley	law
el medio ambiente	environment
el peligro	danger
la (sobre)población	(over)population
el reciclaje	recycling
el recurso natural	natural resource
la solución	solution
cazar	to hunt
conservar	to conserve
contaminar	to pollute
controlar	to control
cuidar	to take care of
dejar de (+ *inf.*)	to stop (doing something)
desarrollar	to develop
descubrir	to discover
destruir	to destroy
estar afectado/a (por)	to be affected (by)
estar contaminado/a	to be polluted
evitar	to avoid
mejorar	to improve
proteger	to protect
reciclar	to recycle
recoger	to pick up
reducir	to reduce
resolver (o:ue)	to resolve; to solve
respirar	to breathe
de aluminio	(made) of aluminum
de plástico	(made) of plastic
de vidrio	(made) of glass
ecologista	ecological
puro/a	pure
renovable	renewable

Las emociones

alegrarse (de)	to be happy
esperar	to hope; to wish
sentir (e:ie)	to be sorry; to regret
temer	to fear; to be afraid
es extraño	it's strange
es una lástima	it's a shame
es ridículo	it's ridiculous
es terrible	it's terrible
es triste	it's sad
ojalá (que)	I hope (that); I wish (that)

Las dudas y certezas

(no) creer	(not) to believe
(no) dudar	(not) to doubt
(no) negar (e:ie)	(not) to deny
es imposible	it's impossible
es improbable	it's improbable
es obvio	it's obvious
no cabe duda de	there is no doubt that
no hay duda de	there is no doubt that
(no) es cierto	it's (not) certain
(no) es posible	it's (not) possible
(no) es probable	it's (not) probable
(no) es seguro	it's (not) certain
(no) es verdad	it's (not) true

Conjunciones

a menos que	unless
antes (de) que	before
con tal (de) que	provided (that)
cuando	when
después de que	after
en caso (de) que	in case (that)
en cuanto	as soon as
hasta que	until
para que	so that
sin que	without
tan pronto como	as soon as

Expresiones útiles	*See page 133.*

En la ciudad

Communicative Goals

I will be able to:
- Give advice to others
- Give and receive directions
- Discuss daily errands and city life

contextos

fotonovela

cultura

estructura

adelante

A PRIMERA VISTA
- ¿Dónde están ellos, en el campo o en la ciudad?
- ¿Crees que tienen frío o calor? ¿Por qué?
- ¿Crees que tienen prisa? ¿Por qué?
- ¿Cómo son los edificios que hay detrás?

Lesson Goals
In **Lección 5**, students will be introduced to the following:
- names of commercial establishments
- banking terminology
- citing locations
- city transportation
- Mexican architect **Luis Barragán**
- subjunctive in adjective clauses
- **nosotros/as** commands
- forming regular past participles
- irregular past participles
- past participles used as adjectives
- identifying point of view
- avoiding redundancy
- writing an e-mail
- listening for specific information and linguistic cues
- a television commercial for **Azucarlito**, a brand of sugar in Uruguay
- a video about Mexico City's subway system
- geographic, economic, and historical information about Venezuela

21st Century Skills
Initiative and Self-Direction
Students can monitor their progress online using the Supersite activities and assessments.

A primera vista Here are some additional questions you can ask based on the photo:
¿Cómo es la vida en la ciudad? ¿Y en el campo? ¿Dónde prefieres vivir? ¿Por qué? ¿Es posible que una ciudad esté completamente libre de contaminación? ¿Cómo? ¿Qué responsabilidades tienen las personas que viven en una ciudad para proteger el medio ambiente?

SUPPORT FOR BACKWARD DESIGN

Lección 5 Essential Questions
1. How do people give advice to each other?
2. How do people talk about errands and getting around the city?
3. What are some interesting features of cities in the Spanish-speaking world?

Lección 5 Integrated Performance Assessment
Before teaching this chapter, review the Integrated Performance Assessment (IPA) and its accompanying scoring rubric provided in the Testing Program. Use the IPA to assess students' progress toward proficiency targets at the end of the chapter.
IPA Context: Your friend wants to go to a local department store and asks you for directions. First, listen to a dialogue with a similar context and then work with a partner to discuss the different things that you can mention when you give someone directions. Finally, create a map and write the directions for your friend on it, indicating as many steps and details as possible.

Voice boards on the Supersite allow you and your students to record and share up to five minutes of audio. Use voice boards for presentations, oral assessments, discussions, directions, etc.

Section Goals

In **Contextos**, students will learn and practice:
- names of commercial establishments
- banking terminology
- citing locations

Communication 1.2
Comparisons 4.1

Student Resources
Cuaderno de actividades comunicativas, p. 131
Cuaderno de práctica, pp. 51–52
Cuaderno para hispanohablantes, pp. 69–70
Supersite: Activities, *eCuaderno*

Teacher Resources
Workbook TEs; Digital Image Bank; Textbook and Audio Activities MP3s; Audio Scripts; Testing Program Quizzes; Activity Pack

Teaching Tips
- Using realia or magazine pictures, ask volunteers to identify the items. Ex: **carne, zapato, pan.** As students give their answers, write the names of corresponding establishments on the board (**carnicería, zapatería, panadería**). Then present banking vocabulary by miming common transactions. Ex: **Cuando necesito dinero, voy al banco y cobro un cheque.**
- Use the **Lección 5 Contextos** Digital Image Bank to support this presentation.
- Ask questions about the illustrations in **Contextos.** Ex: **¿Qué tienda queda entre la lavandería y la carnicería? Las dos señoras al lado de la estatua, ¿de qué hablan? ¿Qué tipo de transacciones pueden hacerse en un banco?**

Successful Language Learning
Ask students to imagine how they would use this vocabulary when traveling.

En la ciudad

My Vocabulary Tutorials

Más vocabulario

la frutería	fruit store
la heladería	ice cream shop
la pastelería	pastry shop
la pescadería	fish market
la cuadra	(city) block
la dirección	address
la esquina	corner
el estacionamiento	parking lot
derecho	straight (ahead)
enfrente de	opposite; facing
hacia	toward
cruzar	to cross
doblar	to turn
hacer diligencias	to run errands
quedar	to be located
el cheque (de viajero)	(traveler's) check
la cuenta corriente	checking account
la cuenta de ahorros	savings account
ahorrar	to save (money)
cobrar	to cash (a check)
depositar	to deposit
firmar	to sign
llenar (un formulario)	to fill out (a form)
pagar a plazos	to pay in installments
pagar al contado/ en efectivo	to pay in cash
pedir prestado/a	to borrow
pedir un préstamo	to apply for a loan
ser gratis	to be free of charge

Variación léxica

cuadra ⟷ manzana (*Esp.*)
estacionamiento ⟷ aparcamiento (*Esp.*)
doblar ⟷ girar; virar; dar vuelta
hacer diligencias ⟷ hacer mandados

recursos

v̂Text | CA p. 131 | CP pp. 51–52 | CH pp. 69–70 | S vhlcentral

---

Extra Practice Add an auditory aspect to this vocabulary presentation. Prepare and read aloud a series of mini-dialogues; have students name the place or activity. Ex: **1.** —**Señorita, ¿tienen números más grandes? —Sí, creo que le queda un 42. —Gracias. ¿Me los puedo probar aquí? (la zapatería) 2. —Perdón, ¿cómo llego a la carnicería? —Cruzas la plaza y está allá, en la esquina. —Ah, sí... ya la veo, al lado de la zapatería. Gracias.**

(indicar cómo llegar) This activity may also be done in pairs.
Pairs Have students individually draw schematic maps of a city square and the surrounding blocks, labeling all establishments and streets. Then have them write a description of each establishment's location and exchange it with a partner. Have students re-create the map, based on the description. Finally, have partners verify the accuracy of the two sets of maps.

Communication 1.1

Práctica

el letrero

la carnicería

la zapatería

la lavandería

1 Escuchar Mira el dibujo. Luego escucha las oraciones e indica si lo que dice cada una es **cierto** o **falso**.

	Cierto	Falso		Cierto	Falso
1.	○	●	6.	●	○
2.	●	○	7.	●	○
3.	○	●	8.	○	●
4.	●	○	9.	○	●
5.	○	●	10.	●	○

2 ¿Quién la hizo? Escucha la conversación entre Telma y Armando. Escribe el nombre de la persona que hizo cada diligencia o una X si nadie la hizo. Una diligencia la hicieron los dos.

1. abrir una cuenta corriente Armando
2. abrir una cuenta de ahorros Telma
3. ir al banco Armando, Telma
4. ir a la panadería X
5. ir a la peluquería Telma
6. ir al supermercado Armando

3 Seleccionar Indica dónde haces estas diligencias.

banco	joyería	pescadería
carnicería	lavandería	salón de belleza
frutería	pastelería	zapatería

1. comprar galletas pastelería
2. comprar manzanas frutería
3. lavar la ropa lavandería
4. comprar mariscos pescadería
5. comprar pollo carnicería
6. comprar sandalias zapatería

4 Completar Completa las oraciones con las palabras más adecuadas.

1. El banco me regaló un reloj. Fue _gratis_.
2. Me gusta _ahorrar_ dinero, pero no me molesta gastarlo.
3. La cajera me dijo que tenía que _firmar_ el cheque en el dorso (*on the back*) para cobrarlo.
4. Para pagar con un cheque, necesito tener dinero en mi _cuenta corriente_
5. Mi madre va a un cajero _automático_ para obtener dinero en efectivo cuando el banco está cerrado.
6. Cada viernes, Julio lleva su cheque al banco y lo _cobra_ para tener dinero en efectivo.
7. Ana _deposita_ su cheque en su cuenta de ahorros.
8. Cuando viajas, es buena idea llevar cheques _de viajero_.

---

1 Teaching Tip Check answers by reading aloud each statement in the script and asking volunteers to say whether it is true or false. To challenge students, have them correct the false statements.

1 Script 1. El supermercado queda al este de la plaza, al lado de la joyería. 2. La zapatería está al lado de la carnicería. 3. El banco queda al sur de la plaza. 4. Cuando sales de la zapatería, la lavandería está a su lado. 5. La carnicería está al lado del banco. *Script continues on page 164.*

Script continues on page 164.

2 Teaching Tip Do this exercise as a TPR activity. Have students raise their right hand if **Armando** did the errand, their left hand if it was **Telma**, both hands if both people did it, or no hands if nobody did it.

2 Script TELMA: Hola, Armando, ¿qué tal? ARMANDO: Pues bien. Acabo de hacer unas diligencias. Fui a la carnicería y al supermercado. ¿Y tú? Estás muy guapa. ¿Fuiste a la peluquería? T: Sí, fui al nuevo salón de belleza que está enfrente de la panadería. También fui al banco. A: ¿A qué banco fuiste? T: Fui al banco Mercantil. Está aquí en la esquina. A: Ah, ¿sí? Yo abrí una cuenta corriente ayer, ¡y fue gratis! T: Sí, yo abrí una cuenta de ahorros esta mañana y no me cobraron nada. *Teacher Resources DVD*

3 Expansion Ask students what else can be bought or done in each establishment. Ex: **¿Qué más podemos comprar en la pastelería?**

4 Expansion Ask students to compare and contrast aspects of banking. Ex: ATM vs. traditional tellers; paying bills online vs. check; savings account vs. checking account. In groups of three, have them make a list of **Ventajas** and **Desventajas**.

TEACHING OPTIONS

Game Add a visual aspect to this vocabulary presentation by playing **Concentración**. On eight cards, write names of types of commercial establishments. On another eight cards, draw or paste a picture that matches each commercial establishment. Place the cards facedown in four rows of four. In pairs, students select two cards. If the cards match, the pair keeps them. If the cards do not match, students replace them in their original

TEACHING OPTIONS

position. The pair with the most cards at the end wins.

Pairs Have each student write a shopping list with ten items. Have students include items found in different stores. Then have them exchange their shopping list with a partner. Each student tells his or her partner where to go to get each item. Ex: **unas botas (Para comprar unas botas, tienes que ir a la zapatería que queda en la calle ____.)**

Script (continued)

6. Cuando sales de la joyería, el cajero automático está a su lado. 7. No hay ninguna heladería cerca de la plaza. 8. La joyería está al oeste de la peluquería. 9. Hay una frutería al norte de la plaza. 10. No hay ninguna pastelería cerca de la plaza.

Teacher Resources DVD

Teaching Tips

- Use the **Lección 5 Contextos** Digital Image Bank to support this vocabulary presentation.
- Ask students questions about the scene to elicit active vocabulary. Ex: **¿Qué hace la señora en la ventanilla? Y las personas que esperan detrás de ella, ¿qué hacen?** Then, engage students in a conversation about sending mail and the post office. Ex: **Necesito estampillas. ¿Dónde está el correo que está más cerca de aquí? A mí me parece que la carta es una forma de escritura en vías de extinción. Desde que uso el correo electrónico y los mensajes de texto, casi nunca escribo cartas. ¿Quiénes todavía escriben cartas?**

5 Expansion

- After you have gone over the activity, have pairs role-play the conversation, encouraging them to ad-lib as they go.
- Have pairs create short conversations similar to the one presented in the activity, but set in a different place of business. Ex: **el salón de belleza, la pescadería**

6 Teaching Tips

- To simplify, create a word bank of useful phrases on the board. Ask volunteers to suggest expressions.
- Go over the new vocabulary by asking questions. Ex: **¿Cuándo pedimos un préstamo? ¿Los cheques son para una cuenta corriente o una cuenta de ahorros?**

En el correo

la estampilla, el sello

Hacen cola. (hacer)

el cartero

el correo

Echa una carta al buzón. (echar)

el sobre

Manda/Envía un paquete. (mandar, enviar)

◀ **¡LENGUA VIVA!**

Note that **correo** can mean either *mail* or *post office*. Other ways to say *post office* are **la oficina de correos** and **correos**.

5 **Conversación** Completa la conversación entre Juanita y el cartero con las palabras más adecuadas.

CARTERO Buenas tardes, ¿es usted la señorita Ramírez? Le traigo un (1) ___paquete___.

JUANITA Sí, soy yo. ¿Quién lo envía?

CARTERO La señora Brito. Y también tiene dos (2) ___cartas___.

JUANITA Ay, pero ¡ninguna es de mi novio! ¿No llegó nada de Manuel Fuentes?

CARTERO Sí, pero él echó la carta al (3) ___buzón___ sin poner un (4) ___sello___ en el sobre.

JUANITA Entonces, ¿qué recomienda usted que haga?

CARTERO Sugiero que vaya al (5) ___correo___. Con tal de que pague el costo del sello, se le puede dar la carta sin ningún problema.

JUANITA Uy, otra diligencia, y no tengo mucho tiempo esta tarde para (6) ___hacer___ cola en el correo, pero voy enseguida. ¡Ojalá que sea una carta de amor!

◀ **¡LENGUA VIVA!**

In Spanish, **Soy yo** means *That's me* or *It's me.* **¿Eres tú?/ ¿Es usted?** means *Is that you?*

6 **En el banco** Tú eres un(a) empleado/a de banco y tu compañero/a es un(a) estudiante que necesita abrir una cuenta corriente. En parejas, hagan una lista de las palabras que pueden necesitar para la conversación. Después lean estas situaciones y modifiquen su lista original según la situación. Answers will vary.

- una pareja de recién casados quiere pedir un préstamo para comprar una casa
- una persona quiere información de los servicios que ofrece el banco
- un(a) estudiante va a estudiar al extranjero (*abroad*) y quiere saber qué tiene que hacer para llevar su dinero de una forma segura
- una persona acaba de ganar 50 millones de dólares en la lotería y quiere saber cómo invertirlos (*invest it*)

Ahora, escojan una de las cuatro situaciones y represéntenla para la clase.

Practice more at **vhlcentral.com**.

EXPANSION

Extra Practice Ask students to use the Internet to research banks in Spanish-speaking countries. Have them write a summary of branches, services, rates, and hours offered by the bank.
Pairs Have pairs list the five best local places for students. Ex: **la mejor pizza, el mejor corte de pelo**. Then have them write directions to each place from school. Expand by having students debate their choices.

TEACHING OPTIONS

Game Divide the class into two teams and have them sit in two rows facing one another so that a person from team A is directly across from a person from team B. Begin with the first two students and work your way down the rows. Say a word, and the first student to make an association with a different word wins a point for his or her team. Ex: You say: **correo**. The first person from team B answers: **sello**. Team B wins one point.

Comunicación

7 **Diligencias** En parejas, decidan quién va a hacer cada diligencia y cuál es la manera más rápida de llegar a los diferentes lugares desde su escuela. Answers will vary.

AYUDA

Note these different meanings:

quedar to be located; to be left over; to fit

quedarse to stay, to remain

> **modelo**
> cobrar unos cheques
> **Estudiante 1:** Yo voy a cobrar unos cheques. ¿Cómo llego al banco?
> **Estudiante 2:** Conduce hacia el norte hasta cruzar la calle Oak.
> El banco queda en la esquina a la izquierda.

1. enviar un paquete
2. comprar botas nuevas
3. comprar un pastel de cumpleaños
4. lavar unas camisas
5. comprar helado
6. cortarse (to cut) el pelo

8 **El Hatillo** Trabajen en parejas para representar los papeles de un(a) turista que está perdido/a en El Hatillo y de un(a) residente de la ciudad que quiere ayudarlo/la. Answers will vary.

NOTA CULTURAL

El Hatillo es un municipio del área metropolitana de Caracas. Forma parte del Patrimonio Cultural de Venezuela y es muy popular por su arquitectura pintoresca, sus restaurantes y sus tiendas de artesanía.

> **modelo**
> Plaza Sucre, café Primavera
> **Estudiante 1:** Perdón, ¿por dónde queda la Plaza Sucre?
> **Estudiante 2:** Del café Primavera, camine derecho por la calle Sucre
> hasta cruzar la calle Comercio...

1. Plaza Bolívar, farmacia
2. Casa de la Cultura, Plaza Sucre
3. banco, terminal
4. estacionamiento (este), escuela
5. Plaza Sucre, estacionamiento (oeste)
6. joyería, banco
7. farmacia, joyería
8. zapatería, iglesia

9 **Cómo llegar** En grupos, escriban un minidrama en el que unos/as turistas están preguntando cómo llegar a diferentes sitios de la comunidad en la que ustedes viven.
Answers will vary.

TEACHING OPTIONS

TPR Have students work in pairs. One partner is blindfolded and the other gives directions to get from one place in the classroom to another. Ex: **¿Quieres llegar de tu escritorio a la puerta? Bueno, camina derecho cinco pasos. Da tres pasos a la izquierda. Luego dobla a la derecha y camina cuatro pasos para que no choques con el escritorio. Estás cerca de la puerta. Sigue derecho dos pasos más. Allí está la puerta.**

TEACHING OPTIONS

Game Divide the class into teams of three. Each must write directions to a particular commercial establishment close to school. The teams read their directions, and the other teams try to guess what errand they are running. Each team that guesses correctly wins a point. The team with the most points wins.

7 Teaching Tips Draw a map of your school's campus and nearby streets with local commerce. Ask students to use the map to answer your questions and direct you to different locations. Ex: **¿En qué calle queda el banco más cercano? Estoy en la esquina de ____ y ____. ¿Me pueden indicar cómo llegar a ____?**

8 Teaching Tips
• Go over the icons in the map's legend, finding the places each represents.
• Explain that the task is to give directions to the first place from the second place. Ask students to find **Plaza Sucre** and **café Primavera** on the map.

8 Expansion Ask students to read about **El Hatillo** on the Internet and report back to the class with their findings.

8 Partner Chat (Premium) You can also assign activity 8 on the Supersite. Students work in pairs to record the activity online. The pair's recorded conversation will appear in your gradebook.

TELL Connection

Performance and Feedback 2
Why: Evidence is the best feedback. *What:* Point out that no one gets lost when correctly giving and getting directions!

9 Teaching Tips
• As a class, brainstorm different tourist sites in and around your area. Write them on the board.
• Using one of the places listed on the board, model the activity by asking volunteers to give driving directions.

Section Goals

In **Fotonovela**, students will:
- receive comprehensible input from free-flowing discourse
- learn functional phrases that preview lesson grammatical structures

Communication 1.2
Cultures 2.1, 2.2

Student Resources
Cuaderno de actividades comunicativas, pp. 55–56
Supersite: *Fotonovela* video, Activities, eCuaderno

Teacher Resources
Workbook TE; Video Script & Translation

Video Recap: Lección 4
Before doing this **Fotonovela** section, review the previous one with these questions:
1. ¿Adónde fueron Marissa y Jimena? (Fueron al santuario de tortugas.) **2. ¿Qué aprendieron allí?** (Aprendieron sobre las normas para proteger a las tortugas.) **3. ¿Qué le pasó a Felipe durante el recorrido por la selva?** (Se cayó.) **4. ¿Qué mentira les dijo Felipe a las chicas?** (Les dijo que se perdió todo el recorrido.)

Video Synopsis
Maru is racing against the clock to deliver her application for an internship at the **Museo de Antropología**. However, with **Miguel's** car broken down again, long lines at the bank, and heavy traffic, **Maru** needs her friend **Mónica's** help to meet the deadline.

Teaching Tips
- Hand out the **Antes de ver el video** and **Mientras ves el video** activities from the *Cuaderno de actividades comunicativas* and go over the **Antes de ver** questions before starting the **Fotonovela**.
- Ask students to predict what they would see and hear in an episode in which the main characters get lost while running errands. Then, ask them a few questions to help them summarize this episode.

Corriendo por la ciudad

Maru necesita entregar unos documentos en el Museo de Antropología.

PERSONAJES   MARU   MIGUEL

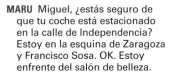
Video: *Fotonovela*

MARU Miguel, ¿estás seguro de que tu coche está estacionado en la calle de Independencia? Estoy en la esquina de Zaragoza y Francisco Sosa. OK. Estoy enfrente del salón de belleza.

MIGUEL Dobla a la avenida Hidalgo. Luego cruza la calle Independencia y dobla a la derecha. El coche está enfrente de la pastelería.

MARU ¡Ahí está! Gracias, cariño. Hablamos luego.

MARU Vamos, arranca. Pensé que podías aguantar unos kilómetros más. Necesito un coche que funcione bien. (*en el teléfono*) Miguel, tu coche está descompuesto. Voy a pasar al banco porque necesito dinero y luego me voy en taxi al museo.

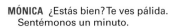

MÓNICA ¿Estás bien? Te ves pálida. Sentémonos un minuto.

MARU ¡No tengo tiempo! Tengo que llegar al Museo de Antropología. Necesito entregar...

MÓNICA ¡Ah, sí! ¡Tu proyecto!

MÓNICA ¿Puedes mandarlo por correo? El correo está muy cerca de aquí.

MARU El plazo para mandarlo por correo se venció la semana pasada. Tengo que entregarlo personalmente.

MARU ¿Me podrías prestar tu coche?

MÓNICA Estás muy nerviosa para manejar con este tráfico. Te acompaño. ¡No, mejor yo te llevo! Mi coche está en el estacionamiento de la calle Constitución.

TEACHING OPTIONS

Corriendo por la ciudad Play the **Corriendo por la ciudad** episode without sound and ask the class to summarize what they see. Then, ask them to predict the content of the episode and write their predictions on the board. Then play the entire episode with sound. Finally, through questions and discussion, lead the class to an accurate summary of the plot.

MÓNICA

MARU Hola, Moni. Lo siento, tengo que ir a entregar un paquete y todavía tengo que ir a un cajero.

MÓNICA ¡Uf! Y la cola está súper larga.

MARU ¿Me puedes prestar algo de dinero?

MÓNICA Déjame ver cuánto tengo. Estoy haciendo diligencias y me gasté casi todo el efectivo en la carnicería y en la panadería y en la frutería.

MARU En esta esquina dobla a la derecha. En el semáforo, a la izquierda y sigue derecho.

MÓNICA Hay demasiado tráfico. No sé si podemos...

MARU Hola, Miguel. No, no hubo más problemas. Lo entregué justo a tiempo. Nos vemos más tarde. (a Mónica) ¡Vamos a celebrar!

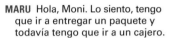

recursos

v Text   CA   (S)
pp. 55–56   vhlcentral

Expresiones útiles

Getting/giving directions

Estoy en la esquina de Zaragoza y Francisco Sosa.
I'm at the corner of Zaragoza and Francisco Sosa.

Dobla a la avenida Hidalgo.
Turn on Hidalgo Avenue.

Luego cruza la calle Independencia y dobla a la derecha.
Then cross Independencia Street and turn right.

El coche está enfrente de la pastelería.
The car is in front of the bakery.

En el semáforo, a la izquierda y sigue derecho.
Left at the light, then straight ahead.

Talking about errands

Voy a pasar al banco porque necesito dinero.
I'm going to the bank because I need money.

No tengo tiempo.
I don't have time.

Estoy haciendo diligencias, y me gasté casi todo el efectivo.
I'm running errands, and I spent most of my cash.

Asking for a favor

¿Me puedes prestar algo de dinero?
Could you lend me some money?

¿Me podrías prestar tu coche?
Could I borrow your car?

Talking about deadlines

Tengo que entregar mi proyecto.
I have to turn in my project.

El plazo para mandarlo por correo se venció la semana pasada.
The deadline to mail it in passed last week.

Additional vocabulary

acompañar *to accompany*
aguantar *to endure, to hold up*
ándale *come on*
pálido/a *pale*
¿Qué onda? *What's up?*

Expresiones útiles
Draw attention to the word **estacionado** in the caption for video still 1 and **descompuesto** next to video still 3. Tell students that these are examples of past participles used as adjectives, and when used with **estar**, they describe a condition or state that results from an action. Then, in the caption for video still 3, point out the statement **Necesito un coche que funcione bien.** Explain that the subordinate clause functions as an adjective, and in this case requires the subjunctive because the existence of the car is unknown or indefinite. Finally, draw attention to the verb **Sentémonos** under video still 6 and explain that this is an example of a **nosotros/as** command. Tell students that they will learn more about these concepts in **Estructura**.

Teaching Tip Have students work in pairs to read the **Fotonovela** captions aloud. (Have the same student read both **Miguel** and **Mónica's** roles.) Then have volunteers ad-lib this episode for the class.

Nota cultural Taxis are cheap, quick, and easy to find in Mexico City. In fact, there are more than 250,000 taxis regulated by the government. Riders should be wary of the approximately 45,000 illegal taxis, or **taxis pirata**.

EXPANSION

Extra Practice Photocopy the **Fotonovela** Video Script (Supersite) and white out key vocabulary in order to make a master for a cloze activity. Distribute the copies and, as you play the **Corriendo por la ciudad** episode, have students fill in the blanks.

PRE-AP*

Interpersonal Speaking Ask pairs to create a skit in which a tourist asks for directions in a Spanish-speaking country. Tell them to use phrases from **Expresiones útiles**. Give the class sufficient time to prepare and rehearse the skits, then ask a few volunteers to role-play their skits for the class.

Teacher's Margin Notes (left column)

1 Expansion Give students these true/false statements as items 5–6: **5. Maru va al museo en taxi. (Falso. Mónica la lleva en su coche.) 6. Hay mucha gente en el cajero. (Cierto.)**

Nota cultural For timely delivery of correspondence in Mexico City, courier services are often used within the city limits, rather than the postal service. Some companies even have their own in-house messengers for such purposes.

2 Teaching Tip Write these sentences on separate slips of paper so that students can arrange them in the correct sequence.

3 Expansion Have pairs come up with an additional situation and then make a list of the errands that **Maru, Mónica,** and **Miguel** need to do in order to complete the task. Then have them read the list of errands aloud so the class can guess what the situation might be.

4 Possible Conversation
E1: **Voy al supermercado y a la heladería. ¿Quieres ir conmigo?**
E2: **Sí, en cuanto termine mi almuerzo te acompaño.**
E1: **Necesito pasar por el banco porque necesito dinero.**
E2: **Yo también necesito ir al banco. ¿Hay un banco por aquí con cajero automático?**
E1: **Hay un cajero automático a tres cuadras de aquí. Queda en la calle Libertad.**
E2: **También necesito ir a la lavandería y a una panadería para comprar pan.**
E1: **No hay problema... la panadería y la lavandería están cerca del banco.**
E2: **Oye, ¿qué vas a hacer esta noche?**
E1: **Voy a ir a la fiesta que celebran para un amigo. ¿Quieres ir?**
E2: **¡Sí, gracias!**

¿Qué pasó?

1 ¿Cierto o falso? Decide si lo que dicen estas oraciones es **cierto** o **falso**. Corrige las oraciones falsas.

	Cierto	Falso	
1. Miguel dice que su coche está estacionado enfrente de la carnicería.	○	⊘	Miguel dice que su coche está estacionado enfrente del salón de belleza.
2. Maru necesita pasar al banco porque necesita dinero.	⊘	○	
3. Mónica gastó el efectivo en la joyería y el supermercado.	○	⊘	Mónica gastó el efectivo en la carnicería, la panadería y la frutería.
4. Maru puede mandar el paquete por correo.	○	⊘	Maru no puede mandar el paquete por correo.

2 Ordenar Pon los sucesos de la **Fotonovela** en el orden correcto.

a. Maru le pide dinero prestado a Mónica. ___3___
b. Maru entrega el paquete justo a tiempo (*just in time*). ___6___
c. Mónica dice que hay una cola súper larga en el banco. ___2___
d. Mónica lleva a Maru en su coche. ___4___
e. Maru dice que se va a ir en taxi al museo. ___1___
f. Maru le dice a Mónica que doble a la derecha en la esquina. ___5___

3 Otras diligencias En parejas, hagan una lista de las diligencias que Miguel, Maru y Mónica necesitan hacer para completar estas actividades. Answers will vary.

1. enviar un paquete por correo
2. pedir una beca (*scholarship*)
3. visitar una nueva ciudad
4. abrir una cuenta corriente
5. celebrar el cumpleaños de Mónica
6. comprar una nueva computadora portátil

MARU

MIGUEL    MÓNICA

4 Conversación Un(a) compañero/a y tú son vecinos/as. Uno/a de ustedes acaba de mudarse y necesita ayuda porque no conoce la ciudad. Los/Las dos tienen que hacer algunas diligencias y deciden hacerlas juntos/as. Preparen una conversación breve incluyendo planes para ir a estos lugares. Answers will vary.

modelo
Estudiante 1: *Necesito lavar mi ropa. ¿Sabes dónde queda una lavandería?*
Estudiante 2: *Sí. Aquí a dos cuadras hay una. También tengo que lavar mi ropa. ¿Qué te parece si vamos juntos?*

▶ un banco
▶ una lavandería
▶ un supermercado
▶ una heladería
▶ una panadería

AYUDA

primero *first*
luego *then*
¿Sabes dónde queda...? *Do you know where...is?*
¿Qué te parece? *What do you think?*
¡Cómo no! *But of course!*

 Practice more at vhlcentral.com.

EXPANSION

Extra Practice Add an auditory aspect to this vocabulary practice. Prepare several sets of directions that explain how to get to well-known places in your community, without mentioning the destinations by name. Read each set of directions aloud and ask the class to tell you where they would end up if they followed your directions.

TEACHING OPTIONS

Pairs Tell pairs of students to imagine that one of them is a new student who is having trouble navigating the school (Ex: finding the gym, going to the library, bringing some papers to the principal's office). Ask them to write a dialogue between the new student and a teacher or fellow student who helps him or her. Have a few pairs perform their dialogues for the class.

Ortografía y pronunciación

Las abreviaturas

In Spanish, as in English, abbreviations are often used in order to save space and time while writing. Here are some of the most commonly used abbreviations in Spanish.

 Audio

usted → Ud.   ustedes → Uds.

As you have already learned, the subject pronouns **usted** and **ustedes** are often abbreviated.

don → D.   doña → Dña.   doctor(a) → Dr(a).
señor → Sr.   señora → Sra.   señorita → Srta.

These titles are frequently abbreviated.

centímetro → cm   metro → m   kilómetro → km
litro → l   gramo → g, gr   kilogramo → kg

The abbreviations for these units of measurement are often used, but without periods.

por ejemplo → p. ej.   página(s) → pág(s).

These abbreviations are often seen in books.

derecha → dcha.   izquierda → izq., izqda.
código postal → C.P.   número → n.°

These abbreviations are often used in mailing addresses.

Sra. Emilia F.
Bazán
Cía. Romero, S.A.
3336
Calle Lozano, n.° 37
Caracas, Venezuela

Banco → Bco.   Compañía → Cía.
cuenta corriente → c/c.   Sociedad Anónima (*Inc.*) → S.A.

These abbreviations are frequently used in the business world.

Práctica Escribe otra vez esta información usando las abreviaturas adecuadas.

1. doña María   Dña. María
2. señora Pérez   Sra. Pérez
3. Compañía Mexicana de Inversiones   Cía. Mexicana de Inversiones
4. usted   Ud.
5. Banco de Santander   Bco. de Santander
6. doctor Medina   Dr. Medina
7. Código Postal 03697   C.P. 03697
8. cuenta corriente número 20-453   c/c.n.° 20-453

Emparejar En la tabla hay nueve abreviaturas. Empareja los cuadros necesarios para formarlas.   S.A., Bco., cm, Dña., c/c, dcha., Srta., C.P., Ud.

S.	c.	C.	c	co.	U
B	c/	Sr	A.	D	dc
ta.	P.	ña.	ha.	m	d.

recursos

v̂Text	CA p. 132	CH p. 71	vhlcentral

Section Goal

In **Ortografía y pronunciación**, students will learn some common Spanish abbreviations.

Comparisons 4.1

Student Resources
Cuaderno de actividades comunicativas, p. 132
Cuaderno para hispanohablantes, p. 71
Supersite: Activities, *eCuaderno*

Teacher Resources
Workbook TE; Textbook and Audio Activities MP3s; Audio Scripts

Teaching Tips
- Point out that the abbreviations **Ud.** and **Uds.** begin with a capital letter, though the spelled-out forms do not.
- Write **D., Dña., Dr., Dra., Sr., Sra.,** and **Srta.** on the board. Again, point out that the abbreviations begin with a capital letter, though the spelled-out forms do not.
- Point out that the period in **n.°** appears immediately after the **n.**

Successful Language Learning Tell students that the ability to recognize common abbreviations will make it easier for them to interpret written information in a Spanish-speaking country.

TEACHING OPTIONS

Pairs Working in pairs, have students write an imaginary mailing address that uses as many abbreviations as possible. Then have a few pairs write their work on the board and ask for volunteers to read the addresses aloud.

EXPANSION

Extra Practice Write a list of abbreviations on the board; each abbreviation should have one letter missing. Have the class fill in the missing letters and tell you what each abbreviation stands for. Ex: **U__., D__a., g__, Bc__., d__ha., p__gs., __zq., S.__.**

Ortografía y pronunciación   **169**

In **Cultura**, students will:
- read about city transportation
- learn transportation-related terms
- read about Mexican architect **Luis Barragán**
- read about nicknames for Latin American and Spanish cities

 Communication 1.1, 1.2
Cultures 2.1, 2.2
Connections 3.1, 3.2
Comparisons 4.2

Student Resources
Cuaderno para hispanohablantes, p. 72
Supersite: Activities

 21st Century Skills

Global Awareness
Students will gain perspectives on the Spanish-speaking world to develop respect and openness to others.

En detalle
Antes de leer Ask students to predict the content of this reading based on the title, photo, and map.

Lectura
- Point out the map and how color is used to identify subway lines. Explain that many stations are named after a neighborhood, monument, or building.
- Mexico City's **metro** has 175 stations; some are attractions in themselves. **Insurgentes** is packed with market stalls and is a popular place for shopping. **Pino Suárez** houses an Aztec pyramid, which was unearthed during the **metro's** construction.

Después de leer Ask students for examples of U.S. or Canadian city transit systems.

1 Expansion Ask students to write three additional true/false statements to complete.

 **EN DETALLE**

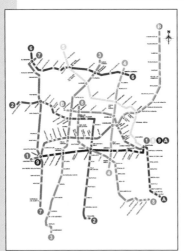 Additional Reading

Paseando
en metro

Hoy es el primer día de Teresa en la Ciudad de México. Debe tomar el metro para ir del centro de la ciudad a Coyoacán, en el sur. Llega a la estación Zócalo y compra un pasaje por el equivalente a treinta y nueve centavos° de dólar, ¡qué ganga! Con este pasaje puede ir a cualquier° parte de la ciudad o del área metropolitana.

No sólo en México, sino también en ciudades de Venezuela, Chile, Argentina y España, hay sistemas de transporte público eficientes y muy económicos. También suele haber° varios tipos de transporte: autobús, metro, tranvía°, microbús y tren. Generalmente se pueden comprar abonos° de uno o varios días para un determinado tipo de transporte. En algunas ciudades también existen abonos de transporte combinados que permiten usar, por ejemplo, el metro y el autobús o el autobús y el tren. En estas ciudades, los metros, autobuses y trenes pasan con mucha frecuencia. Las paradas° y estaciones están bien señalizadas°.

Vaya°, Teresa ya está llegando a Coyoacán. Con lo que ahorró en el pasaje del metro, puede comprarse un helado de mango y unos esquites° en el jardín Centenario.

El metro

El primer metro de Suramérica que se abrió al público fue el de Buenos Aires, Argentina (1913); el último, de Lima, Perú (2011).

Ciudad	Pasajeros/Día (aprox.)
México D.F., México	5.200.000
Madrid, España	2.700.000
Caracas, Venezuela	1.800.000
Buenos Aires, Argentina	1.000.000
Medellín, Colombia	500.000
Guadalajara, México	206.000

centavos *cents* cualquier *any* suele haber *there usually are* tranvía *streetcar* abonos *passes* paradas *stops* señalizadas *labeled* Vaya *Well* esquites *toasted corn kernels*

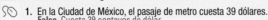 **ACTIVIDADES**

1 ¿Cierto o falso? Indica si lo que dice cada oración es cierto o falso. Corrige la información falsa.

1. En la Ciudad de México, el pasaje de metro cuesta 39 dólares. **Falso.** Cuesta 39 centavos de dólar.
2. En México, un pasaje se puede usar sólo para ir al centro de la ciudad. **Falso.** Se puede ir a cualquier parte de la ciudad o del área metropolitana.
3. En Chile hay varios tipos de transporte público. **Cierto.**
4. En ningún caso los abonos de transporte sirven para más de un tipo de transporte. **Falso.** Hay abonos combinados que permiten usar distintos tipos de transporte.

5. Los trenes, autobuses y metros pasan con mucha frecuencia. **Cierto.**
6. Hay pocos letreros en las paradas y estaciones. **Falso.** Las paradas y estaciones están bien señalizadas.
7. Los servicios de metro de México y España son los que mayor cantidad de viajeros transportan cada día. **Cierto.**
8. La ciudad de Buenos Aires tiene el sistema de metro más viejo de Latinoamérica. **Cierto.**
9. El metro que lleva menos tiempo en servicio es el de la ciudad de Medellín, Colombia. **Falso.** Es el de Lima, Perú.

PRE-AP*

Presentational Speaking with Cultural Comparison In pairs, have students research one of the subway systems from the reading and compare and contrast it with one in the U.S. or Canada. For each subway system, have pairs make a poster including a map, fares and schedules, a brief history, and any other significant information. Have pairs present their posters to the class.

TEACHING OPTIONS

Pairs In pairs, have students use the Internet to research a map of a Spanish-speaking city's subway system and write a dialogue between a tourist trying to get to a museum and a subway ticket agent. Encourage students to use formal commands. Have pairs role-play their dialogues for the class.

ASÍ SE DICE

En la ciudad

el aparcamiento (Esp.); el parqueadero (Col., Pan.); el parqueo (Bol., Cuba, Amér. C.)	el estacionamiento
dar un aventón (Méx.); dar botella (Cuba)	*to give (someone) a ride*
el subterráneo, el subte (Arg.)	el metro

EL MUNDO HISPANO

Apodos de ciudades

Así como Nueva York es la Gran Manzana, muchas ciudades hispanas tienen un apodo°.

- **La tacita° de plata°** A Cádiz, España, se le llama así por sus edificios blancos de estilo árabe.

- **Ciudad de la eterna primavera** Arica, Chile; Cuernavaca, México; y Medellín, Colombia, llevan este sobrenombre por su clima templado° durante todo el año.

- **La docta°** Así se conoce a la ciudad argentina de Córdoba por su gran tradición universitaria.

- **La ciudad de los reyes** Así se conoce Lima, Perú, porque fue la capital del Virreinato° del Perú y allí vivían los virreyes°.

- **Curramba la Bella** A Barranquilla, Colombia, se le llama así por su gente alegre y espíritu festivo.

apodo *nickname* tacita *little cup* plata *silver* templado *mild* docta *erudite* Virreinato *Viceroyalty* virreyes *viceroys*

PERFIL

Luis Barragán: arquitectura y emoción

Para el arquitecto mexicano Luis Barragán (1902–1988) los sentimientos° y emociones que despiertan sus diseños eran muy importantes. Afirmaba° que la arquitectura tiene una dimensión espiritual. Para él, era belleza, inspiración, magia°, serenidad, misterio, silencio, privacidad, asombro°...

Las obras de Barragán muestran un suave° equilibrio entre la naturaleza y la creación humana. Su estilo también combina características de la arquitectura

Casa Barragán, Ciudad de México, 1947–1948

tradicional mexicana con conceptos modernos. Una característica de sus casas es las paredes envolventes° de diferentes colores con muy pocas ventanas.

En 1980, Barragán obtuvo° el Premio Pritzker, algo así como el Premio Nobel de Arquitectura. Está claro que este artista logró° que sus casas transmitieran sentimientos especiales.

sentimientos *feelings* Afirmaba *He stated* magia *magic* asombro *amazement* suave *smooth* envolventes *enveloping* obtuvo *received* logró *managed*

⌀ Conexión Internet

¿Qué otros arquitectos combinan las construcciones con la naturaleza?	Go to **vhlcentral.com** to find more cultural information related to this **Cultura** section.

ACTIVIDADES

2 Comprensión Contesta las preguntas.

1. ¿En qué país estás si te dicen "Dame botella al parqueo"? *en Cuba*
2. ¿Qué ciudades tienen clima templado todo el año? *Arica, Chile; Cuernavaca, México; y Medellín, Colombia*
3. ¿Qué es más importante en los diseños de Barragán: la naturaleza o la creación humana? *Son igual de importantes.*
4. ¿Qué premio obtuvo Barragán y cuándo? *Barragán obtuvo el Premio Pritzker en 1980.*

3 ¿Qué ciudad te gusta? Escribe un párrafo breve sobre el sentimiento que despiertan las construcciones que hay en una ciudad o un pueblo que te guste mucho. Explica cómo es el lugar y cómo te sientes cuando estás allí. Inventa un apodo para este lugar. *Answers will vary.*

recursos
v Text
CH p. 72

vhlcentral

Practice more at vhlcentral.com.

Así se dice To challenge students, add these words to the list: **el estanco (Esp.)** (*shop where tobacco, stamps, and postcards are sold*); **la nevería (Méx.)** (*ice cream shop*); **la perfumería** (*perfume shop*); **el quiosco** (*newsstand*); **la relojería** (*clock and watch shop*); **la tienda de abarrotes (Méx., Andes), la abarrotería (Guat., Méx., Pan.), la bodega (Cuba, Perú, Ven.), el colmado (R. Dom., P. Rico)** (*grocery store*).

Perfil **Luis Barragán's** extensive travels in Spain, France, and Morocco inspired him to relate the architecture of North Africa and the Mediterranean to that of Mexico. **Barragán's** home and studio are a UNESCO World Heritage site.

El mundo hispano
- Provide other city nicknames. Ex: **La Atenas suramericana (Bogotá, Colombia), La ciudad blanca (Arequipa, Perú), La ciudad imperial (Cuzco, Perú), La perla del Pacífico (Guayaquil, Ecuador), La ciudad del Sol (Quilpué, Chile).**
- Ask students what city they would like to visit and why.

21st Century Skills

Information and Media Literacy Students access and critically evaluate information from the Internet.

2 Expansion Give students these questions as items 5–6: **5. ¿En qué país estás si viajas en subte? (Argentina) 6. ¿Qué ciudad argentina es conocida por su gran tradición universitaria? (Córdoba)**

3 Teaching Tip To simplify, have students brainstorm a list of descriptive adjectives and verbs of emotion.

Section Goal

In **Estructura 5.1**, students will learn the use of the subjunctive in adjective clauses.

Communication 1.1
Comparisons 4.1

Student Resources
Cuaderno de actividades comunicativas, pp. 17–21, 113
Cuaderno de práctica, pp. 53–54
Cuaderno para hispanohablantes, p. 73
Supersite: Activities, eCuaderno

Teacher Resources
Workbook TEs; Grammar Slides; Audio Activities MP3s; Audio Script; Testing Program Quizzes; Activity Pack

Teaching Tips

• Add a visual aspect to this grammar presentation. Use magazine pictures to compare and contrast the uses of the indicative and subjunctive in adjective clauses. Ex: **Esta casa tiene una fuente en el jardín. Yo busco una casa que tenga piscina. Este señor come insectos vivos. ¿Conocen a alguien que coma insectos vivos?**

• Ask volunteers to answer questions that describe their wishes. Ex: **¿Qué buscas en una casa? ¿Qué buscas en un(a) amigo/a?**

• Ask volunteers to read the captions to the video stills and point out the subordinate adjective clause and its antecedent, then indicate the verb in the present subjunctive.

• Make sure to point out the role that definite vs. indefinite articles play in determining the use of the indicative vs. the subjunctive in adjective clauses. Have students read the example sentences in **¡Atención!** and have them explain why the subjunctive is used in one, but not the other.

5.1 # The subjunctive in adjective clauses

Tutorial

ANTE TODO In **Lección 4**, you learned that the subjunctive is used in adverbial clauses after certain conjunctions. You will now learn how the subjunctive can be used in adjective clauses (**cláusulas adjetivas**) to express that the existence of someone or something is uncertain or indefinite.

¿Conoces una joyería que esté cerca?

No, no conozco ninguna joyería que esté cerca de aquí.

▶ The subjunctive is used in an adjective (or subordinate) clause that refers to a person, place, thing, or idea that either does not exist or whose existence is uncertain or indefinite. In the examples below, compare the differences in meaning between the statements using the indicative and those using the subjunctive.

¡ATENCIÓN!

Adjective clauses are subordinate clauses that modify a noun or pronoun in the main clause of a sentence. That noun or pronoun is called the *antecedent*.

Indicative	Subjunctive
Necesito **el libro** que **tiene** información sobre Venezuela. *I need **the book** that has information about Venezuela.*	Necesito **un libro** que **tenga** información sobre Venezuela. *I need a **book** that has information about Venezuela.*
Quiero vivir en **esta casa** que **tiene** jardín. *I want to live in **this house** that has a garden.*	Quiero vivir en **una casa** que **tenga** jardín. *I want to live in **a house** that has a garden.*
En mi barrio, hay **una heladería** que **vende** helado de mango. *In my neighborhood, **there's an ice cream shop** that sells mango ice cream.*	En mi barrio no hay **ninguna heladería** que **venda** helado de mango. *In my neighborhood, **there is no ice cream shop** that sells mango ice cream.*

▶ When the adjective clause refers to a person, place, thing, or idea that is clearly known, certain, or definite, the indicative is used.

Quiero ir **al supermercado** que **vende** productos venezolanos.
I want to go to the supermarket that sells Venezuelan products.

Busco **al profesor** que **enseña** japonés.
I'm looking for the professor who teaches Japanese.

Conozco **a alguien** que **va** a esa peluquería.
I know someone who goes to that beauty salon.

Tengo **un amigo** que **vive** cerca de mi casa.
I have a friend who lives near my house.

¡ATENCIÓN!

Observe the important role that the indefinite article vs. the definite article plays in determining the use of the subjunctive in adjective clauses. Read the following sentences and notice why they are different:

¿Conoces *un* restaurante italiano que *esté* cerca de mi casa?

¿Conoces *el* restaurante italiano que *está* cerca de mi casa?

EXPANSION

Extra Practice To provide oral practice with adjective clauses in the subjunctive and indicative, create sentences that follow the pattern of the sentences in the examples. Say a sentence, have students repeat it, then change the main clause. Have students then say the sentence with the new clause, changing the subordinate clause as necessary. **Conozco una tienda donde venden helados riquísimos. (Busco una tienda donde…)**

DIFFERENTIATION

Heritage Speakers Ask heritage speakers to describe business establishments in their cultural communities. They should use both the indicative and the subjunctive, varying the verbs in the main clause as much as possible. Have the rest of the class compare and contrast these establishments with those in your area.

Teaching Tips
• Ask closed-ended questions, repeating students' answers using complete sentences and the subjunctive. Ex: ____, ¿conoces a alguien que sepa hablar japonés? (No.) ____ no conoce a nadie que sepa japonés, pero ____ conoce a una joven japonesa que estudia inglés.
• Test comprehension as you proceed by asking volunteers to supply the correct form of verbs for adjective clauses you suggest. Ex: Prefiero la playa donde ____ menos gente. (hay) Prefiero una playa donde ____ menos gente. (haya)
• Suggest main clauses with the verbs from the list and ask students to write the adjective clause. Ex: Necesito un coche que… ; Busco al señor que… ; No hay nadie que…
• Ask a volunteer to read the Yellow Pages ad and explain why the verb necesite is in the subjunctive.

▶ The personal **a** is not used with direct objects that are hypothetical people. However, as you learned in **Descubre, nivel 1, alguien** and **nadie** are always preceded by the personal **a** when they function as direct objects.

Necesitamos **un empleado** que **sepa** usar computadoras.
We need an employee who knows how to use computers.

Necesitamos **al empleado** que **sabe** usar computadoras.
We need the employee who knows how to use computers.

Buscamos **a alguien** que **pueda** cocinar.
We're looking for someone who can cook.

No conocemos **a nadie** que **pueda** cocinar.
We don't know anyone who can cook.

▶ The subjunctive is commonly used in questions with adjective clauses when the speaker is trying to find out information about which he or she is uncertain. However, if the person who responds to the question knows the information, the indicative is used.

—¿Hay un parque que **esté** cerca de nuestro hotel?
Is there a park that's near our hotel?

—Sí, hay un parque que **está** muy cerca del hotel.
Yes, there's a park that's very near the hotel.

▶ **¡Atención!** Here are some verbs that are commonly followed by adjective clauses in the subjunctive:

Verbs commonly used with subjunctive

buscar	haber
conocer	necesitar
no encontrar	querer

SECCIÓN AMARILLA
Busque cualquier información que necesite.

recursos

v̂Text

CA
p. 113

CP
pp. 53–54

CH
p. 73

S
vhlcentral

 **¡INTÉNTALO!**   Escoge entre el subjuntivo y el indicativo para completar cada oración.

1. Necesito una persona que ___pueda___ (puede/pueda) cantar bien.
2. Buscamos a alguien que ___tenga___ (tiene/tenga) paciencia.
3. ¿Hay restaurantes aquí que ___sirvan___ (sirven/sirvan) comida japonesa?
4. Tengo una amiga que ___saca___ (saca/saque) fotografías muy bonitas.
5. Hay una carnicería que ___está___ (está/esté) cerca de aquí.
6. No vemos ningún apartamento que nos ___interese___ (interesa/interese).
7. Conozco a un estudiante que ___come___ (come/coma) hamburguesas todos los días.
8. ¿Hay alguien que ___diga___ (dice/diga) la verdad?

TEACHING OPTIONS

Pairs Ask pairs to rewrite the sentences in the **¡Inténtalo!** activity with the unused verbs (**puede, tiene, sirven, saque, esté, interesa, coma, dice**) and change the main clauses accordingly.
Extra Practice Ask students to imagine that they have the opportunity to build their ideal community. Have them write a paragraph describing what they need, want, and are looking

EXPANSION

for in this place, taking into account the climate, inhabitants, cultural and employment opportunities, architecture, leisure activities, geography, and so on. Their descriptions should include only sentences in the subjunctive. Refer them to the verbs in the list to help them develop their ideas.

1 Teaching Tip Briefly review the use of the indicative and subjunctive in adjective clauses. Write two contrasting sentences on the board. Ex: **Conozco una pastelería donde sirven café. No hay ninguna pastelería en este barrio donde sirvan café.** Then ask volunteers to explain why the indicative or subjunctive was used in each sentence.

2 Teaching Tip Have volunteers write each "rehydrated" sentence on the board. Ask other volunteers to point out why the subjunctive or indicative was used in each sentence.

2 Expansion Ask pairs to invent an ending to **Marta's** day of running errands by writing a few sentences using the subjunctive in adjective clauses. Ex: **No encuentro una estación de metro que quede cerca....**

3 Teaching Tips
• Ask volunteers to discuss the types of information found in classified ads. Write them on the board.
• Have students do the activity by studying the ads for a few minutes and then discussing them with a partner with their books closed.

3 Expansion Have pairs compose their own classified ad for one of the topics listed on the board but not covered in the activity.

Práctica

1 Completar Completa estas oraciones con la forma correcta del indicativo o del subjuntivo de los verbos entre paréntesis.

1. Buscamos un hotel que ___tenga___ (tener) piscina.
2. ¿Sabe usted dónde ___queda___ (quedar) el Correo Central?
3. ¿Hay algún buzón por aquí donde yo ___pueda___ (poder) echar una carta?
4. Ana quiere ir a la carnicería que ___está___ (estar) en la avenida Lecuna.
5. Encontramos un restaurante que ___sirve___ (servir) comida típica venezolana.
6. ¿Conoces a alguien que ___sepa___ (saber) mandar un *fax* por computadora?
7. Necesitas al empleado que ___entiende___ (entender) este nuevo programa de computación.
8. No hay nada en este mundo que ___sea___ (ser) gratis.

2 Oraciones Marta está haciendo diligencias en Caracas con una amiga. Forma oraciones con estos elementos, usando el presente de indicativo o de subjuntivo. Haz los cambios que sean necesarios.

1. yo / conocer / un / panadería / que / vender / pan / cubano
   Yo conozco una panadería que vende pan cubano.
2. ¿hay / alguien / que / saber / dirección / de / un / buen / carnicería?
   ¿Hay alguien que sepa la dirección de una buena carnicería?
3. yo / querer / comprarle / mi / hermana / un / zapatos / que / gustar
   Yo quiero comprarle a mi hermana unos zapatos que le gusten.
4. ella / no / encontrar / nada / que / gustar / en / ese / zapatería
   Ella no encuentra nada que le guste en esa zapatería.
5. ¿tener / dependientas / algo / que / ser / más / barato?
   ¿Tienen las dependientas algo que sea más barato?
6. ¿conocer / tú / alguno / banco / que / ofrecer / cuentas / corrientes / gratis?
   ¿Conoces tú algún banco que ofrezca cuentas corrientes gratis?
7. nosotras / no / conocer / nadie / que / hacer / tanto / diligencias / como / nosotras
   Nosotras no conocemos a nadie que haga tantas diligencias como nosotras.
8. nosotras / necesitar / un / línea / de / metro / que / nos / llevar / a / casa
   Nosotras necesitamos una línea de metro que nos lleve a casa.

3 Anuncios clasificados En parejas, lean estos anuncios y luego describan el tipo de persona u objeto que se busca. Answers will vary.

CLASIFICADOS

VENDEDOR(A) Se necesita persona dinámica y responsable con buena presencia. Experiencia mínima de un año. Horario de trabajo flexible. Llamar a Joyería Aurora de 10 a 13h y de 16 a 18h. Tel: 263-7553

PELUQUERÍA UNISEX Se busca persona con experiencia en peluquería y maquillaje para trabajar tiempo completo. Tel: 261-3548

COMPARTIR APARTAMENTO Se necesita compañera para compartir apartamento de 2 dormitorios en el Chaco. Alquiler $500 por mes. No fumar. Llamar al 951-3642 entre 19 y 22h.

CLASES DE INGLÉS Profesor de Inglaterra con diez años de experiencia ofrece clases para grupos o instrucción privada para individuos. Llamar al 933-4110 de 16:30 a 18:30.

SE BUSCA CONDOMINIO Se busca condominio en Sabana Grande con 3 dormitorios, 2 baños, sala, comedor y aire acondicionado. Tel: 977-2018.

EJECUTIVO DE CUENTAS Se requiere joven profesional con al menos dos años de experiencia en el sector financiero. Se ofrecen beneficios excelentes. Enviar currículum vitae al Banco Unión, Avda. Urdaneta 263, Caracas.

NOTA CULTURAL

El **metro** de Caracas empezó a funcionar en 1983, después de varios años de intensa publicidad para promoverlo (*promote it*). El arte fue un recurso importante en la promoción del metro. En las estaciones se pueden admirar obras (*works*) de famosos escultores venezolanos como Carlos Cruz-Diez y Jesús Rafael Soto.

Practice more at vhlcentral.com.

TEACHING OPTIONS

Pairs Have students write a description of the kind of place where they would like to vacation, using the subjunctive. Then have them exchange papers and suggest places that satisfy the desired characteristics. Ex: **Quiero ir de vacaciones a un lugar donde pueda esquiar en julio.... (Bariloche, Argentina, es un lugar donde puedes esquiar en julio.)**
Extra Practice Add an auditory aspect to this grammar practice.

EXPANSION

Prepare a series of sentences. Read each one twice, pausing to allow students time to write. Ex: **1. ¿Conoces una peluquería que no sea muy cara? 2. Sí, el salón de belleza que está al lado del banco tiene precios bajos. 3. No hay otra peluquería que tenga tan buen servicio. 4. Gracias, tú siempre me das consejos que me ayudan.** Ask students why the subjunctive was or wasn't used in each example.

Communication 1.1
Comparisons 4.1

Comunicación

4 **Subjuntivo** Completa estas frases de una manera lógica. Luego, con un(a) compañero/a, túrnense para comparar sus respuestas. Answers will vary.

> **modelo**
>
> **Estudiante 1:** Tengo una novia que sabe bailar tango. ¿Y tú?
> **Estudiante 2:** Yo tengo un novio que habla alemán.

1. Algún día deseo un trabajo (*job*) que…
2. Algún día espero tener un apartamento/una casa que…
3. Mis padres buscan un carro que…, pero yo quiero un carro que…
4. Tengo un(a) amigo/a que…
5. Un(a) consejero/a (*advisor*) debe ser una persona que…
6. Me gustaría (*I would like*) conocer a alguien que…
7. En esta clase no hay nadie que…
8. No tengo ningún profesor que…

5 **Encuesta** Tu profesor(a) va a darte una hoja de actividades. Circula por la clase y pregúntales a tus compañeros/as si conocen a alguien que haga cada actividad de la lista. Si responden que sí, pregúntales quién es y anota sus respuestas. Luego informa a la clase de los resultados de tu encuesta. Answers will vary.

> **modelo**
>
> trabajar en un supermercado
> **Estudiante 1:** ¿Conoces a alguien que trabaje en un supermercado?
> **Estudiante 2:** Sí, conozco a alguien que trabaja en un supermercado.
> Es mi hermano menor.

Actividades	Nombres	Respuestas
1. conocer muy bien su ciudad		
2. hablar japonés		
3. graduarse este año		
4. necesitar un préstamo		
5. pedir prestado un carro		
6. odiar ir de compras		
7. ser venezolano/a		
8. manejar una motocicleta		
9. trabajar en una zapatería		
10. no tener tarjeta de crédito		

Síntesis

6   **recursos**
v̂Text
CA
pp. 17–21

Busca los cuatro Tu profesor(a) te va a dar una hoja con ocho anuncios clasificados y a tu compañero/a otra hoja con ocho anuncios distintos a los tuyos. Háganse preguntas para encontrar los cuatro anuncios de cada hoja que tienen su respuesta en la otra. Answers will vary.

> **modelo**
>
> **Estudiante 1:** ¿Hay alguien que necesite una alfombra?
> **Estudiante 2:** No, no hay nadie que necesite una alfombra.

4 **Teaching Tip** Model the activity by giving a personal example. Write a sentence starter on the board and then complete it. Ex: **No conozco ningún restaurante que…** (**…tenga un patio grande.**)

4 **Expansion** Assign students to groups of six and ask them to make visual representations of two responses. Have each group display the visuals and have the class use adjective clauses to guess what the responses were.

4 **Partner Chat (Premium)** You can also assign activity 4 on the Supersite. Students work in pairs to record the activity online.

5 **Teaching Tip** Distribute the Communication Activities worksheets from the Activity Pack that correspond to this activity.

5 **Expansion** Have pairs write six original sentences with adjective clauses based on the answers of the **encuesta**. Three sentences should have subordinate clauses in the subjunctive and three in the indicative.

21st Century Skills

5 **Collaboration**
If you have access to students in a Spanish-speaking country, ask them to fill out the worksheet. Then, ask groups of students to read their counterparts' responses and prepare a comparison of the results for both classes.

Communication 1.1

6 **Expansion** Have pairs write counterparts for two of the ads that do not have them. One ad should be for someone seeking to buy something and the other should be a "for sale" ad.

In **Estructura 5.2**, students will learn **nosotros/as** commands.

Communication 1.1
Comparisons 4.1

Student Resources
Cuaderno de actividades comunicativas, p. 134
Cuaderno de práctica, pp. 55–56
Cuaderno para hispanohablantes, p. 74
Supersite: Activities, *eCuaderno*

Teacher Resources
Workbook TEs; Grammar Slides; Audio Activities MP3s; Audio Script; Testing Program Quizzes; Activity Pack

Teaching Tips
• Model the **nosotros/as** commands by making suggestions to the class. Begin by having students respond to **tú** and **ustedes** commands, and then add commands for the class as a whole. Ex: _____ , **abre el libro.** _____ **y** _____ , **abran los libros. Ahora todos, abramos los libros. Abrámoslos.**
• Check comprehension by asking volunteers to convert **vamos a** + [*infinitive*] suggestions into **nosotros/as** commands.
• Call out affirmative commands and point to individuals to convert them into negative commands (and vice versa).
• Call out commands with object nouns and ask volunteers to repeat the commands with the appropriate pronouns.

Successful Language Learning Ask students how they might use the **nosotros/as** commands when they are out with a group of Spanish speakers.

5.2 Nosotros/as commands

 Tutorial

ANTE TODO You have already learned familiar (**tú**) commands and formal (**usted/ustedes**) commands. You will now learn **nosotros/as** commands, which are used to give orders or suggestions that include yourself and other people.

▶ **Nosotros/as** commands correspond to the English *Let's*.

▶ Both affirmative and negative **nosotros/as** commands are generally formed by using the first-person plural form of the present subjunctive.

Crucemos la calle.
Let's cross the street.

No crucemos la calle.
Let's not cross the street.

▶ The affirmative *Let's* + [*verb*] command may also be expressed with **vamos a** + [*infinitive*]. However, remember that **vamos a** + [*infinitive*] can also mean *we are going to (do something)*. Context and tone of voice determine which meaning is being expressed.

Vamos a cruzar la calle.
Let's cross the street.

Vamos a trabajar mucho.
We're going to work a lot.

▶ To express *Let's go*, the present indicative form of **ir** (**vamos**) is used, not the subjunctive. For the negative command, however, the subjunctive is used.

Vamos a la pescadería.

No **vayamos** a la pescadería.

Pensemos, ¿adónde fuiste hoy?

¡Eso es! ¡El carro de Miguel! Vamos.

▶ Object pronouns are always attached to affirmative **nosotros/as** commands. A written accent is added to maintain the original stress.

Firmemos el cheque.
Firmémoslo.

Escribamos a Ana y Raúl.
Escribámosles.

▶ Object pronouns are placed in front of negative **nosotros/as** commands.

No **les paguemos** el préstamo.

No **se lo digamos** a ellos.

CONSULTA

Remember that stem-changing **-ir** verbs have an additional stem change in the **nosotros/as** and **vosotros/as** forms of the present subjunctive. To review these forms, see **Estructura 3.3**, p. 109.

¡ATENCIÓN!

When **nos** or **se** is attached to an affirmative **nosotros/as** command, the final **-s** is dropped from the verb ending.

Sentémonos allí.
Démoselo a ella.
Mandémoselo a ellos.

• • •

The **nosotros/as** command form of **irse** is **vámonos**. Its negative form is **no nos vayamos.**

recursos

v̂Text

CA
p. 134

CP
pp. 55–56

CH
p. 74

vhlcentral

¡INTÉNTALO! Indica los mandatos afirmativos y negativos de la primera persona del plural (**nosotros/as**) de estos verbos.

1. estudiar _estudiemos, no estudiemos_
2. cenar _cenemos, no cenemos_
3. leer _leamos, no leamos_
4. decidir _decidamos, no decidamos_
5. decir _digamos, no digamos_
6. cerrar _cerremos, no cerremos_
7. levantarse _levantémonos, no nos levantemos_
8. irse _vámonos, no nos vayamos_

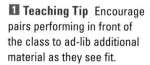

Práctica

1

Completar Completa esta conversación con mandatos de **nosotros/as.** Luego, representa la conversación con un(a) compañero/a.

MARÍA Sergio, ¿quieres hacer diligencias ahora o por la tarde?

SERGIO No (1) <u>las dejemos</u> (dejarlas) para más tarde. (2) <u>Hagámoslas</u> (Hacerlas) ahora. ¿Qué tenemos que hacer?

MARÍA Necesito comprar sellos.

SERGIO Yo también. (3) <u>Vamos</u> (Ir) al correo.

MARÍA Pues, antes de ir al correo, necesito sacar dinero de mi cuenta corriente.

SERGIO Bueno, (4) <u>busquemos</u> (buscar) un cajero automático.

MARÍA ¿Tienes hambre?

SERGIO Sí. (5) <u>Crucemos</u> (Cruzar) la calle y (6) <u>entremos</u> (entrar) en ese café.

MARÍA Buena idea.

SERGIO ¿Nos sentamos aquí?

MARÍA No, no (7) <u>nos sentemos</u> (sentarse) aquí; (8) <u>sentémonos</u> (sentarse) enfrente de la ventana.

SERGIO ¿Qué pedimos?

MARÍA (9) <u>Pidamos</u> (Pedir) café y pan dulce.

2

Responder Responde a cada mandato de **nosotros/as** según las indicaciones que están entre paréntesis. Sustituye los sustantivos por los objetos directos e indirectos.

> **modelo**
> Vamos a vender el carro. (sí)
> Sí, vendámoslo.

1. Vamos a levantarnos a las seis. (sí)   Sí, levantémonos a las seis.
2. Vamos a enviar los paquetes. (no)   No, no los enviemos.
3. Vamos a depositar el cheque. (sí)   Sí, depositémoslo.
4. Vamos al supermercado. (no)   No, no vayamos al supermercado.
5. Vamos a mandar esta postal a nuestros amigos. (no)   No, no se la mandemos.
6. Vamos a limpiar la habitación. (sí)   Sí, limpiémosla.
7. Vamos a mirar la televisión. (no)   No, no la miremos.
8. Vamos a bailar. (sí)   Sí, bailemos.
9. Vamos a pintar la sala. (no)   No, no la pintemos.
10. Vamos a comprar estampillas. (sí)   Sí, comprémoslas.

Practice more at
vhlcentral.com.

1 Teaching Tip Encourage pairs performing in front of the class to ad-lib additional material as they see fit.

1 Expansion In pairs, have students write three cloze mini-conversations between two friends in which they use **nosotros/as** commands. Each dialogue should take place in a different commercial establishment, but students should leave out details that explicitly give away the friends' location. Then, have pairs exchange papers with another pair, who will fill in the blanks and try to identify the setting of each mini-conversation. They should end by acting it out for the class.

2 Expansion To challenge students, have pairs create another logical **nosotros/as** command for each item.
Ex: **1. Vamos a levantarnos a las seis. (Sí, levantémonos a las seis. Y acostémonos temprano por la noche.)**

Communication 1.1
Comparisons 4.1

3 Expansion To challenge students, ask them to expand their answers by adding a reason for their choice. Ex: **Paguemos en efectivo. Tenemos suficiente dinero.**

 TELL Connection

Learning Experience 6
Why: Students use cultural products and practices to contextualize tasks and to learn to interact appropriately in the target culture.
What: Direct students to another city's online guide (e.g., **Guía del ocio** from Madrid or Barcelona, or **Sal!** Puerto Rico). For the restaurant section, ask them to choose one restaurant for dinner, presenting the type of cuisine served and the restaurant's address. Encourage them to make copies of this information for the class. They should then present to the class their suggestions for what to do, using **nosotros/as** commands.

Communication 1.1

5 Teaching Tip In pairs, have students brainstorm different financial problems and solutions that they and their peers experience. Write their responses on the board.

5 Expansion Call on pairs to perform their **Situación** for the class. Encourage them to ad-lib as they go.

5 Partner Chat You can also assign activity 5 on the Supersite. Students work in pairs to record the activity online. The pair's recorded conversation will appear in your gradebook.

Comunicación

3 Preguntar Tú y tu compañero/a están de vacaciones en Caracas con un grupo de la escuela y se hacen sugerencias para resolver las situaciones que se presentan. Inventen mandatos afirmativos o negativos de **nosotros/as.** Answers will vary.

> **modelo**
> Se nos olvidaron las tarjetas de crédito.
> *Paguemos en efectivo./No compremos más regalos.*

A
1. El museo está a sólo una cuadra de aquí.
2. Tenemos hambre.
3. Hay una cola larga en el cine.

B
1. Tenemos muchos cheques de viajero.
2. Tenemos prisa para llegar al cine.
3. Estamos cansados y queremos dormir.

4 Decisiones Trabajen en grupos pequeños. Ustedes están en Caracas por dos días. Lean esta página de una guía turística sobre la ciudad y decidan qué van a hacer hoy por la mañana, por la tarde y por la noche. Hagan oraciones con mandatos afirmativos o negativos de **nosotros/as.** Answers will vary.

> **modelo**
> *Visitemos el Museo de Arte Contemporáneo Sofía Imber esta tarde. Quiero ver las esculturas de Jesús Rafael Soto.*

GUÍA DE Caracas

MUSEOS
- **Museo de Arte Colonial** Avenida Panteón
- **Museo de Arte Contemporáneo Sofía Imber** Parque Central. Esculturas de Jesús Rafael Soto y pinturas de Miró, Chagall y Picasso.
- **Galería de Arte Nacional** Parque Central. Colección de más de 4.000 obras de arte venezolano.

SITIOS DE INTERÉS
- **Plaza Bolívar**
- **Jardín Botánico** Avenida Interna UCV. De 8:00 a 5:00.
- **Parque del Este** Avenida Francisco de Miranda. Parque más grande de la ciudad con terrario.
- **Casa Natal de Simón Bolívar** Esquina de Sociedad de la avenida Universitaria. Casa colonial donde nació El Libertador.

RESTAURANTES
- **El Barquero** Avenida Luis Roche
- **Restaurante El Coyuco** Avenida Urdaneta
- **Restaurante Sorrento** Avenida Francisco Solano
- **Café Tonino** Avenida Andrés Bello

◀ NOTA CULTURAL

Jesús Rafael Soto (1923–2005) fue un escultor y pintor venezolano. Sus obras cinéticas (*kinetic works*) frecuentemente incluyen formas que brillan (*shimmer*) y vibran. En muchas de ellas el espectador se puede integrar a la obra.

Síntesis

5 Situación Tú y un(a) compañero/a tienen problemas económicos. Cada uno/a quiere ahorrar más dinero. Describan cómo gastan el dinero y sugieran algunas ideas para ahorrarlo. Hagan oraciones con mandatos afirmativos o negativos de **nosotros/as.** Answers will vary.

> **modelo**
> —Voy al cine mucho.
> —Yo también. Saquemos DVDs de la biblioteca para ahorrar dinero.

DIFFERENTIATION

Heritage Speakers Ask heritage speakers to write a conversation using **nosotros/as** commands. The topic of the conversation should be typical errands run in their communities. Have them read their conversations to the class, making sure to note any new vocabulary on the board.
Pairs Working in pairs, have students create a guide of their favorite city, based on the **Guía de Caracas** in **Actividad 4**. Have

TEACHING OPTIONS

them exchange their guides with another pair. That pair should decide which places they will visit and which they will avoid. Tell them to express their preferences by using **nosotros/as** commands.
Pairs Have students create a dialogue in which two friends are deciding at which local restaurant to have dinner. Students should use **nosotros/as** commands as much as possible. Have pairs perform their role-plays for the class.

5.3 | Past participles used as adjectives Tutorial

ANTE TODO　In **Descubre, nivel 1**, you learned about present participles (**estudiando**). Both Spanish and English have past participles (**participios pasados**). The past participles of English verbs often end in **-ed** (*to turn → turned*), but many are also irregular (*to buy → bought; to drive → driven*).

▶ In Spanish, regular **-ar** verbs form the past participle with **-ado.** Regular **-er** and **-ir** verbs form the past participle with **-ido.**

INFINITIVE	STEM	PAST PARTICIPLE
bailar	bail-	**bailado**
comer	com-	**comido**
vivir	viv-	**vivido**

▶ **¡Atención!** The past participles of **-er** and **-ir** verbs whose stems end in **-a, -e,** or **-o** carry a written accent mark on the **i** of the **-ido** ending.

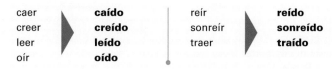

caer	**caído**	reír	**reído**
creer	**creído**	sonreír	**sonreído**
leer	**leído**	traer	**traído**
oír	**oído**		

Irregular past participles

abrir	**abierto**	morir	**muerto**
decir	**dicho**	poner	**puesto**
describir	**descrito**	resolver	**resuelto**
descubrir	**descubierto**	romper	**roto**
escribir	**escrito**	ver	**visto**
hacer	**hecho**	volver	**vuelto**

▶ In Spanish, as in English, past participles can be used as adjectives. They are often used with the verb **estar** to describe a condition or state that results from an action. Like other Spanish adjectives, they must agree in gender and number with the nouns they modify.

En la entrada hay algunos letreros **escritos** en español.
In the entrance, there are some signs written in Spanish.

Tenemos la mesa **puesta** y la cena **hecha.**
We have the table set and dinner made.

recursos

v̂Text

CA
p. 135

CP
pp. 57–58

CH
p. 75

vhlcentral

¡INTÉNTALO! Indica la forma correcta del participio pasado de estos verbos.

1. hablar _hablado_
2. beber _bebido_
3. decidir _decidido_
4. romper _roto_
5. escribir _escrito_
6. cantar _cantado_
7. oír _oído_
8. traer _traído_
9. correr _corrido_
10. leer _leído_
11. ver _visto_
12. hacer _hecho_

Práctica

1 Completar Completa las oraciones con la forma adecuada del participio pasado del verbo que está entre paréntesis.

1. Hoy mi peluquería favorita está ___cerrada___ (cerrar).
2. Por eso, voy a otro salón de belleza que está ___abierto___ (abrir) todos los días.
3. Queda en la Plaza Bolívar, una plaza muy ___conocida___ (conocer).
4. Todos los productos y servicios de esta tienda están ___descritos___ (describir) en un catálogo.
5. El nombre del salón está ___escrito___ (escribir) en el letrero y en la acera (*sidewalk*).
6. Cuando esta diligencia esté ___hecha___ (hacer), necesito pasar por el banco.

NOTA CULTURAL

Simón Bolívar (1783–1830) es considerado el "libertador" de cinco países de Suramérica: Venezuela, Perú, Bolivia, Colombia y Ecuador. Su apellido se ve en nombres como Bolivia, Ciudad Bolívar, la Universidad Simón Bolívar, el bolívar (la moneda venezolana) y en los nombres de muchas plazas y calles.

2 Preparativos Tú y tu compañero/a van a hacer un viaje. Túrnense para hacerse estas preguntas sobre los preparativos (*preparations*). Respondan afirmativamente y usen el participio pasado en sus respuestas.

> **modelo**
>
> **Estudiante 1:** ¿Firmaste el cheque de viajero?
> **Estudiante 2:** Sí, el cheque de viajero ya está firmado.

1. ¿Compraste los pasajes para el avión? Sí, los pasajes ya están comprados.
2. ¿Confirmaste las reservaciones para el hotel? Sí, las reservaciones ya están confirmadas.
3. ¿Firmaste tu pasaporte? Sí, mi pasaporte ya está firmado.
4. ¿Lavaste la ropa? Sí, la ropa ya está lavada.
5. ¿Resolviste el problema con el banco? Sí, el problema con el banco ya está resuelto.
6. ¿Pagaste todas las cuentas? Sí, las cuentas ya están pagadas.
7. ¿Hiciste todas las diligencias? Sí, todas las diligencias ya están hechas.
8. ¿Hiciste las maletas? Sí, las maletas ya están hechas.

3 El estudiante competitivo En parejas, túrnense para hacer el papel de un(a) estudiante que es muy competitivo/a y siempre quiere ser mejor que los demás. Usen los participios pasados de los verbos subrayados. Answers will vary. Sample answers:

> **modelo**
>
> **Estudiante 1:** A veces se me <u>daña</u> la computadora.
> **Estudiante 2:** Yo sé mucho de computadoras. Mi computadora nunca está <u>dañada</u>.

1. Yo no <u>hago</u> la cama todos los días. Soy muy ordenado/a. Mi cama siempre está hecha.
2. Casi nunca <u>resuelvo</u> mis problemas. Soy muy eficiente. Mis problemas siempre están resueltos.
3. Nunca <u>guardo</u> mis documentos importantes. Soy muy organizado/a. Mis documentos importantes siempre están guardados.
4. Es difícil para mí <u>terminar</u> mis tareas. Soy muy responsable. Mis tareas siempre están terminadas.
5. Siempre se me olvida <u>preparar</u> mi almuerzo. Soy muy responsable. Mi almuerzo siempre está preparado.
6. Nunca <u>pongo</u> la mesa cuando ceno. Soy muy organizado/a. Mi mesa siempre está puesta.
7. No quiero <u>escribir</u> la composición para mañana. Soy muy buen(a) estudiante. Mi composición ya está escrita.
8. Casi nunca <u>lavo</u> mi carro. Yo soy muy limpio/a. Mi carro siempre está lavado.

Practice more at vhlcentral.com.

Communication 1.1
Comparisons 4.1

Comunicación

4 **Preguntas** En parejas, túrnense para hacerse estas preguntas. Answers will vary.

1. ¿Dejas alguna luz prendida en tu casa por la noche?
2. ¿Está ordenado tu cuarto?
3. ¿Prefieres comprar libros usados o nuevos? ¿Por qué?
4. ¿Tienes mucho dinero ahorrado?
5. ¿Necesitas pedirles dinero prestado a tus padres?
6. ¿Estás preocupado/a por el medio ambiente?
7. ¿Qué haces cuando no estás preparado/a para una clase?
8. ¿Qué haces cuando estás perdido/a en una ciudad?

5 **Describir** Tú y un(a) compañero/a son agentes de policía y tienen que investigar un crimen. Miren el dibujo y describan lo que encontraron en la habitación del señor Villalonga. Usen el participio pasado en la descripción. Luego, comparen su descripción con la de otra pareja. Answers will vary.

modelo
La puerta del baño no estaba cerrada.

AYUDA

You may want to use the past participles of these verbs to describe the illustration:

abrir, desordenar, hacer, poner, tirar (*to throw*)**, romper.**

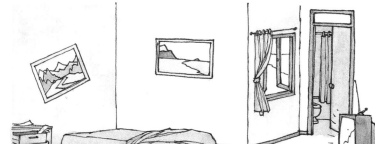

Síntesis

6 **Entre líneas** En parejas, representen una conversación entre un empleado de banco y una clienta. Usen las primeras dos líneas para empezar y la última para terminar, pero inventen las líneas del medio (*middle*). Usen participios pasados. Answers will vary.

EMPLEADO Buenos días, señora Ibáñez. ¿En qué la puedo ayudar?

CLIENTA Tengo un problema con este banco. ¡Todavía no está resuelto!

...

CLIENTA ¡No vuelvo nunca a este banco!

---

4 **Teaching Tip** Tell students to use complex sentences whenever possible. Ex: **Nunca dejo la luz prendida en mi cuarto porque quiero ahorrar energía.**

4 **Expansion** Have one member of each pair write down the answers, choosing only one per question and mixing up his or her own with his or her partner's. Then have pairs exchange papers with another pair, who will read the list of answers and guess who from the first pair gave each answer. Have pairs work in groups of four to correct each other's guesses.

4 **Virtual Chat** You can also assign activity 4 on the Supersite. Students record individual responses that appear in your gradebook.

5 **Teaching Tips**
• To simplify, before assigning the activity to pairs, allow students a couple of minutes to make notes about the crime scene.
• Have students give their answers in round-robin format. Remind them that each contribution has to contain new information.

 Communication 1.1

6 **Teaching Tip** Have the class brainstorm a list of banking problems an individual might have. Write the list on the board.

6 **Expansion** Invite volunteers to role-play their conversations for the class.

6 **Partner Chat** You can also assign activity 6 on the Supersite. Students work in pairs to record the activity online. The pair's recorded conversation will appear in your gradebook.

DIFFERENTIATION

Pairs Have pairs make a promotional flyer for a new business in town. Their flyers should include at least three sentences with past participles used as adjectives. When they have finished, circulate the flyers in the class. Have students say which businesses they would most like to visit and why.

TEACHING OPTIONS

Game Divide the class into teams of three. Each team should think of a famous place or a historical monument. The other teams will take turns asking questions about the monument. Questions can only be answered with **sí/no** and each one should have a past participle used as an adjective. Ex: **¿Está abierto al público? ¿Es conocido solamente en este país?** The first team to guess the identity of the site wins a point.

Section Goal

In **Recapitulación**, students will review the grammar concepts from this lesson.

Student Resources
Supersite: Activities

 TELL Connection

Performance and Feedback 3
Why: Student's self-monitor their progress to proficiency goals. *What:* **Recapitulación** provides students immediate, scaffolded feedback to mark progress and guide remediation.

1 Teaching Tips
- Before beginning the activity, ask students to identify any verbs that have irregular past participles.
- Make sure that students understand to fill in the first column of blanks with the feminine form of the past participle, and the second column of blanks with the masculine form.
- Have students check their answers by going over **Actividad 1** as a class.

1 Expansion Ask students to create sentences using the past participles from the chart. Remind them that they must agree with the noun they modify. Ex: **Los exámenes ya están corregidos.**

2 Teaching Tip Have students begin by identifying which commands are negative. Call on a volunteer to explain the difference in the formation of affirmative and negative **nosotros/as** commands.

2 Expansion Have students work in pairs to create an original dialogue using **nosotros/as** commands.

Recapitulación

 Diagnostics

Completa estas actividades para repasar los conceptos de gramática que aprendiste en esta lección.

1 **Completar** Completa la tabla con la forma correcta de los verbos. **16 pts.**

Infinitivo	Participio (f.)	Infinitivo	Participio (m.)
completar	completada	hacer	hecho
corregir	corregida	pagar	pagado
creer	creída	pedir	pedido
decir	dicha	perder	perdido
escribir	escrita	poner	puesto

2 **Los novios** Completa este diálogo entre dos novios con mandatos en la forma de **nosotros/as**. **20 pts.**

SIMÓN ¿Quieres ir al cine mañana?

CARLA Sí, ¡qué buena idea! (1) __Compremos__ (Comprar) los boletos (*tickets*) por Internet.

SIMÓN No, mejor (2) __pidámoselos__ (pedírselos) a mi prima, quien trabaja en el cine y los consigue gratis.

CARLA ¡Fantástico!

SIMÓN Y también quiero visitar la nueva galería de arte el fin de semana que viene.

CARLA ¿Por qué esperar? (3) __Visitémosla__ (Visitarla) esta tarde.

SIMÓN Bueno, pero primero tengo que limpiar mi apartamento.

CARLA No hay problema. (4) __Limpiémoslo__ (Limpiarlo) juntos.

SIMÓN Muy bien. ¿Y tú no tienes que hacer diligencias hoy? (5) __Hagámoslas__ (Hacerlas) también.

CARLA Sí, tengo que ir al correo y al banco. (6) __Vamos__ (Ir) al banco hoy, pero no (7) __vayamos__ (ir) al correo todavía. Antes tengo que escribir una carta.

SIMÓN (8) __Escribámosla__ (Escribirla) ahora.

CARLA No, mejor no (9) __la escribamos__ (escribirla) hasta que regresemos de la galería donde venden un papel reciclado muy lindo (*cute*).

SIMÓN ¿Papel lindo? Pues, ¿para quién es la carta?

CARLA No importa. (10) __Empecemos__ (Empezar) a limpiar.

RESUMEN GRAMATICAL

5.1 **The subjunctive in adjective clauses**
pp. 172–173

► When adjective clauses refer to something that is known, certain, or definite, the indicative is used.

Necesito **el libro** que **tiene** fotos.

► When adjective clauses refer to something that is uncertain or indefinite, the subjunctive is used.

Necesito **un libro** que **tenga** fotos.

5.2 **Nosotros/as commands** *p. 176*

► Same as **nosotros/as** form of present subjunctive.

Affirmative	Negative
Démosle un libro a Lola.	No le demos un libro a Lola.
Démoselo.	No se lo demos.

► While the subjunctive form of the verb **ir** is used for the negative **nosotros/as** command, the indicative is used for the affirmative command.

No **vayamos** a la plaza.   **Vamos** a la plaza.

5.3 **Past participles used as adjectives** *p. 179*

Past participles		
Infinitive	Stem	Past participle
bailar	bail-	bailado
comer	com-	comido
vivir	viv-	vivido

Irregular past participles			
abrir	abierto	morir	muerto
decir	dicho	poner	puesto
describir	descrito	resolver	resuelto
descubrir	descubierto	romper	roto
escribir	escrito	ver	visto
hacer	hecho	volver	vuelto

► Like common adjectives, past participles must agree with the noun they modify.

Hay unos letreros **escritos** en español.

TEACHING OPTIONS

TPR Have students stand and form a circle. Have one student step inside the circle and describe a situation. Ex: **Tenemos un examen mañana.** The student to the right should step forward and propose a solution, using a **nosotros/as** command form. Ex: **Estudiemos el subjuntivo.** Continue around the circle until each student has had a turn forming commands. Then have another student start the activity again with a new situation.

TEACHING OPTIONS

Game Divide the class into two teams. Alternating between teams, select one student from each group to take a turn. Call out an infinitive and have the selected team member give the correct past participle. Award one point for each correct answer. The team with the most points wins.

3 Verbos Escribe los verbos en el presente del indicativo o del subjuntivo. **20 pts.**

1. —¿Sabes dónde hay un restaurante donde nosotros (1) _podamos_ (poder)
   comer paella valenciana? —No, no conozco ninguno que (2) _sirva_ (servir)
   paella, pero conozco uno que (3) _se especializa_ (especializarse) en tapas españolas.

2. Busco vendedores que (4) _sean_ (ser) bilingües. No estoy seguro de conocer
   a alguien que (5) _tenga_ (tener) esa característica. Pero ahora que lo pienso,
   ¡sí! Tengo dos amigos que (6) _trabajan_ (trabajar) en el almacén Excelencia.
   Los voy a llamar. Debo decirles que necesitamos que (ellos) (7) _sepan_
   (saber) hablar inglés.

3. Se busca apartamento que (8) _esté_ (estar) bien situado, que (9) _cueste_
   (costar) menos de $800 al mes y que (10) _permita_ (permitir) tener perros.

4 La mamá de Pedro Completa las respuestas de Pedro a las preguntas de su mamá. **10 pts.**

modelo

MAMÁ: ¿Te ayudo a guardar la ropa?
PEDRO: La ropa ya *está guardada.*

1. **MAMÁ** ¿Cuándo se van a vestir tú y tu hermano para la fiesta?
   PEDRO Nosotros ya _estamos_ _vestidos_.

2. **MAMÁ** Hijo, ¿puedes ordenar tu habitación?
   PEDRO La habitación ya _está_ _ordenada_.

3. **MAMÁ** ¿Ya se murieron tus peces?
   PEDRO No, todavía no _están_ _muertos_.

4. **MAMÁ** ¿Te ayudo a hacer tus diligencias?
   PEDRO Gracias, mamá, pero las diligencias ya _están_ _hechas_.

5. **MAMÁ** ¿Cuándo terminas tu proyecto?
   PEDRO El proyecto ya _está_ _terminado_.

5 La ciudad ideal Escribe un párrafo de al menos seis oraciones describiendo cómo es la
comunidad ideal donde te gustaría (*you would like*) vivir en el futuro y compárala con la comunidad
donde vives ahora. Usa cláusulas adjetivas y el vocabulario de esta lección. **34 pts.** Answers will vary.

6 Adivinanza Completa la adivinanza y adivina la respuesta. **¡4 puntos EXTRA!**

66 Me llegan las cartas
y no sé _leer_ (*to read*)
y, aunque° me las como,
no mancho° el papel. 99
¿Quién soy? _el buzón_

aunque *although* no mancho *I don't stain*

3 Teaching Tip Before
students begin to fill in the
blanks, have them identify the
verb in the main clause of
each sentence with a blank.

4 Teaching Tip To simplify,
have students identify the
subject, gender, and number
for each item before filling in
the blanks.

4 Expansion Have students
write four additional questions
from **Pedro's** mother. Then
have them exchange papers
with a classmate, who will
give **Pedro's** responses.

5 Teaching Tips
• Have students make a Venn
  diagram with the headings
  **Mi comunidad, La comunidad
  ideal,** and **Las dos.** Have them
  fill in each area with short
  phrases to include in their
  paragraphs.
• Have students exchange
  their papers for peer editing.

6 Expansion To challenge
students, have them work in
small groups to create a riddle
about an object or place found
in the city.

DIFFERENTIATION

Heritage Speakers Ask heritage speakers to compare a city
or town from their families' countries of origin with their current
hometown. What forms of transportation are available? Is there
a downtown area? Where do people tend to live and work?
Encourage classmates to ask follow-up questions.

TEACHING OPTIONS

Game Divide the class into two teams. Write a main clause on
the board. Ex: **Busco un apartamento...** and have one member
from each team come to the board and complete the sentence
with subordinate clauses in the indicative or subjunctive. Each
correct answer earns one point. The team with the most points
at the end wins.

Section Goals

In **Lectura**, students will:

- learn the strategy of identifying a narrator's point of view
- read an authentic narrative in Spanish

Communication 1.1, 1.2, 1.3
Cultures 2.1, 2.2
Connections 3.1, 3.2
Comparisons 4.2

Student Resources
Cuaderno para hispanohablantes, pp. 76–78
Supersite: Activities

Pre-AP*

Interpretive Reading: Estrategia
Tell students that recognizing the point of view from which a narrative is told will help them comprehend it. Write examples of first-person and omniscient narratives on the board and ask students to identify the point of view.

Examinar el texto Ask students to read the first two paragraphs of *Esquina peligrosa* and determine whether the narrative is written from the first- or third-person point of view. Call on a volunteer to explain what clues in the text help reveal the narrator.

Punto de vista Have students complete this activity in pairs. First have them find the corresponding sentences in the text. Then have them fill in the blanks with the **yo** form of the verbs, the pronouns **yo** or **me,** or the possessive adjective **mi.**

Lectura

Audio: Reading
Additional Reading

Antes de leer

Estrategia

Identifying point of view

You can understand a narrative more completely if you identify the point of view of the narrator. You can do this by simply asking yourself from whose perspective the story is being told. Some stories are narrated in the first person. That is, the narrator is a character in the story, and everything you read is filtered through that person's thoughts, emotions, and opinions. Other stories have an omniscient narrator who is not one of the story's characters and who reports the thoughts and actions of all the characters.

Examinar el texto

Lee brevemente este cuento escrito por Marco Denevi. ¿Crees que se narra en primera persona o tiene un narrador omnisciente? ¿Cómo lo sabes?

Answers will vary.

_____

_____

Punto de vista

Éstos son fragmentos de *Esquina peligrosa* en los que se cambió el punto de vista° a primera persona. Completa cada oración de manera lógica.

1. Le __ordené__ a mi chofer que me condujese hasta aquel barrio...
2. Al doblar la esquina __vi__ el almacén, el mismo viejo y sombrío almacén donde __yo__ había trabajado como dependiente...
3. El recuerdo de __mi__ niñez me puso nostálgico. Se __me__ humedecieron los ojos.
4. Yo __tomé__ la canasta de mimbre, __fui__ llenándola con paquetes [...] y __salí__ a hacer el reparto.

recursos

vText | CH | pp. 76–78 | vhlcentral

punto de vista *point of view*

Marco Denevi (1922–1998) fue un escritor y dramaturgo argentino. Estudió derecho y más tarde se convirtió en escritor. Algunas de sus obras, como *Rosaura a las diez,* han sido° llevadas al cine. Denevi se caracteriza por su gran creatividad e ingenio, que jamás dejan de sorprender al lector°.

Esquina peligrosa

Marco Denevi

El señor Epidídimus, el magnate de las finanzas°, uno de los hombres más ricos del mundo, sintió un día el vehemente deseo de visitar el barrio donde había vivido cuando era niño y trabajaba como dependiente de almacén.

Le ordenó a su chofer que lo condujese hasta aquel barrio humilde° y remoto. Pero el barrio estaba tan cambiado que el señor Epidídimus no lo reconoció. En lugar de calles de tierra había bulevares asfaltados°, y las míseras casitas de antaño° habían sido reemplazadas por torres de departamentos°.

Al doblar una esquina vio el almacén, el mismo viejo y sombrío° almacén donde él había trabajado como dependiente cuando tenía doce años.

—Deténgase aquí —le dijo al chofer. Descendió del automóvil y entró en el almacén. Todo se conservaba igual que en la época de su infancia: las estanterías, la anticuada caja registradora°, la balanza de pesas° y, alrededor, el mudo asedio° de la mercadería.

El señor Epidídimus percibió el mismo olor de sesenta años atrás: un olor picante y agridulce a jabón

———————— 🌿 ————————

TEACHING OPTIONS

Pairs Have pairs of students reread *Esquina peligrosa* and write four discussion questions about the selection. When they have finished, have them exchange questions with another pair and work together to discuss and answer them.

TEACHING OPTIONS

Small Groups As a class, generate a list of other short stories or excerpts of longer works that contain fantastical elements. Write the list on the board. Then, in small groups, have students choose a text and compare and contrast its fantastical qualities with *Esquina peligrosa*.

han sido *have been* lector *reader* finanzas *finance* humilde
humble, modest asfaltados *paved with asphalt* antaño
yesteryear torres de departamentos *apartment buildings*
sombrío *somber* anticuada caja registradora *old-fashioned
cash register* balanza de pesas *scale* mudo asedio *silent
siege* aserrín *sawdust* acaroína *pesticide* penumbra del
fondo *half-light from the back* reparto *delivery* lodazal *bog*

amarillo, a aserrín° húmedo, a vinagre, a aceitunas, a
acaroína°. El recuerdo de su niñez lo puso nostálgico.
Se le humedecieron los ojos. Le pareció que retrocedía en
el tiempo.

    Desde la penumbra del fondo° le llegó la voz
ruda del patrón:

—¿Estas son horas de venir? Te quedaste dormido,
como siempre.

    El señor Epidídimus tomó la canasta de mimbre, fue
llenándola con paquetes de azúcar, de yerba y de fideos, y
salió a hacer el reparto°.

    La noche anterior había llovido y las calles de tierra
estaban convertidas en un lodazal°.

(1974)

🌿

© Denevi, Marco, Cartas peligrosas y otros cuentos. Obras Completas,
Tomo 5, Buenos Aires, Corregidor, L999, págs. L92–L93.

Después de leer

Comprensión

Indica si las oraciones son **ciertas** o **falsas**. Corrige las falsas.

Cierto	Falso	
____	✓	1. El señor Epidídimus tiene una tienda con la que gana poco dinero. Es un magnate de las finanzas, uno de los hombres más ricos del mundo.
✓	____	2. Epidídimus vivía en un barrio humilde cuando era pequeño.
✓	____	3. Epidídimus le ordenó al chofer que lo llevara a un barrio de gente con poco dinero.
✓	____	4. Cuando Epidídimus entró al almacén se acordó de experiencias pasadas.
____	✓	5. Epidídimus les dio órdenes a los empleados del almacén. Su patrón le ordenó hacer el reparto.

Interpretación

Contesta estas preguntas con oraciones completas.
Answers will vary.

1. ¿Es rico o pobre Epidídimus? ¿Cómo lo sabes?
_____

2. ¿Por qué Epidídimus va al almacén?
_____

3. ¿De quién es la voz "ruda" que Epidídimus escucha? ¿Qué orden crees que le dio a Epidídimus?
_____

4. ¿Qué hace Epidídimus al final?
_____

Coméntalo

En parejas, hablen de sus impresiones y conclusiones. Tomen
como guía estas preguntas. Answers will vary.

- ¿Te sorprendió el final de este cuento? ¿Por qué?
- ¿Qué va a hacer Epidídimus el resto del día?
- ¿Crees que Epidídimus niño estaba soñando o Epidídimus adulto estaba recordando?
- ¿Por qué crees que el cuento se llama *Esquina peligrosa*?

 Practice more at
vhlcentral.com.

Comprensión Have students
write five additional true/false
statements for a partner to
complete. Make sure students
correct the false statements.

Interpretación Have
students work in pairs to
complete this activity. Ask
them to support their answers
with fragments from the text.

Coméntalo Ask students
to explain their opinions. For
the third question, survey the
class to see which is the most
popular interpretation.

21st Century Skills

Creativity and Innovation
Ask students to prepare a
presentation on another short
story in Spanish with fantastical
or dream-like elements,
inspired by the information
on these two pages.

 EXPANSION

Pairs Bring in another short story with a surprising ending,
such as *El eclipse* by **Augusto Monterroso**. Read the story as
a class, writing any unknown vocabulary on the board. Then,
in pairs, have students compare and contrast the endings of
the two stories.

EXPANSION

Extra Practice Ask students to write a short story about their
own lives, using the framework of *Esquina peligrosa*. Tell
them to include the same ambiguity as to whether the story
is a memory or a dream, and to use a surprise ending. Have
volunteers read their stories aloud for the class.

Section Goals

In **Escritura**, students will:
• learn to avoid redundancies
• integrate lesson vocabulary and structures
• write an e-mail in Spanish

 Communication 1.3

Student Resources
Cuaderno de actividades comunicativas, pp. 167–168
Cuaderno para hispanohablantes, pp. 79–80
Supersite: Activities, eCuaderno

Teacher Resources
Workbook TE

 Pre-AP*

Interpersonal Writing: Estrategia
Read the *Redundant* paragraph aloud as students read along. Ask volunteers to point out the redundancies.

Tema Brainstorm a list of Spanish-speaking cities where students might like to spend a week, especially considering that they must spend part of their time working on a literature assignment. Have the class discuss the types of sites they could visit during their stay and how they plan to divide up their time.

 Pre-AP*

Presentational Writing
Remind students that they are writing with the purpose of persuading a friend to do some activities together. Suggest that they brainstorm as many shared activities as possible, using infinitives. Remind students that in their e-mails they will use **nosotros/as** commands for these infinitives.

Escritura

Estrategia
Avoiding redundancies

Redundancy is the needless repetition of words or ideas. To avoid redundancy with verbs and nouns, consult a Spanish language thesaurus (**Diccionario de sinónimos**). You can also avoid redundancy by using object pronouns, possessive adjectives, demonstrative adjectives and pronouns, and relative pronouns. Remember that, in Spanish, subject pronouns are generally used only for clarification, emphasis, or contrast. Study the example below:

Redundant:

Susana quería visitar a su amiga. Susana estaba en la ciudad. Susana tomó el tren y perdió el mapa de la ciudad. Susana estaba perdida en la ciudad. Susana estaba nerviosa. Por fin, la amiga de Susana la llamó a Susana y le indicó cómo llegar.

Improved:

Susana, quien estaba en la ciudad, quería visitar a su amiga. Tomó el tren y perdió el mapa. Estaba perdida y nerviosa. Por fin, su amiga la llamó y le indicó cómo llegar.

Tema

Escribir un mensaje electrónico

Vas a visitar a un(a) amigo/a que vive con su familia en una ciudad que no conoces. Vas a pasar allí una semana. Quieres conocer la ciudad, pero también debes hacer un proyecto para tu clase de literatura.

Escríbele a tu amigo/a un mensaje electrónico describiendo lo que te interesa hacer allí y dale sugerencias de actividades que pueden hacer juntos/as. Menciona lo que necesitas para hacer tu trabajo. Puedes basarte en una visita real o imaginaria.

Considera esta lista de datos que puedes incluir:

▶ El nombre de la ciudad que vas a visitar
▶ Los lugares que más te interesa visitar
▶ Lo que necesitas para hacer tu trabajo:
    acceso a Internet
    saber cómo llegar a la biblioteca pública
    tiempo para estar solo/a
    libros para consultar
▶ Mandatos para las actividades que van a compartir

EVALUATION: Mensaje electrónico

Criteria	Scale	Scoring	
Content	1 2 3 4 5	Excellent	18–20 points
Organization	1 2 3 4 5	Good	14–17 points
Use of vocabulary	1 2 3 4 5	Satisfactory	10–13 points
Grammatical accuracy	1 2 3 4 5	Unsatisfactory	< 10 points

Escuchar Audio

Estrategia

Listening for specific information/
Listening for linguistic cues

As you already know, you don't have to hear or understand every word when listening to Spanish. You can often get the facts you need by listening for specific pieces of information. You should also be aware of the linguistic structures you hear. For example, by listening for verb endings, you can ascertain whether the verbs describe past, present, or future actions, and they can also indicate who is performing the action.

🔊 To practice these strategies, you will listen to a short paragraph about an environmental issue. What environmental problem is being discussed? What is the cause of the problem? Has the problem been solved, or is the solution under development?

Preparación

Describe la foto. Según la foto, ¿qué información específica piensas que vas a oír en el diálogo?
Answers will vary.

Ahora escucha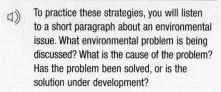

Lee estas frases y luego escucha la conversación entre Alberto y Eduardo. Indica si cada verbo se refiere a algo en el pasado, en el presente o en el futuro.

Acciones

1. Demetrio / comprar en Macro   ___pasado___
2. Alberto / comprar en Macro   ___futuro___
3. Alberto / estudiar psicología   ___pasado___
4. carro / tener frenos malos   ___presente___
5. Eduardo / comprar un anillo para Rebeca   ___pasado___
6. Eduardo / estudiar   ___futuro___

Comprensión

Descripciones

Marca las oraciones que describen correctamente a Alberto.

1. ✔ Es organizado en sus estudios.
2. _____ Compró unas flores para su novia.
3. _____ No le gusta tomar el metro.
4. ✔ No conoce bien la zona de Sabana Grande y Chacaíto.
5. ✔ No tiene buen sentido de la orientación°.
6. ✔ Le gusta ir a los lugares que están de moda.

Preguntas

1. ¿Por qué Alberto prefiere ir en metro a Macro?
   Porque es muy difícil estacionar el carro en Sabana Grande.
2. ¿Crees que Alberto y Eduardo viven en una ciudad grande o en un pueblo? ¿Cómo lo sabes?
   Viven en una ciudad grande; porque tiene metro.
3. ¿Va Eduardo a acompañar a Alberto? ¿Por qué?
   No puede porque tiene que estudiar y tiene una cita con Rebeca.

Conversación

En grupos pequeños, hablen de sus tiendas favoritas y de cómo llegar a ellas desde su escuela. ¿En qué lugares tienen la última moda? ¿Los mejores precios? ¿Hay buenas tiendas cerca de su escuela? *Answers will vary.*

sentido de la orientación *sense of direction*

 recursos   v̂Text   vhlcentral

Practice more at
vhlcentral.com.

A: Es mejor ir por metro. Es muy difícil estacionar el carro en Sabana Grande. No me gusta manejarlo tampoco porque los frenos están malos.
E: Bueno, súbete al metro en la línea amarilla hasta Plaza Venezuela. Cuando salgas de la estación de metro dobla a la izquierda hacia Chacaíto. Sigue derecho por dos cuadras.
A: Ah, sí, enfrente de la joyería donde le compraste el anillo a Rebeca.

E: No, la joyería queda una cuadra hacia el sur. Pasa el Banco Mercantil y dobla a la derecha. Tan pronto como pases la pizzería Papagallo, vas a ver un letrero rojo grandísimo a mano izquierda que dice Macro.
A: Gracias, Eduardo. ¿No quieres ir? Así no me pierdo.
E: No, hoy no puedo. Tengo que estudiar y a las cuatro tengo una cita con Rebeca. Pero estoy seguro que vas a llegar lo más bien.

Section Goals

In **Escuchar**, students will:
• listen for specific information and linguistic cues
• answer questions based on a recorded conversation

Communication 1.2

Student Resources
Supersite: Activities

Teacher Resources
Textbook and Audio Activities
MP3s, Audio Scripts

Estrategia
Script Hace muchos años que los residentes de nuestra ciudad están preocupados por la contaminación del aire. El año pasado se mudaron más de cinco mil personas a nuestra ciudad. Hay cada año más carros en las calles y el problema de la contaminación va de mal en peor. Los estudiantes de la Universidad de Puerto Ordaz piensan que este problema es importante; quieren desarrollar carros que usen menos gasolina para evitar más contaminación ambiental.

Teaching Tip Have students write a description of the photo. Guide them to guess who **Eduardo** and **Alberto** are and where they are going.

Ahora escucha
Script ALBERTO: Demetrio me dijo que fue de compras con Carlos y Roberto a Macro. Y tú, Eduardo, ¿has ido?
EDUARDO: ¡Claro que sí, Alberto! Tienen las últimas modas. Me compré estos zapatos allí. ¡Carísimos!, pero me fascinan y, de ñapa, son cómodos.
A: Pues, ya acabé de estudiar para el examen de psicología. Creo que voy a ir esta tarde porque me siento muy fuera de la onda. ¡Soy el único que no ha ido a Macro! ¿Dónde queda?
E: Es por Sabana Grande. ¿Vas a ir por metro o en carro?

(Script continues at far left in the bottom panels.)

Section Goals

In **En pantalla**, students will:
- read about how busy people communicate with each other
- watch a television commercial for **Azucarlito**, a Uruguayan sugar brand

 Communication 1.1, 1.2 , 1.3
Cultures 2.2
Connections 3.2
Comparisons 4.2
Communities 4.1

Student Resources
Supersite: *En pantalla* video, Activities

Teacher Resources
Transcript & Translation

 TELL Connection

Learning Experience 5
Why: Students acquire and use language in meaningful contexts. *What:* Authentic media prompt student creativity.

Hacerse el tiempo…
Ask students: ¿Cuáles son las "urgencias de la vida moderna"? ¿Cómo afectan la comunicación entre las personas? ¿Tienen Uds. el tiempo que quieren con sus familias y sus amigos?

 Pre-AP*

Audiovisual Interpretive Communication
Antes de ver Strategy
- Have students carefully read the video still caption and predict why the third person form is being used.
- Remind students that linguistic clues like verb tenses and pronoun choices can be important clues to meaning.

Aplicación
Have classmates explain the connection between the connotation and the product. Which commercials are the most imaginative?

 Video: TV Clip

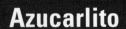 **Azucarlito**

Dice Marcos que cada día te quiere más.

Preparación
Contesta las preguntas. Después, comparte tus respuestas con un(a) compañero/a. Answers will vary.
1. ¿Cómo afectan las "urgencias de la vida moderna" la comunicación entre las personas?
2. ¿Puedes pasar el tiempo que quieres con tu familia y tus amigos? ¿Por qué?

Hacerse el tiempo…
El ritmo de las ciudades latinoamericanas ha venido cambiando° especialmente en las ciudades medianas y grandes, como la Ciudad de México, Bogotá o Buenos Aires. Antes, las personas dedicaban tiempo para compartir con sus amigos y familiares y para hablar con ellos (todavía en los pueblos pequeños lo hacen). Pero ahora las múltiples ocupaciones, las largas distancias y las urgencias de la vida moderna hacen que las personas ya no tengan tiempo para hablar con sus seres queridos°, expresar sus sentimientos o simplemente compartir un momento juntos.

ha venido cambiando has been changing seres queridos loved ones

Vocabulario útil

al igual que…	just like…
dulzura	sweetness
gesto	gesture, expression
mensajero	messenger
provocar	to bring on
sentimientos	feelings
sonrisa	smile

Comprensión
Empareja las frases según el video.
1. Un gesto…   a. _2_ …no se compran.
2. Los mejores regalos…   b. _4_ …nunca viene solo.
3. Una sonrisa…   c. _3_ …provoca otra.
4. Un "te quiero"…   d. _1_ …dice mucho sin decir nada.

Conversación
Discute las preguntas con toda la clase. Answers will vary.

En la comunidad que se presenta en el video hubo una transformación ¿Cómo y cuándo ocurrió? ¿Cómo cambió la vida de las personas? ¿Cómo mejoró?

Aplicación
Este anuncio usa un aspecto de su producto (la dulzura) de una manera imaginativa, y hace una conexión con el tema de las relaciones entre las personas. Trabaja con un grupo pequeño para escoger un producto y crear un anuncio. Usen un aspecto del producto para capturar la imaginación y dar un mensaje inolvidable. Presenten el producto a la clase. Answers will vary.

 Practice more at vhlcentral.com.

 recursos vText vhlcentral

TEACHING OPTIONS

Expansion Explore with students their beliefs about and approaches to communication and relationships. Have student pairs prepare four new affirmations based on their beliefs and approaches, writing in the format used in the **Comprensión** activity. Separate and scramble the affirmations. Have the class work together to reconnect the affirmations and, as each is completed, discuss its meaning with regard to communication and relationships.

DIFFERENTIATION

Heritage Speakers Ask heritage speakers to share any changes in life styles, communication styles and products, and transportation they have seen in their cultural communities. What are the attitudes in their communities toward the value of spending time with family and friends?

 Video:
Flash cultura

En una ciudad tan grande como el D.F., la vida es más fácil gracias al Sistema de Transporte Colectivo Metro y los viajes muchas veces pueden ser interesantes: en el metro se promueve° la cultura. Allí se construyó el primer museo del mundo en un transporte colectivo. También hay programas de préstamo de libros para motivar a los usuarios a leer en el tiempo muerto° que pasan dentro° del sistema. ¿Quieres saber más? Descubre qué hace tan especial al Metro del D.F. en este episodio de *Flash cultura*.

Vocabulario útil	
concurrido	busy, crowded
se esconde	is hidden
transbordo	transfer, change
tranvía	streetcar

Preparación

Imagina que estás en México, D.F., una de las ciudades más grandes del mundo. ¿Qué transporte usas para ir de un lugar a otro? ¿Por qué? Answers will vary.

 ### Seleccionar

Selecciona la respuesta correcta.

1. El Bosque de Chapultepec es uno de los lugares más (solitarios/concurridos) de la ciudad.
2. En las estaciones (de transbordo/subterráneas) los pasajeros pueden cambiar de trenes para llegar fácilmente a su destino.
3. Algunas líneas del Metro no son subterráneas, sino superficiales, es decir, (paran/circulan) al nivel de la calle.
4. Dentro de algunas estaciones hay (danzas indígenas/exposiciones de arte).

se promueve *is promoted* tiempo muerto *down time* dentro *inside*

El Metro del D.F.

1

Viajando en el Metro... puedes conocer más acerca de la cultura de este país.

2

Para la gente... mayor de 60 años, es el transporte totalmente gratuito.

3

...el Metro [...] está conectado con los demás sistemas de transporte...

 Practice more at
vhlcentral.com.

recursos
vText | CA |
pp. 97–98 | vhlcentral

Section Goal

In **Panorama**, students will read about the history, geography, and economy of Venezuela.

Communication 1.3
Cultures 2.1, 2.2
Connections 3.1, 3.2
Comparisons 4.2

Student Resources
Cuaderno de actividades comunicativas, pp. 73–74
Cuaderno de práctica, pp. 59–60
Supersite: *Panorama cultural* video, Activities, eCuaderno

Teacher Resources
Workbook TEs; Digital Image Bank; Video Script & Translation

21st Century Skills

Global Awareness
Students will gain perspectives on the Spanish-speaking world.

Teaching Tip Have students look at the map of Venezuela and talk about its physical features. Trace the Orinoco River and notice the types of terrain it runs through. Note that the principal cities are all located along the Caribbean coast.

El país en cifras Point out that the national currency is named for **Simón Bolívar**, the Latin American hero who played a central role in the struggle for independence from Spain. After reading about the **yanomami**, point out the vastness of Venezuela's jungle area, and remind students that various indigenous groups inhabit this largely undeveloped area.

¡Increíble pero cierto!
Angel Falls is located in the rugged, nearly inaccessible Guiana Highlands in southeastern Venezuela, and is most easily viewed from the air. In fact, that is how American pilot James C. Angel explored this natural wonder.

Venezuela

 Video: *Panorama cultural*
Interactive Map

El país en cifras

▶ **Área:** 916.445 km^2 (353.841 millas^2), *aproximadamente dos veces el área de California*
▶ **Población:** 28.868.000
▶ **Capital:** Caracas—3.051.000
▶ **Ciudades principales:** Maracaibo—2.153.000, Valencia—1.738.000, Maracay—1.159.000, Barquisimeto—1.040.000
▶ **Moneda:** bolívar
▶ **Idiomas:** español (oficial), lenguas indígenas (oficiales)

El yanomami es uno de los idiomas indígenas que se habla en Venezuela. La cultura de los yanomami tiene su centro en el sur de Venezuela, en el bosque tropical. Son cazadores° y agricultores y viven en comunidades de hasta 400 miembros.

Bandera de Venezuela

Venezolanos célebres

▶ **Teresa Carreño,** compositora y pianista (1853–1917)
▶ **Rómulo Gallegos,** escritor y político (1884–1969)
▶ **Andrés Eloy Blanco,** poeta (1896–1955)
▶ **Gustavo Dudamel,** director de orquesta (1981–)
▶ **Baruj Benacerraf,** científico (1920–2011)

En 1980, Baruj Benacerraf, junto con dos de sus colegas, recibió el Premio Nobel por sus investigaciones en el campo° de la inmunología y las enfermedades autoinmunes. Nacido en Caracas, Benacerraf también vivió en París y los Estados Unidos.

cazadores *hunters* campo *field* caída *drop* Salto Ángel *Angel Falls*
catarata *waterfall* la dio a conocer *made it known*

¡Increíble pero cierto!

Con una caída° de 979 metros (3.212 pies) desde la meseta de Auyan Tepuy, Salto Ángel°, en Venezuela, es la catarata° más alta del mundo, ¡diecisiete veces más alta que las cataratas del Niágara! James C. Angel la dio a conocer° en 1935. Los indígenas de la zona la denominan "Kerekupai Merú".

Isla Margarita

Maracaibo
Valencia •
⊛ Caracas
Lago de Maracaibo
Cordillera de la Costa
Río Orinoco
COLOMBIA
Macizo de las Guayanas
GUYA
Río Orinoco
BRASIL
Vista de Caracas
Una piragua

recursos

v Text | CA pp. 73–74 | CP pp. 59–60 | vhlcentral

Variación léxica Venezuelan Spanish has a rich repertoire of regionalisms and colloquialisms. If students go to Caracas, they are certainly going to hear the word **pana**, which means both **amigo** and **amiga**. Ex: **¡Eso es chévere, pana!** The Venezuelan equivalent of *guy* or *girl* is **chamo/a**. An inhabitant of the city of Caracas is a **caraqueño/a**. Some other words that are specific to Venezuela are **cambur** for **banana** and **caraota** for **frijol**.

Worth Noting Rómulo Gallegos's classic novel, *Doña Bárbara*, is set in the **Llanos** of Venezuela, a region known for its cattle raising culture. The theme of the novel is one that has been explored by many Latin American writers—the struggle between **civilización y barbarie**.

Economía • **El petróleo**

La industria petrolera° es muy importante para la economía venezolana. La mayor concentración de petróleo del país se encuentra debajo del Lago de Maracaibo. En 1976 se nacionalizaron las empresas° petroleras y pasaron a ser propiedad° del estado con el nombre de *Petróleos de Venezuela*. Este producto representa más del 90% de las exportaciones del país, siendo los Estados Unidos su principal comprador°.

Actualidades • **Caracas**

El *boom* petrolero de los años cincuenta transformó a Caracas en una ciudad cosmopolita. Sus rascacielos° y excelentes sistemas de transporte la hacen una de las ciudades más modernas de Latinoamérica. El metro, construido en 1983, es uno de los más modernos del mundo y sus extensas carreteras y autopistas conectan la ciudad con el interior del país. El corazón de la capital es el Parque Central, una zona de centros comerciales, tiendas, restaurantes y clubes.

Historia • **Simón Bolívar (1783–1830)**

A principios del siglo° XIX, el territorio de la actual Venezuela, al igual que gran parte de América, todavía estaba bajo el dominio de la corona° española. El general Simón Bolívar, nacido en Caracas, es llamado "El Libertador" porque fue el líder del movimiento independentista suramericano en el área que hoy es Venezuela, Colombia, Ecuador, Perú y Bolivia.

¿Qué aprendiste? Contesta cada pregunta con una oración completa.

1. ¿Cuál es la moneda de Venezuela?
   La moneda de Venezuela es el bolívar.
2. ¿Quién fue Rómulo Gallegos?
   Rómulo Gallegos fue un escritor y político venezolano.
3. ¿Cuándo se dio a conocer el Salto Ángel?
   Salto Ángel se dio a conocer en 1935.
4. ¿Cuál es el producto más exportado de Venezuela?
   El producto más exportado de Venezuela es el petróleo.
5. ¿Qué ocurrió en 1976 con las empresas petroleras?
   En 1976 las empresas petroleras se nacionalizaron.
6. ¿Cómo se llama la capital de Venezuela?
   La capital de Venezuela se llama Caracas.
7. ¿Qué hay en el Parque Central de Caracas?
   Hay centros comerciales, tiendas, restaurantes y clubes.
8. ¿Por qué es conocido Simón Bolívar como "El Libertador"?
   Simón Bolívar es conocido como "El Libertador" porque fue el líder del movimiento independentista suramericano.

Sombreros y hamacas
en Ciudad Bolívar

Conexión Internet Investiga estos temas en **vhlcentral.com**.

1. Busca información sobre Simón Bolívar. ¿Cuáles son algunos de los episodios más importantes de su vida? ¿Crees que Bolívar fue un estadista (*statesman*) de primera categoría? ¿Por qué?
2. Prepara un plan para un viaje de ecoturismo por el Orinoco. ¿Qué quieres ver y hacer durante la excursión?

Practice more at
vhlcentral.com.

industria petrolera *oil industry*   empresas *companies*   propiedad *property*   comprador *buyer*   rascacielos *skyscrapers*   siglo *century*   corona *crown*   Tejedor *Weaver*   aldea *village*

21st Century Skills

Creativity and Innovation
Ask students to prepare a list of the three products or perspectives they learned about in this lesson to share with the class. You may ask them to focus specifically on the **Cultura** and **Panorama** sections.

21st Century Skills

Leadership and Responsibility Extension Project
As a class, have students decide on three questions they want to ask the partner class related to the topic of the lesson they have just completed. Based on the responses they receive, work as a class to explain to the Spanish-speaking partners one aspect of their responses that surprised the class and why.

  My Vocabulary

En la ciudad

el banco	bank
la carnicería	butcher shop
el correo	post office
el estacionamiento	parking lot
la frutería	fruit store
la heladería	ice cream shop
la joyería	jewelry store
la lavandería	laundromat
la panadería	bakery
la pastelería	pastry shop
la peluquería, el salón de belleza	beauty salon
la pescadería	fish market
el supermercado	supermarket
la zapatería	shoe store
hacer cola	to stand in line
hacer diligencias	to run errands

En el correo

el cartero	mail carrier
el correo	mail; post office
el paquete	package
la estampilla, el sello	stamp
el sobre	envelope
echar (una carta) al buzón	to put (a letter) in the mailbox; to mail
enviar, mandar	to send; to mail

En el banco

el cajero automático	ATM
el cheque (de viajero)	(traveler's) check
la cuenta corriente	checking account
la cuenta de ahorros	savings account
ahorrar	to save (money)
cobrar	to cash (a check)
depositar	to deposit
firmar	to sign
llenar (un formulario)	to fill out (a form)
pagar a plazos	to pay in installments
pagar al contado/ en efectivo	to pay in cash
pedir prestado/a	to borrow
pedir un préstamo	to apply for a loan
ser gratis	to be free of charge

Cómo llegar

la cuadra	(city) block
la dirección	address
la esquina	corner
el letrero	sign
cruzar	to cross
indicar cómo llegar	to give directions
doblar	to turn
estar perdido/a	to be lost
quedar	to be located
(al) este	(to the) east
(al) norte	(to the) north
(al) oeste	(to the) west
(al) sur	(to the) south
derecho	straight (ahead)
enfrente de	opposite; facing
hacia	toward

Past participles used as adjectives	*See page 179.*
Expresiones útiles	*See page 167.*

recursos
vText   CA   p. 135   vhlcentral

El bienestar

6

Communicative Goals

I will be able to:
- Talk about health, well-being, and nutrition
- Talk about physical activities

A PRIMERA VISTA
- ¿Está la chica en un gimnasio o en un lugar al aire libre?
- ¿Practica ella deportes frecuentemente?
- ¿Es activa o sedentaria?
- ¿Es probable que le importe su salud?

Lesson Goals

In **Lección 6**, students will be introduced to the following:
- terms for health and exercise
- nutrition terms
- natural spas
- the health benefits of quinoa
- present perfect
- past perfect
- present perfect subjunctive
- making inferences
- organizing information logically when writing
- writing a personal wellness plan
- listening for the gist and for cognates
- the short film *Iker pelos tiesos*
- a video about places to relax and ways to deal with stress in Madrid, Spain
- cultural, geographic, and historical information about Bolivia

 21st Century Skills

Health Literacy
Ask questions to activate prior knowledge about health, wellbeing, and nutrition. Use the questions in **A primera vista** as a starting point. Tell students to be prepared to compare their experiences with what they learn in this lesson.

A primera vista Here are some additional questions you can ask based on the photo:
¿Crees que tienes buena salud? ¿Haces ejercicio regularmente? ¿Qué haces cuando te sientes nervioso/a o cansado/a? ¿Es importante que desayunes todas las mañanas? ¿Cuántas horas duermes cada noche?

 TELL Connection

Performance and Feedback 3
Why: Students take responsibility for monitoring their own performance and proficiency goals. *What:* Hand out the I Can Worksheets available on the Supersite.

SUPPORT FOR BACKWARD DESIGN

Lección 6 Essential Questions
1. How do people talk about health, well-being, and nutrition?
2. How do people talk about exercise and physical activities?
3. What are some ways people stay healthy in the Spanish-speaking world?

Lección 6 Integrated Performance Assessment
Before teaching this chapter, review the Integrated Performance Assessment (IPA) and its accompanying scoring rubric provided in the Testing Program. Use the IPA to assess students' progress toward proficiency targets at the end of the chapter.
IPA Context: For this task, you will talk with your classmates about different ways that people relax, and then make a brochure about a place in your community where people go to relax or relieve stress.

VOICE BOARD

Voice boards on the Supersite allow you and your students to record and share up to five minutes of audio. Use voice boards for presentations, oral assessments, discussions, directions, etc.

Section Goals

In **Contextos**, students will learn and practice:
- vocabulary used to talk about health and exercise
- vocabulary used to discuss nutrition and a healthy diet

 Communication 1.2
Comparisons 4.1

Student Resources
Cuaderno de actividades comunicativas, pp. 23–24, 137
Cuaderno de práctica, pp. 61–62
Cuaderno para hispanohablantes, pp. 81–82
Supersite: Activities, eCuaderno

Teacher Resources
Workbook TEs; Digital Image Bank; Textbook and Audio Activities MP3s; Audio Scripts; Testing Program Quizzes; Activity Pack

Teaching Tips
- Use the Digital Image Bank to support this presentation.
- Ask personalized questions, writing new vocabulary on the board: Ex: **¿Quiénes hacen ejercicio regularmente? ¿Hacen ejercicios aeróbicos? ¿Quiénes levantan pesas?**
- Give the people in the illustration names and discuss their activities. Ex: **El señor Garza es teleadicto. Él no hace ejercicio. Ve televisión y come papitas. ¿Es activo o sedentario? ¿Lleva una vida sana?** Then ask personalized questions to engage the class in a discussion about their exercise habits. Ex: **¿Qué hacen para aliviar el estrés? ¿Creen que se puede hacer demasiada gimnasia?**
- Point out the **No fumar** sign. Explain that the infinitive, instead of a command form, is often used on signs to express prohibitions or instructions.

El bienestar

 My Vocabulary Tutorials

Más vocabulario

adelgazar	to lose weight; to slim down
aliviar el estrés	to reduce stress
aliviar la tensión	to reduce tension
apurarse, darse prisa	to hurry; to rush
aumentar de peso, engordar	to gain weight
calentarse (e:ie)	to warm up
disfrutar (de)	to enjoy; to reap the benefits (of)
entrenarse	to train
estar a dieta	to be on a diet
estar en buena forma	to be in good shape
hacer gimnasia	to work out
llevar una vida sana	to lead a healthy lifestyle
mantenerse en forma	to stay in shape
sufrir muchas presiones	to be under a lot of pressure
tratar de (+ *inf.*)	to try (to do something)
la droga	drug
el/la drogadicto/a	drug addict
activo/a	active
débil	weak
en exceso	in excess
flexible	flexible
fuerte	strong
sedentario/a	sedentary
tranquilo/a	calm; quiet
el bienestar	well-being

Variación léxica

hacer ejercicios aeróbicos ⟷ hacer aeróbic (*Esp.*)

el/la entrenador(a) ⟷ el/la monitor(a)

recursos

v̂Text	CA	CP	CH	Ⓢ
	p. 137	pp. 61–62	pp. 81–82	vhlcentral

el teleadicto

Hace ejercicios de estiramiento. (hacer)

la clase de ejercicios aeróbicos

Suda. (sudar)

Hace ejercicio. (hacer)

el entrenador

el músculo

la cinta caminadora

Práctica

No fumar.

el masaje

Hacen ejercicios aeróbicos. (hacer)

Levanta pesas. (levantar)

1 Escuchar Mira el dibujo. Luego escucha las oraciones e indica si lo que se dice en cada oración es **cierto** o **falso**.

	Cierto	Falso		Cierto	Falso
1.	○	⦿	6.	○	⦿
2.	○	⦿	7.	○	⦿
3.	⦿	○	8.	⦿	○
4.	⦿	○	9.	○	⦿
5.	⦿	○	10.	○	⦿

2 Seleccionar Escucha el anuncio del gimnasio Sucre. Marca con una **X** los servicios que se ofrecen.

__X__ 1. dietas para adelgazar
_____ 2. programa para aumentar de peso
__X__ 3. clases de gimnasia
__X__ 4. entrenador personal
__X__ 5. masajes
_____ 6. programa para dejar de fumar

3 Identificar Identifica el antónimo (*antonym*) de cada palabra.

apurarse	fuerte
disfrutar	mantenerse en forma
engordar	sedentario
estar enfermo	sufrir muchas presiones
flexible	tranquilo

1. activo sedentario
2. adelgazar engordar
3. aliviar el estrés sufrir muchas presiones
4. débil fuerte
5. ir despacio apurarse
6. estar sano estar enfermo
7. nervioso tranquilo
8. ser teleadicto mantenerse en forma

4 Combinar Combina elementos de cada columna para formar ocho oraciones lógicas sobre el bienestar.

1. David levanta pesas h
2. Estás en buena forma d
3. Felipe se lastimó f
4. José y Rafael e
5. Mi hermano a
6. Sara hace ejercicios de b
7. Mis primas están a dieta c
8. Para llevar una vida sana, g

a. aumentó de peso.
b. estiramiento.
c. porque quieren adelgazar.
d. porque haces ejercicio.
e. sudan mucho en el gimnasio.
f. un músculo de la pierna.
g. no se debe fumar.
h. y corre mucho.

1 Teaching Tip Check answers by reading each statement and asking volunteers to say whether it is true or false. To challenge students, have them provide the correct information for each false statement.

1 Script 1. Se puede fumar dentro del gimnasio. 2. El teleadicto está en buena forma. 3. Los músculos del entrenador son grandes. 4. La mujer que está corriendo también está sudando. 5. Se puede recibir un masaje en el gimnasio Sucre. 6. Hay cuatro hombres en la clase de ejercicios aeróbicos. 7. El hombre que levanta pesas lleva una vida muy sedentaria. *Script continues on page 196.*

2 Teaching Tip Tell students to listen to the audio without looking at the drawing.

2 Script Si quieres estar en buena forma, aliviar el estrés o adelgazar, el gimnasio Sucre te ofrece una serie de programas que se adaptarán a tus gustos. Tenemos un equipo de entrenadores que te pueden ayudar a mantenerte en forma con las clases de ejercicios aeróbicos y de gimnasia. Si sufres muchas presiones y lo que necesitas es un servicio más especial, puedes trabajar con un entrenador personal en nuestros programas privados de pesas, masajes y dietas para adelgazar. *Teacher Resources DVD*

3 Expansion Have students use each pair of opposite terms in sentences. Ex: **José está muy nervioso porque no estudió para el examen. Roberto estudió por dos horas; por eso está tranquilo.**

4 Expansion Have students create original endings for the sentence starters in the left column.

TEACHING OPTIONS

Pairs Have pairs of students interview each other about what they do to stay fit. Interviewers should also find out how often their partner does these things and when he or she did them over the past week. Ask students to write a brief report summarizing the interview.

TEACHING OPTIONS

Game Divide the class into teams of three. Ask one team to stay outside the room while the class chooses a vocabulary word or expression. When the team returns, they must try to guess it by asking the class yes/no questions. If the team guesses the word within ten questions, they get a point. Ex: **¿Es un lugar? ¿Describe a una persona? ¿Es una acción? ¿Es algo que haces para estar en buena forma?**

■ **Script (continued)**
8. La instructora de la clase de ejercicios aeróbicos lleva una vida muy activa. 9. El hombre que mira televisión está a dieta. 10. No hay nadie en el gimnasio que haga ejercicios de estiramiento.
Teacher Resources DVD

Teaching Tips
• Use the **Lección 6 Contextos** Digital Image Bank to support this vocabulary presentation.
• First, ask open-ended or yes/no questions that elicit the names of the foods depicted. Ex: **¿Qué es esto?** (un huevo) **Y esto al lado del queso, ¿son papas fritas?** Then ask students either-or questions to elicit the vocabulary in **La nutrición.** Ex: **¿La carne tiene proteínas o vitaminas?** Continue asking for information or opinions. Ex: **La cafeína, ¿creen que es una droga? ¿Por qué?** Ask follow-up questions when possible.

■ **Expansion** After checking each item, ask students personalized questions, or have them comment on the information. Ex: **¿Comen ustedes comidas con mucha proteína después de hacer ejercicio?**

Ayuda Present the vocabulary using the words in sentences that describe your eating or physical activity patterns.

■ **Expansion** As students share their answers with the class, write on the board any common themes that emerge. Have a class discussion about these themes and their origins.

■ **Virtual Chat** You can also assign activity 6 on the Supersite. Students record individual responses that appear in your gradebook.

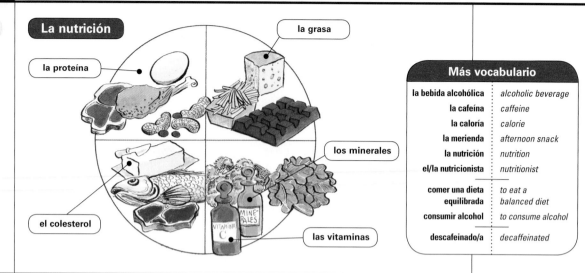

La nutrición

la proteína

la grasa

los minerales

el colesterol

las vitaminas

Más vocabulario

la bebida alcohólica	alcoholic beverage
la cafeína	caffeine
la caloría	calorie
la merienda	afternoon snack
la nutrición	nutrition
el/la nutricionista	nutritionist
comer una dieta equilibrada	to eat a balanced diet
consumir alcohol	to consume alcohol
descafeinado/a	decaffeinated

5 **Completar** Completa cada oración con la palabra adecuada.

1. Después de hacer ejercicio, como pollo o bistec porque contienen __b__.
   a. drogas   b. proteínas   c. grasa
2. Para __c__, es necesario consumir comidas de todos los grupos alimenticios (*nutrition groups*).
   a. aliviar el estrés   b. correr   c. comer una dieta equilibrada
3. Mis primas __a__ una buena comida.
   a. disfrutan de   b. tratan de   c. sudan
4. Mi entrenador no come queso ni papas fritas porque contienen __c__.
   a. dietas   b. vitaminas   c. mucha grasa
5. Mi padre no come mantequilla porque él necesita reducir __b__.
   a. la nutrición   b. el colesterol   c. el bienestar
6. Mi novio cuenta __c__ porque está a dieta.
   a. las pesas   b. los músculos   c. las calorías

6 **La nutrición** En parejas, hablen de los tipos de comida que comen y las consecuencias que tienen para su salud. Luego compartan la información con la clase. Answers will vary.

1. ¿Cuántas comidas con mucha grasa comes regularmente? ¿Piensas que debes comer menos comidas de este tipo? ¿Por qué?
2. ¿Comes comidas con muchos minerales y vitaminas? ¿Necesitas consumir más comidas que los contienen? ¿Por qué?
3. ¿Algún miembro de tu familia tiene problemas con el colesterol? ¿Qué haces para evitar problemas con el colesterol?
4. ¿Eres vegetariano/a? ¿Conoces a alguien que sea vegetariano/a? ¿Qué piensas de la idea de no comer carne u otros productos animales? ¿Es posible comer una dieta equilibrada sin comer carne? Explica.
5. ¿Tomas cafeína en exceso? ¿Qué ventajas (*advantages*) y desventajas tiene la cafeína? Da ejemplos de productos que contienen cafeína y de productos descafeinados.
6. ¿Llevas una vida sana? ¿Y tus amigos? ¿Crees que, en general, los estudiantes llevan una vida sana? ¿Por qué?

AYUDA

Some useful words:

sano = saludable

en general = por lo general

estricto

normalmente

muchas veces

a veces

de vez en cuando

Practice more at **vhlcentral.com**.

TEACHING OPTIONS

TPR Add an auditory aspect to this vocabulary practice. Have students write **bueno** on one piece of paper and **malo** on another. Prepare a series of statements about healthy and unhealthy habits. As you read each statement, have students hold up the corresponding paper. Ex: **Antes de hacer ejercicio, siempre como comidas con mucha grasa. (malo) Como una dieta equilibrada. (bueno)**

TEACHING OPTIONS

Small Groups In groups of three and four, have students take turns miming actions involving fitness, health, and well-being. The other group members should guess the verb or verb phrase. Ex: A student mimes lifting weights. (**Estás levantando pesas.**)

Communication 1.1, 1.2

Comunicación

7 **Un anuncio** En grupos de cuatro, imaginen que son dueños/as de un gimnasio con un equipo (equipment) moderno, entrenadores calificados y un(a) nutricionista. Preparen y presenten un anuncio para la televisión que hable del gimnasio y atraiga (attracts) a una gran variedad de nuevos clientes. No se olviden de presentar esta información: Answers will vary.

▶ las ventajas de estar en buena forma
▶ el equipo que tienen
▶ los servicios y clases que ofrecen
▶ las características únicas del gimnasio
▶ la dirección y el teléfono del gimnasio
▶ el precio para los socios (members) del gimnasio

8 **Recomendaciones para la salud** En parejas, imaginen que están preocupados/as por los malos hábitos de un(a) amigo/a que no está bien últimamente (lately). Escriban y representen una conversación en la cual hablen de lo que está pasando en la vida de su amigo/a y los cambios que necesita hacer para llevar una vida sana. Answers will vary.

9 **El teleadicto** Con un(a) compañero/a, representen los papeles de un(a) nutricionista y un(a) teleadicto/a. La persona sedentaria habla de sus malos hábitos para la comida y de que no hace ejercicio. También dice que toma demasiado café y que siente mucho estrés. El/La nutricionista le sugiere una dieta equilibrada con bebidas descafeinadas y una rutina para mantenerse en forma. El/La teleadicto/a le da las gracias por su ayuda. Answers will vary.

recursos

v̂Text

CA
pp. 23–24

10 **El gimnasio perfecto** Tú y tu compañero/a quieren encontrar el gimnasio perfecto. Su profesor(a) les va a dar a cada uno/a de ustedes el anuncio de un gimnasio. Túrnense para hacerse preguntas sobre las actividades que se ofrecen en cada uno. Al final, decidan cuál es el mejor gimnasio y compartan su decisión con la clase. Answers will vary.

11 **¿Quién es?** Trabajen en grupos. Cada uno/a de ustedes va a elegir a una persona famosa en el área de la salud y el bienestar. Los demás miembros del grupo deben hacer preguntas hasta descubrir a quién eligió cada quien. Recuerden usar el vocabulario de la lección. Answers will vary.

> **modelo**
> **Estudiante 1:** ¿Ayudas a otras personas a mantenerse en forma?
> **Estudiante 2:** Sí. Trabajo con muchas personas que antes llevaban una vida sedentaria.
> **Estudiante 3:** ¿Has trabajado en la televisión?
> **Estudiante 2:** Sí. Antes trabajaba en tres diferentes programas de televisión.
> **Estudiante 1:** ¡Ya sé! ¡Eres Jillian Michaels!

7 Teaching Tip Have groups write their advertisement so that each student gets to speak for an equal amount of time.

8 Teaching Tips
• Suggest that students use expressions of doubt followed by the subjunctive or expressions of certainty. Review the expressions on pages 142–143 as needed.
• Have students discuss at least five bad habits a friend has, explain why he or she has them, and what he or she tried to do to overcome them.

9 Teaching Tip Before doing this activity, review the verbs and expressions of will and influence on pages 112–113.

9 Expansion Have students conduct a follow-up interview that takes place one month after the initial meeting.

9 Partner Chat You can also assign activity 9 on the Supersite. Students work in pairs to record the activity online. The pair's recorded conversation will appear in your gradebook.

10 Teaching Tip Divide the class into pairs and distribute the Communication Activities worksheets from the Activity Pack that correspond to this activity.

10 Expansion
• Have pairs work in groups to discuss which gym they would join and why.
• Have groups compare the gyms with your school's gym.

11 Teaching Tip Encourage students to think of people from all areas of health, including nutrition, exercise, and mental well-being. Brainstorm a list: Jillian Michaels, Dr. Oz, Dr. Phil, Billy Blanks, Jackie Warner, Michael Pollan

Section Goals

In **Fotonovela**, students will:
- receive comprehensible input from free-flowing discourse
- learn functional phrases that preview lesson grammatical structures

 Communication 1.2
Cultures 2.1, 2.2

Student Resources
Cuaderno de actividades comunicativas, pp. 57–58
Supersite: *Fotonovela* video, Activities, *eCuaderno*

Teacher Resources
Workbook TE; Video Script & Translation

Video Recap: Lección 5
Before doing this **Fotonovela** section, review the previous episode with these questions:
1. ¿Por qué Maru no está en Yucatán con los otros chicos? (Tuvo que entregar su proyecto.)
2. ¿Por qué Maru dice que necesita un coche que funcione bien? (Porque el coche de Miguel está descompuesto.)
3. ¿Qué quiere Maru que Mónica le preste? (Quiere que Mónica le preste dinero para tomar un taxi.) 4. ¿Dónde dejó Maru el proyecto? (Lo dejó en el coche de Miguel.) 5. ¿Cómo llegó Maru al Museo de Antropología? (Mónica la llevó.)

Video Synopsis Marissa, Felipe, Jimena, and **Juan Carlos** visit the famous Mayan ruins of **Chichén Itzá**. After exploring the archeological site, they visit a spa to escape the sun and unwind. **Juan Carlos** and **Jimena** finally make an important decision.

Teaching Tip Hand out the **Antes de ver el video** and **Mientras ves el video** activities from the *Cuaderno de actividades comunicativas* and go over the **Antes de ver** questions before starting the **Fotonovela**.

Chichén Itzá

Los chicos exploran Chichén Itzá y se relajan en un spa.

PERSONAJES MARISSA FELIPE

 Video: *Fotonovela*

MARISSA ¡Chichén Itzá es impresionante! Qué lástima que Maru y Miguel no hayan podido venir. Sobre todo Maru.

FELIPE Ha estado bajo mucha presión.

MARISSA ¿Ustedes ya habían venido antes?

FELIPE Sí. Nuestros papás nos trajeron cuando éramos niños.

(en otro lugar de las ruinas)

JUAN CARLOS ¡Hace calor!

JIMENA ¡Sí! Hay que estar en buena forma para recorrer las ruinas.

FELIPE ¡Gané!

JIMENA Qué calor. Tengo una idea. Vamos.

EMPLEADA Ofrecemos varios servicios para aliviar el estrés: masajes, saunas...

FELIPE Me gustaría un masaje.

MARISSA Yo prefiero un baño mineral.

Chichén Itzá To introduce the class to this Fotonovela episode, first play the video without any sound so students can concentrate on the action. Have students tell you what they saw and make predictions about the content of the video. Then, play the episode with sound and have students jot down notes about the plot. Next, have the class work in small groups to compare notes and prepare summaries of the episode. Ask one or two groups to read their summaries to the class. Finally, discuss the plot with the class and check for accuracy.

JUAN CARLOS

JIMENA

EMPLEADA

4

5

JUAN CARLOS Siempre había llevado una vida sana antes de entrar a la universidad.

JIMENA Tienes razón. La universidad hace que seamos muy sedentarios.

JUAN CARLOS ¡Busquemos a Felipe y a Marissa!

FELIPE El otro día le gané a Juan Carlos en el parque.

JUAN CARLOS Estaba mirando hacia otro lado; cuando me di cuenta, Felipe ya había empezado a correr.

9

10

JUAN CARLOS ¿Crees que tienes un poco de tiempo libre la semana que viene? Me gustaría invitarte a salir.

JIMENA ¿Sin Felipe?

JUAN CARLOS Sin Felipe.

EMPLEADA ¿Ya tomaron una decisión?

JIMENA Sí.

recursos

vText   CA   vhlcentral
pp. 57–58

Expresiones útiles

Wishing a friend were with you

Qué lástima que no hayan podido venir.
What a shame that they were not able to come.
Sobre todo Maru.
Especially Maru.
Él/Ella ha estado bajo mucha presión.
He/She has been under a lot of pressure.
Creo que ellos ya habían venido antes.
I think they had already come (here) before.

Talking about trips

¿Ustedes ya habían venido antes?
Had you been (here) before?
Sí. He querido regresar desde que leí el *Chilam Balam*.
Yes. I have wanted to come back ever since I read the Chilam Balam.
¿Recuerdas cuando nos trajo papá?
Remember when Dad brought us?
Al llegar a la cima, comenzaste a llorar.
When we got to the top, you started to cry.

Talking about well-being

Siempre había llevado una vida sana antes de entrar a la universidad.
I had always maintained a healthy lifestyle before starting college.
Ofrecemos varios servicios para aliviar el estrés.
We offer many services to relieve stress.
Me gustaría un masaje.
I would like a massage.

Additional vocabulary

la cima *top, peak*
el escalón *step*
el muro *wall*
tomar una decisión *to make a decision*

Expresiones útiles Point out that **ha estado** and **He querido** are examples of the present perfect, which combines a present-tense form of the verb **haber** with the past participle of another verb. Explain that **habían venido** and **había llevado** are examples of the past perfect, which combines an imperfect-tense form of **haber** with a past participle. Finally, draw attention to the sentence **Qué lástima que no hayan podido venir**. Tell students that **hayan podido** is an example of the present perfect subjunctive, which combines a present subjunctive form of haber with a past participle. Tell students that they will learn more about these concepts in **Estructura**.

Teaching Tips
• Have the class read through the entire **Fotonovela**, with volunteers playing the various parts.
• Point out **Me gustaría invitarte a salir** from the caption for video still 9. Ask students to translate it into English using the sentence **Me gustaría un masaje** from **Expresiones útiles** as a guide. Remind students that the verb **gustar** is conjugated in the conditional, a verb tense they haven't formally learned yet. Reiterate that it is used to express *what you would do* or *what would happen* under certain circumstances and that they will learn more about its use in **Lección 8**.

Nota cultural Chichén Itzá was a large pre-Columbian city built by the Mayans in what is now Mexico. Now a UNESCO World Heritage Site, its remains attract thousands of tourists from all over the world each year. While at one time visitors were given open access to **Chichén Itzá**, visitation is now limited due to the erosion and destruction of many structures.

TEACHING OPTIONS

Pairs Have students work in pairs to write five true/false statements about the **Chichén Itzá** episode. Then, have pairs exchange papers with another pair, who will work together to complete the activity and correct the false information.

EXPANSION

Extra Practice Photocopy the **Fotonovela** Video Script (Supersite) and white out key vocabulary in order to make a master for a cloze activity. Distribute the copies and, as you play the Chichén Itzá episode, have students fill in the blanks.

1 Teaching Tip To challenge students, write the incomplete statements on the board. Have students close their books and finish the sentences using their own words.

1 Expansion Have the class work in pairs or small groups to write a question that would elicit each statement.

2 Expansion
- Give the class these statements as items 7–8:
  7. ¡Creo que papá no ha hecho ejercicio por mucho tiempo! (Felipe) 8. Es extraño que Juan Carlos no te haya invitado a salir. (Marissa)
- Add an auditory aspect to this activity. Have students close their books, then give them these sentences as a dictation. Read each sentence twice slowly and then once at regular speed so that students will have time to write. Ask volunteers to write their versions of the sentences on the board and correct them as a class.

3 Teaching Tip Remind students to use examples from the **Fotonovela** episodes to help them support their answers.

3 Expansion
- Have pairs write sentences using any leftover words from the word bank. Ask volunteers to share their sentences with the class.
- In pairs, have students ask each other questions using words from the list. Encourage partners to ask follow-up questions to learn more about their habits. Pairs should report their findings to the class.

¿Qué pasó?

1 **Seleccionar** Selecciona la respuesta que completa mejor cada oración.

1. Felipe y Marissa piensan que Maru ___c___.
   a. debe hacer ejercicio   b. aumentó de peso   c. ha estado bajo mucha presión
2. Felipe y Jimena visitaron Chichén Itzá ___b___.
   a. para aliviar el estrés   b. cuando eran niños   c. para llevar una vida sana
3. Jimena dice que la universidad hace a los estudiantes ___b___.
   a. comer una dieta equilibrada b. ser sedentarios c. levantar pesas
4. En el spa ofrecen servicios para ___b___.
   a. sudar   b. aliviar el estrés   c. ser flexibles
5. Felipe elige que le den un ___c___.
   a. baño mineral   b. almuerzo   c. masaje

2 **Identificar** Identifica quién puede decir estas oraciones.

1. No me di cuenta (*I didn't realize*) de que habías empezado a correr; por eso ganaste. Juan Carlos
2. Miguel y Maru no visitaron Chichén Itzá, ¡qué lástima que no hayan podido venir! Marissa
3. Se necesita estar en buena forma para visitar este tipo de lugares. Jimena
4. Los masajes, saunas y baños minerales que ofrecemos alivian la tensión. empleada
5. Si salimos, no invites a Felipe. Jimena
6. Yo corro más rápido que Juan Carlos. Felipe

MARISSA   **FELIPE**

JIMENA

JUAN CARLOS   **EMPLEADA**

3 **Inventar** En parejas, hagan descripciones de los personajes de la **Fotonovela**. Utilicen las oraciones, la lista de palabras y otras expresiones que sepan. Answers will vary.

aliviar el estrés	hacer ejercicios de estiramiento	masaje
bienestar	llevar una vida sana	teleadicto/a
grasa	mantenerse en forma	vitamina

modelo

Estudiante 1: Felipe es activo, flexible y fuerte.
Estudiante 2: Marissa siempre hace ejercicios de estiramiento.
Está en buena forma y lleva una vida muy sana...

1. A Juan Carlos le duelen los músculos después de hacer gimnasia.
2. A veces, Maru sufre presiones y estrés en la universidad.
3. A Jimena le encanta salir con amigos o leer un buen libro.
4. Felipe trata de comer una dieta equilibrada.
5. Juan Carlos no es muy flexible.

Practice more at **vhlcentral.com**.

EXPANSION

Extra Practice Ask the class a few additional questions about the **Fotonovela**. Ex: **¿Por qué Jimena lloraba mientras subía los escalones de El Castillo? (Quería regresar al hotel y jugar en la playa.) ¿Qué servicios ofrece el spa para aliviar el estrés? (Ofrece masajes, saunas y tratamientos con vitaminas y minerales para la piel.)**

PRE-AP*

Interpersonal Speaking Have pairs prepare a TV program in which travelers are interviewed about their recent trip to **Chichén Itzá**. Allow students to research more about the archeological site online before writing their scripts. Be sure to give them enough time to prepare and rehearse, then ask volunteers to present their programs to the class. Alternatively, you may want students to make videos of their programs and play them for the class.

Ortografía y pronunciación

Las letras **b** y **v**

Since there is no difference in pronunciation between the Spanish letters **b** and **v**, spelling words that contain these letters can be tricky. Here are some tips.

  Audio

nombre	**blusa**	**absoluto**	**descubrir**

The letter **b** is always used before consonants.

bonita	**botella**	**buscar**	**bienestar**

At the beginning of words, the letter **b** is usually used when it is followed by the letter combinations -on, -or, -ot, -u, -ur, -us, -ien, and -ene.

adelgazaba	**disfrutaban**	**ibas**	**íbamos**

The letter **b** is used in the verb endings of the imperfect tense for -ar verbs and the verb **ir**.

voy	**vamos**	**estuvo**	**tuvieron**

The letter **v** is used in the present tense forms of **ir** and in the preterite forms of **estar** and **tener**.

octavo	**huevo**	**activa**	**grave**

The letter **v** is used in these noun and adjective endings: -avo/a, -evo/a, -ivo/a, -ave, -eve.

Práctica Completa las palabras con las letras **b** o **v**.

1. Una _v_ez me lastimé el _b_razo cuando esta_b_a _b_uceando.
2. Manuela se ol_v_idó sus li_b_ros en el auto_b_ús.
3. El nue_v_o gimnasio tiene clases educati_v_as.
4. Para tener una _v_ida sana y saluda_b_le, necesitas tomar _v_itaminas.
5. En mi pue_b_lo hay un _b_ule_v_ar que tiene muchos ár_b_oles.

El ahorcado (*Hangman*) Juega al ahorcado para adivinar las palabras.

1. n u b e s   Están en el cielo. nubes
2. b u z ó n   Relacionado con el correo buzón
3. b o t e l l a   Está llena de líquido. botella
4. n i e v e   Fenómeno meteorológico nieve
5. v e n t a n a s Los "ojos" de la casa ventanas

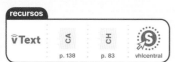

recursos

v̂Text	CA p. 138	CH p. 83	(S) vhlcentral

Section Goal

In **Ortografía y pronunciación**, students will learn about the spelling of words that contain **b** and **v**.

 Comparisons 4.1

Student Resources
Cuaderno de actividades comunicativas, p. 138
Cuaderno para hispanohablantes, p. 83
Supersite: Activities, eCuaderno

Teacher Resources
Workbook TE; Textbook and Audio Activities MP3s; Audio Scripts

Teaching Tips
- Ask the class if **b** or **v** is used before a consonant. Then say the words **nombre, blusa, absoluto,** and **descubrir** and have volunteers write them on the board.
- Write the words **bonita, botella, buscar,** and **bienestar** on the board. Ask the class to explain why these words start with a **b**.
- Ask the class if **b** or **v** is used in the endings of -ar verbs and the verb **ir** in the imperfect tense. Then say the words **adelgazaba, disfrutaban, ibas,** and **íbamos** and ask volunteers to write them on the board.
- Ask why the words **voy, vamos, estuvo,** and **tuvieron** are spelled with **v** and have volunteers write them on the board.
- Write the words **octavo, huevo, activa,** and **grave** on the board and ask the class to explain why these words are spelled with **v**.

EXPANSION

Extra Practice Add an auditory aspect to this **Ortografía y pronunciación** presentation. Prepare a dictation with words containing **b** and **v**. Slowly read each sentence twice, allowing students to write. Ex: **1. Doña Victoria era muy activa y llevaba una vida muy sana. 2. Siempre almorzaba verduras y nunca tomaba vino ni refrescos. 3. Nunca fumaba e iba al gimnasio casi todos los días para tomar clases de ejercicios aeróbicos.**

TEACHING OPTIONS

Pairs Have partners use the **Vocabulario** section at the back of the book to help them write five sentences that contain words with **b** and **v**. Encourage students to use as many of these words as they can. They should leave blanks in place of these letters, as in the **Práctica** activity. Then have pairs exchange papers with another pair, and complete the words.

Section Goals

In **Cultura**, students will:
- read about natural spas
- learn exercise-related terms
- read about the health benefits of quinoa
- read about popular beliefs regarding health

Communication 1.1, 1.2
Cultures 2.1, 2.2
Connections 3.1, 3.2
Comparisons 4.2

Student Resources
Cuaderno para hispanohablantes, p. 84
Supersite: Activities

21st Century Skills

Global Awareness
Students will gain perspectives on the Spanish-speaking world to develop respect and openness to others and to interact appropriately and effectively with citizens of Spanish-speaking cultures.

En detalle

Antes de leer Have students look at the photos and describe what they see. Then ask: **¿Alguna vez han ido a un balneario? ¿Por qué creen que las personas van a los balnearios?**

Lectura
- While people of all ages visit spas, the elderly in particular have discovered their specific health benefits. In places like Villa Elisa, Argentina, many go to thermal baths to reduce swelling and relieve pain.
- Point out the word **lodoterapia.** Have a volunteer explain what it means and how this word is formed.
- Ask students what information the chart shows.

Después de leer Ask students which spa they would like to visit. Have them write 3 or 4 sentences explaining why.

1 **Expansion** Have students rephrase each statement as a question. Ex: **1. ¿Para qué son beneficiosas las aguas termales?**

EN DETALLE

 Additional Reading

Spas naturales

¿Hay algo mejor que un buen baño° para descansar y aliviar la tensión? Y si el baño se toma en una terma°, el beneficio° es mayor. Los tratamientos con agua y lodo° para mejorar la salud y el bienestar son populares en las Américas desde hace muchos siglos°. Las termas son manantiales° naturales de agua caliente. La temperatura facilita la absorción de minerales y otros elementos que contiene el agua y que son buenos para la salud. El agua de las termas se usa en piscinas, baños y duchas o en el sitio natural en el que surge°: pozas°, estanques° o cuevas°.

Volcán de lodo El Totumo, Colombia

En Baños de San Vicente, en Ecuador, son muy populares los tratamientos° con lodo volcánico.

Ecotermales en Arenal, Costa Rica

El lodo caliente se extiende por el cuerpo para dar masajes. Así también la piel° absorbe los minerales beneficiosos para la salud. La lodoterapia es útil para tratar varias enfermedades; además, hace que la piel se vea radiante.

En Costa Rica, la actividad volcánica también ha dado° origen a fuentes° y pozas termales. Si te gusta cuidarte y amas la naturaleza, recuerda estos nombres: Las Hornillas y Las Pailas. Son pozas naturales de aguas termales que están cerca del volcán Rincón de la Vieja. Un baño termal en medio de un paisaje tan hermoso es una experiencia única.

Otros balnearios°

Todos ofrecen piscinas, baños, pozas y duchas de aguas termales y además...

Lugar	Servicios
El Edén y Yanasara, Curgos (Perú)	cascadas° de aguas termales
Montbrió del Camp, Tarragona (España)	baños de algas°
Puyuhuapi (Chile)	duchas de agua de mar; baños de algas
Termas de Río Hondo, Santiago del Estero (Argentina)	baños de lodo
Tepoztlán, Morelos (México)	temazcales° aztecas
Uyuni, Potosí (Bolivia)	baños de sal

baño *bath* terma *hot spring* beneficio *benefit* lodo *mud* siglos *centuries* manantiales *springs* surge *springs forth* pozas *small pools* estanques *ponds* cuevas *caves* tratamientos *treatments* piel *skin* ha dado *has given* fuentes *springs* balnearios *spas* cascadas *waterfalls* algas *seaweed* temazcales *steam and medicinal herb baths*

ACTIVIDADES

1 **¿Cierto o falso?** Indica si lo que dicen las oraciones es cierto o falso. Corrige la información falsa.

1. Las aguas termales son beneficiosas para algunas enfermedades, incluido el estrés. **Cierto.**
2. Los tratamientos con agua y lodo se conocen sólo desde hace pocos años. **Falso.** Son populares desde hace muchos siglos.
3. Las termas son manantiales naturales de agua caliente. **Cierto.**
4. La lodoterapia es un tratamiento con barro. **Cierto.**
5. La temperatura de las aguas termales no afecta la absorción de los minerales. **Falso.** Facilita la absorción de minerales y otros elementos.
6. Mucha gente va a Baños de San Vicente, Ecuador, por sus playas. **Falso.** Mucha gente va por los tratamientos con lodo.
7. Las Hornillas son pozas de aguas termales en Costa Rica. **Cierto.**
8. Montbrió del Camp ofrece baños de sal. **Falso.** Montbrió del Camp ofrece baños de algas.
9. Es posible ver aguas termales en forma de cascadas. **Cierto.**
10. Tepoztlán ofrece temazcales aztecas. **Cierto.**

TEACHING OPTIONS

TPR Call out true/false statements about the reading. If the statement is true, have students raise one hand. If the statement is false, have students raise both hands. To challenge students, have volunteers correct the false information.

TEACHING OPTIONS

Small Groups Have students work in small groups. Tell them to imagine that they are planning a trip to one of the spas mentioned in the reading. Have them do additional Internet research and find out how to travel there, the services offered, and the prices. Then have groups present their itineraries to the class.

Así se dice
- Model the pronunciation of each term and have students repeat it.
- To challenge students, add these exercise-related words to the list: **la fatiga** (*fatigue*); **rebajar** (*to lose weight*); **la resistencia** (*endurance*); **trotar, hacer footing (Esp.)** (*to jog*).
- Ask personalized questions using the new vocabulary. Ex: **¿Qué haces si te da un calambre muscular?** (**Hago ejercicios de estiramiento.**)

ASÍ SE DICE

El ejercicio

los abdominales	*sit-ups*
la bicicleta estática	*stationary bicycle*
el calambre muscular	*(muscular) cramp*
el (fisi)culturismo; la musculación (Esp.)	*bodybuilding*
las flexiones de pecho; las lagartijas (Méx.; Col.); las planchas (Esp.)	*push-ups*
la cinta (trotadora) (Arg.; Chile)	**la cinta caminadora**

EL MUNDO HISPANO

Creencias° sobre la salud

- **Colombia** Como algunos suelos son de baldosas°, se cree que si uno anda descalzo° se enfrían° los pies y esto puede causar un resfriado o artritis.

- **Cuba** Por la mañana, muchas madres sacan a sus bebés a los patios y a las puertas de las casas. La creencia es que unos cinco minutos de sol ayudan a fijar° el calcio en los huesos y aumentan la inmunidad contra las enfermedades.

- **México** Muchas personas tienen la costumbre de tomar a diario un vaso de jugo del cactus conocido como "nopal". Se dice que es bueno para reducir el colesterol y el azúcar en la sangre y que ayuda a adelgazar.

Creencias *Beliefs* baldosas *tiles* anda descalzo *walks barefoot* se enfrían *get cold* fijar *to set*

PERFIL

La quinua

La quinua es una semilla° de gran valor° nutricional. Se produce en los Andes de Bolivia, Perú, Argentina, Colombia, Chile y Ecuador, y también en los Estados Unidos. Forma parte de la dieta básica de esos países andinos desde hace más de 5.000 años.

La quinua es rica en proteínas, hierro° y magnesio. Contiene los ocho aminoácidos básicos para el ser humano; por esto es un alimento muy completo, ideal para vegetarianos y veganos. Otra de las ventajas de la quinua es que no contiene gluten, por lo que la pueden consumir personas con alergias e intolerancia a esta proteína.

Aunque es técnicamente una semilla, la quinua es considerada un cereal por su composición y por su uso. Los granos° de la quinua pueden ser tostados para hacer harina° o se pueden cocinar de múltiples maneras. Se utiliza como reemplazo° del arroz o de la pasta, con verduras, carnes, etc.,

en ensaladas, o como reemplazo de la avena° en el desayuno.

semilla *seed* valor *value* hierro *iron*
granos *grains* harina *flour*
reemplazo *replacement* avena *oats*

 Conexión Internet

¿Qué sistemas de ejercicio son más populares entre los hispanos?	Go to **vhlcentral.com** to find more cultural information related to this **Cultura** section.

Perfil
- Quinoa's name is derived from the Quechua word *kinwa*. It has become very popular in the United States, Canada, Europe, Japan, and China, which has caused its prices to more than triple.
- The United Nations has designated nutrient-rich quinoa as a "super crop" for its potential to feed the world's poor because it grows well in poor soils and is drought resistant.

El mundo hispano Ask students if they find these popular beliefs surprising.

21st Century Skills

Information and Media Literacy: Conexión Internet Students access and critically evaluate information from the Internet.

ACTIVIDADES

2 **Comprensión** Contesta las preguntas.

1. Una argentina te dice: "Voy a usar la cinta". ¿Qué va a hacer? Va a usar la cinta caminadora.
2. Según los colombianos, ¿qué efectos negativos tiene el no usar zapatos en casa? Puede causar un resfriado o artritis.
3. ¿Qué es la quinua? Es una semilla de gran valor nutricional.
4. ¿Qué proteína no contiene la quinua? No contiene gluten.

3 **Para sentirte mejor** Entrevista a un(a) compañero/a sobre las cosas que hace todos los días y las cosas que hace al menos una o dos veces a la semana para sentirse mejor. Hablen sobre actividades deportivas, la alimentación y lo que hacen en sus ratos libres. Answers will vary.

 Practice more at vhlcentral.com.

recursos

vText

CH
p. 84

vhlcentral

2 **Expansion** Give students these questions as items 5–6:
5. ¿Qué contiene la quinua? (proteínas, hierro, magnesio, aminoácidos)
6. Si eres parte del ejército español, es probable que hagas planchas. ¿Qué haces? (flexiones de pecho)

3 **Teaching Tip** To simplify, have students brainstorm a list of interview questions to ask their partners.

3 **Expansion** Call on volunteers to summarize their partners' responses.

DIFFERENTIATION

Heritage Speakers Ask heritage speakers to talk about popular health beliefs or foods with healing properties that they have encountered in their communities or heard from their relatives.
Pairs Divide the class into pairs. Have students take turns quizzing each other about the health beliefs and practices mentioned on these pages. Write a question on the board for students to use as a model. Ex: **¿Para qué sirve la Iodoterapia?**

TEACHING OPTIONS

Game Play a *Jeopardy*-style game. Divide the class into three teams and have one member from each team stand up. Read a definition. Ex: **Es una semilla de gran valor nutricional.** The first student to raise his or her hand must answer in the form of a question. Ex: **¿Qué es la quinua?** Each correct answer earns one point. The team with the most points wins.

Section Goal

In **Estructura 6.1**, students will learn the use of the present perfect.

Communication 1.1
Comparisons 4.1

Student Resources
Cuaderno de actividades comunicativas, p. 139
Cuaderno de práctica, pp. 63–64
Cuaderno para hispanohablantes, pp. 85–86
Supersite: Activities, *eCuaderno*

Teacher Resources
Workbook TEs; Grammar Slides; Audio Activities MP3s; Audio Script; Testing Program Quizzes; Activity Pack

Teaching Tips

• Have students turn to pages 198–199. Ask them to read the **Fotonovela** captions again and write down the past participles they find. Ask students if they are used as adjectives or as parts of verbs.
• Model the present perfect by making statements about what you and others in the class have done, or by asking students questions.

Consulta Tell students that while the present perfect is generally used in Spanish just as it is in English, the expression *to have just done something* is expressed in Spanish by **acabar de** + [*infinitive*]. Write these sentences on the board and contrast them: **Acabo de venir del gimnasio. He venido del gimnasio.**

Nota cultural The **Chilam Balam** texts are considered a challenge for translators because of the archaic, idiomatic, and metaphorical nature of the Yucatec Maya language.

6.1 The present perfect

S Tutorial

ANTE TODO In **Lección 5**, you learned how to form past participles. You will now learn how to form the present perfect indicative (**el pretérito perfecto del indicativo**), a compound tense that uses the past participle. The present perfect is used to talk about what someone *has done*. In Spanish, it is formed with the present tense of the auxiliary verb **haber** and a past participle.

Maru ha estado bajo mucha presión.

He querido regresar desde que leí el *Chilam Balam.*

Present indicative of **haber**

Singular forms		Plural forms	
yo	**he**	nosotros/as	**hemos**
tú	**has**	vosotros/as	**habéis**
Ud./él/ella	**ha**	Uds./ellos/ellas	**han**

Tú no **has aumentado** de peso.
You haven't gained weight.

Yo ya **he leído** esos libros.
I've already read those books.

¿**Ha asistido** Juan a la clase de yoga?
Has Juan attended the yoga class?

Hemos conocido al entrenador.
We have met the trainer.

CONSULTA
To review what you have learned about past participles, see **Estructura 5.3**, p. 179.

▶ The past participle does not change in form when it is part of the present perfect tense; it only changes in form when it is used as an adjective.

Clara **ha abierto** las ventanas.
Clara has opened the windows.

Yo **he cerrado** la puerta del gimnasio.
I've closed the door to the gym.

Las ventanas están **abiertas.**
The windows are open.

La puerta del gimnasio está **cerrada.**
The door to the gym is closed.

▶ In Spanish, the present perfect indicative generally is used just as in English: to talk about what someone has done or what has occurred. It usually refers to the recent past.

He trabajado cuarenta horas esta semana.
I have worked forty hours this week.

¿Cuál es el último libro que **has leído**?
What is the last book that you have read?

CONSULTA
Remember that the Spanish equivalent of the English *to have just* (*done something*) is **acabar de** + [*infinitive*]. Do not use the present perfect to express that English structure.
Juan acaba de llegar.
Juan has just arrived.

EXPANSION

Extra Practice Ask students what they have done over the past week to lead a healthy lifestyle. Ask follow-up questions to elicit a variety of different conjugations of the present perfect. Ex: **¿Qué han hecho esta semana para llevar una vida sana? Y tú, ____, ¿qué has hecho? ¿Qué ha hecho ____ esta semana?**

TEACHING OPTIONS

Pairs Ask students to tell their partners five things they have done to stay in shape. Partners repeat back what the person has said, using the **tú** form. Ex: **He levantado pesas. (Has levantado pesas.)**
TPR Have the class stand in a circle. Call out a subject pronoun and an infinitive. Ex: **yo/sufrir**. Toss a ball to a student, who will say the correct present perfect form (Ex: **yo he sufrido**) and toss the ball to another student, who will use the verb in a sentence.

▶ In English, the auxiliary verb and the past participle are often separated. In Spanish, however, these two elements—**haber** and the past participle—cannot be separated by any word.

Siempre **hemos vivido** en Bolivia.
We have always lived in Bolivia.

Usted nunca **ha venido** a mi oficina.
You have never come to my office.

¿Y Juan Carlos todavía no te ha invitado a salir?

Últimamente hemos sufrido muchas presiones en la universidad.

▶ The word **no** and any object or reflexive pronouns are placed immediately before **haber.**

Yo **no he comido** la merienda.
I haven't eaten the snack.

¿Por qué **no la has comido**?
Why haven't you eaten it?

Susana ya **se ha entrenado**.
Susana has already practiced.

Ellos **no lo han terminado**.
They haven't finished it.

▶ Note that *to have* can be either a main verb or an auxiliary verb in English. As a main verb, it corresponds to **tener,** while as an auxiliary, it corresponds to **haber.**

Tengo muchos amigos.
I have a lot of friends.

He tenido mucho éxito.
I have had a lot of success.

▶ To form the present perfect of **hay,** use the third-person singular of **haber (ha)** + **habido.**

Ha habido muchos problemas con el nuevo profesor.
There have been a lot of problems with the new professor.

Ha habido un accidente en la calle Central.
There has been an accident on Central Street.

recursos

ⓥ Text

CA
p. 139

CP
pp. 63–64

CH
pp. 85–86

vhlcentral

 **¡INTÉNTALO!** Indica el pretérito perfecto del indicativo de estos verbos.

1. (disfrutar, comer, vivir) yo he disfrutado, he comido, he vivido
2. (traer, adelgazar, compartir) tú has traído, has adelgazado, has compartido
3. (venir, estar, correr) usted ha venido, ha estado, ha corrido
4. (leer, resolver, poner) ella ha leído, ha resuelto, ha puesto
5. (decir, romper, hacer) ellos han dicho, han roto, han hecho
6. (mantenerse, dormirse) nosotros nos hemos mantenido, nos hemos dormido
7. (estar, escribir, ver) yo he estado, he escrito, he visto
8. (vivir, correr, morir) él ha vivido, ha corrido, ha muerto

---

Teaching Tips

• Ask students questions in the present perfect with indirect and direct objects. Have students respond using the correct pronoun and placement. Ex: _____, ¿has estudiado bien la lección? (Sí, la he estudiado bien.) _____, ¿has entendido todo lo que te he dicho? (No, no lo he entendido todo.) ¿Todos me han entregado el trabajo de hoy? (Sí, todos se lo hemos entregado.)

• Explain that, although an adverb can never appear between **haber** and its past participle, it may appear in other positions in the sentence to change emphasis. Ex: **Hemos vivido siempre en Bolivia. Siempre hemos vivido en Bolivia.**

• Before assigning the **¡Inténtalo!** to the class, do a quick review of irregular past participles.

• Practice adverb placement by supplying an adverb for each item in the **¡Inténtalo!** activity. Ex: **siempre (Siempre he disfrutado./He disfrutado siempre.)**

TEACHING OPTIONS

Large Groups Divide the class into three groups. Have students write down five fitness activities. Then have them ask their group members if they have ever done those activities and record their answers. Ex: **¿Has hecho ejercicios de estiramiento alguna vez? ¿Has levantado pesas? ¿Has tomado clases en un gimnasio?** Encourage students to ask follow-up questions.

EXPANSION

Extra Practice Add a visual aspect to this grammar presentation. Draw a time line on the board. On the far right of the line, write **el presente**. Just to the left of that point, write **el pasado muy reciente**. To the left of that, write **el pasado reciente**. Then to the far left, write **el pasado**. Make a statement using the preterite, the present perfect, or **acabar de** + [*infinitive*]. Have students indicate on the time line when the action took place.

1 **Expansion** Have students write five original sentences using the present perfect to describe their past health and that of their friends and family members.

Ayuda Practice the expressions by using sentences that describe you and your students' lives.
Ex: **He comido ceviche un par de veces. ¿Quién ha comido ceviche muchas veces?**

2 **Expansion**
• Ask students follow-up questions about their responses.
• To challenge students, have partners elaborate on their responses by asking each other questions about what they have done. Ex: **—¿Has buceado? —Sí, he buceado varias veces. —¡Qué suerte! ¿Dónde has buceado, en el Caribe?**

3 **Expansion**
• Take a survey of the answers given and write the results on the board. Then ask volunteers to summarize the results. Ex: **Casi todos hemos dejado de tomar refrescos.**
• Ask students to give examples of the benefits of adopting some of the healthy habits listed.
Ex: **Ahora puedo subir la escalera hasta el quinto piso sin llegar cansado/a.**

Práctica

1 **Completar** Estas oraciones describen el bienestar o los problemas de unos estudiantes. Completa las oraciones con el pretérito perfecto del indicativo de los verbos de la lista. No vas a usar uno de los verbos.

adelgazar	comer	llevar
aumentar	hacer	sufrir

1. Luisa _____ha sufrido_____ muchas presiones este año.
2. Juan y Raúl _____han aumentado_____ de peso porque no hacen ejercicio.
3. Pero María y yo _____hemos adelgazado_____ porque trabajamos en exceso y nos olvidamos de comer.
4. Desde siempre, yo _____he llevado_____ una vida muy sana.
5. Pero tú y yo no _____hemos hecho_____ gimnasia este semestre.

2 **¿Qué has hecho?** Indica si has hecho lo siguiente. Answers will vary.

 modelo
escalar una montaña
Sí, he escalado varias montañas./No, no he escalado nunca una montaña.

1. jugar al baloncesto
2. viajar a Bolivia
3. conocer a una persona famosa
4. levantar pesas
5. comer un insecto
6. recibir un masaje
7. aprender varios idiomas
8. bailar salsa
9. ver una película en español
10. escuchar música latina
11. estar despierto/a 24 horas
12. bucear

AYUDA
You may use some of these expressions in your answers:
una vez *once*
un par de veces *a couple of times*
algunas veces *a few times*
varias veces *several times*
muchas veces *many times, often*

3 **La vida sana** En parejas, túrnense para hacer preguntas sobre el tema de la vida sana. Sean creativos. Answers will vary.

modelo
encontrar un gimnasio
Estudiante 1: ¿Has encontrado un buen gimnasio cerca de tu casa?
Estudiante 2: Yo no he encontrado un gimnasio, pero sé que debo buscar uno.

1. tratar de estar en forma
2. estar a dieta los últimos dos meses
3. dejar de tomar refrescos
4. hacerse una prueba del colesterol
5. entrenarse cinco días a la semana
6. cambiar de una vida sedentaria a una vida activa
7. tomar vitaminas por las noches y por las mañanas
8. hacer ejercicio para aliviar la tensión
9. consumir mucha proteína
10. dejar de comer comidas grasosas

 Practice more at **vhlcentral.com**.

TEACHING OPTIONS

Small Groups Divide the class into groups of four to write and perform skits in which one student plays a personal trainer, another plays a nutritionist, and the other two play clients. The personal trainer and nutritionist ask the clients whether they have done the things they have recommended. The clients explain what they have done and make excuses for what they have not done.

TEACHING OPTIONS

Pairs Have students discuss with a classmate five things they have already done today. Ex: **He estudiado la lección para esta clase. He ido al gimnasio. He jugado al baloncesto. He almorzado con unos amigos. He escrito un mensaje electrónico a mis abuelos. ¿Qué has hecho tú?**

Comunicación

4

Descripción En parejas, describan lo que han hecho y no han hecho estas personas. Usen la imaginación. Answers will vary.

1. Jorge y Raúl

2. Luisa

3. Jacobo

4. Natalia y Diego

5. Ricardo

6. Carmen

5

Describir En parejas, identifiquen a una persona que lleva una vida muy sana. Puede ser una persona que conocen o un personaje que aparece en una película o programa de televisión. Entre los dos, escriban una descripción de lo que esta persona ha hecho para llevar una vida sana.
Answers will vary.

NOTA CULTURAL

Nacido en San Diego e hijo de padres mexicanos, el actor **Mario López** se mantiene en forma haciendo ejercicio todos los días.

> *modelo*
> Mario López siempre ha hecho todo lo posible para mantenerse en forma. Él…

Síntesis

6

Situación Trabajen en parejas para representar una conversación entre un(a) enfermero/a de la escuela y un(a) estudiante. Answers will vary.

- El/La estudiante no se siente nada bien.
- El/La enfermero/a debe averiguar de dónde viene el problema e investigar los hábitos del/de la estudiante.
- El/La estudiante le explica lo que ha hecho en los últimos meses y cómo se ha sentido.
- El/La enfermero/a le da recomendaciones de cómo llevar una vida más sana.

TEACHING OPTIONS

Game Have students write three important things they have done over the past year on a slip of paper and put it in a box.
Ex: **Este año he creado un blog.** Have students draw a paper from the box, then circulate around the room, asking classmates if they have done the activities listed, until they find the person who wrote the slip of paper. The first person to find a match wins.

DIFFERENTIATION

Heritage Speakers Have heritage speakers interview a Spanish-speaking immigrant to find out how that person's life has changed since moving to this country. Tell them to find out if the interviewee's physical activity and diet have changed and report this information to the class. Have the rest of the class react and state to what degree the interviewee's lifestyle is typical of this country.

 Communication 1.1
Comparisons 4.1

4 Teaching Tip To simplify, before beginning the activity, ask volunteers to describe the people in the drawings and how they think they feel.

4 Expansion In small groups, have students choose one of the drawings to elaborate on, using the preterite, present perfect, and present indicative. To begin, each student should tell a part of the story using the preterite, then as the story moves into the recent past, each group member should add to the story using the present perfect. To finish, the group should decide what the people have just done and what they are going to do next. Ex: **Carmen fue de vacaciones a Chile… En Portillo ella ha esquiado en una montaña… Carmen acaba de quitarse las botas de esquí y ahora va a almorzar en un restaurante.**

5 Expansion Have students choose someone who is the opposite of the healthy person they chose earlier and write a description of what that person has done that exemplifies an unhealthy lifestyle.

 Communication 1.1

 Pre-AP*

6 Interpersonal Speaking While pairs are performing their role-plays, stop the action after the patient has described his or her symptoms and his or her recent activity. Ask the class to make a diagnosis. Then have the pair finish their presentation.

---

6 Partner Chat You can also assign activity 6 on the Supersite. Students work in pairs to record the activity online. The pair's recorded conversation will appear in your gradebook.

Section Goal

In **Estructura 6.2**, students will learn the use of the past perfect tense.

Communication 1.1
Comparisons 4.1

Student Resources
Cuaderno de actividades comunicativas, pp. 27, 140
Cuaderno de práctica, pp. 65–66
Cuaderno para hispanohablantes, p. 87
Supersite: Activities, *eCuaderno*

Teacher Resources
Workbook TEs; Grammar Slides; Audio Activities MP3s; Audio Script; Testing Program Quizzes; Activity Pack

Teaching Tips
• Introduce the past perfect tense by making statements about the past that are true for you. Write examples of the past perfect on the board as you use them. Ex: **Esta mañana vine a la escuela en la bicicleta de mi hijo. Nunca antes había venido en bicicleta. Muchas veces antes había caminado y también había venido en autobús cuando tenía prisa, pero nunca en bicicleta.**
• Check for comprehension of **ya** by contrasting it with **nunca**. Ex: **Antes del año pasado, nunca había enseñado este curso, pero ya había enseñado otros cursos de español.**

Successful Language Learning
Tell students to imagine how they might use the past perfect to tell someone about their lives.

6.2 The past perfect

Tutorial

ANTE TODO The past perfect indicative (**el pretérito pluscuamperfecto del indicativo**) is used to talk about what someone *had done* or what *had occurred* before another past action, event, or state. Like the present perfect, the past perfect uses a form of **haber**—in this case, the imperfect—plus the past participle.

Past perfect indicative

		cerrar	perder	asistir
SINGULAR FORMS	yo	**había** cerrado	**había** perdido	**había** asistido
	tú	**habías** cerrado	**habías** perdido	**habías** asistido
	Ud./él/ella	**había** cerrado	**había** perdido	**había** asistido
PLURAL FORMS	nosotros/as	**habíamos** cerrado	**habíamos** perdido	**habíamos** asistido
	vosotros/as	**habíais** cerrado	**habíais** perdido	**habíais** asistido
	Uds./ellos/ellas	**habían** cerrado	**habían** perdido	**habían** asistido

Antes de 2012, **había vivido** en La Paz.
Before 2012, I had lived in La Paz.

Cuando llegamos, Luis ya **había salido.**
When we arrived, Luis had already left.

▶ The past perfect is often used with the word **ya** (*already*) to indicate that an action, event, or state had already occurred before another. Remember that, unlike its English equivalent, **ya** cannot be placed between **haber** and the past participle.

Ella **ya había salido** cuando llamaron.
She had already left when they called.

Cuando llegué, Raúl **ya se había acostado.**
When I arrived, Raúl had already gone to bed.

▶ **¡Atención!** The past perfect is often used in conjunction with **antes de** + [*noun*] or **antes de** + [*infinitive*] to describe when the action(s) occurred.

Antes de este año, nunca **había estudiado** química.
Before this year, I had never studied chemistry.

Luis **me había llamado antes de venir.**
Luis had called me before he came.

recursos

v̂Text

CA
p. 140

CP
pp. 65–66

CH
p. 87

vhlcentral

¡INTÉNTALO! Indica el pretérito pluscuamperfecto del indicativo de cada verbo.

1. Nosotros ya __habíamos cenado__ (cenar) cuando nos llamaron.
2. Antes de tomar esta clase, yo no __había estudiado__ (estudiar) nunca el español.
3. Antes de ir a México, ellos nunca __habían ido__ (ir) a otro país.
4. Eduardo nunca __se había entrenado__ (entrenarse) tanto en el invierno.
5. Tú siempre __habías llevado__ (llevar) una vida sana antes del año pasado.
6. Antes de conocerte, yo ya te __había visto__ (ver) muchas veces.

EXPANSION

Extra Practice Have students write sentences using the past perfect and each of the following twice: **antes de** + [*noun*], **antes de** + [*infinitive*], the preterite, and the imperfect. Have students peer-edit their work before sharing their sentences with the class. Ex: **Nuestros bisabuelos ya habían muerto cuando éramos niños....**

TEACHING OPTIONS

TPR Make statements about the past using two different verbs. Make sure one verb is in the past perfect indicative. After making a statement, call out the infinitive of one of the verbs. If that verb represents the action that occurred first in the sentence, have students raise one hand. If it occurred second, have them raise two hands. Ex: **Tomás ya había bajado de la montaña cuando empezó a nevar. Empezar.** (two hands)

Práctica

1 **Completar** Completa los minidiálogos con las formas correctas del pretérito pluscuamperfecto del indicativo.

1. **SARA** Antes de cumplir los 13 años, ¿ <u>habías estudiado</u> (estudiar) tú otra lengua?
   JOSÉ Sí, <u>había tomado</u> (tomar) clases de inglés y de italiano.

▶ 2. **DOLORES** Antes de ir a Argentina, ¿ <u>habían probado</u> (probar) tú y tu familia el mate?
   TOMÁS Sí, ya <u>habíamos tomado</u> (tomar) mate muchas veces.

3. **ANTONIO** Antes de este año, ¿ <u>había corrido</u> (correr) usted en un maratón?
   SRA. VERA No, nunca lo <u>había hecho</u> (hacer).

4. **SOFÍA** Antes de su enfermedad, ¿ <u>había sufrido</u> (sufrir) muchas presiones tu tío?
   IRENE Sí... y él nunca <u>se había mantenido</u> (mantenerse) en forma.

2 **Quehaceres** Indica lo que ya había hecho cada miembro de la familia antes de la llegada de la madre, la señora Ferrer. Answers will vary.

Teresa

su suegra

el señor Ferrer

Armando

Carmen

Tomás

3 **Tu vida** Indica si ya habías hecho estas cosas antes de cumplir los doce años. Answers will vary.

1. hacer un viaje en avión
2. escalar una montaña
3. escribir un poema
4. filmar un video
5. enamorarte
6. tomar clases de ejercicios aeróbicos
7. montar a caballo
8. ir de pesca
9. tomar café
10. cantar frente a más de cincuenta personas

Practice more at
vhlcentral.com.

Communication 1.1
Comparisons 4.1

1 **Expansion**
- Have students pick one of the exchanges and expand upon it to create a conversation with six lines.
- Have students create an original conversation like the ones in the activity. Call on volunteers to perform them for the class.

Nota cultural Traditionally, drinking **mate** is a social custom. The leaves are steeped in a decorative gourd and the beverage is sipped through a filtering straw called a **bombilla**. The **mate** is shared by all those present by passing the gourd from person to person.

2 **Expansion** Divide the class into groups of six. Have each person in a group choose the role of one of the family members. Tell students that they are cleaning the house because they want to surprise **señora Ferrer** for Mother's Day. Have students ask each other questions about what they have already done and what still needs to be done.

3 **Teaching Tip** Ask students questions to elicit the answers for the activity. Ex: **¿Quién había hecho un viaje en avión antes de cumplir los doce años?** Ask follow-up questions to elicit other conjugations of the past perfect. Ex: **Entonces, de todos ustedes, ¿quiénes habían hecho un viaje en avión antes de cumplir los doce años? (____ y ____ habían hecho...)**

21st Century Skills

3 **Collaboration**
If you have access to students in a Spanish-speaking country, ask them to complete these items. Then, ask groups of students to read their counterparts' responses and prepare a comparison of the results for both classes.

---

4 **Teaching Tip** Distribute the Communication Activity worksheets from the Activity Pack that correspond to this activity.

4 **Expansion** Call on volunteers to read their sentences aloud for the class, who will react to them. Then make statements about your own life and have students react to those statements.

Communication 1.1

5 **Teaching Tip** Before beginning the activity, survey the class to find out who exercises regularly and/or carefully watches what he or she eats. Ask these students to use the past perfect to say what they had done in their life prior to starting their current fitness and diet habits. Ex: **Había comido pastel de chocolate todos los días.**

5 **Expansion** Have groups create an ad for a different type of health-related business, such as a vegetarian restaurant.

Comunicación

4 **Lo dudo** Tu profesor(a) va a darte una hoja de actividades. Escribe cinco oraciones, algunas ciertas y algunas falsas, sobre cosas que habías hecho antes de venir a esta escuela. Luego, en grupos, túrnense para leer sus oraciones. Cada miembro del grupo debe decir "es cierto" o "lo dudo" después de cada una. Escribe la reacción de cada compañero/a en la columna apropiada. ¿Quién obtuvo más respuestas ciertas? Answers will vary.

recursos

v̂ Text

CA

p. 27

Oraciones	Miguel	Ana	Beatriz
1. Cuando tenía 10 años, ya había manejado el carro de mi papá.	Lo dudo.	Es cierto.	Lo dudo.
2.			
3.			
4.			
5.			

Síntesis

5 **Gimnasio Olímpico** En parejas, lean el anuncio y contesten las preguntas.

Hasta el año pasado, siempre había mirado la tele sentado en el sofá durante mis ratos libres. ¡Era sedentario y teleadicto! Jamás había practicado ningún deporte y había aumentado mucho de peso.

Este año, he empezado a comer una dieta equilibrada y voy al gimnasio todos los días. He comenzado a ser una persona muy activa y he adelgazado. Disfruto de una vida sana. ¡Me siento muy feliz!

Manténgase en forma.

¡Acabo de descubrir una nueva vida!

¡Venga al Gimnasio Olímpico hoy mismo!

1. Identifiquen los elementos del pretérito pluscuamperfecto del indicativo en el anuncio. había mirado; había practicado; había aumentado
2. ¿Cómo era la vida del hombre cuando llevaba una vida sedentaria? ¿Cómo es ahora? Answers will vary.
3. ¿Se identifican ustedes con algunos de los hábitos, presentes o pasados, de este hombre? ¿Con cuáles? Answers will vary.
4. ¿Qué les recomienda el hombre del anuncio a los lectores? ¿Creen que les da buenos consejos? Answers will vary.

TEACHING OPTIONS

Small Groups Divide the class into groups of three. Student A begins a sentence with **antes de** + [infinitive]. Student B finishes the sentence with a verb in the past perfect. Student C writes the sentence down. Have students alternate their roles until they have created nine sentences. Then, have all group members check the sentences before sharing them with the class.

TEACHING OPTIONS

Large Groups Divide the class into large groups. The first student states something he or she had done before a certain age. The second student tells what the first one had done, then counters with something even more outrageous that he or she had done, and so on, until everyone has participated. Ex: _____ **había viajado en avión antes de cumplir los cinco años, pero yo había viajado en barco antes de tener tres años.**

Section Goal

In **Estructura 6.3**, students will learn the use of the present perfect subjunctive.

6.3 The present perfect subjunctive   Tutorial

ANTE TODO The present perfect subjunctive (**el pretérito perfecto del subjuntivo**), like the present perfect indicative, is used to talk about what *has happened*. The present perfect subjunctive is formed using the present subjunctive of the auxiliary verb **haber** and a past participle.

Present perfect indicative			Present perfect subjunctive		
	PRESENT INDICATIVE OF **HABER**	PAST PARTICIPLE		PRESENT SUBJUNCTIVE OF **HABER**	PAST PARTICIPLE
yo	he	hablado	yo	haya	hablado

Present perfect subjunctive

		cerrar	perder	asistir
SINGULAR FORMS	yo	**haya** cerrado	**haya** perdido	**haya** asistido
	tú	**hayas** cerrado	**hayas** perdido	**hayas** asistido
	Ud./él/ella	**haya** cerrado	**haya** perdido	**haya** asistido
PLURAL FORMS	nosotros/as	**hayamos** cerrado	**hayamos** perdido	**hayamos** asistido
	vosotros/as	**hayáis** cerrado	**hayáis** perdido	**hayáis** asistido
	Uds./ellos/ellas	**hayan** cerrado	**hayan** perdido	**hayan** asistido

▶ The same conditions that trigger the use of the present subjunctive apply to the present perfect subjunctive.

Present subjunctive	Present perfect subjunctive
Espero que **duermas** bien.	Espero que **hayas dormido** bien.
I hope that you sleep well.	*I hope that you have slept well.*
No creo que **aumente** de peso.	No creo que **haya aumentado** de peso.
I don't think he will gain weight.	*I don't think he has gained weight.*

▶ The action expressed by the present perfect subjunctive is seen as occurring before the action expressed in the main clause.

Me alegro de que ustedes **se hayan reído** tanto esta tarde.
I'm glad that you have laughed so much this afternoon.

Dudo que tú **te hayas divertido** mucho con tu suegra.
I doubt that you have enjoyed yourself much with your mother-in-law.

¡ATENCIÓN!

In Spanish the present perfect subjunctive is used to express a recent action.

No creo que lo **hayas dicho** bien.
I don't think that you have said it right.

Espero que él **haya llegado**.
I hope that he has arrived.

recursos

vText

CA
pp. 25–26, 141

CP
pp. 67–68

CH
p. 88

S
vhlcentral

¡INTÉNTALO! Indica el pretérito perfecto del subjuntivo de los verbos entre paréntesis.

1. Me gusta que ustedes ___hayan dicho___ (decir) la verdad.
2. No creo que tú ___hayas comido___ (comer) tanto.
3. Es imposible que usted ___haya podido___ (poder) hacer tal (*such a*) cosa.
4. Me alegro de que tú y yo ___hayamos merendado___ (merendar) juntas.
5. Es posible que yo ___haya adelgazado___ (adelgazar) un poco esta semana.
6. Espero que ellas ___se hayan sentido___ (sentirse) mejor después de la clase.

Communication 1.1
Comparisons 4.1

Student Resources
Cuaderno de actividades comunicativas, pp. 25–26, 141
Cuaderno de práctica, pp. 67–68
Cuaderno para hispanohablantes, p. 88
Supersite: Activities, *eCuaderno*

Teacher Resources
Workbook TEs; Grammar Slides; Audio Activities MP3s; Audio Script; Testing Program Quizzes; Activity Pack

Teaching Tips
• Ask a volunteer to tell you something he or she has done this week. Respond with a comment using the present perfect subjunctive. Ex: **Me alegro de que hayas levantado pesas. ¡Ay, no exageres, chico/a! ¡Dudo que hayas trabajado tanto!** Write present perfect subjunctive forms on the board as you say them.
• Ask volunteers to tell you what they have done during the past week. Again, comment on their statements in ways that trigger the present perfect subjunctive, but this time elicit peer comments that use the present perfect subjunctive.

EXPANSION

Extra Practice Ask students to write their reactions to these statements: **1. La señora Guzmán ha dejado de fumar. 2. Roberto ha estudiado ocho horas hoy. 3. Todos los teleadictos han comido una dieta balanceada. 4. No he preparado la prueba para mañana. 5. Mi marido y yo hemos estado enfermos.** Ex: **Es bueno que la señora Guzmán haya dejado de fumar.**

TEACHING OPTIONS

Small Groups Divide the class into small groups. Have students take turns telling the group three wishes they hope to have fulfilled by the end of the day. Ex: **Espero que alguien haya limpiado mi cuarto. Ojalá que mi primo me haya escrito un mensaje electrónico. Espero que haya llegado el reproductor de MP3 que compré por Internet.**

1 Teaching Tip Call on volunteers to read each completed sentence to the class. Then call on different students to point out the verb or expression triggering the subjunctive.

1 Expansion After students have read each completed item, ask them these comprehension questions: **1. ¿Por qué crees que Julio se ha sentido mal? 2. Según Laura, ¿ha cambiado de trabajo Lourdes? 3. ¿Por qué están Nuria y su amiga tristes? 4. ¿Qué ha hecho Samuel? ¿Por qué? 5. ¿Qué es increíble? ¿Por qué? 6. ¿Cuántos años tiene la abuela? ¿Ha llevado una vida sana?**

2 Teaching Tips
• To simplify, work with the class to elicit a physical description of each character and the activities that contributed to his or her current state.
• Have students write their comments and then exchange them with a partner for peer editing. Students should make sure that their partner's sentences are logical and grammatically correct.

2 Expansion Call on a student to read one of his or her comments, omitting any character's name. Have the class identify the person.

Práctica

1 Completar Laura está preocupada por su familia y sus amigos/as. Completa las oraciones con la forma correcta del pretérito perfecto del subjuntivo de los verbos entre paréntesis.

1. ¡Qué lástima que Julio __se haya sentido__ (sentirse) tan mal en la competencia! Dudo que __se haya entrenado__ (entrenarse) lo suficiente.
2. No creo que Lourdes y su amiga __se hayan ido__ (irse) de ese trabajo donde siempre tienen tantos problemas. Espero que Lourdes __haya aprendido__ (aprender) a aliviar el estrés.
3. Es triste que Nuria y yo __hayamos perdido__ (perder) el partido. Esperamos que los entrenadores del gimnasio nos __hayan preparado__ (preparar) un buen programa para ponernos en forma.
4. No estoy segura de que Samuel __haya llevado__ (llevar) una vida sana. Es bueno que él __haya decidido__ (decidir) mejorar su dieta.
5. Me preocupa mucho que Ana y Rosa __hayan fumado__ (fumar) tanto de jóvenes. Es increíble que ellas todavía no __se hayan enfermado__ (enfermarse).
6. Me alegro de que mi abuela __haya disfrutado__ (disfrutar) de buena salud toda su vida. Es maravilloso que ella __haya cumplido__ (cumplir) noventa años.

2 Describir Usa el pretérito perfecto del subjuntivo para hacer dos comentarios sobre la(s) persona(s) que hay en cada dibujo. Usa expresiones como **no creo que, dudo que, es probable que, me alegro de que, espero que** y **siento que.** Answers will vary.

CONSULTA
To review verbs of will and influence, see **Estructura 3.4,** p. 112.
To review expressions of doubt, disbelief, and denial, see **Estructura 4.2,** p. 142.

modelo
Es probable que Javier haya levantado pesas por muchos años.

Me alegro de que Javier se haya mantenido en forma.

Javier

1. Rosa y Sandra

2. Roberto

3. Mariela

4. Lorena y su amigo

5. la señora Matos

6. Sonia y René

Practice more at
vhlcentral.com.

TEACHING OPTIONS

Pairs Have students write six statements about things they have done in the past year. Three of the statements should be true and three should be false. Then, in pairs, have them read their sentences aloud. Partners respond with an expression of doubt and the present perfect subjunctive to the statements they believe are false and an expression of certainty and the present perfect indicative to those they believe are true. Students should

TEACHING OPTIONS

confirm which statements are true and which are false.
TPR Replay the **Fotonovela** episode. Each time students hear the present perfect indicative, have them raise one hand. Each time they hear the past perfect indicative, have them raise two hands. Each time they hear the present perfect subjunctive, have them stand.

Comunicación

3 **¿Sí o no?** En parejas, comenten estas afirmaciones (*statements*) usando las expresiones de la lista. Answers will vary.

Dudo que…	Es imposible que…	Me alegro de que (no)…
Es bueno que (no)…	Espero que (no)…	No creo que…

modelo

Estudiante 1: Ya llegó el fin del año escolar.
Estudiante 2: Es imposible que haya llegado el fin del año escolar.

1. Recibí una A en la clase de español.
2. Tu mejor amigo/a aumentó de peso recientemente.
3. Beyoncé dio un concierto ayer con Susan Boyle.
4. Mis padres ganaron un millón de dólares.
5. He aprendido a hablar japonés.
6. Nuestro/a profesor(a) nació en Bolivia.
7. Salí anoche con…
8. El año pasado mi familia y yo fuimos de excursión a…

4 **Viaje por Bolivia** Imaginen que sus amigos, Luis y Julia, están viajando por Bolivia y que les han mandado postales a ustedes. En grupos, lean las postales y conversen de lo que les han escrito Luis y Julia. Usen expresiones como **dudo que, espero que, me alegro de que, temo que, siento que** y **es posible que.** Answers will vary.

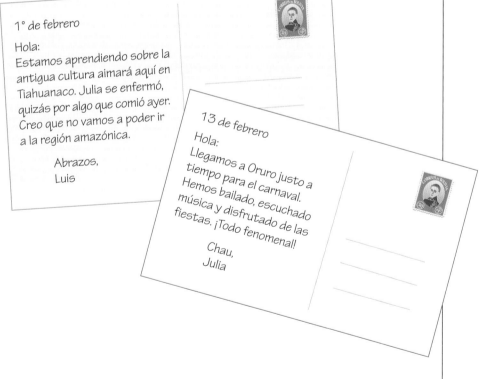

1° de febrero

Hola:
Estamos aprendiendo sobre la antigua cultura aimará aquí en Tiahuanaco. Julia se enfermó, quizás por algo que comió ayer. Creo que no vamos a poder ir a la región amazónica.

Abrazos,
Luis

13 de febrero

Hola:
Llegamos a Oruro justo a tiempo para el carnaval. Hemos bailado, escuchado música y disfrutado de las fiestas. ¡Todo fenomenal!

Chau,
Julia

Section Goal

In **Recapitulación**, students will review the grammar concepts from this lesson.

Student Resources
Supersite: Activities

1 Teaching Tips
- Before beginning the activity, call on a volunteer to name the reflexive verbs in the exercise. Remind students that the reflexive pronoun should appear before the conjugated verb.
- Complete this activity orally as a class.

1 Expansion
- To challenge students, have them provide the remaining verb forms.
- Have volunteers create logical sentences using these verb forms.

2 Teaching Tips
- Call on volunteers to read the model aloud.
- To simplify, have students begin by identifying the subject and infinitive for each blank.

2 Expansion Have students change the response for each item to the present perfect. Ex: **1. No, he hecho ejercicio en el parque.**

Recapitulación

 Diagnostics

Completa estas actividades para repasar los conceptos de gramática que aprendiste en esta lección.

1 **Completar** Completa cada tabla con el pretérito pluscuamperfecto del indicativo y el pretérito perfecto del subjuntivo de los verbos. **24 pts.**

PRETÉRITO PLUSCUAMPERFECTO

Infinitivo	tú	nosotros	ustedes
disfrutar	habías disfrutado	habíamos disfrutado	habían disfrutado
apurarse	te habías apurado	nos habíamos apurado	se habían apurado

PRETÉRITO PERFECTO DEL SUBJUNTIVO

Infinitivo	yo	él	ellas
tratar	haya tratado	haya tratado	hayan tratado
entrenarse	me haya entrenado	se haya entrenado	se hayan entrenado

2 **Preguntas** Completa las preguntas usando el pretérito perfecto del indicativo. **16 pts.**

modelo
—¿Has llamado a tus padres? —Sí, los llamé ayer.

1. —¿Tú __has hecho__ ejercicio esta mañana en el gimnasio?
   —No, hice ejercicio en el parque.

2. —Y ustedes, ¿__han desayunado__ ya? —Sí, desayunamos en el hotel.

3. —Y Juan y Felipe, ¿adónde __han ido__ ? —Fueron al cine.

4. —Paco, ¿(nosotros) __hemos recibido__ la cuenta del gimnasio?
   —Sí, la recibimos la semana pasada.

5. —Señor Martín, ¿__ha pescado__ algo ya? —Sí, pesqué uno grande. Ya me puedo ir a casa contento.

6. —Inés, ¿__has visto__ mi pelota de fútbol? —Sí, la vi esta mañana en el coche.

7. —Yo no __he tomado__ café todavía. ¿Alguien quiere acompañarme? —No, gracias. Yo ya tomé mi café en casa.

8. —¿Ya te __ha dicho__ el doctor que puedes comer chocolate?
   —Sí, me lo dijo ayer.

RESUMEN GRAMATICAL

6.1 The present perfect *pp. 204–205*

Present indicative of haber

he	hemos
has	habéis
ha	han

Present perfect: present tense of **haber** + past participle

Present perfect indicative

he empezado	hemos empezado
has empezado	habéis empezado
ha empezado	han empezado

He empezado a ir al gimnasio con regularidad.
I have begun to go to the gym regularly.

6.2 The past perfect *p. 208*

Past perfect: imperfect tense of **haber** + past participle

Past perfect indicative

había vivido	habíamos vivido
habías vivido	habíais vivido
había vivido	habían vivido

Antes de 2012, yo ya **había vivido** en tres países diferentes.
Before 2012, I had already lived in three different countries.

6.3 The present perfect subjunctive *p. 211*

Present perfect subjunctive: present subjunctive of **haber** + past participle

Present perfect subjunctive

haya comido	hayamos comido
hayas comido	hayáis comido
haya comido	hayan comido

Espero que **hayas comido** bien.
I hope that you have eaten well.

TEACHING OPTIONS

Pairs Divide the class into pairs. Have students write and perform a conversation in which a student talks about the hard week he or she has had, using the present perfect. The other student should ask questions and offer advice, using the present perfect subjunctive.

TEACHING OPTIONS

TPR Have students form a circle. Throw a ball to a student and call out a time expression. Ex: **Antes de este semestre…** The student must complete the sentence using the past perfect (Ex: **Antes de este semestre, había estudiado japonés.**) and throw the ball to another student, who should do the same. Continue through a few more students, then provide a new sentence starter. Ex: **Antes del año pasado…**

3 **Oraciones** Forma oraciones completas con los elementos dados. Usa el pretérito pluscuamperfecto del indicativo y haz todos los cambios necesarios. Sigue el modelo. **8 pts.**

> **modelo**
> yo / ya / conocer / muchos amigos *Yo ya había conocido a muchos amigos.*

1. tú / todavía no / aprender / mantenerse en forma *Tú todavía no habías aprendido a mantenerte en forma.*
2. los hermanos Falcón / todavía no / perder / partido de vóleibol *Los hermanos Falcón todavía no habían perdido un partido de vóleibol.*
3. Elías / ya / entrenarse / para / maratón *Elías ya se había entrenado para el maratón.*
4. nosotros / siempre / sufrir / muchas presiones *Nosotros siempre habíamos sufrido muchas presiones.*

4 **Una carta** Completa esta carta con el pretérito perfecto del indicativo o del subjuntivo. **24 pts.**

Queridos papá y mamá:

¿Cómo (1) _han estado_ (estar)? Mamá, espero que no (2) _te hayas enfermado_ (tú, enfermarse) otra vez. Yo sé que (3) _has seguido_ (tú, seguir) los consejos del doctor, pero estoy preocupada.

Y en mi vida, ¿qué (4) _ha pasado_ (pasar) últimamente (*lately*)? Pues, nada nuevo, sólo trabajo. Los problemas en la compañía, yo los (5) _he resuelto_ (resolver) casi todos. Pero estoy bien. Es verdad que (6) _he adelgazado_ (yo, adelgazar) un poco, pero no creo que (7) _haya sido_ (ser) a causa del estrés. Espero que no (8) _se hayan sentido_ (ustedes, sentirse) mal porque no pude visitarlos. Es extraño que no (9) _hayan recibido_ (recibir) mis cartas. Tengo miedo de que (10) _se hayan perdido_ (las cartas, perderse).

Me alegro de que papá (11) _haya tomado_ (tomar) vacaciones para venir a visitarme. ¡Es increíble que nosotros no (12) _nos hayamos visto_ (verse) en casi un año!

Un abrazo y hasta muy pronto,

Belén

5 **Manteniéndote en forma** Escribe al menos cinco oraciones para describir cómo te has mantenido en forma este semestre. Di qué cosas han cambiado este semestre en relación con el año pasado. Usa las formas verbales que aprendiste en esta lección. **28 pts.** Answers will vary.

6 **Poema** Completa este fragmento de un poema de Nezahualcóyotl con el pretérito perfecto del indicativo de los verbos. **¡4 puntos EXTRA!**

> ❝ _He llegado_ (Llegar) aquí,
> soy Yoyontzin.
> Sólo busco las flores
> sobre la tierra, _he venido_ (venir)
> a cortarlas. ❞

recursos

vText

vhlcentral

Practice more at **vhlcentral.com**.

3 Expansion
- Give students these sentence cues as items 5–8: **5. Margarita / ya / dejar / fumar (Margarita ya había dejado de fumar.) 6. Julio / ya / casarse (Julio ya se había casado.) 7. Mabel y yo / nunca / practicar / yoga (Mabel y yo nunca habíamos practicado yoga.) 8. Óscar / nunca / ir al gimnasio (Óscar nunca había ido al gimnasio.)**
- To challenge students, ask them to create a subordinate clause for each item, using **cuando** or **pero**. Ex: **1. Tú todavía no habías aprendido a mantenerte en forma, pero el entrenador te ayudó con los ejercicios.**

4 Teaching Tip To simplify, have students identify which blanks will require the present perfect subjunctive by having them identify the verbs and expressions of emotion and disbelief.

4 Expansion Have students work in pairs to write a response letter from **Belén's** parents. Encourage them to use at least four verbs in the present perfect and four verbs in the present perfect subjunctive.

5 Teaching Tip To simplify, before students begin writing, encourage them to list their ideas under two columns: **El año pasado** and **Este semestre**. Have students brainstorm a few verbs in the past perfect for the first column and in the present perfect for the second.

6 Expansion Have students write a personalized version of the excerpt. Ex: **He llegado aquí, soy _____. Sólo busco _____. He _____ a _____.**

EXPANSION

Extra Practice Prepare sentences that use the present perfect and present perfect subjunctive. Say each sentence, have students repeat it, then say a different subject, varying the number. Have students then say the sentence with the new subject, making any necessary changes.

TEACHING OPTIONS

Game Divide the class into teams of five and have them sit in rows. Give the first student in each row a piece of paper. Call out an infinitive and have the first team member write the past perfect **yo** form of the verb and pass the paper to the second team member, who writes the **tú** form, and so forth. The first team to complete the paradigm correctly earns a point. The team with the most points at the end wins.

Lectura

Audio: Reading
Additional Reading

Antes de leer

Estrategia
Making inferences

For dramatic effect and to achieve a smoother writing style, authors often do not explicitly supply the reader with all the details of a story or poem. Clues in the text can help you infer those things the writer chooses not to state in a direct manner. You simply "read between the lines" to fill in the missing information and draw conclusions. To practice making inferences, read these statements:

A Liliana le encanta ir al gimnasio. Hace años que empezó a levantar pesas.

Based on this statement alone, what inferences can you draw about Liliana?

El autor

Ve a la página 159 de tu libro y lee la biografía de Gabriel García Márquez.

El título

Sin leer el texto del cuento (*story*), lee el título. Escribe cinco oraciones que empiecen con la frase "Un día de éstos".

El cuento

Éstas son algunas palabras que vas a encontrar al leer *Un día de éstos*. Busca su significado en el diccionario. Según estas palabras, ¿de qué piensas que trata (*is about*) el cuento?

alcalde	lágrimas
dentadura postiza	muela
displicente	pañuelo
enjuto	rencor
guerrera	teniente

recursos

vText · CH · pp. 89–91 · vhlcentral

Un día de éstos

Gabriel García Márquez

El lunes amaneció tibio° y sin lluvia. Don Aurelio Escovar, dentista sin título y buen madrugador°, abrió su gabinete° a las seis. Sacó de la vidriera° una dentadura postiza° montada aún° en el molde de yeso° y puso sobre la mesa un puñado° de instrumentos que ordenó de mayor a menor, como en una exposición. Llevaba una camisa a rayas, sin cuello, cerrada arriba con un botón dorado°, y los pantalones sostenidos con cargadores° elásticos. Era rígido, enjuto, con una mirada que raras veces correspondía a la situación, como la mirada de los sordos°.

Cuando tuvo las cosas dispuestas sobre la mesa rodó la fresa° hacia el sillón de resortes y se sentó a pulir° la dentadura postiza. Parecía no pensar en lo que hacía, pero trabajaba con obstinación, pedaleando en la fresa incluso cuando no se servía de ella.

Después de las ocho hizo una pausa para mirar el cielo por la ventana y vio dos gallinazos° pensativos que se secaban al sol en el caballete° de la casa vecina. Siguió trabajando con la idea de que antes del almuerzo volvería a llover°. La voz destemplada° de su hijo de once años lo sacó de su abstracción.

—Papá.

—Qué.

—Dice el alcalde que si le sacas una muela.

—Dile que no estoy aquí.

Estaba puliendo un diente de oro°. Lo retiró a la distancia del brazo y lo examinó con los ojos a medio cerrar. En la salita de espera volvió a gritar su hijo.

—Dice que sí estás porque te está oyendo.

El dentista siguió examinando el diente. Sólo cuando lo puso en la mesa con los trabajos terminados, dijo:

---

amaneció tibio *dawn broke warm* madrugador *early riser* gabinete *office* vidriera *glass cabinet* dentadura postiza *dentures* montada aún *still set* yeso *plaster* puñado *handful* dorado *gold* sostenidos con cargadores *held up by suspenders* sordos *deaf* rodó la fresa *he turned the drill* pulir *to polish* gallinazos *vultures* caballete *ridge* volvería a llover *it would rain again* voz destemplada *harsh voice* oro *gold* te pega un tiro *he will shoot you* Sin apresurarse *Without haste* gaveta *drawer* Hizo girar *He turned* apoyada *resting* umbral *threshold* mejilla *cheek* hinchada *swollen* barba *beard* marchitos *weary* hervían *were boiling* pomos de loza *ceramic bottles* cancel de tela *cloth screen* se acercaba *was approaching* talones *heels* mandíbula *jaw* cautelosa *cautious* cacerola *saucepan* pinzas *pliers* escupidera *spittoon* aguamanil *washstand* cordal *wisdom tooth* gatillo *pliers* se aferró *clung* barras *arms* descargó *unloaded* vacío helado *icy hollowness* riñones *kidneys* no soltó un suspiro *he didn't let out a breath* muñeca *wrist* amarga ternura *bitter tenderness* teniente *lieutenant* crujido *crunch* a través de *through* sudoroso *sweaty* jadeante *panting* se desabotonó *he unbuttoned* a tientas *blindly* bolsillo *pocket* trapo *cloth* cielorraso desfondado *ceiling with the paint sagging* telaraña polvorienta *dusty spiderweb* haga buches de *rinse your mouth out with* vaina *thing*

—Mejor.

Volvió a operar la fresa. De una cajita de cartón° donde guardaba las cosas por hacer, sacó un puente° de varias piezas y empezó a pulir el oro.

—Papá.

—Qué.

Aún no había cambiado de expresión.

—Dice que si no le sacas la muela te pega un tiro°.

Sin apresurarse°, con un movimiento extremadamente tranquilo, dejó de pedalear en la fresa, la retiró del sillón y abrió por completo la gaveta° inferior de la mesa. Allí estaba el revólver.

—Bueno —dijo—. Dile que venga a pegármelo.

Hizo girar° el sillón hasta quedar de frente a la puerta, la mano apoyada° en el borde de la gaveta. El alcalde apareció en el umbral°. Se había afeitado la mejilla° izquierda, pero en la otra, hinchada° y dolorida, tenía una barba de cinco días. El dentista vio en sus ojos marchitos° muchas noches de desesperación. Cerró la gaveta con la punta de los dedos y dijo suavemente:

—Siéntese.

—Buenos días —dijo el alcalde.

—Buenos —dijo el dentista.

Mientras hervían° los instrumentos, el alcalde apoyó el cráneo en el cabezal de la silla y se sintió mejor. Respiraba un olor glacial. Era un gabinete pobre: una vieja silla de madera, la fresa de pedal y una vidriera con pomos de loza°. Frente a la silla, una ventana con un cancel de tela° hasta la altura de un hombre. Cuando sintió que el dentista se acercaba°, el alcalde afirmó los talones° y abrió la boca.

Don Aurelio Escovar le movió la cabeza hacia la luz. Después de observar la muela dañada, ajustó la mandíbula° con una presión cautelosa° de los dedos.

—Tiene que ser sin anestesia —dijo.

—¿Por qué?

—Porque tiene un absceso.

El alcalde lo miró en los ojos.

—Está bien —dijo, y trató de sonreír. El dentista no le correspondió. Llevó a la mesa de trabajo la cacerola° con los instrumentos hervidos y los sacó del agua con unas pinzas° frías, todavía sin apresurarse. Después rodó la escupidera° con la punta del zapato y fue a lavarse las manos en el aguamanil°. Hizo todo sin mirar al alcalde. Pero el alcalde no lo perdió de vista.

Era una cordal° inferior. El dentista abrió las piernas y apretó la muela con el gatillo° caliente. El alcalde se aferró a las barras° de la silla, descargó° toda su fuerza en los pies y sintió un vacío helado° en los riñones°, pero no soltó un suspiro°. El dentista sólo movió la muñeca. Sin rencor, más bien con una amarga ternura°, dijo:

—Aquí nos paga veinte muertos, teniente°.

El alcalde sintió un crujido° de huesos en la mandíbula y sus ojos se llenaron de lágrimas. Pero no suspiró hasta que no sintió salir la muela. Entonces la vio a través de° las lágrimas. Le pareció tan extraña a su dolor, que no pudo entender la tortura de sus cinco noches anteriores. Inclinado sobre la escupidera, sudoroso°, jadeante°, se desabotonó° la guerrera y buscó a tientas° el pañuelo en el bolsillo° del pantalón. El dentista le dio un trapo° limpio.

—Séquese las lágrimas —dijo.

El alcalde lo hizo. Estaba temblando. Mientras el dentista se lavaba las manos, vio el cielorraso desfondado° y una telaraña polvorienta° con huevos de araña e insectos muertos. El dentista regresó secándose. "Acuéstese —dijo— y haga buches de° agua de sal." El alcalde se puso de pie, se despidió con un displicente saludo militar, y se dirigió a la puerta estirando las piernas, sin abotonarse la guerrera.

—Me pasa la cuenta —dijo.

—¿A usted o al municipio?

El alcalde no lo miró. Cerró la puerta, y dijo, a través de la red metálica:

—Es la misma vaina°.

Después de leer

Comprensión

Completa las oraciones con la palabra o expresión correcta.

1. Don Aurelio Escovar es ___dentista___ sin título.
2. Al alcalde le duele _una muela/una cordal_.
3. Aurelio Escovar y el alcalde se llevan ___mal___.
4. El alcalde amenaza (*threatens*) al dentista con pegarle un ___tiro___.
5. Finalmente, Aurelio Escovar ___le saca___ la muela al alcalde.
6. El alcalde llevaba varias noches sin ___dormir___.

Ⓢ Practice more at
vhlcentral.com.

Interpretación

En parejas, respondan a estas preguntas. Luego comparen sus respuestas con las de otra pareja. Answers will vary.

1. ¿Cómo reacciona don Aurelio cuando escucha que el alcalde amenaza con pegarle un tiro? ¿Qué les dice esta actitud sobre las personalidades del dentista y del alcalde?

2. ¿Por qué creen que don Aurelio y el alcalde no se llevan bien?

3. ¿Creen que era realmente necesario no usar anestesia?

4. ¿Qué piensan que significa el comentario "aquí nos paga veinte muertos, teniente"? ¿Qué les dice esto del alcalde y su autoridad en el pueblo?

5. ¿Cómo se puede interpretar el saludo militar y la frase final del alcalde "es la misma vaina"?

Teaching Tips

• Explain that *Un día de éstos* is part of the short story collection *Los funerales de la Mamá Grande,* which **García Márquez** finished writing in 1959.

• The events of *Un día de éstos* take place during **La Violencia,** an era of intense civil conflict in Colombian history, which started in 1946 and lasted more than a decade. This complex conflict generally centered around supporters of the Liberal and Conservative political parties. The Liberal and Communist parties organized self-defense groups and guerrilla units, both of which fought against the Conservatives and each other.

Comprensión Have students work in pairs to complete the sentences. When they have finished, go over the answers orally with the class.

Interpretación Give students these questions as items 6–9: **6. ¿Creen que el dentista y el alcalde habían sido amigos antes de ese día? 7. En su opinión, ¿quién tiene más poder, el dentista o el alcalde? 8. ¿Cómo creen que es la relación entre el gobierno y la gente de este pueblo? 9. ¿Qué creen que va a pasar cuando el alcalde se mejore?**

⭐ TELL Connection

Learning Tools 3
Why: Authentic materials provide perspectives behind practices. *What:* Share information on **La violencia** from Teaching Tips, and ask students to link the political and cultural setting of Colombia to the perspectives of, and therefore the relationship of, the dentist and mayor.

🌙 21st Century Skills

Creativity and Innovation
Ask students to prepare a presentation on another short story by **Gabriel García Márquez**, inspired by the information on these two pages.

PRE-AP*

Interpersonal Speaking Have students work in pairs to invent two characters for a **minicomedia**: a dentist from New York and an easily frightened patient. Tell students to begin by writing a physical and psychological description of each character. Then have them write the dialogue for their **minicomedia**. Encourage humor and creativity. Have volunteers role-play their dialogues for the class.

EXPANSION

Extra Practice To challenge students, have them work in pairs to write an alternate ending to the story, in which the dentist refuses to treat the mayor's toothache. Encourage students to share their alternate endings with the class.

In **Escritura**, students will:
- learn to organize information logically
- integrate lesson vocabulary and structures
- write a personal wellness plan in Spanish

 Communication 1.3

Student Resources
Cuaderno de actividades comunicativas, pp. 169–170
Cuaderno para hispanohablantes, pp. 92–93
Supersite: Activities, *eCuaderno*

Teacher Resources
Workbook TE

 TELL Connection

Learning Experience 3
Why: Students need to see the connections between, and sequences of, learning experiences. *What:* Walk through the whole chapter with the students. Have them identify the vocabulary, expressions, grammar elements, activities, and other content that relate to and can guide and enrich their writing assignment.

Pre-AP*

Interpersonal Writing: Estrategia Go over the strategy as a class. Encourage students to give examples of how they will use the suggestions for this activity.

Tema Review the three suggested categories of details to include. Then, have volunteers make up questions or use the ones on this page to interview you regarding your personal wellness plan.

Successful Language Learning Point out that this strategy will help students improve their writing in both Spanish and English.

Escritura

Estrategia
Organizing information logically

Many times a written piece may require you to include a great deal of information. You might want to organize your information in one of three different ways:

▶ chronologically (e.g., events in the history of a country)
▶ sequentially (e.g., steps in a recipe)
▶ in order of importance

Organizing your information beforehand will make both your writing and your message clearer to your readers. If you were writing a piece on weight reduction, for example, you would need to organize your ideas about two general areas: eating right and exercise. You would need to decide which of the two is more important according to your purpose in writing the piece. If your main idea is that eating right is the key to losing weight, you might want to start your piece with a discussion of good eating habits. You might want to discuss the following aspects of eating right in order of their importance:

▶ quantities of food
▶ selecting appropriate foods
▶ healthy recipes
▶ percentage of fat in each meal
▶ calorie count
▶ percentage of carbohydrates in each meal
▶ frequency of meals

You would then complete the piece by following the same process to discuss the various aspects of the importance of getting exercise.

recursos

| vText | CA
pp. 169–170 | CH
pp. 92–93 | S
vhlcentral |

Tema

Escribir un plan personal de bienestar
Desarrolla un plan personal para mejorar tu bienestar, tanto físico como emocional. Tu plan debe describir:

1. lo que has hecho para mejorar tu bienestar y llevar una vida sana
2. lo que no has podido hacer todavía
3. las actividades que debes hacer en los próximos meses

Considera también estas preguntas:

La nutrición
▶ ¿Comes una dieta equilibrada?
▶ ¿Consumes suficientes vitaminas y minerales? ¿Consumes demasiada grasa?
▶ ¿Quieres aumentar de peso o adelgazar?
▶ ¿Qué puedes hacer para mejorar tu dieta?

El ejercicio
▶ ¿Haces ejercicio? ¿Con qué frecuencia?
▶ ¿Vas al gimnasio? ¿Qué tipo de ejercicios haces allí?
▶ ¿Practicas algún deporte?
▶ ¿Qué puedes hacer para mejorar tu bienestar físico?

El estrés
▶ ¿Sufres muchas presiones?
▶ ¿Qué actividades o problemas te causan estrés?
▶ ¿Qué haces (o debes hacer) para aliviar el estrés y sentirte más tranquilo/a?
▶ ¿Qué puedes hacer para mejorar tu bienestar emocional?

EVALUATION: Plan personal de bienestar

Criteria	Scale		Scoring	
Content	1 2 3 4		Excellent	18–20 points
Organization	1 2 3 4		Good	14–17 points
Use of vocabulary	1 2 3 4		Satisfactory	10–13 points
Accuracy and mechanics	1 2 3 4		Unsatisfactory	< 10 points
Creativity	1 2 3 4			

Escuchar Audio

Section Goals

In **Escuchar**, students will:
- listen for the gist and for cognates
- answer questions about a radio program

 Communication 1.2

Student Resources
Supersite: Activities

Teacher Resources
Textbook and Audio Activities
MP3s, Audio Scripts

Estrategia

**Listening for the gist/
Listening for cognates**

Combining these two strategies is an easy way to get a good sense of what you hear. When you listen for the gist, you get the general idea of what you're hearing, which allows you to interpret cognates and other words in a meaningful context. Similarly, the cognates give you information about the details of the story that you might not have understood when listening for the gist.

 To practice these strategies, you will listen to a short paragraph. Write down the gist of what you hear and jot down a few cognates. Based on the gist and the cognates, what conclusions can you draw about what you heard?

Preparación

Mira la foto. ¿Qué pistas° te da de lo que vas a oír?

Ahora escucha

Escucha lo que dice Ofelia Cortez de Bauer. Anota algunos de los cognados que escuchas y también la idea general del discurso°. Answers will vary.

_____
_____
_____
_____

Idea general: _____

Ahora contesta las siguientes preguntas.

1. ¿Cuál es el género° del discurso?
2. ¿Cuál es el tema?
3. ¿Cuál es el propósito°?

recursos

vText

vhlcentral

pistas *clues* **discurso** *speech* **género** *genre*
propósito *purpose* **público** *audience*
debería haber incluido *should have included*

Comprensión

¿Cierto o falso?

Indica si lo que dicen estas oraciones es **cierto** o **falso**. Corrige las oraciones que son falsas.

	Cierto	Falso
1. La señora Bauer habla de la importancia de estar en buena forma y de hacer ejercicio.	☑	○
2. Según ella, lo más importante es que lleves el programa sugerido por los expertos.	○	☑
3. La señora Bauer participa en actividades individuales y de grupo.	☑	○
4. El único objetivo del tipo de programa que ella sugiere es adelgazar.	○	☑

2. Lo más importante es que lleves un programa variado que te guste.

4. Los objetivos de su programa son: condicionar el sistema cardiopulmonar, aumentar la fuerza muscular y mejorar la flexibilidad.

Preguntas

Responde a las preguntas. Answers will vary.

1. Imagina que el programa de radio sigue. Según las pistas que ella dio, ¿qué vas a oír en la segunda parte?
2. ¿A qué tipo de público° le interesa el tema del que habla la señora Bauer?
3. ¿Sigues los consejos de la señora Bauer? Explica tu respuesta.
4. ¿Qué piensas de los consejos que ella da? ¿Hay otra información que ella debería haber incluido°?

 Practice more at **vhlcentral.com**.

Estrategia

Script Cuando nos casamos le prometí a Magdalena que no íbamos a residir con su familia por más de un año. Y si Dios quiere, ¡así va a ser! Magdalena y yo encontramos un condominio absolutamente perfecto. Hoy pasamos por el banco para pedir el préstamo hipotecario. ¡Espero que no haya problema con el chequeo del crédito!

Ahora escucha

Script Buenos días, radioyentes, y bienvenidos a "Tu bienestar". Les habla Ofelia Cortez de Bauer. Hoy vamos a hablar de la importancia de estar en buena forma. Primero, quiero que entiendan que estar en buena forma no es sólo cosa de estar delgado o ser fuerte. Para mantenerse en forma deben tener tres objetivos: condicionar el sistema cardio-pulmonar, aumentar la fuerza muscular y mejorar la flexibilidad. Cada persona tiene sus propios objetivos, y también sus propias limitaciones físicas, y debe diseñar su programa con un monitor de acuerdo con éstos. Pero óiganme bien, ¡lo más importante es tener una rutina variada, con ejercicios que les gusten—porque de otro modo no lo van a hacer! Mi rutina personal es la siguiente. Dos días por semana voy a la clase de ejercicios aeróbicos, claro con un buen calentamiento al comienzo.

(Script continues at far left in the bottom panels.)

Tres días por semana corro en el parque, o si hace mal tiempo, uso una caminadora en el gimnasio. Luego levanto pesas y termino haciendo estiramientos de los músculos. Los fines de semana me mantengo activa pero hago una variedad de cosas de acuerdo a lo que quiere hacer la familia. A veces practico la natación; otras, vamos de excursión al campo, por ejemplo. Como les había dicho la semana pasada, como unas 1.600 calorías al día, mayormente alimentos con poca grasa y sin sal. Disfruto mucho del bienestar que estos hábitos me producen. Ahora iremos a unos anuncios de nuestros patrocinadores. Cuando regresemos, voy a contestar sus preguntas acerca del ejercicio, la dieta o el bienestar en general. El teléfono es el 43.89.76. No se vayan. Ya regresamos con mucha más información.

Section Goals

In **En pantalla**, students will:
- read about the short film *Iker pelos tiesos*
- watch *Iker pelos tiesos*

Communication 1.1, 1.2, 1.3
Cultures 2.1, 2.2
Connections 3.2
Comparisons 4.2

Student Resources
Supersite: *En pantalla* video, Activities

Teacher Resources
Transcript & Translation

El secreto de Iker To check comprehension, ask these questions: **1. ¿Cómo se llama el personaje principal de la película? (Se llama Iker.) 2. Según él, ¿qué relación hay entre las personas y los animales? (Cada persona se parece a un animal.) 3. ¿A qué animal se parece el papá de Iker? (Se parece a un oso.) 4. ¿A Iker le gusta el animal que le corresponde? (No. Le habría gustado ser un oso.)**

 Pre-AP*

Audiovisual Interpretive Communication
Antes de ver **Strategy**
- Have students look at the movie poster on this page and ask them if the boy's hair reminds them of any animal.
- Read through the **Expresiones útiles** and **Para hablar del corto** vocabulary and model the pronunciation. Point out that **me hubiera gustado** and **me habría gustado** are used interchangeably by most native speakers.
- Reassure students that they do not need to understand every word they hear. Tell them to rely on visual clues and to listen for cognates and the vocabulary words.

Rasgos de familia Have pairs ask each other questions 1–5. Then have them assess their partner's answers up to that point and predict what their partner will answer for item 6.

Video: Short Film

Escrito y Dirigido por:
Sandra García Velten

El secreto de Iker

Para Iker, cada persona se parece a un animal. Por ejemplo, su papá es un oso°. A Iker le habría gustado° ser un oso también, pero él es otro animal. Y eso es algo que nadie sabe en la escuela. Iker ha conseguido mantenerlo así gracias a algunos trucos°, pero tiene miedo de que los demás lo sepan. ¿Qué podría° pasar si sus compañeros descubren el secreto de Iker?

oso *bear* le habría gustado *he would have liked* trucos *tricks* podría *could*

Preparación

¿Cierto o falso?

Lee la lista de **Expresiones útiles** e indica si lo que dice cada oración es **cierto** o **falso**. Corrige las oraciones falsas.

cierto 1. Me prestaste tu reproductor de MP3 y yo te lo tengo que devolver.

falso 2. Si quiero disimular algo, se lo digo a todos.
Si quiero disimular algo, no se lo digo a nadie.

cierto 3. Es común que una hija salga igual a su madre.

cierto 4. Para hacerme un peinado especial, voy al salón de belleza.

falso 5. Para cocinar el pan, lo meto en el congelador.
Para cocinar el pan, lo meto en la tostadora/el horno.

cierto 6. Si no hago ejercicios de estiramiento, me siento tieso.

Rasgos de familia

En parejas, túrnense para hacerse estas preguntas.
Answers will vary.

1. ¿Tienes rasgos particulares? ¿Cuáles son de tu apariencia física (*physical appearance*)? ¿Cuáles son de tu personalidad?

2. ¿Cuáles de tus rasgos particulares te hacen una persona única?

3. ¿Alguno de esos rasgos es común en tu familia? ¿Ha pasado de generación en generación?

4. ¿Tienes compañeros que comparten tus mismos rasgos? ¿Qué tienen en común ustedes?

5. ¿Qué animal crees que serías (*you would be*) según (*according to*) tus rasgos? Explica tu respuesta.

Expresiones útiles

devolver	to return, to give back
disimular	to hide, to disguise
me hubiera gustado	I would have liked
meter	to put (something) in, to introduce
el peinado	hairstyle
salir (igual) a	to take after
si supieran	if they knew
tieso/a	stiff

Para hablar del corto

burlarse (de)	to make fun (of)
esconder(se)	to hide (oneself)
la fuerza	strength
orgulloso/a	proud
pelear(se)	to fight (with one another)
el rasgo	feature, characteristic
sentirse cohibido/a	to feel self-conscious

recursos
vText
vhlcentral

EXPANSION

Worth Noting Written and directed by **Sandra García Velten**, *Iker pelos tiesos* has been featured in numerous international film festivals. *Iker pelos tiesos* (2009; English title *Iker Stubborn Hair*) is the artist's first foray into filmmaking. Born in Mexico City in 1980, **García Velten** is a veteran of children's television programming. She also co-wrote the screenplay for the action film *Contratiempo* (2011).

TEACHING OPTIONS

Small Groups Teach students the Mexican slang expressions that they will hear in the film, such as **órale**. In small groups, have them write mini-conversations that incorporate the expressions. Have volunteers read their dialogues to the class.

Escenas: Iker pelos tiesos

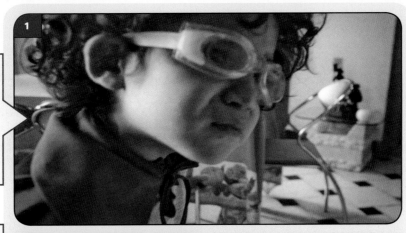

IKER: Tito es un mosquito; de esos que nunca dejan de molestar... ni en las noches.

IKER: Mi mamá es un perico (*parrot*), como todas las mamás.

NIÑO 3: Ey, no hay paso. (*Hey, there's no way through.*)

IKER: Pero, ¿por qué?

IKER: ...[yo] salí igual a mi abuelo... soy un puercoespín (*porcupine*).

IKER: ¿Qué me dirían si supieran mi secreto?

IKER: ¿Y por qué ese niño está pasando?

NIÑO 5: Porque éste es nuestro territorio.

Escenas Have students observe the screen shots and read the captions for each. To prepare for viewing the film, ask these questions: **1. ¿Quiénes son los personajes en este cortometraje?** (una familia; niños de escuela) **2. ¿Cómo se relacionan unos con otros?** (unos son agresivos; otros son amables) **3. ¿Quién es Tito (el personaje de la foto 1)? ¿Cómo es?** (Tito es el hermano menor de Iker; es como un mosquito) **4. ¿Cómo es la mamá en la foto 2? ¿Por qué?** (es como un perico; habla todo el tiempo) **5. ¿Por qué dice el chico en la foto 3 que es un puercoespín?** (porque tiene pelos tiesos como un puercoespín) **6. ¿Cuál es "el secreto" de la foto 4?** (que sus pelos se paran como los de un puercoespín; tiene poderes especiales) **7. ¿Quiénes son los chicos de las fotos 5 y 6?** (son compañeros de Iker)

21st Century Skills

Critical Thinking and Problem Solving
Students are given a rich opportunity to develop skills of critical thinking and problem solving by:
- *Reflecting* on their own experiences before viewing.
- Observing and *interpreting* visuals and storyboards.
- *Making connections* between their own experiences and perspectives, and those of peers in target cultures.
- *Synthesizing* what they have seen and heard.
- *Analyzing* the experience to extract meaning for their own lives.

TELL Connection

Learning Experience 5
Why: We need to equip students with strategies to stay in the target language. *What:* Note the key tools for such strategies in the instructional design: personalized questions, images to evoke narration, creative tasks focusing on use of the film to express personal interests.

TEACHING OPTIONS

Expansion Have student pairs write out a story line for the film based on what they observe in the poster and the screen shots. Have them identify the characters, their relationships, the actions, and how the film will end. Have pairs present their story to the class. Then engage students in a discussion of what story lines were especially appealing. What are the elements of a good story?

PRE-AP*

Interpersonal Communication: Culture-Language Connection
Have students work in small groups to review the screen shots. What is happening in scenes 5 and 6? What does it mean to the characters in the film? Have the students ever been in a situation such as they observe in these photos? If so, when, where, and with whom? How did the situation work out? What meaning does the experience have in their lives now?

Escoger As a variant, provide these items as cloze sentences with a word bank.

Preguntas Once pairs have completed the activity, have students debate the notion that we all, to some extent, conform to society with regard to our physical appearance.

Superhéroes, Parte A If students have difficulty thinking of a superpower they would like to possess, have them begin by considering the fourth and fifth bullets; first, have them think about how they would like to improve the world and whom they would like to help.

Superhéroes, Parte B Ask the class to identify each of the superpowers in a presentation, and how specifically that superpower contributed to the power of the team to work together to solve a problem.

Superhéroes: Conversación Engage students in a discussion about how individuals contribute to powerful group efforts. Could any of the problem situations students developed in this activity have been solved by a single person, no matter the superpower? In students' own lives, when have they experienced group effort as being more effective than what would have been possible to achieve by an individual? When have they, personally, contributed effectively to a group effort that helped others or solved a problem? As a follow up activity, have each student write a brief story about such an experience to share with the class.

21ˢᵗ Century Skills

Social and Cross-Cultural Skills
Have students work in groups to choose one or two aspects of the film that is different from their daily life. Ask students to write two to three sentences about the difference.

Comprensión

Escoger
Escoge la opción que mejor completa cada oración.

1. Iker siempre __c__ su pelo tieso.
   - a. muestra
   - b. corta
   - c. disimula

2. En la familia de Iker, __b__ el mismo rasgo.
   - a. no hay dos personas con
   - b. él y su abuelo comparten
   - c. el abuelo y Tito tienen

3. Para Iker, su __b__ es un perico.
   - a. hermana
   - b. mamá
   - c. maestra (*teacher*)

4. Para Iker, es probable que sus compañeros __b__ si saben su secreto.
   - a. lo acepten
   - b. se burlen de él
   - c. se escondan

5. Iker se sintió __a__ cuando su compañero le dijo que le gustaba su peinado.
   - a. aliviado (*relieved*)
   - b. cohibido
   - c. enojado

6. Al final, Iker estaba __c__ de mostrar su peinado natural.
   - a. avergonzado
   - b. nervioso
   - c. orgulloso

Preguntas
En parejas, respondan a estas preguntas. Answers will vary. Sample answers:

1. ¿En qué situaciones se le pone el pelo tieso a Iker? Se le pone el pelo tieso cuando está enamorado y cuando está enojado.
2. ¿Por qué esconde Iker su peinado natural? Iker esconde su peinado natural porque se siente cohibido/inseguro.
3. ¿Cómo se sintió Iker después de pelearse con los niños en el patio? Se sintió contento y orgulloso de su peinado natural.
4. ¿Se han sentido ustedes cohibidos/as alguna vez?
5. ¿Cuáles son las consecuencias positivas de presentarse ante el mundo tal y como son?
6. ¿Creen que la percepción que tienen de ustedes mismos/as influye en (*influences*) la manera en que ven a los demás? Expliquen su respuesta.

Superhéroes

A. Imagina que un día descubres que tienes un superpoder (*superpower*). Escribe un párrafo donde describas tu experiencia. Pon tu párrafo donde toda la clase pueda verlo y leerlo. Incluye (*include*) esta información: Answers will vary.

   - ► cuál es tu superpoder
   - ► cómo y cuándo lo descubriste
   - ► qué características positivas y negativas implica (*involves*) tener ese superpoder
   - ► cómo has usado tu superpoder para ayudar a otros
   - ► si has decidido usar tu superpoder para mejorar el mundo
   - ► cuál es tu nombre de superhéroe/superheroína

B. Lee los párrafos de tus compañeros/as. Decide con quiénes quieres trabajar (un grupo de tres o cuatro) para mejorar el mundo y combatir el mal. Habla con ellos y formen un "equipo". Preparen y presenten un drama corto de una situación en la que como equipo les ayudaron a personas que estaban en peligro. No se olviden de presentar:

   - ► el nombre de su equipo
   - ► cómo sus superpoderes se complementan y los hacen más fuertes
   - ► el problema o peligro y la manera como ustedes lo resolvieron juntos

 Practice more at vhlcentral.com.

Section Goals

In **Flash cultura**, students will:
- read about famous parks in Spanish-speaking cities
- watch a video about places to relax and ways to deal with stress in Madrid, Spain

Cultures 2.1, 2.2
Comparisons 4.2

Student Resources
Cuaderno de actividades comunicativas, pp. 99–100
Supersite: *Flash cultura* video, *eCuaderno*

Teacher Resources
Workbook TE; Video Script & Translation

Video:
Flash cultura

¿Cómo sobrevivir° en la selva de concreto de una gran ciudad hispana? Sin duda, los parques públicos son la respuesta cuando se busca un oasis. Los Bosques de Palermo en Buenos Aires, el Bosque de Chapultepec en la Ciudad de México, el Parque Quinta Vergara en Viña del Mar o la Casa de Campo en Madrid son vitales para la salud física y mental de sus habitantes. Unos tienen museos, lagos y zoológicos, otros hasta parques de diversiones° y jardines. En ellos siempre vas a ver gente haciendo ejercicio, relajándose o reunida con familiares y amigos. A continuación conocerás uno de los muchos parques de Madrid, El Retiro, y vas a ver cómo se relajan los madrileños.

¿Estrés? ¿Qué estrés?

El tráfico, el ruido de las calles... Todos quieren llegar al trabajo a tiempo.

Vocabulario útil	
árabe	*Arab*
el bullicio	*hustle and bustle*
combatir el estrés	*to fight stress*
el ruido	*noise*

...es un lugar donde la gente viene a "retirarse", a escapar del estrés y el bullicio de la ciudad.

Preparación

¿Sufres de estrés? ¿Qué situaciones te producen estrés? ¿Qué haces para combatirlo? Answers will vary.

¿Cierto o falso?

Indica si las oraciones son **ciertas** o **falsas**.

1. Madrid es la segunda ciudad más grande de España, después de Barcelona. Falso. Es la ciudad más grande.
2. Madrid es una ciudad muy poco congestionada gracias a los policías de tráfico. Falso. Es una ciudad muy congestionada.
3. Un turista estadounidense intenta saltearse la cola (*cut the line*) para conseguir unos boletos para un espectáculo. Cierto.
4. En el Parque del Retiro, puedes descansar, hacer gimnasia, etc. Cierto.
5. Los baños termales Medina Mayrit son de influencia cristiana. Falso. Son de influencia árabe.
6. En Medina Mayrit es posible bañarse en aguas termales, tomar el té y hasta comer. Cierto.

sobrevivir *to survive* parques de diversiones *amusement parks*

...en pleno centro de Madrid, encontramos los Baños Árabes [...]

Practice more at vhlcentral.com.

recursos

vText | CA | S
pp. 99–100 | vhlcentral

Introduction To check comprehension, give students these true/false statements:
1. La Casa de Campo y el Retiro son dos parques públicos de Madrid. (Cierto.) 2. Ir a un parque en medio de la ciudad puede ayudar a una persona a eliminar el estrés mental. (Cierto.) 3. En el mundo hispano, la gente normalmente no hace ejercicio en los parques públicos. (Falso. Siempre vas a ver gente haciendo ejercicio.)

Antes de ver
- Have students look at the video stills, read the captions, and predict the content of the video.
- Read through **Vocabulario útil** with students. Model the pronunciation. You may wish to add the term **la hora pico/punta** (*rush hour*) to the list.

Preparación Ask students if they deal with stress differently if they are at school or at home. Have pairs discuss and record their answers in a short paragraph. Have volunteers share their conversations with the class.

¿Cierto o falso? After completing the activity, ask students whether they would prefer to de-stress at El Retiro or Medina Mayrit, and write a short paragraph explaining why.

PRE-AP*

Presentational Speaking with Cultural Comparison Have students research another Arab-influenced place in Madrid or another Spanish city, such as Granada, and prepare a written report about its history, uniquely Arabic characteristics, and current uses. Have them compare and contrast the Arab-influenced place with an analogous one in this country.

DIFFERENTIATION

Pairs Have students work in pairs to research one of the city parks mentioned on this page. Have them create a tourist brochure that highlights the park's features and shows the activities one can enjoy there. Have volunteers present their brochures to the class.
Heritage Speakers Have heritage speakers describe famous parks and places of leisure in their family's country of origin.

Section Goal

In **Panorama**, students will read about the geography, culture, and history of Bolivia.

Communication 1.3
Cultures 2.1, 2.2
Connections 3.1, 3.2
Comparisons 4.2

Student Resources
Cuaderno de actividades comunicativas, pp. 75–76
Cuaderno de práctica, pp. 69–70
Supersite: *Panorama cultural* video, Activities, eCuaderno

Teacher Resources
Workbook TEs; Digital Image Bank; Video Script & Translation

21st Century Skills

Global Awareness
Students will gain perspectives on the Spanish-speaking world to develop respect and to interact appropriately and effectively with citizens of Spanish-speaking cultures.

Teaching Tips
• Use the Digital Image Bank to support this presentation.
• Have students look at the map of Bolivia. Point out that Bolivia is a landlocked country. Have students name the five countries that share its borders. Point out Bolivia's three main regions: the Andes region, the high plain (**altiplano**), and the Amazon basin. Ask students to read aloud the places labeled on the map and to identify whether place names are in Spanish or in an indigenous language.

El país en cifras As students read about the **Ciudades principales**, have them locate each city on the map. As students read about **Idiomas**, point out that **quechua** was the language of the Incan empire.

Bolivia

Video: *Panorama cultural*
Interactive Map

El país en cifras

▶ **Área:** 1.098.580 km^2 (424.162 millas^2), equivalente al área total de Francia y España
▶ **Población:** 10.631.000

Los indígenas quechua y aimará constituyen más de la mitad° de la población de Bolivia. Estos grupos indígenas han mantenido sus culturas y lenguas tradicionales. Las personas de ascendencia° indígena y europea representan la tercera parte de la población. Los demás son de ascendencia europea nacida en Latinoamérica. Una gran mayoría de los bolivianos, más o menos el 70%, vive en el altiplano°.

▶ **Capital:** La Paz, sede° del gobierno, capital administrativa—1.715.000; Sucre, sede del Tribunal Supremo, capital constitucional y judicial
▶ **Ciudades principales:** Santa Cruz de la Sierra—1.584.000, Cochabamba, Oruro, Potosí
▶ **Moneda:** peso boliviano
▶ **Idiomas:** español (oficial), aimará (oficial), quechua (oficial)

Bandera de Bolivia

Bolivianos célebres
▶ **Jesús Lara,** escritor (1898–1980)
▶ **Víctor Paz Estenssoro,** político y presidente (1907–2001)
▶ **María Luisa Pacheco,** pintora (1919–1982)
▶ **Matilde Casazola,** poeta (1942–)
▶ **Edmundo Paz Soldán,** escritor (1967–)

mitad *half* ascendencia *descent* restante *remaining* altiplano *high plateau* sede *seat* paraguas *umbrella* cascada *waterfall*

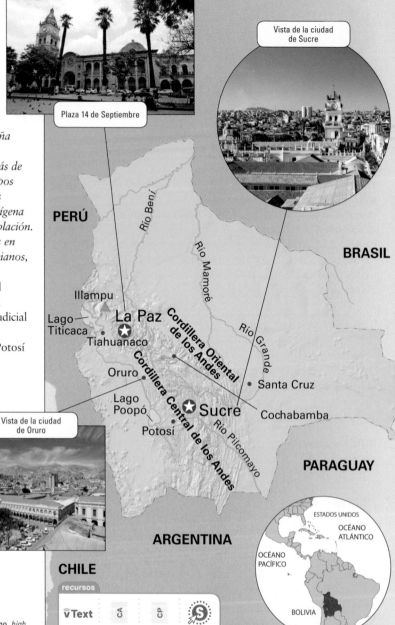
Plaza 14 de Septiembre
Vista de la ciudad de Sucre
PERÚ
BRASIL
Río Beni
Río Mamoré
Illampu
La Paz
Lago Titicaca
Tiahuanaco
Cordillera Oriental de los Andes
Río Grande
Oruro
Cordillera Central de los Andes
Santa Cruz
Lago Poopó
Sucre
Cochabamba
Río Pilcomayo
Potosí
Vista de la ciudad de Oruro
PARAGUAY
ARGENTINA
CHILE
ESTADOS UNIDOS
OCÉANO ATLÁNTICO
OCÉANO PACÍFICO
BOLIVIA

recursos
vText
CA pp. 75–76
CP pp. 69–70
vhlcentral

¡Increíble pero cierto!

La Paz es la capital más alta del mundo. Su aeropuerto está situado a una altitud de 4.061 metros (13.325 pies). Ah, y si viajas en carro hasta La Paz, ¡no te olvides del paraguas°! En la carretera, que cruza 9.000 metros de densa selva, te encontrarás con una cascada°.

EXPANSION

Culture Note Another way to become acquainted with the traditions of Bolivia's different regions is through regional dances. The **cueca collasuyo** is a traditional dance from the **altiplano** region, while the **cueca chapaca** is from the **Chaco** area. The **chiringueros del Bení** is traditionally performed by rubber tappers from the Amazon area.

EXPANSION

Cultural Activity To give students the opportunity to listen to the sounds of **quechua** or **aimará**, as well as the music of the Andes, bring in recordings made by Andean musicians, such as **Inti Illimani** or **Inkuyo**. Some recordings may include lyrics in the original language and in translation.

Lugares • El lago Titicaca

Titicaca, situado en los Andes de Bolivia y Perú, es el lago navegable más alto del mundo, a una altitud de 3.810 metros (12.500 pies). Con un área de más de 8.300 kilómetros² (3.200 millas²), también es el segundo lago más grande de Suramérica. La mitología inca cuenta que los hijos del dios° Sol emergieron de las profundas aguas del lago Titicaca para fundar su imperio°.

Artes • La música andina

La música andina, compartida por Bolivia, Perú, Ecuador, Chile y Argentina, es el aspecto más conocido de su folclore. Hay muchos conjuntos° profesionales que dan a conocer° esta música popular, de origen indígena, alrededor° del mundo. Algunos de los grupos más importantes y que llevan más de treinta años actuando en escenarios internacionales son Los Kjarkas (Bolivia), Inti Illimani (Chile), Los Chaskis (Argentina) e Illapu (Chile).

Historia • Tiahuanaco

Tiahuanaco, que significa "Ciudad de los dioses", es un sitio arqueológico de ruinas preincaicas situado cerca de La Paz y del lago Titicaca. Se piensa que los antepasados° de los indígenas aimará fundaron este centro ceremonial hace unos 15.000 años. En el año 1100, la ciudad tenía unos 60.000 habitantes. En este sitio se pueden ver el Templo de Kalasasaya, el Monolito Ponce, el Templete Subterráneo, la Puerta del Sol y la Puerta de la Luna. La Puerta del Sol es un impresionante monumento que tiene tres metros de alto y cuatro de ancho° y que pesa unas 10 toneladas.

¿Qué aprendiste? Responde a las preguntas con una oración completa.

1. ¿Cuáles son los tres idiomas oficiales de Bolivia? Son el español, el quechua y el aimará.
2. ¿Dónde vive la mayoría de los bolivianos? La mayoría de los bolivianos vive en el altiplano.
3. ¿Cuál es la capital administrativa de Bolivia? La capital administrativa de Bolivia es La Paz.
4. Según la mitología inca, ¿qué ocurrió en el lago Titicaca? Los hijos del dios Sol emergieron del lago para fundar el imperio inca.
5. ¿De qué países es la música andina? La música andina es de Bolivia, Perú, Ecuador, Chile y Argentina.
6. ¿Qué origen tiene esta música? Es música de origen indígena.
7. ¿Cómo se llama el sitio arqueológico situado cerca de La Paz y el lago Titicaca? El sitio arqueológico situado cerca de La Paz y el lago Titicaca se llama Tiahuanaco.
8. ¿Qué es la Puerta del Sol? La Puerta del Sol es un monumento que está en Tiahuanaco.

Conexión Internet Investiga estos temas en **vhlcentral.com**.

1. Busca información sobre un(a) boliviano/a célebre. ¿Cuáles son algunos de los episodios más importantes de su vida? ¿Qué ha hecho esta persona? ¿Por qué es célebre?
2. Busca información sobre Tiahuanaco u otro sitio arqueológico en Bolivia. ¿Qué han descubierto los arqueólogos en ese sitio?

Practice more at vhlcentral.com.

dios *god* imperio *empire* conjuntos *groups* dan a conocer *make known* alrededor *around* antepasados *ancestors* ancho *wide*

¡Increíble pero cierto! Visitors to La Paz and other Andean cities often experience **soroche**, or altitude sickness. Andean natives typically develop increased lung capacity and better diffusion of oxygen in the body, helping to compensate for decreased oxygen levels at these heights.

El lago Titicaca Sitting more than two miles above sea level, Lake Titicaca is larger than the area of Delaware and Rhode Island combined. Five major river systems feed into the lake, which has 41 islands. Lake Titicaca is also the largest lake in South America as measured by water volume.

La música andina Andean music is characterized by its plaintive, haunting melodies, often based in a minor or pentatonic scale.

Tiahuanaco The pre-Incan civilization that flourished at **Tiahuanaco** was probably a theocracy, governed by priest-kings. The primary deity was **Viracocha**, a sky and thunder god worshipped throughout much of the Andean world. The Tiahuanacan head of state was viewed as **Viracocha's** embodiment on earth.

Conexión Internet Students will find supporting Internet activities and links at **vhlcentral.com**

21st Century Skills

Information and Media Literacy Students access and critically evaluate information from the Internet.

Teaching Tip You may want to wrap up this section by playing the *Panorama cultural* video footage for this lesson.

EXPANSION

Worth Noting Teams of scientists have extracted sediment samples from Titicaca's lakebed to study the history of climatological change in the region. Such research helps scientists build models to analyze contemporary trends in global climate change.

EXPANSION

Worth Noting Students might enjoy learning this indigenous riddle about the **armadillo**, the animal whose outer shell is used to make the **charango**, a small guitar used in Andean music.
Vive en el cerro, lejos del mar.
De concha el saco sin abrochar.
Cuando se muere... ¡pues a cantar!

21ˢᵗ Century Skills

Creativity and Innovation
Ask students to prepare a list of the three products or perspectives they learned about in this lesson to share with the class. You may ask them to focus specifically on the **Cultura** and **Panorama** sections.

21ˢᵗ Century Skills

Leadership and Responsibility Extension Project
As a class, have students decide on three questions they want to ask the partner class related to the topic of the lesson they have just completed. Based on the responses they receive, work as a class to explain to the Spanish-speaking partners one aspect of their responses that surprised the class and why.

 My Vocabulary

El bienestar

el bienestar	well-being
la droga	drug
el/la drogadicto/a	drug addict
el masaje	massage
el/la teleadicto/a	couch potato
adelgazar	to lose weight; to slim down
aliviar el estrés	to reduce stress
aliviar la tensión	to reduce tension
apurarse, darse prisa	to hurry; to rush
aumentar de peso, engordar	to gain weight
disfrutar (de)	to enjoy; to reap the benefits (of)
estar a dieta	to be on a diet
(no) fumar	(not) to smoke
llevar una vida sana	to lead a healthy lifestyle
sufrir muchas presiones	to be under a lot of pressure
tratar de (+ *inf.*)	to try (to do something)
activo/a	active
débil	weak
en exceso	in excess
flexible	flexible
fuerte	strong
sedentario/a	sedentary
tranquilo/a	calm; quiet

En el gimnasio

la cinta caminadora	treadmill
la clase de ejercicios aeróbicos	aerobics class
el/la entrenador(a)	trainer
el músculo	muscle
calentarse (e:ie)	to warm up
entrenarse	to train
estar en buena forma	to be in good shape
hacer ejercicio	to exercise
hacer ejercicios aeróbicos	to do aerobics
hacer ejercicios de estiramiento	to do stretching exercises
hacer gimnasia	to work out
levantar pesas	to lift weights
mantenerse en forma	to stay in shape
sudar	to sweat

La nutrición

la bebida alcohólica	alcoholic beverage
la cafeína	caffeine
la caloría	calorie
el colesterol	cholesterol
la grasa	fat
la merienda	afternoon snack
el mineral	mineral
la nutrición	nutrition
el/la nutricionista	nutritionist
la proteína	protein
la vitamina	vitamin
comer una dieta equilibrada	to eat a balanced diet
consumir alcohol	to consume alcohol
descafeinado/a	decaffeinated

Expresiones útiles	*See page 199.*

recursos

vText | CA p. 141 | vhlcentral

El mundo del trabajo

7

Communicative Goals

I will be able to:
- **Talk about my future plans**
- **Talk about and discuss work**
- **Interview for a job**
- **Express agreement and disagreement**

MORA MANGO $4.900 $3.900

A PRIMERA VISTA
- ¿Está trabajando la chica en la foto?
- ¿Qué vende?
- ¿Lleva ropa profesional?
- ¿Está descansando o está ocupada?

Lesson Goals

In **Lección 7**, students will be introduced to the following:
- terms for professions and occupations
- work-related vocabulary
- work benefits in the Spanish-speaking world
- **César Chávez**
- future tense
- irregular future tense verbs
- future perfect tense
- past subjunctive
- recognizing similes and metaphors
- using note cards in preparation for writing
- writing a composition on personal and professional goals
- using background knowledge when listening
- listening for specific information
- a television commercial for **Banco Comercial**, a Uruguayan bank
- a video about different work environments in Ecuador
- cultural and geographic information about Nicaragua
- cultural and geographic information about the Dominican Republic

21st Century Skills

Financial, Economic, Business, and Entrepreneurial Literacy
Ask questions to activate prior knowledge about the world of work. Ex: Do you work outside of school? What is the role of work in your life? Tell students to be prepared to compare their experiences with the world of work with what they learn in this lesson.

A primera vista Ask these additional questions based on the photo: **¿Has tenido un trabajo? ¿Dónde? ¿Qué hacías? ¿Te gusta trabajar? ¿Por qué?**

SUPPORT FOR BACKWARD DESIGN

Lección 7 **Essential Questions**
1. How do people talk about work and careers?
2. How do people talk about getting a job and other future plans?
3. What are job conditions like in the Spanish-speaking world?

Lección 7 **Integrated Performance Assessment**
Before teaching this chapter, review the Integrated Performance Assessment (IPA) and its accompanying scoring rubric provided in the Testing Program. Use the IPA to assess students' progress toward proficiency targets at the end of the chapter.
IPA Context: You and a partner are considering different careers. First, watch a video about professions. Then, with your partner, discuss the pros and cons of different professions. Finally, prepare a short presentation in which you describe one specific career to the class.

Voice boards on the Supersite allow you and your students to record and share up to five minutes of audio. Use voice boards for presentations, oral assessments, discussions, directions, etc.

Section Goals

In **Contextos**, students will learn and practice:
- words for professions and occupations
- work-related terminology

 Communication 1.2
Comparisons 4.1

Student Resources
Cuaderno de actividades comunicativas, p. 143
Cuaderno de práctica, pp. 73–74
Cuaderno para hispanohablantes, pp. 95–96
Supersite: Activities, eCuaderno

Teacher Resources
Workbook TEs; Digital Image Bank; Textbook and Audio Activities MP3s; Audio Scripts; Testing Program Quizzes; Activity Pack

Teaching Tips
- Add a visual aspect to this vocabulary presentation. Using magazine pictures, ask volunteers to identify places of business and occupations. Ex: **¿Qué tipo de negocio es? (peluquería) La persona que trabaja en una peluquería se llama peluquero/a.** Write each job you mention on the board.
- Use the **Lección 7 Contextos** Digital Image Bank to support this presentation.
- Use the illustration to ask questions that elicit the occupations. Ex: **¿Quién crea planos de edificios? (el/la arquitecto/a) Y, ¿quiénes usan los planos? (los carpinteros)** Then talk about yourself to facilitate a discussion about career plans. Ex: **Cuando yo estudiaba, también trabajaba dos noches a la semana de cocinera en una pizzería. ¿Hay alguien en esta clase que quiera ser cocinero/a? ____, ¿para qué profesión piensas estudiar? ____, ¿cuál será tu especialización?**

El mundo del trabajo

🔊 **S** My Vocabulary Tutorials

Más vocabulario

el/la abogado/a	lawyer
el actor, la actriz	actor
el/la consejero/a	counselor; advisor
el/la contador(a)	accountant
el/la corredor(a) de bolsa	stockbroker
el/la diseñador(a)	designer
el/la electricista	electrician
el/la gerente	manager
el hombre/la mujer de negocios	businessperson
el/la jefe/a	boss
el/la maestro/a	teacher
el/la político/a	politician
el/la psicólogo/a	psychologist
el/la secretario/a	secretary
el/la técnico/a	technician
el ascenso	promotion
el aumento de sueldo	raise
la carrera	career
la compañía, la empresa	company; firm
el empleo	job; employment
los negocios	business; commerce
la ocupación	occupation
el oficio	trade
la profesión	profession
la reunión	meeting
el teletrabajo	telecommuting
el trabajo	job; work
la videoconferencia	videoconference
dejar	to quit; to leave behind
despedir (e:i)	to fire
invertir (e:ie)	to invest
renunciar (a)	to resign (from)
tener éxito	to be successful
comercial	commercial; business-related

Variación léxica

abogado/a ⟷ licenciado/a (*Amér. C.*)
contador(a) ⟷ contable (*Esp.*)

el carpintero
el pintor
el arquitecto
el peluquero
el científico
la arqueóloga

recursos

v̂Text | CA p. 143 | CP pp. 73–74 | CH pp. 95–96 | **S** vhlcentral

---

TEACHING OPTIONS

TPR Divide the class into small groups. Have students take turns miming the work of different professionals. The other group members have to name the professional. Ex: Student mimes hammering a nail into the floor. (**carpintero/a**)
Pairs Write **acción, definición,** and **asociación** on the board. Tell students to take turns choosing a vocabulary word and deciding if they will act it out, give a definition, or provide other words

EXPANSION

associated with the vocabulary item. Their partner must guess the word. Ex: For **cocinero**, students can act out preparing food, define what a cook does (**Prepara la comida en un restaurante**), or name associated words (**Wolfgang Puck, cocina, comida**).
Extra Practice Name a job (Ex: **cocinero**). Have students write down as many words as possible that they associate with this job. Ex: **cocinero: cocina, cuchara, horno, restaurante**

Práctica

la reportera

el cocinero

el bombero

1 **Escuchar** Escucha la descripción que hace Juan Figueres de su profesión y luego completa las oraciones con las palabras adecuadas.

1. El Sr. Figueres es ___b___.
   a. actor   b. hombre de negocios   c. pintor
2. El Sr. Figueres es el ___c___ de una compañía multinacional.
   a. secretario   b. técnico   c. gerente
3. El Sr. Figueres quería ___a___ con la cual pudiera (*he could*) trabajar en otros países.
   a. una carrera   b. un ascenso   c. un aumento de sueldo
4. El Sr. Figueres viaja mucho porque ___a___.
   a. tiene reuniones en otros países   b. es político
   c. toma muchas vacaciones

2 **¿Cierto o falso?** Escucha las descripciones de las profesiones de Ana y Marco. Indica si lo que dice cada oración es **cierto** o **falso**.

1. Ana es maestra de inglés.   falso
2. Ana asiste a muchas reuniones.   cierto
3. Ana recibió un aumento de sueldo.   falso
4. Marco hace muchos viajes.   cierto
5. Marco quiere dejar su empresa.   cierto
6. El jefe de Marco es cocinero.   falso

3 **Escoger** Escoge la ocupación que corresponde a cada descripción.

la arquitecta	el científico	la electricista
el bombero	el corredor de bolsa	el maestro
la carpintera	el diseñador	la técnica

1. Desarrolla teorías de biología, química, física, etc.   el científico
2. Nos ayuda a iluminar nuestras casas.   la electricista
3. Combate los incendios (*fires*) que destruyen edificios.   el bombero
4. Ayuda a la gente a invertir su dinero.   el corredor de bolsa
5. Enseña a los niños.   el maestro
6. Diseña ropa.   el diseñador
7. Arregla las computadoras.   la técnica
8. Diseña edificios.   la arquitecta

4 **Asociaciones** ¿Qué profesiones asocias con estas palabras?

> **modelo**
> emociones   *psicólogo/a*

1. pinturas   pintor(a)
2. consejos   consejero/a
3. elecciones   político/a
4. comida   cocinero/a
5. leyes   abogado/a
6. teatro   actor/actriz
7. pirámide   arqueólogo/a
8. periódico   reportero/a
9. pelo   peluquero/a

TEACHING OPTIONS

Pairs In pairs, ask students to arrange the professions into two lists based on distinct sets of criteria. Ex: **trabajos al aire libre/ trabajos en lugares cerrados; profesiones/oficios; trabajos que requieren mucha fuerza/trabajos que no requieren mucha fuerza.** Have each pair read their lists aloud to the class.

TEACHING OPTIONS

Game Play a modified version of **20 Preguntas**. Ask a volunteer to think of a profession or occupation from the drawing or vocabulary list. Other students get one chance each to ask a yes/no question until someone guesses the profession or occupation correctly. Limit attempts to ten questions per item. Ex: **¿Es un oficio? ¿Hay que hablar con mucha gente?**

Communication 1.1

1 **Expansion** Have pairs discuss how **Juan's** career is different from those of the rest of his family. Have volunteers share similar examples of someone being a "black sheep" in their family or in families they know.

1 **Script** Yo soy de una familia de artistas. Mi madre es diseñadora gráfica, mi padre es pintor y mi hermano es actor. *Script continues on page 230.*

Script continues on page 230.

2 **Teaching Tip** To challenge students, have them correct the false statements.

2 **Script** Ana trabaja como mujer de negocios desde hace cuatro años, aunque siempre quiso ser maestra de inglés. Trabaja mucho en la computadora y siempre tiene reuniones con los contadores de su empresa. Ana invierte muchas horas en su trabajo y es muy responsable. Su jefe está muy contento con el trabajo de Ana y le va a dar un aumento de sueldo. Marco es un exitoso arquitecto. Por su ocupación, Marco tiene que viajar frecuentemente a diferentes ciudades. Marco quiere ser gerente de su empresa pero su jefe no quiere darle un ascenso; por eso piensa renunciar a su puesto y dejar la empresa. Quizá Marco cambie de carrera y se dedique a la profesión de su padre, que trabaja como cocinero en el restaurante de su familia. *Teacher Resources DVD*

3 **Teaching Tip** Model the activity by making a statement about a profession not listed in the word bank. Have a volunteer identify the occupation. Ex: **Defiende a una persona acusada de un crimen. (la abogada)**

4 **Teaching Tip** Read the **modelo** and ask volunteers to suggest names of other associated professions. Ex: **consejero/a, actor/actriz**

1 Script (continued)

Pero yo me gradué con una especialización en negocios internacionales porque quería trabajar en otros países. Ahora soy el gerente de una compañía multinacional y viajo todos los meses. Sé que a muchos hombres de negocios no les gusta viajar y prefieren utilizar el correo electrónico, el teletrabajo y la videoconferencia para hacer negocios con empresas extranjeras. Yo, sin embargo, prefiero conocer a la gente personalmente; por eso yo viajo a sus países cuando tenemos reuniones importantes. *Teacher Resources DVD*

Teaching Tip Introduce the vocabulary presented on this page by having a discussion with students about their experiences with and knowledge of interviews. Ex: **Algunas personas se ponen muy nerviosas antes de una entrevista. ¿Ustedes han tenido entrevistas? ¿Se ponen nerviosos? ¿Cómo se puede preparar para una entrevista?**

5 Teaching Tip Have pairs rehearse by reading their sentences to each other for peer correction. Then have pairs role-play the conversation for the class. Encourage students to ad-lib as they go.

6 Expansion To challenge students, have them write logical sentences with the unused choices. Ex: **1. Me llamaron de una empresa porque me quieren entrevistar.**

7 Teaching Tip This activity may be done in pairs or in small groups in round-robin fashion. Allow approximately ten minutes for completion of the activity.

7 Virtual Chat You can also assign activity 7 on the Supersite. Students record individual responses that appear in your gradebook.

---

5 Conversación Completa la entrevista con el nuevo vocabulario que se ofrece en la lista de la derecha.

ENTREVISTADOR   Recibí la (1)_solicitud (de trabajo)_ que usted llenó y vi que tiene mucha experiencia.

ASPIRANTE   Por eso decidí mandar una copia de mi (2)__currículum__ cuando vi su (3)____anuncio____ en Internet.

ENTREVISTADOR   Me alegro de que lo haya hecho. Pero dígame, ¿por qué dejó usted su (4)____puesto____ anterior?

ASPIRANTE   Lo dejé porque quiero un mejor (5)__salario/sueldo__.

ENTREVISTADOR   ¿Y cuánto quiere (6)____ganar____ usted?

ASPIRANTE   Pues, eso depende de los (7)__beneficios__ que me puedan ofrecer.

ENTREVISTADOR   Muy bien. Pues, creo que usted tiene la experiencia necesaria, pero tengo que (8)__entrevistar__ a dos aspirantes más. Le vamos a llamar la semana que viene.

ASPIRANTE   Hasta pronto, y gracias por la (9)__entrevista__.

Más vocabulario

el anuncio	*advertisement*
el/la aspirante	*candidate; applicant*
los beneficios	*benefits*
el currículum	*résumé*
la entrevista	*interview*
el/la entrevistador(a)	*interviewer*
el puesto	*position; job*
el salario, el sueldo	*salary*
la solicitud (de trabajo)	*(job) application*
contratar	*to hire*
entrevistar	*to interview*
ganar	*to earn*
obtener	*to obtain; to get*
solicitar	*to apply (for a job)*

6 Completar Escoge la respuesta que completa cada oración.

1. Voy a __b__ mi empleo.
   a. tener éxito   b. renunciar a   c. entrevistar
2. Quiero dejar mi ____c____ porque no me llevo bien con mi jefe.
   a. anuncio   b. gerente   c. puesto
3. Por eso, fui a una ____b____ con una consejera de carreras.
   a. profesión   b. reunión   c. ocupación
4. Ella me dijo que necesito revisar mi ___a___.
   a. currículum   b. compañía   c. aspirante
5. ¿Cuándo obtuviste ____c____ más reciente?, me preguntó.
   a. la reunión   b. la videoconferencia   c. el aumento de sueldo
6. Le dije que deseo trabajar en una empresa con excelentes ___a___.
   a. beneficios   b. entrevistas   c. solicitudes de trabajo
7. Y quiero tener la oportunidad de ___a___ en la nueva empresa.
   a. invertir   b. obtener   c. perder

¡LENGUA VIVA!

Trabajo, empleo, and **puesto** can be translated as *job,* but each has additional meanings: **trabajo** means *work,* **empleo** means *employment,* and **puesto** means *position.*

7 Preguntas Responde a cada pregunta con una respuesta breve. Answers will vary.

1. ¿En qué te gustaría especializarte?
2. ¿Has leído los anuncios de empleo en el periódico o en Internet?
3. ¿Piensas que una carrera que beneficia a otros es más importante que un empleo con un salario muy bueno? Explica tu respuesta.
4. ¿Tus padres consiguen los puestos que quieren?
5. ¿Has tenido una entrevista de trabajo alguna vez?
6. ¿Crees que una persona debe renunciar a un puesto si no se ofrecen ascensos?
7. ¿Te gustaría (*Would you like*) más un teletrabajo o un trabajo tradicional en una oficina?
8. ¿Piensas que los jefes siempre tienen razón?
9. ¿Quieres crear tu propia empresa algún día? ¿Por qué?
10. ¿Cuál es tu carrera ideal?

Practice more at vhlcentral.com.

DIFFERENTIATION

Heritage Speakers Ask heritage speakers to write a description of a job that is unique to their cultural community. Ex: **gestor(a), aparejador(a), curandero/a, puestero/a.** Have them read their descriptions for the class, who will ask follow-up questions. Write unfamiliar vocabulary on the board.

TEACHING OPTIONS

Game Have students make a Bingo card with the names of professions, and then ask them to exchange their cards with a classmate. Read aloud simple descriptions, such as **Trabaja en una oficina.** If a student has a corresponding profession on his or her board, he or she makes a check mark in the corner of the box. To win, a student must mark five professions in a row, read them back to you, and supply appropriate descriptions.

Communication 1.1, 1.2

Comunicación

8   **Una entrevista** Trabaja con un(a) compañero/a para representar los papeles de un(a) aspirante a un puesto y un(a) entrevistador(a). Answers will vary.

El/La entrevistador(a) debe describir…

▶   el puesto,
▶   las responsabilidades,
▶   el salario,
▶   los beneficios.

El/La aspirante debe…

▶   presentar su experiencia y
▶   obtener más información sobre el puesto.

Entonces…

▶   el/la entrevistador(a) debe decidir si va a contratar al/a la aspirante y
▶   el/la aspirante debe decidir si va a aceptar el puesto.

9   **Un(a) consejero/a de carreras** En parejas, representen los papeles de un(a) consejero/a de carreras y una persona que quiere saber cuál es la mejor ocupación para él/ella. El/La consejero/a debe hacerle preguntas sobre su educación, su experiencia y sus intereses y debe sugerir dos o tres profesiones posibles. Después, intercambien los papeles. Answers will vary.

10   **Una feria de trabajo** La clase va a celebrar una feria (*fair*) de trabajo. Unos estudiantes van a buscar empleo y otros van a ser representantes de compañías que buscan empleados. Answers will vary.

●   Los representantes deben preparar carteles con el nombre de su compañía y los puestos que ofrecen.
●   Los que buscan empleo deben circular por la clase y hablar con tres representantes sobre sus experiencias de trabajo y el tipo de trabajo que están buscando.
●   Los entrevistadores deben describir los puestos y conseguir los nombres y las referencias de los aspirantes.

TEACHING OPTIONS

Small Groups Have small groups write a résumé for a famous person. Write a suggested format on the board for the class. Ex: **Objetivos profesionales, Formación académica, Experiencia laboral.** Have groups peer edit and critique another group's completed résumé. Later, have groups review their classmates' comments.

TEACHING OPTIONS

Game Divide the class into teams and give them five minutes to write a job announcement. Explain that they should not specify the title of the position. Then have them take turns reading their announcements. The other teams must guess what job is being announced. Award one point for each correct guess.

---

8 Teaching Tips
• To simplify, give students time to look at the photo and brainstorm. Then have a conversation with the class about the interview process. Ex: **En una entrevista, ¿quién explica las responsabilidades del trabajo? ¿Quién pregunta sobre la experiencia de la otra persona?**
• Before beginning the activity, have students generate a list of different positions for which the **aspirante** could interview.

8 Expansion Ask volunteers to role-play their **entrevista** for the class.

8 Partner Chat (Premium) You can also assign activity 8 on the Supersite. Students work in pairs to record the activity online. The pair's recorded conversation will appear in your gradebook.

9 Teaching Tips
• Have the class brainstorm questions an employment counselor might ask. Write the questions on the board.
• Model the activity by providing information for an imaginary client. Ex: **Una joven busca trabajo. Le gustan mucho los niños, pero no tiene carrera universitaria. Tiene muchos hermanos y gana dinero cuidando a los niños de sus vecinos. ¿Qué trabajo le recomienda la consejera? (ayudante de maestra; trabajadora de guardería)**

9 Partner Chat You can also assign activity 9 on the Supersite.

10 Expansion After the **feria**, ask the **representantes de compañías** to say which candidate seemed like the best match for their company. Then ask the **aspirantes** to say which company seemed like the best match for them. Ask students to explain their choices.

Section Goals

In **Fotonovela**, students will:
- receive comprehensible input from free-flowing discourse
- learn functional phrases that preview lesson grammatical structures

Communication 1.2
Cultures 2.1, 2.2

Student Resources
Cuaderno de actividades comunicativas, pp. 59–60
Supersite: *Fotonovela* video, Activities, *eCuaderno*

Teacher Resources
Workbook TE; Video Script & Translation

Video Recap: Lección 6
Before doing this **Fotonovela** section, review the previous episode with these questions:
**1. ¿Qué ruinas visitaron Marissa, Jimena, Felipe y Juan Carlos? (Visitaron Chichén Itzá.)
2. ¿Quiénes ya habían visitado Chichén Itzá? (Felipe, Jimena, Maru y Miguel ya lo habían visitado.) 3. ¿Qué servicios pidieron Felipe y Marissa para aliviar el estrés? (Felipe pidió un masaje y Marissa pidió un baño mineral.) 4. ¿Qué van a hacer Jimena y Juan Carlos la próxima semana? (Van a salir.)**

Video Synopsis As the friends reflect on their professional goals and plans for the future, **Felipe** becomes aware of **Juan Carlos** and **Jimena's** romance. **Sra. Díaz** helps **Miguel** with a mock job interview, and **Maru** gets some good news.

Teaching Tip Hand out the **Antes de ver el video** and **Mientras ves el video** activities from the *Cuaderno de actividades comunicativas* and go over the **Antes de ver** questions before starting the **Fotonovela**.

La entrevista de trabajo

Los chicos hablan de sus planes para el futuro y la Sra. Díaz prepara a Miguel para unas entrevistas de trabajo.

PERSONAJES   MARISSA   FELIPE

Video: *Fotonovela*

MARISSA En menos de dos meses, ya habré regresado a mi casa en Wisconsin.

FELIPE No pensé que el año terminara tan pronto.

JIMENA ¡Todavía no se ha acabado! Tengo que escribir tres ensayos.

MARISSA ¿Qué piensas hacer después de graduarte, Felipe?

JUAN CARLOS Vamos a crear una compañía de asesores de negocios.

FELIPE Les enseñaremos a las empresas a disminuir la cantidad de contaminación que producen.

MARISSA Estoy segura de que tendrán mucho éxito.

FELIPE También me gustaría viajar. Me muero por ir a visitarte a los Estados Unidos.

JIMENA Pues date prisa. Pronto estará lejos trabajando como arqueóloga.

SRA. DÍAZ Durante la entrevista, tienes que convencer al entrevistador de que tú eres el mejor candidato. ¿Estás listo para comenzar?

MIGUEL Sí.

MIGUEL Mucho gusto. Soy Miguel Ángel Lagasca Martínez.

SRA. DÍAZ Encantada, Miguel. Veamos. Hábleme sobre su trabajo en el Museo Guggenheim de Bilbao.

MIGUEL Estuve allí seis meses en una práctica.

SRA. DÍAZ ¿Cuáles son sus planes para el futuro?

MIGUEL Seguir estudiando historia del arte, especialmente la española y la latinoamericana. Me encanta el arte moderno. En el futuro, quiero trabajar en un museo y ser un pintor famoso.

TEACHING OPTIONS

La entrevista de trabajo Play the **La entrevista de trabajo** episode and have students jot down key words. Then have them work in groups to prepare a brief plot summary using their lists of key words. Play the episode again and have

students return to their groups to refine their summaries. Finally, discuss the plot with the entire class and correct any errors of fact or sequencing.

JIMENA · **JUAN CARLOS** · **MIGUEL** · **SRA. DÍAZ**

4

MARISSA No sé cómo vaya a ser mi vida a los 30 años. Probablemente me habré ido de Wisconsin y seré arqueóloga en un país exótico.

JUAN CARLOS (*a Jimena*) Para entonces ya serás doctora.

5

(*Mientras tanto, en la oficina de la Sra. Díaz*)

MIGUEL Gracias por recibirme hoy.

SRA. DÍAZ De nada, Miguel. Estoy muy feliz de poder ayudarte con las entrevistas de trabajo.

9

SRA. DÍAZ ¿Qué te hace especial, Miguel?

MIGUEL ¿Especial?

SRA. DÍAZ Bueno. Paremos un momento. Necesitas relajarte. Vamos a caminar.

10

MIGUEL Estamos esperando noticias del museo. (*al teléfono*) Hola. ¿Maru? ¡Genial! (*a la Sra. Díaz*) ¡La aceptaron!

SRA. DÍAZ Felicidades. Ahora quiero que tomes ese mismo entusiasmo y lo lleves a la entrevista.

recursos
vText · CA · vhlcentral
pp. 59–60

Expresiones útiles

Talking about future plans

En menos de dos meses, ya habré regresado a mi casa en Wisconsin.
In less than two months, I'll have gone back home to Wisconsin.

¿Qué piensas hacer después de graduarte?
What do you plan to do after graduation?

Vamos a crear una compañía de asesores de negocios.
We're going to open a consulting firm.

Les enseñaremos a las empresas a disminuir la cantidad de contaminación que producen.
We'll teach businesses how to reduce the amount of pollution they produce.

No sé cómo vaya a ser mi vida a los treinta años.
I don't know what my life will be like when I am thirty.

Probablemente me habré ido de Wisconsin.
I'll probably have left Wisconsin.

Seré arqueóloga en un país exótico.
I'll be an archeologist in some exotic country.

Reactions

Estoy seguro/a de que tendrán mucho éxito.
I'm sure you'll be very successful.

¡Genial!
Great!

Additional vocabulary

ejercer *to practice/exercise (a degree/profession)*
enterarse *to find out*
establecer *to establish*
extrañar *to miss*
por el porvenir *for/to the future*
el título *title*

1 Expansion Give the class these sentences as items 5–8:
**5. Jimena va a ser profesora. (Falso. Va a ser doctora/médica.)
6. Marissa piensa buscar trabajo en Wisconsin. (Falso. Probablemente va a ser arqueóloga en un país exótico.)
7. A Miguel le interesa el arte moderno. (Cierto.) 8. Miguel contesta el teléfono cuando está en la oficina de la Sra. Díaz. (Falso. Contesta el teléfono mientras caminan enfrente del Palacio de Bellas Artes/afuera.)**

2 Teaching Tip Have students close their books. Read each item aloud and have students identify the character who could have made the statement.

Nota cultural Two of **Dalí's** most famous works are the painting *La persistencia de la memoria* (1931) and the film *Un chien andalou* (1929), which was a collaboration with another Spanish surrealist, **Luis Buñuel.**

3 Expansion Ask pairs to read their definitions aloud. Have the class guess the corresponding profession.

4 Possible Conversation
E1: ¿Qué piensas hacer después de graduarte?
E2: Bueno, iré a la universidad para estudiar arquitectura. Quiero ser arquitecto y tener mi propia oficina.
E1: ¡Qué bien! ¿Quieres saber cuáles son mis planes para el futuro?
E2: Claro que sí. ¿Cuáles son tus planes?
E1: Yo también voy a ir a la universidad. Seré mujer de negocios. Este verano, voy a trabajar en la oficina de mi tío para ganar experiencia. Un día, pienso crear mi propia compañía.

¿Qué pasó?

1 **¿Cierto o falso?** Indica si lo que dicen estas oraciones es **cierto** o **falso**.
Corrige las oraciones falsas.

	Cierto	Falso
1. Juan Carlos y Felipe quieren crear su propia empresa.	☑	○
2. En el futuro, Marissa va a viajar porque va a ser psicóloga.	○	☑
En el futuro, Marissa va a viajar porque va a ser arqueóloga.		
3. La Sra. Díaz ayuda a Miguel con su currículum.	○	☑
La Sra. Díaz ayuda a Miguel con sus entrevistas de trabajo.		
4. Miguel quiere seguir estudiando historia del arte.	☑	○

2 **Identificar** Identifica quién puede decir estas oraciones.

1. Nosotros vamos a ayudar a que se reduzca la contaminación. Felipe
2. Me gustan los hospitales, por eso quiero ser doctora. Jimena
3. No imagino cómo será mi vida en el futuro. Marissa
4. Quiero ser un pintor famoso, como Salvador Dalí. Miguel
5. Lleva ese entusiasmo a la entrevista y serás el mejor candidato. Sra. Díaz

SRA. DÍAZ
MIGUEL
JIMENA
MARISSA
FELIPE

▶ **NOTA CULTURAL**

El pintor español **Salvador Dalí** es uno de los máximos representantes del **surrealismo**, tendencia estética que refleja el subconsciente (*subconscious*) del artista. Las obras de Dalí están llenas de símbolos e imágenes fantásticas que muestran sus sueños y su interpretación de la realidad.

3 **Profesiones** Los protagonistas de la **Fotonovela** mencionan estas profesiones. En parejas, túrnense para definir cada profesión. Answers will vary.

1. arqueólogo/a
2. doctor(a)
3. administrador(a) de empresas
4. artista
5. hombre/mujer de negocios
6. abogado/a
7. pintor(a)
8. profesor(a)

4 **Mis planes** En grupos, hablen de sus planes para el futuro. Utilicen estas preguntas y frases.
Answers will vary.

- ¿Qué piensas hacer después de graduarte?
- ¿Quieres saber cuáles son mis planes para el futuro?
- ¿Cuáles son tus planes?
- ¿Dónde trabajarás?
- El próximo año/verano, voy a...
- Seré...
- Trabajaré en...

AYUDA

Remember that the indefinite article is not used with professions, unless they are modified by an adjective.
José es **pintor**.
José es **un buen pintor**.

 Practice more at vhlcentral.com.

PRE-AP*

Interpersonal Speaking In pairs, have students write and act out the dialogue of **Miguel's** first real interview. Tell half the class to create a scenario in which **Miguel** flubs the interview; the others should imagine a situation in which he was successful. Have a few volunteers role-play their interviews for the class.

TEACHING OPTIONS

Small Groups In small groups, have students discuss where they want to be and what they want to be doing in five years, in ten years, in thirty years, and so forth. Then ask a few volunteers to report on their partners' plans.

Ortografía y pronunciación

y, ll y h

The digraph **ll** and the letter **y** were not pronounced alike in Old Spanish. Nowadays, however, **ll** and **y** have the same or similar pronunciations in many parts of the Spanish-speaking world. This results in frequent misspellings. The letter **h**, as you already know, is silent in Spanish, and it is often difficult to know whether words should be written with or without it. Here are some of the word groups that are spelled with each letter.

 Audio

talla	**sello**	**botella**	**amarillo**

The digraph **ll** is used in these endings: **-allo/a, -ello/a, -illo/a.**

llave	**llega**	**llorar**	**lluvia**

The digraph **ll** is used at the beginning of words in these combinations: **lla-, lle-, llo-, llu-.**

cayendo	**leyeron**	**oye**	**incluye**

The letter **y** is used in some forms of the verbs **caer, leer,** and **oír** and in verbs ending in **-uir.**

hiperactivo	**hospital**	**hipopótamo**	**humor**

The letter **h** is used at the beginning of words in these combinations: **hiper-, hosp-, hidr-, hipo-, hum-.**

hiato	**hierba**	**hueso**	**huir**

The letter **h** is also used in words that begin with these combinations: **hia-, hie-, hue-, hui-.**

Práctica Llena los espacios con **h, ll** o **y**. Después escribe una oración con cada una de las palabras.

1. cuchi_ll_o
2. _h_ielo
3. cue_ll_o
4. estampi_ll_a
5. estre_ll_a
6. _h_uésped
7. destru_y_ó
8. pla_y_a

Adivinanza Aquí tienes una adivinanza (*riddle*). Intenta descubrir de qué se trata.

Una cajita chiquita, blanca como la nieve: todos la saben abrir, nadie la sabe cerrar.[1]

Pista: Es una comida.

[1] El huevo

recursos

| v̂Text | CA p. 144 | CH p. 97 | (S) vhlcentral |

Section Goal

In **Ortografía y pronunciación**, students will learn about the spelling of words that contain **y, ll,** and **h.**

Comparisons 4.1

Student Resources
Cuaderno de actividades comunicativas, p. 144
Cuaderno para hispanohablantes, p. 97
Supersite: Activities, *eCuaderno*

Teacher Resources
Workbook TE; Textbook and Audio Activities MP3s; Audio Scripts

Teaching Tips
• Write the words **talla, sello, botella,** and **amarillo** on the board. Ask the class why these words are spelled with **ll.**
• Say the words **llave, llega, llorar,** and **lluvia** and ask volunteers to spell them aloud in Spanish.
• Say the words **cayendo, leyeron, oye,** and **incluye** and ask volunteers to write them on the board.
• Write the words **hiperactivo, hospital, hipopótamo,** and **humor** on the board and ask the class why these words are spelled with **h.**
• Say the words **hiato, hierba, hueso,** and **huir** and ask volunteers to spell them aloud in Spanish.

TEACHING OPTIONS

Small Groups Have the class work in small groups and make a list of six words that are spelled with **y, ll,** or **h** (two words for each). They should not use the words that appear on this page. Have them write a creative, humorous sentence that includes all six of these words. Have a few groups share their sentences with the class.

EXPANSION

Extra Practice Add an auditory aspect to this **Ortografía y pronunciación** presentation. Read aloud a list of words that contain **y, ll,** or **h.** Ex: **ayer, llegaban, oyó, llamamos, humano, hueco, millonario, cayeron, leyó.** For each word, have students say **i griega, elle,** or **hache** to indicate which is used.

Section Goals

In **Cultura**, students will:
- read about work benefits in the Spanish-speaking world
- learn employment-related terms
- read about Mexican-American labor leader **César Chávez**
- read about labor equality

Communication 1.1, 1.2
Cultures 2.1, 2.2
Connections 3.1, 3.2
Comparisons 4.2

Student Resources
Cuaderno para hispanohablantes, p. 98
Supersite: Activities

 21st Century Skills

Global Awareness
Students will gain perspectives on the Spanish-speaking world to develop respect and openness to others.

En detalle
Antes de leer Ask volunteers to mention common benefits for full-time employees (insurance, paid time off, retirement).

Lectura
- Explain that, since Spaniards tend to take most of their vacation days in August, many small shops and businesses close for the month.
- As students read, have them compare the reading with what they know about their family members' jobs.

Después de leer In pairs, ask students to discuss what facts in this reading are new or surprising to them.

1 Expansion Give students this additional statement: **9. Si una persona es soltera, es mal visto incluir esa información en el currículum vitae. (Falso. Es normal incluir información sobre el estado civil.)**

EN DETALLE

 Additional Reading

Beneficios
en los empleos

¿Qué piensas si te ofrecen un trabajo que te da treinta días de vacaciones pagadas? Los beneficios laborales° en los Estados Unidos, España e Hispanoamérica son diferentes en varios sentidos°. En España, por ejemplo, todos los empleados, por ley°, tienen treinta días de vacaciones pagadas al año. Otro ejemplo lo hallamos en las licencias por maternidad°. En los Estados Unidos se otorgan° doce semanas, dependiendo de cada empresa si esos días son pagados o no. En muchos países hispanoamericanos, sin embargo, las leyes dictan que esta licencia debe ser pagada. Países como Chile y Venezuela ofrecen a las madres trabajadoras° dieciocho semanas de licencia pagada.

Otra diferencia está en los sistemas de jubilación° de los países hispanoamericanos.

Hasta la década de 1990, la mayoría de los países de Centroamérica y Suramérica tenía un sistema de jubilación público. Es decir, las personas no tenían que pagar directamente por su jubilación, sino que el Estado la administraba. Sin embargo, en los últimos años las cosas han cambiado en Hispanoamérica: desde hace más de una década, casi todos los países han incorporado el sistema privado° de jubilación, y en muchos países podemos encontrar los dos sistemas (público y privado) funcionando al mismo tiempo, como en Colombia, Perú o Costa Rica.

El currículum vitae

- El currículum vitae contiene información personal y es fundamental que sea muy detallado°. En ocasiones, mientras más páginas tenga, mejor.
- Normalmente incluye° la educación completa del aspirante, todos los trabajos que ha tenido e incluso sus gustos personales y pasatiempos.
- Puede también incluir detalles que no se suelen incluir en los Estados Unidos: una foto del aspirante, su estado civil e incluso si tiene auto y de qué tipo.

beneficios laborales *job benefits* **varios sentidos** *many ways* **ley** *law* **licencias por maternidad** *maternity leave* **se otorgan** *are given* **madres trabajadoras** *working mothers* **jubilación** *retirement* **privado** *private* **detallado** *detailed* **incluye** *includes*

ACTIVIDADES

1 **¿Cierto o falso?** Indica si lo que dicen estas oraciones es cierto o falso. Corrige la información falsa.

1. Los trabajadores de los Estados Unidos y los de España tienen beneficios laborales diferentes. **Cierto.**

2. La licencia por maternidad es igual en Hispanoamérica y los Estados Unidos. **Falso.** Son diferentes.

3. En Venezuela, la licencia por maternidad es de cuatro meses y medio. **Cierto.**

4. En España, los empleados tienen treinta días de vacaciones al año. **Cierto.**

5. Hasta 1990, muchos países hispanoamericanos tenían un sistema de jubilación privado. **Falso.** La mayoría de los países hispanoamericanos tenía un sistema de jubilación público.

6. En Perú sólo tienen un sistema de jubilación privado. **Falso.** En Perú tienen un sistema de jubilación público y otro privado.

7. En general, el currículum vitae hispano y el estadounidense tienen contenido distinto. **Cierto.**

8. En Hispanoamérica, es importante que el currículum vitae tenga pocas páginas. **Falso.** Mientras más páginas tenga, mejor.

EXPANSION

Extra Practice Have students imagine they are applying for a job in a Spanish-speaking country. Ask them to create a rough draft of their résumé, tailoring it according to the information in the reading. Encourage students to also look at sample résumés in Spanish on the Internet to get ideas. Have them exchange their papers for peer editing.

TEACHING OPTIONS

Pairs Have pairs pick a country or region mentioned in **En detalle** and create a conversation between an employer and a job applicant. If possible, have them use their résumés from the Extra Practice activity. The applicant should try to negotiate something with the employer, such as extra vacation time. Have pairs role-play their conversations for the class.

ASÍ SE DICE

El trabajo

la chamba (Méx.); el curro (Esp.); el laburo (Arg.); la pega (Chi.)	el trabajo
el/la cirujano/a	*surgeon*
la huelga	*strike*
el/la niñero/a	*babysitter*
el impuesto	*tax*

EL MUNDO HISPANO

Igualdad° laboral

- **United Fruit Company** fue, por casi cien años, la mayor corporación estadounidense. Monopolizó las exportaciones de frutas de Hispanoamérica, e influenció enormemente la economía y la política de la región hasta 1970.

- **Fair Trade Coffee** trabaja para proteger a los agricultores° de café de los abusos de las grandes compañías multinacionales. Ahora, en lugares como Centroamérica, los agricultores pueden obtener mayores ganancias° a través del comercio directo y los precios justos°.

- **Oxfam International** trabaja en países como Guatemala, Ecuador, Nicaragua y Perú para concientizar a la opinión pública° de que la igualdad entre las personas es tan importante como el crecimiento° económico de las naciones.

Igualdad *Equality* agricultores *farmers* ganancias *profits* justos *fair* concientizar a la opinión pública *to make public opinion aware* crecimiento *growth*

PERFIL

César Chávez

César Estrada Chávez (1927–1993) nació cerca de Yuma, Arizona. De padres mexicanos, empezó a trabajar en el campo a los diez años de edad. Comenzó a luchar contra la discriminación en los años 40, mientras estaba en la Marina°. Fue en esos tiempos cuando se sentó en la sección para blancos en un cine segregacionista y se negó° a moverse.

Junto a su esposa, Helen Fabela, fundó° en 1962 la Asociación Nacional de Trabajadores del Campo° que después se convertiría en la coalición Trabajadores del Campo Unidos. Participó y organizó muchas huelgas en grandes compañías para lograr mejores

condiciones laborales° y salarios más altos y justos para los trabajadores. Es considerado un héroe del movimiento laboral estadounidense. Desde el año 2000, la fecha de su cumpleaños es un día festivo pagado° en California y otros estados.

Marina *Navy* se negó *he refused* fundó *he established* Trabajadores del Campo *Farm Workers* condiciones laborales *working conditions* día festivo pagado *paid holiday*

🔗 Conexión Internet

¿Qué industrias importantes hay en los países hispanos?

Go to **vhlcentral.com** to find more cultural information related to this **Cultura** section.

ACTIVIDADES

2 **Comprensión** Responde a las preguntas.

1. ¿Cómo dice un argentino "perdí mi trabajo"? *Un argentino dice "perdí mi laburo".*
2. ¿Cuál es el principio fundamental del Fair Trade Coffee? *Proteger a los agricultores de café*
3. ¿Para qué César Chávez organizó huelgas contra grandes compañías? *Para lograr mejores condiciones laborales y salarios más altos para los trabajadores*
4. ¿Qué día es un día festivo pagado en California? *El cumpleaños de César Chávez*

 Practice more at **vhlcentral.com.**

3 **Sus ambiciones laborales** En parejas, hagan una lista con al menos tres ideas sobre las expectativas que tienen sobre su futuro como trabajadores/as. Pueden describir las ideas y ambiciones sobre el trabajo que quieren tener. ¿Conocen bien las reglas que deben seguir para conseguir un trabajo? ¿Les gustan? ¿Les disgustan? Luego van a exponer sus ideas ante la clase para un debate. *Answers will vary.*

recursos

v̂Text

CH
p. 98

Ⓢ
vhlcentral

Así se dice
- Model the pronunciation of each term and have students repeat it.
- To challenge students, add these work-related words to the list: **botar (Cuba, Rep. Dom.), correr (Méx.), echar (Arg., Col., Esp.)** (*to fire*); **el/la canguro (Esp.), el/la cuidador(a) de niños (Perú, Ven.), la nana (Méx.), la nodriza (Chi.)** (*babysitter*); **chambear (Mex.), currar (Esp.), laburar (Arg.)** (*to work*); **el día hábil, el día laborable, el día de trabajo** (*work/business day*); **fundar** (*to establish*); **la globalización** (*globalization*); **el/la recepcionista** (*receptionist*).

Perfil César Chávez had a difficult school life as a child. He grew up during a time of segregation and prejudice for Mexican-Americans. Spanish was banned in schools, and he recalled being punished for not speaking English exclusively. Due to his family's migrant way of life, he attended 37 schools. Besides the holiday on March 31 (**Chávez's** birthday), many parks, libraries, schools, and streets have been named in his honor.

El mundo hispano Have students look at the Oxfam International website in Spanish and gather additional information about the organization's purpose and history.

21st Century Skills

Information and Media Literacy: Conexión Internet Students access and critically evaluate information from the Internet.

2 **Expansion** Have students work in pairs to write four additional questions. Then have pairs exchange papers with another pair, who will answer the questions.

3 **Teaching Tip** Encourage pairs to use the subjunctive. Ex: **Espero que mi futuro jefe me dé tres semanas de vacaciones.**

Teaching Tips
• Review the **ir a** + [*infinitive*] construction to express the future in Spanish. Then, work through the paradigm for the formation of the future. Go over regular and irregular verbs in the future point by point, calling students' attention to the information in **¡Atención!**
• Ask students about their future activities using **ir a** + [*infinitive*]. After they answer, repeat the information using the future. Ex: **Mis amigos y yo almorzaremos a la una.**
• Check for understanding by asking volunteers to give different forms of verbs that are not listed. Ex: **renunciar, ofrecer, invertir**

7.1 The future

Tutorial

ANTE TODO You have already learned ways of expressing the near future in Spanish. You will now learn how to form and use the future tense. Compare the different ways of expressing the future in Spanish and English.

Present indicative

Voy al cine mañana.
I'm going to the movies tomorrow.

ir a + [*infinitive*]

Voy a ir al cine.
I'm going to go to the movies.

Present subjunctive

Ojalá **vaya al cine** mañana.
I hope I will go to the movies tomorrow.

Future

Iré al cine.
I will go to the movies.

▶ In Spanish, the future is a simple tense that consists of one word, whereas in English it is made up of the auxiliary verb *will* or *shall*, and the main verb.

Future tense			
	estudiar	**aprender**	**recibir**
SINGULAR FORMS			
yo	estudiar**é**	aprender**é**	recibir**é**
tú	estudiar**ás**	aprender**ás**	recibir**ás**
Ud./él/ella	estudiar**á**	aprender**á**	recibir**á**
PLURAL FORMS			
nosotros/as	estudiar**emos**	aprender**emos**	recibir**emos**
vosotros/as	estudiar**éis**	aprender**éis**	recibir**éis**
Uds./ellos/ellas	estudiar**án**	aprender**án**	recibir**án**

¡ATENCIÓN!
Note that -ar, -er, and -ir verbs all have the same endings in the future tense.

▶ **¡Atención!** Note that all of the future endings have a written accent except the **nosotros/as** form.

¿Cuándo **recibirás** el ascenso?
*When **will you receive** the promotion?*

Mañana **aprenderemos** más.
*Tomorrow **we will learn** more.*

▶ The future endings are the same for regular and irregular verbs. For regular verbs, simply add the endings to the infinitive. For irregular verbs, add the endings to the irregular stem.

Irregular verbs in the future

INFINITIVE	STEM	FUTURE FORMS
decir	dir-	dir**é**
hacer	har-	har**é**
poder	podr-	podr**é**
poner	pondr-	pondr**é**
querer	querr-	querr**é**
saber	sabr-	sabr**é**
salir	saldr-	saldr**é**
tener	tendr-	tendr**é**
venir	vendr-	vendr**é**

▶ The future of **hay** (*inf.* **haber**) is **habrá** (*there will be*).

La próxima semana **habrá** dos reuniones.	**Habrá** muchos gerentes en la videoconferencia.
Next week there will be two meetings.	*There will be many managers at the videoconference.*

▶ Although the English word *will* can refer to future time, it also refers to someone's willingness to do something. In this case, Spanish uses **querer** + [*infinitive*], not the future tense.

¿Quieres llamarme, por favor?	**¿Quieren ustedes escucharnos**, por favor?
Will you please call me?	*Will you please listen to us?*

COMPARE & CONTRAST

In Spanish, the future tense has an additional use: expressing conjecture or probability. English sentences involving expressions such as *I wonder, I bet, must be, may, might,* and *probably* are often translated into Spanish using the *future of probability*.

—¿Dónde **estarán** mis llaves?	—¿Qué hora **será**?
I wonder where my keys are.	*What time can it be? (I wonder what time it is.)*
—**Estarán** en la cocina.	—**Serán** las once o las doce.
They're probably in the kitchen.	*It must be (It's probably) eleven or twelve.*

Note that although the future tense is used, these verbs express conjecture about *present* conditions, events, or actions.

CONSULTA

To review these conjunctions of time, see **Estructura 4.3**, p. 146.

▶ The future may also be used in the main clause of sentences in which the present subjunctive follows a conjunction of time such as **cuando, después (de) que, en cuanto, hasta que,** and **tan pronto como.**

Cuando llegues a la oficina, **hablaremos**.	**Saldremos tan pronto como termine** su trabajo.
When you arrive at the office, we will talk.	*We will leave as soon as you finish your work.*

recursos

v̂Text

CA
p. 145

CP
pp. 75–76

CH
pp. 99–101

vhlcentral

¡INTÉNTALO!

Conjuga en el futuro los verbos que están entre paréntesis.

1. (dejar, correr, invertir) yo _____ dejaré, correré, invertiré
2. (renunciar, beber, vivir) tú _____ renunciarás, beberás, vivirás
3. (hacer, poner, venir) Lola _____ hará, pondrá, vendrá
4. (tener, decir, querer) nosotros _____ tendremos, diremos, querremos
5. (ir, ser, estar) ustedes _____ irán, serán, estarán
6. (solicitar, comer, repetir) usted _____ solicitará, comerá, repetirá
7. (saber, salir, poder) yo _____ sabré, saldré, podré
8. (encontrar, jugar, servir) tú _____ encontrarás, jugarás, servirás

Teaching Tips
- Go over the future of **hay**. Remind students that **hay/habrá** is the only form and does not agree with any element in a sentence.
- Go over the explanation of **querer** + [*infinitive*].
- Explain the use of the future for expressing conjecture, which English generally expresses with the present tense. Add a visual aspect to this grammar presentation. Use magazine pictures to get students to speculate about what people are thinking or going to do. Ex: **¿Qué pensará la mujer que está saliendo de la oficina? (Pensará en su entrevista.)**
- Go over the use of the future in the main clause of sentences in which the present subjunctive follows a conjunction of time. Check for understanding by asking individuals to supply the main clause to prompts of present subjunctive clauses. Ex: **En cuanto pueda…; Tan pronto como me lo digas…**
- Have students open to **Fotonovela**, pages 232–233. Ask students to identify: 1) the use of the future to express upcoming actions and 2) the use of the future as a means of expressing conjecture or possibility.

TELL Connection

Performance and Feedback 2
Why: Immediate feedback provides evidence of student performance, supporting performance targets. *What:* Throughout **DESCUBRE, ¡Inténtalo!** activities provide students with evidence they need to gauge need for more study and practice.

TEACHING OPTIONS

Pairs Ask students to write ten academic resolutions for the upcoming semester, using the future. Ex: **Haré dos o tres borradores para cada composición. Practicaré el español con los estudiantes hispanos.** Have students share their resolutions with a partner, who will then report back to the class. Ex: _____ **hará dos o tres borradores para cada composición.**

EXPANSION

Extra Practice Ask students to finish these sentences logically: **1. En cuanto encuentre trabajo,… 2. Tan pronto como termine mis estudios,… 3. El día que gane la lotería,… 4. Cuando lleguen las vacaciones,… 5. Hasta que tenga un puesto profesional,…** Encourage students to expand on their answers with additional information as appropriate.

Práctica

1

Planes Celia está hablando de sus planes. Repite lo que dice, usando el tiempo futuro.

> **modelo**
> Voy a consultar el índice de Empresas 500 en la biblioteca.
> *Consultaré el índice de Empresas 500 en la biblioteca.*

1. Álvaro y yo nos vamos a casar pronto. Nos casaremos…
2. Julián me va a decir dónde puedo buscar trabajo. Me dirá…
3. Voy a buscar un puesto con un buen sueldo. Buscaré…
4. Voy a leer los anuncios clasificados todos los días. Leeré…
5. Voy a obtener un puesto en mi especialización. Obtendré…
6. Mis amigos van a estar contentos por mí. Estarán…

2

La predicción inolvidable Completa el párrafo con el futuro de los verbos. Some answers may vary. Sample answers:

asustarse	conseguir	estar	olvidar	tener
casarse	escribir	hacerse	ser	terminar

Nunca (1) ___olvidaré___ lo que me dijo la vidente (*clairvoyant*) antes de que se quedara sin batería mi teléfono celular: "En diez años (2) ___se harán___ realidad todos tus deseos. (3) ___Terminarás___ tus estudios, (4) ___conseguirás___ un empleo rápidamente y tu éxito (5) ___será___ asombroso. (6) ___Te casarás___ con un hombre bueno y hermoso, del que (7) ___estarás___ enamorada. Pero, en realidad, (8) ___tendrás___ una vida muy triste porque un día, cuando menos lo esperes..."

3

Preguntas Imaginen que han aceptado uno de los puestos de los anuncios. En parejas, túrnense para hablar sobre los detalles (*details*) del puesto. Usen las preguntas como guía y hagan también sus propias preguntas. Answers will vary.

> **Laboratorios LUNA**
> Se busca científico con mucha imaginación para crear nuevos productos. Mínimo 3 años de experiencia. Puesto con buen sueldo y buenos beneficios. Tel: 492-38-67
>
> **SE BUSCAN**
> Actores y actrices con experiencia para telenovela. Trabajarán por las noches. Salario: 40 dólares la hora. Soliciten puesto en persona. Calle El Lago n. 24, Managua.
>
> **SE BUSCA CONTADOR(A)**
> Mínimo 5 años de experiencia. Debe hablar inglés, francés y alemán. Salario: 120.000 dólares al año. Envíen currículum por fax al: 924-90-34.
>
> **SE NECESITAN**
> Jóvenes periodistas para el sitio web de un periódico nacional. Horario: 4:30 a 20:30. Comenzarán inmediatamente. Salario 20.000 dólares al año. Tel. contacto: 245-94-30.

1. ¿Cuál será el trabajo?
2. ¿Qué harás?
3. ¿Cuánto te pagarán?
4. ¿Sabes si te ofrecerán beneficios?
5. ¿Sabes el horario que tendrás? ¿Es importante saberlo?
6. ¿Crees que te gustará? ¿Por qué?
7. ¿Cuándo comenzarás a trabajar?
8. ¿Qué crees que aprenderás?

 Practice more at **vhlcentral.com**.

---

1 Teaching Tips
• Before beginning the activity, briefly explain the subtle difference between the near future, expressed by **ir a** + [*infinitive*], and the future tense.
• Have two volunteers read aloud the **modelo**. Then change the subject of the sentence and ask another volunteer to say the new sentence. Ex: **Celia va a consultar el índice de Empresas 500 en la biblioteca. (Consultará el índice de Empresas 500 en la biblioteca.)**

1 Expansion For further oral practice, read these additional items to the class:
7. Después de cinco años Álvaro y yo vamos a tener nuestro propio negocio. (… tendremos…) 8. El negocio va a estar en un lugar bonito. (Estará…) 9. Ustedes van a querer comprar los productos de nuestra compañía. (Querrán…) 10. Vamos a jubilarnos cuando tengamos cuarenta años. (Nos jubilaremos…)

2 Expansion In pairs, have students write the final few predictions of the clairvoyant using the two unused verbs from the word bank, plus two different verbs in the future tense.

3 Teaching Tip To simplify, before beginning the activity, give students a few minutes to read the ads.

3 Expansion Have students answer the same questions about their dream job, and then form small groups to share and discuss their answers.

Successful Language Learning Ask students to discuss with a partner how they could use Spanish in their future careers.

TEACHING OPTIONS

Large Group Tell the class that everyone will soon have a new job. Using sticky notes, place the name of a profession on each student's back. Have students circulate around the room, asking closed-ended questions to find out what their new jobs are going to be. They should use the future to form their questions, and they are only allowed to ask three questions per classmate. Ex: **¿Trabajaré al aire libre? ¿Me pagarán mucho?** …

EXPANSION

Video Show the **Fotonovela** episode again to give students more input about the future. Stop the video where appropriate to discuss the use of the future to express coming events.

Communication 1.1
Comparisons 4.1

Comunicación

4 **Conversar** Tú y tu compañero/a viajarán a la República Dominicana con un grupo de estudiantes por siete días. Indiquen lo que harán y no harán. Digan dónde, cómo, con quién o en qué fechas lo harán, usando el anuncio como guía. Pueden usar sus propias ideas también. Answers will vary.

> **modelo**
> **Estudiante 1:** ¿Qué haremos el martes?
> **Estudiante 2:** Visitaremos el Jardín Botánico.
> **Estudiante 1:** Pues, tú visitarás el Jardín Botánico y yo caminaré por el Mercado Modelo.

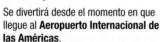

¡Bienvenido a la República Dominicana!

Se divertirá desde el momento en que llegue al **Aeropuerto Internacional de las Américas**.

- Visite la ciudad colonial de **Santo Domingo** con su interesante arquitectura.
- Vaya al **Jardín Botánico** y disfrute de nuestra abundante naturaleza.
- En el **Mercado Modelo** no va a poder resistir la tentación de comprar artesanías.
- No deje de escalar el **Pico Duarte** (se recomiendan 3 días).
- ¿Le gusta bucear? **Cabarete** tiene todo el equipo que usted necesita.
- ¿Desea nadar? **Punta Cana** le ofrece hermosas playas.

NOTA CULTURAL
En la **República Dominicana** están el punto más alto y el más bajo de las Antillas. El Pico Duarte mide (*measures*) 3.087 metros y el lago Enriquillo está a 45 metros bajo el nivel del mar (*sea level*).

5 **Planear** En parejas, hagan planes para formar una empresa privada. Usen las preguntas como guía. Después presenten su plan a la clase. Answers will vary.

1. ¿Cómo se llamará y qué tipo de empresa será?
2. ¿Cuántos empleados tendrá y cuáles serán sus oficios o profesiones?
3. ¿Qué tipo de beneficios se ofrecerán?
4. ¿Quién será el/la gerente y quién será el jefe/la jefa? ¿Por qué?
5. ¿Permitirá su empresa el teletrabajo? ¿Por qué?
6. ¿Dónde pondrán anuncios para conseguir empleados?

Síntesis

6 **El futuro de Cristina** Tu profesor(a) va a darte una serie incompleta de dibujos sobre el futuro de Cristina. Tú y tu compañero/a tienen dos series diferentes. Háganse preguntas y respondan de acuerdo a los dibujos para completar la historia. Answers will vary.

> **modelo**
> **Estudiante 1:** ¿Qué hará Cristina en el año 2025?
> **Estudiante 2:** Ella se graduará en el año 2025.

recursos
vText
CA
pp. 29–30

4 Teaching Tips
- Give pairs time to read the ad before they complete the activity.
- If you have any students of Dominican heritage in your class or if any of your students have visited the Dominican Republic, ask them to share what they know about the places named in the ad.

4 Expansion Have several pairs role-play their conversations for the class.

4 Partner Chat (Premium) You can also assign activity 4 on the Supersite. Students work in pairs to record the activity online.

5 Expansion Have groups develop visual aids to accompany their presentations.

5 Virtual Chat (Premium) You can also assign activity 5 on the Supersite. Students record individual responses that appear in your gradebook.

 Communication 1.1

6 Teaching Tip Divide the class into pairs and distribute the Communication Activities worksheets from the Activity Pack that correspond to this activity.

6 Expansion
- Have students change partners, and have the new pairs use the future to retell the story without looking at the drawings. Later, ask students if their second retelling of the story differed from the first one with their original partner.
- Have pairs pick a person who is currently in the news and write predictions about his or her future. Ask pairs to share their predictions with the class.

Section Goal

In **Estructura 7.2**, students will learn the future perfect.

Communication 1.1
Comparisons 4.1

Student Resources
Cuaderno de actividades comunicativas, pp. 33, 146
Cuaderno de práctica, p. 77
Cuaderno para hispanohablantes, p. 102
Supersite: Activities, *eCuaderno*

Teacher Resources
Workbook TEs; Grammar Slides; Audio Activities MP3s; Audio Script; Testing Program Quizzes; Activity Pack

Teaching Tips
• Write a series of dates on the board that correspond to key academic events and use them in sample sentences with the future perfect. Ex: **Para el 15 de enero, el semestre habrá comenzado.**
• Ask volunteers to read aloud the captions to the video stills and identify the future perfect verbs.
• Discuss **para** + [*time expression*] and **dentro de** + [*time expression*]. Explain that the future perfect is also used to hypothesize about a past action. Ex: **Susana ya habrá salido de la oficina.**

7.2 The future perfect

 Tutorial

ANTE TODO Like other compound tenses you have learned, the future perfect (**el futuro perfecto**) is formed with a form of **haber** and the past participle. It is used to talk about what will have happened by some future point in time.

Future perfect			
	hablar	**comer**	**vivir**
SINGULAR FORMS			
yo	**habré** hablado	**habré** comido	**habré** vivido
tú	**habrás** hablado	**habrás** comido	**habrás** vivido
Ud./él/ella	**habrá** hablado	**habrá** comido	**habrá** vivido
PLURAL FORMS			
nosotros/as	**habremos** hablado	**habremos** comido	**habremos** vivido
vosotros/as	**habréis** hablado	**habréis** comido	**habréis** vivido
Uds./ellos/ellas	**habrán** hablado	**habrán** comido	**habrán** vivido

¡ATENCIÓN!

As with other compound tenses, the past participle never varies in the future perfect; it always ends in **-o**.

En dos meses, ya habré regresado a Wisconsin.

Tendremos una compañía muy exitosa.

Sí, porque muchas empresas habrán solicitado nuestros servicios.

▶ The phrases **para** + [*time expression*] and **dentro de** + [*time expression*] are used with the future perfect to talk about what will have happened by some future point in time.

Para el lunes, habré hecho todas las preparaciones.
By Monday, I will have made all the preparations.

Dentro de un año, habré renunciado a mi trabajo.
Within a year, I will have resigned from my job.

¡INTÉNTALO! Indica la forma apropiada del futuro perfecto.

1. Para el sábado, nosotros ___habremos obtenido___ (obtener) el dinero.
2. Yo ___habré terminado___ (terminar) el trabajo para cuando lleguen mis amigos.
3. Silvia ___habrá hecho___ (hacer) todos los planes para el próximo fin de semana.
4. Para el cinco de junio, ustedes ___habrán llegado___ (llegar) a Quito.
5. Para esa fecha, Ernesto y tú ___habrán recibido___ (recibir) muchas ofertas.
6. Para el ocho de octubre, nosotros ya ___habremos llegado___ (llegar) a Colombia.
7. Para entonces, yo ___habré vuelto___ (volver) de la República Dominicana.
8. Para cuando yo te llame, ¿tú ___habrás decidido___ (decidir) lo que vamos a hacer?
9. Para las nueve, mi hermana ___habrá salido___ (salir).
10. Para las ocho, tú y yo ___habremos limpiado___ (limpiar) el piso.

recursos

vText

CA
p. 146

CP
p. 77

CH
p. 102

vhlcentral

TEACHING OPTIONS

Small Groups Divide the class into groups of three. Ask each group to work together to write a description of a celebrity's future success, using the future perfect. The group should not include the name of their subject. Then circulate the descriptions and ask the other groups to guess the identity of the celebrity whose future is being predicted.

EXPANSION

Extra Practice To provide oral practice with the future perfect, give the students oral prompts with a future date. Ex: **Para el año 2035...** Say the prompt, have students repeat it, then call on individuals to add an appropriate ending using the future perfect. (**... habremos aprendido perfectamente el español.; ...usted se habrá jubilado.**)

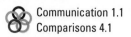
Práctica y Comunicación

1 ¿Qué habrá pasado? Forma oraciones lógicas combinando ambas (*both*) columnas.

A

1. Para el año 2050, la población del mundo c
2. Para la semana que viene, el profesor b
3. Antes de cumplir los 40 años, yo f
4. Dentro de una semana, ellos e
5. Para cuando se dé cuenta, el científico g
6. Para fin de año, las termitas d

B

a. me habré jubilado.
b. habrá corregido los exámenes.
c. habrá aumentado un 47%.
d. habrán destruido su casa.
e. habrán atravesado el océano Pacífico.
f. habré escrito un libro, plantado un árbol y tenido tres hijos.
g. habrá hecho un gran daño a la humanidad.

2 Escoger Juan Luis habla de lo que habrá ocurrido en ciertos momentos del futuro. Escoge los verbos que mejor completen cada oración y ponlos en el futuro perfecto.

casarse	graduarse	romperse	solicitar	viajar
comprar	leer	ser	tomar	

1. Para mañana por la tarde, yo ya _____habré tomado_____ mi examen de biología.
2. Para la semana que viene, el profesor _____habrá leído_____ nuestras composiciones.
3. Dentro de tres meses, Juan y Marisa _____se habrán casado_____ en Las Vegas.
4. Dentro de cinco meses, tú y yo _____nos habremos graduado_____ de la escuela secundaria.
5. Para finales (*end*) de mayo, yo _____habré solicitado_____ un trabajo de tiempo parcial.
6. Dentro de un año, tus tíos _____habrán comprado_____ una casa nueva.
7. Antes de cumplir los 50 años, usted _____habrá viajado_____ a Europa.
8. Dentro de 25 años, Emilia ya _____habrá sido_____ presidenta de los EE.UU.

3 Encuesta Tu profesor(a) te va a dar una hoja de actividades. Pregúntales a tres compañeros/as para cuándo habrán hecho las cosas relacionadas con sus futuras carreras que se mencionan en la lista. Toma nota de las respuestas y luego comparte con la clase la información que obtuviste.
Answers will vary.

recursos

v̂Text

CA
p. 33

 Practice more at vhlcentral.com.

Síntesis

4 Competir En parejas, preparen una conversación hipotética (8 líneas o más) que ocurra en una fiesta. Una persona dice lo que habrá hecho para algún momento del futuro; la otra responde, diciendo cada vez algo más exagerado. Prepárense para representar la conversación delante de la clase.
Answers will vary.

modelo

Estudiante 1: Cuando tenga 30 años, habré ganado un millón de dólares.
Estudiante 2: Y yo habré llegado a ser multimillonaria.
Estudiante 1: Para el 2025, me habrán escogido como la mejor escritora (*writer*) del país.
Estudiante 2: Pues, yo habré ganado el Premio Nobel de Literatura.

1 Expansion In pairs, have students use the prepositional phrases in column A to make six predictions about their partners, who will disagree or agree with the statements. Ex: **Para el año 2050, habrás vivido en cinco países diferentes. (No, es imposible. Tengo mucho miedo de viajar en avión.)**

2 Expansion Use the same prepositional phrases to start a discussion with students about their future plans. Ex: **Para mañana por la tarde, ¿qué habrás hecho? Para la semana que viene, ¿con quién habrás hablado?** Ask follow-up questions as necessary.

3 Teaching Tip Distribute the Communication Activities worksheets from the Activity Pack that correspond to this activity.

 Communication 1.1

4 Teaching Tip Have two volunteers read the **modelo** aloud. Model adding another exaggerated claim to the exchange. Ex: **Pues, yo ya me habré jubilado del Comité del Premio Nobel para esa fecha.**

4 Expansion After students have role-played their conversations for the class, ask students to evaluate the claims. Ex: **La hipótesis de _____ es la más exagerada. La más ambiciosa es la de _____. La más original es la de _____.**

4 Partner Chat You can also assign activity 4 on the Supersite. Students work in pairs to record the activity online. The pair's recorded conversation will appear in your gradebook.

EXPANSION

Pairs In pairs, have students prepare skits about a prediction, using the future perfect. One student will play the part of a fortune-teller, a psychic, or another type of clairvoyant who claims to foresee the future. The other student will be the client. Encourage the students to bring in props and/or costumes for the performance of their skits.

TEACHING OPTIONS

Game Divide the class into teams of three. Write a future date on the board. Ex: **el 15 de noviembre de 2024.** Team members should confer and decide what will have happened by that date. When they have their answer, one team member should stand up. The first team to respond with an acceptable answer wins a point. Ex: **Para el 15 de noviembre de 2024, habremos tenido otras elecciones presidenciales.**

Section Goal

In **Estructura 7.3**, students will learn the past subjunctive.

Communication 1.1
Comparisons 4.1

Student Resources
Cuaderno de actividades comunicativas, pp. 31–32, 147
Cuaderno de práctica, pp. 78–80
Cuaderno para hispanohablantes, pp. 103–105
Supersite: Activities, *eCuaderno*

Teacher Resources
Workbook TEs; Grammar Slides; Audio Activities MP3s; Audio Script; Testing Program Quizzes; Activity Pack

Teaching Tip To demonstrate the use of the past subjunctive, ask volunteers closed-ended questions about a movie or recent event. Ex: **En la película _____, ¿te sorprendió que la heroína se casara con el enemigo del protagonista? ¿Esperabas que el gobernador tomara esa decisión?** As students answer, write the complete sentences on the board, underlining the past subjunctive form. Ex: **A todos nos sorprendió que la heroína se casara con el enemigo del protagonista. _____ no esperaba que el gobernador tomara esa decisión.**

¡Lengua viva! Point out that the use of **quiero** instead of **quisiera** can seem brusque or rude. Compare: **Quisiera hablar con Marco** and **Quiero hablar con Marco,** or **¿Quisiera usted algo más?** and **¿Quiere usted algo más?**

7.3 The past subjunctive

Tutorial

ANTE TODO You will now learn how to form and use the past subjunctive (**el pretérito imperfecto de subjuntivo**), also called the imperfect subjunctive. Like the present subjunctive, the past subjunctive is used mainly in multiple-clause sentences that express states and conditions such as will, influence, emotion, commands, indefiniteness, and non-existence.

The past subjunctive			
	estudiar	**aprender**	**recibir**
SINGULAR FORMS			
yo	estudia**ra**	aprendie**ra**	recibie**ra**
tú	estudia**ras**	aprendie**ras**	recibie**ras**
Ud./él/ella	estudia**ra**	aprendie**ra**	recibie**ra**
PLURAL FORMS			
nosotros/as	estudiá**ramos**	aprendié**ramos**	recibié**ramos**
vosotros/as	estudia**rais**	aprendie**rais**	recibie**rais**
Uds./ellos/ellas	estudia**ran**	aprendie**ran**	recibie**ran**

▶ The past subjunctive endings are the same for all verbs.

-ra	**-ramos**
-ras	**-rais**
-ra	**-ran**

▶ The past subjunctive is formed using the **Uds./ellos/ellas** form of the preterite. By dropping the **-ron** ending from this preterite form, you establish the stem of all the past subjunctive forms. To this stem you then add the past subjunctive endings.

INFINITIVE	PRETERITE FORM	PAST SUBJUNCTIVE
hablar	ellos **habla**ron	habla**ra**, habla**ras**, hablá**ramos**
beber	ellos **bebie**ron	bebie**ra**, bebie**ras**, bebié**ramos**
escribir	ellos **escribie**ron	escribie**ra**, escribie**ras**, escribié**ramos**

▶ For verbs with irregular preterites, add the past subjunctive endings to the irregular stem.

INFINITIVE	PRETERITE FORM	PAST SUBJUNCTIVE
dar	**die**ron	die**ra**, die**ras**, dié**ramos**
decir	**dije**ron	dije**ra**, dije**ras**, dijé**ramos**
estar	**estuvie**ron	estuvie**ra**, estuvie**ras**, estuvié**ramos**
hacer	**hicie**ron	hicie**ra**, hicie**ras**, hicié**ramos**
ir/ser	**fue**ron	fue**ra**, fue**ras**, fué**ramos**
poder	**pudie**ron	pudie**ra**, pudie**ras**, pudié**ramos**
poner	**pusie**ron	pusie**ra**, pusie**ras**, pusié**ramos**
querer	**quisie**ron	quisie**ra**, quisie**ras**, quisié**ramos**
saber	**supie**ron	supie**ra**, supie**ras**, supié**ramos**
tener	**tuvie**ron	tuvie**ra**, tuvie**ras**, tuvié**ramos**
venir	**vinie**ron	vinie**ra**, vinie**ras**, vinié**ramos**

¡ATENCIÓN!

Note that the **nosotros/as** form of the past subjunctive always has a written accent.

¡LENGUA VIVA!

The past subjunctive has another set of endings:

-se	-semos
-ses	-seis
-se	-sen

It's a good idea to learn to recognize these endings because they are sometimes used in literary and formal contexts.

Deseaba que mi esposo recibiese un ascenso.

¡LENGUA VIVA!

Quisiera, the past subjunctive form of **querer,** is often used to make polite requests.

Quisiera hablar con Marco, por favor.
I would like to speak to Marco, please.

¿Quisieran ustedes algo más?
Would you like anything else?

Extra Practice Write this drill on the board. Students should conjugate the verb according to each new subject. **1. estar: él/nosotros/tú 2. emplear: yo/ella/usted 3. insistir: ellos/ustedes/él 4. poder: ellas/yo/nosotros 5. obtener: nosotros/tú/ella**
Heritage Speakers Ask heritage speakers to talk about what used to be generally true in their cultural communities. Suggest topics for them to consider: family tendencies, typical career paths

for men vs. women. Tell them to use the past subjunctive. Ex: **Los padres querían que los hijos adultos vivieran cerca de casa....**
Pairs Ask students to write ten sentences that use the past subjunctive to describe their experiences during their first days at your school. Ex: **Me sorprendió que la escuela fuera tan grande.** Ask them to share their sentences with a partner, who will report back to the class.

▶ **-Ir** stem-changing verbs and other verbs with spelling changes follow a similar process to form the past subjunctive.

INFINITIVE	PRETERITE FORM	PAST SUBJUNCTIVE
preferir	prefirie~~ron~~	prefiri**era**, prefiri**eras**, prefirié**ramos**
repetir	repitie~~ron~~	repiti**era**, repiti**eras**, repitié**ramos**
dormir	durmie~~ron~~	durmi**era**, durmi**eras**, durmié**ramos**
conducir	conduje~~ron~~	conduj**era**, conduj**eras**, condujé**ramos**
creer	creye~~ron~~	crey**era**, crey**eras**, creyé**ramos**
destruir	destruye~~ron~~	destruy**era**, destruy**eras**, destruyé**ramos**
oír	oye~~ron~~	oy**era**, oy**eras**, oyé**ramos**

AYUDA

When a situation that triggers the subjunctive is involved, most cases follow these patterns:
main verb in present indicative →
subordinate verb in present subjunctive
Espero que María **venga** a la reunión.

main verb in past indicative →
subordinate verb in past subjunctive
Esperaba que María **viniera** a la reunión.

▶ The past subjunctive is used in the same contexts and situations as the present subjunctive and the present perfect subjunctive, except that it generally describes actions, events, or conditions that have already happened.

Me pidieron que no **llegara** tarde.
They asked me not to arrive late.

Me sorprendió que ustedes no **vinieran** a la cena.
It surprised me that you didn't come to the dinner.

Salió antes de que yo **pudiera** hablar contigo.
He left before I could talk to you.

Ellos querían que yo **escribiera** una novela romántica.
They wanted me to write a romantic novel.

Cuando llegaste, no creí que tuviéramos muchas cosas en común.

No pensé que el año terminara tan pronto.

recursos

v̂Text

CA
pp. 31–32, 147

CP
pp. 78–80

CH
pp. 103–105

vhlcentral

¡INTÉNTALO! Indica la forma apropiada del pretérito imperfecto de subjuntivo de los verbos entre paréntesis.

1. Quería que tú ___vinieras___ (venir) más temprano.
2. Esperábamos que ustedes ___hablaran___ (hablar) mucho más en la reunión.
3. No creían que yo ___pudiera___ (poder) hacerlo.
4. No deseaba que nosotros ___invirtiéramos___ (invertir) el dinero ayer.
5. Sentí mucho que ustedes no ___estuvieran___ (estar) con nosotros anoche.
6. No era necesario que ellas ___hicieran___ (hacer) todo.
7. Me pareció increíble que tú ___supieras___ (saber) dónde encontrarlo.
8. No había nadie que ___creyera___ (creer) tu historia.
9. Mis padres insistieron en que yo ___fuera___ (ir) a la universidad.
10. Queríamos salir antes de que ustedes ___llegaran___ (llegar).

Teaching Tips
• Check comprehension by writing the infinitive of three regular verbs on the board. Ask a volunteer to give the **ellos** form of the preterite. Have the class then give the subjunctive forms. Follow the same procedure with verbs that have irregular preterite forms or stem changes in the preterite.
• Use pairs of examples such as the following to illustrate that the past subjunctive generally occurs in the same situations as the present subjunctive, except that it deals with past events. Ex: **¿Es importante que estudies tanto? ¿Era importante que estudiaras tanto? Me sorprende que quieras ser político. Me sorprendió que quisieras ser político. No hay ningún teléfono que funcione. No había ningún teléfono que funcionara.**
• Ask volunteers to read aloud the captions to the video stills and indicate the past subjunctive forms.

The Affective Dimension
If students feel intimidated by the past subjunctive, point out that its forms are fairly easy to learn and that it is used in familiar contexts.

EXPANSION

Extra Practice Review key moments of the **Fotonovela** up to this point and have students react by making statements using the past subjunctive. Ex: **Me pareció horrible que Felipe y Juan Carlos le dañaran la cena romántica de Maru y Miguel.**

EXPANSION

Extra Practice Write this cloze paragraph on the board, asking students to complete it using the correct forms of these verbs: **querer, poder, estudiar, tener.**
Mis padres siempre querían que yo ____ una carrera universitaria. (estudiara) Nunca dudaron de que yo ____ llegar a ser lo que ____. (podía, quisiera) Cuando ____ hijos, espero tener la misma confianza en ellos. (tenga)

Práctica

Communication 1.1
Comparisons 4.1

1 **Expansion** Assign pairs one of the three conversations. Ask partners to work together to continue the conversation using the past subjunctive. **Ex: A mí me pasó algo similar. Mis padres me aconsejaron que dejara un trabajo que me gustaba mucho por otro que pagaba mejor. De verdad, yo esperaba que ellos me comprendieran, pero no fue así.**

1 **Diálogos** Completa los diálogos con el pretérito imperfecto de subjuntivo de los verbos entre paréntesis. Después representa los diálogos con un(a) compañero/a.

1. —¿Qué le dijo el consejero a Andrés? Quisiera saberlo.
   —Le aconsejó que ___dejara___ (dejar) los estudios de arte y que ___estudiara___ (estudiar) una carrera que ___pagara___ (pagar) mejor.
   —Siempre el dinero. ¿No se enojó Andrés de que le ___aconsejara___ (aconsejar) eso?
   —Sí, y le dijo que no creía que ninguna otra carrera le ___fuera___ (ir) a gustar más.

2. —Qué lástima que ellos no te ___ofrecieran___ (ofrecer) el puesto de gerente.
   —Querían a alguien que ___tuviera___ (tener) experiencia en el sector público.
   —Pero, ¿cómo? ¿Y tu maestría? ¿No te molestó que te ___dijeran___ (decir) eso?
   —No, no tengo experiencia en esa área, pero les gustó mucho mi currículum. Me pidieron que ___volviera___ (volver) en un año y ___solicitara___ (solicitar) el puesto otra vez. Para entonces habré obtenido la experiencia que necesito y podré conseguir el puesto que quiera.

3. —Cuánto me alegré de que tus hijas ___vinieran___ (venir) ayer a visitarte. ¿Cuándo se van?
   —Bueno, yo esperaba que se ___quedaran___ (quedar) dos semanas, pero no pueden. Ojalá ___pudieran___ (poder). Hace mucho que no las veo.

2 **Teaching Tip** Before assigning the activity, ask students what kinds of New Year's resolutions people usually make. Encourage them to answer using the future tense.

2 **Expansion** Form pairs into groups of six. Ask the pairs to read their answers aloud and have the group pick the most original responses. Then ask groups to write these responses on the board.

2 **Año nuevo, vida nueva** El año pasado, Juana y Manuel Sánchez querían cambiar de vida. Aquí tienen las listas con sus buenos propósitos para el Año Nuevo (*New Year's resolutions*). Ellos no consiguieron hacer realidad ninguno. En parejas, lean las listas y escriban por qué creen que no los consiguieron. Usen el pretérito imperfecto de subjuntivo. Answers will vary.

modelo
obtener un mejor puesto de trabajo
Era difícil que Manuel consiguiera un mejor puesto porque su esposa le pidió que no cambiara de puesto.

Manuel
pedir un aumento de sueldo
tener una vida más sana
visitar más a su familia
dejar de fumar

Juana
querer mejorar su relación de pareja
terminar los estudios con buenas notas
cambiar de casa
ahorrar más

Practice more at vhlcentral.com.

TEACHING OPTIONS

Large Groups Ask students to write a plot summary of a movie they have seen, using the past subjunctive. In large groups, have them read their summaries aloud. The other students should guess the movie. **Ex: Su mamá no quería que se casara. No permitió que Tita aceptara la petición de matrimonio de Pedro. Tita tuvo que esperar hasta que se muriera su madre para ser feliz.** (*Como agua para chocolate*)

EXPANSION

Extra Practice Have students write a sentence using the past subjunctive to describe a favorite game or pastime they had as a child. **Ex: Yo insistía en que mis amigos y yo paseáramos en bicicleta.** Then go around the room asking each person to say his or her sentence aloud, but repeating all the previous sentences first.

Communication 1.1
Comparisons 4.1

Comunicación

3 **Reaccionar** Tu amigo acaba de llegar de Nicaragua. Reacciona a lo que te dice usando el pretérito imperfecto de subjuntivo. Escribe las oraciones y luego compáralas con las de un(a) compañero/a.   Answers will vary.

> **modelo**
> El día que llegué, me esperaban mi abuela y tres primos.
> ¡Qué bien! Me alegré de que vieras a tu familia *después de tantos años*.

1. Fuimos al volcán Masaya. ¡Y vimos la lava del volcán!
2. Visitamos la Catedral de Managua, que fue dañada por el terremoto (*earthquake*) de 1972.
3. No tuvimos tiempo de ir a la playa, pero pasamos unos días en el Hotel Dariense en Granada.
4. Fui a conocer el nuevo museo de arte y también fui al Teatro Rubén Darío.
5. Nos divertimos haciendo compras en Metrocentro.
6. Eché monedas (*coins*) en la fuente (*fountain*) de la Plaza de la República y pedí un deseo.

Catedral de Managua, Nicaragua

NOTA CULTURAL

El nicaragüense **Rubén Darío** (1867–1916) es uno de los poetas más famosos de Latinoamérica. *Cantos de vida y esperanza* es una de sus obras.

4 **Oraciones** Escribe cinco oraciones sobre lo que otros esperaban de ti en el pasado y cinco más sobre lo que tú esperabas de ellos. Luego, en grupos, túrnense para compartir sus propias oraciones y para transformar las oraciones de sus compañeros/as. Sigan el modelo.   Answers will vary.

> **modelo**
> **Estudiante 1:** Mi profesora quería que yo fuera a Granada para estudiar español.
> **Estudiante 2:** Su profesora quería que Mark fuera a Granada para estudiar español.
> **Estudiante 3:** Yo deseaba que mis padres me enviaran a España.
> **Estudiante 4:** Cecilia deseaba que sus padres la enviaran a España.

Síntesis

5 **¡Vaya fiesta!** Dos amigos/as fueron a una fiesta y se enojaron. Uno/a quería irse temprano, pero el/la otro/a quería irse más tarde porque estaba hablando con el/la chico/a que le gustaba a su amigo/a. En parejas, inventen una conversación en la que esos/as amigos/as intentan arreglar todos los malentendidos (*misunderstandings*) que tuvieron en la fiesta. Usen el pretérito imperfecto de subjuntivo y después representen la conversación delante de la clase.   Answers will vary.

> **modelo**
> **Estudiante 1:** ¡Yo no pensaba que fueras tan aburrido/a!
> **Estudiante 2:** Yo no soy aburrido/a, sólo quería que nos fuéramos temprano.

3 **Teaching Tips**
• Read the **modelo** aloud. Ask volunteers to give other possible responses to the prompt. Ex: **Fue estupendo que te recogieran en el aeropuerto.**
• Instead of having students compare their answers in pairs, have them do so in groups of four.

3 **Expansion** Ask students to find a poem by **Rubén Darío** and bring it to class. Alternatively, have them research the poet and **modernismo**.

3 **Virtual Chat (Premium)** You can also assign activity 3 on the Supersite. Students record individual responses that appear in your gradebook.

4 **Teaching Tip** Ask four volunteers to read the **modelo** aloud. Give your own responses to provide another example. Ex: **Mi hijo quería que le permitiera viajar solo a México.** Then have a volunteer rephrase the statement in the third person.

Communication 1.1

5 **Teaching Tip** To simplify, ask the class to brainstorm suitable verbs for both the main and subjunctive clauses.

5 **Expansion** Have partners tell each other about an actual misunderstanding they had with someone. Ex: **Mi madre quería que yo limpiara el baño. Pero no era posible que yo lo hiciera....** Then, have students relate their partner's story to the class.

5 **Partner Chat** You can also assign activity 5 on the Supersite. Students work in pairs to record the activity online. The pair's recorded conversation will appear in your gradebook.

EXPANSION

Extra Practice Write these sentences on the board and ask students to complete them, using the past subjunctive and the preterite. **1. Cuando era pequeño/a, quería que ____, pero ____. 2. Me aconsejaron que ____, pero ____. 3. Durante mucho tiempo insistía en que ____, pero ____. 4. Siempre fue importante para mí que ____, pero ____.**

TEACHING OPTIONS

Game Divide the class into teams of four. Each team will write a description of a famous villain or group of villains using as many verbs in the past subjunctive as possible and without using any names. Give teams ten minutes to write their descriptions. Ask teams to read their descriptions aloud and have the class guess who is being described. The class will vote for their favorite one.

Section Goal

In **Recapitulación**, students will review the grammar concepts from this lesson.

Student Resources
Supersite: Activities

1 **Teaching Tip** Complete this activity orally as a class.

1 **Expansion**
• To challenge students, add the verbs **saber, tener, hacer,** and **venir** to the chart.
• Ask students how the conjugations of the verbs **poner, salir, tener,** and **venir** are similar in future tense. (The vowel of the verb ending is replaced by **d.**) Then ask how **poder** and **saber** are similar. (The vowel of the verb ending is eliminated.)

2 **Teaching Tips**
• Remind students that the **nosotros/as** form of the past subjunctive carries a written accent mark.
• After students complete the chart, read aloud the forms of **ir** and ask them what other verb has identical forms in the past subjunctive (**ser**).

2 **Expansion**
• Have students provide the remaining forms of the verbs.
• Have students create sentences that call for the past subjunctive, using the verb forms in the chart. Ex: **Me sorprendió que fueras a trabajar ayer.**

3 **Teaching Tips**
• To simplify, have students begin by identifying the past participle for each verb in parentheses. Call on a volunteer to conjugate **haber** in the future tense.
• Remind students that direct object pronouns and reflexive pronouns should appear directly before the conjugated verb.

Recapitulación

Diagnostics

Completa estas actividades para repasar los conceptos de gramática que aprendiste en esta lección.

1 **Completar** Completa el cuadro con el futuro. **12 pts.**

Infinitivo	yo	ella	nosotros
decir	diré	dirá	diremos
poner	pondré	pondrá	pondremos
salir	saldré	saldrá	saldremos

2 **Verbos** Completa el cuadro con el pretérito imperfecto de subjuntivo. **12 pts.**

Infinitivo	tú	nosotras	ustedes
dar	dieras	diéramos	dieran
saber	supieras	supiéramos	supieran
ir	fueras	fuéramos	fueran

3 **La oficina de empleo** La nueva oficina de empleo está un poco desorganizada. Completa los diálogos con expresiones de probabilidad, utilizando el futuro perfecto de los verbos. **10 pts.**

SR. PÉREZ No encuentro el currículum de Mario Gómez.
SRTA. MARÍN (1) _Lo habrá tomado_ (Tomarlo) la secretaria.

LAURA ¿De dónde vienen estas ofertas de trabajo?
ROMÁN No estoy seguro. (2) _Habrán salido_ (Salir) en el periódico de hoy.

ROMÁN ¿Has visto la lista nueva de aspirantes?
LAURA No, (3) _la habrás puesto_ (tú, ponerla) en el archivo.

SR. PÉREZ José Osorio todavía no ha recibido el informe.
LAURA (4) _Nos habremos olvidado_ (Nosotros, olvidarse) de enviarlo por correo.

SRTA. MARÍN ¿Sabes dónde están las solicitudes de los aspirantes?
ROMÁN (5) _Las habré dejado_ (Yo, dejarlas) en mi carro.

RESUMEN GRAMATICAL

7.1 **The future** *pp. 238–239*

Future tense of **estudiar***	
estudiaré	estudiaremos
estudiarás	estudiaréis
estudiará	estudiarán

*Same endings for -ar, -er, and -ir verbs.

Irregular verbs in the future		
Infinitive	Stem	Future forms
decir	dir-	diré
hacer	har-	haré
poder	podr-	podré
poner	pondr-	pondré
querer	querr-	querré
saber	sabr-	sabré
salir	saldr-	saldré
tener	tendr-	tendré
venir	vendr-	vendré

► The future of **hay** is **habrá** (*there will be*).
► The future can also express conjecture or probability.

7.2 **The future perfect** *p. 242*

Future perfect of **vivir**	
habré vivido	habremos vivido
habrás vivido	habréis vivido
habrá vivido	habrán vivido

► The future perfect can also express probability in the past.

7.3 **The past subjunctive** *pp. 244–245*

Past subjunctive of **aprender***	
aprendiera	aprendiéramos
aprendieras	aprendierais
aprendiera	aprendieran

*Same endings for -ar, -er, and -ir verbs.

TEACHING OPTIONS

TPR Divide the class into two groups, **el futuro** and **el futuro perfecto**. Call out a statement in the present tense and select a member of each group. Students should step forward and change the sentence according to their assigned tense.

EXPANSION

Extra Practice Tell students to imagine they were fired from a job. Now they must write a letter convincing their boss that they deserve a second chance, using this lesson's vocabulary and the future tense. Tell students they can offer excuses, using the past subjunctive. Ex: **Iba a entregar el reporte, pero un cliente me pidió que lo ayudara en ese momento....** Have students exchange letters for peer editing.

4 **Una decisión difícil** Completa el párrafo con el pretérito imperfecto de subjuntivo de los verbos. **16 pts.**

aceptar	estudiar	ir
contratar	graduarse	poder
dejar	invertir	trabajar

Verbs with irregular preterites		
Infinitive	**Preterite form**	**Past subjunctive**
dar	die~~ron~~	diera
decir	dije~~ron~~	dijera
estar	estuvie~~ron~~	estuviera
hacer	hicie~~ron~~	hiciera
ir/ser	fue~~ron~~	fuera
poder	pudie~~ron~~	pudiera
poner	pusie~~ron~~	pusiera
querer	quisie~~ron~~	quisiera
saber	supie~~ron~~	supiera
tener	tuvie~~ron~~	tuviera
venir	vinie~~ron~~	viniera

Cuando yo tenía doce años, me gustaba mucho pintar y mi profesor de dibujo me aconsejó que (1) __fuera__ a una escuela de arte cuando (2) __me graduara__ de la escuela secundaria. Mis padres, por el contrario, siempre quisieron que sus hijos (3) __trabajaran__ en la empresa familiar, y me dijeron que (4) __dejara__ el arte y que (5) __estudiara__ una carrera con más futuro. Ellos no querían que yo (6) __invirtiera__ mi tiempo y mi juventud en el arte. Mi madre en particular nos sugirió a mi hermana y a mí la carrera de administración de empresas, para que los dos (7) __pudiéramos__ ayudarlos con los negocios en el futuro. No fue fácil que mis padres (8) __aceptaran__ mi decisión de dedicarme a la pintura, pero están muy felices de tener mis obras en su sala de reuniones.

5 **La semana de Rita** Con el futuro de los verbos, completa la descripción que hace Rita de lo que hará la semana próxima. **20 pts.**

El lunes por la mañana (1) __llegará__ (llegar) el traje que pedí por Internet y por la tarde Luis (2) __me invitará__ (invitar, a mí) a ir al cine. El martes mi consejero y yo (3) __comeremos__ (comer) en La Delicia y a las cuatro (yo) (4) __tendré__ (tener) una entrevista de trabajo en Industrias Levonox. El miércoles por la mañana (5) __iré__ (ir) a mi clase de inglés y por la tarde (6) __visitaré__ (visitar) a Luis. El jueves por la mañana, los gerentes de Levonox (7) __me llamarán__ (llamar, a mí) por teléfono para decirme si conseguí el puesto. Por la tarde (yo) (8) __cuidaré__ (cuidar) a mi sobrino Héctor. El viernes Ana y Luis (9) __vendrán__ (venir) a casa para trabajar conmigo y el sábado por fin (yo) (10) __descansaré__ (descansar).

6 **El futuro** Escribe al menos cinco oraciones describiendo cómo será la vida de varias personas cercanas a ti dentro de diez años. Usa tu imaginación y verbos en futuro y en futuro perfecto. **30 pts.**
Answers will vary.

7 **Canción** Escribe las palabras que faltan para completar este fragmento de la canción *Lo que pidas* de Julieta Venegas. **¡4 puntos EXTRA!**

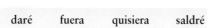

| daré | fuera | quisiera | saldré |

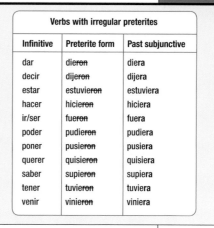

" Lo que más (1) __quisiera__ pedirte es que te quedes conmigo, niño te (2) __daré__ lo que pidas sólo no te vayas nunca. "

4 **Teaching Tip** To simplify, have students begin by identifying the subject for each item. Then have students identify the words or phrases that call for the subjunctive. Ex: **1. me aconsejó que**

4 **Expansion** For extra practice, have students write a paragraph about a difficult decision they made, using at least three examples of the past subjunctive. Then ask students to exchange papers for peer editing.

5 **Teaching Tip** Before beginning the activity, ask students to identify the irregular verbs in the future tense.

5 **Expansion** To challenge students, tell them to imagine that **Rita's** week did not go as she had planned. Have them rewrite **Rita's** description, using the past perfect and past subjunctive. Ex: **Me molestó que el traje que había pedido por Internet no llegara el lunes....**

6 **Teaching Tip** To add a visual aspect to this activity, have students draw a time line for each person they plan to write about.

7 **Teaching Tip** Have students identify the present subjunctive in the song lyrics.

7 **Expansion** Explain that **Julieta Venegas** (1970–) is a Mexican pop singer. The song *Lo que pidas* is from the album *Sí*, which won the Latin Grammy Award for Best Rock Solo Vocal Album.

TEACHING OPTIONS

Large Groups Divide the class into two groups. Give one group cards with situations. Ex: **Llego a clase y no hay nadie.** Give the other group cards with statements using the future or future perfect to express conjecture or probability. Ex: **El profesor habrá cancelado la clase.** Students must find their partners.

TEACHING OPTIONS

TPR Divide the class into two teams. Give a memorable situation (Ex: **tu primer día en la escuela primaria**) and point to the first member of each team. The first student to reach the board and write a correct sentence about what their parent(s) told them to do earns a point for their team. Ex: **Mi madre me dijo que escuchara a la maestra.** Then repeat the activity with the future tense. Ex: **A mis hijos les diré que escuchen a la maestra.**

Section Goals

In **Lectura**, students will:
- learn to recognize similes and metaphors
- read a poem by Puerto Rican poet **Julia de Burgos**

 Communication 1.1, 1.2, 1.3
Cultures 2.1, 2.2
Connections 3.1, 3.2
Comparisons 4.2

Student Resources
Cuaderno para hispanohablantes, pp. 106–109
Supersite: Activities

 Pre-AP*

Interpretive Reading: Estrategia
Review similes and metaphors. Then write these sentences on the board: **Su pelo es como una seda. Sus ojos son dos soles.** Ask volunteers which sentence is the simile and which is the metaphor. Ask students to make up a simile and a metaphor in Spanish and share them with the class.

Examinar el texto Point out this metaphor in the poem: **Tú eres ropaje.** Have students change it into a simile. (**Tú eres como el ropaje.**)

¿Cómo son? Ask pairs to discuss their thoughts about **yo interior** and **yo social**. Write any common themes on the board.

Teaching Tip Tell students that **Julia de Burgos** was an advocate for Puerto Rico's independence and a civil rights activist for women and Afro-Caribbean writers. Despite her family's financial struggles, **Julia** was well educated. She attended the University of Puerto Rico and became a teacher, writer, and political activist.

7 adelante

Lección 7

 **Lectura** Audio: Reading
Additional Reading

Antes de leer

Estrategia
Recognizing similes and metaphors

Similes and metaphors are figures of speech that are often used in literature to make descriptions more colorful and vivid.

In English, a simile (**símil**) makes a comparison using the words *as* or *like*. In Spanish, the words **como** and **parece** are most often used. Example: **Estoy tan feliz como un niño con zapatos nuevos.**

A metaphor (**metáfora**) is a figure of speech that identifies one thing with the attributes and qualities of another. Whereas a simile says one thing is like another, a metaphor says that one thing *is* another. In Spanish, **ser** is most often used in metaphors. Example: **La vida es sueño.** (*Life is a dream.*)

Examinar el texto
Lee el texto una vez usando las estrategias de lectura de las lecciones anteriores. ¿Qué te indican sobre el contenido de la lectura? Toma nota de las metáforas y los símiles que aparecen. ¿Qué significan? ¿Qué te dicen sobre el tema de la lectura?

¿Cómo son?

Las dos Fridas, de Frida Kahlo

En parejas, hablen sobre las diferencias entre el **yo interior** de una persona y su **yo social**. ¿Hay muchas diferencias entre su forma de ser "privada" y su forma de ser cuando están con otras personas?

A Julia de Burgos

Julia de Burgos

Julia de Burgos nació en 1914 en Carolina, Puerto Rico. Vivió también en La Habana, en Washington D.C. y en Nueva York, donde murió en 1953. Su poesía refleja temas como la muerte, la naturaleza, el amor y la patria°. Sus tres poemarios más conocidos se titulan Poema en veinte surcos (1938), Canción de la verdad sencilla (1939) y El mar y tú (publicado póstumamente).

Después de leer

Comprensión
Responde a las preguntas. Some answers may vary.

1. ¿Quiénes son las dos "Julias" presentes en el poema?
Una es la persona interior y la otra es la imagen social de la escritora.
2. ¿Qué características tiene cada una? Una está limitada por su lugar en la sociedad y la otra es independiente y libre.
3. ¿Quién es la que habla de las dos?
La que habla es la Julia libre, el yo interior.
4. ¿Qué piensas que ella siente por la otra Julia? A ella no le gusta cómo es la otra Julia y dice que es hipócrita y egoísta.
5. ¿Cuáles son los temas más importantes del poema?
la honestidad, las presiones sociales, la libertad, la individualidad

recursos
vText CH pp. 106–109 vhlcentral

TEACHING OPTIONS

TPR Read a series of similes and metaphors. Tell students to stand up if the statement is an example of a simile and remain seated if it is a metaphor. Ex: **Este perro es feroz como un tigre.** (Students stand.)

TEACHING OPTIONS

Small Groups Have students write a description of **Julia de Burgos**, based on the poem. Have them include a physical description, her personality, where she lives, and any other significant information. Then, have students form groups of four and share their descriptions. Have groups reach a consensus on what **Julia** is like and share that description with the class.

Ya las gentes murmuran que yo soy tu enemiga
porque dicen que en verso doy al mundo tu yo.   25

Mienten°, Julia de Burgos. Mienten, Julia de Burgos.
La que se alza° en mis versos no es tu voz°: es mi voz;
porque tú eres ropaje° y la esencia soy yo;   5
y el más profundo abismo se tiende° entre las dos.

Tú eres fría muñeca° de mentira social,
y yo, viril destello° de la humana verdad.

Tú, miel° de cortesanas hipocresías; yo no;
que en todos mis poemas desnudo° el corazón.   10

Tú eres como tu mundo, egoísta; yo no;
que en todo me lo juego° a ser lo que soy yo.

Tú eres sólo la grave señora señorona°;
yo no; yo soy la vida, la fuerza°, la mujer.

Tú eres de tu marido, de tu amo°; yo no;   15
yo de nadie, o de todos, porque a todos, a todos,
en mi limpio sentir y en mi pensar me doy.

Tú te rizas° el pelo y te pintas°; yo no;
a mí me riza el viento; a mí me pinta el sol.

Tú eres dama casera°, resignada, sumisa,   20
atada° a los prejuicios de los hombres; yo no;
que yo soy Rocinante* corriendo desbocado°
olfateando° horizontes de justicia de Dios.

* Rocinante: El caballo de Don Quijote de la Mancha, personaje
literario de fama universal que se relaciona con el idealismo y
el poder de la imaginación frente a la realidad.

Tú en ti misma no mandas°; a ti todos te mandan;
en ti mandan tu esposo, tus padres, tus parientes,
el cura°, la modista°, el teatro, el casino,
el auto, las alhajas°, el banquete, el champán,
el cielo y el infierno, y el qué dirán social°.

En mí no, que en mí manda mi solo corazón,   30
mi solo pensamiento; quien manda en mí soy yo.

Tú, flor de aristocracia; y yo la flor del pueblo.
Tú en ti lo tienes todo y a todos se lo debes,
mientras que yo, mi nada a nadie se la debo.

Tú, clavada° al estático dividendo ancestral°,   35
y yo, un uno en la cifra° del divisor social,
somos el duelo a muerte° que se acerca° fatal.

Cuando las multitudes corran alborotadas°
dejando atrás cenizas° de injusticias quemadas,
y cuando con la tea° de las siete virtudes,   40
tras los siete pecados°, corran las multitudes,
contra ti, y contra todo lo injusto y lo inhumano,
yo iré en medio de ellas con la tea en la mano.

patria *homeland* Mienten *They are lying* se alza *rises up* voz
voice ropaje *apparel* se tiende *lies* muñeca *doll* destello
sparkle miel *honey* desnudo *I uncover* me lo juego *I risk*
señorona *matronly* fuerza *strength* amo *master* te rizas *curl*
te pintas *put on makeup* dama casera *home-loving lady* atada
tied desbocado *wildly* olfateando *sniffing* no mandas *are
not the boss* cura *priest* modista *dressmaker* alhajas *jewelry*
el qué dirán social *what society would say* clavada *stuck*
ancestral *ancient* cifra *number* duelo a muerte *duel to the
death* se acerca *approaches* alborotadas *rowdy* cenizas *ashes*
tea *torch* pecados *sins*

Interpretación

Responde a las preguntas. Answers will vary.

1. ¿Qué te resulta llamativo (*striking*) en el título de este poema?

2. ¿Por qué crees que se repite el "tú" y el "yo" en el poema? ¿Qué función tiene este desdoblamiento (*split*)?

3. ¿Cómo interpretas los versos "tú eres fría muñeca de mentira social / y yo, viril destello de la humana verdad"? ¿Qué sustantivos (*nouns*) se contraponen en estos dos versos?

4. ¿Es positivo o negativo el comentario sobre la vida social: "miel de cortesanas hipocresías"?

5. Comenta la oposición entre "señorona" y "mujer" que aparece en los versos trece y catorce. ¿Podrías decir qué personas son las que dominan a la "señorona" y qué caracteriza, en cambio, a la mujer?

Monólogo

Imagina que eres un personaje famoso de la historia, la literatura o la vida actual. Escribe un monólogo breve para presentar en clase. Debes escribirlo en segunda persona. Para la representación necesitarás un espejo. Tus compañeros/as deben adivinar quién eres. Sigue el modelo.

Answers will vary.

modelo

Eres una mujer que vivió hace más de 150 años. La gente piensa que eres una gran poeta. Te gustaba escribir y pasar tiempo con tu familia y, además de poemas, escribías muchas cartas. Me gusta tu poesía porque es muy íntima y personal. (Emily Dickinson)

Escribe sobre estos temas:

▶ cómo lo/la ven las otras personas

▶ lo que te gusta y lo que no te gusta de él/ella

▶ lo que quieres o esperas que haga

 Practice more at vhlcentral.com.

Teaching Tip Encourage students to use a visual tool to aid their comprehension. Tell students to divide a sheet of paper into two columns. Have them write all the phrases from the poem written in the second person in one column, and all the phrases written in the first person in another.

Comprensión

• If students have trouble with the meaning of any word or phrase, help them identify the corresponding context clue.

• Ask students additional questions. Ex: **¿Los temas del poema son explícitos o implícitos? ¿Qué tono tiene el poema?**

Interpretación Give students these questions as items 6–10:
6. ¿Qué propósito habrá tenido Julia de Burgos al escribir este poema? 7. ¿Cómo será la poeta en la vida real? 8. Cuando Julia hace referencia a "ellos" a lo largo del poema (dicen, mienten, mandan), ¿a quiénes se refiere? 9. ¿Cuál fue tu reacción la primera vez que leíste el poema? ¿Te gustó? Al leerlo una segunda vez, ¿tu impresión cambió? 10. ¿Crees que sea posible que los otros no te ven como tú te ves? ¿Es posible que los demás te conozcan de verdad?

Monólogo

• Call on a volunteer to read the **modelo** aloud.

• As a variant, give each student an index card and have them write down the name of a famous person. Then have students draw a card out of a hat and write their monologue accordingly.

21st Century Skills

Creativity and Innovation
Ask students to prepare a presentation on the ideal medium for self-expression, inspired by the information on these two pages.

TEACHING OPTIONS

Pairs Have students reread lines 24–28 of the poem. Then have them work in pairs to think about the external forces that influence their own lives. Have them rewrite the lines of the poem accordingly. Ex: **Tú en ti mismo/a no mandas; a ti todos te mandan; / en ti mandan las clases, el equipo de tenis, tus padres, los profesores…**

PRE-AP*

Presentational Speaking with Cultural Comparison Have students work in pairs. For homework, ask them to relate *A Julia de Burgos* to other representations of self-portraits, such as *Las dos Fridas* by **Frida Kahlo** (page 250). How are the self-portraits similar? How are they different? Have pairs present their comparisons to the class.

- learn to use note cards as a study aid
- use note cards to prepare to write a composition
- write a composition about professional and personal goals for the future

 Communication 1.3

Student Resources
Cuaderno de actividades comunicativas, pp. 171–172
Cuaderno para hispanohablantes, pp. 110–111
Supersite: Activities, *eCuaderno*

Teacher Resources
Workbook TE

 TELL Connection

Learning Experience 3
Why: Students need to see the connections between learning experiences. *What:* Guide students through the chapter to note specifically how all their contextualized work fits together. Their interpretive experiences (e.g. **Fotonovela, Cultura**) and interpersonal experiences (e.g. contextualized practice activities) prepare them for this presentational task.

 Pre-AP*

Interpersonal Writing: Estrategia
Go over the strategy as a class. Encourage students to give examples of how they will use the suggestions for this activity.

Tema Go over the directions with the class, explaining that each student will write a composition on his or her plans for the future—professional and personal. In preparation for writing about professional goals they expect to have attained, have students review the conjugation of **haber** + [*past participle*] to form the future perfect tense.

Escritura

Estrategia
Using note cards

Note cards serve as valuable study aids in many different contexts. When you write, note cards can help you organize and sequence the information you wish to present.

Let's say you are going to write a personal narrative about a trip you took. You would jot down notes about each part of the trip on a different note card. Then you could easily arrange them in chronological order or use a different organization, such as the best parts and the worst parts, traveling and staying, before and after.

Here are some helpful techniques for using note cards to prepare for your writing:

▶ Label the top of each card with a general subject, such as **el avión** or **el hotel.**

▶ Number the cards in each subject category in the upper right corner to help you organize them.

▶ Use only the front side of each note card so that you can easily flip through them to find information.

Study the following example of a note card used to prepare a composition:

En el aeropuerto de Santo Domingo

Cuando llegamos al aeropuerto de Santo Domingo, después de siete horas de viaje, estábamos cansados pero felices. Hacía sol y viento.

recursos

vText   CA   CH   (S)
         pp. 171–172 pp. 110–111 vhlcentral

Tema

Escribir una composición

Escribe una composición sobre tus planes profesionales y personales para el futuro. Utiliza el tiempo futuro. No te olvides de hacer planes para estas áreas de tu vida:

Lugar

▶ ¿Dónde vivirás?
▶ ¿Vivirás en la misma ciudad siempre? ¿Te mudarás mucho?

Familia

▶ ¿Te casarás? ¿Con quién?
▶ ¿Tendrás hijos? ¿Cuántos?

Empleo

▶ ¿En qué profesión trabajarás?
▶ ¿Tendrás tu propia empresa?

Finanzas

▶ ¿Ganarás mucho dinero?
▶ ¿Ahorrarás mucho dinero? ¿Lo invertirás?

Termina tu composición con una lista de metas profesionales, utilizando el futuro perfecto.

Por ejemplo: **Para el año 2025, habré empezado mi propio negocio. Para el año 2035, habré ganado más dinero que Bill Gates.**

EVALUATION: Composición

Criteria	Scale			
Content	1	2	3	4
Organization	1	2	3	4
Use of vocabulary	1	2	3	4
Accuracy and mechanics	1	2	3	4
Creativity	1	2	3	4

Scoring	
Excellent	18–20 points
Good	14–17 points
Satisfactory	10–13 points
Unsatisfactory	< 10 points

Escuchar Audio

Estrategia

Using background knowledge/ Listening for specific information

If you know the subject of something you are going to hear, your background knowledge will help you anticipate words and phrases you're going to hear, and will help you identify important information that you should listen for.

🔊 To practice these strategies, you will listen to a radio advertisement for the **Hotel El Retiro**. Before you listen, write down a list of the things you expect the advertisement to contain. Then make another list of important information you would listen for if you were a tourist considering staying at the hotel. After listening to the advertisement, look at your lists again. Did they help you anticipate the content of the advertisement and focus on key information? Explain your answer.

Preparación

Mira la foto. ¿De qué crees que van a hablar? Haz una lista de la información que esperas oír en este tipo de situación.

Ahora escucha

Ahora vas a oír una entrevista entre la señora Sánchez y Rafael Ventura Romero. Antes de escuchar la entrevista, haz una lista de la información que esperas oír según tu conocimiento previo° del tema. Answers will vary.

1. _____
2. _____
3. _____
4. _____

Mientras escuchas la entrevista, llena el formulario con la información necesaria. Si no oyes un dato° que necesitas, escribe *Buscar en el currículum*. ¿Oíste toda la información que habías anotado en tu lista?

Comprensión

Puesto solicitado <u>contador general</u>
Nombre y apellidos del solicitante <u>Rafael Ventura Romero</u>
Dirección <u>Buscar en el currículum</u> Tel. <u>Buscar en el currículum</u>

- -

Educación <u>Universidad Politécnica de Nicaragua</u>
Experiencia profesional: Puesto <u>contador</u>
Empresa <u>Dulces González</u>
¿Cuánto tiempo? <u>3 años durante las vacaciones de la universidad</u>

Referencias:
Nombre <u>Héctor Cruz</u>
Dirección <u>Buscar en el currículum</u> Tel. <u>Buscar en el currículum</u>

Nombre <u>Prof. Armando Carreño</u>
Dirección <u>Buscar en el currículum</u> Tel. <u>Buscar en el currículum</u>

Preguntas

1. ¿Cuántos años hace que Rafael Ventura trabaja para Dulces González? tres años, durante las vacaciones
2. ¿Cuántas referencias tiene Rafael? dos
3. ¿Cuándo se gradúa Rafael? el 15 de diciembre
4. ¿Cuál es la profesión de Armando Carreño? Es profesor.
5. ¿Cómo sabes si los resultados de la entrevista han sido positivos para Rafael Ventura?
   Los resultados fueron positivos porque la jefa quiere que él empiece a trabajar antes de que se gradúe.

recursos
v Text
S vhlcentral

conocimiento previo *prior knowledge* dato *fact; piece of information*

Practice more at **vhlcentral.com**.

Carreño de la Facultad de Contaduría Pública y Finanzas. Los teléfonos y direcciones están apuntados en el currículum. S: Muy bien. Este puesto comienza con un salario mensual de 25.812 córdobas. Después de 6 meses tiene la posibilidad de un aumento de sueldo. Ofrecemos beneficios excelentes. El horario es de 8:30 a 12:00 y de 2:00 a 6:00. ¿Está interesado? V: Estoy sumamente interesado. S: Pues, necesito unos días para comunicarme con las personas que usted ha dado de referencia. Si todo sale bien,

lo llamaré antes del viernes. ¿Cuándo está dispuesto a comenzar a trabajar? Necesito a alguien lo más pronto posible. V: No me gradúo hasta el 15 de diciembre. Pero puedo trabajar media jornada por las siguientes tres semanas hasta la graduación. S: Creo que no va a haber ningún problema con eso. Entonces hablamos en unos días. V: Muchas gracias por la entrevista, Sra. Sánchez. Estoy muy emocionado por la posibilidad de trabajar en esta gran empresa. ¡Que tenga muy buen día!

Section Goal

In **Escuchar**, students will use background knowledge and listen for specific information.

Communication 1.2

Student Resources
Supersite: Activities

Teacher Resources
Textbook and Audio Activities MP3s, Audio Scripts

Estrategia
Script ¿Sufre usted de muchas tensiones? Con sólo una semana en el hotel El Retiro, usted podrá aliviar su estrés. Venga y disfrute de los espectaculares bosques que lo rodean, las habitaciones modernas y elegantes y las comidas sabrosas preparadas según su dieta. Además de los maravillosos baños térmicos volcánicos, se ofrecen masajes y sauna. El Retiro queda a 100 kilómetros de San José en un lugar que le traerá el descanso y la paz que usted necesita. Llame al 451-2356 para recibir más información.

Ahora escucha
Script Sra. Sánchez: Buenos días. Usted es Rafael Ventura Romero, ¿no? Soy la Sra. Sánchez, la jefa de esta compañía. Siéntese, por favor. Rafael Ventura: Buenos días, señora. Estoy muy agradecido de tener esta oportunidad de hablar con usted hoy. S: Veo aquí que está solicitando el puesto de contador general. ¿Qué preparación tiene usted? V: En diciembre me gradúo de contador en la Universidad Politécnica de Nicaragua. Durante los últimos 3 años he trabajado en Dulces González aquí en Managua como contador durante las vacaciones. Es la carrera que siempre he querido y sé que voy a tener éxito si usted me da la oportunidad. S: ¿Tiene usted algunas referencias? V: Sí, señora. El gerente de la empresa donde he trabajado, el Sr. Héctor Cruz, y también el Prof. Armando

(Script continues at far left in the bottom panels.)

In **En pantalla**, students will:
- read about the role of banks in people's lives
- watch a television commercial for **Banco Comercial**, a Uruguayan bank

 Communication 1.1, 1.2, 1.3
Cultures 2.1, 2.2
Connections 3.1
Comparisons 4.1

Student Resources
Supersite: *En pantalla* video, Activities

Teacher Resources
Transcript & Translation

 TELL Connection

Performance and Feedback 3
Why: Students learn to give each other descriptive feedback in a variety of ways. *What:* In **Aplicación,** have students reflect on effective timeline elements, such as visuals and verb tenses.

Cumplir nuestros objetivos
Ask students: **¿Cuáles son tus "objetivos financieros"? ¿Para qué ahorras dinero?**

 Pre-AP*

Audiovisual Interpretive Communication
Antes de ver Strategy
- Have students predict who the people are in the screen shot.
- Remind students that linguistic clues like verb tenses and pronoun choices are important clues to meaning.

Comprensión Have students redo the activity, using the opening phrase **"Ahora el hombre…,"** the present tense of each item's verb, and the appropriate response. How many items changed? How?

Conversación Have students explain what they will have done in order to achieve each objective. Ex: **En veinte años estaré viviendo en la Antártida porque habré estudiado ciencias marinas en la universidad.**

 Video:
TV Clip

Banco Comercial

Tengo una imprenta.

Preparación
Completa las oraciones. Después, comparte tus respuestas con un(a) compañero/a. Answers will vary.
Cuando yo era chico/a...

1. ...quería ser _____.
2. ...quería tener _____.
3. ...quería viajar a _____.
4. ...quería vivir en _____.

Cumplir nuestros objetivos
Cuando queremos lograr nuestros objetivos financieros, los bancos son de gran ayuda. Con servicios como ahorro y crédito, ellos pueden ayudarnos a cumplir muchos proyectos, desde financiar nuestra carrera universitaria° hasta comprar un auto o la casa de nuestros sueños. Muchos bancos se han convertido en compañías multinacionales que prestan servicios en varios países a la vez°. Bancos como Santander (España), BBVA y Helm tienen sedes° en diversos países de Hispanoamérica.

carrera universitaria *college education* a la vez *at the same time* sedes *headquarters*

Vocabulario útil

banquero/a	banker
cumplir (lograr)	achieve
imprenta	printing house
limonero	lemon tree
máquinas	machines
proyectos	projects

Comprensión
Con base en el comercial, elige la respuesta correcta para cada pregunta. Cuando el hombre era chico...

1. ...quería ser:
   a. abogado.
   b. astronauta.

2. quería comprar:
   a. un auto 128.
   b. una imprenta.

3. ...quería casarse con:
   a. María.
   b. la maestra Adela.

4. ...quería que su casa tuviera:
   a. un jardín.
   b. un limonero en el frente.

Aplicación
Crea una línea de tiempo personal que muestre los proyectos y planes de tu vida cuando eras chico, en el presente y en el futuro. Ilustra tu línea claramente y escribe una leyenda (una oración) debajo de cada ilustración. No olvides usar verbos en los tiempos necesarios para indicar estas tres etapas de tu vida. Después, presenta tu línea de tiempo a la clase.
Answers will vary.

Conversación
¿Cómo te imaginas que será tu vida en veinte años? Haz una lista de los objetivos que quieres lograr. Luego reúnete con un(a) compañero/a para compartir sus proyectos futuros. Answers will vary.

 Practice more at vhlcentral.com.

 recursos
vText vhlcentral

TEACHING OPTIONS

Expansion Have students display their timelines from **Aplicación** so that all can be seen. Place students in small groups to observe and analyze the timelines to find commonalities and differences in the different stages of life across class members. Next, lead a discussion in which students share their observations and results. Which plans and dreams have been realized? Which, overall, have not? Why might that be so?

TEACHING OPTIONS

Expansion Discuss the meaning of the ad's last lines (—¿**Todo esto lo hicimos solos?** —**Casi.**) in the context of the commercial. Then ask students to identify what support they have as individuals and as a group to help them achieve their goals. Have students create a wheel-like illustration with themselves as the center to anchor their discussion.

 Video:
Flash cultura

Viernes en la tarde, llega el esperado fin de semana… y si el lunes es día festivo°, ¡mejor aún!° En varios países hispanos, además de tener entre quince y treinta días de vacaciones pagadas, hay bastantes días festivos. Por ejemplo, Puerto Rico tiene veintiún días feriados°, Colombia tiene dieciocho y Argentina, México y Chile tienen más de trece. Aunque parece que se trabaja menos, no siempre es el caso: las jornadas laborales° suelen ser más largas en Latinoamérica. Así que la gente aprovecha° los **puentes**° para descansar e incluso para hacer viajes cortos.

Vocabulario útil

el desarrollo	*development*
el horario	*schedule*
promover	*to promote*
las ventas	*sales*

Preparación

¿Trabajas? ¿Cuáles son tus metas (*goals*) profesionales?
Answers will vary.

Escoger

Escoge la opción correcta de cada par de afirmaciones.
1. a. Todos los ecuatorianos son muy felices en su trabajo.
   b. En Ecuador, como en todos los países del mundo, hay personas que aman su trabajo y hay otras que lo odian.
2. a. El objetivo principal de la agencia Klein Tours es mostrar al mundo las maravillas de Ecuador.
   b. La agencia de viajes Klein Tours quiere mostrar al mundo que tiene los empleados más fieles y profesionales de toda Latinoamérica.

día festivo *holiday* ¡mejor aún! *even better!* días feriados *holidays* jornadas laborales *working days* aprovecha *make the most of* puentes *long weekends*

El mundo del trabajo

Gabriela, ¿qué es lo más difícil de ser una mujer policía?

Amo mi trabajo. Imagínate, tengo la sonrisa del mundo entre mis manos.

Nuestra principal estrategia de ventas es promover nuestra naturaleza...

 Practice more at vhlcentral.com.

recursos

v̂Text CA S

pp. 101–102 vhlcentral

Section Goal

In **Panorama**, students will read about the geography, history, and culture of Nicaragua.

Communication 1.3
Cultures 2.1, 2.2
Connections 3.1, 3.2
Comparisons 4.2

Student Resources

Cuaderno de actividades comunicativas, pp. 77–78
Cuaderno de práctica, p. 81
Supersite: *Panorama cultural* video, Activities, eCuaderno

Teacher Resources

Workbook TEs; Digital Image Bank; Video Script & Translation

Global Awareness

Students will gain perspectives on the Spanish-speaking world to develop respect and openness to others and to interact appropriately and effectively with citizens of Spanish-speaking cultures.

Teaching Tips

• Use the Digital Image Bank to support this presentation.

• Have students look at the map of Nicaragua and talk about the geographical features of the country. Point out the concentration of cities along the country's Pacific Coast, and note the sparse settlement in the eastern part of the country and along the Caribbean coast. Tell students that, a century after the construction of the Panama Canal, a new interoceanic canal has been proposed, utilizing the San Juan River and Lake Nicaragua.

El país en cifras Tell students that Nicaragua's national slogan is **"El país de lagos y volcanes."** After students read about the capital, ask: **Aproximadamente, ¿qué porcentaje de nicaragüenses vive en Managua? (el 28%)**

Nicaragua

Video: *Panorama cultural*
Interactive Map

El país en cifras

▶ **Área:** 129.494 km^2 (49.998 millas^2), *aproximadamente el área de Nueva York. Nicaragua es el país más grande de Centroamérica. Su terreno es muy variado e incluye bosques tropicales, montañas, sabanas° y marismas°, además de unos 40 volcanes.*

▶ **Población:** 5.848.000

▶ **Capital:** Managua—934.000
Managua está en una región de una notable inestabilidad geográfica, con muchos volcanes y terremotos°. En décadas recientes, los nicaragüenses han decidido que no vale la pena° construir rascacielos° porque no resisten los terremotos.

▶ **Ciudades principales:** León, Masaya, Granada

▶ **Moneda:** córdoba

▶ **Idiomas:** español (oficial); lenguas indígenas y criollas (oficiales); inglés

Bandera de Nicaragua

Nicaragüenses célebres

▶ **Rubén Darío,** poeta (1867–1916)

▶ **Violeta Barrios de Chamorro,** política y expresidenta (1929–)

▶ **Daniel Ortega,** político y presidente (1945–)

▶ **Gioconda Belli,** poeta (1948–)

▶ **Luis Enrique,** cantante y compositor (1962–)

sabanas *grasslands* marismas *marshes* Pintada *Political graffiti*
terremotos *earthquakes* no vale la pena *it's not worthwhile* rascacielos
skyscrapers agua dulce *freshwater* Surgió *Emerged* maravillas *wonders*

Iglesia en León

Teatro Nacional Rubén Darío en Managua

Calle en Granada

Violeta Barrios de Chamorro

HONDURAS
Río Coco
Cordillera Isabelia
Cerro Chachagón
Cerro Saslaya
Río Tuma   Río Grande de Matagalpa
Lago de Managua
Cordillera Dariense
León
Sierra Madre
Managua ✪
Masaya •   • Granada
Isla Zapatera
Lago de Nicaragua
Océano Pacífico
Volcán Maderas   Volcán Concepción
Isla Ometepe
Archipiélago de Solentiname
Río San Juan
COSTA RICA

ESTADOS UNIDOS
OCÉANO ATLÁNTICO
NICARAGUA
OCÉANO PACÍFICO
AMÉRICA DEL SUR

recursos
vText   CA pp. 77–78   CP p. 81   vhlcentral

¡Increíble pero cierto!

Ometepe, que en náhuatl significa "dos montañas", es la isla más grande en un lago de agua dulce° en el mundo. Surgió° en el Gran Lago de Nicaragua por la actividad de los volcanes Maderas y Concepción. Por su valor natural y arqueológico, fue nominada para las nuevas siete maravillas° del mundo en 2009.

EXPANSION

Worth Noting Managua is a city that has been destroyed and rebuilt multiple times due to wars and natural disasters. This has contributed to the unusual method used for listing street addresses in this capital city. Many places do not have an address that includes an actual building number and street name. Instead, the address includes a reference to a local landmark, and its relationship to other permanent features of the

EXPANSION

landscape, such as Lake Managua. Here is a typical Managua address: **De la Clínica Don Bosco, 2 cuadras al norte, 3 al este.**
Extra Practice Invite students to compare the romantic poetry of **Rubén Darío** to the contemporary work of **Ernesto Cardenal** and **Gioconda Belli**. Students can choose several poems to read aloud to the class, and then comment on differences in style and content.

Historia • **Las huellas° de Acahualinca**

La región de Managua se caracteriza por tener un gran número de sitios prehistóricos. Las huellas de Acahualinca son uno de los restos° más famosos y antiguos°. Se formaron hace más de 6.000 años a orillas° del Lago de Managua. Las huellas, tanto de humanos como de animales, se dirigen° hacia una misma dirección, hacia el lago.

Artes • **Ernesto Cardenal (1925–)**

Ernesto Cardenal, poeta, escultor y sacerdote° católico, es uno de los escritores más famosos de Nicaragua, país conocido por sus grandes poetas. Ha escrito más de 35 libros y es considerado uno de los principales autores de Latinoamérica. Desde joven creyó en el poder de la poesía para mejorar la sociedad y trabajó por establecer la igualdad° y la justicia en su país. En los años 60, Cardenal estableció la comunidad artística del archipiélago de Solentiname en el Lago de Nicaragua. Fue ministro de cultura del país desde 1979 hasta 1988 y participó en la fundación de Casa de los Tres Mundos, una organización creada para el intercambio cultural internacional.

Naturaleza • **El Lago de Nicaragua**

El Lago de Nicaragua, con un área de más de 8.000 km^2 (3.100 millas^2), es el lago más grande de Centroamérica. Tiene más de 400 islas e islotes° de origen volcánico, entre ellas la isla Zapatera. Allí se han encontrado numerosos objetos de cerámica y estatuas prehispánicos. Se cree que la isla era un centro ceremonial indígena.

 ¿Qué aprendiste? Responde a cada pregunta con una oración completa.

1. ¿Por qué no hay muchos rascacielos en Managua?
   No hay muchos rascacielos en Managua porque no resisten los terremotos.
2. Nombra dos poetas de Nicaragua.
   Rubén Darío y Gioconda Belli/Ernesto Cardenal son dos poetas de Nicaragua.
3. ¿Qué significa Ometepe en náhuatl?
   Ometepe significa "dos montañas" en náhuatl.
4. ¿Cuándo y dónde se formaron las huellas de Acahualinca?
   Las huellas de Acahualinca se formaron hace más de 6.000 años, a orillas del Lago de Managua.
5. ¿Por qué es famoso el archipiélago Solentiname?
   El archipiélago Solentiname es famoso porque es el sitio de la comunidad artística establecida por Cardenal.
6. ¿Qué cree Ernesto Cardenal acerca de la poesía?
   Cardenal cree que la poesía puede mejorar la sociedad.
7. ¿Cómo se formaron las islas del lago de Nicaragua?
   Las islas son de origen volcánico.
8. ¿Qué hay de interés arqueológico en la isla Zapatera?
   En la isla Zapatera existió un cementerio indígena en el que todavía se encuentran estatuas prehistóricas.

Conexión Internet Investiga estos temas en **vhlcentral.com**.

1. ¿Dónde se habla inglés en Nicaragua y por qué?
2. ¿Qué información hay ahora sobre la economía y/o los derechos humanos en Nicaragua?

huellas *footprints* restos *remains* antiguos *ancient* orillas *shores* se dirigen *are headed* sacerdote *priest* igualdad *equality* islotes *islets*

S Practice more at vhlcentral.com.

EXPANSION

Worth Noting On July 19, 1979, the **FSLN** (**Frente Sandinista de Liberación Nacional**), known as the **Sandinistas**, came to power in Nicaragua after winning a revolutionary struggle against the dictatorship of **Anastasio Somoza**. The **Sandinistas** began a program of economic and social reform that threatened the power of Nicaragua's traditional elite, leading to a civil war known as the **Contra** war. The United States became enmeshed in this conflict, illegally providing funding and arms to the **Contras**, who fought to oust the **Sandinistas**. After losing the 1990 elections, the **Sandinistas** returned to power with **Daniel Ortega's** presidential wins in 2006 and 2011.

In **Panorama**, students will read about the geography and culture of the Dominican Republic.

Communication 1.3
Cultures 2.1, 2.2
Connections 3.1, 3.2
Comparisons 4.2

Student Resources

Cuaderno de actividades comunicativas, pp. 79–80
Cuaderno de práctica, p. 82
Supersite: *Panorama cultural* video, Activities, *eCuaderno*

Teacher Resources

Workbook TEs; Digital Image Bank; Video Script & Translation

21st Century Skills

Global Awareness

Students will gain perspectives on the Spanish-speaking world to develop respect and openness to others and to interact appropriately and effectively with citizens of Spanish-speaking cultures.

Teaching Tips

- Use the Digital Image Bank to support this presentation.
- Have students look at the map of the Dominican Republic and talk about geographical features of the country. Have students note that, as in Nicaragua, the majority of cities are located along the coast or close to it and that there are few cities in the center of the island.

El país en cifras After reading **Población**, point out that Haiti is the poorest country in the western hemisphere. Ask students to speculate about how that might impact the Dominican Republic. After reading **Idiomas**, emphasize the fact that Haitian Creole is widely spoken; this confirms a major Haitian presence in the Dominican Republic.

La República Dominicana

 Video: *Panorama cultural*
Interactive Map

El país en cifras

▶ **Área:** 48.730 km^2 (18.815 millas^2), *el área combinada de New Hampshire y Vermont*

▶ **Población:** 10.349.000

La isla La Española, llamada así tras° el primer viaje de Cristóbal Colón, estuvo bajo el completo dominio de la corona° española hasta 1697, cuando la parte oeste de la isla pasó a ser propiedad° francesa. Hoy día está dividida políticamente en dos países, la República Dominicana en la zona este y Haití en el oeste.

▶ **Capital:** Santo Domingo—2.191.000

▶ **Ciudades principales:** Santiago de los Caballeros, La Vega, Puerto Plata, San Pedro de Macorís

▶ **Moneda:** peso dominicano

▶ **Idiomas:** español (oficial), criollo haitiano

Bandera de la República Dominicana

Dominicanos célebres

▶ **Juan Pablo Duarte,** político y padre de la patria° (1813–1876)

▶ **Celeste Woss y Gil,** pintora (1891–1985)

▶ **Juan Luis Guerra,** compositor y cantante de merengue (1957–)

▶ **Pedro Martínez,** beisbolista (1971–)

▶ **Marcos Díaz,** nadador de ultradistancia (1975–)

tras *after* corona *crown* propiedad *property* padre de la patria *founding father* restos *remains* tumbas *graves* navegante *sailor* reemplazó *replaced*

Catedral de Santa María la Menor

Hombres tocando diversos instrumentos en una misa en Nochebuena.

Océano Atlántico

Isla La Española

Puerto Plata

Santiago

Río Yuna

Pico Duarte

La Vega

HAITÍ

Cordillera Central

Río San Juan

Bahía de Samaná

Sierra de Neiba

San Pedro de Macorís

⭐ Santo Domingo

Sierra de Baoruco

Bahía de Ocoa

Mar Caribe

ESTADOS UNIDOS

LA REPÚBLICA DOMINICANA

OCÉANO PACÍFICO

OCÉANO ATLÁNTICO

AMÉRICA DEL SUR

Trabajadores del campo recogen la cosecha de ajos

recursos

v̂Text | CA | CP | 🅢
| | pp. 79–80 | p. 82 | vhlcentral

¡Increíble pero cierto!

Los restos° de Cristóbal Colón pasaron por varias ciudades desde su muerte en el siglo XVI hasta el siglo XIX. Por esto, se conocen dos tumbas° de este navegante°: una en la Catedral de Sevilla, España, y otra en el Museo Faro a Colón en Santo Domingo, que reemplazó° la tumba inicial en la catedral de la capital dominicana.

EXPANSION

Culture Note Although the Arawak and Taíno people who were indigenous to Hispaniola were virtually eliminated following the European conquest, Caribbean Spanish was marked by lexical items from these cultures. Point out these words of Native American origin that have entered Spanish: **ají** (*chili pepper*), **barbacoa** (*barbecue*), **cacique** (*political leader*), **canoa** (*canoe*), **hamaca** (*hammock*), **huracán** (*hurricane*), **iguana** (*iguana*).

EXPANSION

Extra Practice Bring in recordings by **Juan Luis Guerra,** such as his 1998 album *Ni es lo mismo ni es igual.* Invite students to follow the printed lyrics as they listen to a track such as *Mi PC.* Then, have students work together to create an English translation of the song.

Ciudades • Santo Domingo

La zona colonial de Santo Domingo, ciudad fundada en 1496, posee° algunas de las construcciones más antiguas del hemisferio. Gracias a las restauraciones°, la arquitectura de la ciudad es famosa no sólo por su belleza sino también por el buen estado de sus edificios. Entre sus sitios más visitados se cuentan° la Calle de las Damas, llamada así porque allí paseaban las señoras de la corte del Virrey; el Alcázar de Colón, un palacio construido entre 1510 y 1514 por Diego Colón, hijo de Cristóbal; y la Fortaleza Ozama, la más vieja de las Américas, construida entre 1502 y 1508.

Deportes • El béisbol

El béisbol es un deporte muy practicado en el Caribe. Los primeros países hispanos en tener una liga fueron Cuba y México, donde se empezó a jugar al béisbol en el siglo° XIX. Hoy día este deporte es una afición° nacional en la República Dominicana. Albert Pujols (foto, derecha), Carlos Gómez y David Ortiz son sólo tres de los muchísimos beisbolistas dominicanos que han alcanzado° enorme éxito e inmensa popularidad entre los aficionados.

Artes • El merengue

El merengue, un ritmo originario de la República Dominicana, tiene sus raíces° en el campo. Tradicionalmente las canciones hablaban de los problemas sociales de los campesinos°. Sus instrumentos eran la guitarra, el acordeón, el guayano° y la tambora, un tambor° característico del lugar. Entre 1930 y 1960, el merengue se popularizó en las ciudades; adoptó un tono más urbano, en el que se incorporaron instrumentos como el saxofón y el bajo°, y empezaron a formarse grandes orquestas. Uno de los cantantes y compositores de merengue más famosos es Juan Luis Guerra.

 ¿Qué aprendiste? Responde a cada pregunta con una oración completa.

1. ¿Quién es Juan Luis Guerra?
   Juan Luis Guerra es un compositor y cantante de merengue.
2. ¿Cuándo se fundó la ciudad de Santo Domingo?
   Santo Domingo se fundó en 1496.
3. ¿Qué es el Alcázar de Colón?
   El Alcázar de Colón es un palacio construido en 1509 por Diego Colón, hijo de Cristóbal.
4. Nombra dos beisbolistas famosos de la República Dominicana.
   Dos beisbolistas famosos de la República Dominicana son Albert Pujols y David Ortiz/Carlos Gómez.
5. ¿De qué hablaban las canciones de merengue tradicionales?
   Las canciones de merengue tradicionales hablaban de los problemas sociales de los campesinos.
6. ¿Qué instrumentos se utilizaban para tocar (*play*) el merengue?
   Se utilizaban el acordeón, la guitarra, el guayano y/o la tambora.
7. ¿Cuándo se transformó el merengue en un estilo urbano?
   El merengue se transformó en un estilo urbano entre los años 1930 y 1960.
8. ¿Qué cantante ha ayudado a internacionalizar el merengue?
   Juan Luis Guerra ha ayudado a internacionalizar el merengue.

 Conexión Internet Investiga estos temas en **vhlcentral.com**.

1. Busca más información sobre la isla La Española. ¿Cómo son las relaciones entre la República Dominicana y Haití?
2. Busca más información sobre la zona colonial de Santo Domingo: la Catedral de Santa María, la Casa de Bastidas o el Panteón Nacional. ¿Cómo son estos edificios? ¿Te gustan? Explica tus respuestas.

posee *possesses* restauraciones *restorations* se cuentan *are included* siglo *century* afición *pastime* han alcanzado *have reached* raíces *roots* campesinos *rural people* guayano *metal scraper* tambor *drum* bajo *bass*

 Practice more at **vhlcentral.com**.

¡Increíble pero cierto! DNA research conducted by Spain in 2006 shows that the remains in Sevilla are indeed Columbus'. However, the Dominican Republic has not allowed their remains to be exhumed, so a comparative analysis has not been performed.

Santo Domingo UNESCO has declared Santo Domingo a World Heritage site because of the abundance of historical architecture. Efforts are being made to restore buildings to their original grandeur, and to "correct" restorations made in the past that were not true to original architectural styles.

El béisbol The Dominican Republic has the second-highest number of players in Major League Baseball (only the U.S. has more). The Dominican Republic has its own baseball league (with six teams), whose season lasts from October to January. Many major and minor league players play in the Dominican League during their off-season.

El merengue Merengue represents a fusion of the cultures that make up the Dominican Republic's heritage. The gourd scraper —or **güiro**—comes from the indigenous Arawak people, the **tambora**—a drum unique to the Dominican Republic—is part of the nation's African legacy, the stringed instruments were adapted from the Spanish guitar, and the accordion was introduced by German merchants. The ***Panorama cultural*** video footage for this lesson provides additional information on **merengue**.

 TELL Connection

Collaboration 5
Why: Provide opportunities for students to learn from members of target cultures. *What:* Use the Internet to connect with the active global community of people who listen to and dance **merengue**.

Student Resources
Cuaderno de actividades comunicativas, p. 147
Supersite: Activities, *eCuaderno*

Teacher Resources
Workbook TE; Textbook and Testing Audio MP3s; Testing Audio Script; Testing Program Tests

21st Century Skills

Creativity and Innovation
Ask students to prepare a list of the three products or perspectives they learned about in this lesson to share with the class. You may ask them to focus specifically on the **Cultura** and **Panorama** sections.

21st Century Skills

Leadership and Responsibility Extension Project
As a class, have students decide on three questions they want to ask the partner class related to the topic of the lesson they have just completed. Based on the responses they receive, work as a class to explain to the Spanish-speaking partners one aspect of their responses that surprised the class and why.

 My Vocabulary

Las ocupaciones

el/la abogado/a	lawyer
el actor, la actriz	actor
el/la arqueólogo/a	archeologist
el/la arquitecto/a	architect
el/la bombero/a	firefighter
el/la carpintero/a	carpenter
el/la científico/a	scientist
el/la cocinero/a	cook; chef
el/la consejero/a	counselor; advisor
el/la contador(a)	accountant
el/la corredor(a) de bolsa	stockbroker
el/la diseñador(a)	designer
el/la electricista	electrician
el hombre/la mujer de negocios	businessperson
el/la maestro/a	teacher
el/la peluquero/a	hairdresser
el/la pintor(a)	painter
el/la político/a	politician
el/la psicólogo/a	psychologist
el/la reportero/a	reporter
el/la secretario/a	secretary
el/la técnico/a	technician

La entrevista

el anuncio	advertisement
el/la aspirante	candidate; applicant
los beneficios	benefits
el currículum	résumé
la entrevista	interview
el/la entrevistador(a)	interviewer
el puesto	position; job
el salario, el sueldo	salary
la solicitud (de trabajo)	(job) application
contratar	to hire
entrevistar	to interview
ganar	to earn
obtener	to obtain; to get
solicitar	to apply (for a job)

El mundo del trabajo

el ascenso	promotion
el aumento de sueldo	raise
la carrera	career
la compañía, la empresa	company; firm
el empleo	job; employment
el/la gerente	manager
el/la jefe/a	boss
los negocios	business; commerce
la ocupación	occupation
el oficio	trade
la profesión	profession
la reunión	meeting
el teletrabajo	telecommuting
el trabajo	job; work
la videoconferencia	videoconference
dejar	to quit; to leave behind
despedir (e:i)	to fire
invertir (e:ie)	to invest
renunciar (a)	to resign (from)
tener éxito	to be successful
comercial	commercial; business-related

Palabras adicionales

dentro de (diez años)	within (ten years)
en el futuro	in the future
el porvenir	the future
próximo/a	next

Expresiones útiles	See page 233.

recursos

vText   CA   p. 147   vhlcentral

Un festival de arte

8

Communicative Goals

VOICE BOARD

I will be able to:
- Talk about and discuss the arts
- Express what I would like to do
- Express hesitation

A PRIMERA VISTA
- ¿Estará trabajando la chica de la foto?
- ¿Es artista o arquitecta?
- ¿Tendrá un oficio?
- ¿Será una persona creativa o no?

Lesson Goals

In **Lección 8**, students will be introduced to the following:
- fine arts terms
- vocabulary for television and film
- Venezuela's **Museo de Arte Contemporáneo de Caracas**
- Colombian artist **Fernando Botero**
- conditional tense
- conditional perfect tense
- past perfect subjunctive
- identifying stylistic devices
- finding biographical information
- writing a composition
- listening for key words and using context
- the Mexican television show *Lo que me prende*
- a video about Madrid's Golden Triangle of museums
- cultural and geographic information about El Salvador
- cultural, economic, and geographic information about Honduras

21ˢᵗ Century Skills

Initiative and Self-Direction
Students can monitor their progress online using the Supersite activities and assessments.

A primera vista Ask these additional questions based on the photo: **En el futuro, ¿tendrás un trabajo creativo? Explica tu respuesta. ¿Te interesa el arte? ¿Quién es tu artista favorito? Para el año que viene, ¿habrás visitado algunos museos de arte? ¿Cuáles? ¿Vas mucho al cine? ¿Cuál es tu película favorita?**

SUPPORT FOR BACKWARD DESIGN

Lección 8 **Essential Questions**
1. How do people talk about the arts?
2. How do people talk about what they want to do?
3. What are some important accomplishments in the arts in the Spanish-speaking world?

Lección 8 **Integrated Performance Assessment**
Before teaching this chapter, review the Integrated Performance Assessment (IPA) and its accompanying scoring rubric provided in the Testing Program. Use the IPA to assess students' progress toward proficiency targets at the end of the chapter.
IPA Context: First, you will listen to a movie review and then discuss the elements of a good review with a partner. Then you will prepare your own review and present it to the class.

VOICE BOARD

Voice boards on the Supersite allow you and your students to record and share up to five minutes of audio. Use voice boards for presentations, oral assessments, discussions, directions, etc.

In **Contextos**, students will learn vocabulary related to:
• fine arts
• television and film

Communication 1.2
Comparisons 4.1

Student Resources
Cuaderno de actividades comunicativas, pp. 35–36, 149
Cuaderno de práctica, pp. 83–84
Cuaderno para hispanohablantes, pp. 113–114
Supersite: Activities, *eCuaderno*

Teacher Resources
Workbook TEs; Digital Image Bank; Textbook and Audio Activities MP3s; Audio Scripts; Testing Program Quizzes; Activity Pack

Teaching Tips
• Talk about your favorite artists and performers. Write new vocabulary on the board.
Ex: **¿Tienen ustedes un pintor favorito? A mí me fascina Pablo Picasso. Pintaba de una manera muy original.**
• Use the **Lección 8 Contextos** Digital Image Bank to support this presentation.
• Point out an object in the illustration and ask students to name it. Point to people and ask what they are doing. Then ask students about their opinions, eliciting the words in **Más vocabulario.**
Ex: **¿Saben cuánto costó un boleto para el último concierto de ____?**
• Explain that **arte** is masculine in the singular and feminine in the plural: **el arte moderno, las artes clásicas.**

Un festival de arte

My Vocabulary Tutorials

Más vocabulario

el/la compositor(a)	composer
el/la director(a)	director; (musical) conductor
el/la dramaturgo/a	playwright
el/la escritor(a)	writer
el personaje (principal)	(main) character
las bellas artes	(fine) arts
el boleto	ticket
la canción	song
la comedia	comedy; play
el cuento	short story
la cultura	culture
el drama	drama; play
el espectáculo	show
el festival	festival
la historia	history; story
la obra	work (of art, music, etc.)
la obra maestra	masterpiece
la ópera	opera
la orquesta	orchestra
aburrirse	to get bored
dirigir	to direct
presentar	to present; to put on (a performance)
publicar	to publish
artístico/a	artistic
clásico/a	classical
dramático/a	dramatic
extranjero/a	foreign
folclórico/a	folk
moderno/a	modern
musical	musical
romántico/a	romantic
talentoso/a	talented

Variación léxica

banda ⟷ grupo musical (Esp.)
boleto ⟷ entrada (Esp.)

Hace el papel de Romeo. (hacer)

el público

La Tragedia de Romeo y Julieta

El Teatro

el tejido

la estatua

Esculpe. (esculpir)

La Artesanía

el escultor

recursos

v̂Text

CA p. 149

CP pp. 83–84

CH pp. 113–114

vhlcentral

La Escultura

la bailarina

Aprecia. (apreciar)

el bailarín

Aplaude. (aplaudir)

La Danza

EXPANSION

Variación léxica Tell students that, as well as **boleto** and **entrada**, they may also hear the word **billete** used to name a ticket for admission to a concert or museum. A ticket window is called **la taquilla** in Spain, while in most of Latin America it is called **la boletería.**

EXPANSION

Extra Practice Read aloud statements using vocabulary words from **Contextos**. Have students supply the missing words. Ex: **Miguel Ángel esculpió muchas ____ importantes. (estatuas)** *Carmen* **es una ____ de Georges Bizet. (ópera) Federico García Lorca es el ____ que escribió** *Romancero gitano.* **(poeta)**

Communication 1.1

Práctica

1 **Escuchar** Escucha la conversación y contesta las preguntas.

1. ¿Adónde fueron Ricardo y Juanita?
   Ellos fueron a un festival de arte.
2. ¿Cuál fue el espectáculo que más le gustó a Ricardo?
   Le gustó más la tragedia de *Romeo y Julieta*.
3. ¿Qué le gustó más a Juanita?
   A Juanita le gustó la banda.
4. ¿Qué dijo Ricardo del actor?
   Ricardo dijo que él era excelente.
5. ¿Qué dijo Juanita del actor?
   Ella dijo que él era guapo.
6. ¿Qué compró Juanita en el festival?
   Ella compró un disco compacto.
7. ¿Qué compró Ricardo?
   Ricardo compró dos libros de poesía.
8. ¿Qué poetas le interesaron a Ricardo?
   A Ricardo le interesaron Claribel Alegría y Roque Dalton.

2 **Artes** Escucha las oraciones y escribe el número de cada oración debajo del arte correspondiente.

teatro	artesanía	poesía
1, 4, 7	5	6

música	danza
3, 8	2

3 **¿Cierto o falso?** Indica si lo que dice cada oración es **cierto** o **falso.**

	Cierto	Falso
1. Las bellas artes incluyen la pintura, la escultura, la música, el baile y el drama.	☑	○
2. Un boleto es un tipo de instrumento musical que se usa mucho en las óperas.	○	☑
3. El tejido es un tipo de música.	○	☑
4. Un cuento es una narración corta que puede ser oral o escrita.	☑	○
5. Un compositor es el personaje principal de una obra de teatro.	○	☑
6. Publicar es la acción de hablar en público ante grupos grandes.	○	☑

4 **Artistas** Indica la profesión de cada uno de estos artistas.

1. Gael García Bernal actor
2. Frida Kahlo pintora
3. Shakira cantante
4. Octavio Paz poeta, escritor
5. William Shakespeare dramaturgo, poeta, escritor
6. Miguel de Cervantes escritor
7. Fernando Botero pintor, escultor
8. Gustavo Dudamel director
9. Toni Morrison escritora
10. Fred Astaire bailarín

(Ilustración)
La Pintura
Pinta. (pintar)
la cerámica
el poeta
el poema
El músico toca un instrumento. (tocar)
La Poesía
La banda da un concierto. (dar)
la cantante
el baile
La Música

Teaching Tip Use information about programming in your area to introduce vocabulary by talking and asking questions about today's TV shows. Ex: **En el canal 5, la programación del día comienza con los dibujos animados. A las dos de la tarde, dan una telenovela. ¡Qué lástima que no la pueda ver! Tengo clase a esa hora.**

5 Teaching Tip Ask individuals each of the items. Since the answers will vary, be sure to ask more than one student to respond to each one. Express your reactions to students' opinions.

5 Expansion To challenge students, have them repeat the activity in another context, such as a specific era of TV and film, like Hollywood's Golden Age.

6 Expansion Write on the board additional vocabulary words from **Contextos** and ask pairs to write a definition for each one. Have them read the definitions to the class, who will guess the word.

7 Teaching Tip Ask students to explain the relationship between the first pair of words. Then have them read the answers for the second pair.

7 Expansion Ask students to think of other words that belong to the same "family" for these word pairs:
1. pintura ↔ pintor (pintar)
2. cantante ↔ cantar (canción)
3. drama ↔ dramaturgo (dramático/a)
4. escultor ↔ escultura (esculpir)

---

5 **Los favoritos** En parejas, túrnense para preguntarse cuál es su película o programa favorito de cada categoría. Answers will vary.

> **modelo**
> película musical
> —¿Cuál es tu película musical favorita?
> —Mi película musical favorita es *Les Misérables*.

1. película de ciencia ficción
2. programa de entrevistas
3. telenovela
4. película de horror
5. película de acción
6. concurso
7. programa de realidad
8. película de aventuras
9. documental
10. programa de dibujos animados

El cine y la televisión	
el canal	*channel*
el concurso	*game show; contest*
los dibujos animados	*cartoons*
el documental	*documentary*
la estrella (*m., f.*) de cine	*movie star*
el premio	*prize; award*
el programa de entrevistas/realidad	*talk /reality show*
la telenovela	*soap opera*
…de acción	*action*
…de aventuras	*adventure*
…de ciencia ficción	*science fiction*
…de horror	*horror*
…de vaqueros	*western*

6 **Completar** Completa las frases con las palabras adecuadas.

aburrirse	canal	estrella	musical
aplauden	de vaqueros	extranjera	romántica
artística	director	folclórica	talentosa

1. Una película que fue hecha en otro país es una película… extranjera.
2. Si las personas que asisten a un espectáculo lo aprecian, ellos… aplauden.
3. Una persona que puede hacer algo muy bien es una persona… talentosa.
4. Una película que trata del amor y de las emociones es una película… romántica.
5. Una persona que pinta, esculpe y/o hace artesanía es una persona… artística.
6. La música que refleja la cultura de una región o de un país es música… folclórica.
7. Si la acción tiene lugar en el oeste de los EE.UU. durante el siglo XIX, probablemente es una película… de vaqueros.
8. Una obra en la cual los actores presentan la historia por medio de (*by means of*) canciones y bailes es un drama… musical.
9. Cuando una película no tiene una buena historia, el público empieza a… aburrirse.
10. Si quieres ver otro programa de televisión, es necesario que cambies de… canal.

¡ATENCIÓN!

Apreciar means *to appreciate* only in the sense of evaluating what something is worth. Use **agradecer** to express the idea *to be grateful for*.

Ella **aprecia** la buena música.
She appreciates good music.

Le **agradezco** mucho su ayuda.
I am grateful for your help.

7 **Analogías** En parejas, completen las analogías con las palabras adecuadas. Después, preparen una conversación utilizando al menos seis de las palabras que han encontrado.

1. alegre ↔ triste ⊜ comedia ↔ tragedia
2. escultor ↔ escultora ⊜ bailarín ↔ bailarina
3. drama ↔ dramaturgo ⊜ pintura ↔ pintor
4. *Los Simpson* ↔ dibujos animados ⊜ *Jeopardy* ↔ concurso
5. de entrevistas ↔ programa ⊜ de vaqueros ↔ película
6. aplaudir ↔ público ⊜ hacer el papel ↔ actor/actriz
7. poema ↔ literatura ⊜ tejido ↔ artesanía
8. músico ↔ tocar ⊜ cantante ↔ cantar

¡LENGUA VIVA!

Remember that, in Spanish, last names do not have a plural form, although **los** may be used with a family name.

Los Simpson
The Simpsons

 Practice more at **vhlcentral.com**.

TEACHING OPTIONS

Game Divide the class into two teams. Have each team list a title that fits each of the categories in **El cine y la televisión** (e.g., **dibujos animados, documental, película/programa de acción**, and so forth). The first member of team A calls out a title from his or her team's list. Ex: **la película** *King Kong*. The first member of team B must name its category. Ex: **una película de acción**. Next, the second member of team B calls out a title and

TEACHING OPTIONS

the second member of team A must name its category. Continue until all titles have been mentioned. The team with the most correct answers wins.
Small Groups Have small groups role-play a situation in which there is only one television and no one can agree on which shows to watch. Students should discuss what shows are on that night, which are better and why, and so forth.

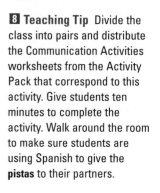

Comunicación

recursos

v̂Text

CA

pp. 35–36

8 Crucigrama Tu profesor(a) les va a dar un crucigrama (*crossword puzzle*) incompleto. Tú tienes las palabras que necesita tu compañero/a y él/ella tiene las palabras que tú necesitas. Sin revelar las palabras, utilicen pistas (*clues*) que les permitan adivinar las respuestas. Answers will vary.

modelo

1 horizontal: Fiesta popular que generalmente tiene
lugar en las calles de las ciudades.
2 vertical: Novelas que puedes ver en la televisión.

9 Preguntas Contesta estas preguntas sobre el arte en tu vida. Comparte tus respuestas con un(a) compañero/a de clase. Answers will vary.

La música

1. ¿Qué tipo de música prefieres? ¿Por qué?
2. ¿Tocas un instrumento? ¿Cuál?
3. ¿Hay algún instrumento que quisieras aprender a tocar?

El cine

4. ¿Con qué frecuencia vas al cine?
5. ¿Qué tipos de películas prefieres?

Las bellas artes

6. ¿Haces algo que se pueda considerar artístico? ¿Pintas, dibujas, esculpes, haces artesanías, actúas en dramas, tocas un instrumento, cantas o escribes poemas?
7. ¿Con qué frecuencia vas a un museo de arte o asistes a conciertos, al teatro o a lecturas públicas de poesía?
8. ¿Es el arte una parte importante de tu vida? ¿Por qué?

10 Programa Trabajen en grupos pequeños para crear un programa de televisión o un corto (*short film*) para el canal de televisión de la escuela. Answers will vary.

AYUDA
el género *genre*
el propósito *purpose*

▶▶ Primero decidan el género y el propósito del programa o del corto. Cada grupo debe escoger un género distinto. Algunos de los géneros posibles: documental, concurso, programa de realidad, película de acción.

▶ Después, escriban el programa o el corto y preséntenlo a la clase.

LOS GEMELOS
LA HISTORIA DE UNA FAMILIA

Una producción de SARA SECADA Dirección CARLOS GARCÍA LLANES
Guión SARA SECADA/CARLOS GARCÍA LLANES/MERCEDES NORIEGA
Director de Fotografía JUAN VARELA Montaje HUMBERTO BLANCO
Música JORGE RODRÍGUEZ Sonido RUBÉN LÓPEZ Dirección de Arte JUANA VARGAS
Actores SILVIA GONZÁLEZ/MARTÍN HERNÁNDEZ/MARGARITA ISLAS

---

8 Teaching Tip Divide the class into pairs and distribute the Communication Activities worksheets from the Activity Pack that correspond to this activity. Give students ten minutes to complete the activity. Walk around the room to make sure students are using Spanish to give the **pistas** to their partners.

8 Expansion Have pairs create four questions using answers from the crossword puzzle. Ask them to interview their classmates, asking follow-up questions when applicable.

9 Technology Literacy Ask students to prepare a digital presentation to show the preferences of the whole class for several of the items in this activity.

9 Virtual Chat You can also assign activity 9 on the Supersite. Students record individual responses that appear in your gradebook.

10 Teaching Tip To simplify, have groups write an outline. Then, have students divide up the scenes to be written, making sure that each one has about the same number of lines. When they have finished their drafts, students should exchange them for peer editing. Finally, the group puts all the scenes together and presents its program or film to the class.

21ˢᵗ Century Skills

10 Productivity and Accountability
Provide students with the oral testing rubric found in the Teacher Resources on the Supersite. Ask them to keep these strategies in mind as they prepare their oral exchanges.

Section Goals

In **Fotonovela**, students will:
- receive comprehensible input from free-flowing discourse
- learn functional phrases that preview lesson grammatical structures

 Communication 1.2
Cultures 2.1, 2.2

Student Resources
Cuaderno de actividades comunicativas, pp. 61–62
Supersite: *Fotonovela* video, Activities, *eCuaderno*

Teacher Resources
Workbook TE; Video Script & Translation

Video Recap: Lección 7

Before doing this **Fotonovela** section, review the previous episode with these questions:
1. ¿Qué piensan hacer Felipe y Juan Carlos después de graduarse? (Piensan crear su propia empresa / una compañía de asesoría de negocios.)
2. Según Marissa, ¿qué profesión tendrá cuando tenga 30 años? (Será arqueóloga.) 3. ¿Quién entrevistó a Miguel? (La Sra. Díaz lo entrevistó.) 4. ¿Qué quiere ser Miguel? (Quiere ser pintor.)

Video Synopsis

Jimena and **Juan Carlos** go on their first date, during which they discuss music and movies. **Felipe** gives his final opinion on the new romance. Meanwhile, at the **Museo de Arte Popular, Miguel** proposes to **Maru**.

Teaching Tips

- Hand out the **Antes de ver el video** and **Mientras ves el video** activities from the *Cuaderno de actividades comunicativas* and go over the **Antes de ver** questions.
- Have students predict the plot of this episode, based on the title and the video stills. Write down their predictions.
- Quickly review the predictions students made and help the class summarize the plot.

Una sorpresa para Maru

Miguel y Maru hacen una visita muy especial al Museo de Arte Popular. Por otra parte, Jimena y Juan Carlos hablan sobre arte.

PERSONAJES JUAN CARLOS JIMENA

Video: *Fotonovela*

1 **JUAN CARLOS** Cuando era niño, iba con frecuencia a espectáculos culturales con mi mamá. A ella le gustan el teatro, los conciertos, la poesía y especialmente la danza.

2 **JIMENA** Mi mamá hubiera querido que tocara algún instrumento, pero la verdad es que no tengo nada de talento musical y Felipe tampoco.

3 **JIMENA** Aunque no tengamos talento artístico, mi mamá nos enseñó a apreciar la música.

JUAN CARLOS Creo que tu mamá y la mía se llevarían bien. Tal vez algún día lleguen a conocerse.

6 **MIGUEL** María Eugenia Castaño Ricaurte, ¿me harías el honor de casarte conmigo?

7 *(Juan Carlos y Jimena hablan de los espectáculos que les gustan).*

JUAN CARLOS ¿Qué clase de espectáculos te gustan?

JIMENA Me gusta la música en vivo y el teatro. Además, me encantan las películas.

8 **JIMENA** ¿Cuáles son tus películas favoritas?

JUAN CARLOS Las de ciencia ficción y las de terror.

TEACHING OPTIONS

Una sorpresa para Maru Make copies of the **Fotonovela** Video Script (Supersite) for this segment and distribute them to students. After students have skimmed the script for the gist, ask them what this segment is about. Next, show the segment and have students circle all words related to music and the arts. Finally, ask students to summarize this episode in their own words. You may want to ask a few questions to guide the class toward an accurate plot summary.

MIGUEL

MARU

FELIPE

4

5

(*Mientras tanto, en el Museo de Arte Popular*)

MARU Siempre había querido venir aquí. Me encantan las artesanías de cerámica y sus tejidos. El arte folclórico nos cuenta la historia de su gente y su país.

MARU ¿Todo bien, Miguel? ¿Qué tienes allí?

MIGUEL ¿Podría pedirte algo?

MARU Claro.

9

10

JUAN CARLOS ¿Te gustan las películas de acción?

JIMENA Sí, me fascinan, y también los documentales.

JUAN CARLOS Bueno, podríamos ir a verlos juntos.

(*Y... en el museo*)

MARU Sí. ¡Sí acepto casarme contigo! Qué anillo tan hermoso.

recursos

vText   CA   (S)

pp. 61–62   vhlcentral

Expresiones útiles

Talking about the arts

Mi mamá hubiera querido que tocara algún instrumento.
My mother would have wanted me to play some instrument.

Pero la verdad es que no tengo nada de talento musical.
But the truth is I don't have any musical talent.

Me encantan las artesanías de cerámica y los tejidos.
I love ceramic crafts and weavings.

El arte folclórico nos cuenta la historia de su gente y su país.
Folk art tells us the history of its people and its country.

Getting engaged

¿Podría pedirte algo?
Could I ask you for something?

¿Me harías el honor de casarte conmigo?
Would you do me the honor of marrying me?

Sí. ¡Sí acepto casarme contigo!
Yes. Yes, I'll marry you!

Qué anillo tan hermoso.
What a beautiful ring.

Additional vocabulary

(No) Estoy de acuerdo.
I (dis)agree.

Expresiones útiles Draw attention to the words **Podría** and **harías**; explain that these verb forms are examples of the conditional, which is used to talk about what would happen. Tell students that they will learn more about this concept in **Estructura**.

Teaching Tip Have the class work in groups of four to read the **Fotonovela** captions aloud. Each group member should play a different role. You may want volunteers to ad-lib this episode for the class.

Nota cultural The **Museo de Arte Popular** was formed in 2006 and is located in an old firehouse. The museum is known for holding the annual **Noche de Alebrijes**, at which fantastical creatures made of brightly painted cardboard or wood are paraded through the streets from the Zócalo to the **Ángel de la Independencia** monument.

Communication 1.1, 1.2

¿Qué pasó?

1 Teaching Tip Have the class work through a few true/false items before doing this activity. Ex: **1. La familia de Jimena no aprecia el arte. (Falso.) 2. Para Maru, las artesanías tienen valor histórico y cultural. (Cierto.)**

Nota cultural The **Palacio de Bellas Artes** in Mexico City is an important center for dance and opera fans. Many top artists have performed there, including the famous Italian opera singer Luciano Pavarotti. Three times a week, the **Ballet Folclórico de México,** considered by many to be one of the best of its kind in the world, presents the traditional dances and music of Mexico.

2 Expansion Give these statements to the class as items 7–9: **7. Me gusta escuchar música en vivo e ir al teatro. (Jimena) 8. Me encanta mi nuevo anillo. (Maru) 9. Si nuestras madres se conocen, podrán hablar de la música. (Jimena/Juan Carlos)**

3 Expansion Have students write definitions in Spanish for the words **exposición, concierto, telenovela, ópera, tragedia.** Have volunteers share their definitions with the class.

4 Possible Conversation
E1: ¿Qué te gustaría hacer este fin de semana?
E2: Pues, como a mí me gusta la música, creo que me gustaría ver una ópera.
E1: ¡Uy, odio la ópera! Además, los boletos son muy caros.
E2: Ay, sí, es cierto. Bueno, ¿te gustaría asistir a un concierto de la orquesta nacional?
E1: Buena idea. Me gusta la música clásica.
E2: Y a ti, ¿qué te gustaría hacer?
E1: Bueno, como me gusta tanto el arte, me gustaría ver una exposición de arte moderno.
E2: De acuerdo.

1 Seleccionar Selecciona la respuesta correcta.

1. Cuando era niño, Juan Carlos iba a los __b__ culturales.
   a. premios   b. espectáculos   c. boletos
2. Jimena dice que no tiene talento __a__.
   a. musical   b. moderno   c. folclórico
3. A Maru le encanta ver las __b__ en cerámica y los tejidos.
   a. bailarinas   b. artesanías   c. bellas artes
4. A Jimena le gusta escuchar música en vivo e ir al __c__.
   a. cine   b. festival   c. teatro
5. A Juan Carlos le gustan las películas de __c__.
   a. acción y de vaqueros   b. aventuras y de drama   c. ciencia ficción y de terror

2 Identificar Identifica quién puede decir estas oraciones.

   JIMENA MARU MIGUEL JUAN CARLOS

1. A mi mamá le gusta mucho la danza, pero también el teatro. Juan Carlos
2. ¡Qué bonito es el arte folclórico que hay en este museo! Maru/Miguel
3. Me gustan mucho las películas. Jimena/Juan Carlos
4. Te voy a invitar a ver documentales, a mí también me gustan. Juan Carlos
5. Nunca pude aprender a tocar un instrumento musical. Jimena
6. Me haces el hombre más feliz por querer casarte conmigo. Miguel

3 Correspondencias ¿A qué eventos culturales asistirán juntos Jimena y Juan Carlos?

una exposición de cerámica precolombina   un concierto   una ópera
una exposición de pintura española   una telenovela   una tragedia

1. Escucharán música clásica y conocerán a un director muy famoso. un concierto
2. El público aplaudirá mucho a la señora que es soprano. una ópera
3. Como a Marissa le gusta la historia, la llevarán a ver esto. una exposición de cerámica precolombina
4. Como a Miguel le gustaría ver arte, entonces irán con él. una exposición de pintura española

4 El fin de semana Vas a asistir a dos eventos culturales el próximo fin de semana con un(a) compañero/a de clase. Comenten entre ustedes por qué les gustan o les disgustan algunas de las actividades que van sugiriendo. Escojan al final dos actividades que puedan realizar juntos/as. Usen estas frases y expresiones en su conversación. Answers will vary.

▶ ¿Qué te gustaría ver/hacer este fin de semana?
▶ ¿Te gustaría asistir a...?
▶ ¡Me encanta(n)... !
▶ Odio..., ¿qué tal si...?

 Practice more at vhlcentral.com.

TEACHING OPTIONS

Small Groups Pairs Divide the class into pairs. Ask half the class to write a paragraph about the future of **Miguel** and **Maru's** relationship. Give students time to prepare, and ask a few pairs to read their paragraphs to the class.
TPR Have students stand in a circle. Call out a statement that a famous artist could have made about him or herself. Ex: **Me gustaría escribir poemas sin letras mayúsculas.** Toss a ball

TEACHING OPTIONS

to a student, who must identify the artist. Ex: **e.e. cummings.** Then reverse the activity by naming famous artists and having students make statements.
Pairs In pairs, have students talk about what they would like to do or be in the future and why. Tell them to use **te gustaría** and **me gustaría.** Then ask a few students to summarize what their partners told them.

Ortografía y pronunciación

Las trampas ortográficas

Some of the most common spelling mistakes in Spanish occur when two or more words have very similar spellings. This section reviews some of those words.

 Audio

---

compro   **compró**   **hablo**   **habló**

There is no accent mark in the **yo** form of –**ar** verbs in the present tense. There is, however, an accent mark in the **Ud./él/ella** form of –**ar** verbs in the preterite.

---

este (adjective)   **éste** (pronoun)   **esté** (verb)

The demonstrative adjectives **esta** and **este** do not have an accent mark. The demonstrative pronouns **ésta** and **éste** have an accent mark on the first syllable. The verb forms **está** (*present indicative*) and **esté** (*present subjunctive*) have an accent mark on the last syllable.

---

jo-ven   **jó-ve-nes**    **bai-la-rín**   **bai-la-ri-na**

The location of the stressed syllable in a word determines whether or not a written accent mark is needed. When a plural or feminine form has more syllables than the singular or masculine form, an accent mark must sometimes be added or deleted to maintain the correct stress.

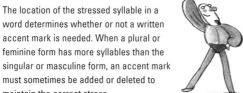

No me gusta la ópera, sino el teatro.
No quiero ir al festival si no vienes conmigo.

The conjunction **sino** (*but rather*) should not be confused with **si no** (*if not*). Note also the difference between **mediodía** (*noon*) and **medio día** (*half a day*) and between **por qué** (*why*) and **porque** (*because*).

🔗 **Práctica** Completa las oraciones con las palabras adecuadas para cada ocasión.

1. Javier me explicó que _____si no_____ lo invitabas, él no iba a venir. (sino/si no)
2. Me gustan mucho las _____canciones_____ folclóricas. (canciones/canciónes)
3. Marina _____presentó_____ su espectáculo en El Salvador. (presento/presentó)
4. Yo prefiero _____éste_____. (éste/esté)

🔗 **Palabras desordenadas** Ordena las letras para descubrir las palabras correctas. Después, ordena las letras indicadas para descubrir la respuesta a la pregunta.

¿Adónde va Manuel?

y u n a s e d ó   ⎵⎵**a**⎵⎵**a**⎵⎵⎵⎵⎵

q u e r o p   ⎵⎵⎵**a**⎵⎵⎵

z o g a d e l a   ⎵**a**⎵⎵⎵**a**⎵⎵⎵⎵

á s e t   ⎵⎵**a**⎵

h a i t e s a b o n c i   ⎵⎵⎵⎵⎵**a**⎵⎵⎵⎵**a**⎵⎵⎵

Manuel va __ __ __ __ __ __ __ __ __ __.[1]

Respuestas: desayunó, porque, está, adelgazo, habitaciones
[1]*Manuel va al teatro.*

recursos

v̂Text

CA
p. 150

CH
p. 115

🅢
vhlcentral

Section Goal

In **Ortografía y pronunciación**, students will learn about Spanish words that have similar spellings.

Comparisons 4.1

Student Resources
Cuaderno de actividades comunicativas, p. 150
Cuaderno para hispanohablantes, p. 115
Supersite: Activities, *eCuaderno*

Teacher Resources
Workbook TE; Textbook and Audio Activities MP3s; Audio Scripts

Teaching Tips
- Say the words **compro** and **hablo** and have volunteers write them on the board. Write the words **compró** and **habló** on the board and have volunteers pronounce them.
- Write the words **este, éste,** and **esté** on the board and have volunteers explain how the words are different. Have the class create a sentence that uses each word.
- Write the words **joven, jóvenes, bailarín,** and **bailarina** on the board and have the class explain why a written accent is needed in **jóvenes** but not in **bailarina**.
- Write the words **sino, si no, medio día, mediodía, por qué,** and **porque** on the board. Have volunteers explain what each word means. Have the class create a sentence that uses each word.

TEACHING OPTIONS

Small Groups Working in small groups, have students write an amusing example sentence for each of the spelling rules presented on this page. Circulate around the class to verify correct spelling. Then ask a few volunteers to write their sentences on the board.
Extra Practice Add an auditory aspect to this **Ortografía** presentation. Read aloud a few sentences that contain words

TEACHING OPTIONS

presented on this page and have students write them down. Then write the sentences on the board so that students can check their work. Ex: **1. Si no compro la comida hoy, la compraré mañana. 2. ¿Prefieres este vestido o éste? 3. La señora Pardo no es vieja, sino joven. 4. La persona de quien hablo es el profesor que habló en la conferencia.** Ask comprehension questions as a follow-up.

Section Goals

In **Cultura**, students will:
- read about Venezuela's **Museo de Arte Contemporáneo de Caracas** and other museums in the Spanish-speaking world
- learn arts-related terms
- read about Colombian artist **Fernando Botero**
- read about Hispanic artists

Communication 1.1, 1.2
Cultures 2.1, 2.2
Connections 3.1, 3.2
Comparisons 4.2

Student Resources
Cuaderno para hispanohablantes, p. 116
Supersite: Activities

21st Century Skills

Global Awareness
Students will gain perspectives on the Spanish-speaking world.

En detalle
Antes de leer Engage students in a conversation about their experiences with museums. Ex: **¿Qué museos han visitado? Describan su última visita a un museo. ¿Cómo fue? ¿Qué exponía?** Ask follow-up questions as necessary.

Lectura
- Have volunteers use the maps in their textbooks to find the locations of the museums mentioned in the reading.
- If time and resources permit, bring in additional pictures of art and other items from the museums mentioned in the reading. Have students choose their favorite pieces and explain what they like about them, using lesson vocabulary.

Después de leer Ask: **¿Cuál de estos museos te gustaría visitar?** Then have students write a short paragraph explaining their answer.

EN DETALLE

Museo de Arte Contemporáneo de Caracas

 Additional Reading

Una visita al Museo de Arte Contemporáneo de Caracas (MACC) es una experiencia incomparable. Su colección permanente incluye unas 3.000 obras de artistas de todo el mundo. Además, el museo organiza exposiciones temporales° de escultura, dibujo, pintura, fotografía, cine y video. En sus salas se pueden admirar obras de artistas como Matisse, Miró, Picasso, Chagall, Tàpies y Botero.

Exposición Cuerpo plural, MACC

En 2004, el museo tuvo que cerrar a causa de un incendio°. Entonces, su valiosa° colección fue trasladada al Museo de

La lección de esquí, de Joan Miró

Bellas Artes, también en Caracas. Además, se realizaron exposiciones en otros lugares, incluso al aire libre, en parques y bulevares.

Cuando el MACC reabrió° sus puertas un año después, lo hizo con nuevos conceptos e ideas. Se dio más atención a las cerámicas y fotografías de la colección. También se creó una sala multimedia dedicada a las últimas tendencias° como video-arte y *performance*.

El MACC es un importante centro cultural. Además de las salas de exposición, cuenta con° un jardín de esculturas, un auditorio y una biblioteca especializada en arte. También organiza talleres° y recibe a grupos escolares. Un viaje a Caracas no puede estar completo sin una visita a este maravilloso museo.

Otros museos importantes

Museo del Jade (San José, Costa Rica): Tiene la colección de piezas de jade más grande del mundo. La colección tiene un gran valor° y una gran importancia histórica. Incluye muchas joyas° precolombinas.

Museo de Instrumentos Musicales (La Paz, Bolivia): Muestra más de 2.500 instrumentos musicales bolivianos y de otras partes del mundo. Tiene un taller de construcción de instrumentos musicales.

Museo Nacional de Culturas Populares (México, D.F., México): El museo investiga y difunde° las diferentes manifestaciones culturales de México, realiza exposiciones y organiza seminarios, cursos y talleres.

Museo del Cine Pablo Ducrós Hicken (Buenos Aires, Argentina): Dedicado a la historia del cine argentino, expone películas, libros, revistas, guiones°, carteles, fotografías, cámaras y proyectores antiguos.

exposiciones temporales *temporary exhibitions* incendio *fire* valiosa *valuable* reabrió *reopened* tendencias *trends* cuenta con *it has* talleres *workshops* valor *value* joyas *jewelry* difunde *spreads* guiones *scripts*

ACTIVIDADES

1 **¿Cierto o falso?** Indica si lo que dice cada oración es cierto o falso. Corrige la información falsa.

1. La colección permanente del MACC tiene sólo obras de artistas venezolanos. **Falso**. Tiene obras de artistas de todo el mundo.
2. Durante el tiempo que el museo cerró a causa de un incendio, se realizaron exposiciones al aire libre. **Cierto**.
3. Cuando el museo reabrió, se dio más atención a la pintura. **Falso**. Se dio más atención a las cerámicas y fotografías de la colección.
4. En el jardín del museo también pueden admirarse obras de arte. **Cierto**.
5. La importancia del Museo del Jade se debe a las joyas europeas que se exponen en él. **Falso**. Se debe a las joyas precolombinas que se exponen en él.
6. En el Museo de Instrumentos Musicales de La Paz también se hacen instrumentos musicales. **Cierto**.
7. En Buenos Aires hay un museo dedicado a la historia del cine de Hollywood. **Falso**. Está dedicado al cine argentino.

TEACHING OPTIONS

Small Groups Have students work in small groups. Tell them to imagine that they are owners of a gallery specializing in art from Spanish-speaking countries. For homework, each student should research one art piece on the Internet and print an image of the work for the group's gallery. In class, have each group describe the style of their artwork and what they represent to the potential buyers (the class).

PRE-AP*

Presentational Speaking with Cultural Comparison In pairs, have students research an art museum in a Spanish or Latin American city that is not mentioned in **En detalle**, and compare it with one of the museums on this page. Ask them to create a brochure describing the museum's location, history, famous works of art, current exhibitions, and any other significant information. Have pairs present their brochures to the class.

Así se dice To challenge
students, add these words to
the list: **dar, emitir, transmitir**
(*to broadcast*); **la naturaleza
muerta** (*still life*); **la pintura
al óleo** (*oil painting*).

ASÍ SE DICE

Arte y espectáculos

las caricaturas (Col., El Salv., Méx.); los dibujitos (Arg.); los muñequitos (Cuba)	los dibujos animados
el coro	*choir*
el escenario	*stage*
el estreno	*debut, premiere*
el/la guionista	*scriptwriter*

EL MUNDO HISPANO

Artistas hispanos

- **Myrna Báez** (Santurce, Puerto Rico, 1931) Innovó las técnicas de la pintura y el grabado° en Latinoamérica. En 2001, el Museo de Arte de Puerto Rico le rindió homenaje° a sus cuarenta años de carrera artística.

- **Joaquín Cortés** (Córdoba, España, 1969) Bailarín y coreógrafo. En sus espectáculos une° sus raíces gitanas° a influencias musicales de todo el mundo.

- **Tania León** (La Habana, Cuba, 1943) Compositora y directora de orquesta. Fue cofundadora° y directora musical del *Dance Theater of Harlem* y ha compuesto numerosas obras.

- **Rafael Murillo Selva** (Tegucigalpa, Honduras, 1936) Dramaturgo. En su obra refleja preocupaciones sociales y la cultura hondureña.

grabado *engraving* rindió homenaje *paid homage* une *combines* raíces gitanas *gypsy roots* cofundadora *co-founder*

PERFIL

Fernando Botero: un estilo único

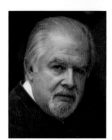

El dibujante°, pintor y escultor Fernando Botero es un colombiano de fama internacional. Ha expuesto sus obras en galerías y museos de las Américas, Europa y Asia.

La pintura siempre ha sido su pasión. Su estilo se caracteriza por un cierto aire ingenuo° y unas proporciones exageradas. Mucha gente dice que Botero "pinta gordos", pero esto no es correcto. En su obra no sólo las personas son exageradas; los animales y los objetos también. Botero dice que empezó a pintar personas y cosas voluminosas por intuición. Luego, estudiando la pintura de los maestros italianos, se reafirmó su interés por el volumen y comenzó a usarlo conscientemente° en sus pinturas y esculturas, muchas de las cuales se exhiben en ciudades de todo el mundo. Botero es un trabajador incansable° y es que, para él, lo más divertido del mundo es pintar y crear.

dibujante *drawer* ingenuo *naive* conscientemente *consciously* incansable *tireless*

Conexión Internet

¿Qué otros artistas de origen hispano son famosos?

Go to **vhlcentral.com** to find more cultural information related to this **Cultura** section.

ACTIVIDADES

2 **Comprensión** Contesta las preguntas.
1. ¿Cómo se dice en español "*The scriptwriter is on stage*"?
   El/La guionista está en el escenario.
2. ¿Cuál fue la contribución de Myrna Báez al arte latinoamericano?
   Innovó las técnicas de la pintura y el grabado.
3. ¿En qué actividades artísticas trabaja Tania León?
   Es directora de orquesta y compositora.
4. ¿Qué tipo de obras realiza Fernando Botero?
   dibujo, pintura y escultura
5. ¿Cuáles son dos características del estilo de Botero?
   un aire ingenuo y unas proporciones exageradas

3 **Sus artistas favoritos** En grupos pequeños, hablen sobre sus artistas favoritos (de cualquier disciplina artística). Hablen de la obra que más les gusta de estos artistas y expliquen por qué.
Answers will vary.

recursos

v Text

CH
p. 116

vhlcentral

Practice more at vhlcentral.com.

Así se dice To challenge students, add these words to the list: **dar, emitir, transmitir** (*to broadcast*); **la naturaleza muerta** (*still life*); **la pintura al óleo** (*oil painting*).

Perfil
- **Botero** was born in 1932 in Medellín, Colombia, and was successful from an early age. At age twenty-one, he was the first artist to hold a solo exhibition at the Leo Matiz Gallery in Bogotá. Later, **Botero** spent time in Europe and the United States. In 2005 he gained much attention for a large collection in which he explored abuses at Abu Ghraib prison. Then, in 2008, **Botero** exhibited *The Circus*, a collection of 20 works in oil and watercolor.
- Ask students to discuss why **Botero** chooses to depict rotund figures in a time when slender figures are idealized.

El mundo hispano If students know of other Spanish-speaking artists, ask them to describe the art for which they are known.

21st Century Skills

Information and Media Literacy: Conexión Internet Students access and critically evaluate information from the Internet.

2 **Expansion** Give students these questions as items 6–7: **6. ¿Qué tipo de pintura reafirmó el interés de Botero por pintar personas y cosas voluminosas? (la pintura italiana) 7. ¿Cómo dice un mexicano "los niños quieren ver dibujos animados"? (Los niños quieren ver caricaturas.)**

TELL Connection

Learning Experience 5 *Why:* Contextualize language acquisition. *What:* Teaching Options place tasks in context.

TEACHING OPTIONS

Game Play a modified version of **20 Preguntas**. On slips of paper, write names of places, art, people, or vocabulary from this **Cultura** section. Ex: **el Museo del Jade, Joaquín Cortés, los muñequitos,** *La plaza*. Put the slips of paper in a large bag. Divide the class into two teams. Have students draw out a slip of paper and describe the person, place or thing. The other team tries to guess the item. Ex: **¿Es un lugar? ¿Es un museo?**

TEACHING OPTIONS

¿Tiene joyas precolombinas? ¿Es el Museo del Jade?
Large Group Have volunteers line up around the classroom and take an index card with the name of an artist mentioned in the reading. Then have the rest of the class circulate around the room and ask questions to guess which artist the volunteer has on their card. Ex: **¿Eres escultor o pintor? ¿De qué país eres? ¿Dónde se puede ver tu arte?**

Section Goals

In **Estructura 8.1**, students will learn:

- to use the conditional
- to make polite requests and hypothesize about past conditions

Communication 1.1
Comparisons 4.1

Student Resources

Cuaderno de actividades comunicativas, pp. 37–41, 151
Cuaderno de práctica, pp. 85–86
Cuaderno para hispanohablantes, pp. 117–118
Supersite: Activities, *eCuaderno*

Teacher Resources

Workbook TEs; Grammar Slides; Audio Activities MP3s; Audio Script; Testing Program Quizzes; Activity Pack

Teaching Tips

- Ask students to imagine they are attending an arts festival. Engage students in a conversation by asking them what they would like to do there. Ex: **¿Qué te gustaría hacer o ver en el festival de arte? A mí me gustaría ver las comedias que dan. ¿Y a ti?** Tell students that **gustaría** is a polite form of **gustar** that they already know. The conditional can be used to make polite requests.
- Ask volunteers to read the captions to the video stills and indicate which verbs are in the conditional.
- Point out that, as in the future, there is only one set of endings in the conditional.
- Check for understanding by citing an infinitive and a subject pronoun while pointing to a specific student. The student should respond with the conditional form. Ex: **decir / nosotros (diríamos); venir / tú (vendrías)**

8.1 The conditional

[Tutorial]

ANTE TODO The conditional tense in Spanish expresses what you *would do* or what *would happen* under certain circumstances.

The conditional tense

		visitar	comer	aplaudir
SINGULAR FORMS	yo	visitaría	comería	aplaudiría
	tú	visitarías	comerías	aplaudirías
	Ud./él/ella	visitaría	comería	aplaudiría
PLURAL FORMS	nosotros/as	visitaríamos	comeríamos	aplaudiríamos
	vosotros/as	visitaríais	comeríais	aplaudiríais
	Uds./ellos/ellas	visitarían	comerían	aplaudirían

> Creo que tu mamá y la mía se llevarían bien.

> Pensé que te gustaría el Museo de Arte Popular.

▶ The conditional tense is formed much like the future tense. The endings are the same for all verbs, both regular and irregular. For regular verbs, you simply add the appropriate endings to the infinitive. **¡Atención!** All forms of the conditional have an accent mark.

▶ For irregular verbs, add the conditional endings to the irregular stems.

INFINITIVE	STEM	CONDITIONAL	INFINITIVE	STEM	CONDITIONAL
decir	dir-	diría	querer	querr-	querría
hacer	har-	haría	saber	sabr-	sabría
poder	podr-	podría	salir	saldr-	saldría
poner	pondr-	pondría	tener	tendr-	tendría
haber	habr-	habría	venir	vendr-	vendría

▶ While in English the conditional is a compound verb form made up of the auxiliary verb *would* and a main verb, in Spanish it is a simple verb form that consists of one word.

Yo no me **pondría** ese vestido.
I would not wear that dress.

¿**Vivirían** ustedes en otro país?
Would you live in another country?

¡ATENCIÓN!

The polite expressions **Me gustaría...** (*I would like...*) and **Te gustaría...** (*You would like...*) are other examples of the conditional.

AYUDA

The infinitive of **hay** is **haber**, so its conditional form is **habría**.

TEACHING OPTIONS

TPR In teams of five, have students line up several feet from the board. Call out an infinitive. The first team members race to the board and write the **yo** form of the verb in the conditional, then pass the chalk to the next team members, who write the **tú** form, and so on. The team that finishes first and has all the forms correct wins the round.

EXPANSION

Extra Practice Ask students to write a short paragraph describing what they would do over the next six months if they could do anything their hearts desired and money and time were no object. Ex: **Yo viajaría por todo el mundo....** Call on volunteers to read their paragraphs aloud, then ask the class comprehension questions about what was said. Ex: **¿Qué harían _____ y _____?**

- Ask students what the future form of **hay** is. Then ask them what they would expect the conditional form to be.
- Discuss the use of the conditional in polite requests. Remind students of the forms **me gustaría** and **te gustaría**, which they have already learned. You might point out that usage tends to occur in set expressions, such as **¿Podrías...? ¿Sería usted tan amable de...? ¿Tendrían ustedes la bondad de...? ¿Me harías el favor de...?**
- Explain the concept of the conditional as *the future of the past*. Explain that the conditional is used to express some action that was yet to occur at some past time, and give examples. Ex: **Sé que el concierto será fabuloso. Sabía que el concierto sería fabuloso. Creo que el público llegará muy temprano. Creía que el público llegaría muy temprano.**
- Remind students of the future of probability. Point out that the conditional of probability functions just like it, but in the context of the past. Compare the second example in the Compare & Contrast box to the following: **Suena el teléfono. ¿Llamará Emilio para cancelar nuestra cita?**

▶ The conditional is commonly used to make polite requests.

¿Podrías abrir la ventana, por favor?
Would you open the window, please?

¿Sería tan amable de venir a mi oficina?
Would you be so kind as to come to my office?

▶ In Spanish, as in English, the conditional expresses the future in relation to a past action or state of being. In other words, the future indicates what *will happen* whereas the conditional indicates what *would happen*.

Creo que mañana **hará** sol.
I think it will be sunny tomorrow.

Creía que hoy **haría** sol.
I thought it would be sunny today.

▶ The English *would* is often used with a verb to express the conditional, but it can also mean *used to*, in the sense of past habitual action. To express past habitual actions, Spanish uses the imperfect, not the conditional.

Íbamos al parque los sábados.
We would go to the park on Saturdays.

De adolescentes, **comíamos** mucho.
As teenagers, we used to eat a lot.

Sin ti, no sé qué haría.

Sólo tú sabes ordenar mi vida.

Sin ti perdería la cabeza.
Sin ti no podría estar al día.
Todo lo resuelves con la mayor elegancia.
Sólo tú sabes ordenar mi vida.

COMPARE & CONTRAST

In **Lección 7**, you learned the *future of probability*. Spanish also has the *conditional of probability*, which expresses conjecture or probability about a past condition, event, or action. Compare these Spanish and English sentences.

Serían las once de la noche cuando Elvira me llamó.
It must have been (It was probably) 11 p.m. when Elvira called me.

Sonó el teléfono. **¿Llamaría** Emilio para cancelar nuestra cita?
The phone rang. I wondered if it was Emilio calling to cancel our date.

Note that English conveys conjecture or probability with phrases such as *I wondered if*, *probably*, and *must have been*. In contrast, Spanish gets these same ideas across with conditional forms.

¡INTÉNTALO!   Indica la forma apropiada del condicional de los verbos.

1. Yo _escucharía, leería, esculpiría_ (escuchar, leer, esculpir)
2. Tú _apreciarías, comprenderías, compartirías_ (apreciar, comprender, compartir)
3. Marcos _pondría, vendría, querría_ (poner, venir, querer)
4. Nosotras _seríamos, sabríamos, iríamos_ (ser, saber, ir)
5. Ustedes _presentarían, deberían, aplaudirían_ (presentar, deber, aplaudir)
6. Ella _saldría, podría, haría_ (salir, poder, hacer)
7. Yo _tendría, tocaría, me aburriría_ (tener, tocar, aburrirse)
8. Tú _dirías, verías, publicarías_ (decir, ver, publicar)

Práctica

1 Teaching Tips
- To simplify, have students begin by identifying the infinitives with irregular stems.
- Ask six volunteers to write the completed sentences on the board. Have the class check for accuracy. Ask follow-up questions to test comprehension.

1 **De viaje** A un grupo de artistas le gustaría hacer un viaje a Honduras. En estas oraciones nos cuentan sus planes de viaje. Complétalas con el condicional del verbo entre paréntesis.

1. Me _____gustaría_____ (gustar) llevar algunos libros de poesía de Leticia de Oyuela.
2. Ana _____querría_____ (querer) ir primero a Copán para conocer las ruinas mayas.
3. Yo _____diría_____ (decir) que fuéramos a Tegucigalpa primero.
4. Nosotras _____preferiríamos_____ (preferir) ver una obra del Grupo Dramático de Tegucigalpa. Luego _____podríamos_____ (poder) tomarnos un café.
5. Y nosotros _____veríamos_____ (ver) los cuadros del pintor José Antonio Velásquez. Y tú, Luisa, ¿qué _____harías_____ (hacer)?
6. Yo _____tendría_____ (tener) interés en ver o comprar cerámica de José Arturo Machado. Y a ti, Carlos, ¿te _____interesaría_____ (interesar) ver la arquitectura colonial?

NOTA CULTURAL

Leticia de Oyuela (1935–2008) fue una escritora hondureña. En sus obras, Oyuela combinaba la historia con la ficción y, a través de sus personajes, cuestionaba y desafiaba (*used to challenge*) las normas sociales.

2 Expansion Ask questions to practice all forms of the conditional. Ex: **¿Con quién hablaría ____ en los Premios Ariel?** (Hablaría con la gente famosa.) **¿Qué harían ____ y ____ allí?** (Bailarían y comerían.)

2 **¿Qué harías?** En parejas, pregúntense qué harían en estas situaciones. Answers will vary.

> Estás en un concierto de tu banda favorita y la persona que está sentada delante no te deja ver.

> Un amigo actor te invita a ver una película que acaba de hacer, y no te gusta nada cómo hace su papel.

> Estás invitado/a a los Premios Ariel. Es posible que te vayan a dar un premio, pero ese día estás muy enfermo/a.

> Te invitan, pagándote mucho dinero, para ir a un programa de televisión para hablar de tu vida privada y pelearte (*to fight*) con tu novio/a durante el programa.

NOTA CULTURAL

Los Premios Ariel de México son el equivalente a los Premios Oscar en los Estados Unidos. Cada año los entrega la Academia Mexicana de Ciencias y Artes Cinematográficas. Algunas películas que han ganado un premio Ariel son *Amores perros* y *El laberinto del fauno*.

3 Expansion
- Have partners choose their three best suggestions to present to the class. Write them on the board, then ask the class to vote on which are the most helpful.
- Have pairs create sentences to include in a letter of recommendation in support of **Matilde**. Have them use the conditional. Ex: **Matilde llegaría temprano todas las mañanas y terminaría todo su trabajo antes de irse a casa.** Ask pairs to share their sentences with the class, who will vote for the most persuasive ones.

3 **Sugerencias** Matilde busca trabajo. Dile seis cosas que tú harías si fueras ella. Usa el condicional. Luego compara tus sugerencias con las de un(a) compañero/a.
Answers will vary.

modelo
Si yo fuera tú, buscaría trabajo en el periódico.

AYUDA

Here are two ways of saying *If I were you:*
Si yo fuera tú…
Yo en tu lugar…

Practice more at **vhlcentral.com**.

TEACHING OPTIONS

Pairs Have students take turns asking each other for favors, using courtesy expressions with the conditional. Partners respond by saying whether they will do the favor; if they cannot, they should make up an excuse. Ex: **¿Me podrías recoger del gimnasio a las cinco de la tarde?** (Lo siento, pero no puedo. Tengo un partido de fútbol.) Have students react to their partners' responses.

DIFFERENTIATION

Heritage Speakers Ask heritage speakers to think of a Spanish-speaking writer or artist that they would like to meet. Have students give a short presentation describing what the meeting would be like, where they would meet, and what they would talk about with their celebrity. Have the rest of the class react, stating whether they would do things differently or not.

Comunicación

4 **Conversaciones** Tu profesor(a) te dará una hoja de actividades. En ella se presentan dos listas con diferentes problemas que supuestamente tienen los estudiantes. En parejas, túrnense para explicar los problemas de su lista; uno/a cuenta lo que le pasa y el/la otro/a dice lo que haría en esa situación usando la frase "Yo en tu lugar...". Answers will vary.

> **modelo**
>
> **Estudiante 1:** ¡Qué problema! Mi novio no me habla desde el domingo.
> **Estudiante 2:** Yo en tu lugar, no le diría nada por unos días para ver qué pasa.

5 **Luces, cámara y acción** En parejas, elijan una película que les guste y después hablen sobre cosas que habrían hecho de manera diferente si hubieran sido los directores. Answers will vary.

Yo no contrataría a Robert Downey Jr. para ese papel.

Ni tampoco haría muchas películas sobre el mismo tema.

Tony Stark y Pepper Potts se casarían y tendrían hijos.

Yo cambiaría el final de la historia.

Síntesis

6 **Encuesta** Tu profesor(a) te dará una hoja de actividades. Circula por la clase y pregúntales a tres compañeros/as qué actividad(es) de las que se describen les gustaría realizar. Usa el condicional de los verbos. Anota las respuestas e informa a la clase de los resultados de la encuesta. Answers will vary.

> **modelo**
>
> **Estudiante 1:** ¿Harías el papel de un loco en una obra de teatro?
> **Estudiante 2:** Sí, lo haría. Sería un papel muy interesante.

TEACHING OPTIONS

Small Groups Divide the class into groups of four. Have each group brainstorm a list of professions, both artistic and non-artistic. Each group member then chooses a different profession. Students take turns being interviewed by a three-person board about what they would do for their community in their chosen profession. Each board member should ask the interviewee at least two questions.

EXPANSION

Extra Practice Ask students to write a short paragraph answering this question: **¿Qué harías para cambiar tu vida?** Have students exchange papers with a classmate to check the paragraphs for accuracy.

 Communication 1.1
Comparisons 4.1

4 **Teaching Tip** Divide the class into pairs and distribute the Communication Activities worksheets from the Activity Pack that correspond to this activity.

4 **Expansion** Working as a class, name a problem from one of the lists and ask several volunteers to share the suggestions they received. Encourage other students to comment on the suggestions.

5 **Expansion** Ask the class for titles of additional movies and write them on the board. Ask students to imagine that they are going to produce a sequel (**una continuación**) for each one. Have them use sentences like those in the activity to describe the features that they would leave in the sequel. Ex: **Yo contrataría otra vez a ____ para ese papel.**

5 **Partner Chat (Premium)** You can also assign activity 5 on the Supersite.

 Communication 1.1

6 **Teaching Tip** Distribute the Communication Activities worksheets from the Activity Pack that correspond to this activity.

6 **Expansion** Encourage students to add two more activities to their list. Have them select from those listed on pages 262–263.

 21ˢᵗ Century Skills

6 **Collaboration**
If you have access to students in a Spanish-speaking country, ask them to complete the worksheet. Then, ask groups of students to read their counterparts' responses and prepare a comparison of the results for both classes.

8.2 The conditional perfect

Tutorial

Felipe habría venido con nosotros, pero sigue molesto.

Sí, pensé que ya se le había pasado el enojo.

The conditional perfect

		pintar	comer	vivir
SINGULAR FORMS	yo	**habría** pintado	**habría** comido	**habría** vivido
	tú	**habrías** pintado	**habrías** comido	**habrías** vivido
	Ud./él/ella	**habría** pintado	**habría** comido	**habría** vivido
PLURAL FORMS	nosotros/as	**habríamos** pintado	**habríamos** comido	**habríamos** vivido
	vosotros/as	**habríais** pintado	**habríais** comido	**habríais** vivido
	Uds./ellos/ellas	**habrían** pintado	**habrían** comido	**habrían** vivido

▶ The conditional perfect is used to express an action that would have occurred, but didn't.

¿No fuiste al espectáculo?
¡Te **habrías divertido**!
You didn't go to the show?
You would have had a good time!

Sandra **habría preferido** ir a la ópera, pero Omar prefirió ir al cine.
Sandra would have preferred to go to the opera, but Omar preferred to see a movie.

¡INTÉNTALO! Indica las formas apropiadas del condicional perfecto de los verbos.

1. Nosotros ___habríamos hecho___ (hacer) todos los quehaceres.
2. Tú ___habrías apreciado___ (apreciar) mi poesía.
3. Ellos ___habrían pintado___ (pintar) un mural.
4. Usted ___habría tocado___ (tocar) el piano.
5. Ellas ___habrían puesto___ (poner) la mesa.
6. Tú y yo ___habríamos resuelto___ (resolver) los problemas.
7. Silvia y Alberto ___habrían esculpido___ (esculpir) una estatua.
8. Yo ___habría presentado___ (presentar) el informe.
9. Ustedes ___habrían vivido___ (vivir) en el campo.
10. Tú ___habrías abierto___ (abrir) la puerta.

recursos

vText

CA
p. 152

CP
p. 87

CH
p. 119

vhlcentral

Práctica

1 **Completar** Completa los diálogos con la forma apropiada del condicional perfecto de los verbos de la lista. Luego, en parejas, representen los diálogos.

divertirse	presentar	sentir	tocar
hacer	querer	tener	venir

1. —Tú ___habrías hecho___ el papel de Aída mejor que ella. ¡Qué lástima!
   —Sí, mis padres ___habrían venido___ desde California sólo para oírme cantar.
2. —Olga, yo esperaba algo más. Con un poco de dedicación y práctica la orquesta ___habría tocado___ mejor y los músicos ___habrían tenido___ más éxito.
   —Menos mal que la compositora no los escuchó. Se ___habría sentido___ avergonzada.
3. —Tania ___habría presentado___ la comedia pero no pudo porque cerraron el teatro.
   —¡Qué lástima! Mi esposa y yo ___habríamos querido___ ir a la presentación de la obra. Siempre veo tragedias y sé que ___me habría divertido___.

2 **Combinar** En parejas, imaginen qué harían estas personas en las situaciones presentadas. Combina elementos de cada una de las tres columnas para formar seis oraciones usando el condicional perfecto. Answers will vary.

A	B	C
con talento artístico	yo	estudiar…
con más tiempo libre	tú	pintar…
en otra especialización	la gente	esculpir…
con más aprecio de las artes	mis compañeros y yo	viajar…
con más dinero	los artistas	escribir…
en otra película	Alejandro González Iñárritu	publicar…

3 **¿Qué habrías hecho?** Estos dibujos muestran situaciones poco comunes. No sabemos qué hicieron estas personas, pero tú, ¿qué habrías hecho? Comparte tus respuestas con un(a) compañero/a. Answers will vary.

1.
2.
3.
4.

Practice more at **vhlcentral.com**.

TEACHING OPTIONS

Pairs Ask students to tell their partners about their most embarrassing moment. Partners should respond to the stories by telling them what they would have done in their place.
Ex: **En tu lugar, yo habría…**

EXPANSION

Extra Practice Ask students to describe what these people would have done had they had more money: **mis padres, yo, mi mejor amigo/a, los estudiantes, mi profesor(a) de español.**
Ex: **Con más dinero, mis padres habrían comprado una casa más grande….**

1 **Teaching Tip** Before beginning the activity, model the use of **menos mal que…** Ex: **¿No estudiaron anoche? Menos mal que no tenemos examen hoy.**

1 **Expansion** Have pairs choose one of the three dialogues and write four additional lines. Call on volunteers to role-play their extended dialogues for the class.

2 **Teaching Tip** Have volunteers call out sentences using elements from each of the three columns. Have other volunteers act as secretaries, writing examples on the board. Ask the class to help you check for accurate grammar and spelling.

3 **Teaching Tip** To simplify, begin by asking students to describe each of the drawings. Write useful vocabulary on the board, including the expressions from **Ayuda**.

4 Expansion
- Have students come up with four more questions to ask their partners.
- Have pairs give answers that are true for them today.
- Have pairs answer the questions from the perspective of an older member of their family.

4 Virtual Chat You can also assign activity 4 on the Supersite. Students record individual responses that appear in your gradebook.

5 Expansion Ask students to respond to **Mario's** letter in writing. They should commiserate with him and state what they would have done differently.

 Communication 1.1

6 Teaching Tip Encourage students to justify their mistakes. Ex: **Aquel semestre, mi padre estaba en el hospital y yo no tenía mucho tiempo para estudiar....**

6 Expansion
- Have students share their mistakes and their partners' solutions with the class. If two or more students have a mistake in common, compare the different solutions and ask the class to decide which is the most sensible.
- Add a visual aspect to this exercise. Use magazine pictures for additional practice with the conditional perfect, asking students what they would have done. Ex: **La ropa le queda pequeña. (Yo la habría lavado con agua fría.)**

6 Partner Chat You can also assign activity 6 on the Supersite. Students work in pairs to record the activity online. The pair's recorded conversation will appear in your gradebook.

Comunicación

4 Preguntas En parejas, imaginen que tienen cincuenta años y están hablando de sus años de juventud. ¿Qué habrían hecho de manera diferente? Túrnense para hacerse y contestar las preguntas. Answers will vary.

modelo
¿Te (interesar) aprender a tocar un instrumento?
Estudiante 1: ¿Te habría interesado aprender a tocar un instrumento?
Estudiante 2: Sí, habría aprendido a tocar el piano.

1. ¿Te (gustar) viajar por Latinoamérica?
2. ¿A qué escritores (leer)?
3. ¿Qué clases (tomar)?
4. ¿Qué tipo de música (escuchar)?
5. ¿Qué tipo de amigos/as (tener)?
6. ¿A qué fiestas o viajes no (ir)?
7. ¿Con qué tipo de persona (salir)?
8. ¿Qué tipo de ropa (llevar)?

5 Pobre Mario En parejas, lean la carta que Mario le escribió a Enrique. Digan qué cosas Mario habría hecho de una manera diferente, de haber tenido la oportunidad. Answers will vary.

modelo
Mario no habría hecho este musical.

Enrique:

Ya llegó el último día del musical. Yo creía que nunca iba a acabar. En general, los cantantes y actores eran bastante malos, pero no tuve tiempo de buscar otros, y además los buenos ya tenían trabajo en otras obras. Ayer todo salió muy mal. Como era la última noche, yo había invitado a unos críticos a ver la obra, pero no pudieron verla. El primer problema fue la cantante principal. Ella estaba enojada conmigo porque no quise pagarle todo el dinero que quería. Dijo que tenía problemas de garganta, y no salió a cantar. Conseguí otra cantante, pero los músicos de la orquesta todavía no habían llegado. Tenían que venir todos en un autobús no muy caro que yo había alquilado, pero el autobús salió a una hora equivocada. Entonces, el bailarín se enojó conmigo porque todo iba a empezar tarde. Quizás tenía razón mi padre. Seguramente soy mejor contador que director teatral.

Escríbeme,
Mario

¡LENGUA VIVA!

The useful expression **de haber tenido la oportunidad** means *if I/he/you/etc. had had the opportunity.* You can use this construction in similar instances, such as **De haberlo sabido ayer, te habría llamado.**

Síntesis

6 Yo en tu lugar Primero, cada estudiante hace una lista con tres errores que ha cometido o tres problemas que ha tenido en su vida. Después, en parejas, túrnense para decirse qué habrían hecho en esas situaciones. Answers will vary.

modelo
Estudiante 1: El año pasado saqué una mala nota en el examen de biología.
Estudiante 2: Yo no habría sacado una mala nota. Habría estudiado más.

TEACHING OPTIONS

Pairs Have students make a list of everything they did last weekend. Then, ask students to tell their partners what they did, when they did it, and how they did it. Partners will counter with how they would have done each thing. Ex: **Bailé por cinco horas en una fiesta el sábado pasado. (Yo no habría bailado por tanto tiempo. Yo habría bailado sólo dos horas.)** Encourage students to respond to their partners' comments.

TEACHING OPTIONS

Large Groups Divide the class into three groups. Have each student answer this question: **¿Qué habrías hecho de una manera diferente este semestre?** After everyone has spoken, have the group discuss which missed opportunities would have been the most important in making a difference this semester.

8.3 The past perfect subjunctive Tutorial

ANTE TODO The past perfect subjunctive (**el pluscuamperfecto del subjuntivo**), also called the pluperfect subjunctive, is formed with the past subjunctive of **haber** + [*past participle*]. Compare the following subjunctive forms.

CONSULTA

To review the past perfect indicative, see **Estructura 6.2**, p. 208.

To review the present perfect subjunctive, see **Estructura 6.3**, p. 211.

Present subjunctive	Present perfect subjunctive
yo trabaje	yo haya trabajado

Past subjunctive	Past perfect subjunctive
yo trabajara	yo hubiera trabajado

Past perfect subjunctive

	pintar	comer	vivir
SINGULAR FORMS			
yo	**hubiera** pintado	**hubiera** comido	**hubiera** vivido
tú	**hubieras** pintado	**hubieras** comido	**hubieras** vivido
Ud./él/ella	**hubiera** pintado	**hubiera** comido	**hubiera** vivido
PLURAL FORMS			
nosotros/as	**hubiéramos** pintado	**hubiéramos** comido	**hubiéramos** vivido
vosotros/as	**hubierais** pintado	**hubierais** comido	**hubierais** vivido
Uds./ellos/ellas	**hubieran** pintado	**hubieran** comido	**hubieran** vivido

▶ The past perfect subjunctive is used in subordinate clauses under the same conditions that you have learned for other subjunctive forms, and in the same way the past perfect is used in English (*I had talked, you had spoken*, etc.). It refers to actions or conditions that had taken place before another action or condition in the past.

No había nadie que **hubiera dormido**.
There wasn't anyone who had slept.

Esperaba que Juan **hubiera ganado** el partido.
I hoped that Juan had won the game.

Dudaba que ellos **hubieran llegado**.
I doubted that they had arrived.

Llegué antes de que la clase **hubiera comenzado**.
I arrived before the class had begun.

recursos

vText

CA
p. 153

CP
pp. 88–90

CH
p. 120

vhlcentral

¡INTÉNTALO! Indica la forma apropiada del pluscuamperfecto del subjuntivo de cada verbo.

1. Esperaba que ustedes _hubieran hecho_ (hacer) las reservaciones.
2. Dudaba que tú _hubieras dicho_ (decir) eso.
3. No estaba seguro de que ellos _hubieran ido_ (ir).
4. No creían que nosotros _hubiéramos hablado_ (hablar) con Ricardo.
5. No había nadie que _hubiera podido_ (poder) comer tanto como él.
6. No había nadie que _hubiera visto_ (ver) el espectáculo.
7. Me molestó que tú no me _hubieras llamado_ (llamar) antes.
8. ¿Había alguien que no _hubiera apreciado_ (apreciar) esa película?
9. No creían que nosotras _hubiéramos bailado_ (bailar) en el festival.
10. No era cierto que yo _hubiera ido_ (ir) con él al concierto.

Section Goal

In **Estructura 8.3**, students will learn the use of the past perfect subjunctive.

Communication 1.1
Comparisons 4.1

Student Resources
Cuaderno de actividades comunicativas, p. 153
Cuaderno de práctica, pp. 88–90
Cuaderno para hispanohablantes, p. 120
Supersite: Activities, *eCuaderno*

Teacher Resources
Workbook TEs; Grammar Slides; Audio Activities MP3s; Audio Script; Testing Program Quizzes; Activity Pack

Teaching Tips
• Briefly review the past perfect indicative and the present perfect subjunctive. Ask volunteers to identify cues that trigger the subjunctive mood in a subordinate clause (verbs of emotion; doubt, disbelief, denial; certain conjunctions; etc.). Ask students to predict how the past perfect subjunctive is conjugated.

• Discuss the use of the past perfect subjunctive and have students examine the example sentences. Ask volunteers to identify the cue that triggered the subjunctive mood in each example. Then have them give sentences that follow the same pattern. Ex: **Se sorprendió de que nadie se hubiera dormido mientras tocaba aquella banda.**

• Point out that in many parts of the Spanish-speaking world, the past perfect subjunctive is used instead of the conditional perfect. Ex: **Maite hubiera preferido ir a la ópera, pero Álex prefirió ir al cine.**

EXPANSION

Extra Practice Make a statement using the past perfect indicative. Then give the beginning of a reaction that calls for the subjunctive. Have students complete the reaction. Ex: **Jorge había esculpido una estatua para el festival. Fue maravilloso que...** (**...Jorge hubiera esculpido una estatua para el festival**).

TEACHING OPTIONS

TPR Make a series of statements using either the present perfect subjunctive or the past perfect subjunctive. If students hear a statement using the present perfect subjunctive, they raise one hand. If they hear one with the past perfect subjunctive, they raise both hands.

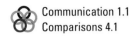
1 Expansion Write four additional cloze sentences on the board, but do not provide infinitives. Be sure to give sentences that can take a variety of verbs. Have pairs complete them and then read them aloud. The class should vote for the most creative sentences.

2 Expansion After practicing the present perfect and past perfect subjunctives in the activity, have students rewrite the items. This time they should use the present and past subjunctives. Then have them read all four versions of each item aloud. Ex: **Dudo que hayan cerrado el museo. Dudaba que hubieran cerrado el museo. Dudo que cierren el museo. Dudaba que cerraran el museo.**

3 Expansion Ask students to imagine they have been on the same spaceship as **Emilio Hernández**. Have them write a short paragraph about what they hoped had changed over the past thirty years. Ex: **Esperaba que hubieran descubierto cómo reducir la contaminación....**

Práctica

1 **Completar** Completa las oraciones con el pluscuamperfecto del subjuntivo de los verbos.

1. Me alegré de que mi familia ___se hubiera ido___ (irse) de viaje.
2. Me molestaba que Carlos y Miguel no ___hubieran venido___ (venir) a visitarme.
3. Dudaba que la música que yo escuchaba ___hubiera sido___ (ser) la misma que escuchaban mis padres.
4. No creían que nosotros ___hubiéramos podido___ (poder) aprender español en un año.
5. Los músicos se alegraban de que su programa le ___hubiera gustado___ (gustar) tanto al público.
6. La profesora se sorprendió de que nosotros ___hubiéramos hecho___ (hacer) la tarea antes de venir a clase.

2 **Transformar** María está hablando de las emociones que ha sentido ante ciertos acontecimientos (*events*). Transforma sus oraciones según el modelo.

> **modelo**
> Me alegro de que hayan venido los padres de Micaela.
> *Me alegré de que hubieran venido los padres de Micaela.*

1. Es muy triste que haya muerto la tía de Miguel.
   Fue muy triste que hubiera muerto la tía de Miguel.
2. Dudo que Guillermo haya comprado una casa tan grande.
   Dudaba que Guillermo hubiera comprado una casa tan grande.
3. No puedo creer que nuestro equipo haya perdido el partido.
   No podía creer que nuestro equipo hubiera perdido el partido.
4. Me alegro de que mi novio me haya llamado.
   Me alegré de que mi novio me hubiera llamado.
5. Me molesta que el periódico no haya llegado.
   Me molestó que el periódico no hubiera llegado.
6. Dudo que hayan cerrado el Museo de Arte.
   Dudaba que hubieran cerrado el Museo de Arte.

3 **El regreso** Durante 30 años, el astronauta Emilio Hernández estuvo en el espacio sin tener noticias de la Tierra. Usa el pluscuamperfecto del subjuntivo para indicar lo que Emilio esperaba que hubiera pasado.

> **modelo**
> su esposa / no casarse con otro hombre
> *Esperaba que su esposa no se hubiera casado con otro hombre.*

1. su hija Diana / conseguir ser una pintora famosa
   Esperaba que su hija Diana hubiera conseguido ser una pintora famosa.
2. los políticos / acabar con todas las guerras (*wars*)
   Esperaba que los políticos hubieran acabado con todas las guerras.
3. su suegra / irse a vivir a El Salvador
   Esperaba que su suegra se hubiera ido a vivir a El Salvador.
4. su hermano Ramón / tener un empleo por más de dos meses
   Esperaba que su hermano Ramón hubiera tenido un empleo por más de dos meses.
5. todos los países / resolver sus problemas económicos
   Esperaba que todos los países hubieran resuelto sus problemas económicos.
6. su esposa / ya pagar el préstamo de la casa
   Esperaba que su esposa ya hubiera pagado el préstamo de la casa.

¡LENGUA VIVA!

Both the preterite and the imperfect can be used to describe past thoughts or emotions. In general, the imperfect describes a particular action or mental state without reference to its beginning or end; the preterite refers to the occurrence of an action, thought, or emotion at a specific moment in time.

Pensaba que mi vida era aburrida.

Pensé que había dicho algo malo.

Practice more at
vhlcentral.com.

TEACHING OPTIONS

Pairs Have students make six statements about something that happened last year. Partners counter with statements declaring that it wasn't certain that the action had really occurred. Ex: **El poeta Arturo Cruz se murió mientras leía su poesía. (No era cierto que Arturo Cruz se hubiera muerto mientras leía su poesía.)**

TEACHING OPTIONS

Small Groups Divide the class into small groups. Have students take turns telling their group about things they wish had happened over the course of their lives. Ex: **¡Ojalá que hubiera aprendido a tocar el piano!** Encourage students to comment on their group members' statements and ask any necessary follow-up questions.

Comunicación

4 **El robo** La semana pasada desaparecieron varias obras del museo. El detective sospechaba (*suspected*) que los empleados del museo le estaban mintiendo. En parejas, siguiendo el modelo, digan qué era lo que pensaba el detective. Después, intenten descubrir qué pasó realmente. Presenten su teoría del robo a la clase. Answers will vary.

> **modelo**
>
> El vigilante (*security guard*) le dijo que alguien había abierto las ventanas de una sala.
> El *detective* dudaba (no creía, pensaba que no era cierto, etc.) que alguien hubiera abierto las ventanas de la sala.

1. El carpintero le dijo que ese día no había encontrado nada extraño en el museo.
2. La abogada le dijo que ella no había estado en el museo esa tarde.
3. El técnico le dijo que había comprado una casa porque había ganado la lotería.
4. La directora del museo le dijo que había visto al vigilante hablando con la abogada.
5. El vigilante dijo que la directora había dicho que esa noche no tenían que trabajar.
6. El carpintero se acordó de que la directora y el vigilante habían sido novios.

5 **Reacciones** Imagina que estos acontecimientos (*events*) ocurrieron la semana pasada. Indica cómo reaccionaste ante cada uno. Comparte tu reacción con un(a) compañero/a. Answers will vary.

> **modelo**
>
> Vino a visitarte tu tía de El Salvador.
> Me alegré de que hubiera venido a visitarme.

1. Perdiste tu mochila con tu teléfono celular.
2. Tus padres te dijeron que no puedes usar el auto por un mes entero.
3. Encontraste cincuenta mil dólares cerca del banco.
4. Tus amigos/as te hicieron una fiesta sorpresa.

Síntesis

6 **Noticias** En grupos, lean estos titulares (*headlines*) e indiquen cuáles hubieran sido sus reacciones si esto les hubiera ocurrido a ustedes. Luego escriban tres titulares más y compártanlos con los demás grupos. Utilicen el pluscuamperfecto del subjuntivo. Answers will vary.

Un grupo de turistas se encuentra con Elvis en una gasolinera.
El cantante los saludó, les cantó unas canciones y después se marchó hacia las montañas, caminando tranquilamente.

Tres jóvenes estudiantes se perdieron en un bosque de Maine.
Después de estar tres horas perdidos, aparecieron en una gasolinera de un desierto de Australia.

Ayer, una joven hondureña, después de pasar tres años en coma, se despertó y descubrió que podía entender el lenguaje de los animales.
La joven, de momento, no quiere hablar con la prensa, pero una amiga suya nos dice que está deseando ir al zoológico.

Extra Practice Tell students to write a paragraph describing how they felt about what happened at an arts festival held last weekend. Ex: **Fue una lástima que mi cantante favorito no hubiera cantado en el festival....**

Small Groups Divide the class into groups of three. Student A picks an event, such as final exams, a birthday party or a concert. Student B begins a statement about the event in the past that triggers the subjunctive. Student C completes the sentence with a verb in the past perfect subjunctive. Ex: **el concierto de Shakira/No había nadie que.../...no se hubiera divertido**

 Communication 1.1
Comparisons 4.1

4 **Teaching Tip** To simplify, before beginning the activity, have the class brainstorm expressions of doubt that trigger the subjunctive in a subordinate clause.

4 **Expansion**
• After pairs have presented their theories, have the class decide which one is the most likely and which one is the least likely. Encourage students to defend their opinions.
• Have small groups write the police report the detective submitted to his superiors.

5 **Teaching Tip** Have students share a few reactions to what actually happened to them last week. Ex: **Me molestó que mis padres hubieran decidido comprar una casa nueva sin consultarme.**

5 **Partner Chat** You can also assign activity **5** on the Supersite. Students work in pairs to record the activity online. The pair's recorded conversation will appear in your gradebook.

 Communication 1.1

6 **Expansion** Ask students to pick a fairy tale and write a five-sentence ending using the past perfect subjunctive. Ex: **No era verdad que el lobo se hubiera comido a la abuela....** Write any unfamiliar vocabulary on the board for reference.

The Affective Dimension If students are feeling overwhelmed, reassure them that many tenses are made up of forms they have already learned. Encourage students to review previously learned tenses regularly.

Section Goals

In **Recapitulación**, students will review the grammar concepts from this lesson.

Student Resources
Supersite: Activities

1 Teaching Tips
- Remind students that every verb form in the conditional carries an accent mark.
- Complete this activity orally as a class.

1 Expansion
- Ask students to provide the remaining forms of the verbs.
- Add **decir, tener,** and **venir** to the chart.

2 Teaching Tip
To simplify, have students identify the subject for each item

2 Expansion
- Have students compose questions about the dialogue. Ex: **¿Nidia le dijo a Omar que Jaime y ella irían al concierto?**
- To challenge students, ask them to identify which sentences from the dialogue could be replaced by ir a + [infinitive] in the imperfect and retain the same meaning. Ex: **1. Yo creía que iba a llover, pero hizo sol.**

Recapitulación

Diagnostics

Completa estas actividades para repasar los conceptos de gramática que aprendiste en esta lección.

1 **Completar** Completa el cuadro con la forma correcta del condicional de los verbos. **24 pts.**

Infinitivo	tú	nosotros	ellas
pintar	pintarías	pintaríamos	pintarían
querer	querrías	querríamos	**querrían**
poder	podrías	**podríamos**	podrían
haber	**habrías**	habríamos	habrían

2 **Diálogo** Completa el diálogo con la forma adecuada del condicional de los verbos de la lista. **16 pts.**

dejar	gustar	ir	poder
encantar	hacer	llover	sorprender

OMAR ¿Sabes? El concierto al aire libre fue un éxito. Yo creía que (1) __llovería__, pero hizo sol.

NIDIA Ah, me alegro. Te dije que Jaime y yo (2) __iríamos__, pero tuvimos un imprevisto (*something came up*) y no pudimos. Y a Laura, ¿la viste allí?

OMAR Sí, ella fue. A diferencia de ti, al principio me dijo que ella y su amiga no (3) __podrían__ ir, pero al final aparecieron. Necesitaba relajarse un poco; está muy estresada con sus estudios.

NIDIA A mí no me (4) __sorprendería__ que se enfermara. Yo, en su lugar, (5) __dejaría__ de estudiar obsesivamente y (6) __haría__ más actividades interesantes fuera de la escuela.

OMAR Estoy de acuerdo. Oye, esta noche voy a ir al teatro. ¿(7) __Te gustaría/ Podrías__ ir conmigo? Jaime también puede acompañarnos. Es una comedia familiar.

NIDIA A nosotros (8) __nos encantaría/ nos gustaría__ ir. ¿A qué hora es?

OMAR A las siete y media.

RESUMEN GRAMATICAL

8.1 The conditional *pp. 272–273*

The conditional tense* of **aplaudir**	
aplaudiría	aplaudiríamos
aplaudirías	aplaudiríais
aplaudiría	aplaudirían

*Same endings for **-ar, -er,** and **-ir** verbs.

Irregular verbs

Infinitive	Stem	Conditional
decir	dir-	diría
hacer	har-	haría
poder	podr-	podría
poner	pondr-	pondría
haber	habr-	habría
querer	querr-	querría
saber	sabr-	sabría
salir	saldr-	saldría
tener	tendr-	tendría
venir	vendr-	vendría

8.2 The conditional perfect *p. 276*

pintar	
habría pintado	habríamos pintado
habrías pintado	habríais pintado
habría pintado	habrían pintado

8.3 The past perfect subjunctive *p. 279*

cantar	
hubiera cantado	hubiéramos cantado
hubieras cantado	hubierais cantado
hubiera cantado	hubieran cantado

► To form the past perfect subjunctive, take the **Uds./ellos/ellas** form of the preterite of **haber**, drop the ending (**-ron**), and add the past subjunctive endings (**-ra, -ras, -ra, -ramos, -rais, -ran**).

► Note that the **nosotros/as** form takes an accent.

EXPANSION

Extra Practice Tell students to imagine that they are art critics. Bring in images of artwork from the Spanish-speaking world and have them explain what changes they would make and why. Ex: **Si yo fuera el artista, cambiaría los colores del paisaje para que se viera más realista….**

TPR Divide the class into two groups, **condicional** and **condicional perfecto**. Call out a sentence starter and indicate

TEACHING OPTIONS

the first members of each group. The student whose group corresponds to the tense required in the second part of the sentence has five seconds to step forward and complete the sentence in a logical manner. Ex: **Si mis padres me hubieran enseñado a bailar salsa…** (Student from the **condicional perfecto** group steps forward and says: **…yo habría participado en concursos de baile.**)

3 **Fin de curso** El espectáculo de fin de curso de la escuela ha sido cancelado por falta de interés y ahora todos se arrepienten (*regret it*). Completa las oraciones con el condicional perfecto. **16 pts.**

1. La profesora de danza _habría convencido_ (convencer) a los mejores bailarines de que participaran.
2. Tú no _habrías escrito_ (escribir) en el periódico que el comité organizador era incompetente.
3. Los profesores _habrían animado_ (animar) a todos a participar.
4. Nosotros _habríamos invitado_ (invitar) a nuestros amigos y familiares.
5. Tú _habrías publicado_ (publicar) un artículo muy positivo sobre el espectáculo.
6. Los padres de los estudiantes _habrían dado_ (dar) más dinero y apoyo.
7. Mis compañeros de drama y yo _habríamos presentado_ (presentar) una comedia muy divertida.
8. El director _habría hecho_ (hacer) del espectáculo su máxima prioridad.

4 **El arte** Estos estudiantes universitarios están decepcionados (*disappointed*) con sus estudios de arte. Escribe oraciones a partir de los elementos dados. Usa el imperfecto del indicativo y el pluscuamperfecto del subjuntivo. Sigue el modelo. **12 pts.**

> **modelo**
> yo / esperar / la universidad / poner / más énfasis en el arte
> *Yo esperaba que la universidad hubiera puesto más énfasis en el arte.*

1. Sonia / querer / el departamento de arte / ofrecer / más clases
   Sonia quería que el departamento de arte hubiera ofrecido más clases.
2. no haber nadie / oír / de ningún ex alumno / con éxito en el mundo artístico
   No había nadie que hubiera oído de ningún ex alumno con éxito en el mundo artístico.
3. nosotros / desear / haber / más exhibiciones de trabajos de estudiantes
   Nosotros deseábamos que hubiera habido más exhibiciones de trabajos de estudiantes.
4. ser una lástima / los profesores / no ser / más exigentes
   Era una lástima que los profesores no hubieran sido más exigentes.
5. Juanjo / dudar / nosotros / poder / escoger una universidad con menos recursos
   Juanjo dudaba que nosotros hubiéramos podido escoger una universidad con menos recursos.
6. ser increíble / la universidad / no construir / un museo más grande
   Era increíble que la universidad no hubiera construido un museo más grande.

5 **Una vida diferente** Piensa en un(a) artista famoso/a (pintor(a), cantante, actor/actriz, bailarín/bailarina, etc.) y escribe al menos cinco oraciones que describan cómo sería tu vida ahora si fueras esa persona. Usa las tres formas verbales que aprendiste en esta lección ¡y también tu imaginación! **32 pts.** Answers will vary.

6 **Adivinanza** Completa la adivinanza con la forma correcta del condicional del verbo **ser** y adivina la respuesta. **¡4 puntos EXTRA!**

> ❝ Me puedes ver en tu piso,
> y también en tu nariz;
> sin mí no habría ricos
> y nadie _sería_ (ser) feliz.
> ¿Quién soy? ❞
> la letra **i**

---

3 Expansion In pairs, have students write three additional statements of regret using the conditional perfect.

4 Teaching Tips
• To simplify, have students identify the verbs to be conjugated in the imperfect and the past subjunctive.
• Remind students to use the conjunction **que** for each sentence.

4 Expansion Give students these cues as items:
7. Emilio y Javier / esperar / los profesores / enseñarles nuevas técnicas de pintura (Emilio y Javier esperaban que los profesores les hubieran enseñado nuevas técnicas de pintura.) 8. Piedad y yo / lamentar / los estudiantes / no poder / conocer ningún artista famoso (Piedad y yo lamentábamos que los estudiantes no hubieran podido conocer ningún artista famoso.)

5 Expansion Ask volunteers to read their descriptions aloud without naming the artist. Have the class guess the person's identity.

6 Expansion To challenge students, have them work in pairs and create an **adivinanza** about another letter of the alphabet. Encourage them to use rhyming words and vocabulary from this lesson, if possible.

TELL Connection

Learning Tools 3
Why: Students learn perspective behind products. *What:* Explore the similarities and differences in cultural approaches to humor through word play (riddles, jokes) and authentic materials (humorous videos).

EXPANSION

Extra Practice Prepare descriptions of fictional characters or celebrities. Write the names on the board in random order. Read each description aloud and have students match it to the appropriate name. Ex: **Si no hubiera existido tanto odio entre mi familia y la de mi esposo, me habría casado en una boda tradicional. Si mi esposo hubiera recibido mi mensaje, él no se habría tomado el veneno. Y si mi esposo no hubiera tomado el**

TEACHING OPTIONS

veneno, yo no me habría matado con un puñal. (Julieta Capuleto)
Small Groups Tell students to imagine that they have just completed a trip to Latin America, during which they studied the region's art and artists. Have small groups write eight sentences on what they would have changed about the trip. Hold a class discussion about their experiences. Ex: **El viaje habría sido más interesante si hubiéramos visitado los museos sin guía....**

Section Goals

In **Lectura**, students will:
- learn to identify different stylistic devices
- read three poems by a Spanish poet

Communication 1.1, 1.2, 1.3
Cultures 2.1, 2.2
Connections 3.1, 3.2
Comparisons 4.2

Student Resources
Cuaderno para hispanohablantes, pp. 121–124
Supersite: Activities

 Pre-AP*

Interpretive Reading: Estrategia
Tell students that stylistic devices such as repetition and enumeration often contribute to the poem's overall meaning. Explain that when reading a poem for the first time, students should consider how these tools enhance or highlight aspects of the poem, as well as add to its musicality.

Contestar Have pairs find similes in the poems. Ex: **La guitarra es como la tarántula.**

Resumen Have students write three additional sentences about **Lorca** and his poetry.

Teaching Tips
- Tell students that **Federico García Lorca** was part of the **Generación del 27**, a group of Spanish authors that included **Pedro Salinas, Rafael Alberti,** and **Jorge Guillén**. The group disbanded with the onset of the Spanish Civil War in 1936.
- Divide the class into three groups and have each one read and analyze a different poem, comparing and contrasting the representations of the guitar. Then hold a class discussion about the poems.

8 | adelante
Lección 8

Lectura
Audio: Reading / Additional Reading

Antes de leer

Estrategia
Identifying stylistic devices

There are several stylistic devices (**recursos estilísticos**) that can be used for effect in poetic or literary narratives. *Anaphora* consists of successive clauses or sentences that start with the same word(s). *Parallelism* uses successive clauses or sentences with a similar structure. *Repetition* consists of words or phrases repeated throughout the text. *Enumeration* uses the accumulation of words to describe something. Identifying these devices can help you to focus on topics or ideas that the author chose to emphasize.

Contestar

1. ¿Cuál es tu instrumento musical favorito? ¿Sabes tocarlo? ¿Puedes describir su forma?
2. Compara el sonido de ese instrumento con algunos sonidos de la naturaleza. (Por ejemplo: El piano suena como la lluvia).
3. ¿Qué instrumento es el "protagonista" de estos poemas de García Lorca?
4. Localiza en estos tres poemas algunos ejemplos de los recursos estilísticos que aparecen en la **Estrategia**. ¿Qué elementos o temas se enfatizan mediante esos recursos?

Resumen
Completa el párrafo con palabras de la lista.

artesanía	música	poeta
compositor	poemas	talento

Los __poemas__ se titulan *La guitarra, Las seis cuerdas* y *Danza*. Son obras del __poeta__ Federico García Lorca. Estos textos reflejan la importancia de la __música__ en la poesía de este escritor. Lorca es conocido por su __talento__.

recursos
vText
CH
pp. 121–124
vhlcentral

Federico García Lorca

El escritor español Federico García Lorca nació en 1898 en Fuente Vaqueros, Granada. En 1919 se mudó a Madrid y allí vivió en una residencia estudiantil, donde se hizo° amigo del pintor Salvador Dalí y del cineasta° Luis Buñuel. En 1920 estrenó° su primera obra teatral, El maleficio° de la mariposa°. En 1929 viajó a los Estados Unidos, donde asistió a clases en la Universidad de Columbia. Al volver a España, dirigió la compañía de teatro universitario "La Barraca", un proyecto promovido° por el gobierno de la República para llevar el teatro clásico a los pueblos españoles. Fue asesinado en agosto de 1936 en Víznar, Granada, durante la dictadura° militar de Francisco Franco. Entre sus obras más conocidas están Poema del cante jondo (1931) y Bodas de sangre (1933). El amor, la muerte y la marginación son algunos de los temas presentes en su obra.

Danza
EN EL HUERTO° DE LA PETENERA°

En la noche del huerto,
seis gitanas°,
vestidas de blanco
bailan.

En la noche del huerto,
coronadas°,
con rosas de papel
y biznagas°.

En la noche del huerto,
sus dientes de nácar°,
escriben la sombra°
quemada.

Y en la noche del huerto,
sus sombras se alargan°,
y llegan hasta el cielo
moradas.

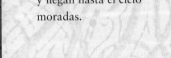

EXPANSION

Extra Practice Add a visual aspect to this reading. Tell students that one of the most important aspects of poetry is the imagery it evokes for the reader. For homework, have students choose one of the three **Lorca** poems and draw a picture or create a collage to represent it. Encourage them to be creative and incorporate elements of the poetry into their drawings. Display the drawings and have the class guess which poem each drawing represents.

EXPANSION

Extra Practice Have students look at the poems again and decide how many of the five senses it alludes to: **vista** (*sight*), **tacto** (*touch*), **gusto** (*taste*), **olfato** (*smell*), and **oído** (*hearing*). Then ask them to list as many words from the poems as possible that they associate with each sense.

Las seis cuerdas

La guitarra,
hace llorar° a los sueños°.
El sollozo° de las almas°
perdidas,
se escapa por su boca
redonda°.
Y como la tarántula
teje° una gran estrella
para cazar suspiros°,
que flotan en su negro
aljibe° de madera°.

La guitarra

Empieza el llanto°
de la guitarra.
Se rompen las copas
de la madrugada°.
Empieza el llanto
de la guitarra.
Es inútil
callarla°.
Es imposible
callarla.
Llora monótona
como llora el agua,
como llora el viento
sobre la nevada°.
Es imposible
callarla.
Llora por cosas
lejanas°.
Arena° del Sur caliente
que pide camelias blancas.
Llora flecha sin blanco°,
la tarde sin mañana,
y el primer pájaro muerto
sobre la rama°.
¡Oh guitarra!
Corazón malherido°
por cinco espadas°.

Después de leer

Comprensión

Completa cada oración con la opción correcta.

1. En el poema *La guitarra* se habla del "llanto" de
   la guitarra. La palabra "llanto" se relaciona con el
   verbo ___c___.
   a. llover   b. cantar   c. llorar
2. El llanto de la guitarra en *La guitarra* se compara
   con ___a___.
   a. el viento   b. la nieve   c. el tornado
3. En el poema *Las seis cuerdas* se personifica a la
   guitarra como ___a___.
   a. una tarántula   b. un pájaro   c. una estrella
4. En *Danza*, las gitanas bailan en el ___b___.
   a. teatro   b. huerto   c. patio

Interpretación

En grupos pequeños, respondan a las preguntas.
Answers will vary.

1. En los poemas *La guitarra* y *Las seis cuerdas*
   se personifica a la guitarra. Analicen esa
   personificación. ¿Qué cosas humanas puede hacer la
   guitarra? ¿En qué se parece a una persona?
2. ¿Creen que la música de *La guitarra* y *Las seis
   cuerdas* es alegre o triste? ¿En qué tipo de música te
   hace pensar?
3. ¿Puede existir alguna relación entre las seis cuerdas
   de la guitarra y las seis gitanas bailando en el huerto
   en el poema *Danza*? ¿Cuál?

Conversación

Primero, comenta con un(a) compañero/a tus gustos
musicales (instrumentos favoritos, grupos, estilo de música,
cantantes). Después, intercambien las experiencias más
intensas o importantes que hayan tenido con la música
(un concierto, un recuerdo asociado a una canción, etc.).
Answers will vary.

se hizo *he became* cineasta *filmmaker* estrenó *premiered* maleficio *curse; spell*
mariposa *butterfly* promovido *promoted* dictadura *dictatorship* huerto *orchard*
petenera *Andalusian song* gitanas *gypsies* coronadas *crowned* biznagas *type
of plant* nácar *mother-of-pearl* sombra *shadow* se alargan *get longer* llorar
to cry sueños *dreams* sollozo *sobbing* almas *souls* redonda *round* teje *spins*
suspiros *sighs* aljibe *well* madera *wood* llanto *crying* madrugada *dawn* inútil
callarla *useless to silence her* nevada *snowfall* lejanas *far-off* Arena *Sand*
flecha sin blanco *arrow without a target* rama *branch* malherido *wounded*
espadas *swords*

 Practice more at
vhlcentral.com.

Comprensión
• Give students these
  sentences as items 5–7:
  5. En *Danza,* **las gitanas se
  visten de ____. (blanco) 6. En**
  La guitarra, **dice que es ____
  callar el llanto de la guitarra.
  (inútil/imposible) 7. Las
  almas ____ se escapan por
  la guitarra del poema** *Las
  seis cuerdas.* **(perdidas)**
• Divide the board into three
  columns, with the titles of
  the poems as headings. As
  a class, fill in each column
  with the descriptive words
  and phrases **Lorca** uses to
  represent the guitar.

Interpretación Facilitate
a class discussion using
these additional questions:
**4. En tu opinión, ¿cuál de
los tres poemas representa
más explícitamente la forma
física de la guitarra? ¿Y cuál
representa más la música de
la guitarra? 5. ¿Qué referencias
hace Lorca al color blanco
en estos poemas? ¿Y al color
negro? ¿Qué representan estos
colores? 6. ¿Cómo se utiliza
la naturaleza para describir
la guitarra? ¿Qué efecto tiene
en el lector?**

Conversación
• Before completing the
  activity, survey the class to
  find out students' musical
  tastes. If possible, pair
  students with different
  musical preferences
  together for this activity.
• Call on volunteers to
  summarize their discussions.
• If time permits, have
  students bring in examples
  of their favorite musical
  styles to play for the class.

The Affective Dimension
Tell students that reading
poetry can be daunting, even
in one's native language,
because poetry is often
written in symbolic language.
Point out that reading Spanish
poetry will be less anxiety-
provoking if students use the
reading strategies they have
learned so far.

EXPANSION

Extra Practice To challenge students, ask them to write a
poem about a musical instrument or genre. Encourage students
to use at least one of the stylistic devices presented in the
Estrategia. Have students exchange poems with a classmate
for peer editing. Call on volunteers to read their poems aloud
for the class.

DIFFERENTIATION

Heritage Speakers Ask heritage speakers to prepare a brief
presentation on their favorite Spanish-language poet, or if they
do not have one, to research a heritage-speaker poet in the
U.S. or Canada. Students should include a short biography of
the poet and read aloud a poem for the class, who will analyze
the imagery and stylistic devices.

Section Goals

In **Escritura**, students will:
• learn to find biographical information
• integrate lesson vocabulary and structures
• write a composition

 Communication 1.3

Student Resources
Cuaderno de actividades comunicativas, pp. 173–174
Cuaderno para hispanohablantes, pp. 125–126
Supersite: Activities, *eCuaderno*

Teacher Resources
Workbook TE

 Pre-AP*

Interpersonal Writing: Estrategia
Go over the strategy as a class. Encourage students to give examples of how they will use the suggestions for this activity.

Tema Working as a class, brainstorm several artists, musicians, movie stars, scientists, historians, politicians, athletes, and others whom they would like to invite for dinner. Then have students brainstorm questions that they may wish to ask their dinner guests.

 21ˢᵗ Century Skills

Leadership and Responsibility
If you have access to students in a Spanish-speaking country, have students partner with one student from the partner class to share their descriptions

 21ˢᵗ Century Skills

Productivity and Accountability
Provide the rubric to students before they hand their work in for grading. Ask students to make sure they have met the highest standard possible on the rubric before submitting their work.

Escritura

Estrategia
Finding biographical information

Biographical information can be useful for a great variety of writing topics. Whether you are writing about a famous person, a period in history, or even a particular career or industry, you will be able to make your writing both more accurate and more interesting when you provide detailed information about the people who are related to your topic.

To research biographical information, you may wish to start with general reference sources, such as encyclopedias and periodicals. Additional background information on people can be found in biographies or in nonfiction books about the person's field or industry. For example, if you wanted to write about Sonia Sotomayor, you could find background information from periodicals, including magazine interviews. You might also find information in books or articles related to contemporary politics and Law.

Biographical information may also be available on the Internet, and depending on your writing topic, you may even be able to conduct interviews to get the information you need. Make sure to confirm the reliability of your sources whenever your writing includes information about other people.

You might want to look for the following kinds of information:

▸ date of birth
▸ date of death
▸ childhood experiences
▸ education
▸ family life
▸ place of residence
▸ life-changing events
▸ personal and professional accomplishments

Tema

¿A quién te gustaría conocer?

Si pudieras invitar a cinco personas famosas a cenar en tu casa, ¿a quiénes invitarías? Pueden ser de cualquier (*any*) época de la historia y de cualquier profesión. Algunas posibilidades son:

▸ el arte
▸ la música
▸ el cine
▸ las ciencias
▸ la historia
▸ la política

Escribe una composición breve sobre la cena. Explica por qué invitarías a estas personas y describe lo que harías, lo que preguntarías y lo que dirías si tuvieras la oportunidad de conocerlas. Utiliza el condicional.

recursos
v̂Text · CA pp. 173–174 · CH pp. 125–126 · vhlcentral

EVALUATION: Composición

Criteria	Scale	Scoring	
Content	1 2 3 4	Excellent	18–20 points
Organization	1 2 3 4	Good	14–17 points
Use of vocabulary	1 2 3 4	Satisfactory	10–13 points
Grammatical accuracy	1 2 3 4	Unsatisfactory	< 10 points
Creativity	1 2 3 4		

Escuchar Audio

Estrategia

Listening for key words/ Using the context

The comprehension of key words is vital to understanding spoken Spanish. Use your background knowledge of the subject to help you anticipate what the key words might be. When you hear unfamiliar words, remember that you can use context to figure out their meaning.

🔊 To practice these strategies, you will now listen to a paragraph from a letter sent to a job applicant. Jot down key words, as well as any other words you figured out from the context.

Preparación

Basándote en el dibujo, ¿qué palabras crees que usaría un crítico en una reseña (*review*) de esta película?

Ahora escucha

Ahora vas a escuchar la reseña de la película. Mientras escuches al crítico, recuerda que las críticas de cine son principalmente descriptivas. La primera vez que escuchas, identifica las palabras clave (*key*) y escríbelas en la columna A. Luego, escucha otra vez la reseña e identifica el significado de las palabras en la columna B mediante el contexto. Answers will vary.

A	B
1. _____	1. estrenar
2. _____	2. a pesar de
3. _____	3. con reservas
4. _____	4. supuestamente
5. _____	5. la trama
6. _____	6. conocimiento

recursos
v̂Text 🅢 vhlcentral

JORGE VERDOSO   LOURDES DEL RÍO

EL FANTASMA DEL LAGO ENRIQUILLO

Comprensión

Cierto o falso

	Cierto	Falso
1. *El fantasma del lago Enriquillo* es una película de ciencia ficción.	●	○
2. Los efectos especiales son espectaculares.	○	●
3. Generalmente se ha visto a Jorge Verdoso en comedias románticas.	●	○
4. Jaime Rebelde es un actor espectacular.	○	●

Preguntas   Answers will vary.

1. ¿Qué aspectos de la película le gustaron al crítico?
2. ¿Qué no le gustó al crítico de la película?
3. Si a ti te gustaran los actores, ¿irías a ver esta película? ¿Por qué?
4. Para ti, ¿cuáles son los aspectos más importantes de una película? Explica tu respuesta.

Ahora ustedes

Trabajen en grupos. Escojan una película con actores muy famosos que no fue lo que esperaban. Escriban una reseña que describa el papel de los actores, la trama, los efectos especiales, la cinematografía u otros aspectos importantes de la película. Answers will vary.

Section Goals

In **Escuchar**, students will:
- listen to a letter sent to a job applicant
- practice the strategies of listening for key words and using context
- listen to a film review

Communication 1.2

Student Resources
Supersite: Activities

Teacher Resources
Textbook and Audio Activities MP3s, Audio Scripts

Estrategia
Script Estimada Srta. Negrón: Es un gran placer ofrecerle un puesto en el bufete de abogados Chirinos y Alemán. Como se mencionó durante su entrevista la semana pasada, el sueldo comenzará en $52.500 anuales. Los beneficios incluirán un seguro de salud, tres semanas de vacaciones pagadas y un seguro de vida. Quisiéramos que comenzara a trabajar el lunes, 17 de mayo. Favor de presentarse a las ocho en punto ese día. Si no le es posible comenzar ese día, favor de comunicarse conmigo lo más pronto posible.

Teaching Tip Before listening, have students describe the poster and make predictions about the style and quality of the film.

Ahora escucha
Script Hoy viernes, como siempre, les vamos a ayudar a hacer sus planes para el fin de semana. Les traemos una reseña de la película que estrenó esta semana, *El fantasma del lago Enriquillo*. Esta película, en la cual regresa a la pantalla el famoso artista Jorge Verdoso, se anuncia como una película de ciencia ficción. Es una lástima ver al talentoso Verdoso en esta película. Generalmente lo hemos visto en comedias románticas

(Script continues at far left in the bottom panels.)

---

y su arte tanto como su apariencia se prestan más a ese tipo de obra que a *El fantasma del lago Enriquillo*. La trama es tan exagerada que acaba siendo una sátira. La película tiene sus momentos especiales a pesar de sus limitaciones. Las escenas que Jorge Verdoso comparte con la estrella Lourdes del Río son destacadas y fascinantes. Hay una energía fabulosa entre estos artistas. Los efectos especiales no son los que hoy día esperamos

ver; parecen ser algo de una película de hace quince años. Pero la música del gran compositor Jaime Rebelde es espectacular. Recomiendo la película pero con reservas. Los aficionados de las películas de Verdoso y del Río no se la van a querer perder. Pero vayan con el conocimiento de que algunos momentos supuestamente dramáticos son cómicos.

Section Goals

In **En pantalla**, students will:
- read about the Mexican television show *Lo que me prende*
- watch an episode of the Mexican show *Lo que me prende*

Communication 1.1, 1.2, 1.3
Cultures 2.2
Connections 3.2
Comparisons 4.2

Student Resources
Supersite: *En pantalla* video, Activities

Teacher Resources
Transcript & Translation

TELL Connection

Learning Tools 2
Why: Students produce language to expand their participation in global communities. *What:* As in **Aplicación**, students connect their personal stories with those of individuals from Spanish-language cultures.

Lo que me prende Ask students if they know of any shows in the U.S. or Canada that are similar to *Lo que me prende*. On what channels do they air? How are they tailored for a younger audience?

Pre-AP*

Audiovisual Interpretive Communication
Antes de ver Strategy
- Read through the **Vocabulario útil** with the students. Model the pronunciation.
- Encourage students to see how the visual approach of this video supports the understanding of both its content and its mood.

Comprensión Before playing the video, have students read through the sentences.

Conversación Invite a class discussion in which students share and compare their own interests.

en pantalla

Video: TV Clip

Lo que me prende

Tenía muy poco tiempo para dedicarle° [al piano].

Preparación

Contesta las preguntas. Después, comparte tus respuestas con un(a) compañero/a. Answers will vary.

1. En tu vida, ¿qué es lo que te prende (*what rocks your world*)?
2. ¿Cuándo descubriste esta pasión? ¿Cómo?
3. ¿Cómo compartes esta pasión con el mundo?

Lo que me prende

Lo que me prende es un programa del canal mexicano Once TV que muestra lo que a los jóvenes les apasiona° desde su perspectiva, es decir°, como ellos lo ven. Los episodios muestran desde el gusto de un chico por el grafiti o la afición° de una chica por la natación, hasta la pasión de una joven por el piano, historia que te presentamos a continuación°. Montserrat es una mexicana que ama° tocar este instrumento. Aunque comenzó sus lecciones a los nueve años, la música ha estado dentro de ella desde antes de nacer y es ahora su estilo de vida°.

les apasiona *have a passion for* es decir *that is* afición *interest in* a continuación *next* ama *loves* estilo de vida *lifestyle* dedicarle *to devote to it*

Vocabulario útil

el detonante	*trigger*
majestuoso	*majestic*
la pieza	*piece*
la prepa(ratoria)	*high-school (Mex.)*
propedéutico	*preparatory (course)*
rebasa	*exceeds*

Comprensión

Indica las expresiones que escuches en el anuncio.

- ✓ 1. A mí lo que me prende es tocar el piano.
- ✓ 2. La música siempre me gustó.
- ___ 3. Le prohibimos escuchar música clásica.
- ✓ 4. Estuve en el instrumento correcto.
- ___ 5. Siempre tuve tiempo para ir a fiestas.

Conversación

En pequeños grupos, conversen sobre Montserrat, su vida y pasión, y compárenlas con los intereses y pasiones de las personas del grupo. Answers will vary.

Aplicación

Prepara una presentación para explicarle a la clase lo que te prende y cómo esta pasión ha cambiado y definido tu vida. Si no tienes una pasión personal que quieras compartir, escoge a una persona que conozcas (uno/a de tus amigos/as, un familiar o una persona famosa) y presenta lo que le prende y cómo ha cambiado y definido su vida. Answers will vary.

Practice more at vhlcentral.com.

recursos
vText

TEACHING OPTIONS

Expansion Have student prepare their class version of *Lo que me prende.* Have them explore the Internet to find a person in a target culture that has a passion and talent that catches their attention. Using visuals and video (from the Internet or created by the student), prepare an episode of the show. Have students record the various geographic locations of the cultures represented, so that both the diversity and unity of people's experiences can be seen.

DIFFERENTIATION

Heritage Speakers Ask heritage speakers if they know of any television shows that are popular with or feature young people in their families' country of origin. Have them compare and contrast the shows with *Lo que me prende*.

 Video: *Flash cultura*

Todos los países hispanos cuentan con una gran variedad de museos, desde arte clásico o contemporáneo, hasta los que se especializan en la rica historia local que puede venir desde las antiguas° culturas prehispánicas. El Museo de Arte Popular en la Ciudad de México, que viste en el episodio de *Fotonovela*, tiene como misión difundir°, preservar y continuar las técnicas tradicionales de la elaboración de artesanías mexicanas. Algunas de ellas son la cerámica, la joyería°, los textiles y el papel maché. A continuación vas a ver otro tipo de museos en España.

Vocabulario útil

el lienzo	*canvas*
la muestra	*exhibit*
la obra maestra	*masterpiece*
el primer plano	*foreground*

Preparación

¿Te interesa el arte? Cuando viajas, ¿visitas los museos del lugar al que vas? ¿Cuál es, de entre todas las artes, la que más te gusta o emociona? Answers will vary.

¿Cierto o falso?

Indica si las oraciones son **ciertas** o **falsas**.

1. En Madrid, la oferta de arte es muy limitada.
   Falso. En Madrid la oferta de arte es riquísima.
2. En el Triángulo Dorado de los museos hay tres museos muy importantes de Madrid.
   Cierto.
3. En la obra *Las meninas* de Velázquez, la perspectiva es muy real.
   Cierto.
4. El Museo Reina Sofía está dedicado al arte contemporáneo y antiguo.
   Falso. Está dedicado al arte contemporáneo.
5. El lienzo *Guernica* de Picasso es pequeño.
   Falso. El lienzo del *Guernica* es enorme.
6. La colección del Museo Thyssen era privada y luego fue donada (*donated*) al estado español.
   Cierto.
7. El Greco era español. **Falso.** El Greco era de Grecia, pero vivió gran parte de su vida en España.

antiguas *ancient* difundir *to spread* joyería *jewelry* aseguran *assure*

Palacios del arte

... una ciudad [...] con una riquísima y selecta oferta de hoteles, restaurantes [...] y especialmente... ¡arte!

El edificio fue [...] un hospital. Hoy en día, está dedicado al arte contemporáneo.

Muchos aseguran° que es el primer surrealista.

 Practice more at vhlcentral.com.

recursos

v̂Text	CA	S
	pp. 103–104	vhlcentral

Section Goals

In **Flash cultura**, students will:
- read about art museums in the Spanish-speaking world
- watch a video about Madrid's Golden Triangle of museums

Cultures 2.1, 2.2
Comparisons 4.2

Student Resources
Cuaderno de actividades comunicativas, pp. 103–104
Supersite: *Flash cultura* video, *eCuaderno*

Teacher Resources
Workbook TE; Video Script & Translation

Introduction Ask students to read the paragraph silently to themselves and then write three comprehension questions. Call on volunteers to share their questions and then go over the answers as a class.

Antes de ver
- Read through the **Vocabulario útil** and model pronunciation.
- Assure students that they do not need to understand every Spanish word they hear in the video. Tell them to rely on visual cues and to listen for cognates and words from **Vocabulario útil**.
- Bring in a map of Madrid and help students locate the **Museo del Prado, Museo Reina Sofía,** and the **Museo Thyssen.**

Preparación Brainstorm a list of artistic movements (such as neoclassical, surrealism, cubism, realism, modernism, etc.) to help facilitate discussion.

¿Cierto o falso? Have students write three additional true/false statements for a partner to answer.

21st Century Skills

Information and Media Literacy Go to the Supersite to complete the **Conexión Internet** activity associated with **En pantalla** and **Flash cultura** for additional practice accessing and using culturally authentic sources.

EXPANSION

Extra Practice Have students visit your school's art museum or any other museum in your region. Have them select a few works of art and write a short essay, comparing and contrasting them with ones that they saw in the video.

TEACHING OPTIONS

Pairs Show the video again. Then have students, in pairs, discuss the different works of art. Have them explain how they would have portrayed the themes differently, using the conditional perfect. Their partner should agree or disagree.

Section Goal

In **Panorama**, students will read about the geography and culture of El Salvador.

Communication 1.3
Cultures 2.1, 2.2
Connections 3.1, 3.2
Comparisons 4.2 v

Student Resources

Cuaderno de actividades comunicativas, pp. 81–82
Cuaderno de práctica, p. 91
Supersite: *Panorama cultural* video, Activities, eCuaderno

Teacher Resources

Workbook TEs; Digital Image Bank; Video Script & Translation

21ˢᵗ Century Skills

Global Awareness
Students will gain perspectives on the Spanish-speaking world.

Teaching Tips

• Use the **Lección 8 Panorama** Digital Image Bank to support this presentation.
• Have students look at the map of El Salvador.
• Draw students' attention to the number of active volcanoes in El Salvador. Tell students that because of the fertility of El Salvador's volcanic soil, the country has a strong agricultural sector. Have students look at the inset map as you point out that El Salvador is the only Central American country without coastline on the Gulf of Mexico. Look at the photos and ask volunteers to read the captions.

El país en cifras In the early 1970s, El Salvador's overpopulation, chronic economic problems, and lack of social justice resulted in social disturbances that the government put down with brutal force.

El Salvador

Video: *Panorama cultural*
Interactive Map

El país en cifras

▸ **Área:** 21.040 km² (8.124 millas²), el tamaño° de Massachusetts
▸ **Población:** 6.125.000
El Salvador es el país centroamericano más pequeño y el más densamente poblado. Su población, al igual que la de Honduras, es muy homogénea: casi el 90 por ciento es mestiza.
▸ **Capital:** San Salvador—1.605.000
▸ **Ciudades principales:** Soyapango, Santa Ana, San Miguel, Mejicanos
▸ **Moneda:** dólar estadounidense
▸ **Idiomas:** español (oficial), náhuatl, lenca

Bandera de El Salvador

Salvadoreños célebres

▸ **Óscar Romero,** arzobispo° y activista por los derechos humanos° (1917–1980)
▸ **Claribel Alegría,** poeta, novelista y cuentista (1924–)
▸ **Roque Dalton,** poeta, ensayista y novelista (1935–1975)
▸ **María Eugenia Brizuela de Ávila,** política (1956–)
▸ **Francesca Miranda,** diseñadora (1957–)

Óscar Romero

tamaño *size* arzobispo *archbishop* derechos humanos *human rights* laguna *lagoon* sirena *mermaid*

Ruinas de Tazumal

Catedral Metropolitana de San Salvador

GUATEMALA
Lago de Guija
Río Paz
Río Lempa
HONDURAS
Santa Ana
Soyapango
Río Goascorán
Mejicanos · Ilobasco
Volcán de San Salvador
San Salvador
Río Torola
San Miguel
Volcán de San Vicente
Volcán de San Miguel
Océano Pacífico
La Libertad
Río Lempa
Golfo de Fonse

Chorros de la Calera en Juayúa

ESTADOS UNIDOS
OCÉANO ATLÁNTICO
EL SALVADOR
OCÉANO PACÍFICO
AMÉRICA DEL SUR

recursos
vText CA pp. 81–82 CP p. 91 vhlcentral

¡Increíble pero cierto!

El rico folclore salvadoreño se basa sobre todo en sus extraordinarios recursos naturales. Por ejemplo, según una leyenda, las muertes que se producen en la laguna° de Alegría tienen su explicación en la existencia de una sirena° solitaria que vive en el lago y captura a los jóvenes atractivos.

EXPANSION

Worth Noting Government repression in El Salvador intensified resistance, and by the mid-1970s a civil war was being fought between government forces and the **FMLN,** an armed guerrilla movement. Among the many martyrs of the war was the Archbishop of San Salvador, **Óscar Romero.** A descendent of the privileged class in El Salvador, **Romero** came to champion the cause of peace and social justice for the poor. This position made him the target of reactionary elements. On March 24, 1980, Archbishop **Romero** was assassinated while giving mass in the Cathedral of San Salvador. His life and death became an inspiration for those seeking social justice. Still, it was only in 1991 that a cease-fire brought an end to the civil war.

Deportes • **El surfing**

El Salvador es uno de los destinos favoritos en Latinoamérica para la práctica del surfing. Cuenta con 300 kilómetros de costa a lo largo del Océano Pacífico y sus olas° altas son ideales para quienes practican este deporte. De sus playas, La Libertad es la más visitada por surfistas de todo el mundo, gracias a que está muy cerca de la capital salvadoreña. Sin embargo, los fines de semana muchos visitantes prefieren viajar a la Costa del Bálsamo, donde se concentra menos gente.

Naturaleza • **El Parque Nacional Montecristo**

El Parque Nacional Montecristo se encuentra en la región norte del país. Se le conoce también como "El Trifinio" porque se ubica° en el punto donde se unen las fronteras de Guatemala, Honduras y El Salvador. Este bosque reúne muchas especies vegetales y animales, como orquídeas, monos araña°, pumas, quetzales y tucanes. Además, las copas° de sus enormes árboles forman una bóveda° que impide° el paso de la luz solar. Este espacio natural se encuentra a una altitud de 2.400 metros (7.900 pies) sobre el nivel del mar y recibe 200 centímetros (80 pulgadas°) de lluvia al año.

Artes • **La artesanía de Ilobasco**

Ilobasco es un pueblo conocido por sus artesanías. En él se elaboran objetos con arcilla° y cerámica pintada a mano, como juguetes°, adornos° y utensilios de cocina. Además, son famosas sus "sorpresas", que son pequeñas piezas° de cerámica en cuyo interior se representan escenas de la vida diaria. Los turistas realizan excursiones para conocer paso a paso° la fabricación de estos productos.

 ¿Qué aprendiste? Contesta cada pregunta con una oración completa.

1. ¿Qué tienen en común las poblaciones de El Salvador y Honduras?
Las poblaciones de los dos países son muy homogéneas.

2. ¿Qué es el náhuatl?
El náhuatl es un idioma que se habla en El Salvador.

3. ¿Quién es María Eugenia Brizuela de Ávila?
Es una política salvadoreña.

4. Hay muchos lugares ideales para el surfing en El Salvador. ¿Por qué? Sí, porque El Salvador recibe algunas de las mejores olas del océano Pacífico.

5. ¿A qué altitud se encuentra el Parque Nacional Montecristo? Se encuentra a una altitud de 2.400 metros.

6. ¿Cuáles son algunos de los animales y las plantas que viven en este parque?
Hay orquídeas, monos araña, pumas, quetzales y tucanes.

7. ¿Por qué al Parque Nacional Montecristo se le llama también El Trifinio? Porque es el punto donde se unen Guatemala, Honduras y El Salvador.

8. ¿Por qué es famoso el pueblo de Ilobasco?
Es famoso por los objetos de arcilla y por los artículos de cerámica pintados a mano.

9. ¿Qué se puede ver en un viaje a Ilobasco?
Se puede ver la fabricación de los artículos de cerámica paso a paso.

10. ¿Qué son las "sorpresas" de Ilobasco?
Las "sorpresas" son pequeñas piezas de cerámica con escenas de la vida diaria en su interior.

 Conexión Internet Investiga estos temas en **vhlcentral.com**.

1. El Parque Nacional Montecristo es una reserva natural. Busca información sobre otros parques o zonas protegidas en El Salvador. ¿Cómo son estos lugares? ¿Qué tipos de plantas y animales se encuentran allí?

2. Busca información sobre museos u otros lugares turísticos en San Salvador (u otra ciudad de El Salvador).

olas *waves* se ubica *it is located* monos araña *spider monkeys* copas *tops* bóveda *cap* impide *blocks* pulgadas *inches* arcilla *clay* juguetes *toys* adornos *ornaments* piezas *pieces* paso a paso *step by step*

Practice more at **vhlcentral.com**.

El surfing Tell students that **La Libertad** is a relatively small town that sees a large influx of beachgoers, not just surfers during the weekends and holidays. Black, volcanic sand covers the beach of **La Libertad**. About five miles east lies Zunzal beach, which, during Holy Week (**Semana Santa**) each year, is the site of international surfing competitions.

El Parque Nacional Montecristo Visitors only have access to Montecristo between November 1st and June 1st. The rest of the year it is closed to visitors for the animals' reproductive season.

La artesanía de Ilobasco The clay that the artisans use to craft their ceramic pieces is extracted and prepared locally. The **sorpresas** and other miniature clay objects are usually no more than two inches tall.

Conexión Internet Students will find supporting Internet activities and links at **vhlcentral.com**.

 **21st Century Skills**

Information and Media Literacy Students access and critically evaluate information from the Internet.

 **TELL Connection**

Learning Tools 1 *Why* and *What:* Students access language and culture through the **Panorama cultural** video.

EXPANSION

Cultural Note **Pupusa** is the name given to the Salvadoran version of the **tortilla**. In fact, **pupusas** are made by putting a filling such as red beans, onions, garlic, and cheese on one uncooked **tortilla**, laying another **tortilla** over it, and pressing the two together so they adhere, and then frying both in hot oil until the **pupusa** is golden and crunchy. Served sizzling from the fryer, **pupusas** are delicious. They are so popular that in El Salvador there are many shops, called **pupuserías**, that specialize in them. And if you visit a neighborhood in the United States where Salvadorans have settled, you will inevitably find a **pupusería**. You may want to play the *Panorama cultural* video footage for this lesson that shows how **pupusas** are made.

Section Goal

In **Panorama**, students will read about the geography, economy, and culture of Honduras.

Communication 1.3
Cultures 2.1, 2.2
Connections 3.1, 3.2
Comparisons 4.2

Student Resources
Cuaderno de actividades comunicativas, pp. 83–84
Cuaderno de práctica, p. 92
Supersite: *Panorama cultural* video, Activities, *eCuaderno*

Teacher Resources
Workbook TEs; Digital Image Bank; Video Script & Translation

21ˢᵗ Century Skills

Global Awareness
Students will gain perspectives on the Spanish-speaking world.

Teaching Tips
- Use the **Lección 8 Panorama** Digital Image Bank to support this presentation.
- Have students look at the map of Honduras and talk about the geographical features of the country. Hills and mountains cover three quarters of Honduras, with lowlands found only along coastal areas and in major river valleys. Deforestation is a major environmental challenge in Honduras.

El país en cifras After reading about the indigenous populations of Honduras, tell students that the **misquito** people also live along the Caribbean coast of Nicaragua.

¡Increíble pero cierto!
The case of the artisan prisoners at the **Penitenciaría Central de Tegucigalpa** is a surprising example of business ethics. All profits from the sale of the crafts went directly to the creators: the prisoners themselves.

Honduras

Video: *Panorama cultural*
Interactive Map

El país en cifras

▸ **Área:** 112.492 km² (43.870 millas²), *un poco más grande que Tennessee*

▸ **Población:** 8.598.000

Cerca del 90 por ciento de la población de Honduras es mestiza. Todavía hay pequeños grupos indígenas como los jicaque, los miskito y los paya, que han mantenido su cultura sin influencias exteriores y que no hablan español.

▸ **Capital:** Tegucigalpa—1.088.000

Tegucigalpa

▸ **Ciudades principales:** San Pedro Sula, El Progreso, La Ceiba

▸ **Moneda:** lempira

▸ **Idiomas:** español (oficial), lenguas indígenas, inglés

Bandera de Honduras

Hondureños célebres

▸ **José Antonio Velásquez,** pintor (1906–1983)
▸ **Argentina Díaz Lozano,** escritora (1917–1999)
▸ **Carlos Roberto Reina,** juez° y presidente del país (1926–2003)
▸ **Roberto Sosa,** escritor (1930–2011)
▸ **Salvador Moncada,** científico (1944–)

juez *judge* presos *prisoners* madera *wood* hamacas *hammocks*

Guacamayo

Mercado de artesanías en Honduras

Baile tradicional

recursos
v̄Text   CA   CP   vhlcentral
         pp. 83–84   p. 92

¡Increíble pero cierto!

¿Irías de compras a una prisión? Hace un tiempo, cuando la Penitenciaría Central de Tegucigalpa aún funcionaba, los presos° hacían objetos de madera°, hamacas° y hasta instrumentos musicales y los vendían en una tienda dentro de la prisión. Allí, los turistas podían regatear con este especial grupo de artesanos.

EXPANSION

Worth Noting It was in Honduras, on his fourth voyage of discovery, that Christopher Columbus first set foot on the mainland of the continent now known as the Americas. On August 14, 1502, the navigator landed at a site near the town of Trujillo and named the country **Honduras** (*Depths*) because of the deep waters along the northern Caribbean coast.

EXPANSION

Extra Practice Have students choose one of the people listed in **Hondureños célebres** and find out more about his or her work. They should report their findings to the class.

Lugares • **Copán**

Copán es una zona arqueológica muy importante de Honduras. Fue construida por los mayas y se calcula que en el año 400 d. C. albergaba° una gran ciudad, con más de 150 edificios y una gran cantidad de plazas, patios, templos y canchas° para el juego de pelota°. Las ruinas más famosas del lugar son los edificios adornados con esculturas pintadas a mano, los cetros° ceremoniales de piedra y el templo Rosalila.

Economía • **Las plantaciones de bananas**

Desde hace más de cien años, las bananas son la exportación principal de Honduras y han tenido un papel fundamental en su historia. En 1899, la Standard Fruit Company empezó a exportar bananas del país centroamericano hacia Nueva Orleáns. Esta fruta resultó tan popular en los Estados Unidos que generó grandes beneficios° para esta compañía y para la United Fruit Company, otra empresa norteamericana. Estas transnacionales intervinieron muchas veces en la política hondureña gracias al enorme poder° económico que alcanzaron en la nación.

San Antonio de Oriente, 1957,
José Antonio Velásquez

Artes • **José Antonio Velásquez (1906–1983)**

José Antonio Velásquez fue un famoso pintor hondureño. Era catalogado como primitivista° porque en sus obras representaba aspectos de su vida cotidiana. En la pintura de Velásquez es notorio el énfasis en los detalles°, la falta casi total de los juegos de perspectiva y la pureza en el uso del color. Por todo ello, el artista ha sido comparado con importantes pintores europeos del mismo género°, como Paul Gauguin o Emil Nolde.

 ¿Qué aprendiste? Contesta cada pregunta con una oración completa.

1. ¿Qué es el lempira?
   El lempira es la moneda nacional de Honduras.
2. ¿Por qué es famoso Copán?
   Porque es el sitio arqueológico más importante de Honduras.
3. ¿Dónde está el templo Rosalila?
   El templo Rosalila está en Copán.
4. ¿Cuál es la exportación principal de Honduras?
   Las bananas son la exportación principal de Honduras.
5. ¿Qué fue la Standard Fruit Company? La Standard Fruit Company fue una compañía norteamericana
   que exportaba bananas de Honduras e intervino muchas veces en la política hondureña.
6. ¿Cómo es el estilo de José Antonio Velásquez?
   El estilo de Velásquez es primitivista.
7. ¿Qué temas trataba Velásquez en su pintura?
   Velásquez pintaba la vida diaria que lo rodeaba.

 Conexión Internet Investiga estos temas en **vhlcentral.com**.

1. ¿Cuáles son algunas de las exportaciones principales de Honduras, además de las bananas? ¿A qué países exporta Honduras sus productos?
2. Busca información sobre Copán u otro sitio arqueológico en Honduras. En tu opinión, ¿cuáles son los aspectos más interesantes del sitio?

 Practice more at
vhlcentral.com.

albergaba *housed* canchas *courts* juego de pelota
pre-Columbian ceremonial ball game cetros *scepters*
beneficios *profits* poder *power* primitivista *primitivist*
detalles *details* género *genre*

Student Resources
Cuaderno de actividades comunicativas, p. 153
Supersite: Activities, *eCuaderno*

Teacher Resources
Workbook TE; Textbook and Testing Audio MP3s; Testing Audio Script; Testing Program Tests

21st Century Skills

Creativity and Innovation
Ask students to prepare a list of the three products or perspectives they learned about in this lesson to share with the class. You may ask them to focus specifically on the **Cultura** and **Panorama** sections

21st Century Skills

Leadership and Responsibility Extension Project
As a class, have students decide on three questions they want to ask the partner class related to the topic of the lesson they have just completed. Based on the responses they receive, work as a class to explain to the Spanish-speaking partners one aspect of their responses that surprised the class and why.

My Vocabulary

Las bellas artes

el baile, la danza	dance
la banda	band
las bellas artes	(fine) arts
el boleto	ticket
la canción	song
la comedia	comedy; play
el concierto	concert
el cuento	short story
la cultura	culture
el drama	drama; play
la escultura	sculpture
el espectáculo	show
la estatua	statue
el festival	festival
la historia	history; story
la música	music
la obra	work (of art, music, etc.)
la obra maestra	masterpiece
la ópera	opera
la orquesta	orchestra
el personaje (principal)	(main) character
la pintura	painting
el poema	poem
la poesía	poetry
el público	audience
el teatro	theater
la tragedia	tragedy
aburrirse	to get bored
aplaudir	to applaud
apreciar	to appreciate
dirigir	to direct
esculpir	to sculpt
hacer el papel (de)	to play the role (of)
pintar	to paint
presentar	to present; to put on (a performance)
publicar	to publish
tocar (un instrumento musical)	to touch; to play (a musical instrument)
artístico/a	artistic
clásico/a	classical
dramático/a	dramatic
extranjero/a	foreign
folclórico/a	folk
moderno/a	modern
musical	musical
romántico/a	romantic
talentoso/a	talented

Los artistas

el bailarín, la bailarina	dancer
el/la cantante	singer
el/la compositor(a)	composer
el/la director(a)	director; (musical) conductor
el/la dramaturgo/a	playwright
el/la escritor(a)	writer
el/la escultor(a)	sculptor
la estrella (*m., f.*) de cine	movie star
el/la músico/a	musician
el/la poeta	poet

El cine y la televisión

el canal	channel
el concurso	game show; contest
los dibujos animados	cartoons
el documental	documentary
el premio	prize; award
el programa de entrevistas/realidad	talk /reality show
la telenovela	soap opera
… de acción	action
… de aventuras	adventure
… de ciencia ficción	science fiction
… de horror	horror
… de vaqueros	western

La artesanía

la artesanía	craftsmanship; crafts
la cerámica	pottery
el tejido	weaving

Expresiones útiles	See page 267.

recursos

v̂Text | CA p. 153 | vhlcentral

Las actualidades

Communicative Goals

I will be able to:
- Reflect on experiences, such as travel
- Discuss current events and issues
- Talk about and discuss the media

contextos

pages 296–299
- Current events and politics
- The media
- Natural disasters

fotonovela

pages 300–303

It's time for Marissa to return to the US. Her friends have one last surprise for her, and they all plan to see each other again in the near future.

cultura

pages 304–305
- Protests and strikes
- Michelle Bachelet and Evo Morales

estructura

pages 306–315
- Si clauses
- Summary of the uses of the subjunctive
- **Recapitulación**

adelante

pages 316–325

Lectura: An excerpt from *Don Quijote de la Mancha*
Escritura: How you would change the world
Escuchar: A news brief from Uruguay
En pantalla
Flash cultura
Panorama: Paraguay y Uruguay

A PRIMERA VISTA
- ¿Qué profesión tendrá el hombre con un micrófono en la mano?
- ¿Está haciendo una entrevista o un reportaje?
- ¿Está hablando de una noticia política o deportiva?

Lesson Goals

In **Lección 9**, students will be introduced to the following:
- terms for current events and social issues
- political terms
- media-related vocabulary
- social protests
- political leaders **Michelle Bachelet** and **Evo Morales**
- **si** clauses in the subjunctive mood
- **si** clauses with verbs in the indicative mood
- review of subjunctive forms
- using the subjunctive, indicative, and infinitive in complex sentences
- recognizing chronological order
- writing strong introductions and conclusions
- writing a composition about improving the world
- recognizing genre and taking notes while listening
- a Mexican public service announcement about voting
- a video about Puerto Rican politics
- cultural and geographic information about Paraguay
- cultural and geographic information about Uruguay

21st Century Skills

Civic Literacy
Ask questions to activate prior knowledge. Ex: How do you keep up with current events? What causes or social issues are important to you? Tell students to be prepared to compare their experiences with what they learn in this lesson.

A primera vista Ask these additional questions: **¿Ves mucho la tele? ¿Qué programas ves? Para obtener información, ¿prefieres leer el periódico, ver los noticieros o visitar sitios web? ¿Por qué? ¿Te gustaría ser periodista? ¿Por qué?**

SUPPORT FOR BACKWARD DESIGN

Lección 9 **Essential Questions**
1. How do people talk about current events and social and political issues?
2. How do people talk about the media?
3. What role do protests and strikes play in society in the Spanish-speaking world?

Lección 9 **Integrated Performance Assessment**
Before teaching this chapter, review the Integrated Performance Assessment (IPA) and its accompanying scoring rubric provided in the Testing Program. Use the IPA to assess students' progress toward proficiency targets at the end of the chapter.
IPA Context: First, you will listen to a news bulletin and then discuss the elements of a good newscast with a partner. Finally, you will prepare your own newscast and present it to the class.

Voice boards on the Supersite allow you and your students to record and share up to five minutes of audio. Use voice boards for presentations, oral assessments, discussions, directions, etc.

Section Goals

In **Contextos**, students will learn and practice terminology related to:
- current events
- politics and social issues
- the media

Communication 1.2
Comparisons 4.1

Student Resources
Cuaderno de actividades comunicativas, p. 155
Cuaderno de práctica, pp. 93–94
Cuaderno para hispanohablantes, pp. 127–128
Supersite: Activities, *eCuaderno*

Teacher Resources
Workbook TEs; Digital Image Bank; Textbook and Audio Activities MP3s; Audio Scripts; Testing Program Quizzes; Activity Pack

Teaching Tips
- Bring in a current newspaper (Spanish-language if possible) and talk about the headlines and main stories. Ex: **¿Qué dice la prensa hoy? ¿Cuál es el reportaje principal? Anoche hubo un terremoto en…** Show other headlines and ask volunteers to share their opinions and what they know about the story.
- Use the **Lección 9 Contextos** Digital Image Bank to support this presentation.
- Have students refer to the drawing and answer questions. Ex: **¿Qué tiempo hace? ¿Quién se presenta como candidato en las elecciones?** Also ask personalized questions. Ex: **¿Cuál es su opinión de los candidatos a _____? ¿Por qué?**
- You may want to explain that the acronym **SIDA** stands for **Síndrome de Inmunodeficiencia Adquirida.**

Las actualidades

🔊 (S) My Vocabulary Tutorials

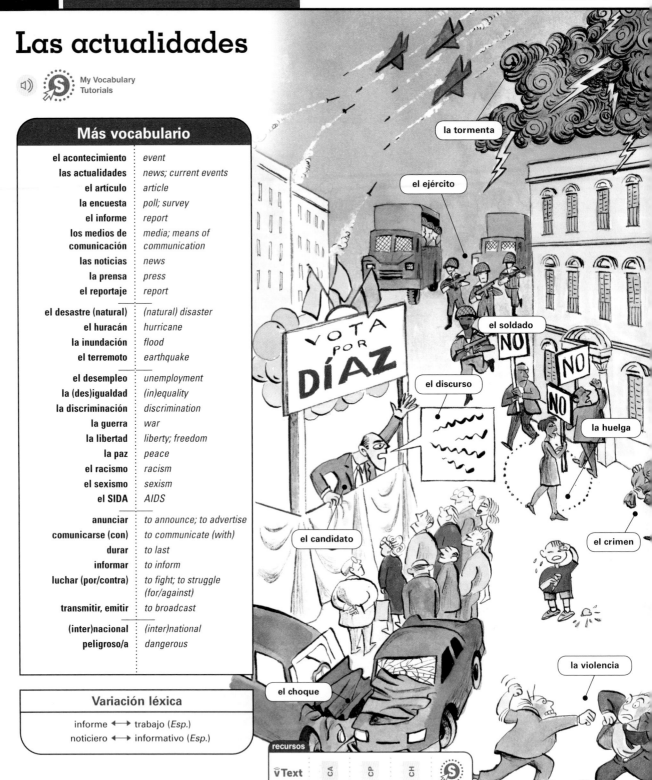

Más vocabulario

el acontecimiento	event
las actualidades	news; current events
el artículo	article
la encuesta	poll; survey
el informe	report
los medios de comunicación	media; means of communication
las noticias	news
la prensa	press
el reportaje	report
el desastre (natural)	(natural) disaster
el huracán	hurricane
la inundación	flood
el terremoto	earthquake
el desempleo	unemployment
la (des)igualdad	(in)equality
la discriminación	discrimination
la guerra	war
la libertad	liberty; freedom
la paz	peace
el racismo	racism
el sexismo	sexism
el SIDA	AIDS
anunciar	to announce; to advertise
comunicarse (con)	to communicate (with)
durar	to last
informar	to inform
luchar (por/contra)	to fight; to struggle (for/against)
transmitir, emitir	to broadcast
(inter)nacional	(inter)national
peligroso/a	dangerous

Image labels: la tormenta, el ejército, el soldado, el discurso, la huelga, el candidato, el crimen, el choque, la violencia

Variación léxica

informe ⟷ trabajo (*Esp.*)
noticiero ⟷ informativo (*Esp.*)

recursos
v̂Text | CA p. 155 | CP pp. 93–94 | CH pp. 127–128 | (S) vhlcentral

DIFFERENTIATION

Heritage Speakers Ask heritage speakers to watch a news broadcast in Spanish or surf the Internet for the latest news in their families' countries of origin. Have them summarize the report for the class, who can ask follow-up questions.
Variación léxica Introduce common newspaper terms: **el titular** (*headline*), **el artículo regular** (*column*), **la sección de deportes** (*sports section*), **la carta al/a la director(a)** (*letter to the editor*).

EXPANSION

Extra Practice Write word groups on the board. Have students indicate which word does not belong. Ex: **1. discurso, elecciones, política, choque (choque) 2. televisión, prensa, locutora, radio (locutora) 3. lluvia, terremoto, inundación, tormenta (terremoto) 4. guerra, desastre, militar, ejército (desastre) 5. peligroso, huelga, trabajador, sueldo (peligroso)** To challenge students, have them explain why the word does not belong.

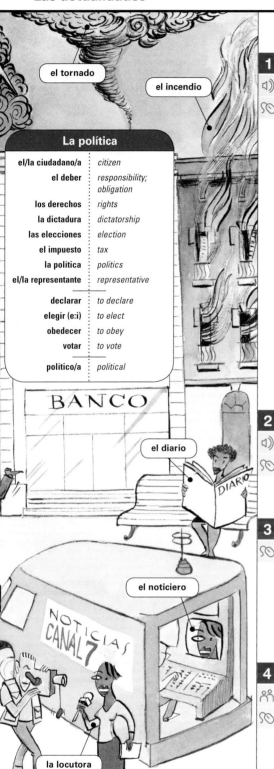

el tornado

el incendio

La política

el/la ciudadano/a	*citizen*
el deber	*responsibility; obligation*
los derechos	*rights*
la dictadura	*dictatorship*
las elecciones	*election*
el impuesto	*tax*
la política	*politics*
el/la representante	*representative*
declarar	*to declare*
elegir (e:i)	*to elect*
obedecer	*to obey*
votar	*to vote*
político/a	*political*

BANCO

el diario

el noticiero

NOTICIAS CANAL 7

la locutora

Práctica

1 **Escuchar** Escucha las noticias y selecciona la frase que mejor completa las oraciones.

1. Los ciudadanos creen que __b__.
   a. hay un huracán en el Caribe
   b. hay discriminación en la imposición de los impuestos
   c. hay una encuesta en el Caribe

2. Los ciudadanos creen que los candidatos tienen __a__.
   a. el deber de asegurar la igualdad en los impuestos
   b. el deber de hacer las encuestas
   c. los impuestos

3. La encuesta muestra que los ciudadanos __c__.
   a. quieren desigualdad en las elecciones
   b. quieren hacer otra encuesta
   c. quieren igualdad en los impuestos

4. Hay __b__ en el Caribe.
   a. un incendio grande b. una tormenta peligrosa c. un tornado

5. Los servicios de Puerto Rico predijeron anoche que __c__ podrían destruir edificios y playas.
   a. los vientos b. los terremotos c. las inundaciones

2 **¿Cierto o falso?** Escucha las oraciones e indica si lo que dice cada una es **cierto** o **falso**, según el dibujo.

1. ___cierto___   3. ___falso___   5. ___cierto___

2. ___cierto___   4. ___falso___   6. ___falso___

3 **Categorías** Mira la lista e indica la categoría de cada uno de estos términos. Las categorías son: **desastres naturales**, **política** y **medios de comunicación**.

1. reportaje
   medios de comunicación
2. inundación
   desastres naturales
3. tornado
   desastres naturales

4. candidato/a
   política
5. encuesta
   política/medios de comunicación
6. noticiero
   medios de comunicación

7. prensa
   medios de comunicación
8. elecciones
   política
9. terremoto
   desastres naturales

4 **Definir** Trabaja con un(a) compañero/a para definir estas palabras.
Answers will vary.

1. guerra   5. discurso   9. huelga
2. crimen   6. acontecimiento 10. racismo
3. ejército   7. sexismo   11. locutor(a)
4. desempleo   8. impuesto   12. libertad

5 **Completar** Completa la noticia con los verbos adecuados para cada oración. Conjuga los verbos en el tiempo verbal correspondiente.

1. El grupo ___anunció___ a todos los medios de comunicación que iba a organizar una huelga general de los trabajadores.
   a. durar   b. votar   c. anunciar

2. Los representantes les pidieron a los ciudadanos que ___obedecieran___ al presidente.
   a. comer   b. obedecer   c. aburrir

3. La oposición, por otro lado, ___eligió___ a un líder para promover la huelga.
   a. publicar   b. emitir   c. elegir

4. El líder de la oposición dijo que si el gobierno ignoraba sus opiniones, la huelga iba a ___durar___ mucho tiempo.
   a. transmitir   b. obedecer   c. durar

5. Hoy día, el líder de la oposición declaró que los ciudadanos estaban listos para ___luchar___ por sus derechos.
   a. informar   b. comunicarse   c. luchar

6 **Conversación** Completa esta conversación con las palabras adecuadas.

artículo	derechos	peligrosa
choque	dictaduras	transmitir
declarar	paz	violencia

RAÚL   Oye, Agustín, ¿leíste el (1)___artículo___ del diario *El País*?

AGUSTÍN   ¿Cuál? ¿El del (2)___choque___ entre dos autobuses?

RAÚL   No, el otro, sobre…

AGUSTÍN   ¿Sobre la tormenta (3)___peligrosa___ que viene mañana?

RAÚL   No, hombre, el artículo sobre política…

AGUSTÍN   ¡Ay, claro! Un análisis de las peores (4)___dictaduras___ de la historia.

RAÚL   ¡Agustín! Deja de interrumpir. Te quería hablar del artículo sobre la organización que lucha por los (5)___derechos___ humanos y la (6)___paz___.

AGUSTÍN   Ah, no lo leí.

RAÚL   Parece que te interesan más las noticias sobre la (7)___violencia___, ¿eh?

7 **La vida civil** ¿Estás de acuerdo con estas afirmaciones? Comparte tus respuestas con la clase. ◄
Answers will vary.

1. Los medios de comunicación nos informan bien de las noticias.
2. Los medios de comunicación nos dan una visión global del mundo.
3. Los candidatos para las elecciones deben aparecer en todos los medios de comunicación.
4. Nosotros y nuestros representantes nos comunicamos bien.
5. Es importante que todos obedezcamos las leyes.
6. Es importante leer el diario todos los días.
7. Es importante mirar o escuchar un noticiero todos los días.
8. Es importante votar.

AYUDA

You may want to use these expressions:
En mi opinión…
Está claro que…
(No) Estoy de acuerdo.
Según mis padres…
Sería ideal que…

Practice more at vhlcentral.com.

Comunicación

8 **Las actualidades** En parejas, describan lo que ven en las fotos. Luego, escriban una historia para explicar qué pasó en cada foto. Answers will vary.

9 **Un noticiero** En grupos, trabajen para presentar un noticiero de la tarde. Presenten por lo menos tres reportajes sobre espectáculos, política, crimen y temas sociales. Answers will vary.

¡LENGUA VIVA!

Here are four ways to say *to happen:*
acontecer
ocurrir
pasar
suceder

10 **Las elecciones** Trabajen en parejas para representar una entrevista entre un(a) reportero/a de la televisión y un(a) político/a que va a ser candidato/a en las próximas elecciones.

▶ Antes de la entrevista, hagan una lista de los temas de los que el/la candidato/a va a hablar y de las preguntas que el/la reportero/a le va a hacer.
▶ Durante la entrevista, la clase va a hacer el papel del público.
▶ Después de la entrevista, el/la reportero/a va a hacerle preguntas y pedirle comentarios al público. Answers will vary.

---

8 **Teaching Tips**
• Let the class think of scenarios for the events photographed.
• Ask closed-ended questions about each photo. Ex: **¿Ocurrió en la ciudad o en el campo? ¿Fue un acontecimiento político o un desastre natural? ¿Hubo muchas víctimas?**

8 **Expansion** Ask volunteers to summarize one of their descriptions.

8 **Partner Chat (Premium)** You can also assign activity 8 on the Supersite.

9 **Teaching Tip** To simplify, point out **¡Lengua viva!** and give example sentences using the four verbs. Then have groups use idea maps to brainstorm topics for their news reports.

9 **Expansion** Ask each group to choose one report and present it to the class. Alternatively, have all groups present their news reports during the next class. Encourage them to use props and visuals to enrich their presentations.

Pre-AP*

10 **Interpersonal Speaking**
• Name a prominent politician and ask students what questions they would ask him or her. Write their suggestions on the board.
• Record the interviews and show segments during the next class.

 21ˢᵗ Century Skills

10 **Productivity and Accountability**
Provide students with the oral testing rubric found in the Teacher Resources on the Supersite. Ask them to keep these strategies in mind as they prepare their oral exchanges.

TEACHING OPTIONS

Small Groups Assign small groups for a debate on a current school-related issue. Give the teams some time in class to prepare their strategy, but ask each team member to prepare his or her argument of two to three minutes as homework. Have the rest of the class judge the debate.

TEACHING OPTIONS

Game Divide the class into teams and give them five minutes to write a job ad for one of the professions mentioned in **Contextos**. Then have them take turns reading their ads. The other teams must guess what job is being advertised. Award one point for each correct guess. The team with the most points at the end wins.

Hasta pronto, Marissa

Marissa debe regresar a Wisconsin y quiere despedirse de sus amigos.

PERSONAJES   MARISSA   SR. DÍAZ

 Video: *Fotonovela*

MARISSA ¡Hola, don Roberto! ¿Dónde están todos?

SR. DÍAZ Todos me dijeron que te pidiera una disculpa de su parte.

MARISSA (*triste*) Ah. No hay problema. ¿Puedo poner la tele?

SR. DÍAZ Claro.

MAITE FUENTES Un incendio en el centro ha ocasionado daños en tres edificios. Los representantes de la policía nos informan que no hay heridos. Aunque las elecciones son en pocas semanas, las encuestas no muestran un líder definido.

MARISSA Si hubiera sabido que ellos no iban a estar aquí, me habría despedido anoche.

SR. DÍAZ ¡Ánimo! No es un adiós, Marissa. Vamos a seguir en contacto. Pero, creo que tenemos algo de tiempo antes de que te vayas. Te llevo a comer tu última comida mexicana.

SR. DÍAZ Chicos, me dicen que se van a casar. Felicidades.

MIGUEL Nos casamos aquí en México el año que viene. Ojalá usted y su esposa puedan ir. (*a Marissa*) Si tú no estás harta de nosotros, nos encantaría que también vinieras.

SRA. DÍAZ Marissa, ¿cuál fue tu experiencia favorita en México?

MARISSA Bueno, si tuviera que elegir una sola experiencia, tendría que ser el Día de Muertos. Chichén Itzá fue muy emocionante también. No puedo decidirme. ¡La he pasado de película!

SRA. DÍAZ Mi hermana Ana María me pidió que te diera esto.

MARISSA *No way!*

JUAN CARLOS ¿Qué es?

MARISSA La receta del mole de la tía.

MAITE FUENTES   **DON DIEGO**   **EMPLEADO**   **SRA. DÍAZ**   **JIMENA**   **MIGUEL**   **FELIPE**   **MARU**   **JUAN CARLOS**

Expresiones útiles

EMPLEADO Buenos días, señor Díaz. ¡Qué gusto verlo!

SR. DÍAZ Igualmente. Ella es Marissa. Pasó el año con nosotros. Quería que su última comida en México fuera la mejor de todas.

EMPLEADO Muy amable de su parte, señor. Su mesa está lista. Síganme, por favor.

(La familia Díaz y sus amigos sorprenden a Marissa en el restaurante).

MARISSA No tenía ni idea. *(a Jimena)* Tu papá me hizo creer que no podría despedirme de ustedes.

FELIPE Nosotros también tenemos algo para ti.

MARISSA ¡Mi diccionario! Lo dejo contigo, Felipe. Tenías razón. No lo necesito.

SR. DÍAZ Si queremos llegar a tiempo al aeropuerto, tenemos que irnos ya.

MARU Te veremos en nuestra boda.

MARISSA ¡Sí, seguro!

SR. DÍAZ Bueno, vámonos.

MARISSA *(a todos)* Cuídense. Gracias por todo.

Expressing delight and surprise
¡Qué gusto verlo/la!
How nice to see you! (form.)
¡Qué gusto verte!
How nice to see you! (fam.)
¡No tenía ni idea!
I had no idea!
¡Felicidades!
Congratulations!

Playing a joke on someone
Todos me dijeron que te pidiera una disculpa de su parte.
They all told me to ask you to excuse them / forgive them.
Tu papá me hizo creer que no podría despedirme de ustedes.
Your dad made me think I wouldn't be able to say goodbye to you.

Talking about past and future trips
Si tuviera que elegir una sola experiencia, tendría que ser el Día de Muertos.
If I had to pick just one experience, it would have to be the Day of the Dead.
¡La he pasado de película!
I've had an awesome time!
Ojalá usted y su esposa puedan ir.
I hope you and your wife can come.
Si tú no estás harta de nosotros, nos encantaría que también vinieras.
If you aren't sick of us, we'd love you to come, too.
Si queremos llegar a tiempo al aeropuerto, tenemos que irnos ya.
If we want to get to the airport on time, we should go now.

Additional vocabulary
despedirse *to say goodbye*

recursos

v̂Text   CA   (S) vhlcentral
pp. 63–64

Expresiones útiles Have the class locate the sentence **Si tuviera que elegir una sola experiencia, tendría que ser el Día de Muertos.** Tell students that this sentence is a **si** clause that uses the past subjunctive, followed by a clause containing a conditional form. Have the class identify the two verb forms. Then, have students look at the caption for video still 3 and find the sentence **Si hubiera sabido que ellos no iban a estar aquí, me habría despedido anoche.** Explain that this sentence is also a **si** clause that uses the past perfect subjunctive, followed by a clause containing a conditional perfect form. Have the class identify the two verb forms. Tell students they will learn more about these structures in **Estructura**.

Teaching Tip Work through the **Fotonovela** by having volunteers read the various parts aloud. Ask a few students to ad-lib the episode.

The Affective Dimension Ask students if they feel more comfortable watching the video now than when they started the course. Recommend that they view all the episodes again to help them realize how much their proficiency has increased.

EXPANSION

Extra Practice Photocopy the **Fotonovela** Video Script and white out key expressions and words in order to create a master for a cloze activity. Distribute copies of the master and, as you play the episode, have students fill in the blanks.

PRE-AP*

Interpersonal Speaking Tell students to imagine that the friends have reunited at **Miguel** and **Maru's** wedding. In small groups, have them write an epilogue. Encourage humor and creativity and give them time to prepare. Then ask groups to role-play their epilogues for the class. Have the class vote for their favorite one.

Communication 1.1, 1.2

1 Expansion Have students write three additional true/false statements for a classmate to answer.

Nota cultural Water management is a concern in Mexico City. Continued urbanization means that less water is absorbed into the ground. At the same time, residents still use the decreasing amount of groundwater. As a result, the city's foundation is sinking and flooding is common in the capital.

2 Teaching Tip Before assigning this activity, have students skim the **Fotonovela** captions.

3 Expansion
• In small groups, have students tell each other about their favorite episodes or scenes from the entire **Fotonovela**. As a class, discuss the most popular ones and ask students to share the reasons for their choices.
• Have pairs pick two **Fotonovela** characters and create a story about what will become of them. Have volunteers share their stories with the class.

4 Possible Conversation
Amigo/a: ¡Hola! ¡Qué gusto volver a verte!
Marissa: Sí, gusto de verte. ¿Cómo has estado?
Amigo/a: Muy bien, gracias. Hice un viaje a Asia en junio.
Marissa: ¿Te divertiste?
Amigo/a: Sí, lo pasé de película.
Marissa: ¿Cuál fue tu experiencia favorita?
Amigo/a: Para mí lo mejor fue el viaje que hice a Tailandia. Vi muchas cosas fascinantes.
Marissa: ¿Y cuál fue la peor experiencia?
Amigo/a: Lo peor fue cuando nos quedamos sin gasolina en una carretera en la China. Oye, ¿qué has hecho tú este verano?
Marissa: Acabo de volver de México...

¿Qué pasó?

1 ¿Cierto o falso? Decide si lo que se afirma en las oraciones es **cierto** o **falso**. Corrige las oraciones falsas.

	Cierto	Falso
1. Según la reportera, las elecciones son la próxima semana.	●	○
2. Marissa dice que una de sus experiencias favoritas en México fue el Día de Muertos.	●	○
3. La reportera dice que hay una inundación en el centro.	○	●
4. La Sra. Díaz le envía la receta de los tacos a Marissa.	○	●
5. Marissa le deja su diccionario a Jimena.	○	●

3. La reportera dice que hay un incendio en el centro.
4. La tía Ana María le envía la receta del mole a Marissa.
5. Marissa le deja su diccionario a Felipe.

2 Identificar Identifica quién puede hacer estas afirmaciones.

1. Espero que disfrutes de tu última comida en México. Sr. Díaz
2. Los voy a extrañar mucho, ¡lo he pasado maravillosamente! Marissa
3. El presidente habló sobre los candidatos en estas elecciones. Maite Fuentes
4. ¿Qué fue lo que más te gustó de México? Sra. Díaz
5. No faltes a nuestra boda, nos dará mucho gusto verte de nuevo. Maru

MAITE FUENTES   SR. DÍAZ   MARISSA   MARU   SRA. DÍAZ

3 Preguntas Contesta las preguntas.

1. ¿Dónde y cuándo se casarán Miguel y Maru?
Miguel y Maru se casarán en México el año que viene.
2. ¿Por qué Marissa no imaginaba que vería a sus amigos en el restaurante?
Porque el Sr. Díaz le hizo creer que no podría despedirse de ellos.
3. Según lo que dice Maite Fuentes, ¿qué ha ocasionado el incendio en el centro?
El incendio en el centro ha ocasionado daños en tres edificios.
4. ¿Por qué el Sr. Díaz le dice a Marissa que tienen que irse ya?
Porque tienen que llegar a tiempo al aeropuerto.
5. ¿Qué dice Marissa sobre la experiencia que vivió en Chichén Itzá?
Marissa dice que la experiencia que vivió en Chichén Itzá fue muy emocionante.

4 Las experiencias de Marissa Trabajen en parejas para representar una conversación en español entre Marissa y un(a) amigo/a con quien se encuentra cuando ella acaba de regresar de México. Hablen de las experiencias buenas y malas que tuvieron durante ese tiempo. Utilicen estas frases y expresiones en la conversación: Answers will vary.

▶ ¡Qué gusto volver a verte!
▶ Gusto de verte.
▶ Lo pasé de película/maravillosamente/muy bien.
▶ Me divertí mucho.
▶ Lo mejor fue...
▶ Lo peor fue...

 Practice more at **vhlcentral.com**.

EXPANSION

Extra Practice Scramble the order of these events from the **Fotonovela** and have the class put them in order: **1. Marissa está triste porque no puede despedirse de sus amigos. 2. El Sr. Díaz lleva a Marissa al restaurante. 3. Miguel invita a Marissa y a los señores Díaz a su boda. 4. Marissa habla de sus experiencas favoritas en México. 5. Marissa recibe unos regalos.**

EXPANSION

Extra Practice Have students write a short paragraph about a memorable trip, real or imaginary. Tell them to be sure to describe the best and worst parts of the trip. You may want to have students share their paragraphs with the class, along with photographs, if possible.

Ortografía y pronunciación
Neologismos y anglicismos

As societies develop and interact, new words are needed to Audio
refer to inventions and discoveries, as well as to objects and
ideas introduced by other cultures. In Spanish, many new terms have been invented to refer
to such developments, and additional words have been "borrowed" from other languages.

bajar un programa *download*	**borrar** *to delete*	**correo basura** *junk mail*
en línea *online*	**enlace** *link*	**herramienta** *tool*
navegador *browser*	**pirata** *hacker*	**sistema operativo** *operating system*

Many Spanish neologisms, or "new words," refer to computers and technology. Due to the newness
of these words, more than one term may be considered acceptable.

cederrón, CD-ROM	**escáner**	**fax**	**zoom**

In Spanish, many anglicisms, or words borrowed from English, refer to computers and technology. Note
that the spelling of these words is often adapted to the sounds of the Spanish language.

jazz, yaz	**rap**	**rock**	**DJ, diyéi**

Music is another common source of anglicisms.

gángster	**hippy, jipi**	**póquer**	**whisky, güisqui**

Other borrowed words refer to people or things that are strongly
associated with another culture.

chárter	**esnob**	**estrés**	**flirtear**
gol	**hall**	**hobby**	**iceberg**
jersey	**júnior**	**récord**	**yogur**

There are many other sources of borrowed words. Over time, some anglicisms are replaced by new
terms in Spanish, while others are accepted as standard usage.

Práctica Completa el diálogo usando las palabras de la lista.

borrar	correo basura	esnob
chárter	en línea	estrés

GUSTAVO Voy a leer el correo electrónico.
REBECA Bah, yo sólo recibo <u>correo basura</u>. Lo único que
hago con la computadora es <u>borrar</u> mensajes.
GUSTAVO Mira, cariño, hay un anuncio en Internet: un viaje
barato a Punta del Este. Es un vuelo <u>chárter</u>
REBECA Últimamente tengo tanto <u>estrés</u>.
Sería buena idea que fuéramos de
vacaciones. Pero busca un hotel
muy bueno.
GUSTAVO Rebeca, no seas <u>esnob</u>, lo
importante es ir y disfrutar. Voy a
comprar los boletos ahora mismo <u>en línea</u>.

Dibujo Describe el dibujo utilizando por lo menos
cinco anglicismos. Answers will vary.

recursos

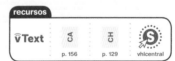

vText	CA p. 156	CH p. 129	S vhlcentral

Section Goals

In **Ortografía y pronunciación**,
students will learn about:
• neologisms
• anglicisms

⊗ Comparisons 4.1

Student Resources
*Cuaderno de actividades
comunicativas,* p. 156
*Cuaderno para
hispanohablantes,* p. 129
Supersite: Activities,
eCuaderno

Teacher Resources
Workbook TE; Textbook
and Audio Activities MP3s;
Audio Scripts

⭐ **TELL Connection**

Learning Tools 1
Why: Target language
communities are language
and culture resources. *What:*
Students research neologisms
or anglicisms in Spanish in a
personal area of interest, e.g.
gaming, sports, music.

Teaching Tips
• Ask the class to name some
neologisms that refer to
computers and technology.
Then have students invent
sentences that use these
words. Write a few of the
sentences on the board.
• Ask the class to name some
anglicisms. Ask students
to create sentences that
use these words, and have
volunteers write a few of
their sentences on the board.
• Write the words **gángster,
jipi, póquer, whisky, gol,
yogur, récord,** and **esnob** on
the board. Ask volunteers
to explain what each word
means and to use it in
a sentence.

TEACHING OPTIONS

Small Groups In small groups, have students write a humorous
paragraph using as many neologisms and anglicisms as
possible. Then have a few volunteers read their paragraphs
to the class.
Extra Practice Have students write questions using neologisms
and/or anglicisms. Have volunteers write their questions on the
board. Then work through the questions as a class.

EXPANSION

Language Notes New technology has long been the source of
neologisms and loanwords. For example, some Spanish words
of Arabic origin named innovations or new products of their
day. Ex: **azúcar** (*sugar*), **zafra** (*harvest of sugarcane*), **ajedrez**
(*chess*), **algodón** (*cotton*), **cero** (*zero*), **álgebra** (*algebra*), **naipes**
(*playing cards*), **aduana** (*customs*).

Section Goals

In **Cultura**, students will:
- read about social protests
- learn terms related to journalism and politics
- read about political leaders **Michelle Bachelet** and **Evo Morales**
- read about famous Hispanics that have made history

 Communication 1.1, 1.2
Cultures 2.1, 2.2
Connections 3.1, 3.2
Comparisons 4.2

Student Resources
Cuaderno para hispanohablantes, p. 130
Supersite: Activities

 21ˢᵗ Century Skills

Global Awareness
Students will gain perspectives on the Spanish-speaking world.

En detalle
Antes de leer Ask students about protests. Ex: **¿Creen que es una buena manera de luchar por algo?**

Lectura
- While the first **cacerolazos** were spontaneous, they are now an organized form of protest by political parties or interest groups in many Latin American countries.
- Model the intonation of the slogans and have students repeat. Ex: **¡El pueblo / unido / jamás será vencido!**

Después de leer Have pairs discuss the meanings of the political slogans. Call on volunteers to share their ideas with the class.

1 Expansion Give students these true/false statements as items 9–10: **9. Una manera de protestar en el trabajo es demorar los procesos administrativos. (Cierto.)**
10. En un cacerolazo la gente cocina y come en la calle. (Falso. Golpea cacerolas y sartenes.)

EN DETALLE

 Additional Reading

Protestas sociales

¿Cómo reaccionas ante° una situación injusta? ¿Protestas? Las huelgas y manifestaciones° son expresiones de protesta. Mucha gente asocia las huelgas con "no trabajar", pero no siempre es así.

Hay huelgas donde los empleados del gobierno aplican las regulaciones escrupulosamente, demorando° los procesos administrativos; en otras, los trabajadores aumentan la producción. En países como España, las huelgas muchas veces se anuncian con anticipación° y, en los lugares que van a ser afectados, se ponen carteles con información como: "Esta oficina cerrará el día 14 con motivo de la huelga. Disculpen las molestias°".

Las manifestaciones son otra forma de protesta: la gente sale a la calle llevando carteles con frases y eslóganes. Una forma original de manifestación son los "cacerolazos", en los cuales la gente golpea° cacerolas y sartenes°. Los primeros cacerolazos tuvieron lugar en Chile y más tarde pasaron a otros países. Otras veces, el buen humor ayuda a confrontar temas serios y los manifestantes° marchan bailando, cantando eslóganes y tocando silbatos° y tambores°.

Actualmente° se puede protestar sin salir de casa. Lo único que necesitas es tener una computadora con conexión a Internet para poder participar en manifestaciones virtuales. Y no sólo de tu país, sino de todo el mundo.

Los eslóganes

El pueblo unido jamás será vencido°. Es el primer verso° de una canción que popularizó el grupo chileno Quilapayún.

Basta ya°. Se ha usado en el País Vasco en España durante manifestaciones en contra del terrorismo.

Agua para todos. Se ha gritado en manifestaciones contra la privatización del agua en varios países hispanos.

Ni guerra que nos mate°, ni paz que nos oprima°. Surgió° en la **Movilización Nacional de Mujeres contra la Guerra**, en Colombia (2002) para expresar un no rotundo° a la guerra.

Ni un paso° atrás. Ha sido usado en muchos países, como en Argentina por las Madres de la Plaza de Mayo*.

* Las Madres de la Plaza de Mayo es un grupo de mujeres que tiene hijos o familiares que desaparecieron durante la dictadura militar en Argentina (1976–1983).

ante *in the presence of* manifestaciones *demonstrations* demorando *delaying* con anticipación *in advance* Disculpen las molestias. *We apologize for any inconvenience.* golpea *bang* cacerolas y sartenes *pots and pans* manifestantes *demonstrators* silbatos *whistles* tambores *drums* Actualmente *Currently* vencido *defeated* verso *line* Basta ya. *Enough.* mate *kills* oprima *oppresses* Surgió *It arose* rotundo *absolute* paso *step*

ACTIVIDADES

1 **¿Cierto o falso?** Indica si lo que dice cada oración es **cierto** o **falso**. Corrige la información falsa.

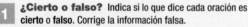

1. En algunas huelgas las personas trabajan más de lo normal. Cierto.
2. En España, las huelgas se hacen sin notificación previa. Falso. Se anuncian con anticipación.
3. En las manifestaciones virtuales se puede protestar sin salir de casa. Cierto.
4. En algunas manifestaciones la gente canta y baila. Cierto.
5. "Basta ya" es un eslogan que se ha usado en España en manifestaciones contra el terrorismo. Cierto.
6. En el año 2002 se llevó a cabo la Movilización Nacional de Mujeres contra la Guerra en Argentina. Falso. Se llevó a cabo en Colombia.
7. Los primeros "cacerolazos" se hicieron en Venezuela. Falso. Se hicieron en Chile.
8. "Agua para todos" es un eslogan del grupo Quilapayún. Falso. Es un eslogan contra la privatización del agua.

PRE-AP*

Presentational Speaking with Cultural Comparison In pairs, have students research more about the political issues that spawned one of the slogans above. Tell them to compare it with a similar contemporary issue in the U.S. or Canada. Then have pairs present their findings to the class, who will ask follow-up questions.
TPR Divide the class into five groups and assign each one a slogan. Describe a fictitious political situation and have students

TEACHING OPTIONS

from the corresponding group raise their hands. Ex: **El gobierno aumentó la matrícula para estudiantes universitarios y también privatizó algunos beneficios. Por eso, los estudiantes y otros sectores han hecho manifestaciones. Hasta los sindicatos han formado parte del movimiento estudiantil.** (Group **El pueblo unido jamás será vencido** raises their hands). Call on a volunteer to explain why their slogan represents that situation.

ASÍ SE DICE

Periodismo y política

el encabezado	*headline*
la prensa amarilla	*tabloid press*
el sindicato	*(labor) union*
el suceso, el hecho	el acontecimiento

EL MUNDO HISPANO

Hispanos en la historia

- **Sonia Sotomayor** (Nueva York, EE.UU., 1954–) Doctora en Derecho de ascendencia puertorriqueña. Es la primera mujer hispana en ocupar el cargo de Jueza Asociada en la Corte Suprema de los Estados Unidos.

- **Che Guevara** (Rosario, Argentina, 1928–La Higuera, Bolivia, 1967) Ernesto "Che" Guevara es una de las figuras más controversiales del siglo° XX. Médico de profesión, fue uno de los líderes de la revolución cubana y participó en las revoluciones de otros países.

- **Madres de Plaza de Mayo** En Argentina, durante la dictadura militar (1976–1983) desaparecieron muchas personas por sus ideas políticas. Desde 1977, las madres de los desaparecidos se reúnen todos los jueves frente a la Casa Rosada para reclamar a sus hijos y exigir que se castigue (*punish*) a los responsables.

- **José Martí** (La Habana, Cuba, 1853–Dos Ríos, Cuba, 1895) Fue periodista, filósofo, poeta, diplomático e independentista°. Desde su juventud se opuso al régimen colonialista español. Murió luchando por la independencia de Cuba.

siglo *century* independentista *supporter of independence*

PERFIL

Dos líderes suramericanos

En 2006, la chilena **Michelle Bachelet Jeria** y el boliviano **Juan Evo Morales Ayma** fueron proclamados presidentes de sus respectivos países. Para algunos, estos nombramientos fueron una sorpresa.

Michelle Bachelet estudió medicina y se especializó en pediatría y salud pública. Fue víctima de la represión de Augusto Pinochet, quien gobernó el país de 1973 a 1990, y vivió varios años exiliada. Regresó a Chile y en 2000 fue nombrada Ministra de Salud. En 2002 fue Ministra de Defensa Nacional. En 2006 se convirtió en la primera mujer presidente de Chile para el período 2006–2010. En marzo de 2014 fue elegida para un nuevo período como presidenta del país.

Evo Morales es un indígena del altiplano andino°. Su lengua materna es el aimará. De niño, trabajó como pastor° de llamas. Luego se trasladó a Cochabamba, donde participó en asociaciones campesinas°. Morales reivindicó la forma tradicional de vida y los derechos de los campesinos indígenas. En 2006 ascendió a la presidencia de Bolivia, y fue reelegido para el cargo en los años 2010 y 2014.

altiplano andino *Andean high plateau* pastor *shepherd* campesinas *farmers'*

⌘ Conexión Internet

¿Qué sabes de la blogger cubana Yoani Sánchez?	Go to **vhlcentral.com** to find more cultural information related to this **Cultura** section.

ACTIVIDADES

2 **Comprensión** Contesta las preguntas.

1. ¿Cuáles son los sinónimos de **acontecimiento**? suceso y hecho
2. ¿En qué es pionera Sonia Sotomayor? Ella es la primera mujer hispana que ocupa un cargo en la Corte Suprema de los EE.UU.
3. ¿Por qué Rigoberta Menchú Tum luchó por los derechos humanos? Porque sufrió pobreza y represión cuando era niña.
4. ¿Por qué es famoso José Martí? Por sus contribuciones a la lucha por la independencia de Cuba

3 **Líderes** ¿Quién es el/la líder de tu comunidad o región que más admiras? Primero, escribe un breve párrafo explicando quién es, qué hace y por qué lo/la admiras. Luego, lee tu texto a la clase.
Answers will vary.

recursos

vText

CH
p. 130

Ⓢ
vhlcentral

Practice more at **vhlcentral.com**.

Así se dice

- To challenge students, add these words to the list: **la calumnia, la campaña** (*campaign*); **la difamación** (*slander*); **el/la editor(a), el/la redactor(a)** (*editor*).
- Ask students questions using the terms. Ex: **¿Te gusta leer la prensa amarilla? ¿Te interesaría trabajar para una campaña política?**

Perfil

- **Michelle Bachelet** represents Chile's Socialist party. One of her first political challenges was to deal with massive high-school student demonstrations in April 2006. Students demanded better education for the poor. Their protests have resulted in continuous negotiations for educational reform.
- **Evo Morales,** who represents the political party known as **Movimiento al Socialismo (MAS),** actively explores economic alternatives to capitalism.

⭐ **TELL Connection**

Learning Experience 6
Why: Cultural background affects viewpoint. *What:* How do students view female and indigenous leaders?

2 **Expansion** In pairs, have students create three additional comprehension questions based on the reading. Then have them exchange papers with another pair and complete the activity.

3 **Teaching Tip** Encourage students to think beyond political leaders. Ex: A teacher or businessperson.

3 **Expansion** To challenge students, have them write three questions they would like to ask their chosen figure, as well as potential answers.

TEACHING OPTIONS

Large Group Have volunteers line up around the classroom and take a card with the name of a person mentioned in **El mundo hispano** or **Perfil**. You might also include other influential Hispanics, such as **Evita, Hugo Chávez, Óscar Romero,** or **César Chávez.** Then have the rest of the class circulate around the room and ask yes/no questions in order to guess which historical figure's name the volunteer has on their card.

DIFFERENTIATION

Heritage Speakers Ask heritage speakers to talk about any prominent political issues (historic or recent) in their families' home countries. Ex: Puerto Rican independence, communism in Cuba, immigrant issues in Spain. Have the class ask follow-up questions and contribute any additional information they might know about the topic.

In **Estructura 9.1**, students will learn:
- **si** clauses in the subjunctive mood
- **si** clauses with verbs in the indicative mood

Communication 1.1
Comparisons 4.1

Student Resources
Cuaderno de actividades comunicativas, pp. 43–44, 157
Cuaderno de práctica, pp. 95–96
Cuaderno para hispanohablantes, pp. 131–132
Supersite: Activities, *eCuaderno*

Teacher Resources
Workbook TEs; Grammar Slides; Audio Activities MP3s; Audio Script; Testing Program Quizzes; Activity Pack

Teaching Tips
- Have volunteers read aloud the captions of the video stills. Ask them to identify the tense and the mood of the verb in the first clause and then the verb in the second clause.
- Give students a contrary-to-fact situation and make statements about it. Ex: **Si nosotros no tuviéramos clase ahora, yo iría a la playa. Si no estuviéramos en clase, yo tomaría el sol y comería un helado. Y ustedes, ¿qué harían?**
- Compare and contrast contrary-to-fact statements using the example sentences on this page. Check understanding by providing main clauses and having volunteers finish the sentence with a **si** clause. Ex: **No lo haría… (si fuera tú.) El huracán habría destruido tu casa… (si no hubieras tomado precauciones.) No lo habría hecho… (si hubiera sido tú.)**

9.1 Si clauses

 Tutorial

ANTE TODO **Si** (*If*) clauses describe a condition or event upon which another condition or event depends. Sentences with **si** clauses consist of a **si** clause and a main (or result) clause.

Si pudieras, ¿irías a nuestra boda?

Sí, si tuviera la oportunidad, iría con mucho gusto.

▶ **Si** clauses can speculate or hypothesize about a current event or condition. They express what *would happen* if an event or condition *were to occur*. This is called a contrary-to-fact situation. In such instances, the verb in the **si** clause is in the past subjunctive while the verb in the main clause is in the conditional.

Si **cambiaras** de empleo, **serías** más feliz.
If you changed jobs, you would be happier.

Iría de viaje a Suramérica si **tuviera** dinero.
I would travel to South America if I had money.

▶ **Si** clauses can also describe a contrary-to-fact situation in the past. They can express what *would have happened* if an event or condition *had occurred*. In these sentences, the verb in the **si** clause is in the past perfect subjunctive while the verb in the main clause is in the conditional perfect.

Si **hubiera sido** estrella de cine, **habría sido** rico.
If I had been a movie star, I would have been rich.

No **habrías tenido** hambre si **hubieras desayunado.**
You wouldn't have been hungry if you had eaten breakfast.

▶ **Si** clauses can also express conditions or events that are possible or likely to occur. In such instances, the **si** clause is in the present indicative while the main clause uses a present, near future, future, or command form.

Si **puedes** venir, **llámame.**
If you can come, call me.

Si **puedo** venir, **te llamo.**
If I can come, I'll call you.

Si **terminas** la tarea, **tendrás** tiempo para mirar la televisión.
If you finish your homework, you will have time to watch TV.

Si **terminas** la tarea, **vas a tener** tiempo para mirar la televisión.
If you finish your homework, you are going to have time to watch TV.

¡ATENCIÓN!
Remember the difference between **si** (*if*) and **sí** (*yes*).

¡LENGUA VIVA!
Note that in Spanish the conditional is never used immediately following **si**.

TEACHING OPTIONS

TPR Have students stand in a circle. Say a main clause, then toss a ball to a student. He or she should suggest a **si** clause, then throw the ball back to you. Ex: …**tendría que caminar a las clases. (Si no tuviera bicicleta,…)** …**hablaríamos español todo el día. (Si estuviéramos en México,…)**
Heritage Speakers Ask heritage speakers to write a composition entitled **"Si mi familia no hablara español…"** The piece should

DIFFERENTIATION

describe how the student's life would have been different if he or she had not been born into a Spanish-speaking family. The compositions should have at least ten contrary-to-fact sentences with **si** clauses. Have students read their compositions to the class. Based on the information they hear, have the class react with **si** statements about what is likely to occur in the near future or later in the heritage speaker's life.

▶ When the **si** clause expresses habitual past conditions or events, *not* a contrary-to-fact situation, the imperfect is used in both the **si** clause and the main (or result) clause.

Si Alicia me **invitaba** a una fiesta, yo siempre **iba**.
If (Whenever) Alicia invited me to a party, I would (used to) go.

Mis padres siempre **iban** a la playa si **hacía** buen tiempo.
My parents always went to the beach if the weather was good.

▶ The **si** clause may be the first or second clause in a sentence. Note that a comma is used only when the **si** clause comes first.

Si tuviera tiempo, iría contigo.
If I had time, I would go with you.

Iría contigo **si tuviera tiempo.**
I would go with you if I had time.

Summary of si clause sequences

Condition	Si clause	Main clause
Possible or likely	**Si** + present	Present / Near future (**ir a** + infinitive) / Future / Command
Habitual in the past	**Si** + imperfect	Imperfect
Contrary-to-fact (present)	**Si** + past (imperfect) subjunctive	Conditional
Contrary-to-fact (past)	**Si** + past perfect (pluperfect) subjunctive	Conditional perfect

🔊 **¡INTÉNTALO!**   Cambia los tiempos y modos de los verbos que aparecen entre paréntesis para practicar todos los tipos de oraciones con **si** que se muestran en la tabla anterior.

1. Si usted ____va____ (ir) a la playa, tenga cuidado con el sol.
2. Si tú ____quieres____ (querer), te preparo la merienda.
3. Si ____hace____ (hacer) buen tiempo, voy a ir al parque.
4. Si mis amigos ____iban____ (ir) de viaje, sacaban muchas fotos.
5. Si ella me ____llamara____ (llamar), yo la invitaría a la fiesta.
6. Si nosotros ____quisiéramos____ (querer) ir al teatro, compraríamos los boletos antes.
7. Si tú ____te levantaras____ (levantarse) temprano, desayunarías antes de ir a clase.
8. Si ellos ____tuvieran____ (tener) tiempo, te llamarían.
9. Si yo ____hubiera sido____ (ser) astronauta, habría ido a la Luna.
10. Si él ____hubiera ganado____ (ganar) un millón de dólares, habría comprado una mansión.
11. Si ustedes me ____hubieran dicho____ (decir) la verdad, no habríamos tenido este problema.
12. Si ellos ____hubieran trabajado____ (trabajar) más, habrían tenido más éxito.

recursos

v̂Text

CA
pp. 43-44, 157

CP
pp. 95-96

CH
pp. 131-132

vhlcentral

Teaching Tips
• Give clauses that express conditions or events that are possible or likely to occur. Have volunteers finish the sentence with a **si** clause. Ex: **Iré contigo… (si vas a participar en la huelga.)**
• Add a visual aspect to this grammar presentation. Use magazine pictures to reinforce **si** clauses. Ex: **Si yo hubiera salido en esta tormenta, me habría puesto un abrigo**.
• Have students recall the latest presidential or state elections. Have them express what went wrong for the losing candidate(s), using contrary-to-fact statements about their political strategies, physical appearance, speeches, etc.
• Go over the use of the indicative in a **si** clause when it expresses habitual past conditions or events. Give additional examples.
• After going over the summary of **si** clause sequences, give students a complex sentence in the indicative, and, in pairs, have them form seven sentences using **si** clauses as per the chart. Ex: **Cuando viene un tornado, bajamos al sótano. (Si viene un tornado, bajamos al sótano. Si viene un tornado, vamos a bajar al sótano. Si viene un tornado, bajaremos al sótano. Si viene un tornado, bajemos al sótano. Si venía…)**

The Affective Dimension
If students feel intimidated by the variety of **si** clauses that can be created in Spanish, tell them that the chart on this page will help them sort out the possibilities and that they will feel more comfortable with **si** clauses with time and practice.

TEACHING OPTIONS

Pairs Ask students to reflect on the past semester(s) studying Spanish. Then divide the class into pairs and have them write a paragraph using complex sentences to express what they wish they had done and why. Ex: **Si hubiera hablado español con mi amiga puertorriqueña, ahora podría hablar mejor…**

EXPANSION

Extra Practice To provide oral practice, ask students to finish these sentences logically: **1. Si tomas español otra vez el año próximo, … 2. Si hubieras estudiado periodismo, … 3. Si la tormenta no pasa pronto, … 4. Si no hubiera llegado el ejército, … 5. Si quieres ser locutor(a) de televisión, …**

1 **Expansion** Change the tense and/or mood in the **si** clauses, and have students change the main clause accordingly. Ex: **1. Si aquí hubiera habido terremotos,… (… no habríamos permitido edificios altos.) 2. Si me informara bien,… (… podría explicar el desempleo.) 3. Si te hubiera dado el informe,… (… ¿se lo habrías mostrado al director?)**

2 **Teaching Tip** In pairs, have one student fill in **Teresa's** answers and the other complete **Anita's**. Then have partners read and correct each other's answers.

2 **Expansion** Ask questions about the **minidiálogos** and have students answer in complete sentences. Ex: **¿Qué haría Teresa si tuviera tiempo? (Iría al cine con más frecuencia.)**

3 **Teaching Tips**
• Model the activity by having a few volunteers complete item 1 in different ways.
• Encourage students to ask their partners follow-up questions. Ex: **¿Por qué llamarías primero a tus padres si tuvieras un accidente de carro?**

Práctica

1 **Emparejar** Empareja frases de la columna A con las de la columna B para crear oraciones lógicas. ◄

A	B
1. Si aquí hubiera terremotos, __e__	a. ¿se lo muestras al director?
2. Si me informo bien, __d__	b. habrían muerto muchos más.
3. Si te doy el informe, __a__	c. muchos van a pasar hambre.
4. Si la guerra hubiera continuado, __b__	d. podré explicar el desempleo.
5. Si la huelga dura más de un mes, __c__	e. no permitiríamos edificios altos.

2 **Minidiálogos** Completa los minidiálogos entre Teresa y Anita. Some answers may vary.

TERESA ¿Qué (1)___habrías___ hecho tú si tu papá te (2)___hubiera___ regalado un carro?
ANITA Me (3)___habría___ muerto de la felicidad.

ANITA Si (4)___viajas___ a Paraguay, ¿qué vas a hacer?
TERESA (5)___Voy___ a visitar a mis parientes. ◄

TERESA Si tú y tu familia (6)___tuvieran___ un millón de dólares, ¿qué comprarían?
ANITA Si nosotros tuviéramos un millón de dólares, (7)___compraríamos___ tres casas nuevas.

ANITA Si tú (8)___tuvieras___ tiempo, ¿irías al cine con más frecuencia?
TERESA Sí, yo (9)___iría___ con más frecuencia si tuviera tiempo.

3 **Completar** En parejas, túrnense para completar las frases de una manera lógica. Luego lean sus oraciones a la clase. Answers will vary.

1. Si tuviera un accidente de carro…
2. Me volvería loco/a *(I would go crazy)* si mi familia…
3. Me habría ido a un programa de intercambio en Paraguay si…
4. No volveré a ver las noticias en ese canal si…
5. Habría menos problemas si los medios de comunicación…
6. Si mis padres hubieran insistido en que tomara clases durante el verano…
7. Si me ofrecen un viaje a la Luna…
8. Me habría enojado mucho si…
9. Si hubiera un desastre natural en mi ciudad…
10. Mi familia y yo habríamos viajado a Latinoamérica…

Practice more at
vhlcentral.com.

Pairs Have pairs write ten sentences about what they would do to improve their community or society. First, ask them to list the problems they would solve and how they would do so. Then have them form contrary-to-fact statements. Ex: **Si no se permitieran las contribuciones grandes a los candidatos, habría menos corrupción en el gobierno. Habría menos delincuencia si hubiera más lugares donde los jóvenes pudieran entretenerse.**

Video Replay the **Fotonovela** to give students more input about **si** clauses. Ask students to write each one down as they hear it. Afterward, have them compare their notes in small groups.

Comunicación

4 **Situaciones** Trabajen en grupos para contestar las preguntas. Después deben comunicar sus respuestas a la clase. Answers will vary.

1. ¿Qué harían si fueran de vacaciones con su clase a Uruguay y al llegar no hubiera habitaciones en ningún hotel?
2. ¿Qué hacen si encuentran dinero en la calle?
3. Imaginen que estuvieron en Montevideo por tres semanas. ¿Qué habrían hecho si hubieran presenciado (*witnessed*) un crimen allí?
4. ¿Qué harían si fueran de viaje y las líneas aéreas estuvieran en huelga?
5. ¿Qué hacen si están en la calle y alguien les pide dinero?
6. ¿Qué harían si estuvieran en un país extranjero y un reportero los/las confundiera (*confused*) con unos actores o unas actrices de Hollywood?
7. ¿Qué dirían sus padres si los/las vieran ahora mismo?
8. ¿Qué haría cada uno/a de ustedes si fuera presidente/a o primer(a) ministro/a de este país?

5 **¿Qué harían?** En parejas, túrnense para hablar de lo que hacen, harían o habrían hecho en estas circunstancias. Answers will vary.

1. si descubres que tienes un gran talento para la música
2. si hubieras ganado un viaje a Uruguay
3. si mañana tuvieras el día libre
4. si te robaran tu mochila
5. si tuvieras que cuidar a tus padres cuando sean mayores
6. si no tuvieras que preocuparte por el dinero
7. si fueras acusado/a de cometer un crimen
8. si hubieras vivido bajo una dictadura

Síntesis

6 **Entrevista** En grupos, preparen cinco preguntas para hacerle a un(a) candidato/a a la presidencia de su país. Luego, túrnense para hacer el papel de entrevistador(a) y de candidato/a. El/La entrevistador(a) reacciona a cada una de las respuestas del/de la candidato/a. Answers will vary.

> **modelo**
>
> **Entrevistador(a):** *¿Qué haría usted sobre la obesidad infantil?*
> **Candidato/a:** *Pues, dudo que podamos decirles a los padres cómo alimentar a sus hijos. Creo que ellos deben preocuparse de darles comida saludable.*
> **Entrevistador(a):** *¿Entonces usted no haría nada para combatir la obesidad infantil?*
> **Candidato/a:** *Si yo fuera presidente/a…*

TEACHING OPTIONS

Large Group Ask each student to write a question that contains a **si** clause. Then have students circulate around the room until you signal them to stop. At your cue, each student should turn to the nearest classmate. Give students one minute to ask and answer one another's questions before having them begin walking around the room again.

TEACHING OPTIONS

Small Groups Ask students to bring in the most outlandish news report in Spanish they can find. Encourage them to look in tabloids. Assign students to small groups and have them write a list of statements that use **si** clauses about each report. Ex: **Si los extraterrestres vuelven para reunirse con el presidente, deben entrevistarlo personalmente.**

 Communication 1.1
Comparisons 4.1

4 Expansion Ask groups to write a short description of what they would do if they took a group trip to Uruguay. Write a prompt on the board to get them started. Ex: **Si nosotros hiciéramos un viaje a Uruguay,…**

4 Virtual Chat You can also assign activity 4 on the Supersite. Students record individual responses that appear in your gradebook.

5 Expansion Ask students to formulate a multiple-choice survey with the sentence fragments given or with their own invented **si** clauses. Then have them survey one another and record the answers. Ex: **1. Si ves a tu novio/a con otro/a en el cine,… a. empiezas a llorar. b. haces un escándalo. c. los ignoras.**

5 Partner Chat (Premium) You can also assign activity 5 on the Supersite. Students work in pairs to record the activity online. The pair's recorded conversation will appear in your gradebook.

 Communication 1.1

6 Teaching Tip To simplify, begin by asking students to identify different public health issues. Ex: **las enfermedades, la nutrición.** Write these issues on the board.

6 Partner Chat You can also assign activity 6 on the Supersite.

 21ˢᵗ Century Skills

6 Productivity and Accountability
Provide students with the oral testing rubric found in the Teacher Resources on the Supersite. Ask them to keep these strategies in mind as they prepare their oral exchanges.

In **Estructura 9.2**, students will review:
• the forms of the subjunctive
• the use of the subjunctive, indicative, and infinitive in complex sentences

Communication 1.1
Comparisons 4.1

Student Resources
Cuaderno de actividades comunicativas, pp. 45–46, 158
Cuaderno de práctica, pp. 97–100
Cuaderno para hispanohablantes, pp. 133–136
Supersite: Activities, eCuaderno

Teacher Resources
Workbook TEs; Grammar Slides; Audio Activities MP3s; Audio Script; Testing Program Quizzes; Activity Pack

Teaching Tips
• Review the subjunctive. Ex: **En cuanto pasen unas semanas, habrá terminado el semestre. Espero que todos ustedes hayan aprendido mucho español.** Ask volunteers to identify the subjunctive forms.
• Restate a sentence in each subjunctive tense. Ex: **Cuando termine la discriminación, habrá justicia. Si terminara la discriminación, habría justicia. Si hubiera terminado la discriminación, ya habría habido justicia. Ojalá haya terminado la discriminación.**
• Have students look over the chart. Ask them on which indicative form the present subjunctive is based (present-tense **yo** form) and on which one the past subjunctive is based (preterite **Uds./ellos/ellas** form). Then ask them to give the past and present subjunctive of common irregular verbs such as **decir, traer, traducir, conocer,** and **tener.**

9.2 Summary of the uses of the subjunctive

Tutorial

ANTE TODO Since **Lección 3**, you have been learning about subjunctive verb forms and practicing their uses. The following chart summarizes the subjunctive forms you have studied. The chart on the next page summarizes the uses of the subjunctive you have seen and contrasts them with uses of the indicative and the infinitive. These charts will help you review and synthesize what you have learned about the subjunctive in this book.

Espero que lo hayas pasado bien en México.

Sí, si hubiera podido, me habría quedado más tiempo.

Summary of subjunctive forms

-ar verbs		-er verbs		-ir verbs	
PRESENT SUBJUNCTIVE	PAST SUBJUNCTIVE	PRESENT SUBJUNCTIVE	PAST SUBJUNCTIVE	PRESENT SUBJUNCTIVE	PAST SUBJUNCTIVE
hable	hablara	beba	bebiera	viva	viviera
hables	hablaras	bebas	bebieras	vivas	vivieras
hable	hablara	beba	bebiera	viva	viviera
hablemos	habláramos	bebamos	bebiéramos	vivamos	viviéramos
habléis	hablarais	bebáis	bebierais	viváis	vivierais
hablen	hablaran	beban	bebieran	vivan	vivieran

PRESENT PERFECT SUBJUNCTIVE	PRESENT PERFECT SUBJUNCTIVE	PRESENT PERFECT SUBJUNCTIVE
haya hablado	haya bebido	haya vivido
hayas hablado	hayas bebido	hayas vivido
haya hablado	haya bebido	haya vivido
hayamos hablado	hayamos bebido	hayamos vivido
hayáis hablado	hayáis bebido	hayáis vivido
hayan hablado	hayan bebido	hayan vivido

PAST PERFECT SUBJUNCTIVE	PAST PERFECT SUBJUNCTIVE	PAST PERFECT SUBJUNCTIVE
hubiera hablado	hubiera bebido	hubiera vivido
hubieras hablado	hubieras bebido	hubieras vivido
hubiera hablado	hubiera bebido	hubiera vivido
hubiéramos hablado	hubiéramos bebido	hubiéramos vivido
hubierais hablado	hubierais bebido	hubierais vivido
hubieran hablado	hubieran bebido	hubieran vivido

CONSULTA
To review the subjunctive, refer to these sections:
Present subjunctive, **Estructura 3.3,** pp. 108–109.
Present perfect subjunctive, **Estructura 6.3,** p. 211.
Past subjunctive, **Estructura 7.3,** pp. 244–245.
Past perfect subjunctive, **Estructura 8.3,** p. 279.

TEACHING OPTIONS

Small Groups Bring in or prepare a news report in Spanish about a recent natural disaster. Go over it with the class, clarifying any unfamiliar vocabulary. Then ask small groups to write a summary of the article in which they use at least three sentences in the subjunctive.
Game Divide the class into teams and ask them to think of an important historical event. Have them write three contrary-to-fact

TEACHING OPTIONS

statements about the event without naming it. Each team will read its description aloud for the others to guess. Award one point for each correct guess. Ex: **Si los EE.UU. hubiera tenido mejores relaciones con la Unión Soviética, el conflicto no se habría intensificado de esa manera. Si el Sur no hubiera atacado al Norte, los Estados Unidos no habría entrado en la guerra. Si Nixon no hubiera sido presidente, la guerra habría terminado antes. (la guerra de Vietnam)**

Teaching Tips

• Review the irregular verbs **dar, estar, haber, ir, saber, and ser**.

• Before working through the summary of subjunctive usage, review the concepts of the indicative and subjunctive. Explain that the indicative—the mood used to state facts and to express actions that the speaker considers real or definite—is the tense most commonly used in discourse. Then ask volunteers to tell you when the subjunctive is used. Write their statements on the board, revising them for clarity and accuracy.

• Compare the summaries of the use of the subjunctive, indicative, and infinitive. After you have worked through the comparison of the subjunctive versus the indicative with expressions of influence, emotion, doubt, and certainty, discuss cases where the infinitive is used instead of the subjunctive. Compare and contrast the use of the subjunctive and the indicative with conjunctions.

• On the computer, type up the main and subordinate clauses from the example sentences in the charts. Print them out and cut the papers into strips, with one clause per strip, and shuffle them. Distribute one clause to each student and have them circulate around the room to find the matching clause.

The subjunctive is used...

1. After verbs and/or expressions of will and influence, when the subject of the subordinate clause is different from the subject of the main clause

   Los ciudadanos **desean** que el candidato presidencial los **escuche.**

2. After verbs and/or expressions of emotion, when the subject of the subordinate clause is different from the subject of the main clause

   Alejandra **se alegró** mucho de que le **dieran** el trabajo.

3. After verbs and/or expressions of doubt, disbelief, and denial

   Dudo que **vaya** a tener problemas para encontrar su maleta.

4. After the conjunctions **a menos que, antes (de) que, con tal (de) que, en caso (de) que, para que,** and **sin que**

   Cierra las ventanas **antes de que empiece** la tormenta.

5. After **cuando, después (de) que, en cuanto, hasta que,** and **tan pronto como** when they refer to future actions

   Tan pronto como haga la tarea, podrá salir con sus amigos.

6. To refer to an indefinite or nonexistent antecedent mentioned in the main clause

   Busco **un** empleado que **haya estudiado** computación.

7. After **si** to express something impossible, improbable, or contrary to fact

   Si hubieras escuchado el noticiero, te habrías informado sobre el terremoto.

The indicative is used...

1. After verbs and/or expressions of certainty and belief

   Es cierto que Uruguay **tiene** unas playas espectaculares.

2. After the conjunctions **cuando, después (de) que, en cuanto, hasta que,** and **tan pronto como** when they do not refer to future actions

   Hay más violencia **cuando hay** desigualdad social.

3. To refer to a definite or specific antecedent mentioned in the main clause

   Busco a la señora que me **informó** del crimen que ocurrió ayer.

4. After **si** to express something possible, probable, or not contrary to fact

   Pronto habrá más igualdad **si luchamos** contra la discriminación.

The infinitive is used...

1. After expressions of will and influence when there is no change of subject

   Martín **desea ir** a Montevideo este año.

2. After expressions of emotion when there is no change of subject

   Me alegro de conocer a tu esposo.

recursos

v̂Text

CA
p. 158

CP
pp. 97–100

CH
pp. 133–136

S
vhlcentral

TEACHING OPTIONS

Large Group Prepare sentences based on the example sentences from the chart. Break each sentence into two clauses or fragments and write each one on an index card. Distribute the cards and have students form sentences by finding their match. Ex: **Me alegro mucho de que... /... hayan publicado tu artículo sobre el SIDA. Quisiera... /... visitar Montevideo algún día.**

EXPANSION

Extra Practice To provide oral practice, create sentences that follow the pattern of the example sentences in the chart. Say the sentence, have students repeat it, then change the tense of the main clause. Have students then restate the sentence, changing the subordinate clause as necessary. Ex: **Dudo que terminemos el proyecto pronto. Dudaba que... (...termináramos el proyecto pronto.)**

Práctica

1 **Conversación** Completa la conversación con el tiempo verbal adecuado.

EMA Busco al reportero que (1)_____publicó_____ (publicar) el libro sobre la dictadura de Stroessner.

ROSA Ah, usted busca a Miguel Pérez. Ha salido.

EMA Le había dicho que yo vendría a verlo el martes, pero él me dijo que (2)_____viniera_____ (venir) hoy.

ROSA No creo que a Miguel se le (3)__olvidara/haya olvidado__ (olvidar) la cita. Si usted le (4)____hubiera pedido____ (pedir) una cita, él me lo habría mencionado.

EMA Pues no, no pedí cita, pero si él me hubiera dicho que era necesario yo lo (5)____habría hecho____ (hacer).

ROSA Creo que Miguel (6)_____fue_____ (ir) a cubrir un incendio hace media hora. No pensaba que nadie (7)_____fuera_____ (ir) a venir esta tarde. Si quiere, le digo que la (8)_____llame_____ (llamar) tan pronto como (9)_____llegue_____ (llegar). A menos que usted (10)_____quiera_____ (querer) dejar un recado…
(Entra Miguel)

EMA ¡Miguel! Amor, si hubieras llegado cinco minutos más tarde, no me (11)____habrías encontrado____ (encontrar) aquí.

MIGUEL ¡Ema! ¿Qué haces aquí?

EMA Me dijiste que viniera hoy para que (12)____pudiéramos____ (poder) pasar más tiempo juntos.

ROSA *(En voz baja)* ¿Cómo? ¿Serán novios?

NOTA CULTURAL

El general **Alfredo Stroessner** es el dictador que más tiempo ha durado en el poder en un país de Suramérica. Stroessner se hizo presidente de Paraguay en 1954 y el 3 de febrero de 1989 fue derrocado (*overthrown*) en un golpe militar (*coup*). Después de esto, Stroessner se exilió a Brasil, donde murió en 2006 a los 93 años.

2 **Escribir** Escribe uno o dos párrafos sobre tu participación en las próximas elecciones del consejo estudiantil. Usa por lo menos cuatro de estas frases. Answers will vary.

▶ Votaré por… con tal de que…
▶ Quisiera saber…
▶ Si gana mi candidato/a…
▶ Espero que la economía…
▶ Estoy seguro/a de que…
▶ A menos que…

▶ Mis padres siempre me dijeron que…
▶ Si a la gente realmente le importara la familia…
▶ No habría escogido a ese/a candidato/a si…
▶ Si le preocuparan más los impuestos…
▶ Dudo que el/la otro/a candidato/a…
▶ En las próximas elecciones espero que…

3 **Explicar** En parejas, escriban una conversación breve sobre cada tema de la lista. Usen por lo menos un verbo en subjuntivo y otro en indicativo o en infinitivo. Sigan el modelo. Answers will vary.

unas elecciones	una huelga	una inundación	prensa
una guerra	un incendio	la libertad	un terremoto

modelo

un tornado
Estudiante 1: *Temo que este año haya tornados por nuestra zona.*
Estudiante 2: *No te preocupes. Creo que este año no va a haber muchos tornados.*

AYUDA

Some useful expressions:
Espero que…
Ojalá que…
Es posible que…
Es terrible que…
Es importante que…

Practice more at
vhlcentral.com.

Comunicación

Communication 1.1
Comparisons 4.1

4 Preguntas En parejas, túrnense para hacerse estas preguntas. Answers will vary.

1. ¿Te irías a vivir a un lugar donde pudiera ocurrir un desastre natural? ¿Por qué?
2. ¿Te gustaría que tu vida fuera como la de tus padres? ¿Por qué? Y tus hijos, ¿preferirías que tuvieran experiencias diferentes a las tuyas? ¿Cuáles?
3. ¿Te parece importante que elijamos a una mujer como presidenta? ¿Por qué?
4. Si hubiera una guerra y te llamaran para entrar en el ejército, ¿obedecerías? ¿Lo considerarías tu deber? ¿Qué sentirías? ¿Qué pensarías?
5. Si sólo pudieras recibir noticias de un medio de comunicación, ¿cuál escogerías y por qué? Y si pudieras trabajar en un medio de comunicación, ¿escogerías el mismo?

5 Consejos En parejas, lean esta guía turística. Luego túrnense para representar los papeles de un(a) cliente/a y de un(a) agente de viajes. El/La agente le da consejos al/a la cliente/a sobre los lugares que debe visitar y el/la cliente/a da su opinión sobre los consejos. Answers will vary.

¡Conozca Uruguay!

La **Plaza Independencia** en **Montevideo**, con su **Puerta de la Ciudadela**, forma el límite entre la ciudad antigua y la nueva. Si le interesan las compras, desde este lugar puede comenzar su paseo por la **Avenida 18 de Julio**, la principal arteria comercial de la capital.

No deje de ir a **Punta del Este**. Conocerá uno de los lugares turísticos más fascinantes del mundo. No se pierda las maravillosas playas, el **Museo de Arte Americano** y la **Catedral Maldonado** (1895) con su famoso altar, obra del escultor **Antonio Veiga**.

Sin duda, querrá conocer la famosa ciudad vacacional de **Piriápolis**, con su puerto que atrae barcos cruceros, y disfrutar de sus playas y lindos paseos.

Tampoco se debe perder la **Costa de Oro**, junto al **Río de la Plata**. Para aquéllos interesados en la historia, dos lugares favoritos son la conocida iglesia **Nuestra Señora de Lourdes** y el chalet de **Pablo Neruda**.

Síntesis

6 Dos artículos Tu profesor(a) les va a dar a ti y a tu compañero/a dos artículos. Trabajando en parejas, cada uno escoge y lee un artículo. Luego, háganse preguntas sobre los artículos.
Answers will vary.

4 Teaching Tip Tell students to take notes on what their partner says. After they complete the activity, ask questions about their responses.

4 Expansion
• Ask students to create two additional questions for the interview, keeping within the framework of natural disasters and sociopolitical issues.
• Survey responses to find those on which there is general agreement and those on which there is not.

4 Virtual Chat You can also assign activity 4 on the Supersite. Students record individual responses that appear in your gradebook.

5 Expansion Have **los clientes** sit on one side of the room and **los agentes de viajes** on the other. Then ask individual students about the advice they gave or were given. Ex: **¿Qué monumentos te aconsejó que visitaras? ¿Qué consejos le diste sobre los museos?**

Communication 1.1

6 Teaching Tips
• Divide the class into pairs and distribute the Communication Activities worksheets from the Activity Pack that correspond to this activity. Give students ten minutes in order to complete this activity.
• Go over the directions. Have partners skim the articles and choose one.

6 Expansion Have partners develop three more questions about each article.

TEACHING OPTIONS

Pairs Have students write a news article about the end of the semester. The article should highlight the positive aspects of the class as well as the contributions of the students. Tell them to use the articles from **Actividad 6** as a guide.
TPR Write this cloze paragraph on the board. On separate note cards, write different forms of the verbs **ver, llegar, creer, hacer,** and **aprender**. Give each student a set of cards. As you

TEACHING OPTIONS

read the paragraph aloud, have students hold up the correct form(s) of the appropriate verb. **Es difícil ____ (creer) que ____ (lleguemos/hayamos llegado) al final del semestre. Espero que todos ustedes ____ (hayan aprendido) mucho, no sólo español, sino sobre el lenguaje en general. Si deciden seguir estudiando el español, ____ (van a ver/verán) que se ____ (hace/hará) más fácil con el tiempo.**

Recapitulación

Section Goal

In **Recapitulación**, students will review the grammar concepts from this lesson.

Student Resources
Supersite: Activities

1 Expansion To challenge students, have them rewrite each item in the remaining **si** clause sequences.
Ex: **1. Todos estamos mejor informados si leemos el periódico todos los días. Todos habríamos estado mejor informados si hubiéramos leído el periódico todos los días.**

2 Teaching Tips
• To simplify, have students scan the items and identify verbs or phrases that trigger the subjunctive.
Ex: **1. Ojalá que**
• Remind students that, in order to use the subjunctive, there must be a subject change and **que** must be present.

2 Expansion Give students these sentences as items 11–13: **11. El año que viene espero _____ (poder/pueda) trabajar para la campaña presidencial. (poder) 12. Era una lástima que muchos estudiantes no _____ (votaran/voten) en las elecciones nacionales. (votaran) 13. Cuando _____ (me gradúe/me gradué), decidí buscar trabajo como periodista en el diario local. (me gradué)**

 Diagnostics

Completa estas actividades para repasar los conceptos de gramática que aprendiste en esta lección.

1 **Condicionales** Empareja las frases de la columna A con las de la columna B para crear oraciones lógicas. **16 pts.**

A

_c_ 1. Todos estaríamos mejor informados

_f_ 2. ¿Te sentirás mejor

_b_ 3. Si esos locutores no tuvieran tanta experiencia,

_h_ 4. ¿Votarías por un candidato como él

_a_ 5. Si no te gusta este noticiero,

_i_ 6. El candidato Díaz habría ganado las elecciones

_d_ 7. Si la tormenta no se va pronto,

_e_ 8. Ustedes se pueden ir

B

a. cambia el canal.

b. ya los habrían despedido.

c. si leyéramos el periódico todos los días.

d. la gente no podrá salir a protestar.

e. si no tienen nada más que decir.

f. si te digo que ya terminó la huelga?

g. Leopoldo fue a votar.

h. si supieras que no ha obedecido las leyes?

i. si hubiera hecho más entrevistas para la televisión.

2 **Escoger** Escoge la opción correcta para completar cada oración. **20 pts.**

1. Ojalá que aquí (hubiera/hay) un canal independiente.

2. Susana dudaba que (hubieras estudiado/estudias) medicina.

3. En cuanto (termine/terminé) mis estudios, buscaré trabajo.

4. Miguel me dijo que su familia nunca (veía/viera) los noticieros en la televisión.

5. Para estar bien informados, yo les recomiendo que (leen/lean) el diario *El Sol*.

6. Es terrible que en los últimos meses (haya habido/ha habido) tres desastres naturales.

7. Cuando (termine/terminé) mis estudios, encontré trabajo en un diario local.

8. El presidente no quiso (declarar/que declarara) la guerra.

9. Todos dudaban que la noticia (fuera/era) real.

10. Me sorprende que en el mundo todavía (exista/existe) la censura.

RESUMEN GRAMATICAL

9.1 **Si clauses** *pp. 306–307*

Summary of si clause sequences

Possible or likely	Si + present	+ present + ir a + infinitive + future + command
Habitual in the past	Si + imperfect	+ imperfect
Contrary-to-fact (present)	Si + past subjunctive	+ conditional
Contrary-to-fact (past)	Si + past perfect subjunctive	+ conditional perfect

9.2 **Summary of the uses of the subjunctive** *pp. 310–311*

Summary of subjunctive forms

▶ **Present:** (-ar) hable, (-er) beba, (-ir) viva
▶ **Past:** (-ar) hablara, (-er) bebiera, (-ir) viviera
▶ **Present perfect:** haya + past participle
▶ **Past perfect:** hubiera + past participle

The subjunctive is used...
1. After verbs and/or expressions of: ▶ Will and influence (when subject changes) ▶ Emotion (when subject changes) ▶ Doubt, disbelief, denial
2. After a menos que, antes (de) que, con tal (de) que, en caso (de) que, para que, sin que
3. After cuando, después (de) que, en cuanto, hasta que, tan pronto como when they refer to future actions
4. To refer to an indefinite or nonexistent antecedent
5. After si to express something impossible, improbable, or contrary to fact

---

EXPANSION

Extra Practice Tell students to imagine they are running for student government. Have them write five sentences about the school's problems and five sentences about what they would do. Ex: **Si hubiera más actividades extracurriculares, los estudiantes estarían más contentos. Yo buscaría…** You may want to stage election debates in class.

TEACHING OPTIONS

Small Groups Divide the class into small groups. Have students take turns naming a conflict between characters from a television show or movie. The other group members must comment on the conflict, using structures from this lesson.

3 Las elecciones Completa el diálogo con la forma correcta del verbo entre paréntesis eligiendo entre el subjuntivo, el indicativo y el infinitivo, según el contexto. **24 pts.**

SERGIO   ¿Ya has decidido por cuál candidato vas a votar en las elecciones del sábado?

MARINA   No, todavía no. Es posible que no (1) ___vote___ (yo, votar). Para mí es muy difícil (2) ___decidir___ (decidir) quién será el mejor representante. Y tú, ¿ya has tomado una decisión?

SERGIO   Sí. Mi amigo Julio nos aconsejó que (3) ___leyéramos___ (leer) la entrevista que le hicieron al candidato Rodríguez en el diario *Tribuna*. En cuanto la (4) ___leí___ (yo, leer), decidí votar por él.

MARINA   ¿Hablas en serio? Espero que ya lo (5) ___hayas pensado___ (tú, pensar) muy bien. El diario *Tribuna* no siempre es objetivo. Dudo que (6) ___sea___ (ser) una fuente fiable (*reliable source*). No vas a tener una idea clara de las habilidades de cada candidato a menos que (7) ___compares___ (tú, comparar) información de distintas fuentes.

SERGIO   Tienes razón, hoy día no hay ningún medio de comunicación que (8) ___diga___ (decir) toda la verdad de forma independiente.

MARINA   Tengo una idea. Sugiero que (9) ___vayamos___ (nosotros, ir) esta noche a mi casa para (10) ___ver___ (ver) juntos el debate de los candidatos por televisión. ¿Qué te parece?

SERGIO   Es una buena idea, pero no creo que (11) ___tenga___ (yo, tener) tiempo.

MARINA   No te preocupes. Voy a grabarlo para que (12) ___puedas___ (tú, poder) verlo.

4 Escribir Hoy día, cada vez más personas se mantienen informadas a través de Internet. Piensa cómo cambiaría tu vida diaria si no existiera este medio de comunicación. ¿Cómo te informarías de las actualidades del mundo y de las noticias locales? ¿Cómo te llegarían noticias de tus amigos si no existieran el correo electrónico y las redes sociales en línea (*social networking websites*)? Escribe al menos siete oraciones con **si**. **40 pts.**   Answers will vary.

5 Canción Completa estos versos de una canción de Juan Luis Guerra con el pretérito imperfecto de subjuntivo de los verbos en la forma **nosotros/as**. **¡4 puntos EXTRA!**   Answers will vary.

❝ Y si aquí,
___lucháramos___ (luchar) juntos
por la sociedad y
___habláramos___ (hablar) menos
resolviendo más. **❞**

recursos

v̂Text

Ⓢ
vhlcentral

Ⓢ Practice more at vhlcentral.com.

---

③ Teaching Tip Have two volunteers role-play the dialogue for the class. Encourage them to ad-lib as they go.

③ Expansion To challenge students, have pairs create a dialogue between **Sergio** and **Marina** after they have watched the political debate. Tell them to use at least four examples of the subjunctive.

Nota cultural The political landscape of some Spanish-speaking countries mirrors that of the U.S. with respect to being dominated by two major political parties. However, many countries have three or more major parties. For example, in Mexico, the three parties that dominate are **PRI (Partido Revolucionario Institucional), PAN (Partido Acción Nacional), and PRD (Partido de la Revolución Democrática).**

④ Teaching Tip To help students get started, have the class discuss their daily news habits using these questions: **¿Cuáles son tus fuentes** (*sources*) **de información? ¿Generalmente hablas de las noticias con tus amigos?**

④ Expansion Have students tell anecdotes about situations in which the Internet was the only way of finding information (a weather emergency, a flight delay, research for class). Then ask: **¿Qué habrían hecho si no hubiera existido Internet?**

⑤ Teaching Tip Remind students that the past subjunctive **nosotros/as** form always carries a written accent mark.

TEACHING OPTIONS

TPR Prepare statements with **si** clauses, followed by clauses that contain the indicative, the future, the imperfect, or the conditional. Divide the board into four sections, labeled **indicativo, futuro, imperfecto,** and **condicional.** As you read aloud each statement, have students point to the tense that they hear in the main clause. Ex: **Si todos los países se oponen a los misiles nucleares, la gente no vivirá con miedo. (futuro)**

EXPANSION

Extra Practice Add an auditory exercise to this grammar review. Bring in a recording of *Si saliera petróleo* by **Juan Luis Guerra**. As you play the song, have students write down the subjunctive forms they hear. Then have students work in pairs to compare their verb lists. Play the song a second time so that students can check their work.

Section Goals

In **Lectura**, students will:
- learn to recognize chronological order
- read an excerpt from a Spanish novel

 Communication 1.1, 1.2, 1.3
Cultures 2.1, 2.2
Connections 3.1, 3.2
Comparisons 4.2

Student Resources
Cuaderno para hispanohablantes, pp. 137–141
Supersite: Activities

★ TELL Connection

Performance and Feedback 3
Why: Provide students opportunities to monitor their progress. *What:* Ask: How has this strategy improved their reading?

∘✐ Pre-AP*

Interpretive Reading: Estrategia Tell students that understanding the order of events allows a reader to follow what is happening in the narrative.

Successful Language Learning Tell students to look for connecting words and transitions, which are helpful in following a chain of events.

Examinar el texto Explain that **Miguel de Cervantes Saavedra** is widely considered to be Spain's greatest writer and that the novel *El ingenioso hidalgo don Quijote de la Mancha* is considered his masterpiece. Ask volunteers to tell what they know about the plot. Then have students scan the text. Explain any unfamiliar vocabulary.

Ordenar If students have trouble putting the events in order, have them refer to the text and help them find the passages that contain the information.

Lectura Audio: Reading
Additional Reading

Antes de leer

Estrategia
Recognizing chronological order

Recognizing the chronological order of events in a narrative is key to understanding the cause-and-effect relationship between them. When you are able to establish the chronological chain of events, you will easily be able to follow the plot. In order to be more aware of the order of events in a narrative, you may find it helpful to prepare a numbered list of the events as you read.

Examinar el texto
Lee el texto usando las estrategias de lectura que has aprendido.

▸ ¿Ves palabras nuevas o cognados? ¿Cuáles son?

▸ ¿Qué te dice el dibujo sobre el contenido?

▸ ¿Tienes algún conocimiento previo° sobre don Quijote?

▸ ¿Cuál es el propósito° del texto?

▸ ¿De qué trata° la lectura?

Ordenar
Lee el texto otra vez para establecer el orden cronológico de los eventos. Luego ordena estos eventos según la historia.

__3__ Don Quijote lucha contra los molinos de viento pensando que son gigantes.

__5__ Don Quijote y Sancho toman el camino hacia Puerto Lápice.

__2__ Don Quijote y Sancho descubren unos molinos de viento en un campo.

__4__ El primer molino da un mal golpe a don Quijote, a su lanza y a su caballo.

__1__ Don Quijote y Sancho Panza salen de su pueblo en busca de aventuras.

recursos
v̂Text   CH   Ⓢ
pp. 137–141   vhlcentral

Don Quijote y los molinos de viento

Miguel de Cervantes

Fragmento adaptado de
El ingenioso hidalgo don Quijote de la Mancha

Miguel de Cervantes Saavedra, el escritor más universal de la literatura española, nació en Alcalá de Henares en 1547 y murió en Madrid en 1616, tras° haber vivido una vida llena de momentos difíciles, llegando a estar en la cárcel° más de una vez. Su obra, sin embargo, ha disfrutado a través de los siglos de todo el éxito que se merece. Don Quijote representa no sólo la locura° sino también la búsqueda° del ideal. En esta ocasión presentamos el famoso episodio de los molinos de viento°.

Entonces descubrieron treinta o cuarenta molinos de viento que había en aquel campo°. Cuando don Quijote los vio, dijo a su escudero°:

—La fortuna va guiando nuestras cosas mejor de lo que deseamos; porque allí, amigo Sancho Panza, se ven treinta, o pocos más, enormes gigantes con los que pienso hacer batalla y quitarles a todos las vidas, y comenzaremos a ser ricos; que ésta es buena guerra, y es gran servicio de Dios quitar tan malos seres° de la tierra.

—¿Qué gigantes?

—Aquéllos que ves allí —respondió su amo°— de los brazos largos, que algunos normalmente los tienen de casi dos leguas°.

Después de leer

¿Realidad o fantasía? ✎

Indica si las afirmaciones sobre la lectura pertenecen a la realidad o la fantasía.

1. Don Quijote desea matar° a los enemigos. realidad
2. Su escudero no ve a ningún ser sobrenatural. realidad
3. El caballero ataca a unas criaturas cobardes y viles. fantasía
4. Don Quijote no ganó la batalla porque los gigantes fueron transformados en molinos de viento. fantasía
5. El sabio Frestón transformó los gigantes en molinos de viento. fantasía

conocimiento previo *prior knowledge* propósito *purpose*
¿De qué trata...? *What is... about?* matar *to kill*

Language Notes Explain that **Quijote** has an alternative, older spelling, **Quixote**. Also, explain that **don Quijote's** emblematic eccentric behavior engendered several terms derived from his name. Ex: **quijote** (*an enthusiastic but impractical person*), **quijotada** (*quixotic act*), **quijotesco** (*quixotic*), **quijotismo** (*quixotism*).
Extra Practice Ask students to research **Miguel de Cervantes**

and to write a brief biography on this literary figure. Students should include a bibliography of his works.
Game Have students give clues about characters from this excerpt (**don Quijote, Rocinante, Dulcinea, Sancho Panza, los gigantes, Frestón**) for the class to guess. Ex: **Acompaña a don Quijote. No monta a caballo, sino un asno. Trata de convencer a su amigo que los molinos no son gigantes. (Sancho Panza)**

—Mire usted —respondió Sancho— que aquéllos que allí están no son gigantes, sino molinos de viento, y lo que parecen brazos son las aspas°, que movidas por el viento, hacen andar la piedra del molino.

—Bien veo —respondió don Quijote— que no estás acostumbrado a las aventuras: ellos son gigantes; y si tienes miedo, quítate de ahí y reza° mientras yo voy a combatir con ellos en fiera° batalla.

Y diciendo esto, dio de espuelas° a su caballo Rocinante, sin oír las voces que su escudero Sancho le daba, diciéndole que, sin duda alguna, eran molinos de viento, y no gigantes, aquéllos que iba a atacar. Pero él iba tan convencido de que eran gigantes, que ni oía las voces de su escudero Sancho, ni se daba cuenta, aunque estaba ya muy cerca, de lo que eran; antes iba diciendo en voz alta:

—No huyáis°, cobardes° y viles criaturas, que sólo os ataca un caballero°.

Se levantó entonces un poco de viento, y las grandes aspas comenzaron a moverse, y cuando don Quijote vio esto, dijo:

—Pues aunque mováis más brazos que los del gigante Briareo, me lo vais a pagar.

Y diciendo esto, y encomendándose de todo corazón° a su señora Dulcinea, pidiéndole que le ayudase en esta difícil situación, bien cubierto de su rodela°, con la lanza en posición de ataque, fue a todo el galope de Rocinante y embistió° el primer molino que estaba delante: y dándole con la lanza en el aspa, el viento la giró con tanta furia, que la rompió en pequeños fragmentos, llevándose con ella al caballo y al caballero, que fue dando vueltas por el campo. Fue rápidamente Sancho Panza a ayudarle, todo lo rápido que podía correr su asno°, y cuando llegó encontró que no se podía mover: tan grande fue el golpe° que se dio con Rocinante.

—¡Por Dios! —dijo Sancho—. ¿No le dije yo que mirase bien lo que hacía, que sólo eran molinos de viento, y la única persona que podía equivocarse era alguien que tuviese otros molinos en la cabeza?

—Calla°, amigo Sancho —respondió don Quijote—, que las cosas de la guerra, más que otras, cambian continuamente; estoy pensando que aquel sabio° Frestón, que me robó el estudio y los libros, ha convertido estos gigantes en molinos por quitarme la gloria de su vencimiento°: tan grande es la enemistad que me tiene; pero al final, sus malas artes no van a poder nada contra la bondad de mi espada°.

—Dios lo haga como pueda —respondió Sancho Panza.

Y ayudándole a levantarse, volvió a subir sobre Rocinante, que medio despaldado estaba°. Y hablando de la pasada aventura, siguieron el camino del Puerto Lápice.

---

tras *after* cárcel *jail* locura *insanity* búsqueda *search* molinos de viento *windmills* campo *field* escudero *squire* seres *beings* amo *master* leguas *leagues (measure of distance)* aspas *sails* reza *pray* fiera *vicious* dio de espuelas *he spurred* No huyáis *Do not flee* cobardes *cowards* caballero *knight* encomendándose de todo corazón *entrusting himself with all his heart* rodela *round shield* embistió *charged* asno *donkey* golpe *blow (knock into)* Calla *Be quiet* sabio *magician* vencimiento *defeat* espada *sword* que medio despaldado estaba *whose back was half-broken*

Personajes ⃝ Answers will vary.

1. En este fragmento, se mencionan estos personajes. ¿Quiénes son?
   - ▸ don Quijote
   - ▸ Rocinante
   - ▸ Dulcinea
   - ▸ Sancho Panza
   - ▸ los gigantes
   - ▸ Frestón
2. ¿Qué puedes deducir de los personajes según la información que se da en este episodio?
3. ¿Quiénes son los personajes principales?
4. ¿Cuáles son las diferencias entre don Quijote y Sancho Panza? ¿Qué tienen en común?

¿Un loco o un héroe?

En un párrafo, da tu opinión del personaje de don Quijote, basándote en la aventura de los molinos de viento. Ten en cuenta las acciones, los motivos y los sentimientos de don Quijote en su batalla contra los molinos de viento. Answers will vary.

Una entrevista

Trabajen en grupos de tres para preparar una entrevista sobre los acontecimientos de este fragmento de la novela de Cervantes. Un(a) estudiante representará el papel del/de la entrevistador(a) y los otros dos asumirán los papeles de don Quijote y de Sancho Panza, quienes comentarán el episodio desde su punto de vista. Answers will vary.

 Practice more at vhlcentral.com.

In **Escritura**, students will:
- learn to write strong introductions and conclusions
- write a composition

 Communication 1.3

Student Resources
Cuaderno de actividades comunicativas, pp. 175–176
Cuaderno para hispanohablantes, pp. 142–143
Supersite: Activities, *eCuaderno*

Teacher Resources
Workbook TE

 Pre-AP*

Interpersonal Writing: Estrategia Go over the strategy as a class. Encourage students to give examples of how they will use the suggestions for this activity.

Introducciones y conclusiones Write weak introductions and conclusions on the board for each of the three topics. Discuss these with the class, calling on volunteers to give suggestions and to change or edit the passages to make them stronger.

Tema As a class, read through the list of questions and have students choose one. Tell students who have chosen the same question to get together and discuss the changes they would make.

 21ˢᵗ Century Skills

Leadership and Responsibility
Have students shorten their compositions as needed and send them to the Opinion page of a Spanish-language newspaper or news website.

Escritura

Estrategia
Writing strong introductions and conclusions

Introductions and conclusions serve a similar purpose: both are intended to focus the reader's attention on the topic being covered. The introduction presents a brief preview of the topic. In addition, it informs your reader of the important points that will be covered in the body of your writing. The conclusion reaffirms those points and concisely sums up the information that has been provided. A compelling fact or statistic, a humorous anecdote, or a question directed to the reader are all interesting ways to begin or end your writing.

For example, if you were writing a biographical report on Miguel de Cervantes, you might begin your essay with the fact that his most famous work, *Don Quijote de la Mancha*, is the second most widely published book ever. The rest of your introductory paragraph would outline the areas you would cover in the body of your paper, such as Cervantes' life, his works, and the impact of *Don Quijote* on world literature. In your conclusion, you would sum up the most important information in the report and tie this information together in a way that would make your reader want to learn even more about the topic. You could write, for example: "Cervantes, with his wit and profound understanding of human nature, is without peer in the history of world literature."

Introducciones y conclusiones
Trabajen en parejas para escribir una oración de introducción y otra de conclusión sobre estos temas.

1. el episodio de los molinos de viento de *Don Quijote de la Mancha*
2. la definición de la locura
3. la realidad y la fantasía en la literatura

Tema

Escribir una composición

Si tuvieras la oportunidad, ¿qué harías para mejorar el mundo? Escribe una composición sobre los cambios que harías en el mundo si tuvieras el poderº y los recursos necesarios. Piensa en lo que puedes hacer ahora y en lo que podrás hacer en el futuro. Considera estas preguntas:

▶ ¿Pondrías fin a todas las guerras? ¿Cómo?

▶ ¿Protegerías el medio ambiente? ¿Cómo?

▶ ¿Promoveríasº la igualdad y eliminarías el sexismo y el racismo? ¿Cómo?

▶ ¿Eliminarías la corrupción en la política? ¿Cómo?

▶ ¿Eliminarías la escasez de viviendasº y el hambre?

▶ ¿Educarías a los demás sobre el SIDA? ¿Cómo?

▶ ¿Promoverías el fin de la violencia entre seres humanos?

▶ ¿Promoverías tu causa en los medios de comunicación? ¿Cómo?

▶ ¿Te dedicarías a alguna causa específica dentro de tu comunidad? ¿Cuál?

▶ ¿Te dedicarías a solucionar problemas nacionales o internacionales? ¿Cuáles?

recursos

v̄Text

CA
pp. 175–176

CH
pp. 142–143

vhlcentral

poder *power* Promoverías *Would you promote*
escasez de viviendas *homelessness*

EVALUATION: Composición

Criteria	Scale		Scoring	
Content	1 2 3 4 5		Excellent	18–20 points
Use of vocabulary	1 2 3 4 5		Good	14–17 points
Grammatical accuracy	1 2 3 4 5		Satisfactory	10–13 points
Use of introductions/conclusions	1 2 3 4 5		Unsatisfactory	< 10 points

Escuchar Audio

Estrategia
Recognizing genre/
Taking notes as you listen

If you know the genre or type of discourse you are going to encounter, you can use your background knowledge to write down a few notes about what you expect to hear. You can then make additions and changes to your notes as you listen.

To practice these strategies, you will now listen to a short toothpaste commercial. Before listening to the commercial, write down the information you expect it to contain. Then update your notes as you listen.

Preparación

Basándote en la foto, anticipa lo que vas a escuchar en el siguiente fragmento. Haz una lista y anota los diferentes tipos de información que crees que vas a oír.

Ahora escucha

Revisa la lista que hiciste para **Preparación.** Luego escucha el noticiero presentado por Sonia Hernández. Mientras escuchas, apunta los tipos de información que anticipaste y los que no anticipaste.

Tipos de información que anticipaste
1. Answers will vary.
2. _____
3. _____

Tipos de información que no anticipaste
1. Answers will vary.
2. _____
3. _____

Comprensión

Preguntas

1. ¿Dónde está Sonia Hernández?
   Está en una estación de televisión en Montevideo, Uruguay.

2. ¿Quién es Jaime Pantufla?
   Es un candidato presidencial.

3. ¿Dónde hubo una tormenta?
   Hubo una tormenta en las Filipinas.

4. ¿Qué tipo de música toca el grupo Dictadura de Metal?
   Toca música rock.

5. ¿Qué tipo de artista es Ugo Nespolo?
   Es un pintor.

6. Además de lo que Sonia menciona, ¿de qué piensas que va a hablar en la próxima sección del programa?
   Answers will vary.

Ahora ustedes

En parejas, usen la presentación de Sonia Hernández como modelo para escribir un breve noticiero para la comunidad donde viven. Incluyan noticias locales, nacionales e internacionales. Luego compartan el papel de locutor(a) y presenten el noticiero a la clase. Pueden grabar el noticiero si quieren. Answers will vary.

Practice more at vhlcentral.com.

 recursos vText vhlcentral

las Filipinas ha causado desastrosas inundaciones. Reportan que aproximadamente 12.000 personas han perdido sus casas y sus bienes. Las inundaciones también han traído gran peligro de enfermedades. Seguimos con los más importantes acontecimientos de arte y cultura. Pasado mañana, el conocido grupo de rock, Dictadura de Metal, presentará un concierto en

el estacionamiento del Centro Comercial Portones en Montevideo. Hoy comienza la nueva exposición de las obras del pintor Ugo Nespolo en el Museo Nacional de Artes Visuales de Montevideo. Regresamos después de unas breves noticias con el pronóstico del tiempo de Montevideo y sus alrededores.

Section Goals

In **En pantalla**, students will:
- read about voting regulations and practices
- watch a Mexican public service announcement

 Communication 1.1, 1.2, 1.3
Cultures 2.1
Connections 3.1, 3.2
Comparisons 4.2
Communities 5.1

Student Resources
Supersite: *En pantalla* video, Activities

Teacher Resources
Transcript & Translation

 TELL Connection

Environment 1
Why and *What:* This learning sequence gives the tool of Spanish for personal, lifetime expression.

Tu rock es votar Check comprehension with these true/false statements.
1. México estuvo gobernado por un solo partido durante casi veinte años. (Falso. Estuvo gobernado por un solo partido durante más de setenta años.)
2. Hubo cinco candidatos a las elecciones de 2006. (Cierto.)
3. En los países hispanos generalmente hay 5 o 6 candidatos a la presidencia. (Cierto.)

Pre-AP*

Audiovisual Interpretive Communication
Antes de ver **Strategy**
The announcement features Mexican celebrities, like **Cecilia Suárez** (actress), **Montserrat Oliver** (actress/model), and **Meme** (member of the band **Café Tacuba**).

Conversación Ask a few questions to initiate a class discussion. Ex: **¿El anuncio tendría el mismo efecto si las personas no fueran famosas? ¿Por qué? ¿Qué significa para ti el eslógan "tu rock es votar"?**

 Video: TV Clip

Anuncio sobre elecciones

A ti no te gustaría que te dijeran...

Preparación

Contesta las preguntas. Después, comparte tus respuestas con un(a) compañero/a. Answers will vary.
1. ¿Cuáles son las posiciones del liderazgo (*leadership*) estudiantil en tu escuela?
2. ¿Cómo eligen en tu escuela a los líderes estudiantiles?
3. ¿Para qué sirven las posiciones de liderazgo en una escuela? ¿Y para qué sirven en un país?

Tu rock es votar

Este anuncio forma parte de una campaña para motivar a los jóvenes a participar en las elecciones de 2006 en México. Estas elecciones fueron unas de las más reñidas de su historia; apenas las segundas elecciones después de más de setenta años de un gobierno federal encabezado° por un solo partido. Los votantes mexicanos, cada vez más involucrados y mejor informados, tuvieron que decidir entre los cinco candidatos contendientes, cuatro hombres y una mujer. A diferencia de los Estados Unidos, en México, como en muchos países de Latinoamérica, es muy común que haya cinco, seis o más candidatos a la presidencia.

encabezado *led*

Vocabulario útil

andar	to go out with (Mex.)
cállate	be quiet
campaña	campaign
concientizar	to raise awareness
mitad	half
reñidas	hard-fought
te quejas	you complain

Comprensión

Contesta las preguntas según el video.
1. ¿Qué no les gusta a los jóvenes que los demás les digan?
   1. Con quién tienen que andar, cuál disco van a comprar o qué se van a poner.
2. ¿Qué les están dejando los jóvenes a los demás para que decidan por ellos? 2. Sus decisiones personales y las cosas que afectan su vida.
3. ¿Cuántos jóvenes hay en México? ¿Qué proporción de los votos representan los jóvenes mexicanos?
   3. En México hay 52 millones de jóvenes, y representan la mitad de los votos.

Conversación

Con un(a) compañero/a, identifiquen los tres problemas sociales o políticos más importantes hoy en el mundo, y propongan posibles soluciones. Discútanlas con la clase.
Answers will vary.

Aplicación

En pequeños grupos, creen un anuncio para su escuela o comunidad sobre un problema social o político que les preocupe. No se olviden de decir específicamente lo que quieren que hagan las personas que escuchan el anuncio. Presenten el anuncio a la clase o hagan un video para compartir el mensaje con la comunidad. Answers will vary.

 Practice more at vhlcentral.com.

recursos
vText   vhlcentral

TEACHING OPTIONS

Large Groups Divide the class into two groups. Hold a debate about whether voting should be mandatory or not. One group should present three reasons why mandatory voting is necessary, and the other group should debate these points, giving reasons for their opinions. You may want to brainstorm a list of useful vocabulary and phrases on the board for students to use in their arguments.

DIFFERENTIATION

Heritage Speakers Have heritage speakers provide two comparisons to the work of the class as a whole. First, identify what they consider to be the top social or political problems in their culture of origin. When and if they differ from what the class identified, why is that so? Second, identify the celebrities that get the attention of listeners or viewers. How can or do they invite others to take action on specific issues?

Video:
Flash cultura

A principios del siglo XX, menos de 5.000 puertorriqueños vivían en Nueva York. Para el 2010 eran casi 725.000. Además de Nueva York, ciudades como Chicago, Philadelphia, Newark y Providence tienen grandes comunidades puertorriqueñas. Ahora son un poco más de 4.100.000 los que viven en todos los estados, principalmente en el noreste° del país y en el centro de Florida. Los boricuas° en los EE.UU. han creado nuevas manifestaciones de su cultura, como la música salsa en la ciudad de Nueva York y los multitudinarios° desfiles° que se realizan cada año en todo el país, una gran muestra del orgullo° y la identidad de los puertorriqueños.

Vocabulario útil

la estadidad	statehood
la patria	homeland
las relaciones exteriores	foreign policy
la soberanía	sovereignty

Preparación

¿Qué sabes de Puerto Rico? ¿Sabes qué territorios estadounidenses tienen un estatus especial? ¿En qué se diferencian de un estado normal? Answers will vary.

¿Cierto o falso?

Indica si las oraciones son **ciertas** o **falsas**.

1. Los puertorriqueños sirven en el ejército de los EE.UU. Cierto.

2. Puerto Rico es territorio de los EE.UU., pero el congreso estadounidense no tiene autoridad en la isla. Falso. El Congreso de los EE.UU. tiene autoridad en la isla.

3. En Puerto Rico se usa la misma moneda que en los EE.UU. Cierto.

4. En la isla se pagan sólo impuestos locales. Cierto.

5. El comercio de la isla está a cargo del gobernador de Puerto Rico. Falso. El comercio está a cargo del gobierno federal de los EE.UU.

6. La mayoría de los puertorriqueños quieren que la isla sea una nación independiente. Falso. Muchos también quieren que sea un estado de los EE.UU. o que permanezca como estado libre asociado.

noreste *northeast* boricuas *people from Puerto Rico* multitudinarios *with mass participation* desfiles *parades* orgullo *pride*

Puerto Rico: ¿nación o estado?

Cuando estás aquí no sabes si estás en un país latinoamericano o si estás en los EE.UU.

... todo lo relacionado a la defensa, las relaciones exteriores [...] está a cargo del gobierno federal de los EE.UU.

—¿Cuál es su preferencia política?
—Yo quiero la estadidad...

recursos

Practice more at vhlcentral.com.

vText

CA
pp. 105–106

vhlcentral

Section Goals

In **Flash cultura**, students will:
• read about the Puerto Rican population in the U.S.
• watch a video about politics in Puerto Rico

Cultures 2.1, 2.2
Comparisons 4.2

Student Resources
Cuaderno de actividades comunicativas, pp. 105–106
Supersite: *Flash cultura* video, *eCuaderno*

Teacher Resources
Workbook TE; Video Script & Translation

Introduction

• To check comprehension, give students these true/false statements: **1. La población puertorriqueña en los EE.UU. se concentra en las áreas metropolitanas del noreste del país. (Cierto.) 2. Hace aproximadamente 100 años, vivían más puertorriqueños en los EE.UU. que ahora. (Falso. Antes había 5.000 en Nueva York y ahora hay 725.000.) 3. Casi un cuarto de los puertorriqueños en los EE.UU. viven en la ciudad de Nueva York. (Cierto.) 4. Los puertorriqueños también se conocen como multitudinarios. (Falso. También se conocen como boricuas.) 5. La influencia puertorriqueña en Nueva York se nota en la música. (Cierto.)**

Antes de ver

• Read through the **Vocabulario útil** and model pronunciation.
• As they watch, tell students to rely on visual cues and to listen for cognates and words from **Vocabulario útil**.

Preparación Have volunteers define these words: *commonwealth, territory, state,* and *associated state.*

¿Cierto o falso? Before students watch the video, have them read through the statements and predict the answers.

TEACHING OPTIONS

Large Groups Divide the class into three groups to stage a debate about the status of Puerto Rico's statehood. Each group should select a different viewpoint to research (pro-statehood, pro-commonwealth, or pro-independence) as homework and then present their position during the debate in class.
Worth Noting Puerto Ricans living on the island do not have legislative power over issues controlled by the federal government,

TEACHING OPTIONS

such as citizenship, currency, and foreign affairs. Despite the plebiscites that have attempted to resolve the island's political status, no changes have been made. The pro-statehood party, **Partido Nuevo Progresista (PNP)** and the pro-commonwealth party, **Partido Popular Democrático (PPD)** enjoy equal levels of support. The pro-independence party, **Partido Independentista Puertorriqueño (PIP)**, typically gets few electoral votes.

Paraguay

Video: *Panorama cultural*
Interactive Map

El país en cifras

▸ **Área:** 406.750 km² (157.046 millas²), *el tamaño° de California*
▸ **Población:** 6.703.000
▸ **Capital:** Asunción—2.139.000
▸ **Ciudades principales:** Ciudad del Este, San Lorenzo, Lambaré, Fernando de la Mora
▸ **Moneda:** guaraní
▸ **Idiomas:** español (oficial), guaraní (oficial)

Las tribus indígenas que habitaban la zona antes de la llegada de los españoles hablaban guaraní. Ahora el 90 por ciento de los paraguayos habla esta lengua, que se usa con frecuencia en canciones, poemas, periódicos y libros. Varios institutos y asociaciones, como el Teatro Guaraní, se dedican a preservar la cultura y la lengua guaraníes.

Bandera de Paraguay

Paraguayos célebres

▸ **Agustín Barrios,** guitarrista y compositor (1885–1944)
▸ **Josefina Plá,** escritora y ceramista (1903–1999)
▸ **Augusto Roa Bastos,** escritor (1917–2005)
▸ **Olga Blinder,** pintora (1921–2008)
▸ **Berta Rojas,** guitarrista (1966–)

tamaño *size*   multara *fined*

recursos
vText
CA pp. 85–86
CP p. 101
vhlcentral

BOLIVIA

ESTADOS UNIDOS
OCÉANO PACÍFICO
OCÉANO ATLÁNTICO
AMÉRICA DEL SUR
PARAGUAY

Paraguayo con alfombras típicas del país

BRASIL

Río Negro
Concepción
Río Par
San Lorenzo
Río Paraguay
ARGENTINA
Asunción
Fernando de la Mora
Ciudad del Est
Río Igua
Agricultor indígena de la tribu maca
Lambaré
Cordillera de Caaguazú
Río Tebicuary
Río Paraná

Itapúa

¡Increíble pero cierto!

¿Te imaginas qué pasaría si el gobierno multara° a los ciudadanos que no van a votar? En Paraguay, es una obligación. Ésta es una ley nacional, que otros países también tienen, para obligar a los ciudadanos a participar en las elecciones. En Paraguay los ciudadanos que no van a votar tienen que pagar una multa al gobierno.

Artesanía • El ñandutí

La artesanía más famosa de Paraguay se llama ñandutí y es un encaje° hecho a mano originario de Itauguá. En guaraní, la palabra ñandutí significa telaraña° y esta pieza recibe ese nombre porque imita el trazado° que crean los arácnidos. Estos encajes suelen ser° blancos, pero también los hay de colores, con formas geométricas o florales.

Ciencias • La represa Itaipú

La represa° Itaipú es una instalación hidroeléctrica que se encuentra en la frontera entre Paraguay y Brasil. Su construcción inició en 1974 y duró 8 años. La cantidad de concreto que se utilizó durante los primeros cinco años de esta obra fue similar a la que se necesita para construir un edificio de 350 pisos. Cien mil trabajadores paraguayos participaron en el proyecto. En 1984 se puso en funcionamiento la Central Hidroeléctrica de Itaipú y gracias a su cercanía con las famosas cataratas del Iguazú, muchos turistas la visitan diariamente.

Naturaleza • Los ríos Paraguay y Paraná

Los ríos Paraguay y Paraná sirven de frontera natural entre Argentina y Paraguay, y son las principales rutas de transporte de este último país. El Paraná tiene unos 3.200 kilómetros navegables y por esta ruta pasan barcos de más de 5.000 toneladas, los cuales viajan desde el estuario° del Río de la Plata hasta la ciudad de Asunción. El río Paraguay divide el Gran Chaco de la meseta° Paraná, donde vive la mayoría de los paraguayos.

¿Qué aprendiste? Contesta cada pregunta con una oración completa.

1. ¿Quién fue Augusto Roa Bastos?
   Augusto Roa Bastos fue un escritor paraguayo.
2. ¿Cómo se llama la moneda de Paraguay?
   La moneda de Paraguay se llama guaraní.
3. ¿Qué es el ñandutí?
   El ñandutí es un tipo de encaje.
4. ¿De dónde es originario el ñandutí?
   El ñandutí es originario de Itauguá.
5. ¿Qué forma imita el ñandutí?
   Imita la forma de una telaraña.
6. En total, ¿cuántos años tomó la construcción de la represa Itaipú?
   La construcción de la represa Itaipú tomó 11 años.
7. ¿A cuántos paraguayos dio trabajo la construcción de la represa?
   La construcción de la represa dio trabajo a 100.000 paraguayos.
8. ¿Qué países separan los ríos Paraguay y Paraná? Los ríos Paraguay y Paraná
   separan Argentina y Paraguay.
9. ¿Qué distancia se puede navegar por el Paraná?
   Se pueden navegar 3.200 kilómetros.

Conexión Internet Investiga estos temas en **vhlcentral.com**.

1. Busca información sobre Alfredo Stroessner, el ex presidente de Paraguay. ¿Por qué se le considera un dictador?
2. Busca información sobre la historia de Paraguay. En tu opinión, ¿cuáles fueron los episodios decisivos en su historia?

Practice more at
vhlcentral.com.

encaje *lace* telaraña *spiderweb* trazado *outline; design* suelen ser *are usually* represa *dam* estuario *estuary* meseta *plateau*

EXPANSION

Worth Noting Paraguay has eight national parks, encompassing over 11,000 square miles. In addition, there are eight ecological reserves dedicated to the preservation of endangered flora and fauna. The rich diversity of plant and animal life, and the government's commitment to preserving these natural wonders, have made Paraguay a popular destination for ecotourists.

The parks cover a wide spectrum of ecology. The **Parque Nacional Defensores del Chaco** and **Parque Nacional Teniente Enciso** are located in the semi-arid **Chaco**. Other parks, like **Parque Nacional Caaguazú** southeast of Asunción, are covered with subtropical rainforest.

Uruguay

Video: *Panorama cultural*
Interactive Map

Gaucho uruguayo

El país en cifras

▶ **Área:** 176.220 km² (68.039 millas²), el tamaño° del estado de Washington
▶ **Población:** 3.332.000
▶ **Capital:** Montevideo—1.672.000
  Casi la mitad° de la población de Uruguay vive en Montevideo. Situada en la desembocadura° del famoso Río de la Plata, esta ciudad cosmopolita e intelectual es también un destino popular para las vacaciones, debido a sus numerosas playas de arena° blanca que se extienden hasta la ciudad de Punta del Este.
▶ **Ciudades principales:**
  Salto, Paysandú, Las Piedras, Rivera
▶ **Moneda:** peso uruguayo
▶ **Idiomas:** español (oficial)

Bandera de Uruguay

Uruguayos célebres
▶ **Horacio Quiroga,** escritor (1878–1937)
▶ **Juana de Ibarbourou,** escritora (1892–1979)
▶ **Mario Benedetti,** escritor (1920–2009)
▶ **Cristina Peri Rossi,** escritora y profesora (1941–)
▶ **Jorge Drexler,** cantante y compositor (1964–)

tamaño *size* mitad *half* desembocadura *mouth* arena *sand*
avestruz *ostrich* no voladora *flightless* medir *measure* cotizado *valued*

Entrada a la Ciudad Vieja, Colonia del Sacramento

recursos
vText | CA pp. 87–88 | CP p. 102 | vhlcentral

¡Increíble pero cierto!

En Uruguay hay muchos animales interesantes, entre ellos el ñandú. De la misma familia del avestruz°, el ñandú es el ave no voladora° más grande del hemisferio occidental. Puede llegar a medir° dos metros. Normalmente, van en grupos de veinte o treinta y viven en el campo. Son muy cotizados° por su carne, sus plumas y sus huevos.

Costumbres • La carne y el mate

En Uruguay y Argentina, la carne es un elemento esencial de la dieta diaria. Algunos platillos representativos de estas naciones son el asado°, la parrillada° y el chivito°. El mate, una infusión similar al té, también es típico de esta región. Esta bebida de origen indígena está muy presente en la vida social y familiar de estos países aunque, curiosamente, no se puede consumir en bares o restaurantes.

Deportes • El fútbol

El fútbol es el deporte nacional de Uruguay. El primer equipo de balompié uruguayo se formó en 1891 y, en 1930, el país suramericano fue la sede° de la primera Copa Mundial de esta disciplina. El equipo nacional ha conseguido grandes éxitos a lo largo de los años: dos campeonatos olímpicos, en 1923 y 1928, y dos campeonatos mundiales, en 1930 y 1950. De hecho, Uruguay y Argentina han presentado su candidatura binacional para que la Copa Mundial de Fútbol de 2030 se celebre en sus países.

Costumbres • El Carnaval

El Carnaval de Montevideo es el de mayor duración en el mundo. A lo largo de 40 días, los uruguayos disfrutan de los desfiles° y la música que inundan las calles de su capital. La celebración más conocida es el Desfile de Llamadas, en el que participan bailarines al ritmo del candombe, una danza de tradición africana.

Edificio del Parlamento en Montevideo

¿Qué aprendiste? Contesta cada pregunta con una oración completa.

1. ¿Qué tienen en común cuatro de los uruguayos célebres mencionados en la página anterior (*previous*)?
Son escritores.
2. ¿Cuál es el elemento esencial de la dieta uruguaya?
La carne es esencial en la dieta uruguaya.
3. ¿En qué países es importante la producción ganadera?
La producción ganadera es importante en Uruguay y Argentina.
4. ¿Qué es el mate?
El mate es una bebida indígena que es similar al té.
5. ¿Cuándo se formó el primer equipo uruguayo de fútbol?
En 1891 se formó el primer equipo de fútbol uruguayo.
6. ¿Cuándo se celebró la primera Copa Mundial de fútbol?
La primera Copa Mundial se celebró en 1930.
7. ¿Cómo se llama la celebración más conocida del Carnaval de Montevideo?
La celebración más conocida del Carnaval de Montevideo se llama el Desfile de Llamadas.
8. ¿Cuántos días dura el Carnaval de Montevideo?
El Carnaval de Montevideo dura unos cuarenta días.

Conexión Internet Investiga estos temas en **vhlcentral.com**.

1. Uruguay es conocido como un país de muchos escritores. Busca información sobre uno de ellos y escribe una biografía.
2. Investiga cuáles son las comidas y bebidas favoritas de los uruguayos. Descríbelas e indica cuáles te gustaría probar y por qué.

Practice more at
vhlcentral.com.

asado *barbecued beef* parrillada *barbecue* chivito *goat in Argentina; steak sandwich in Uruguay* sede *site* desfiles *parades*

La carne y el mate
Uruguay's national dishes are **parrillada** and **chivito**. **Parrillada** consists of different cuts of meat and offal cooked on a grill or open fire. Sometimes it includes **pamplona**, meat rolled and stuffed with ham, cheese, and peppers. A **chivito** is a sandwich made with thinly sliced filet mignon, tomatoes, mozzarella, olives, and mayonnaise. In Argentina, **chivito** is grilled goat meat.

El fútbol Uruguayan women have begun to make their mark in soccer. Although the International Federation of Football Association (FIFA) established a women's league in 1982, it was not until 1985 that the first women's league—from Brazil—was formally established. The women's league of Uruguay was formed in 1996 and now participates in international soccer play.

El Carnaval Along with the rest of Latin America, Uruguay participated in the slave trade during the colonial period. African-influenced **candombe** music is popular with Uruguayans from all sectors of society.

Conexión Internet Students will find supporting Internet activities and links at **vhlcentral.com**.

21st Century Skills

Information and Media Literacy
Students access and critically evaluate information from the Internet.

Teaching Tip You may want to wrap up this section by playing the *Panorama cultural* video footage for this lesson.

Cultural Note Uruguay is similar to its larger, more powerful neighbor, Argentina, in many ways: Uruguayans also love the **tango** and **yerba mate**, many play the Argentine card game **truco**, and most are devoted carnivores. Historically, raising cattle, the culture of the **gaucho**, and the great cattle ranches called **estancias** have been important elements in the Uruguayan culture. Another, less pleasant, similarity was in the Dirty War

(**Guerra sucia**) waged by an Uruguayan military dictatorship against domestic dissidents during the 1970s and 80s. In 1984 the military allowed the election of a civilian government. Today, presidential and parliamentary elections are held every five years. Uruguay has a multi-party system in which three political parties dominate.

Student Resources
Cuaderno de actividades comunicativas, p. 158
Supersite: Activities, *eCuaderno*

Teacher Resources
Workbook TE; Textbook and Testing Audio MP3s; Testing Audio Script; Testing Program Tests

Successful Language Learning Tell students that they may want to review all the end-of-lesson vocabulary lists at this time. Tell them to imagine how they would use each lesson's vocabulary in everyday life.

The Affective Dimension
Tell students to consider their feelings about speaking Spanish at the beginning of the year and think about how they feel about speaking Spanish now. Tell them that this is a good time to consider their motivations and set new goals as they continue learning the language.

21st Century Skills

Creativity and Innovation
Ask students to prepare a list of the three products or perspectives they learned about in this lesson to share with the class. You may ask them to focus specifically on the **Cultura** and **Panorama** sections.

21st Century Skills

Leadership and Responsibility Extension Project
As a class, have students decide on three questions they want to ask the partner class related to the topic of the lesson they have just completed. Based on the responses they receive, work as a class to explain to the Spanish-speaking partners one aspect of their responses that surprised the class and why.

 My Vocabulary

Los medios de comunicación

el acontecimiento	event
las actualidades	news; current events
el artículo	article
el diario	newspaper
el informe	report
el/la locutor(a)	(TV or radio) announcer
los medios de comunicación	media; means of communication
las noticias	news
el noticiero	newscast
la prensa	press
el reportaje	report
anunciar	to announce; to advertise
comunicarse (con)	to communicate (with)
durar	to last
informar	to inform
transmitir, emitir	to broadcast
(inter)nacional	(inter)national
peligroso/a	dangerous

Las noticias

el choque	collision
el crimen	crime; murder
el desastre (natural)	(natural) disaster
el desempleo	unemployment
la (des)igualdad	(in)equality
la discriminación	discrimination
el ejército	army
la guerra	war
la huelga	strike
el huracán	hurricane
el incendio	fire
la inundación	flood
la libertad	liberty; freedom
la paz	peace
el racismo	racism
el sexismo	sexism
el SIDA	AIDS
el/la soldado	soldier
el terremoto	earthquake
la tormenta	storm
el tornado	tornado
la violencia	violence

La política

el/la candidato/a	candidate
el/la ciudadano/a	citizen
el deber	responsibility; obligation
los derechos	rights
la dictadura	dictatorship
el discurso	speech
las elecciones	election
la encuesta	poll; survey
el impuesto	tax
la política	politics
el/la representante	representative
declarar	to declare
elegir (e:i)	to elect
luchar (por/contra)	to fight; to struggle (for/against)
obedecer	to obey
votar	to vote
político/a	political

Expresiones útiles	*See page 301.*

recursos

vText | CA p. 158 | vhlcentral

Glossary of Grammatical Terms

ADJECTIVE A word that modifies, or describes, a noun or pronoun.

muchos libros
many books

un hombre **rico**
a rich man

las mujeres **altas**
the **tall** women

Demonstrative adjective An adjective that specifies which noun a speaker is referring to.

esta fiesta
this party

ese chico
that boy

aquellas flores
those flowers

Possessive adjective An adjective that indicates ownership or possession.

mi mejor vestido
my best dress

Éste es **mi** hermano.
This is my brother.

Stressed possessive adjective A possessive adjective that emphasizes the owner or possessor.

Es un libro **mío.**
It's my book./It's a book of mine.

Es amiga **tuya;** yo no la conozco.
She's a friend of yours; I don't know her.

ADVERB A word that modifies, or describes, a verb, adjective, or other adverb.

Pancho escribe **rápidamente.**
Pancho writes quickly.

Este cuadro es **muy** bonito.
This picture is very pretty.

ARTICLE A word that points out a noun in either a specific or a non-specific way.

Definite article An article that points out a noun in a specific way.

el libro
the book

la maleta
the suitcase

los diccionarios
the dictionaries

las palabras
the words

Indefinite article An article that points out a noun in a general, non-specific way.

un lápiz
a pencil

una computadora
a computer

unos pájaros
some birds

unas escuelas
some schools

CLAUSE A group of words that contains both a conjugated verb and a subject, either expressed or implied.

Main (or Independent) clause A clause that can stand alone as a complete sentence.

Pienso ir a cenar pronto.
I plan to go to dinner soon.

Subordinate (or Dependent) clause A clause that does not express a complete thought and therefore cannot stand alone as a sentence.

Trabajo en la cafetería **porque necesito dinero para la escuela.**
I work in the cafeteria because I need money for school.

COMPARATIVE A construction used with an adjective or adverb to express a comparison between two people, places, or things.

Este programa es **más interesante que** el otro.
This program is more interesting than the other one.

Tomás no es **tan alto como** Alberto.
Tomás is not as tall as Alberto.

CONJUGATION A set of the forms of a verb for a specific tense or mood or the process by which these verb forms are presented.

Preterite conjugation of **cantar:**

canté	cantamos
cantaste	cantasteis
cantó	cantaron

CONJUNCTION A word used to connect words, clauses, or phrases.

Susana es de Cuba **y** Pedro es de España.
Susana is from Cuba and Pedro is from Spain.

No quiero estudiar, **pero** tengo que hacerlo.
I don't want to study, but I have to.

CONTRACTION The joining of two words into one. The only contractions in Spanish are **al** and **del**.

Mi hermano fue **al** concierto ayer.
*My brother went **to the** concert yesterday.*

Saqué dinero **del** banco.
*I took money **from the** bank.*

DIRECT OBJECT A noun or pronoun that directly receives the action of the verb.

Tomás lee **el libro.**   **La** pagó ayer.
*Tomás reads **the book.*** *She paid **it** yesterday.*

GENDER The grammatical categorizing of certain kinds of words, such as nouns and pronouns, as masculine, feminine, or neuter.

Masculine
articles el, un
pronouns él, lo, mío, éste, ése, aquél
adjective simpático

Feminine
articles la, una
pronouns ella, la, mía, ésta, ésa, aquélla
adjective simpática

IMPERSONAL EXPRESSION A third-person expression with no expressed or specific subject.

Es muy importante.   **Llueve** mucho.
It's very important.   *It's raining hard.*

Aquí **se habla** español.
*Spanish **is spoken** here.*

INDIRECT OBJECT A noun or pronoun that receives the action of the verb indirectly; the object, often a living being, to or for whom an action is performed.

Eduardo **le** dio un libro **a Linda.**
*Eduardo gave a book **to Linda.***

La profesora **me** dio una C en el examen.
*The professor gave **me** a C on the test.*

INFINITIVE The basic form of a verb. Infinitives in Spanish end in -ar, -er, or -ir.

hablar   correr   abrir
to speak   *to run*   *to open*

INTERROGATIVE An adjective or pronoun used to ask a question.

¿Quién habla?   **¿Cuántos** compraste?
Who is speaking?   *How many did you buy?*

¿Qué piensas hacer hoy?
What do you plan to do today?

INVERSION Changing the word order of a sentence, often to form a question.

Statement: Elena pagó la cuenta del restaurante.

Inversion: ¿Pagó Elena la cuenta del restaurante?

MOOD A grammatical distinction of verbs that indicates whether the verb is intended to make a statement or command or to express a doubt, emotion, or condition contrary to fact.

Imperative mood Verb forms used to make commands.

Di la verdad.   **Caminen** ustedes conmigo.
Tell the truth.   *Walk with me.*

¡Comamos ahora!
Let's eat now!

Indicative mood Verb forms used to state facts, actions, and states considered to be real.

Sé que **tienes** el dinero.
*I know that **you have** the money.*

Subjunctive mood Verb forms used principally in subordinate (dependent) clauses to express wishes, desires, emotions, doubts, and certain conditions, such as contrary-to-fact situations.

Prefieren que **hables** en español.
*They prefer that **you speak** in Spanish.*

Dudo que Luis **tenga** el dinero necesario.
*I doubt that Luis **has** the necessary money.*

NOUN A word that identifies people, animals, places, things, and ideas.

hombre   gato
man   *cat*

México   casa
Mexico   *house*

libertad   libro
freedom   *book*

NUMBER   A grammatical term that refers to singular or plural. Nouns in Spanish and English have number. Other parts of a sentence, such as adjectives, articles, and verbs, can also have number.

Singular	Plural
una cosa	**unas** cosas
a thing	*some things*
el profesor	**los** profesores
the professor	*the professors*

NUMBERS   Words that represent amounts.

Cardinal numbers   Words that show specific amounts.

cinco minutos
five minutes

el año **dos mil siete**
the year 2007

Ordinal numbers   Words that indicate the order of a noun in a series.

el **cuarto** jugador	la **décima** hora
the fourth player	*the tenth hour*

PAST PARTICIPLE   A past form of the verb used in compound tenses. The past participle may also be used as an adjective, but it must then agree in number and gender with the word it modifies.

Han **buscado** por todas partes.
They have searched everywhere.

Yo no había **estudiado** para el examen.
I hadn't studied for the exam.

Hay una **ventana abierta** en la sala.
There is an open window in the living room.

PERSON   The form of the verb or pronoun that indicates the speaker, the one spoken to, or the one spoken about. In Spanish, as in English, there are three persons: first, second, and third.

Person	Singular		Plural	
1st	yo	*I*	nosotros/as	*we*
2nd	tú, Ud.	*you*	vosotros/as, Uds.	*you*
3rd	él, ella	*he, she*	ellos, ellas	*they*

PREPOSITION   A word or words that describe(s) the relationship, most often in time or space, between two other words.

Anita es **de** California.
Anita is from California.

La chaqueta está **en** el carro.
The jacket is in the car.

Marta se peinó **antes de** salir.
Marta combed her hair before going out.

PRESENT PARTICIPLE   In English, a verb form that ends in *-ing*. In Spanish, the present participle ends in **-ndo**, and is often used with **estar** to form a progressive tense.

Mi hermana está **hablando** por teléfono ahora mismo.
My sister is talking on the phone right now.

PRONOUN   A word that takes the place of a noun or nouns.

Demonstrative pronoun   A pronoun that takes the place of a specific noun.

Quiero **ésta**.
I want this one.

¿Vas a comprar **ése**?
Are you going to buy that one?

Juan prefirió **aquéllos**.
Juan preferred those (over there).

Object pronoun   A pronoun that functions as a direct or indirect object of the verb.

Te digo la verdad.
I'm telling you the truth.

Me lo trajo Juan.
Juan brought it to me.

Reflexive pronoun   A pronoun that indicates that the action of a verb is performed by the subject on itself. These pronouns are often expressed in English with *-self: myself, yourself,* etc.

Yo **me** bañé antes de salir.
I bathed (myself) before going out.

Elena **se acostó** a las once y media.
Elena went to bed at eleven-thirty.

Relative pronoun A pronoun that connects a subordinate clause to a main clause.

El chico **que** nos escribió viene a visitar mañana.
*The boy **who** wrote us is coming to visit tomorrow.*

Ya sé **lo que** tenemos que hacer.
*I already know **what** we have to do.*

Subject pronoun A pronoun that replaces the name or title of a person or thing, and acts as the subject of a verb.

Tú debes estudiar más.
***You** should study more.*

Él llegó primero.
***He** arrived first.*

SUBJECT A noun or pronoun that performs the action of a verb and is often implied by the verb.

María va al supermercado.
***María** goes to the supermarket.*

(Ellos) Trabajan mucho.
***They** work hard.*

Esos **libros** son muy caros.
*Those **books** are very expensive.*

SUPERLATIVE A word or construction used with an adjective or adverb to express the highest or lowest degree of a specific quality among three or more people, places, or things.

De todas mis clases, ésta es la **más interesante**.
*Of all my classes, this is the **most interesting**.*

Raúl es el **menos simpático** de los chicos.
*Raúl is the **least pleasant** of the boys.*

TENSE A set of verb forms that indicates the time of an action or state: past, present, or future.

Compound tense A two-word tense made up of an auxiliary verb and a present or past participle. In Spanish, there are two auxiliary verbs: **estar** and **haber**.

En este momento, **estoy estudiando**.
*At this time, **I am studying**.*

El paquete no **ha llegado** todavía.
*The package **has not arrived** yet.*

Simple tense A tense expressed by a single verb form.

María **estaba** mal anoche.
*María **was** ill last night.*

Juana **hablará** con su mamá mañana.
*Juana **will** speak with her mom tomorrow.*

VERB A word that expresses actions or states-of-being.

Auxiliary verb A verb used with a present or past participle to form a compound tense. **Haber** is the most commonly used auxiliary verb in Spanish.

Los chicos **han** visto los elefantes.
*The children **have** seen the elephants.*

Espero que **hayas** comido.
*I hope you **have** eaten.*

Reflexive verb A verb that describes an action performed by the subject on itself and is always used with a reflexive pronoun.

Me compré un carro nuevo.
*I **bought myself** a new car.*

Pedro y Adela **se levantan** muy temprano.
*Pedro and Adela **get (themselves) up** very early.*

Spelling change verb A verb that undergoes a predictable change in spelling, in order to reflect its actual pronunciation in the various conjugations.

practicar	c→qu	practico	practiqué
dirigir	g→j	dirigí	dirijo
almorzar	z→c	almorzó	almorcé

Stem-changing verb A verb whose stem vowel undergoes one or more predictable changes in the various conjugations.

entender (i:ie)	entiendo
pedir (e:i)	piden
dormir (o:ue, u)	duermo, durmieron

Verb Conjugation Tables

The verb lists

The list of verbs below and the model-verb tables that start on page 334 show you how to conjugate every verb taught in **DESCUBRE**. Each verb in the list is followed by a model verb conjugated according to the same pattern. The number in parentheses indicates where in the verb tables you can find the conjugated forms of the model verb. If you want to find out how to conjugate **divertirse**, for example, look up number 33, **sentir**, the model for verbs that follow the **e:ie** stem-change pattern.

How to use the verb tables

In the tables you will find the infinitive, present and past participles, and all the simple forms of each model verb. The formation of the compound tenses of any verb can be inferred from the table of compound tenses, pages 334–335, either by combining the past participle of the verb with a conjugated form of **haber** or by combining the present participle with a conjugated form of **estar**.

abrazar (z:c) like cruzar (37)

abrir like vivir (3) *except* past participle is abierto

aburrir(se) like vivir (3)

acabar de like hablar (1)

acampar like hablar (1)

acompañar like hablar (1)

aconsejar like hablar (1)

acordarse (o:ue) like contar (24)

acostarse (o:ue) like contar (24)

adelgazar (z:c) like cruzar (37)

afeitarse like hablar (1)

ahorrar like hablar (1)

alegrarse like hablar (1)

aliviar like hablar (1)

almorzar (o:ue) like contar (24) *except* (z:c)

alquilar like hablar (1)

andar like hablar (1) *except* preterite stem is anduv-

anunciar like hablar (1)

apagar (g:gu) like llegar (41)

aplaudir like vivir (3)

apreciar like hablar (1)

aprender like comer (2)

apurarse like hablar (1)

arrancar (c:qu) like tocar (43)

arreglar like hablar (1)

asistir like vivir (3)

aumentar like hablar (1)

ayudar(se) like hablar (1)

bailar like hablar (1)

bajar(se) like hablar (1)

bañarse like hablar (1)

barrer like comer (2)

beber like comer (2)

besar(se) like hablar (1)

borrar like hablar (1)

brindar like hablar (1)

bucear like hablar (1)

buscar (c:qu) like tocar (43)

caber (4)

caer(se) (5)

calentarse (e:ie) like pensar (30)

calzar (z:c) like cruzar (37)

cambiar like hablar (1)

caminar like hablar (1)

cantar like hablar (1)

casarse like hablar (1)

cazar (z:c) like cruzar (37)

celebrar like hablar (1)

cenar like hablar (1)

cepillarse like hablar (1)

cerrar (e:ie) like pensar (30)

cobrar like hablar (1)

cocinar like hablar (1)

comenzar (e:ie) (z:c) like empezar (26)

comer (2)

compartir like vivir (3)

comprar like hablar (1)

comprender like comer (2)

comprometerse like comer (2)

comunicarse (c:qu) like tocar (43)

conducir (c:zc) (6)

confirmar like hablar (1)

conocer (c:zc) (35)

conseguir (e:i) (gu:g) like seguir (32)

conservar like hablar (1)

consumir like vivir (3)

contaminar like hablar (1)

contar (o:ue) (24)

controlar like hablar (1)

correr like comer (2)

costar (o:ue) like contar (24)

creer (y) (36)

cruzar (z:c) (37)

cubrir like vivir (3) *except* past participle is cubierto

cuidar like hablar (1)

cumplir like vivir (3)

dañar like hablar (1)

dar (7)

deber like comer (2)

decidir like vivir (3)

decir (e:i) (8)

declarar like hablar (1)

dejar like hablar (1)

depositar like hablar (1)

desarrollar like hablar (1)

desayunar like hablar (1)

descansar like hablar (1)

descargar like llegar (41)

describir like vivir (3) *except* past participle is descrito

descubrir like vivir (3) *except* past participle is descubierto

desear like hablar (1)

despedirse (e:i) like pedir (29)

despertarse (e:ie) like pensar (30)

destruir (y) (38)

dibujar like hablar (1)

dirigir (g:j) like vivir (3) *except* (g:j)

disfrutar like hablar (1)

divertirse (e:ie) like sentir (33)

divorciarse like hablar (1)

doblar like hablar (1)

doler (o:ue) like volver (34) *except* past participle is regular

dormir(se) (o:ue) (25)

ducharse like hablar (1)

dudar like hablar (1)

durar like hablar (1)

echar like hablar (1)

elegir (e:i) like pedir (29) *except* (g:j)

emitir like vivir (3)

empezar (e:ie) (z:c) (26)

enamorarse like hablar (1)

encantar like hablar (1)

encontrar(se) (o:ue) like contar (24)

enfermarse like hablar (1)

engordar like hablar (1)

enojarse like hablar (1)

enseñar like hablar (1)

ensuciar like hablar (1)

entender (e:ie) (27)

entrenarse like hablar (1)

entrevistar like hablar (1)

enviar (envío) (39)

escalar like hablar (1)

escoger (g:j) like proteger (42)

escribir like vivir (3) *except* past participle is escrito

escuchar like hablar (1)

esculpir like vivir (3)

esperar like hablar (1)

esquiar (esquío) like enviar (39)

establecer (c:zc) like conocer (35)

estacionar like hablar (1)

estar (9)

estornudar like hablar (1)

estudiar like hablar (1)

evitar like hablar (1)

explicar (c:qu) like tocar (43)

explorar like hablar (1)

faltar like hablar (1)

fascinar like hablar (1)

firmar like hablar (1)

fumar like hablar (1)

funcionar like hablar (1)

ganar like hablar (1)

gastar like hablar (1)

grabar like hablar (1)

graduarse (gradúo) (40)

guardar like hablar (1)

gustar like hablar (1)

haber (hay) (10)

hablar (1)

hacer (11)

importar like hablar (1)

imprimir like vivir (3)

informar like hablar (1)

insistir like vivir (3)

interesar like hablar (1)

invertir (e:ie) like sentir (33)

invitar like hablar (1)

ir(se) (12)

jubilarse like hablar (1)

jugar (u:ue) (g:gu) (28)

lastimarse like hablar (1)

lavar(se) like hablar (1)

leer (y) like creer (36)

levantar(se) like hablar (1)

limpiar like hablar (1)

llamar(se) like hablar (1)

llegar (g:gu) (41)

llenar like hablar (1)

llevar(se) like hablar (1)

llover (o:ue) like volver (34) *except* past participle is regular

luchar like hablar (1)

mandar like hablar (1)

manejar like hablar (1)

mantener(se) (e:ie) like tener (20)

maquillarse like hablar (1)

mejorar like hablar (1)

merendar (e:ie) like pensar (30)

mirar like hablar (1)

molestar like hablar (1)

montar like hablar (1)

morir (o:ue) like dormir (25) *except* past participle is muerto

mostrar (o:ue) like contar (24)

mudarse like hablar (1)

nacer (c:zc) like conocer (35)

nadar like hablar (1)

navegar (g:gu) like llegar (41)

necesitar like hablar (1)

negar (e:ie) like pensar (30) *except* (g:gu)

nevar (e:ie) like pensar (30)

obedecer (c:zc) like conocer (35)

obtener (e:ie) like tener (20)

ocurrir like vivir (3)

odiar like hablar (1)

ofrecer (c:zc) like conocer (35)

oír (y) (13)

olvidar like hablar (1)

pagar (g:gu) like llegar (41)

parar like hablar (1)

parecer (c:zc) like conocer (35)

pasar like hablar (1)

pasear like hablar (1)

patinar like hablar (1)

pedir (e:i) (29)

peinarse like hablar (1)

pensar (e:ie) (30)

perder (e:ie) like entender (27)

pescar (c:qu) like tocar (43)

pintar like hablar (1)

planchar like hablar (1)

poder (o:ue) (14)

poner(se) (15)

practicar (c:qu) like tocar (43)

preferir (e:ie) like sentir (33)

preguntar like hablar (1)

preocuparse like hablar (1)

preparar like hablar (1)

presentar like hablar (1)

prestar like hablar (1)

probar(se) (o:ue) like contar (24)

prohibir like vivir (3)

proteger (g:j) (42)

publicar (c:qu) like tocar (43)

quedar(se) like hablar (1)

quemar like hablar (1)

querer (e:ie) (16)

quitar(se) like hablar (1)

recetar like hablar (1)

recibir like vivir (3)

reciclar like hablar (1)

recoger (g:j) like proteger (42)

recomendar (e:ie) like pensar (30)

recordar (o:ue) like contar (24)

reducir (c:zc) like conducir (6)

regalar like hablar (1)

regatear like hablar (1)

regresar like hablar (1)

reír(se) (e:i) (31)

relajarse like hablar (1)

renunciar like hablar (1)

repetir (e:i) like pedir (29)

resolver (o:ue) like volver (34)

respirar like hablar (1)

revisar like hablar (1)

rogar (o:ue) like contar (24) *except* (g:gu)

romper(se) like comer (2) *except* past participle is roto

saber (17)

sacar (c:qu) like tocar (43)

sacudir like vivir (3)

salir (18)

saludar(se) like hablar (1)

secar(se) (c:q) like tocar (43)

seguir (e:i) (32)

sentarse (e:ie) like pensar (30)

sentir(se) (e:ie) (33)

separarse like hablar (1)

ser (19)

servir (e:i) like pedir (29)

solicitar like hablar (1)

sonar (o:ue) like contar (24)

sonreír (e:i) like reír(se) (31)

sorprender like comer (2)

subir like vivir (3)

sudar like hablar (1)

sufrir like vivir (3)

sugerir (e:ie) like sentir (33)

suponer like poner (15)

temer like comer (2)

tener (e:ie) (20)

terminar like hablar (1)

tocar (c:qu) (43)

tomar like hablar (1)

torcerse (o:ue) like volver (34) *except* (c:z) and past participle is regular; e.g. yo tuerzo

toser like comer (2)

trabajar like hablar (1)

traducir (c:zc) like conducir (6)

traer (21)

transmitir like vivir (3)

tratar like hablar (1)

usar like hablar (1)

vencer (c:z) (44)

vender like comer (2)

venir (e:ie) (22)

ver (23)

vestirse (e:i) like pedir (29)

viajar like hablar (1)

visitar like hablar (1)

vivir (3)

volver (o:ue) (34)

votar like hablar (1)

Regular verbs: simple tenses

Infinitive	INDICATIVE					SUBJUNCTIVE		IMPERATIVE
	Present	Imperfect	Preterite	Future	Conditional	Present	Past	
1 hablar	hablo	hablaba	hablé	hablaré	hablaría	hable	hablara	
	hablas	hablabas	hablaste	hablarás	hablarías	hables	hablaras	habla tú (no hables)
Participles:	habla	hablaba	habló	hablará	hablaría	hable	hablara	hable Ud.
hablando	hablamos	hablábamos	hablamos	hablaremos	hablaríamos	hablemos	habláramos	hablemos
hablado	habláis	hablabais	hablasteis	hablaréis	hablaríais	habléis	hablarais	hablad (no habléis)
	hablan	hablaban	hablaron	hablarán	hablarían	hablen	hablaran	hablen Uds.
2 comer	como	comía	comí	comeré	comería	coma	comiera	
	comes	comías	comiste	comerás	comerías	comas	comieras	come tú (no comas)
Participles:	come	comía	comió	comerá	comerían	coma	comiera	coma Ud.
comiendo	comemos	comíamos	comimos	comeremos	comeríamos	comamos	comiéramos	comamos
comido	coméis	comíais	comisteis	comeréis	comeríais	comáis	comierais	comed (no comáis)
	comen	comían	comieron	comerán	comerían	coman	comieran	coman Uds.
3 vivir	vivo	vivía	viví	viviré	viviría	viva	viviera	
	vives	vivías	viviste	vivirás	vivirías	vivas	vivieran	vive tú (no vivas)
Participles:	vive	vivía	vivió	vivirá	viviría	viva	viviera	viva Ud.
viviendo	vivimos	vivíamos	vivimos	viviremos	viviríamos	vivamos	viviéramos	vivamos
vivido	vivís	vivíais	vivisteis	viviréis	viviríais	viváis	vivierais	vivid (no viváis)
	viven	vivían	vivieron	vivirán	vivirían	vivan	vivieran	vivan Uds.

All verbs: compound tenses

PERFECT TENSES						
INDICATIVE					SUBJUNCTIVE	
Present Perfect	Past Perfect	Future Perfect	Conditional Perfect		Present Perfect	Past Perfect
he	había	habré	habría		haya	hubiera
has	habías	habrás	habrías		hayas	hubieras
ha hablado	había hablado	habrá hablado	habría hablado		haya hablado	hubiera hablado
hemos comido	habíamos comido	habremos comido	habríamos comido		hayamos comido	hubiéramos comido
habéis vivido	habíais vivido	habréis vivido	habríais vivido		hayáis vivido	hubierais vivido
han	habían	habrán	habrían		hayan	hubieran

PROGRESSIVE TENSES

INDICATIVE				SUBJUNCTIVE	
Present Progressive	Past Progressive	Future Progressive	Conditional Progressive	Present Progressive	Past Progressive
estoy estás está estamos estáis están } hablando comiendo viviendo	estaba estabas estaba estábamos estabais estaban } hablando comiendo viviendo	estaré estarás estará estaremos estaréis estarán } hablando comiendo viviendo	estaría estarías estaría estaríamos estaríais estarían } hablando comiendo viviendo	esté estés esté estemos estéis estén } hablando comiendo viviendo	estuviera estuvieras estuviera estuviéramos estuvierais estuvieran } hablando comiendo viviendo

Irregular verbs

	Infinitive	INDICATIVE					SUBJUNCTIVE		IMPERATIVE
		Present	Imperfect	Preterite	Future	Conditional	Present	Past	
4	caber Participles: cabiendo cabido	**quepo** cabes cabe cabemos cabéis caben	cabía cabías cabía cabíamos cabíais cabían	**cupe** **cupiste** **cupo** **cupimos** **cupisteis** **cupieron**	**cabré** **cabrás** **cabrá** **cabremos** **cabréis** **cabrán**	**cabría** **cabrías** **cabría** **cabríamos** **cabríais** **cabrían**	**quepa** **quepas** **quepa** **quepamos** **quepáis** **quepan**	**cupiera** **cupieras** **cupiera** **cupiéramos** **cupierais** **cupieran**	 cabe tú (no **quepas**) **quepa** Ud. **quepamos** cabed (no **quepáis**) **quepan** Uds.
5	caer(se) Participles: **cayendo** **caído**	**caigo** caes cae caemos caéis caen	caía caías caía caíamos caíais caían	caí **caíste** **cayó** **caímos** **caísteis** **cayeron**	caeré caerás caerá caeremos caeréis caerán	caería caerías caería caeríamos caeríais caerían	**caiga** **caigas** **caiga** **caigamos** **caigáis** **caigan**	**cayera** **cayeras** **cayera** **cayéramos** **cayerais** **cayeran**	 cae tú (no **caigas**) **caiga** Ud. **caigamos** caed (no **caigáis**) **caigan** Uds.
6	conducir (c:zc) Participles: conduciendo conducido	**conduzco** conduces conduce conducimos conducís conducen	conducía conducías conducía conducíamos conducíais conducían	**conduje** **condujiste** **condujo** **condujimos** **condujisteis** **condujeron**	conduciré conducirás conducirá conduciremos conduciréis conducirán	conduciría conducirías conduciría conduciríamos conduciríais conducirían	**conduzca** **conduzcas** **conduzca** **conduzcamos** **conduzcáis** **conduzcan**	**condujera** **condujeras** **condujera** **condujéramos** **condujerais** **condujeran**	 conduce tú (no **conduzcas**) **conduzca** Ud. **conduzcamos** conducid (no **conduzcáis**) **conduzcan** Uds.

Infinitive	INDICATIVE					SUBJUNCTIVE		IMPERATIVE
	Present	Imperfect	Preterite	Future	Conditional	Present	Past	
7 dar	**doy**	daba	**di**	daré	daría	**dé**	**diera**	
	das	dabas	**diste**	darás	darías	des	**dieras**	da tú (no des)
Participles:	da	daba	**dio**	dará	daría	**dé**	**diera**	**dé** Ud.
dando	damos	dábamos	**dimos**	daremos	daríamos	demos	**diéramos**	demos
dado	**dais**	dabais	**disteis**	daréis	daríais	deis	**dierais**	dad (no **deis**)
	dan	daban	**dieron**	darán	darían	den	**dieran**	den Uds.
8 decir (e:i)	**digo**	decía	**dije**	**diré**	**diría**	diga	dijera	
	dices	decías	**dijiste**	**dirás**	**dirías**	digas	dijeras	**di** tú (no **digas**)
Participles:	**dice**	decía	**dijo**	**dirá**	**diría**	diga	dijera	**diga** Ud.
diciendo	decimos	decíamos	**dijimos**	**diremos**	**diríamos**	digamos	dijéramos	**digamos**
dicho	decís	decíais	**dijisteis**	**diréis**	**diríais**	**digáis**	dijerais	decid (no **digáis**)
	dicen	decían	**dijeron**	**dirán**	**dirían**	digan	dijeran	**digan** Uds.
9 estar	**estoy**	estaba	**estuve**	estaré	estaría	**esté**	**estuviera**	
	estás	estabas	**estuviste**	estarás	estarías	**estés**	**estuvieras**	**está** tú (no **estés**)
Participles:	**está**	estaba	**estuvo**	estará	estaría	**esté**	**estuviera**	**esté** Ud.
estando	estamos	estábamos	**estuvimos**	estaremos	estaríamos	estemos	**estuviéramos**	estemos
estado	estáis	estabais	**estuvisteis**	estaréis	estaríais	estéis	**estuvierais**	estad (no estéis)
	están	estaban	**estuvieron**	estarán	estarían	**estén**	**estuvieran**	**estén** Uds.
10 haber	**he**	había	**hube**	**habré**	**habría**	haya	hubiera	
	has	habías	**hubiste**	**habrás**	**habrías**	hayas	hubieras	
Participles:	**ha**	había	**hubo**	**habrá**	**habría**	haya	hubiera	
habiendo	**hemos**	habíamos	**hubimos**	**habremos**	**habríamos**	hayamos	hubiéramos	
habido	habéis	habíais	**hubisteis**	**habréis**	**habríais**	hayáis	hubierais	
	han	habían	**hubieron**	**habrán**	**habrían**	hayan	hubieran	
11 hacer	**hago**	hacía	**hice**	**haré**	**haría**	haga	hiciera	
	haces	hacías	**hiciste**	**harás**	**harías**	hagas	hicieras	**haz** tú (no **hagas**)
Participles:	hace	hacía	**hizo**	**hará**	**haría**	haga	hiciera	**haga** Ud.
haciendo	hacemos	hacíamos	**hicimos**	**haremos**	**haríamos**	hagamos	hiciéramos	**hagamos**
hecho	hacéis	hacíais	**hicisteis**	**haréis**	**haríais**	**hagáis**	hicierais	haced (no **hagáis**)
	hacen	hacían	**hicieron**	**harán**	**harían**	hagan	hicieran	**hagan** Uds.
12 ir	**voy**	iba	**fui**	iré	iría	vaya	fuera	
	vas	ibas	**fuiste**	irás	irías	vayas	fueras	**ve** tú (no **vayas**)
Participles:	**va**	iba	**fue**	irá	iría	vaya	fuera	**vaya** Ud.
yendo	**vamos**	íbamos	**fuimos**	iremos	iríamos	vayamos	fuéramos	**vamos** (no **vayamos**)
ido	**vais**	ibais	**fuisteis**	iréis	iríais	**vayáis**	fuerais	id (no **vayáis**)
	van	iban	**fueron**	irán	irían	vayan	fueran	**vayan** Uds.
13 oír (y)	**oigo**	oía	**oí**	oiré	oiría	oiga	oyera	
	oyes	oías	**oíste**	oirás	oirías	oigas	oyeras	**oye** tú (no **oigas**)
Participles:	**oye**	oía	**oyó**	oirá	oiría	oiga	oyera	**oiga** Ud.
oyendo	**oímos**	oíamos	**oímos**	oiremos	oiríamos	oigamos	oyéramos	**oigamos**
oído	oís	oíais	**oísteis**	oiréis	oiríais	**oigáis**	oyerais	**oíd** (no **oigáis**)
	oyen	oían	**oyeron**	oirán	oirían	oigan	oyeran	**oigan** Uds.

	Infinitive	INDICATIVE					SUBJUNCTIVE		IMPERATIVE
		Present	Imperfect	Preterite	Future	Conditional	Present	Past	
14	poder (o:ue)	**puedo**	podía	**pude**	podré	podría	**pueda**	**pudiera**	
		puedes	podías	**pudiste**	podrás	podrías	**puedas**	**pudieras**	**puede** tú (no **puedas**)
	Participles:	**puede**	podía	**pudo**	podrá	podría	**pueda**	**pudiera**	**pueda** Ud.
	pudiendo	podemos	podíamos	**pudimos**	podremos	podríamos	podamos	**pudiéramos**	podamos
	podido	podéis	podíais	**pudisteis**	podréis	podríais	podáis	**pudierais**	poded (no podáis)
		pueden	podían	**pudieron**	podrán	podrían	**puedan**	**pudieran**	**puedan** Uds.
15	poner	**pongo**	ponía	**puse**	pondré	pondría	**ponga**	**pusiera**	
		pones	ponías	**pusiste**	pondrás	pondrías	**pongas**	**pusieras**	**pon** tú (no **pongas**)
	Participles:	pone	ponía	**puso**	pondrá	pondría	**ponga**	**pusiera**	**ponga** Ud.
	poniendo	ponemos	poníamos	**pusimos**	pondremos	pondríamos	**pongamos**	**pusiéramos**	**pongamos**
	puesto	ponéis	poníais	**pusisteis**	pondréis	pondríais	**pongáis**	**pusierais**	poned (no **pongáis**)
		ponen	ponían	**pusieron**	pondrán	pondrían	**pongan**	**pusieran**	**pongan** Uds.
16	querer (e:ie)	**quiero**	quería	**quise**	querré	querría	**quiera**	**quisiera**	
		quieres	querías	**quisiste**	querrás	querrías	**quieras**	**quisieras**	**quiere** tú (no **quieras**)
	Participles:	**quiere**	quería	**quiso**	querrá	querría	**quiera**	**quisiera**	**quiera** Ud.
	queriendo	queremos	queríamos	**quisimos**	querremos	querríamos	queramos	**quisiéramos**	queramos
	querido	queréis	queríais	**quisisteis**	querréis	querríais	queráis	**quisierais**	quered (no queráis)
		quieren	querían	**quisieron**	querrán	querrían	**quieran**	**quisieran**	**quieran** Uds.
17	saber	**sé**	sabía	**supe**	sabré	sabría	**sepa**	**supiera**	
		sabes	sabías	**supiste**	sabrás	sabrías	**sepas**	**supieras**	sabe tú (no **sepas**)
	Participles:	sabe	sabía	**supo**	sabrá	sabría	**sepa**	**supiera**	**sepa** Ud.
	sabiendo	sabemos	sabíamos	**supimos**	sabremos	sabríamos	**sepamos**	**supiéramos**	**sepamos**
	sabido	sabéis	sabíais	**supisteis**	sabréis	sabríais	**sepáis**	**supierais**	sabed (no **sepáis**)
		saben	sabían	**supieron**	sabrán	sabrían	**sepan**	**supieran**	**sepan** Uds.
18	salir	**salgo**	salía	salí	**saldré**	**saldría**	**salga**	saliera	
		sales	salías	saliste	**saldrás**	**saldrías**	**salgas**	salieras	**sal** tú (no **salgas**)
	Participles:	sale	salía	salió	**saldrá**	**saldría**	**salga**	saliera	**salga** Ud.
	saliendo	salimos	salíamos	salimos	**saldremos**	**saldríamos**	**salgamos**	saliéramos	**salgamos**
	salido	salís	salíais	salisteis	**saldréis**	**saldríais**	**salgáis**	salierais	salid (no **salgáis**)
		salen	salían	salieron	**saldrán**	**saldrían**	**salgan**	salieran	**salgan** Uds.
19	ser	**soy**	**era**	**fui**	seré	sería	**sea**	**fuera**	
		eres	**eras**	**fuiste**	serás	serías	**seas**	**fueras**	**sé** tú (no **seas**)
	Participles:	**es**	**era**	**fue**	será	sería	**sea**	**fuera**	**sea** Ud.
	siendo	**somos**	**éramos**	**fuimos**	seremos	seríamos	**seamos**	**fuéramos**	**seamos**
	sido	**sois**	**erais**	**fuisteis**	seréis	seríais	**seáis**	**fuerais**	sed (no **seáis**)
		son	**eran**	**fueron**	serán	serían	**sean**	**fueran**	**sean** Uds.
20	tener	**tengo**	tenía	**tuve**	tendré	tendría	**tenga**	**tuviera**	
		tienes	tenías	**tuviste**	tendrás	tendrías	**tengas**	**tuvieras**	**ten** tú (no **tengas**)
	Participles:	**tiene**	tenía	**tuvo**	tendrá	tendría	**tenga**	**tuviera**	**tenga** Ud.
	teniendo	tenemos	teníamos	**tuvimos**	tendremos	tendríamos	**tengamos**	**tuviéramos**	**tengamos**
	tenido	tenéis	teníais	**tuvisteis**	tendréis	tendríais	**tengáis**	**tuvierais**	tened (no **tengáis**)
		tienen	tenían	**tuvieron**	tendrán	tendrían	**tengan**	**tuvieran**	**tengan** Uds.

		INDICATIVE					SUBJUNCTIVE		IMPERATIVE
Infinitive	**Present**	**Imperfect**	**Preterite**	**Future**	**Conditional**		**Present**	**Past**	
21 traer	**traigo**	traía	**traje**	traeré	traería		**traiga**	**trajera**	
	traes	traías	**trajiste**	traerás	traerías		**traigas**	**trajeras**	trae tú (no **traigas**)
Participles:	trae	traía	**trajo**	traerá	traería		**traiga**	**trajera**	**traiga** Ud.
trayendo	traemos	traíamos	**trajimos**	traeremos	traeríamos		**traigamos**	**trajéramos**	**traigamos**
traído	traéis	traíais	**trajisteis**	traeréis	traeríais		**traigáis**	**trajerais**	traed (no **traigáis**)
	traen	traían	**trajeron**	traerán	traerían		**traigan**	**trajeran**	**traigan** Uds.
22 venir	**vengo**	venía	**vine**	**vendré**	**vendría**		**venga**	**viniera**	
	vienes	venías	**viniste**	**vendrás**	**vendrías**		**vengas**	**vinieras**	**ven** tú (no **vengas**)
Participles:	**viene**	venía	**vino**	**vendrá**	**vendría**		**venga**	**viniera**	**venga** Ud.
viniendo	venimos	veníamos	**vinimos**	**vendremos**	**vendríamos**		**vengamos**	**viniéramos**	**vengamos**
venido	venís	veníais	**vinisteis**	**vendréis**	**vendríais**		**vengáis**	**vinierais**	venid (no **vengáis**)
	vienen	venían	**vinieron**	**vendrán**	**vendrían**		**vengan**	**vinieran**	**vengan** Uds.
23 ver	**veo**	**veía**	**vi**	veré	vería		**vea**	viera	
	ves	**veías**	viste	verás	verías		**veas**	vieras	ve tú (no **veas**)
Participles:	ve	**veía**	**vio**	verá	vería		**vea**	viera	**vea** Ud.
viendo	vemos	**veíamos**	vimos	veremos	veríamos		**veamos**	viéramos	**veamos**
visto	**veis**	**veíais**	visteis	veréis	veríais		**veáis**	vierais	ved (no **veáis**)
	ven	**veían**	vieron	verán	verían		**vean**	vieran	**vean** Uds.

Stem-changing verbs

		INDICATIVE					SUBJUNCTIVE		IMPERATIVE
Infinitive	**Present**	**Imperfect**	**Preterite**	**Future**	**Conditional**		**Present**	**Past**	
24 contar	**cuento**	contaba	conté	contaré	contaría		**cuente**	contara	
(o:ue)	**cuentas**	contabas	contaste	contarás	contarías		**cuentes**	contaras	**cuenta** tú (no **cuentes**)
	cuenta	contaba	contó	contará	contaría		**cuente**	contara	**cuente** Ud.
Participles:	contamos	contábamos	contamos	contaremos	contaríamos		contemos	contáramos	contemos
contando	contáis	contabais	contasteis	contaréis	contaríais		contéis	contarais	contad (no contéis)
contado	**cuentan**	contaban	contaron	contarán	contarían		**cuenten**	contaran	**cuenten** Uds.
25 dormir	**duermo**	dormía	dormí	dormiré	dormiría		**duerma**	**durmiera**	
(o:ue)	**duermes**	dormías	dormiste	dormirás	dormirías		**duermas**	**durmieras**	**duerme** tú (no **duermas**)
	duerme	dormía	**durmió**	dormirá	dormiría		**duerma**	**durmiera**	**duerma** Ud.
Participles:	dormimos	dormíamos	dormimos	dormiremos	dormiríamos		**durmamos**	**durmiéramos**	**durmamos**
durmiendo	dormís	dormíais	dormisteis	dormiréis	dormiríais		**durmáis**	**durmierais**	dormid (no **durmáis**)
dormido	**duermen**	dormían	**durmieron**	dormirán	dormirían		**duerman**	**durmieran**	**duerman** Uds.
26 empezar	**empiezo**	empezaba	**empecé**	empezaré	empezaría		**empiece**	empezara	
(e:ie) (z:c)	**empiezas**	empezabas	empezaste	empezarás	empezarías		**empieces**	empezaras	**empieza** tú (no **empieces**)
	empieza	empezaba	empezó	empezará	empezaría		**empiece**	empezara	**empiece** Ud.
Participles:	empezamos	empezábamos	empezamos	empezaremos	empezaríamos		**empecemos**	empezáramos	**empecemos**
empezando	empezáis	empezabais	empezasteis	empezaréis	empezaríais		**empecéis**	empezarais	empezad (no **empecéis**)
empezado	**empiezan**	empezaban	empezarán	empezarán	empezarían		**empiecen**	empezaran	**empiecen** Uds.

	Infinitive	INDICATIVE					SUBJUNCTIVE		IMPERATIVE
		Present	Imperfect	Preterite	Future	Conditional	Present	Past	
27	entender (e:ie)	**entiendo**	entendía	entendí	entenderé	entendería	**entienda**	entendiera	
		entiendes	entendías	entendiste	entenderás	entenderías	**entiendas**	entendieras	**entiende** tú (no **entiendas**)
		entiende	entendía	entendió	entenderá	entendería	**entienda**	entendiera	**entienda** Ud.
	Participles:	entendemos	entendíamos	entendimos	entenderemos	entenderíamos	entendamos	entendiéramos	entendamos
	entendiendo	entendéis	entendíais	entendisteis	entenderéis	entenderíais	entendáis	entendierais	entended (no entendáis)
	entendido	**entienden**	entendían	entendieron	entenderán	entenderían	**entiendan**	entendieran	**entiendan** Uds.
28	jugar (u:ue) (g:gu)	**juego**	jugaba	**jugué**	jugaré	jugaría	**juegue**	jugara	
		juegas	jugabas	jugaste	jugarás	jugarías	**juegues**	jugaras	**juega** tú (no **juegues**)
		juega	jugaba	jugó	jugará	jugaría	**juegue**	jugara	**juegue** Ud
	Participles:	jugamos	jugábamos	jugamos	jugaremos	jugaríamos	**juguemos**	jugáramos	**juguemos**
	jugando	jugáis	jugabais	jugasteis	jugaréis	jugaríais	**juguéis**	jugarais	jugad (no **juguéis**)
	jugado	**juegan**	jugaban	jugaron	jugarán	jugarían	**jueguen**	jugaran	**jueguen** Uds.
29	pedir (e:i)	**pido**	pedía	pedí	pediré	pediría	**pida**	**pidiera**	
		pides	pedías	pediste	pedirás	pedirías	**pidas**	**pidieras**	**pide** tú (no **pidas**)
	Participles:	**pide**	pedía	**pidió**	pedirá	pediría	**pida**	**pidiera**	**pida** Ud.
	pidiendo	pedimos	pedíamos	pedimos	pediremos	pediríamos	**pidamos**	**pidiéramos**	**pidamos**
	pedido	pedís	pedíais	pedisteis	pediréis	pediríais	**pidáis**	**pidierais**	pedid (no **pidáis**)
		piden	pedían	**pidieron**	pedirán	pedirían	**pidan**	**pidieran**	**pidan** Uds.
30	pensar (e:ie)	**pienso**	pensaba	pensé	pensaré	pensaría	**piense**	pensara	
		piensas	pensabas	pensaste	pensarás	pensarías	**pienses**	pensaras	**piensa** tú (no **pienses**)
		piensa	pensaba	pensó	pensará	pensaría	**piense**	pensara	**piense** Ud.
	Participles:	pensamos	pensábamos	pensamos	pensaremos	pensaríamos	pensemos	pensáramos	pensemos
	pensando	pensáis	pensabais	pensasteis	pensaréis	pensaríais	penséis	pensarais	pensad (no penséis)
	pensado	**piensan**	pensaban	pensaron	pensarán	pensarían	**piensen**	pensaran	**piensen** Uds.
31	reír (e:i)	**río**	reía	reí	reiré	reiría	**ría**	**riera**	
		ríes	reías	**reíste**	reirás	reirías	**rías**	**rieras**	**ríe** tú (no **rías**)
	Participles:	**ríe**	reía	**rió**	reirá	reiría	**ría**	**riera**	**ría** Ud.
	riendo	**reímos**	reíamos	**reímos**	reiremos	reiríamos	**riamos**	**riéramos**	**riamos**
	reído	reís	reíais	**reísteis**	reiréis	reiríais	**riáis**	**rierais**	**reíd** (no **riáis**)
		ríen	reían	**rieron**	reirán	reirían	**rían**	**rieran**	**rían** Uds.
32	seguir (e:i) (gu:g)	**sigo**	seguía	seguí	seguiré	seguiría	**siga**	**siguiera**	
		sigues	seguías	seguiste	seguirás	seguirías	**sigas**	**siguieras**	**sigue** tú (no **sigas**)
		sigue	seguía	**siguió**	seguirá	seguiría	**siga**	**siguiera**	**siga** Ud.
	Participles:	seguimos	seguíamos	seguimos	seguiremos	seguiríamos	**sigamos**	**siguiéramos**	**sigamos**
	siguiendo	seguís	seguíais	seguisteis	seguiréis	seguiríais	**sigáis**	**siguierais**	seguid (no **sigáis**)
	seguido	**siguen**	seguían	**siguieron**	seguirán	seguirían	**sigan**	**siguieran**	**sigan** Uds.
33	sentir (e:ie)	**siento**	sentía	sentí	sentiré	sentiría	**sienta**	**sintiera**	
		sientes	sentías	sentiste	sentirás	sentirías	**sientas**	**sintieras**	**siente** tú (no **sientas**)
	Participles:	**siente**	sentía	**sintió**	sentirá	sentiría	**sienta**	**sintiera**	**sienta** Ud.
	sintiendo	sentimos	sentíamos	sentimos	sentiremos	sentiríamos	**sintamos**	**sintiéramos**	**sintamos**
	sentido	sentís	sentíais	sentisteis	sentiréis	sentiríais	**sintáis**	**sintierais**	sentid (no **sintáis**)
		sienten	sentían	**sintieron**	sentirán	sentirían	**sientan**	**sintieran**	**sientan** Uds.

Infinitive	INDICATIVE					SUBJUNCTIVE		IMPERATIVE
	Present	Imperfect	Preterite	Future	Conditional	Present	Past	
34 volver (o:ue)	**vuelvo**	volvía	volví	volveré	volvería	**vuelva**	volviera	
	vuelves	volvías	volviste	volverás	volverías	**vuelvas**	volvieras	**vuelve** tú (no **vuelvas**)
	vuelve	volvía	volvió	volverá	volvería	**vuelva**	volviera	**vuelva** Ud.
Participles:	volvemos	volvíamos	volvimos	volveremos	volveríamos	volvamos	volviéramos	volvamos
volviendo	volvéis	volvíais	volvisteis	volveréis	volveríais	volváis	volvierais	volved (no volváis)
vuelto	**vuelven**	volvían	volvieron	volverán	volverían	**vuelvan**	volvieran	**vuelvan** Uds.

Verbs with spelling changes only

Infinitive	INDICATIVE					SUBJUNCTIVE		IMPERATIVE
	Present	Imperfect	Preterite	Future	Conditional	Present	Past	
35 conocer (c:zc)	**conozco**	conocía	conocí	conoceré	conocería	**conozca**	conociera	
	conoces	conocías	conociste	conocerás	conocerías	**conozcas**	conocieras	conoce tú (no **conozcas**)
	conoce	conocía	conoció	conocerá	conocería	**conozca**	conociera	**conozca** Ud.
Participles:	conocemos	conocíamos	conocimos	conoceremos	conoceríamos	**conozcamos**	conociéramos	**conozcamos**
conociendo	conocéis	conocíais	conocisteis	conoceréis	conoceríais	**conozcáis**	conocierais	conoced (no **conozcáis**)
conocido	conocen	conocían	conocieron	conocerán	conocerían	**conozcan**	conocieran	**conozcan** Uds.
36 creer (y)	creo	creía	creí	creeré	creería	crea	**creyera**	
	crees	creías	**creíste**	creerás	creerías	creas	**creyeras**	cree tú (no creas)
Participles:	cree	creía	**creyó**	creerá	creería	crea	**creyera**	crea Ud.
creyendo	creemos	creíamos	**creímos**	creeremos	creeríamos	creamos	**creyéramos**	creamos
creído	creéis	creíais	**creísteis**	creeréis	creeríais	creáis	**creyerais**	creed (no creáis)
	creen	creían	**creyeron**	creerán	creerían	crean	**creyeran**	crean Uds.
37 cruzar (z:c)	cruzo	cruzaba	**crucé**	cruzaré	cruzaría	**cruce**	cruzara	
	cruzas	cruzabas	cruzaste	cruzarás	cruzarías	**cruces**	cruzaras	cruza tú (no **cruces**)
Participles:	cruza	cruzaba	cruzó	cruzará	cruzaría	**cruce**	cruzara	**cruce** Ud.
cruzando	cruzamos	cruzábamos	cruzamos	cruzaremos	cruzaríamos	**crucemos**	cruzáramos	**crucemos**
cruzado	cruzáis	cruzabais	cruzasteis	cruzaréis	cruzaríais	**crucéis**	cruzarais	cruzad (no **crucéis**)
	cruzan	cruzaban	cruzaron	cruzarán	cruzarían	**crucen**	cruzaran	**crucen** Uds.
38 destruir (y)	**destruyo**	destruía	destruí	destruiré	destruiría	**destruya**	**destruyera**	
	destruyes	destruías	destruiste	destruirás	destruirías	**destruyas**	**destruyeras**	**destruye** tú (no **destruyas**)
Participles:	**destruye**	destruía	**destruyó**	destruirá	destruiría	**destruya**	**destruyera**	**destruya** Ud.
destruyendo	destruimos	destruíamos	destruimos	destruiremos	destruiríamos	**destruyamos**	**destruyéramos**	**destruyamos**
destruido	destruís	destruíais	destruisteis	destruiréis	destruiríais	**destruyáis**	**destruyerais**	destruid (no **destruyáis**)
	destruyen	destruían	**destruyeron**	destruirán	destruirían	**destruyan**	**destruyeran**	**destruyan** Uds.
39 enviar (envío)	**envío**	enviaba	envié	enviaré	enviaría	**envíe**	enviara	
	envías	enviabas	enviaste	enviarás	enviarías	**envíes**	enviaras	**envía** tú (no **envíes**)
	envía	enviaba	envió	enviará	enviaría	**envíe**	enviara	**envíe** Ud.
Participles:	enviamos	enviábamos	enviamos	enviaremos	enviaríamos	enviemos	enviáramos	enviemos
enviando	enviáis	enviabais	enviasteis	enviaréis	enviaríais	enviéis	enviarais	enviad (no enviéis)
enviado	**envían**	enviaban	enviaron	enviarán	enviarían	**envíen**	enviaran	**envíen** Uds.

Infinitive	INDICATIVE					SUBJUNCTIVE		IMPERATIVE
	Present	Imperfect	Preterite	Future	Conditional	Present	Past	
40 graduarse (gradúo)	**gradúo**	graduaba	gradué	graduaré	graduaría	**gradúe**	graduara	
	gradúas	graduabas	graduaste	graduarás	graduarías	**gradúes**	graduaras	**gradúa** tú (no **gradúes**)
	gradúa	graduaba	graduó	graduará	graduaría	**gradúe**	graduara	**gradúe** Ud.
Participles:	graduamos	graduábamos	graduamos	graduaremos	graduaríamos	graduemos	graduáramos	graduemos
graduando	graduáis	graduabais	graduasteis	graduaréis	graduaríais	graduéis	graduarais	graduad (no graduéis)
graduado	**gradúan**	graduaban	graduaron	graduarán	graduarían	**gradúen**	graduaran	**gradúen** Uds.
41 llegar (g:gu)	llego	llegaba	**llegué**	llegaré	llegaría	**llegue**	llegara	
	llegas	llegabas	llegaste	llegarás	llegarías	**llegues**	llegaras	llega tú (no **llegues**)
Participles:	llega	llegaba	llegó	llegará	llegaría	**llegue**	llegara	**llegue** Ud.
llegando	llegamos	llegábamos	llegamos	llegaremos	llegaríamos	**lleguemos**	llegáramos	**lleguemos**
llegado	llegáis	llegabais	llegasteis	llegaréis	llegaríais	**lleguéis**	llegarais	llegad (no **lleguéis**)
	llegan	llegaban	llegaron	llegarán	llegarían	**lleguen**	llegaran	**lleguen** Uds.
42 proteger (g:j)	**protejo**	protegía	protegí	protegeré	protegería	**proteja**	protegiera	
	proteges	protegías	protegiste	protegerás	protegerías	**protejas**	protegieras	protege tú (no **protejas**)
	protege	protegía	protegió	protegerá	protegería	**proteja**	protegiera	**proteja** Ud.
Participles:	protegemos	protegíamos	protegimos	protegeremos	protegeríamos	**protejamos**	protegiéramos	**protejamos**
protegiendo	protegéis	protegíais	protegisteis	protegeréis	protegeríais	**protejáis**	protegierais	proteged (no **protejáis**)
protegido	protegen	protegían	protegieron	protegerán	protegerían	**protejan**	protegieran	**protejan** Uds.
43 tocar (c:qu)	toco	tocaba	**toqué**	tocaré	tocaría	**toque**	tocara	
	tocas	tocabas	tocaste	tocarás	tocarías	**toques**	tocaras	toca tú (no **toques**)
Participles:	toca	tocaba	tocó	tocará	tocaría	**toque**	tocara	**toque** Ud.
tocando	tocamos	tocábamos	tocamos	tocaremos	tocaríamos	**toquemos**	tocáramos	**toquemos**
tocado	tocáis	tocabais	tocasteis	tocaréis	tocaríais	**toquéis**	tocarais	tocad (no **toquéis**)
	tocan	tocaban	tocaron	tocarán	tocarían	**toquen**	tocaran	**toquen** Uds.
44 vencer (c:z)	**venzo**	vencía	vencí	venceré	vencería	**venza**	venciera	
	vences	vencías	venciste	vencerás	vencerías	**venzas**	vencieras	vence tú (no **venzas**)
Participles:	vence	vencía	venció	vencerá	vencería	**venza**	venciera	**venza** Ud.
venciendo	vencemos	vencíamos	vencimos	venceremos	venceríamos	**venzamos**	venciéramos	**venzamos**
vencido	vencéis	vencíais	vencisteis	venceréis	venceríais	**venzáis**	vencierais	venced (no **venzáis**)
	vencen	vencían	vencieron	vencerán	vencerían	**venzan**	vencieran	**venzan** Uds.

Guide to Vocabulary

Contents of the glossary

This glossary contains the words and expressions listed on the **Vocabulario** page found at the end of each lesson in **DESCUBRE**, as well as other useful vocabulary. The number following an entry indicates the **DESCUBRE** level and lesson where the word or expression was introduced. Check the **Estructura** sections of each lesson for words and expressions related to those grammar topics.

Abbreviations used in this glossary

adj.	adjective	*form.*	formal	*pl.*	plural
adv.	adverb	*indef.*	indefinite	*poss.*	possessive
art.	article	*interj.*	interjection	*prep.*	preposition
conj.	conjunction	*i.o.*	indirect object	*pron.*	pronoun
def.	definite	*m.*	masculine	*ref.*	reflexive
d.o.	direct object	*n.*	noun	*sing.*	singular
f.	feminine	*obj.*	object	*sub.*	subject
fam.	familiar	*p.p.*	past participle	*v.*	verb

Note on alphabetization

In current practice, for purposes of alphabetization, **ch** and **ll** are not treated as separate letters, but **ñ** still follows **n**. Therefore, in this glossary you will find that **año**, for example, appears after **anuncio**.

Spanish-English

A

a *prep.* at; to 1.1
  a bordo aboard 1.1
  a dieta on a diet 2.6
  a la derecha to the right 1.2
  a la izquierda to the left 1.2
  a la plancha grilled 1.8
  a la(s) + *time* at + *time* 1.1
  a menos que *conj.*
   unless 2.4
  a menudo *adv.* often 2.1
  a nombre de in the name
   of 1.5
  a plazos in installments 2.5
  ¿A qué hora...? At what
   time...? 1.1
  A sus órdenes. At your
   service. 2.2
  a tiempo *adv.* on time 2.1
  a veces *adv.* sometimes 2.1
  a ver let's see 1.2
abajo *adv.* down
abeja *f.* bee
abierto/a *adj.* open 1.5, 2.5
abogado/a *m., f.* lawyer 2.7
abrazar(se) *v.* to hug; to embrace
 (each other) 2.2
abrazo *m.* hug
abrigo *m.* coat 1.6
abril *m.* April 1.5
abrir *v.* to open 1.3

abuelo/a *m., f.* grandfather;
 grandmother 1.3
abuelos *pl.* grandparents 1.3
aburrido/a *adj.* bored;
 boring 1.5
aburrir *v.* to bore 1.7
aburrirse *v.* to get bored 2.8
acabar de (+ *inf.***)** *v.* to have just
 (*done something*) 1.6
acampar *v.* to camp 1.5
accidente *m.* accident 2.1
acción *f.* action 2.8
  de acción action (*genre*) 2.8
aceite *m.* oil 1.8
ácido/a *adj.* acid 2.4
acompañar *v.* to go with; to
 accompany 2.5
aconsejar *v.* to advise 2.3
acontecimiento *m.* event 2.9
acordarse (de) (o:ue) *v.* to
 remember 1.7
acostarse (o:ue) *v.* to go to
 bed 1.7
activo/a *adj.* active 2.6
actor *m.* actor 2.7
actriz *f.* actor 2.7
actualidades *f., pl.* news;
 current events 2.9
acuático/a *adj.* aquatic 1.4
adelgazar *v.* to lose weight; to
 slim down 2.6
además (de) *adv.* furthermore;
 besides 2.1
adicional *adj.* additional
adiós *m.* good-bye 1.1

adjetivo *m.* adjective
administración de
 empresas *f.* business
 administration 1.2
adolescencia *f.* adolescence 1.9
¿adónde? *adv.* where (to)?
 (*destination*) 1.2
aduana *f.* customs 1.5
aeróbico/a *adj.* aerobic 2.6
aeropuerto *m.* airport 1.5
afectado/a *adj.* affected 2.4
afeitarse *v.* to shave 1.7
aficionado/a *adj.* fan 1.4
afirmativo/a *adj.* affirmative
afueras *f., pl.* suburbs;
 outskirts 2.3
agencia de viajes *f.* travel
 agency 1.5
agente de viajes *m., f.* travel
 agent 1.5
agosto *m.* August 1.5
agradable *adj.* pleasant
agua *f.* water 1.8
  agua mineral mineral water
   1.8
ahora *adv.* now 1.2
  ahora mismo right now 1.5
ahorrar *v.* to save (*money*) 2.5
ahorros *m.* savings 2.5
aire *m.* air 1.5
ajo *m.* garlic 1.8
al (*contraction of* **a** + **el**) 1.2
  al aire libre open-air 1.6
  al contado in cash 2.5
  al este to the east 2.5

al fondo (de) at the end (of) 2.3
al lado de beside 1.2
al norte to the north 2.5
al oeste to the west 2.5
al sur to the south 2.5
alcoba *f.* bedroom 2.3
alegrarse (de) *v.* to be happy 2.4
alegre *adj.* happy; joyful 1.5
alegría *f.* happiness 1.9
alemán, alemana *adj.* German 1.3
alérgico/a *adj.* allergic 2.1
alfombra *f.* carpet; rug 2.3
algo *pron.* something; anything 1.7
algodón *m.* cotton 1.6
alguien *pron.* someone; somebody; anyone 1.7
algún, alguno/a(s) *adj.*, *pron.* any; some 1.7
alimentación *f.* diet
alimento *m.* food
aliviar *v.* to reduce 2.6
aliviar el estrés/la tensión to reduce stress/tension 2.6
allí *adv.* there 1.5
allí mismo right there 2.5
almacén *m.* department store 1.6
almohada *f.* pillow 2.3
almorzar (o:ue) *v.* to have lunch 1.4
almuerzo *m.* lunch 1.8
aló *interj.* hello (*on the telephone*) 2.2
alquilar *v.* to rent 2.3
alquiler *m.* rent (payment) 2.3
alternador *m.* alternator 2.2
altillo *m.* attic 2.3
alto/a *adj.* tall 1.3
aluminio *m.* aluminum 2.4
ama de casa *m.*, *f.* housekeeper; caretaker 2.3
amable *adj.* nice; friendly 1.5
amarillo/a *adj.* yellow 1.6
amigo/a *m.*, *f.* friend 1.3
amistad *f.* friendship 1.9
amor *m.* love 1.9
anaranjado/a *adj.* orange 1.6
andar *v.* **en patineta** to skateboard 1.4
animal *m.* animal 2.4
aniversario (de bodas) *m.* (wedding) anniversary 1.9
anoche *adv.* last night 1.6
anteayer *adv.* the day before yesterday 1.6
antes *adv.* before 1.7
antes (de) que *conj.* before 2.4
antes de *prep.* before 1.7
antibiótico *m.* antibiotic 2.1
antipático/a *adj.* unpleasant 1.3
anunciar *v.* to announce; to advertise 2.9

anuncio *m.* advertisement 2.7
año *m.* year 1.5
año pasado last year 1.6
apagar *v.* to turn off 2.2
aparato *m.* appliance
apartamento *m.* apartment 2.3
apellido *m.* last name 1.3
apenas *adv.* hardly; scarcely 2.1
aplaudir *v.* to applaud 2.8
aplicación *f.* application 2.2
apreciar *v.* to appreciate 2.8
aprender (a + *inf.***)** *v.* to learn 1.3
apurarse *v.* to hurry; to rush 2.6
aquel, aquella *adj.* that (over there) 1.6
aquél, aquélla *pron.* that (over there) 1.6
aquello *neuter pron.* that; that thing; that fact 1.6
aquellos/as *pl. adj.* those (over there) 1.6
aquéllos/as *pl. pron.* those (ones) (over there) 1.6
aquí *adv.* here 1.1
Aquí está... Here it is... 1.5
Aquí estamos en... Here we are at/in... 1.2
aquí mismo right here 2.2
árbol *m.* tree 2.4
archivo *m.* file 2.2
armario *m.* closet 2.3
arqueólogo/a *m.*, *f.* archaeologist 2.7
arquitecto/a *m.*, *f.* architect 2.7
arrancar *v.* to start (*a car*) 2.2
arreglar *v.* to fix; to arrange 2.2; to neaten; to straighten up 2.3
arriba *adv.* up
arroba *f.* @ symbol 2.2
arroz *m.* rice 1.8
arte *m.* art 1.2
artes *f.*, *pl.* arts 2.8
artesanía *f.* craftsmanship; crafts 2.8
artículo *m.* article 2.9
artista *m.*, *f.* artist 1.3
artístico/a *adj.* artistic 2.8
arveja *m.* pea 1.8
asado/a *adj.* roast 1.8
ascenso *m.* promotion 2.7
ascensor *m.* elevator 1.5
así *adv.* like this; so (*in such a way*) 2.1
así así so-so
asistir (a) *v.* to attend 1.3
aspiradora *f.* vacuum cleaner 2.3
aspirante *m. f.* candidate; applicant 2.7
aspirina *f.* aspirin 2.1
atún *m.* tuna 1.8
aumentar de peso to gain weight 2.6
aumento *m.* increase 2.7
aumento de sueldo *m.* pay raise 2.7

aunque *conj.* although
autobús *m.* bus 1.1
automático/a *adj.* automatic
auto(móvil) *m.* auto(mobile) 1.5
autopista *f.* highway 2.2
ave *f.* bird 2.4
avenida *f.* avenue
aventura *f.* adventure 2.8
de aventura adventure (*genre*) 2.8
avergonzado/a *adj.* embarrassed 1.5
avión *m.* airplane 1.5
¡Ay! *interj.* Oh!
¡Ay, qué dolor! Oh, what pain!
ayer *adv.* yesterday 1.6
ayudar(se) *v.* to help (each other) 2.2, 2.3
azúcar *m.* sugar 1.8
azul *adj.* blue 1.6

B

bailar *v.* to dance 1.2
bailarín/bailarina *m.*, *f.* dancer 2.8
baile *m.* dance 2.8
bajar(se) de *v.* to get off of/out of (*a vehicle*) 2.2
bajo/a *adj.* short (*in height*) 1.3
bajo control under control 1.7
balcón *m.* balcony 2.3
baloncesto *m.* basketball 1.4
banana *f.* banana 1.8
banco *m.* bank 2.5
banda *f.* band 2.8
bandera *f.* flag
bañarse *v.* to bathe; to take a bath 1.7
baño *m.* bathroom 1.7
barato/a *adj.* cheap 1.6
barco *m.* boat 1.5
barrer *v.* to sweep 2.3
barrer el suelo to sweep the floor 2.3
barrio *m.* neighborhood 2.3
bastante *adv.* enough; rather 2.1; pretty 2.4
basura *f.* trash 2.3
baúl *m.* trunk 2.2
beber *v.* to drink 1.3
bebida *f.* drink 1.8
béisbol *m.* baseball 1.4
bellas artes *f.*, *pl.* fine arts 2.8
belleza *f.* beauty 2.5
beneficio *m.* benefit 2.7
besar(se) *v.* to kiss (each other) 2.2
beso *m.* kiss 1.9
biblioteca *f.* library 1.2
bicicleta *f.* bicycle 1.4
bien *adj.*, *adv.* well 1.1

bienestar *m.* well-being 2.6
bienvenido(s)/a(s) *adj.* welcome 2.3
billete *m.* paper money; ticket
billón *m.* trillion
biología *f.* biology 1.2
bisabuelo/a *m., f.* great-grandfather/great-grandmother 1.3
bistec *m.* steak 1.8
bizcocho *m.* biscuit
blanco/a *adj.* white 1.6
blog *m.* blog 2.2
bluejeans *m., pl.* jeans 1.6
blusa *f.* blouse 1.6
boca *f.* mouth 2.1
boda *f.* wedding 1.9
boleto *m.* ticket 2.8
bolsa *f.* purse, bag 1.6
bombero/a *m., f.* firefighter 2.7
bonito/a *adj.* pretty 1.3
borrador *m.* eraser 1.2
borrar *v.* to erase 2.2
bosque *m.* forest 2.4
   bosque tropical tropical forest; rain forest 2.4
bota *f.* boot 1.6
botella *f.* bottle 1.9
   botella de vino bottle of wine 1.9
botones *m., f. sing.* bellhop 1.5
brazo *m.* arm 2.1
brindar *v.* to toast (*drink*) 1.9
bucear *v.* to scuba dive 1.4
buen, bueno/a *adj.* good 1.3, 1.6
   ¡Buen viaje! Have a good trip! 1.6
   buena forma good shape (*physical*) 2.6
   Buena idea. Good idea. 1.4
   Buenas noches. Good evening. Good night. 1.1
   Buenas tardes. Good afternoon. 1.1
   buenísimo extremely good
   ¿Bueno? Hello. (*on telephone*) 2.2
   Buenos días. Good morning. 1.1
bueno... *interj.* well... 1.2, 2.8
bulevar *m.* boulevard
buscador *m.* browser 2.2
buscar *v.* to look for 1.2
buzón *m.* mailbox 2.5

C

caballo *m.* horse 1.5
cabaña *f.* cabin 1.5
cabe: no cabe duda de there's no doubt 2.4
cabeza *f.* head 2.1
cada *adj.* each 1.6
caerse *v.* to fall (down) 2.1

café *m.* café 1.4; coffee 1.8; *adj.* brown 1.6
cafeína *f.* caffeine 2.5
cafetera *f.* coffeemaker 2.3
cafetería *f.* cafeteria 1.2
caído *p.p.* fallen 2.5
caja *f.* cash register 1.6
cajero/a *m., f.* cashier 2.5
   cajero automático *m.* ATM 2.5
calcetín (calcetines) *m.* sock(s) 1.6
caldo *m.* soup
calentamiento global *m.* global warming 2.4
calentarse (e:ie) *v.* to warm up 2.6
calidad *f.* quality 1.6
calle *f.* street 2.2
calor *m.* heat 1.4
caloría *f.* calorie 2.6
calzar *v.* to take size... shoes 1.6
cama *f.* bed 1.5
cámara de video *f.* video camera 2.2
cámara digital *f.* digital camera 2.2
camarero/a *m., f.* waiter; waitress 1.8
camarón *m.* shrimp 1.8
cambiar (de) *v.* to change 1.9
cambio climático *m.* climate change 2.4
cambio de moneda *m.* currency exchange
caminar *v.* to walk 1.2
camino *m.* road
camión *m.* truck; bus
camisa *f.* shirt 1.6
camiseta *f.* t-shirt 1.6
campo *m.* countryside 1.5
canadiense *adj.* Canadian 1.3
canal *m.* (TV) channel 2.2, 2.8
canción *f.* song 2.8
candidato/a *m., f.* candidate 2.9
cansado/a *adj.* tired 1.5
cantante *m., f.* singer 2.8
cantar *v.* to sing 1.2
capital *f.* capital city 1.1
capó *m.* hood 2.2
cara *f.* face 1.7
caramelo *m.* caramel 1.9
carne *f.* meat 1.8
   carne de res *f.* beef 1.8
carnicería *f.* butcher shop 2.5
caro/a *adj.* expensive 1.6
carpintero/a *m., f.* carpenter 2.7
carrera *f.* career 2.7
carretera *f.* highway 2.2
carro *m.* car; automobile 2.2
carta *f.* letter 1.4; (playing) card 1.5
cartel *m.* poster 2.3
cartera *f.* wallet 1.6

cartero/a *m., f.* mail carrier 2.5
casa *f.* house; home 1.2
casado/a *adj.* married 1.9
casarse (con) *v.* to get married (to) 1.9
casi *adv.* almost 2.1
catorce *n., adj.* fourteen 1.1
cazar *v.* to hunt 2.4
cebolla *f.* onion 1.8
cederrón *m.* CD-ROM
celebrar *v.* to celebrate 1.9
celular *adj.* cellular 2.2
cena *f.* dinner 1.8
cenar *v.* to have dinner 1.2
centro *m.* downtown 1.4
   centro comercial *m.* shopping mall 1.6
cepillarse los dientes/el pelo *v.* to brush one's teeth/one's hair 1.7
cerámica *f.* pottery 2.8
cerca de *prep.* near 1.2
cerdo *m.* pork 1.8
cereales *m., pl.* cereal; grains 1.8
cero *m.* zero 1.1
cerrado/a *adj.* closed 1.5, 2.5
cerrar (e:ie) *v.* to close 1.4
césped *m.* grass 2.4
ceviche *m.* marinated fish dish 1.8
   ceviche de camarón *m.* lemon-marinated shrimp 1.8
chaleco *m.* vest
champán *m.* champagne 1.9
champiñón *m.* mushroom 1.8
champú *m.* shampoo 1.7
chaqueta *f.* jacket 1.6
chatear *v.* to chat 2.2
chau *fam. interj.* bye 1.1
cheque *m.* (bank) check 2.5
   cheque de viajero *m.* traveler's check 2.5
chévere *adj., fam.* terrific
chico/a *m., f.* boy; girl 1.1
chino/a *adj.* Chinese 1.3
chocar (con) *v.* to run into
chocolate *m.* chocolate 1.9
choque *m.* collision 2.9
chuleta *f.* chop (*food*) 1.8
   chuleta de cerdo *f.* pork chop 1.8
cibercafé *m.* cybercafé
ciclismo *m.* cycling 1.4
cielo *m.* sky 2.4
cien(to) *n., adj.* one hundred 1.2
ciencia *f.* science 1.2
   de ciencia ficción science fiction (*genre*) 2.8
científico/a *m., f.* scientist 2.7
cierto/a *adj.* certain 2.4
   es cierto it's certain 2.4
   no es cierto it's not certain 2.4

cinco *n., adj.* five **1.1**
cincuenta *n., adj.* fifty **1.2**
cine *m.* movie theater **1.4**
cinta *f.* (audio)tape
cinta caminadora *f.* treadmill **2.6**
cinturón *m.* belt **1.6**
circulación *f.* traffic **2.2**
cita *f.* date; appointment **1.9**
ciudad *f.* city **1.4**
ciudadano/a *m., f.* citizen **2.9**
Claro (que sí). *fam.* Of course. **2.7**
clase *f.* class **1.2**
    clase de ejercicios aeróbicos *f.* aerobics class **2.6**
clásico/a *adj.* classical **2.8**
cliente/a *m., f.* customer **1.6**
clínica *f.* clinic **2.1**
cobrar *v.* to cash (*a check*) **2.5**
coche *m.* car; automobile **2.2**
cocina *f.* kitchen; stove **2.3**
cocinar *v.* to cook **2.3**
cocinero/a *m., f.* cook, chef **2.7**
cofre *m.* hood **2.5**
cola *f.* line **2.5**
colesterol *m.* cholesterol **2.6**
color *m.* color **1.3, 1.6**
comedia *f.* comedy; play **2.8**
comedor *m.* dining room **2.3**
comenzar (e:ie) *v.* to begin **1.4**
comer *v.* to eat **1.3**
comercial *adj.* commercial; business-related **2.7**
comida *f.* food; meal **1.8**
como *prep., conj.* like; as **1.8**
¿cómo? *adv.* what?; how? **1.1**
    ¿Cómo es...? What's... like? **1.3**
    ¿Cómo está usted? *form.* How are you? **1.1**
    ¿Cómo estás? *fam.* How are you? **1.1**
    ¿Cómo les fue...? *pl.* How did ... go for you? **2.6**
    ¿Cómo se llama (usted)? *form.* What's your name? **1.1**
    ¿Cómo te llamas (tú)? *fam.* What's your name? **1.1**
cómoda *f.* chest of drawers **2.3**
cómodo/a *adj.* comfortable **1.5**
compañero/a de clase *m., f.* classmate **1.2**
compañero/a de cuarto *m., f.* roommate **1.2**
compañía *f.* company; firm **2.7**
compartir *v.* to share **1.3**
completamente *adv.* completely **2.7**
compositor(a) *m., f.* composer **2.8**
comprar *v.* to buy **1.2**
compras *f., pl.* purchases **1.5**
    ir de compras to go shopping **1.5**

comprender *v.* to understand **1.3**
comprobar (o:ue) *v.* to check
comprometerse (con) *v.* to get engaged (to) **1.9**
computación *f.* computer science **1.2**
computadora *f.* computer **1.1**
    computadora portátil *f.* portable computer; laptop **2.2**
comunicación *f.* communication **2.9**
comunicarse (con) *v.* to communicate (with) **2.9**
comunidad *f.* community **1.1**
con *prep.* with **1.2**
    Con él/ella habla. This is he/she. (*on telephone*) **2.2**
    con frecuencia *adv.* frequently **2.1**
    Con permiso. Pardon me.; Excuse me. **1.1**
    con tal (de) que *conj.* provided (that) **2.4**
concierto *m.* concert **2.8**
concordar (o:ue) *v.* to agree
concurso *m.* game show; contest **2.8**
conducir *v.* to drive **1.6, 2.2**
conductor(a) *m., f.* driver **1.1**
conexión inalámbrica *f.* wireless (connection) **2.2**
confirmar *v.* to confirm **1.5**
    confirmar una reservación to confirm a reservation **1.5**
confundido/a *adj.* confused **1.5**
congelador *m.* freezer **2.3**
congestionado/a *adj.* congested; stuffed-up **2.1**
conmigo *pron.* with me **1.4, 1.9**
conocer *v.* to know; to be acquainted with **1.6**
conocido/a *adj.; p.p.* known
conseguir (e:i) *v.* to get; to obtain **1.4**
consejero/a *m., f.* counselor; advisor **2.7**
consejo *m.* advice
conservación *f.* conservation **2.4**
conservar *v.* to conserve **2.4**
construir *v.* to build
consultorio *m.* doctor's office **2.1**
consumir *v.* to consume **2.6**
contabilidad *f.* accounting **1.2**
contador(a) *m., f.* accountant **2.7**
contaminación *f.* pollution **2.4**
    contaminación del aire/del agua air/water pollution **2.4**
contaminado/a *adj.* polluted **2.4**
contaminar *v.* to pollute **2.4**
contar (o:ue) *v.* to count; to tell **1.4**
    contar con *v.* to count (on) **2.3**
contento/a *adj.* happy; content **1.5**

contestar *v.* to answer **1.2**
contigo *fam. pron.* with you **1.9**
contratar *v.* to hire **2.7**
control *m.* control **1.7**
    control remoto *m.* remote control **2.2**
controlar *v.* to control **2.4**
conversación *f.* conversation **1.2**
conversar *v.* to converse, to chat **1.2**
copa *f.* wineglass **2.3**
corazón *m.* heart **2.1**
corbata *f.* tie **1.6**
corredor(a) de bolsa *m., f.* stockbroker **2.7**
correo *m.* mail; post office **2.5**
    correo de voz *m.* voice mail **2.2**
    correo electrónico *m.* e-mail **1.4**
correr *v.* to run **1.3**
cortesía *f.* courtesy
cortinas *f., pl.* curtains **2.3**
corto/a *adj.* short (*in length*) **1.6**
cosa *f.* thing **1.1**
costar (o:ue) *f.* to cost **1.6**
cráter *m.* crater **2.4**
creer *v.* to believe **2.4**
    creer en *v.* to believe in **1.3**
    no creer en *v.* not to believe in **2.4**
creído/a *adj., p.p.* believed **2.5**
crema de afeitar *f.* shaving cream **1.7**
crimen *m.* crime; murder **2.9**
cruzar *v.* to cross **2.5**
cuaderno *m.* notebook **1.1**
cuadra *f.* (city) block **2.5**
cuadro *m.* picture **2.3**
¿cuál(es)? *pron.* which?; which one(s)? **1.2**
    ¿Cuál es la fecha de hoy? What is today's date? **1.5**
cuando *conj.* when **1.7, 2.4**
¿cuándo? *adv.* when? **1.2**
¿cuánto(s)/a(s)? *adj.* how much/how many? **1.1**
    ¿Cuánto cuesta...? How much does... cost? **1.6**
    ¿Cuántos años tienes? *fam.* How old are you? **1.3**
cuarenta *n., adj.* forty **1.2**
cuarto *m.* room **1.2, 1.7**
    cuarto de baño *m.* bathroom **1.7**
cuarto/a *n., adj.* fourth **1.5**
    menos cuarto quarter to (*time*)
    y cuarto quarter after (*time*) **1.1**
cuatro *n., adj.* four **1.1**
cuatrocientos/as *n., adj.* four hundred **1.2**
cubierto *p.p.* covered
cubiertos *m., pl.* silverware

cubrir *v.* to cover
cuchara *f.* tablespoon; large spoon 2.3
cuchillo *m.* knife 2.3
cuello *m.* neck 2.1
cuenta *f.* bill 1.9; account 2.5
  cuenta corriente *f.* checking account 2.5
  cuenta de ahorros *f.* savings account 2.5
cuento *m.* short story 2.8
cuerpo *m.* body 2.1
cuidado *m.* care 1.3
cuidar *v.* to take care of 2.4
  ¡Cuídense! *form. pl.* Take care! 2.5
cultura *f.* culture 2.8
cumpleaños *m., sing.* birthday 1.9
cumplir años *v.* to have a birthday 1.9
cuñado/a *m., f.* brother-in-law; sister-in-law 1.3
currículum *m.* résumé 2.7
curso *m.* course 1.2

D

danza *f.* dance 2.8
dañar *v.* to damage; to break down 2.1
dar *v.* to give 1.6, 1.9
  dar un consejo to give advice
  darse con *v.* to bump into; to run into (*something*) 2.1
  darse prisa to hurry; to rush 2.6
de *prep.* of; from 1.1
  de algodón (made) of cotton 1.6
  de aluminio (made) of aluminum 2.4
  de buen humor in a good mood 1.5
  de compras shopping 1.5
  de cuadros plaid 1.6
  ¿De dónde eres? *fam.* Where are you from? 1.1
  ¿De dónde es usted? *form.* Where are you from? 1.1
  de excursión hiking 1.4
  de hecho in fact
  de ida y vuelta roundtrip 1.5
  de la mañana in the morning; A.M. 1.1
  de la noche in the evening; at night; P.M. 1.1
  de la tarde in the afternoon; in the early evening; P.M. 1.1
  de lana (made) of wool 1.6
  de lunares polka-dotted 1.6
  de mal humor in a bad mood 1.5
  de mi vida of my life 2.6

de moda in fashion 1.6
De nada. You're welcome. 1.1
De ninguna manera. No way. 2.7
de niño/a as a child 2.1
de parte de on behalf of 2.2
¿De parte de quién? Who is calling? (*on telephone*) 2.2
de plástico (made) of plastic 2.4
¿de quién...? *pron., sing.* whose...? 1.1
¿de quiénes...? *pron., pl.* whose...? 1.1
de rayas striped 1.6
de repente *adv.* suddenly 1.6
de seda (made) of silk 1.6
de vaqueros western (*genre*) 2.8
de vez en cuando from time to time 2.1
de vidrio (made) of glass 2.4
debajo de *prep.* below; under 1.2
deber *m.* responsibility; obligation 2.9
deber (+ *inf.*) *v.* should; must; ought to 1.3
  Debe ser... It must be... 1.6
debido a due to (the fact that)
débil *adj.* weak 2.6
decidido/a *adj.* decided 2.5
decidir (+ *inf.*) *v.* to decide 1.3
décimo/a *n., adj.* tenth 1.5
decir (e:i) *v.* to say; to tell 1.4, 1.9
  decir la respuesta to say the answer 1.4
  decir la verdad to tell the truth 1.4
  decir mentiras to tell lies 1.4
  decir que to say that 1.4
declarar *v.* to declare; to say 2.9
dedo *m.* finger 2.1
dedo del pie *m.* toe 2.1
deforestación *f.* deforestation 2.4
dejar *v.* to let 2.3; to quit; to leave behind 2.7
  dejar de (+ *inf.*) *v.* to stop (*doing something*) 2.4
  dejar una propina *v.* to leave a tip 1.9
del (*contraction of* **de + el**) of the; from the
delante de *prep.* in front of 1.2
delgado/a *adj.* thin; slender 1.3
delicioso/a *adj.* delicious 1.8
demás *adj.* the rest
demasiado/a *adj., adv.* too much 1.6
dentista *m., f.* dentist 2.1
dentro de (diez años) within (ten years) 2.7; inside
dependiente/a *m., f.* clerk 1.6

deporte *m.* sport 1.4
deportista *m.* sports person
deportivo/a *adj.* sports-related 1.4
depositar *v.* to deposit 2.5
derecha *f.* right 1.2
  a la derecha de to the right of 1.2
derecho *adv.* straight (ahead) 2.5
derechos *m.* rights 2.9
desarrollar *v.* to develop 2.4
desastre (natural) *m.* (natural) disaster 2.9
desayunar *v.* to have breakfast 1.2
desayuno *m.* breakfast 1.8
descafeinado/a *adj.* decaffeinated 2.6
descansar *v.* to rest 1.2
descargar *v.* to download 2.2
descompuesto/a *adj.* not working; out of order 2.2
describir *v.* to describe 1.3
descrito *p.p.* described 2.5
descubierto *p.p.* discovered 2.5
descubrir *v.* to discover 2.4
desde *prep.* from 1.6
desear *v.* to wish; to desire 1.2
desempleo *m.* unemployment 2.9
desierto *m.* desert 2.4
desigualdad *f.* inequality 2.9
desordenado/a *adj.* disorderly 1.5
despacio *adv.* slowly 2.1
despedida *f.* farewell; good-bye
despedir (e:i) *v.* to fire 2.7
  despedirse (e:i) (de) *v.* to say good-bye (to)
despejado/a *adj.* clear (*weather*)
despertador *m.* alarm clock 1.7
despertarse (e:ie) *v.* to wake up 1.7
después *adv.* afterwards; then 1.7
  después de *prep.* after 1.7
  después de que *conj.* after 2.4
destruir *v.* to destroy 2.4
detrás de *prep.* behind 1.2
día *m.* day 1.1
  día de fiesta *m.* holiday 1.9
diario *m.* diary 1.1; newspaper 2.9
diario/a *adj.* daily 1.7
dibujar *v.* to draw 1.2
dibujo *m.* drawing 2.8
  dibujos animados *m., pl.* cartoons 2.8
diccionario *m.* dictionary 1.1
dicho *p.p.* said 2.5
diciembre *m.* December 1.5
dictadura *f.* dictatorship 2.9
diecinueve *n., adj.* nineteen 1.1
dieciocho *n., adj.* eighteen 1.1

dieciséis *n., adj.* sixteen **1.1**
diecisiete *n., adj.* seventeen **1.1**
diente *m.* tooth **1.7**
dieta *f.* diet **2.6**
   comer una dieta equilibrada
     to eat a balanced diet **2.6**
diez *n., adj.* ten **1.1**
difícil *adj.* difficult; hard **1.3**
Diga. Hello. (*on telephone*) **2.2**
diligencia *f.* errand **2.5**
dinero *m.* money **1.6**
dirección *f.* address **2.5**
   dirección electrónica *f.* e-mail
     address **2.2**
direcciones *f., pl.* directions **2.5**
director(a) *m., f.* director;
   (*musical*) conductor **2.8**
dirigir *v.* to direct **2.8**
disco compacto *m.* CD
discriminación *f.*
   discrimination **2.9**
discurso *m.* speech **2.9**
diseñador(a) *m., f.* designer **2.7**
diseño *m.* design
disfrutar (de) *v.* to enjoy; to reap
   the benefits (of) **2.6**
diversión *f.* fun activity;
   entertainment; recreation **1.4**
divertido/a *adj.* fun **1.7**
divertirse (e:ie) *v.* to have
   fun **1.9**
divorciado/a *adj.* divorced **1.9**
divorciarse (de) *v.* to get
   divorced (from) **1.9**
divorcio *m.* divorce **1.9**
doblar *v.* to turn **2.5**
doble *adj.* double
doce *n., adj.* twelve **1.1**
doctor(a) *m., f.* doctor **1.3, 2.1**
documental *m.* documentary
   2.8
documentos de viaje *m.,*
   pl. travel documents
doler (o:ue) *v.* to hurt **2.1**
dolor *m.* ache; pain **2.1**
   dolor de cabeza *m.*
     headache **2.1**
doméstico/a *adj.* domestic **2.3**
domingo *m.* Sunday **1.2**
don/doña title of respect used
   with a person's first name **1.1**
donde *conj.* where
¿dónde? *adv.* where? **1.1**
   ¿Dónde está...? Where is...?
     1.2
dormir (o:ue) *v.* to sleep **1.4**
dormirse (o:ue) *v.* to go to
   sleep; to fall asleep **1.7**
dormitorio *m.* bedroom **2.3**
dos *n., adj.* two **1.1**
   dos veces *adv.* twice; two
     times **1.6**
doscientos/as *n., adj.* two
   hundred **1.2**
drama *m.* drama; play **2.8**

dramático/a *m., f..* dramatic **2.8**
dramaturgo/a *m., f.* playwright
   2.8
droga *f.* drug **2.6**
drogadicto/a *m., f.* drug addict
   2.6
ducha *f.* shower **1.7**
ducharse *v.* to shower; to take a
   shower **1.7**
duda *f.* doubt **2.4**
dudar *v.* to doubt **2.4**
   no dudar *v.* not to doubt **2.4**
dueño/a *m., f.* owner; landlord
   1.8
dulces *m., pl.* sweets; candy **1.9**
durante *prep.* during **1.7**
durar *v.* to last **2.9**

E

e *conj.* (used instead of **y** before
   words beginning with **i** and **hi**)
   and **1.4**
echar *v.* to throw
   echar (una carta) al buzón
     to put (a letter) in the
     mailbox; to mail **2.5**
ecología *f.* ecology **2.4**
ecologista *m., f.* ecologist **2.4**
economía *f.* economics **1.2**
ecoturismo *m.* ecotourism **2.4**
Ecuador *m.* Ecuador **1.1**
ecuatoriano/a *adj.* Ecuadorian
   1.3
edad *f.* age **1.9**
edificio *m.* building **2.3**
   edificio de apartamentos *m.*
     apartment building **2.3**
(en) efectivo *m.* cash **1.6**
ejercicio *m.* exercise **2.6**
   ejercicios aeróbicos *m. pl.*
     aerobic exercises **2.6**
   ejercicios de estiramiento
     m. pl. stretching exercises **2.6**
ejército *m.* army **2.9**
el *m., sing., def. art.* the **1.1**
él *sub. pron.* he **1.1;** *pron.,*
   obj. of prep. him **1.9**
elecciones *f. pl.* election **2.9**
electricista *m., f.* electrician **2.7**
electrodoméstico *m.* electric
   appliance **2.3**
elegante *adj.* elegant **1.6**
elegir (e:i) *v.* to elect **2.9**
ella *sub. pron.* she **1.1;** *pron.,*
   obj. of prep. her **1.9**
ellos/as *sub. pron.* they **1.1;**
   pron., obj. of prep. them **1.9**
embarazada *adj.* pregnant **2.1**
emergencia *f.* emergency **2.1**
emitir *v.* to broadcast **2.9**
emocionante *adj.* exciting
empezar (e:ie) *v.* to begin **1.4**
empleado/a *m., f.* employee **1.5**
empleo *m.* job; employment **2.7**

empresa *f.* company; firm **2.7**
en *prep.* in; on; at **1.2**
   en casa at home **1.7**
   en caso (de) que *conj.* in
     case (that) **2.4**
   en cuanto *conj.* as soon as
     2.4
   en efectivo in cash **2.5**
   en exceso in excess **2.6**
   en línea inline **1.4**
   ¡En marcha! Let's get
     going! **2.6**
   en mi nombre in my name
   en punto on the dot; exactly;
     sharp (*time*) **1.1**
   ¿en qué? in what?; how? **1.2**
   ¿En qué puedo servirles?
     How can I help you? **1.5**
enamorado/a (de) *adj.* in love
   (with) **1.5**
enamorarse (de) *v.* to fall in
   love (with) **1.9**
encantado/a *adj.* delighted;
   Pleased to meet you. **1.1**
encantar *v.* to like very much; to
   love (*inanimate objects*) **1.7**
   ¡Me encantó! I loved it! **2.6**
encima de *prep.* on top of **1.2**
encontrar (o:ue) *v.* to find **1.4**
encontrar(se) (o:ue) *v.* to meet
   (each other); to run into (each
   other) **2.2**
encuesta *f.* poll; survey **2.9**
energía *f.* energy **2.4**
   energía nuclear *f.* nuclear
     energy **2.4**
   energía solar *f.* solar
     energy **2.4**
enero *m.* January **1.5**
enfermarse *v.* to get sick **2.1**
enfermedad *f.* illness **2.1**
enfermero/a *m., f.* nurse **2.1**
enfermo/a *adj.* sick **2.1**
enfrente de *adv.* opposite;
   facing **2.5**
engordar *v.* to gain weight **2.6**
enojado/a *adj.* mad; angry **1.5**
enojarse (con) *v.* to get angry
   (with) **1.7**
ensalada *f.* salad **1.8**
enseguida *adv.* right away **1.9**
enseñar *v.* to teach **1.2**
ensuciar *v.* to get (*something*)
   dirty **2.3**
entender (e:ie) *v.* to understand
   1.4
entonces *adv.* then **1.7**
entrada *f.* entrance **2.3;**
   ticket **2.8**
entre *prep.* between; among **1.2**
entremeses *m., pl.* hors
   d'oeuvres; appetizers **1.8**
entrenador(a) *m., f.* trainer **2.6**
entrenarse *v.* to train **2.6**
entrevista *f.* interview **2.7**

entrevistador(a) *m.*, *f.* interviewer 2.7

entrevistar *v.* to interview 2.7

envase *m.* container 2.4

enviar *v.* to send; to mail 2.5

equilibrado/a *adj.* balanced 2.6

equipado/a *adj.* equipped 2.6

equipaje *m.* luggage 1.5

equipo *m.* team 1.4

equivocado/a *adj.* wrong 1.5

eres *fam.*, *sing.* you are 1.1

es he/she/it is 1.1

  Es bueno que... It's good that... 2.3

  Es de... He/She is from... 1.1

  es extraño it's strange 2.4

  Es importante que... It's important that... 2.3

  es imposible it's impossible 2.4

  es improbable it's improbable 2.4

  Es la una. It's one o'clock. 1.1

  Es malo que... It's bad that... 2.3

  Es mejor que... It's better that... 2.3

  Es necesario que... It's necessary that... 2.3

  es obvio it's obvious 2.4

  es ridículo it's ridiculous 2.4

  es seguro it's sure 2.4

  es terrible it's terrible 2.4

  es triste it's sad 2.4

  es una lástima it's a shame 2.4

  Es urgente que... It's urgent that... 2.3

  es verdad it's true 2.4

esa(s) *f.*, *adj.* that; those 1.6

ésa(s) *f.*, *pron.* that (one); those (ones) 1.6

escalar *v.* to climb 1.4

  escalar montañas to climb mountains 1.4

escalera *f.* stairs; stairway 2.3

escanear *v.* to scan 2.2

escoger *v.* to choose 1.8

escribir *v.* to write 1.3

  escribir un mensaje electrónico to write an e-mail message 1.4

  escribir una carta to write a letter 1.4

  escribir una postal to write a postcard

escrito *p.p.* written 2.5

escritor(a) *m.*, *f* writer 2.8

escritorio *m.* desk 1.2

escuchar *v.* to listen (to)

  escuchar la radio to listen to the radio 1.2

  escuchar música to listen to music 1.2

escuela *f.* school 1.1

esculpir *v.* to sculpt 2.8

escultor(a) *m.*, *f.* sculptor 2.8

escultura *f.* sculpture 2.8

ese *m.*, *sing.*, *adj.* that 1.6

ése *m.*, *sing.*, *pron.* that (one) 1.6

eso *neuter pron.* that; that thing 1.6

esos *m.*, *pl.*, *adj.* those 1.6

ésos *m.*, *pl.*, *pron.* those (ones) 1.6

España *f.* Spain 1.1

español *m.* Spanish (*language*) 1.2

español(a) *adj.* Spanish 1.3

espárragos *m.*, *pl.* asparagus 1.8

especialización *f.* major 1.2

espectacular *adj.* spectacular 2.6

espectáculo *m.* show 2.8

espejo *m.* mirror 1.7

esperar *v.* to hope; to wish 2.4

  esperar (+ inf.) *v.* to wait (for); to hope 1.2

esposo/a *m.*, *f.* husband; wife; spouse 1.3

esquí (acuático) *m.* (water) skiing 1.4

esquiar *v.* to ski 1.4

esquina *m.* corner 2.5

está he/she/it is; you are 1.2

  Está bien. That's fine. 2.2

  Está (muy) despejado. It's (very) clear. (*weather*)

  Está lloviendo. It's raining. 1.5

  Está nevando. It's snowing. 1.5

  Está (muy) nublado. It's (very) cloudy. (*weather*) 1.5

esta(s) *f.*, *adj.* this; these 1.6

  esta noche tonight 1.4

ésta(s) *f.*, *pron.* this (one); these (ones) 1.6

  Ésta es... *f.* This is... (*introducing someone*) 1.1

establecer *v.* to start, to establish 2.7

estación *f.* station; season 1.5

  estación de autobuses *f.* bus station 1.5

  estación del metro *f.* subway station 1.5

  estación de tren *f.* train station 1.5

estacionamiento *m.* parking lot 2.5

estacionar *v.* to park 2.2

estadio *m.* stadium 1.2 estado civil *m.* marital status 1.9

Estados Unidos (EE.UU.; E.U.) *m.* United States 1.1

estadounidense *adj.* from the United States 1.3

estampado/a *adj.* print

estampilla *f.* stamp 2.5

estante *m.* bookcase; bookshelves 2.3

estar *v.* to be 1.2

  estar a (veinte kilómetros) de aquí. to be (20 kilometers) from here 2.2

  estar a dieta to be on a diet 2.6

  estar aburrido/a to be bored 1.5

  estar afectado/a (por) to be affected (by) 2.4

  estar bajo control to be under control 1.7

  estar cansado/a to be tired 1.5

  estar contaminado/a to be polluted 2.4

  estar de acuerdo to agree 2.7

  estar de moda to be in fashion 1.6

  estar de vacaciones to be on vacation 1.5

  estar en buena forma to be in good shape 2.6

  estar enfermo/a to be sick 2.1

  estar listo/a to be ready 2.6

  estar perdido/a to be lost 2.5

  estar roto/a to be broken 2.1

  estar seguro/a to be sure 1.5

  estar torcido/a to be twisted; to be sprained 2.1

  Estoy (completamente) de acuerdo. I agree (completely). 2.7

  No estoy de acuerdo. I don't agree. 2.7

  No está nada mal. It's not bad at all. 1.5

estatua *f.* statue 2.8

este *m.* east 2.5; *interj.* um 2.8

este *m.*, *sing.*, *adj.* this 1.6

éste *m.*, *sing.*, *pron.* this (one) 1.6

  Éste es... *m.* This is... (*introducing someone*) 1.1

estéreo *m.* stereo 2.2

estilo *m.* style

estiramiento *m.* stretching 2.6

esto *neuter pron.* this; this thing 1.6

estómago *m.* stomach 2.1

estornudar *v.* to sneeze 2.1

estos *m.*, *pl.*, *adj.* these 1.6 **éstos** m., pl., *pron.* these (ones) 1.6

estrella *f.* star 2.4

  estrella de cine *m.*, *f.* movie star 2.8

estrés *m.* stress 2.6

estudiante *m.*, *f.* student 1.1, 1.2

estudiantil *adj.* student 1.2
estudiar *v.* to study 1.2
estufa *f.* stove 2.3
estupendo/a *adj.* stupendous 1.5
etapa *f.* stage 1.9
evitar *v.* to avoid 2.4
examen *m.* test; exam 1.2
  examen médico *m.* physical exam 2.1
excelente *adj.* excellent 1.5
exceso *m.* excess; too much 2.6
excursión *f.* hike; tour; excursion
excursionista *m., f.* hiker
éxito *m.* success 2.7
experiencia *f.* experience 2.9
explicar *v.* to explain 1.2
explorar *v.* to explore
expresión *f.* expression
extinción *f.* extinction 2.4
extranjero/a *adj.* foreign 2.8
extraño/a *adj.* strange 2.4

F

fábrica *f.* factory 2.4
fabuloso/a *adj.* fabulous 1.5
fácil *adj., adv.* easy 1.3
falda *f.* skirt 1.6
faltar *v.* to lack; to need 1.7
familia *f.* family 1.3
famoso/a *adj.* famous 2.7
farmacia *f.* pharmacy 2.1
fascinar *v.* to fascinate 1.7
favorito/a *adj.* favorite 1.4
fax *m.* fax (machine)
febrero *m.* February 1.5
fecha *f.* date 1.5
feliz *adj.* happy 1.5
  ¡Feliz cumpleaños! Happy birthday! 1.9
¡Felicidades! Congratulations! (*for an event such as a birthday or anniversary*) 1.9
¡Felicitaciones! Congratulations! (*for an event such as an engagement or a good grade on a test*) 1.9
fenomenal *adj.* great, phenomenal 1.5
feo/a *adj.* ugly 1.3
festival *m.* festival 2.8
fiebre *f.* fever 2.1
fiesta *f.* party 1.9
fijo/a *adj.* fixed, set 1.6
fin *m.* end 1.4
  fin de semana *m.* weekend 1.4
finalmente *adv.* finally 2.6
firmar *v.* to sign (*a document*) 2.5
física *f.* physics 1.2
flan (de caramelo) *m.* baked (caramel) custard 1.9
flexible *adj.* flexible 2.6

flor *f.* flower 2.4
folclórico/a *adj.* folk; folkloric 2.8
folleto *m.* brochure
fondo *m.* end 2.3
forma *f.* shape 2.6
formulario *m.* form 2.5
foto(grafía) *f.* photograph 1.1
francés, francesa *adj.* French 1.3
frecuentemente *adv.* frequently 2.1
frenos *m., pl.* brakes
fresco/a *adj.* cool 1.5
frijoles *m., pl.* beans 1.8
frío/a *adj.* cold 1.5
frito/a *adj.* fried 1.8
fruta *f.* fruit 1.8
frutería *f.* fruit store 2.5
frutilla *f.* strawberry
fuente de fritada *f.* platter of fried food
fuera *adv.* outside
fuerte *adj.* strong 2.6
fumar *v.* to smoke 2.6
  no fumar *v.* not to smoke 2.6
funcionar *v.* to work 2.2; to function
fútbol *m.* soccer 1.4
fútbol americano *m.* football 1.4
futuro/a *adj.* future 2.7
  en el futuro in the future 2.7

G

gafas (de sol) *f., pl.* (sun)glasses 1.6
  gafas (oscuras) *f., pl.* (sun)glasses
galleta *f.* cookie 1.9
ganar *v.* to win 1.4; to earn (*money*) 2.7
ganga *f.* bargain 1.6
garaje *m.* garage; (mechanic's) repair shop 2.2; garage (*in a house*) 2.3
garganta *f.* throat 2.1
gasolina *f.* gasoline 2.2
gasolinera *f.* gas station 2.2
gastar *v.* to spend (*money*) 1.6
gato *m.* cat 2.4
gemelo/a *m., f.* twin 1.3
gente *f.* people 1.3
geografía *f.* geography 1.2
gerente *m., f.* manager 2.7
gimnasio *m.* gymnasium 1.4
gobierno *m.* government 2.4
golf *m.* golf 1.4
gordo/a *adj.* fat 1.3
grabadora *f.* tape recorder 1.1
grabar *v.* to record 2.2
gracias *f., pl.* thank you; thanks 1.1

Gracias por todo. Thanks for everything. 1.9, 2.6
Gracias una vez más. Thanks again. 1.9
graduarse (de/en) *v.* to graduate (from/in) 1.9
gran, grande *adj.* big; large 1.3
grasa *f.* fat 2.6
gratis *adj.* free of charge 2.5
grave *adj.* grave; serious 2.1
gravísimo/a *adj.* extremely serious 2.4
grillo *m.* cricket
gripe *f.* flu 2.1
gris *adj.* gray 1.6
gritar *v.* to scream 1.7
guantes *m., pl.* gloves 1.6
guapo/a *adj.* handsome; good-looking 1.3
guardar *v.* to save (*on a computer*) 2.2
guerra *f.* war 2.9
guía *m., f.* guide
gustar *v.* to be pleasing to; to like 1.2
  Me gustaría... I would like...
gusto *m.* pleasure 2.8
  El gusto es mío. The pleasure is mine. 1.1
  Gusto de verlo/la. *form.* It's nice to see you. 2.9
  Gusto de verte. *fam.* It's nice to see you. 2.9
  Mucho gusto. Pleased to meet you. 1.1
  ¡Qué gusto volver a verlo/la! *form.* I'm happy to see you again! 2.9
  ¡Qué gusto volver a verte! *fam.* I'm happy to see you again! 2.9

H

haber (*aux.*) *v.* to have (*done something*) 2.6
  Ha sido un placer. It's been a pleasure. 2.6
habitación *f.* room 1.5
  habitación doble *f.* double room 1.5
  habitación individual *f.* single room 1.5
hablar *v.* to talk; to speak 1.2
hacer *v.* to do; to make 1.4
  Hace buen tiempo. The weather is good. 1.5
  Hace (mucho) calor. It's (very) hot. (*weather*) 1.5
  Hace fresco. It's cool. (*weather*) 1.5
  Hace (mucho) frío. It's very cold. (*weather*) 1.5
  Hace (mucho) sol. It's (very) sunny. (*weather*) 1.5

Hace mal tiempo. The weather is bad. **1.5**

Hace (mucho) viento. It's (very) windy. (*weather*) **1.5**

hacer cola to stand in line **2.5**

hacer diligencias to run errands **2.5**

hacer ejercicio to exercise **2.6**

hacer ejercicios aeróbicos to do aerobics **2.6**

hacer ejercicios de estiramiento to do stretching exercises **2.6**

hacer el papel (de) to play the role (of) **2.8**

hacer gimnasia to work out **2.6**

hacer juego (con) to match (with) **1.6**

hacer la cama to make the bed **2.3**

hacer las maletas to pack (one's) suitcases **1.5**

hacer quehaceres domésticos to do household chores **2.3**

hacer turismo to go sightseeing **2.5**

hacer un viaje to take a trip **1.5**

hacer una excursión to go on a hike; to go on a tour **2.5**

hacia *prep.* toward **2.5**

hambre *f.* hunger **1.3**

hamburguesa *f.* hamburger **1.8**

hasta *prep.* until **1.6**; toward

Hasta la vista. See you later. **1.1**

Hasta luego. See you later. **1.1**

Hasta mañana. See you tomorrow. **1.1**

hasta que *conj.* until **2.4**

Hasta pronto. See you soon. **1.1**

hay *v.* there is; there are **1.1**

Hay (mucha) contaminación. It's (very) smoggy.

Hay (mucha) niebla. It's (very) foggy.

Hay que It is necessary that **2.5**

No hay de qué. You're welcome. **1.1**

No hay duda de There's no doubt **2.4**

hecho *p.p.* done **2.5**

heladería *f.* ice cream shop **2.5**

helado *m.* ice cream **1.9**

helado/a *adj.* iced **1.8**

hermanastro/a *m., f.* stepbrother; stepsister **1.3**

hermano/a *m., f.* brother; sister **1.3**

hermano/a mayor/menor *m., f.* older/younger brother/ sister **1.3**

hermanos *m., pl.* siblings (brothers and sisters) **1.3**

hermoso/a *adj.* beautiful **1.6**

hierba *f.* grass **2.4**

hijastro/a *m., f.* stepson; stepdaughter **1.3**

hijo/a *m., f.* son; daughter **1.3**

hijo/a único/a *m., f.* only child **1.3**

hijos *m., pl.* children **1.3**

historia *f.* history **1.2**; story **2.8**

hockey *m.* hockey **1.4**

hola *interj.* hello; hi **1.1**

hombre *m.* man **1.1**

hombre de negocios *m.* businessman **2.7**

hora *f.* hour **1.1**; the time

horario *m.* schedule **1.2**

horno *m.* oven **2.3**

horno de microondas *m.* microwave oven **2.3**

horror *m.* horror **2.8**

de horror horror (*genre*) **2.8**

hospital *m.* hospital **2.1**

hotel *m.* hotel **1.5**

hoy *adv.* today **1.2**

hoy día *adv.* nowadays

Hoy es... Today is... **1.2**

huelga *f.* (*labor*) strike **2.9**

hueso *m.* bone **2.1**

huésped *m., f.* guest **1.5**

huevo *m.* egg **1.8**

humanidades *f., pl.* humanities **1.2**

huracán *m.* hurricane **2.9**

I

ida *f.* one way (*travel*)

idea *f.* idea **1.4**

iglesia *f.* church **1.4**

igualdad *f.* equality **2.9**

igualmente *adv.* likewise **1.1**

impermeable *m.* raincoat **1.6**

importante *adj.* important **1.3**

importar *v.* to be important to; to matter **1.7**

imposible *adj.* impossible **2.4**

impresora *f.* printer **2.2**

imprimir *v.* to print **2.2**

improbable *adj.* improbable **2.4**

impuesto *m.* tax **2.9**

incendio *m.* fire **2.9**

increíble *adj.* incredible **1.5**

indicar cómo llegar *v.* to give directions **2.4**

individual *adj.* private (*room*) **1.5**

infección *f.* infection **2.1**

informar *v.* to inform **2.9**

informe *m.* report **2.9**

ingeniero/a *m., f.* engineer **1.3**

inglés *m.* English (*language*) **1.2**

inglés, inglesa *adj.* English **1.3**

inodoro *m.* toilet **1.7**

insistir (en) *v.* to insist (on) **2.3**

inspector(a) de aduanas *m., f.* customs inspector **1.5**

inteligente *adj.* intelligent **1.3**

intercambiar *v.* to exchange

interesante *adj.* interesting **1.3**

interesar *v.* to be interesting to; to interest **1.7**

internacional *adj.* international **2.9**

Internet *m., f.* Internet **2.2**

inundación *f.* flood **2.9**

invertir (e:ie) *v.* to invest **2.7**

invierno *m.* winter **1.5**

invitado/a *m., f.* guest (*at a function*) **1.9**

invitar *v.* to invite **1.9**

inyección *f.* injection **2.1**

ir *v.* to go **1.4**

ir a (+ inf.) to be going to (*do something*) **1.4**

ir de compras to go shopping **1.5**

ir de excursión (a las montañas) to go for a hike (in the mountains) **1.4**

ir de pesca to go fishing **1.5**

ir de vacaciones to go on vacation **1.5**

ir en autobús to go by bus **1.5**

ir en auto(móvil) to go by auto(mobile); to go by car **1.5**

ir en avión to go by plane **1.5**

ir en barco to go by boat **1.5**

ir en metro to go by subway **1.5**

ir en motocicleta to go by motorcycle **1.5**

ir en taxi to go by taxi **1.5**

ir en tren to go by train

irse *v.* to go away; to leave **1.7**

italiano/a *adj.* Italian **1.3**

izquierdo/a *adj.* left **1.2**

a la izquierda de to the left of **1.2**

J

jabón *m.* soap **1.7**

jamás *adv.* never; not ever **1.7**

jamón *m.* ham **1.8**

japonés, japonesa *adj.* Japanese **1.3**

jardín *m.* garden; yard **2.3**

jefe, jefa *m., f.* boss **2.7**

joven *adj.* young **1.3**; *m., f.* youth; young person **1.1**

joyería *f.* jewelry store **2.5**

jubilarse *v.* to retire (*from work*) 1.9
juego *m.* game
jueves *m., sing.* Thursday 1.2
jugador(a) *m., f.* player 1.4
jugar (u:ue) *v.* to play 1.4
  jugar a las cartas to play cards 1.5
jugo *m.* juice 1.8
  jugo de fruta *m.* fruit juice 1.8
julio *m.* July 1.5
jungla *f.* jungle 2.4
junio *m.* June 1.5
juntos/as *adj.* together 1.9
juventud *f.* youth 1.9

K

kilómetro *m.* kilometer 2.2

L

la *f., sing., def. art.* the 1.1; *f., sing., d.o. pron.* her, it, *form.* you 1.5
laboratorio *m.* laboratory 1.2
lago *m.* lake 2.4
lámpara *f.* lamp 2.3
lana *f.* wool 1.6
langosta *f.* lobster 1.8
lápiz *m.* pencil 1.1
largo/a *adj.* long 1.6
las *f., pl., def. art.* the 1.1; *f., pl., d.o. pron.* them; *form.* you 1.5
lástima *f.* shame 2.4
lastimarse *v.* to injure oneself 2.1
  lastimarse el pie to injure one's foot 2.1
lata *f.* (tin) can 2.4
lavabo *m.* sink 1.7
lavadora *f.* washing machine 2.3
lavandería *f.* laundromat 2.5
lavaplatos *m., sing.* dishwasher 2.3
lavar *v.* to wash 2.3
  lavar (el suelo/los platos) to wash (the floor/the dishes) 2.3
lavarse *v.* to wash oneself 1.7
  lavarse la cara to wash one's face 1.7
  lavarse las manos to wash one's hands 1.7
le *sing., i.o. pron.* to/for him, her, *form.* you 1.6
  Le presento a... *form.* I would like to introduce you to (name). 1.1
lección *f.* lesson 1.1
leche *f.* milk 1.8
lechuga *f.* lettuce 1.8
leer *v.* to read 1.3

leer correo electrónico to read e-mail 1.4
leer un periódico to read a newspaper 1.4
leer una revista to read a magazine 1.4
leído *p.p.* read 2.5
lejos de *prep.* far from 1.2
lengua *f.* language 1.2
  lenguas extranjeras *f., pl.* foreign languages 1.2
lentes (de sol) *m. pl.* (sun)glasses
lentes de contacto *m., pl.* contact lenses
lento/a *adj.* slow 2.2
les *pl., i.o. pron.* to/for them, *form.* you 1.6
letrero *m.* sign 2.5
levantar *v.* to lift 2.6
  levantar pesas to lift weights 2.6
levantarse *v.* to get up 1.7
ley *f.* law 2.4
libertad *f.* liberty; freedom 2.9
libre *adj.* free 1.4
librería *f.* bookstore 1.2
libro *m.* book 1.2
licencia de conducir *f.* driver's license 2.2
limón *m.* lemon 1.8
limpiar *v.* to clean 2.3
  limpiar la casa to clean the house 2.3
limpio/a *adj.* clean 1.5
línea *f.* line
listo/a *adj.* ready; smart 1.5
literatura *f.* literature 1.2
llamar *v.* to call 2.2
  llamar por teléfono to call on the phone
llamarse *v.* to be called; to be named 1.7
llanta *f.* tire 2.2
llave *f.* key 1.5
llegada *f.* arrival 1.5
llegar *v.* to arrive 1.2
llenar *v.* to fill 2.2, 2.5
  llenar el tanque to fill the tank 2.2
  llenar (un formulario) to fill out (a form) 2.5
lleno/a *adj.* full 2.2
llevar *v.* to carry 1.2; to wear; to take 1.6
  llevar una vida sana to lead a healthy lifestyle 2.6
  llevarse bien/mal (con) to get along well/badly (with) 1.9
llover (o:ue) *v.* to rain 1.5
  Llueve. It's raining. 1.5
lluvia *f.* rain 2.4
lo *m., sing. d.o. pron.* him, it, *form.* you 1.5
  ¡Lo hemos pasado de película! We've had a great time! 2.9

¡Lo hemos pasado maravillosamente! We've had a great time! 2.9
lo mejor the best (thing) 2.9
Lo pasamos muy bien. We had a good time. 2.9
lo peor the worst (thing) 2.9
lo que *conj.* that which; what 2.3
Lo siento. I'm sorry. 1.1
Lo siento muchísimo. I'm so sorry. 1.4
loco/a *adj.* crazy 1.6
locutor(a) *m., f.* (TV or radio) announcer 2.9
lomo a la plancha *m.* grilled flank steak 1.8
los *m., pl., def. art.* the 1.1; *m., pl., d.o. pron.* them, *form.* you 1.5
luchar (contra/por) *v.* to fight; to struggle (against/for) 2.9
luego *adv.* then 1.7; later 1.1
lugar *m.* place 1.4
luna *f.* moon 2.4
lunares *m.* polka dots 1.6
lunes *m., sing.* Monday 1.2
luz *f.* light; electricity 2.3

M

madrastra *f.* stepmother 1.3
madre *f.* mother 1.3
madurez *f.* maturity; middle age 1.9
maestro/a *m., f.* teacher 2.7
magnífico/a *adj.* magnificent 1.5
maíz *m.* corn 1.8
mal, malo/a *adj.* bad 1.3
maleta *f.* suitcase 1.1
mamá *f.* mom 1.3
mandar *v.* to order 2.3; to send; to mail 2.5
manejar *v.* to drive 2.2
manera *f.* way 2.7
mano *f.* hand 1.1
  ¡Manos arriba! Hands up!
manta *f.* blanket 2.3
mantener *v.* to maintain 2.6
  mantenerse en forma to stay in shape 2.6
mantequilla *f.* butter 1.8
manzana *f.* apple 1.8
mañana *f.* morning, A.M. 1.1; *adv.* tomorrow 1.1
mapa *m.* map 1.2
maquillaje *m.* makeup 1.7
maquillarse *v.* to put on makeup 1.7
mar *m.* sea 1.5
maravilloso/a *adj.* marvelous 1.5
mareado/a *adj.* dizzy; nauseated 2.1

margarina *f.* margarine **1.8**
mariscos *m., pl.* shellfish **1.8**
marrón *adj.* brown **1.6**
martes *m., sing.* Tuesday **1.2**
marzo *m.* March **1.5**
más *pron., adj., adv.* more **1.2**
  más de (+ *number***)** more
    than **1.8**
  más tarde *adv.* later (on) **1.7**
  más... que more... than **1.8**
masaje *m.* massage **2.6**
matemáticas *f., pl.*
  mathematics **1.2**
materia *f.* course **1.2**
matrimonio *m.* marriage **1.9**
máximo/a *adj.* maximum **2.2**
mayo *m.* May **1.5**
mayonesa *f.* mayonnaise **1.8**
mayor *adj.* older **1.3**
  el/la mayor *adj.* the eldest
    1.8; the oldest
me *sing., d.o. pron.* me **1.5;**
  sing., i.o. pron. to/for me **1.6**
  Me duele mucho. It hurts
    me a lot. **2.1**
  Me gusta... I like... **1.2**
  Me gustaría(n)... I would
    like... **2.8**
  Me llamo... My name
    is... **1.1**
  Me muero por... I'm dying
    to (for)...
  No me gustan nada. I don't
    like them at all. **1.2**
mecánico/a *m., f.* mechanic **2.2**
mediano/a *adj.* medium
medianoche *f.* midnight **1.1**
medias *f., pl.* pantyhose,
  stockings **1.6**
medicamento *m.* medication **2.1**
medicina *f.* medicine **2.1**
médico/a *m., f.* doctor **1.3;**
  adj. medical **2.1**
medio/a *adj.* half **1.3**
  medio ambiente *m.*
    environment **2.4**
  medio/a hermano/a *m., f.*
    half-brother; half-sister **1.3**
  mediodía *m.* noon **1.1**
  medios de comunicación
    m., pl. means of
    communication; media **2.9**
  y media thirty minutes past
    the hour (*time*) **1.1**
mejor *adj.* better **1.8**
  el/la mejor *adj.* the best **1.8**
mejorar *v.* to improve **2.4**
melocotón *m.* peach **1.8**
menor *adj.* younger **1.3**
  el/la menor *adj.* the youngest
    1.8
menos *adv.* less **2.1**
  menos cuarto..., menos
    quince... quarter to...
    (*time*) **1.1**

menos de (+ *number***)** fewer
  than **1.8**
  menos... que less... than **1.8**
mensaje de texto *m.* text
  message **2.2**
mensaje electrónico *m.* e-mail
  message **1.4**
mentira *f.* lie **1.4**
menú *m.* menu **1.8**
mercado *m.* market **1.6**
  mercado al aire libre *m.*
    open-air market **1.6**
merendar (e:ie) *v.* to
  snack **1.8;** to have an
  afternoon snack
merienda *f.* afternoon snack **2.6**
mes *m.* month **1.5**
mesa *f.* table **1.2**
mesita *f.* end table **2.3**
  mesita de noche night
    stand **2.3**
metro *m.* subway **1.5**
mexicano/a *adj.* Mexican **1.3**
México *m.* Mexico **1.1**
mí *pron., obj. of prep.* me **1.9**
mi(s) *poss. adj.* my **1.3**
microonda *f.* microwave **2.3**
  horno de microondas *m.*
    microwave oven **2.3**
miedo *m.* fear **1.3**
mientras *adv.* while
miércoles *m., sing.* Wednesday
  1.2
mil *m.* one thousand **1.2**
  mil millones *m.* billion
  Mil perdones. I'm so sorry.
    (*lit.* A thousand pardons.) **1.4**
milla *f.* mile **2.2**
millón *m.* million **1.2**
  millones (de) *m.* millions (of)
mineral *m.* mineral **2.6**
minuto *m.* minute **1.1**
mío(s)/a(s) *poss. adj. and*
  pron. my; (of) mine **2.2**
mirar *v.* to look (at); to watch **1.2**
  mirar (la) televisión to
    watch television **1.2**
mismo/a *adj.* same **1.3**
mochila *f.* backpack **1.2**
moda *f.* fashion **1.6**
módem *m.* modem
moderno/a *adj.* modern **2.8**
molestar *v.* to bother; to
  annoy **1.7**
monitor *m.* (computer)
  monitor **2.2**
monitor(a) *m., f.* trainer
montaña *f.* mountain **1.4**
montar a caballo to ride a
  horse **1.5**
monumento *m.* monument **1.4**
mora *f.* blackberry **1.8**
morado/a *adj.* purple **1.6**
moreno/a *adj.* brunet(te) **1.3**
morir (o:ue) *v.* to die **1.8**

mostrar (o:ue) *v.* to show **1.4**
motocicleta *f.* motorcycle **1.5**
motor *m.* motor
muchacho/a *m., f.* boy; girl **1.3**
muchísimo *adj., adv.* very much
  1.2
mucho/a *adj., adv.* a lot of;
  much **1.2;** many **1.3**
  (Muchas) gracias. Thank you
    (very much).; Thanks (a lot).
    1.1
  muchas veces a lot; many
    times **2.1**
  Muchísimas gracias. Thank
    you very, very much. **1.9**
  Mucho gusto. Pleased to
    meet you. **1.1**
mudarse *v.* to move (*from one*
  house to another) **2.3**
muebles *m., pl.* furniture **2.3**
muela *f.* tooth; molar
muerte *f.* death **1.9**
muerto *p.p.* died **2.5**
mujer *f.* woman **1.1**
  mujer de negocios *f.*
    businesswoman **2.7**
  mujer policía *f.* female police
    officer
multa *f.* fine
mundial *adj.* worldwide
mundo *m.* world **2.4**
municipal *adj.* municipal
músculo *m.* muscle **2.6**
museo *m.* museum **1.4**
música *f.* music **1.2, 2.8**
musical *adj.* musical **2.8**
músico/a *m., f.* musician **2.8**
muy *adv.* very **1.1**
  Muy amable. That's very
    kind of you. **1.5**
  (Muy) bien, gracias. (Very)
    well, thanks. **1.1**

N

nacer *v.* to be born **1.9**
nacimiento *m.* birth **1.9**
nacional *adj.* national **2.9**
nacionalidad *f.* nationality **1.1**
nada *pron., adv.* nothing **1.1;**
  not anything **1.7**
  nada mal not bad at all **1.5**
nadar *v.* to swim **1.4**
nadie *pron.* no one, nobody, not
  anyone **1.7**
naranja *f.* orange **1.8**
nariz *f.* nose **2.1**
natación *f.* swimming **1.4**
natural *adj.* natural **2.4**
naturaleza *f.* nature **2.4**
navegador GPS *m.* GPS **2.2**
navegar (en Internet) *v.* to surf
  (the Internet) **2.2**
Navidad *f.* Christmas **1.9**
necesario/a *adj.* necessary **2.3**

necesitar (+ *inf.*) *v.* to need 1.2
negar (e:ie) *v.* to deny 2.4
  no negar *v.* not to deny 2.4
negativo/a *adj.* negative
negocios *m., pl.* business; commerce 2.7
negro/a *adj.* black 1.6
nervioso/a *adj.* nervous 1.5
nevar (e:ie) *v.* to snow 1.5
  Nieva. It's snowing. 1.5
ni... ni *conj.* neither... nor 1.7
niebla *f.* fog
nieto/a *m., f.* grandson; granddaughter 1.3
nieve *f.* snow
ningún, ninguno/a(s) *adj., pron.* no; none; not any 1.7
  ningún problema no problem
niñez *f.* childhood 1.9
niño/a *m., f.* child 1.3
no *adv.* no; not 1.1
  ¿no? right? 1.1
  No cabe duda de... There is no doubt... 2.4
  No es así. That's not the way it is. 2.7
  No es para tanto. It's not a big deal. 2.3
  no es seguro it's not sure 2.4
  no es verdad it's not true 2.4
  No está nada mal. It's not bad at all. 1.5
  no estar de acuerdo to disagree
  No estoy seguro. I'm not sure.
  no hay there is not; there are not 1.1
  No hay de qué. You're welcome. 1.1
  No hay duda de... There is no doubt... 2.4
  No hay problema. No problem. 1.7
  ¡No me diga(s)! You don't say! 2.2
  No me gustan nada. I don't like them at all. 1.2
  no muy bien not very well 1.1
  No quiero. I don't want to. 1.4
  No sé. I don't know.
  No se preocupe. *form.* Don't worry. 1.7
  No te preocupes. *fam.* Don't worry. 1.7
  no tener razón to be wrong 1.3
noche *f.* night 1.1
nombre *m.* name 1.1
norte *m.* north 2.5
norteamericano/a *adj.* (North) American 1.3

nos *pl., d.o. pron.* us 1.5; *pl., i.o. pron.* to/for us 1.6
  Nos divertimos mucho. We had a lot of fun. 2.9
  Nos vemos. See you. 1.1
nosotros/as *sub. pron.* we 1.1; *pron., obj. of prep.* us 1.9
noticias *f., pl.* news 2.9
noticiero *m.* newscast 2.9
novecientos/as *n., adj.* nine hundred 1.2
noveno/a *n., adj.* ninth 1.5
noventa *n., adj.* ninety 1.2
noviembre *m.* November 1.5
novio/a *m., f.* boyfriend; girlfriend 1.3
nube *f.* cloud 2.4
nublado/a *adj.* cloudy 1.5
  Está (muy) nublado. It's (very) cloudy. 1.5
nuclear *adj.* nuclear 2.4
nuera *f.* daughter-in-law 1.3
nuestro(s)/a(s) *poss. adj.* our 1.3; *poss. adj. and pron.* (of) ours 2.2
nueve *n., adj.* nine 1.1
nuevo/a *adj.* new 1.6
número *m.* number 1.1; (shoe) size 1.6
nunca *adv.* never; not ever 1.7
nutrición *f.* nutrition 2.6
nutricionista *m., f.* nutritionist 2.6

O

o *conj.* or 1.7
  o... o either... or 1.7
obedecer *v.* to obey 2.9
obra *f.* work (*of art, literature, music, etc.*) 2.8
  obra maestra *f.* masterpiece 2.8
obtener *v.* to obtain; to get 2.7
obvio/a *adj.* obvious 2.4
océano *m.* ocean
ochenta *n., adj.* eighty 1.2
ocho *n., adj.* eight 1.1
ochocientos/as *n., adj.* eight hundred 1.2
octavo/a *n., adj.* eighth 1.5
octubre *m.* October 1.5
ocupación *f.* occupation 2.7
ocupado/a *adj.* busy 1.5
ocurrir *v.* to occur; to happen 2.9
odiar *v.* to hate 1.9
oeste *m.* west 2.5
oferta *f.* offer 2.3
oficina *f.* office 2.3
oficio *m.* trade 2.7
ofrecer *v.* to offer 1.6
oído *m.* (*sense*) hearing; inner ear 2.1
oído *p.p.* heard 2.5
oír *v.* to hear 1.4

Oiga./Oigan. *form., sing./pl.* Listen. (*in conversation*) 1.1
Oye. *fam., sing.* Listen. (*in conversation*) 1.1
ojalá (que) *interj.* I hope (that); I wish (that) 2.4
ojo *m.* eye 2.1
olvidar *v.* to forget 2.1
once *n., adj.* eleven 1.1
ópera *f.* opera 2.8
operación *f.* operation 2.1
ordenado/a *adj.* orderly 1.5
ordinal *adj.* ordinal (number)
oreja *f.* (outer) ear 2.1
orquesta *f.* orchestra 2.8
ortografía *f.* spelling
ortográfico/a *adj.* spelling
os *fam., pl., d.o. pron.* you 1.5; *fam., pl., i.o. pron.* to/for you 1.6
otoño *m.* autumn 1.5
otro/a *adj.* other; another 1.6
  otra vez *adv.* again

P

paciente *m., f.* patient 2.1
padrastro *m.* stepfather 1.3
padre *m.* father 1.3
padres *m., pl.* parents 1.3
pagar *v.* to pay 1.6, 1.9
  pagar a plazos to pay in installments 2.5
  pagar al contado to pay in cash 2.5
  pagar en efectivo to pay in cash 2.5
  pagar la cuenta to pay the bill 1.9
página *f.* page 2.2
  página principal *f.* home page 2.2
país *m.* country 1.1
paisaje *m.* landscape 1.5
pájaro *m.* bird 2.4
palabra *f.* word 1.1
pan *m.* bread 1.8
  pan tostado *m.* toasted bread 1.8
panadería *f.* bakery 2.5
pantalla *f.* screen 2.2
  pantalla táctil *f.* touch screen 2.2
pantalones *m., pl.* pants 1.6
  pantalones cortos *m., pl.* shorts 1.6
pantuflas *f., pl.* slippers 1.7
papa *f.* potato 1.8
  papas fritas *f., pl.* fried potatoes; French fries 1.8
papá *m.* dad 1.3
papás *m., pl.* parents 1.3
papel *m.* paper 1.2; role 2.8
papelera *f.* wastebasket 1.2
paquete *m.* package 2.5

par *m.* pair 1.6
  par de zapatos *m.* pair of shoes 1.6
para *prep. for*; in order to; by; used for; considering 2.2
  para que *conj.* so that 2.4
parabrisas *m., sing.* windshield 2.2
parar *v.* to stop 2.2
parecer *v.* to seem 1.6
pared *f.* wall 2.3
pareja *f.* (married) couple; partner 1.9
parientes *m., pl.* relatives 1.3
parque *m.* park 1.4
párrafo *m.* paragraph
parte: de parte de on behalf of 2.2
partido *m.* game; match (*sports*) 1.4
pasado/a *adj.* last; past 1.6
  pasado *p.p.* passed
pasaje *m.* ticket 1.5
  pasaje de ida y vuelta *m.* roundtrip ticket 1.5
pasajero/a *m., f.* passenger 1.1
pasaporte *m.* passport 1.5
pasar *v.* to go through 1.5
  pasar la aspiradora to vacuum 2.3
  pasar por el banco to go by the bank 2.5
  pasar por la aduana to go through customs
  pasar tiempo to spend time
  pasarlo bien/mal to have a good/bad time 1.9
pasatiempo *m.* pastime; hobby 1.4
pasear *v.* to take a walk; to stroll 1.4
  pasear en bicicleta to ride a bicycle 1.4
  pasear por to walk around 1.4
pasillo *m.* hallway 2.3
pasta de dientes *f.* toothpaste 1.7
pastel *m.* cake; pie 1.9
  pastel de chocolate *m.* chocolate cake 1.9
  pastel de cumpleaños *m.* birthday cake
pastelería *f.* pastry shop 2.5
pastilla *f.* pill; tablet 2.1
patata *f.* potato 1.8
  patatas fritas *f., pl.* fried potatoes; French fries 1.8
patinar (en línea) *v.* to (in-line) skate 1.4
patineta *f.* skateboard 1.4
patio *m.* patio; yard 2.3
pavo *m.* turkey 1.8
paz *f.* peace 2.9
pedir (e:i) *v.* to ask for; to request 1.4; to order (*food*) 1.8

pedir prestado to borrow 2.5
pedir un préstamo to apply for a loan 2.5
peinarse *v.* to comb one's hair 1.7
película *f.* movie 1.4
peligro *m.* danger 2.4
peligroso/a *adj.* dangerous 2.9
pelirrojo/a *adj.* red-haired 1.3
pelo *m.* hair 1.7
pelota *f.* ball 1.4
peluquería *f.* beauty salon 2.5
peluquero/a *m., f.* hairdresser 2.7
penicilina *f.* penicillin 2.1
pensar (e:ie) *v.* to think 1.4
  pensar (+ *inf.*) *v.* to intend to 1.4; to plan to (*do something*)
  pensar en *v.* to think about 1.4
pensión *f.* boardinghouse
peor *adj.* worse 1.8
  el/la peor *adj.* the worst 1.8
pequeño/a *adj.* small 1.3
pera *f.* pear 1.8
perder (e:ie) *v.* to lose; to miss 1.4
perdido/a *adj.* lost 2.5
Perdón. Pardon me.; Excuse me. 1.1
perezoso/a *adj.* lazy
perfecto/a *adj.* perfect 1.5
periódico *m.* newspaper 1.4
periodismo *m.* journalism 1.2
periodista *m., f.* journalist 1.3
permiso *m.* permission
pero *conj.* but 1.2
perro *m.* dog 2.4
persona *f.* person 1.3
personaje *m.* character 2.8
  personaje principal *m.* main character 2.8
pesas *f. pl.* weights 2.6
pesca *f.* fishing
pescadería *f.* fish market 2.5
pescado *m.* fish (*cooked*) 1.8
pescador(a) *m., f.* fisherman; fisherwoman
pescar *v.* to fish 1.5
peso *m.* weight 2.6
pez (sing.), los peces (pl.) *m.* fish (*live*) 2.4
pie *m.* foot 2.1
piedra *f.* stone 2.4
pierna *f.* leg 2.1
pimienta *f.* black pepper 1.8
pintar *v.* to paint 2.8
pintor(a) *m., f.* painter 2.7
pintura *f.* painting; picture 2.3, 2.8
piña *f.* pineapple 1.8
piscina *f.* swimming pool 1.4
piso *m.* floor (*of a building*) 1.5
pizarra *f.* blackboard 1.2
placer *m.* pleasure 2.6

Ha sido un placer. It's been a pleasure. 2.6
planchar la ropa to iron the clothes 2.3
planes *m., pl.* plans
planta *f.* plant 2.4
  planta baja *f.* ground floor 1.5
plástico *m.* plastic 2.4
plato *m.* dish (*in a meal*) 1.8; plate 2.3
  plato principal *m.* main dish 1.8
playa *f.* beach 1.5
plaza *f.* city or town square 1.4
plazos *m., pl.* installments 2.5
pluma *f.* pen 1.2
pobre *adj.* poor 1.6
pobreza *f.* poverty
poco/a *adj.* little; few 1.5, 2.1
poder (o:ue) *v.* to be able to; can 1.4
poema *m.* poem 2.8
poesía *f.* poetry 2.8
poeta *m., f.* poet 2.8
policía *f.* police (force) 2.2
política *f.* politics 2.9
político/a *m., f.* politician 2.7; *adj.* political 2.9
pollo *m.* chicken 1.8
  pollo asado *m.* roast chicken 1.8
ponchar *v.* to go flat
poner *v.* to put; to place 1.4; to turn on (*electrical appliances*) 2.2
  poner la mesa to set the table 2.3
  poner una inyección to give an injection 2.1
ponerse (+ *adj.*) *v.* to become (+ *adj.*) 1.7; to put on 1.7
por *prep.* in exchange for; for; by; in; through; around; along; during; because of; on account of; on behalf of; in search of; by way of; by means of 2.2
  por aquí around here 2.2
  por avión by plane
  por ejemplo for example 2.2
  por eso that's why; therefore 2.2
  por favor please 1.1
  por fin *adv.* finally 2.2
  por la mañana in the morning 1.7
  por la noche at night 1.7
  por la tarde in the afternoon 1.7
  por lo menos *adv.* at least 2.1
  ¿por qué? *adv.* why? 1.2
  Por supuesto. Of course. 2.7
  por teléfono by phone; on the phone
  por último *adv.* finally 1.7
porque *conj.* because 1.2

portátil *m.* portable   2.2
porvenir *m.* future   2.7
  ¡Por el porvenir!   Here's to the future!   2.7
posesivo/a *adj.* possessive   1.3
posible *adj.* possible   2.4
  es posible   it's possible   2.4
  no es posible   it's not possible   2.4
postal *f.* postcard
postre *m.* dessert   1.9
practicar *v.* to practice   1.2
  practicar deportes   to play sports   1.4
precio (fijo) *m.* (fixed; set) price   1.6
preferir (e:ie) *v.* to prefer   1.4
pregunta *f.* question
preguntar *v.* to ask (*a question*)   1.2
premio *m.* prize; award   2.8
prender *v.* to turn on   2.2
prensa *f.* press   2.9
preocupado/a (por) *adj.* worried (about)   1.5
preocuparse (por) *v.* to worry (about)   1.7
preparar *v.* to prepare   1.2
preposición *f.* preposition
presentación *f.* introduction
presentar *v.* to introduce; to present   2.8;   to put on (*a performance*)   2.8
  Le presento a...   I would like to introduce (*name*) to you. *form.*   1.1
  Te presento a...   I would like to introduce (*name*) to you. *fam.*   1.1
presiones *f., pl.* pressures   2.6
prestado/a *adj.* borrowed
préstamo *m.* loan   2.5
prestar *v.* to lend; to loan   1.6
primavera *f.* spring   1.5
primer, primero/a *n., adj.* first   1.5
primo/a *m., f.* cousin   1.3
principal *adj.* main   1.8
prisa *f.* haste   1.3
  darse prisa *v.* to hurry; to rush   2.6
probable *adj.* probable   2.4
  es probable   it's probable   2.4
  no es probable   it's not probable   2.4
probar (o:ue) *v.* to taste; to try   1.8
probarse (o:ue) *v.* to try on   1.7
problema *m.* problem   1.1
profesión *f.* profession   1.3, 2.7
profesor(a) *m., f.* teacher   1.1, 1.2
programa *m.*   1.1
  programa de computación *m.* software   2.2

programa de entrevistas/ realidad *m.* talk/reality show   2.8
programador(a) *m., f.* computer programmer   1.3
prohibir *v.* to prohibit   2.1;   to forbid
pronombre *m.* pronoun
pronto *adv.* soon   2.1
propina *f.* tip   1.9
propio/a *adj.* own   2.7
proteger *v.* to protect   2.4
proteína *f.* protein   2.6
próximo/a *adj.* next   2.7
prueba *f.* test; quiz   1.2
psicología *f.* psychology   1.2
psicólogo/a *m., f.* psychologist   2.7
publicar *v.* to publish   2.8
público *m.* audience   2.8
pueblo *m.* town   1.4
puerta *f.* door   1.2
Puerto Rico *m.* Puerto Rico   1.1
puertorriqueño/a *adj.* Puerto Rican   1.3
pues *conj.* well   1.2, 2.8
puesto *m.* position; job   2.7;   *p.p.* put   2.5

Q

que *conj.* that; which; who   2.3
  ¡Qué...!   How...!   1.3
  ¡Qué dolor!   What pain!
  ¡Qué ropa más bonita!   What pretty clothes!   1.6
  ¡Qué sorpresa!   What a surprise!
¿qué? *pron.* what?   1.1
  ¿En qué...?   In which...?   1.2
  ¿Qué día es hoy?   What day is it?   1.2
  ¿Qué hay de nuevo?   What's new?   1.1
  ¿Qué hora es?   What time is it?   1.1
  ¿Qué les parece?   What do you (*pl.*) think?
  ¿Qué pasa?   What's happening?; What's going on?   1.1
  ¿Qué pasó?   What happened?   2.2
  ¿Qué precio tiene?   What is the price?
  ¿Qué tal...?   How are you?; How is it going?   1.1;   How is/are...?   1.2
  ¿Qué talla lleva/usa?   What size do you wear? *form.*   1.6
  ¿Qué tiempo hace?   How's the weather?   1.5
quedar *v.* to be left over; to fit (*clothing*)   1.7;   to be left behind; to be located   2.5

quedarse *v.* to stay; to remain   1.7
quehaceres domésticos *m., pl.* household chores   2.3
quemado/a *adj.* burned (out)   2.2
querer (e:ie) *v.* to want; to love   1.4
queso *m.* cheese   1.8
quien(es) *pron.* who; whom; that   2.3
  ¿quién(es)? *pron.* who?; whom?   1.1
  ¿Quién es...?   Who is...?   1.1
  ¿Quién habla?   Who is speaking? (*telephone*)   2.2
química *f.* chemistry   1.2
quince *n., adj.* fifteen   1.1
  menos quince   quarter to (*time*)   1.1
  y quince   quarter after (*time*)   1.1
quinceañera *f.* young woman's fifteenth birthday celebration; fifteen-year old girl   1.9
quinientos/as *n., adj.* five hundred   1.2
quinto/a *n., adj.* fifth   1.5
quisiera *v.* I would like   2.8
quitar el polvo *v.* to dust   2.3
quitar la mesa *v.* to clear the table   2.3
quitarse *v.* to take off   1.7
quizás *adv.* maybe   1.5

R

racismo *m.* racism   2.9
radio *f.* radio (*medium*)   1.2;   *m.* radio (set)   1.2
radiografía *f.* x-ray   2.1
rápido/a *adv.* quickly   2.1
ratón *m.* mouse   2.2
ratos libres *m., pl.* spare (free) time   1.4
raya *f.* stripe   1.6
razón *f.* reason   1.3
rebaja *f.* sale   1.6
recado *m.* (telephone) message   2.2
receta *f.* prescription   2.1
recetar *v.* to prescribe   2.1
recibir *v.* to receive   1.3
reciclaje *m.* recycling   2.4
reciclar *v.* to recycle   2.4
recién casado/a *m., f.* newlywed   1.9
recoger *v.* to pick up   2.4
recomendar (e:ie) *v.* to recommend   1.8, 2.3
recordar (o:ue) *v.* to remember   1.4
recorrer *v.* to tour an area
recurso *m.* resource   2.4
  recurso natural *m.* natural resource   2.4

red *f.* network; Web   2.2
reducir *v.* to reduce   2.4
refresco *m.* soft drink   1.8
refrigerador *m.* refrigerator   2.3
regalar *v.* to give (*a gift*)   1.9
regalo *m.* gift   1.6
regatear *v.* to bargain   1.6
región *f.* region; area   2.4
regresar *v.* to return   1.2
regular *adj.* so-so; OK   1.1
reído *p.p.* laughed   2.5
reírse (e:i) *v.* to laugh   1.9
relaciones *f., pl.* relationships
relajarse *v.* to relax   1.9
reloj *m.* clock; watch   1.2
renunciar (a) *v.* to resign
   (from)   2.7
repetir (e:i) *v.* to repeat   1.4
reportaje *m.* report   2.9
reportero/a *m., f.* reporter   2.7
representante *m., f.*
   representative   2.9
reproductor de DVD/
   CD *m.* DVD/CD player   2.2
reproductor de MP3 *m.* MP3
   player   2.2
resfriado *m.* cold (*illness*)   2.1
residencia estudiantil *f.*
   dormitory   1.2
resolver (o:ue) *v.* to resolve; to
   solve   2.4
respirar *v.* to breathe   2.4
respuesta *f.* answer
restaurante *m.* restaurant   1.4
resuelto *p.p.* resolved   2.5
reunión *f.* meeting   2.7
revisar *v.* to check   2.2
   revisar el aceite to check
     the oil   2.2
revista *f.* magazine   1.4
rico/a *adj.* rich   1.6; tasty;
   delicious   1.8
ridículo/a *adj.* ridiculous   2.4
río *m.* river   2.4
riquísimo/a *adj.* extremely
   delicious   1.8
rodilla *f.* knee   2.1
rogar (o:ue) *v.* to beg   2.3
rojo/a *adj.* red   1.6
romántico/a *adj.* romantic   2.8
romper *v.* to break   2.1
   romper con *v.* to break up
     with   1.9
   romperse la pierna to
     break one's leg   2.1
ropa *f.* clothing; clothes   1.6
   ropa interior *f.* underwear   1.6
rosado/a *adj.* pink   1.6
roto/a *adj.* broken   2.1, 2.5
rubio/a *adj.* blond(e)   1.3
ruso/a *adj.* Russian   1.3
rutina *f.* routine   1.7
   rutina diaria *f.* daily
     routine   1.7

S

sábado *m.* Saturday   1.2
saber *v.* to know; to know
   how   1.6; to taste   1.8
   saber (a) to taste (like)   1.8
sabrosísimo/a *adj.* extremely
   delicious   1.8
sabroso/a *adj.* tasty; delicious
   1.8
sacar *v.* to take out
   sacar fotos to take photos
     1.5
   sacar la basura to take out
     the trash   2.3
   sacar(se) un diente to have
     a tooth removed   2.1
sacudir *v.* to dust   2.3
   sacudir los muebles to dust
     the furniture   2.3
sal *f.* salt   1.8
sala *f.* living room   2.3; room
   sala de emergencia(s) *f.*
     emergency room   2.1
salario *m.* salary   2.7
salchicha *f.* sausage   1.8
salida *f.* departure; exit   1.5
salir *v.* to leave   1.4; to go out
   salir (con) to go out (with); to
     date   1.9
   salir de to leave from
   salir para to leave for (*a place*)
salmón *m.* salmon   1.8
salón de belleza *m.* beauty
   salon   2.5
salud *f.* health   2.1
saludable *adj.* healthy   2.1
saludar(se) *v.* to greet (each
   other)   2.2
saludo *m.* greeting   1.1
   saludos a... greetings
     to...   1.1
sandalia *f.* sandal   1.6
sandía *f.* watermelon
sándwich *m.* sandwich   1.8
sano/a *adj.* healthy   2.1
se *ref. pron.* himself, herself,
   itself, themselves; *form.* yourself;
   form. yourselves   1.7
se *impersonal* one   2.1
   Se nos dañó... The... broke
     down.   2.2
   Se hizo... He/She/It became...
   Se nos pinchó una llanta.
     We had a flat tire.   2.2
secadora *f.* clothes dryer   2.3
secarse *v.* to dry oneself   1.7
sección de (no) fumar *f.*
   (non)smoking section   1.8
secretario/a *m., f.* secretary   2.7
secuencia *f.* sequence
sed *f.* thirst   1.3
seda *f.* silk   1.6
sedentario/a *adj.* sedentary   2.6
seguir (e:i) *v.* to follow; to
   continue   1.4

según *prep.* according to
segundo/a *n., adj.* second   1.5
seguro/a *adj.* sure; safe   1.5
seis *n., adj.* six   1.1
seiscientos/as *n., adj.* six
   hundred   1.2
sello *m.* stamp   2.5
selva *f.* jungle   2.4
semana *f.* week   1.2
   fin de semana *m.*
     weekend   1.4
   semana pasada *f.* last
     week   1.6
semestre *m.* semester   1.2
sendero *m.* trail; path   2.4
sentarse (e:ie) *v.* to sit down   1.7
sentir(se) (e:ie) *v.* to feel   1.7;
   to be sorry; to regret   2.4
señor (Sr.) *m.* Mr.; sir   1.1
señora (Sra.) *f.* Mrs.; ma'am
   1.1
señorita (Srta.) *f.* Miss   1.1
separado/a *adj.* separated   1.9
separarse (de) *v.* to separate
   (from)   1.9
septiembre *m.* September   1.5
séptimo/a *n., adj.* seventh   1.5
ser *v.* to be   1.1
   ser aficionado/a (a) to be a
     fan (of)   1.4
   ser alérgico/a (a) to be
     allergic (to)   2.1
   ser gratis to be free of
     charge   2.5
serio/a *adj.* serious
servilleta *f.* napkin   2.3
servir (e:i) *v.* to serve   1.8; to
   help   1.5
sesenta *n., adj.* sixty   1.2
setecientos/as *n., adj.* seven
   hundred   1.2
setenta *n., adj.* seventy   1.2
sexismo *m.* sexism   2.9
sexto/a *n., adj.* sixth   1.5
sí *adv.* yes   1.1
si *conj.* if   1.4
SIDA *m.* AIDS   2.9
sido *p.p.* been   2.6
siempre *adv.* always   1.7
siete *n., adj.* seven   1.1
silla *f.* seat   1.2
sillón *m.* armchair   2.3
similar *adj.* similar
simpático/a *adj.* nice;
   likeable   1.3
sin *prep.* without   1.2, 2.4
   sin duda without a doubt
   sin embargo *adv.* however
   sin que *conj.* without   2.4
sino *conj.* but (rather)   1.7
síntoma *m.* symptom   2.1
sitio web *m.* website   2.2
situado *p.p.* located
sobre *m.* envelope   2.5;
   prep. on; over   1.2

sobrepoblación *f.* overpopulation 2.4

sobrino/a *m., f.* nephew; niece 1.3

sociología *f.* sociology 1.2

sofá *m.* couch; sofa 2.3

sol *m.* sun 1.4, 1.5, 2.4

solar *adj.* solar 2.4

soldado *m., f.* soldier 2.9

soleado/a *adj.* sunny

solicitar *v.* to apply (*for a job*) 2.7

solicitud (de trabajo) *f.* (job) application 2.7

solo/a *adj.* alone

sólo *adv.* only 1.3

soltero/a *adj.* single 1.9

solución *f.* solution 2.4

sombrero *m.* hat 1.6

Son las dos. It's two o'clock. 1.1

sonar (o:ue) *v.* to ring 2.2

sonreído *p.p.* smiled 2.5

sonreír (e:i) *v.* to smile 1.9

sopa *f.* soup 1.8

sorprender *v.* to surprise 1.9

sorpresa *f.* surprise 1.9

sótano *m.* basement; cellar 2.3

soy I am 1.1

Soy yo. That's me. 1.1

Soy de... I'm from... 1.1

su(s) *poss. adj.* his; her; its; *form.* your; their 1.3

subir(se) a *v.* to get on/into (*a vehicle*) 2.2

sucio/a *adj.* dirty 1.5

sucre *m.* former Ecuadorian currency 1.6

sudar *v.* to sweat 2.6

suegro/a *m., f.* father-in-law; mother-in-law 1.3

sueldo *m.* salary 2.7

suelo *m.* floor 2.3

sueño *m.* sleep 1.3

suerte *f.* luck 1.3

suéter *m.* sweater 1.6

sufrir *v.* to suffer 2.1

sufrir muchas presiones to be under a lot of pressure 2.6

sufrir una enfermedad to suffer an illness 2.1

sugerir (e:ie) *v.* to suggest 2.3

supermercado *m.* supermarket 2.5

suponer *v.* to suppose 1.4

sur *m.* south 2.5

sustantivo *m.* noun

suyo(s)/a(s) *poss. adj. and pron.* (of) his/her; (of) hers; (of) its; *form.* (of) your, (of) yours; (of) their, (of) theirs 2.2

T

tal vez *adv.* maybe 1.5

talentoso/a *adj.* talented 2.8

talla *f.* size 1.6

talla grande *f.* large 1.6

taller mecánico *m.* garage; mechanic's repairshop 2.2

también *adv.* also; too 1.2, 1.7

tampoco *adv.* neither; not either 1.7

tan *adv.* so 1.5

tan pronto como *conj.* as soon as 2.4

tan... como as... as 1.8

tanque *m.* tank 2.2

tanto *adv.* so much

tanto... como as much... as 1.8

tantos/as... como as many... as 1.8

tarde *adv.* late 1.7; *f.* afternoon; evening; P.M. 1.1

tarea *f.* homework 1.2

tarjeta *f.* card

tarjeta de crédito *f.* credit card 1.6

tarjeta postal *f.* postcard

taxi *m.* taxi 1.5

taza *f.* cup 2.3

te *sing., fam., d.o. pron.* you 1.5; *sing., fam., i.o. pron.* to/for you 1.6

¿Te gusta(n)...? Do you like...? 1.2

¿Te gustaría? Would you like to? 2.8

Te presento a... *fam.* I would like to introduce... to you. 1.1

té *m.* tea 1.8

té helado *m.* iced tea 1.8

teatro *m.* theater 2.8

teclado *m.* keyboard 2.2

técnico/a *m., f.* technician 2.7

tejido *m.* weaving 2.8

teleadicto/a *m., f.* couch potato 2.6

teléfono (celular) *m.* (cell) telephone 2.2

telenovela *f.* soap opera 2.8

teletrabajo *m.* telecommuting 2.7

televisión *f.* television 1.2, 2.2

televisión por cable *f.* cable television

televisor *m.* television set 2.2

temer *v.* to fear, be afraid 2.4

temperatura *f.* temperature 2.1

temprano *adv.* early 1.7

tenedor *m.* fork 2.3

tener *v.* to have 1.3

tener... años to be... years old 1.3

Tengo... años. I'm... years old. 1.3

tener (mucho) calor to be (very) hot 1.3

tener (mucho) cuidado to be (very) careful 1.3

tener dolor to have pain 2.1

tener éxito to be successful 2.7

tener fiebre to have a fever 2.1

tener (mucho) frío to be (very) cold 1.3

tener ganas de (+ *inf.*) to feel like (*doing something*) 1.3

tener (mucha) hambre to be (very) hungry 1.3

tener (mucho) miedo (de) to be (very) afraid (of); to be (very) scared (of) 1.3

tener miedo (de) que to be afraid that

tener planes to have plans

tener (mucha) prisa to be in a (big) hurry 1.3

tener que (+ *inf.*) to have to (*do something*) 1.3

tener razón to be right 1.3

tener (mucha) sed to be (very) thirsty 1.3

tener (mucho) sueño to be (very) sleepy 1.3

tener (mucha) suerte to be (very) lucky 1.3

tener tiempo to have time 1.4

tener una cita to have a date; to have an appointment 1.9

tenis *m.* tennis 1.4

tensión *f.* tension 2.6

tercer, tercero/a *n., adj.* third 1.5

terminar *v.* to end; to finish 1.2

terminar de (+ *inf.*) *v.* to finish (*doing something*) 1.4

terremoto *m.* earthquake 2.9

terrible *adj.* terrible 2.4

ti *pron., obj. of prep., fam.* you

tiempo *m.* time 1.4; weather 1.5

tiempo libre free time

tienda *f.* shop; store 1.6

tienda de campaña *f.* tent

tierra *f.* land; soil 2.4

tío/a *m., f.* uncle; aunt 1.3

tíos *m. pl.* aunts and uncles 1.3

título *m.* title

tiza *f.* chalk 1.2

toalla *f.* towel 1.7

tobillo *m.* ankle 2.1

tocar *v.* to play (*a musical instrument*) 2.8; to touch 2.4

todavía *adv.* yet; still 1.5

todo *m.* everything 1.5

Todo está bajo control. Everything is under control. 1.7

todo(s)/a(s) *adj.* all **1.4**; whole **1.4**
  en todo el mundo throughout the world **2.4**
  todo derecho straight (ahead) **2.5**
  todos los días *adv.* every day **2.1**
todos *m., pl.* all of us; everybody; everyone
  ¡Todos a bordo! All aboard! **1.1**
tomar *v.* to take; to drink **1.2**
  tomar clases to take classes **1.2**
  tomar el sol to sunbathe **1.4**
  tomar en cuenta to take into account
  tomar fotos to take photos **1.5**
  tomar la temperatura to take someone's temperature **2.1**
tomate *m.* tomato **1.8**
tonto/a *adj.* silly; foolish **1.3**
torcerse (o:ue) (el tobillo) *v.* to sprain (one's ankle) **2.1**
torcido/a *adj.* twisted; sprained **2.1**
tormenta *f.* storm **2.9**
tornado *m.* tornado **2.9**
tortilla (de maíz) *f.* (corn) tortilla **1.8**
tos *f., sing.* cough **2.1**
toser *v.* to cough **2.1**
tostado/a *adj.* toasted **1.8**
tostadora *f.* toaster **2.3**
trabajador(a) *adj.* hard-working **1.3**
trabajar *v.* to work **1.2**
trabajo *m.* job; work **2.7**
traducir *v.* to translate **1.6**
traer *v.* to bring **1.4**
tráfico *m.* traffic **2.2**
tragedia *f.* tragedy **2.8**
traído *p.p.* brought **2.5**
traje (de baño) *m.* (bathing) suit **1.6**
tranquilo/a *adj.* calm; quiet **2.6**
  Tranquilo/a. Relax. **1.7**
transmitir *v.* to broadcast **2.9**
tratar de (+ inf.) *v.* to try (*to do something*) **2.6**
Trato hecho. You've got a deal. **2.8**
trece *n., adj.* thirteen **1.1**
treinta *n., adj.* thirty **1.1, 1.2**
  y treinta thirty minutes past the hour (*time*) **1.1**
tren *m.* train **1.5**
tres *n., adj.* three **1.1**
trescientos/as *n., adj.* three hundred **1.2**
trimestre *m.* trimester; quarter **1.2**
triste *adj.* sad **1.5**

tú *fam. sub. pron.* you **1.1**
  Tú eres... You are... **1.1**
tu(s) *fam. poss. adj.* your **1.3**
turismo *m.* tourism **1.5**
turista *m., f.* tourist **1.1**
turístico/a *adj.* touristic
tuyo(s)/a(s) *fam. poss. adj. and pron.* your; (of) yours **2.2**

U

u *conj.* (used instead of **o** before words beginning with **o** and **ho**) or
Ud. *form., sing., sub. pron.* you **1.1**
Uds. *form., pl., sub. pron.* you **1.1**
último/a *adj.* last
un, un(a) *indef. art.* a; an **1.1**
uno/a *n., adj.* one **1.1**
  a la una at one o'clock **1.1**
  una vez *adv.* once; one time **1.6**
  una vez más one more time **1.9**
unos/as *pl. indef. art.* some; *pron.* some **1.1**
único/a *adj.* only **1.3**
universidad *f.* university; college **1.2**
urgente *adj.* urgent **2.3**
usar *v.* to wear; to use **1.6**
usted (Ud.) *form., sing., sub. pron.* you **1.1**
ustedes (Uds.) *form., pl., sub. pron.* you **1.1**
útil *adj.* useful
uva *f.* grape **1.8**

V

vaca *f.* cow **2.4**
vacaciones *f. pl.* vacation **1.5**
valle *m.* valley **2.4**
vamos let's go **1.4**
vaquero *m.* cowboy **2.8**
  de vaqueros *m., pl.* western (*genre*) **2.8**
varios/as *adj., pl.* various; several **1.8**
vaso *m.* glass **2.3**
veces *f., pl.* times **1.6**
vecino/a *m., f.* neighbor **2.3**
veinte *n., adj.* twenty **1.1**
veinticinco *n., adj.* twenty-five **1.1**
veinticuatro *n., adj.* twenty-four **1.1**
veintidós *n., adj.* twenty-two **1.1**
veintinueve *n., adj.* twenty-nine **1.1**
veintiocho *n., adj.* twenty-eight **1.1**

veintiséis *n., adj.* twenty-six **1.1**
veintisiete *n., adj.* twenty-seven **1.1**
veintitrés *n., adj.* twenty-three **1.1**
veintiún, veintiuno/a *n., adj.* twenty-one **1.1**
vejez *f.* old age **1.9**
velocidad *f.* speed **2.2**
  velocidad máxima *f.* speed limit **2.2**
vendedor(a) *m., f.* salesperson **1.6**
vender *v.* to sell **1.6**
venir *v.* to come **1.3**
ventana *f.* window **1.2**
ver *v.* to see **1.4**
  a ver let's see **1.2**
  ver películas to see movies **1.4**
verano *m.* summer **1.5**
verbo *m.* verb
verdad *f.* truth
  ¿verdad? right? **1.1**
verde *adj.* green **1.6**
verduras *pl., f.* vegetables **1.8**
vestido *m.* dress **1.6**
vestirse (e:i) *v.* to get dressed **1.7**
vez *f.* time **1.6**
viajar *v.* to travel **1.2**
viaje *m.* trip **1.5**
viajero/a *m., f.* traveler **1.5**
vida *f.* life **1.9**
video *m.* video **1.1**
videoconferencia *f.* videoconference **2.7**
videojuego *m.* video game **1.4**
vidrio *m.* glass **2.4**
viejo/a *adj.* old **1.3**
viento *m.* wind **1.5**
viernes *m., sing.* Friday **1.2**
vinagre *m.* vinegar **1.8**
vino *m.* wine **1.8**
  vino blanco *m.* white wine **1.8**
  vino tinto *m.* red wine **1.8**
violencia *f.* violence **2.9**
visitar *v.* to visit **1.4**
  visitar monumentos to visit monuments **1.4**
visto *p.p.* seen **2.5**
vitamina *f.* vitamin **2.6**
viudo/a *m., f.* widower; widow **1.9**; *adj.* widowed **1.9**
vivienda *f.* housing **2.3**
vivir *v.* to live **1.3**
vivo/a *adj.* bright; lively; living
volante *m.* steering wheel **2.2**
volcán *m.* volcano **2.4**
vóleibol *m.* volleyball **1.4**
volver (o:ue) *v.* to return **1.4**
  volver a ver(te/lo/la) *v.* to see (you/him/her) again **2.9**

vos *pron.* you
vosotros/as *sub. pron., fam., pl.*
  you   **1.1**
votar *v.* to vote   **2.9**
vuelta *f.* return trip
vuelto *p.p.* returned   **2.5**
vuestro(s)/a(s) *poss. adj.,*
  fam. your   **1.3**; *poss. adj. and*
  pron., fam. (of) yours   **2.2**

W

walkman *m.* walkman

Y

y *conj.* and   **1.1**
  y cuarto   quarter after (*time*)
    1.1
  y media   half-past (*time*)   **1.1**
  y quince   quarter after (*time*)
    1.1
  y treinta   thirty (minutes past
    the hour)   **1.1**
  ¿Y tú? *fam.* And you?   **1.1**
  ¿Y usted? *form.* And you?
    1.1
ya *adv.* already   **1.6**
yerno *m.* son-in-law   **1.3**
yo *sub. pron.* I   **1.1**
  Yo soy...   I'm...   **1.1**
yogur *m.* yogurt   **1.8**

Z

zanahoria *f.* carrot   **1.8**
zapatería *f.* shoe store   **2.5**
zapatos de tenis *m., pl.* tennis
  shoes, sneakers   **1.6**

English-Spanish

A

a **un, uno/a** *m., f., sing.; indef. art.* 1.1
@ symbol **arroba** *f.* 2.2
A.M. **mañana** *f.* 1.1
able: be able to **poder (o:ue)** *v.* 1.4
aboard **a bordo** 1.1
accident **accidente** *m.* 2.1
accompany **acompañar** *v.* 2.5
account **cuenta** *f.* 2.5
  checking account **cuenta corriente** *f.* 2.5
  on account of **por** *prep.* 2.2
  savings account **cuenta de ahorros** *f.* 2.5
accountant **contador(a)** *m., f.* 2.7
accounting **contabilidad** *f.* 1.2
ache **dolor** *m.* 2.1
acid **ácido/a** *adj.* 2.4
acquainted: to be acquainted with **conocer** *v.* 1.6
action (*genre*) **de acción** *f.* 2.8
active **activo/a** *adj.* 2.6
actor **actor** *m.*, **actriz** *f.* 2.7
addict (*drug*) **drogadicto/a** *m., f.* 2.6
additional **adicional** *adj.*
address **dirección** *f.* 2.5
adjective **adjetivo** *m.*
adolescence **adolescencia** *f.* 1.9
adventure (*genre*) **de aventura** *f.* 2.8
advertise **anunciar** *v.* 2.9
advertisement **anuncio** *m.* 2.7
advice **consejo** *m.* 1.6
  give advice **dar consejos** 1.6
advise **aconsejar** *v.* 2.3
advisor **consejero/a** *m., f.* 2.7
aerobic **aeróbico/a** *adj.* 2.6
  aerobics class **clase de ejercicios aeróbicos** *f.* 2.6
  to do aerobics **hacer ejercicios aeróbicos** 2.6
affected **afectado/a** *adj.* 2.4
  be affected (by) **estar afectado/a (por)** 2.4
affirmative **afirmativo/a** *adj.*
afraid: be (very) afraid (of) **tener (mucho) miedo (de)** 1.3
  be afraid that **tener miedo (de) que; temer** *v.* 2.4
after **después de** *prep.* 1.7; **después de que** *conj.* 2.4
afternoon **tarde** *f.* 1.1
again **otra vez** *adv.*
age **edad** *f.* 1.9
agree **concordar (o:ue)** *v.;* **estar de acuerdo** 2.7
  I agree (completely). **Estoy (completamente) de acuerdo.** 2.7

I don't agree. **No estoy de acuerdo.** 2.7
agreement **acuerdo** *m.* 2.7
AIDS **SIDA** *m.* 2.9
air **aire** *m.* 2.4
  air pollution **contaminación del aire** *f.* 2.4
airplane **avión** *m.* 1.5
airport **aeropuerto** *m.* 1.5
alarm clock **despertador** *m.* 1.7
all **todo(s)/a(s)** *adj.* 1.4
  All aboard! **¡Todos a bordo!** 1.1
  all of us **todos** 1.1
  all over the world **en todo el mundo**
allergic **alérgico/a** *adj.* 2.1
  be allergic (to) **ser alérgico/a (a)** 2.1
alleviate **aliviar** *v.*
almost **casi** *adv.* 2.1
alone **solo/a** *adj.*
along **por** *prep.* 2.2
already **ya** *adv.* 1.6
also **también** *adv.* 1.2, 1.7
alternator **alternador** *m.* 2.2
although **aunque** *conj.*
aluminum **aluminio** *m.* 2.4
  (made) of aluminum **de aluminio** 2.4
always **siempre** *adv.* 1.7
American (North) **norteamericano/a** *adj.* 1.3
among **entre** *prep.* 1.2
amusement **diversión** *f.*
and **y** 1.1, **e** (*before words beginning with* **i** *or* **hi**) 1.4
  And you? **¿Y tú?** *fam.* 1.1; **¿Y usted?** *form.* 1.1
angry **enojado/a** *adj.* 1.5
  get angry (with) **enojarse** *v.* **(con)** 1.7
animal **animal** *m.* 2.4
ankle **tobillo** *m.* 2.1
anniversary **aniversario** *m.* 1.9
  wedding anniversary **aniversario de bodas** *m.* 1.9
announce **anunciar** *v.* 2.9
announcer (*TV/radio*) **locutor(a)** *m., f.* 2.9
annoy **molestar** *v.* 1.7
another **otro/a** *adj.* 1.6
answer **contestar** *v.* 1.2; **respuesta** *f.*
antibiotic **antibiótico** *m.* 2.1
any **algún, alguno(s)/a(s)** *adj., pron.* 1.7
anyone **alguien** *pron.* 1.7
anything **algo** *pron.* 1.7
apartment **apartamento** *m.* 2.3
  apartment building **edificio de apartamentos** *m.* 2.3
appear **parecer** *v.*
appetizers **entremeses** *m., pl.* 1.8
applaud **aplaudir** *v.* 2.8

apple **manzana** *f.* 1.8
appliance (electric) **electrodoméstico** *m.* 2.3
applicant **aspirante** *m., f.* 2.7
application **aplicación** (*program*) *f.* 2.2; **solicitud** *f.* 2.7
  job application **solicitud de trabajo** *f.* 2.7
apply (*for a job*) **solicitar** *v.* 2.7
  apply for a loan **pedir un préstamo** 2.5
appointment **cita** *f.* 1.9
  have an appointment **tener una cita** 1.9
appreciate **apreciar** *v.* 2.8
April **abril** *m.* 1.5
aquatic **acuático/a** *adj.* 1.4
archaeologist **arqueólogo/a** *m., f.* 2.7
architect **arquitecto/a** *m., f.* 2.7
area **región** *f.* 2.4
arm **brazo** *m.* 2.1
armchair **sillón** *m.* 2.3
army **ejército** *m.* 2.9
around **por** *prep.* 2.2
  around here **por aquí** 2.2
arrange **arreglar** *v.* 2.2
arrival **llegada** *f.* 1.5
arrive **llegar** *v.* 1.2
art **arte** *m.* 1.2
  arts **artes** *f., pl.* 2.8
  fine arts **bellas artes** *f., pl.* 2.8
article **artículo** *m.* 2.9
artist **artista** *m., f.* 1.3
artistic **artístico/a** *adj.* 2.8
as **como** *prep.* 1.8
  as… as **tan… como** 1.8
  as a child **de niño/a** 2.1
  as many… as **tantos/as… como** 1.8
  as much…as **tanto… como** 1.8
  as soon as **en cuanto** *conj.* 2.4; **tan pronto como** *conj.* 2.4
ask (*a question*) **preguntar** *v.* 1.2
  ask for **pedir (e:i)** *v.* 1.4
asparagus **espárragos** *m., pl.* 1.8
aspirin **aspirina** *f.* 2.1
at **a** *prep.* 1.1; **en** *prep.* 1.2
  at + *time* **a la(s) +** *time* 1.1
  at home **en casa** 1.7
  at least **por lo menos** 2.1
  at night **por la noche** 1.7
  at the end (of) **al fondo (de)** 2.3
  At what time…? **¿A qué hora…?** 1.1
  At your service. **A sus órdenes.** 2.2
ATM **cajero automático** *m.* 2.5
attend **asistir (a)** *v.* 1.3
attic **altillo** *m.* 2.3
attract **atraer** *v.* 1.4
audience **público** *m.* 2.8
August **agosto** *m.* 1.5

aunt **tía** *f.* 1.3
   aunts and uncles **tíos** *m., pl.* 1.3
automatic **automático/a** *adj.*
automobile **automóvil** *m.* 1.5;
   carro *m.*, **coche** *m.* 2.2
autumn **otoño** *m.* 1.5
avenue **avenida** *f.*
avoid **evitar** *v.* 2.4
award **premio** *m.* 2.8

B

backpack **mochila** *f.* 1.2
bad **mal, malo/a** *adj.* 1.3
   It's bad that… **Es malo**
     que… 2.3
   It's not at all bad. **No está**
     nada mal. 1.5
bag **bolsa** *f.* 1.6
bakery **panadería** *f.* 2.5
balanced **equilibrado/a** *adj.* 2.6
   eat a balanced diet **comer**
     una dieta equilibrada 2.6
balcony **balcón** *m.* 2.3
ball **pelota** *f.* 1.4
banana **banana** *f.* 1.8
band **banda** *f.* 2.8
bank **banco** *m.* 2.5
bargain **ganga** *f.* 1.6; **regatear**
   v. 1.6
baseball *(game)* **béisbol** *m.* 1.4
basement **sótano** *m.* 2.3
basketball *(game)* **baloncesto**
   m. 1.4
bathe **bañarse** *v.* 1.7
bathing suit **traje** *m.* **de baño** 1.6
bathroom **baño** *m.* 1.7; **cuarto**
   de baño *m.* 1.7
be **ser** *v.* 1.1; **estar** *v.* 1.2
   be… years old **tener… años** 1.3
beach **playa** *f.* 1.5
beans **frijoles** *m., pl.* 1.8
beautiful **hermoso/a** *adj.* 1.6
beauty **belleza** *f.* 2.5
   beauty salon **peluquería** *f.* 2.5;
     salón de belleza *m.* 2.5
because **porque** *conj.* 1.2
   because of **por** *prep.* 2.2
become *(+ adj.)* **ponerse (+ adj.)**
   v. 1.7; **convertirse (e:ie)** *v.*
bed **cama** *f.* 1.5
   go to bed **acostarse (o:ue)**
     v. 1.7
bedroom **alcoba** *f.*, **dormitorio**
   m. 2.3; **recámara** *f.*
beef **carne de res** *f.* 1.8
been **sido** *p.p.* 2.6
beer **cerveza** *f.* 1.8
before **antes** *adv.* 1.7; **antes**
   de *prep.* 1.7; **antes (de) que**
   conj. 2.4
beg **rogar (o:ue)** *v.* 2.3
begin **comenzar (e:ie)** *v.* 1.4;
   empezar (e:ie) *v.* 1.4

behalf: on behalf of **de parte**
   de 2.2
behind **detrás de** *prep.* 1.2
believe (in) **creer** *v.* **(en)** 1.3, 2.4
   not to believe **no creer** 2.4
believed **creído** *p.p.* 2.5
bellhop **botones** *m., f. sing.* 1.5
below **debajo de** *prep.* 1.2
belt **cinturón** *m.* 1.6
benefit **beneficio** *m.* 2.7
beside **al lado de** *prep.* 1.2
besides **además (de)** *adv.* 2.1
best **el/la mejor** *adj.* 1.8; **lo**
   mejor *neuter* 2.9
better **mejor** *adj.* 1.8
   It's better that… **Es mejor**
     que… 2.3
between **entre** *prep.* 1.2
beverage **bebida** *f.*
   alcoholic beverage **bebida**
     alcohólica *f.* 2.6
bicycle **bicicleta** *f.* 1.4
big **gran, grande** *adj.* 1.3
bill **cuenta** *f.* 1.9
billion **mil millones** *m.*
biology **biología** *f.* 1.2
bird **ave** *f.* 2.4; **pájaro** *m.* 2.4
birth **nacimiento** *m.* 1.9
birthday **cumpleaños** *m., sing.* 1.9
   have a birthday **cumplir**
     años 1.9
biscuit **bizcocho** *m.*
black **negro/a** *adj.* 1.6
blackberry **mora** *f.* 1.8
blackboard **pizarra** *f.* 1.2
blanket **manta** *f.* 2.3
block *(city)* **cuadra** *f.* 2.5
blond(e) **rubio/a** *adj.* 1.3
blouse **blusa** *f.* 1.6
blue **azul** *adj.* 1.6
boarding house **pensión** *f.*
boat **barco** *m.* 1.5
body **cuerpo** *m.* 2.1
bone **hueso** *m.* 2.1
book **libro** *m.* 1.2
bookcase **estante** *m.* 2.3
bookshelves **estante** *m.* 2.3
bookstore **librería** *f.* 1.2
boot **bota** *f.* 1.6
bore **aburrir** *v.* 1.7
bored **aburrido/a** *adj.* 1.5
   be bored **estar aburrido/a** 1.5
   get bored **aburrirse** *v.* 2.8
boring **aburrido/a** *adj.* 1.5
born: be born **nacer** *v.* 1.9
borrow **pedir prestado** 2.5
borrowed **prestado/a** *adj.*
boss **jefe** *m.*, **jefa** *f.* 2.7
bother **molestar** *v.* 1.7
bottle **botella** *f.* 1.9
   bottle of wine **botella de**
     vino *f.* 1.9
bottom **fondo** *m.*
boulevard **bulevar** *m.*
boy **chico** *m.* 1.1; **muchacho**
   m. 1.3

boyfriend **novio** *m.* 1.3
brakes **frenos** *m., pl.*
bread **pan** *m.* 1.8
break **romper** *v.* 2.1
   break (one's leg) **romperse (la**
     pierna) 2.1
   break down **dañar** *v.* 2.1
   break up (with) **romper** *v.*
     (con) 1.9
   The… broke down. **Se nos**
     dañó el/la… 2.2
breakfast **desayuno** *m.* 1.2, 1.8
   have breakfast **desayunar** *v.*
     1.2
breathe **respirar** *v.* 2.4
bring **traer** *v.* 1.4
broadcast **transmitir** *v.* 2.9;
   emitir *v.* 2.9
brochure **folleto** *m.*
broken **roto/a** *adj.* 2.1, 2.5
   be broken **estar roto/a** 2.1
brother **hermano** *m.* 1.3
   brothers and sisters **hermanos**
     m., pl. 1.3
brother-in-law **cuñado** *m.* 1.3
brought **traído** *p.p.* 2.5
brown **café** *adj.* 1.6; **marrón**
   adj. 1.6
browser **buscador** *m.* 2.2
brunet(te) **moreno/a** *adj.* 1.3
brush **cepillar** *v.* 1.7
   brush one's hair **cepillarse el**
     pelo 1.7
   brush one's teeth **cepillarse los**
     dientes 1.7
build **construir** *v.* 1.4
building **edificio** *m.* 2.3
bump into *(something*
   accidentally) **darse con** 2.1;
   (someone) **encontrarse** *v.* 2.2
burned (out) **quemado/a** *adj.* 2.2
bus **autobús** *m.* 1.1
   bus station **estación** *f.* **de**
     autobuses 1.5
business **negocios** *m. pl.* 2.7
   business administration
     administración *f.* **de**
     empresas 1.2
   business-related **comercial**
     adj. 2.7
businessperson **hombre/mujer**
   de negocios *m., f.* 2.7
busy **ocupado/a** *adj.* 1.5
but **pero** *conj.* 1.2; *(rather)* **sino**
   conj. (in negative sentences) 1.7
butcher shop **carnicería** *f.* 2.5
butter **mantequilla** *f.* 1.8
buy **comprar** *v.* 1.2
by **por** *prep.* 2.2; **para** *prep.* 2.2
   by means of **por** *prep.* 2.2
   by phone **por teléfono** 2.2
   by plane **en avión** 1.5
   by way of **por** *prep.* 2.2
bye **chau** *interj. fam.* 1.1

C

cabin **cabaña** f. 1.5
cable television **televisión** f. **por cable**
café **café** m. 1.4
cafeteria **cafetería** f. 1.2
caffeine **cafeína** f. 2.6
cake **pastel** m. 1.9
  chocolate cake **pastel de chocolate** m. 1.9
call **llamar** v. 2.2
  be called **llamarse** v. 1.7
  call on the phone **llamar por teléfono**
calm **tranquilo/a** adj. 2.6
calorie **caloría** f. 2.6
camera **cámara** f. 2.2
camp **acampar** v. 1.5
can (tin) **lata** f. 2.4; **poder (o:ue)** v. 1.4
Canadian **canadiense** adj. 1.3
candidate **aspirante** m., f. 2.7; **candidato/a** m., f. 2.9
candy **dulces** m., pl. 1.9
capital city **capital** f. 1.1
car **coche** m. 2.2; **carro** m. 2.2; **auto(móvil)** m. 1.5
caramel **caramelo** m. 1.9
card **tarjeta** f.; (playing) **carta** f. 1.5
care **cuidado** m. 1.3
  Take care! **¡Cuídense!** form. pl. 2.6
  take care of **cuidar** v. 2.4
career **carrera** f. 2.7
careful: be (very) careful **tener (mucho) cuidado** 1.3
caretaker **ama** m., f. **de casa** 2.3
carpenter **carpintero/a** m., f. 2.7
carpet **alfombra** f. 2.3
carrot **zanahoria** f. 1.8
carry **llevar** v. 1.2
cartoons **dibujos** m, pl. **animados** 2.8
case: in case (that) **en caso (de) que** conj. 2.4
cash (a check) **cobrar** v. 2.5
  cash (en) efectivo 1.6
  pay in cash **pagar al contado** 2.5; **pagar en efectivo** 2.5
cash register **caja** f. 1.6
cashier **cajero/a** m., f.
cat **gato** m. 2.4
CD **disco** m. **compacto** 2.2
CD player **reproductor de CD** m. 2.2
CD-ROM **cederrón** m. 2.2
celebrate **celebrar** v. 1.9
celebration **celebración** f.
  young woman's fifteenth birthday celebration **quinceañera** f. 1.9
cellar **sótano** m. 2.3

cellular **celular** adj. 2.2
  cellular telephone **teléfono celular** m. 2.2
cereal **cereales** m., pl. 1.8
certain **cierto/a** adj.; **seguro/a** adj. 2.4
  it's (not) certain **(no) es cierto/seguro** 2.4
chalk **tiza** f. 1.2
champagne **champán** m. 1.9
change **cambiar** v. (de) 1.9
channel (TV) **canal** m. 2.2, 2.8
character (fictional) **personaje** m. 2.2, 2.8
  main character **personaje principal** m. 2.8
chat **conversar** v. 1.2; **chatear** v. 2.2
chauffeur **conductor(a)** m., f. 1.1
cheap **barato/a** adj. 1.6
check **comprobar (o:ue)** v.; **revisar** v. 2.2; (bank) **cheque** m. 2.5
  check the oil **revisar el aceite** 2.2
checking account **cuenta** f. **corriente** 2.5
cheese **queso** m. 1.8
chef **cocinero/a** m., f. 2.7
chemistry **química** f. 1.2
chest of drawers **cómoda** f. 2.3
chicken **pollo** m. 1.8
child **niño/a** m., f. 1.3
childhood **niñez** f. 1.9
children **hijos** m., pl. 1.3
Chinese **chino/a** adj. 1.3
chocolate **chocolate** m. 1.9
  chocolate cake **pastel** m. **de chocolate** 1.9
cholesterol **colesterol** m. 2.6
choose **escoger** v. 1.8
chop (food) **chuleta** f. 1.8
Christmas **Navidad** f. 1.9
church **iglesia** f. 1.4
citizen **ciudadano/a** m., f. 2.9
city **ciudad** f. 1.4
class **clase** f. 1.2
  take classes **tomar clases** 1.2
classical **clásico/a** adj. 2.8
classmate **compañero/a** m., f. **de clase** 1.2
clean **limpio/a** adj. 1.5; **limpiar** v. 2.3
  clean the house **limpiar la casa** 2.3
clear (weather) **despejado/a** adj.
  clear the table **quitar la mesa** 2.3
  It's (very) clear. (weather) **Está (muy) despejado.**
clerk **dependiente/a** m., f. 1.6
climate change **cambio climático** m. 2.4
climb **escalar** v. 1.4
  climb mountains **escalar montañas** 1.4

clinic **clínica** f. 2.1
clock **reloj** m. 1.2
close **cerrar (e:ie)** v. 1.4
closed **cerrado/a** adj. 1.5
closet **armario** m. 2.3
clothes **ropa** f. 1.6
clothes dryer **secadora** f. 2.3
clothing **ropa** f. 1.6
cloud **nube** f. 2.4
cloudy **nublado/a** adj. 1.5
  It's (very) cloudy. **Está (muy) nublado.** 1.5
coat **abrigo** m. 1.6
coffee **café** m. 1.8
coffeemaker **cafetera** f. 2.3
cold **frío** m. 1.5; (illness) **resfriado** m. 2.1
  be (feel) (very) cold **tener (mucho) frío** 1.3
  It's (very) cold. (weather) **Hace (mucho) frío.** 1.5
college **universidad** f. 1.2
collision **choque** m. 2.9
color **color** m. 1.3, 1.6
comb one's hair **peinarse** v. 1.7
come **venir** v. 1.3
comedy **comedia** f. 2.8
comfortable **cómodo/a** adj. 1.5
commerce **negocios** m., pl. 2.7
commercial **comercial** adj. 2.7
communicate (with) **comunicarse** v. (con) 2.9
communication **comunicación** f. 2.9
  means of communication **medios** m. pl. **de comunicación** 2.9
community **comunidad** f. 1.1
company **compañía** f. 2.7; **empresa** f. 2.7
comparison **comparación** f.
completely **completamente** adv. 2.7
composer **compositor(a)** m., f. 2.8
computer **computadora** f. 1.1
computer disc **disco** m.
computer monitor **monitor** m. 2.2
computer programmer **programador(a)** m., f. 1.3
computer science **computación** f. 1.2
concert **concierto** m. 2.8
conductor (musical) **director(a)** m., f. 2.8
confirm **confirmar** v. 1.5
  confirm a reservation **confirmar una reservación** 1.5
confused **confundido/a** adj. 1.5
congested **congestionado/a** adj. 2.1
Congratulations! (for an event such as a birthday or anniversary) **¡Felicidades!** 1.9; (for an event such as an engagement or a good grade on a test) **¡Felicitaciones!** 1.9

conservation **conservación** f. 2.4
conserve **conservar** v. 2.4
considering **para** prep. 2.2
consume **consumir** v. 2.6
container **envase** m. 2.4
contamination **contaminación** f.
content **contento/a** adj. 1.5
contest **concurso** m. 2.8
continue **seguir (e:i)** v. 1.4
control **control** m.; **controlar** v.
2.4
  be under control **estar bajo
control** 1.7
conversation **conversación** f. 1.1
converse **conversar** v. 1.2
cook **cocinar** v. 2.3; **cocinero/a**
m., f. 2.7
cookie **galleta** f. 1.9
cool **fresco/a** adj. 1.5
  Be cool. **Tranquilo/a.** 1.7
  It's cool. (weather) **Hace
fresco.** 1.5
corn **maíz** m. 1.8
corner **esquina** f. 2.5
cost **costar (o:ue)** v. 1.6
cotton **algodón** f. 1.6
  (made of) cotton **de algodón**
1.6
couch **sofá** m. 2.3
couch potato **teleadicto/a**
m., f. 2.6
cough **tos** f. 2.1; **toser** v. 2.1
counselor **consejero/a** m., f. 2.7
count (on) **contar** v. **(con)** 1.4, 2.3
country (nation) **país** m. 1.1
countryside **campo** m. 1.5
couple (married) **pareja** f. 1.9
course **curso** m. 1.2; **materia** f.
1.2
courtesy **cortesía** f.
cousin **primo/a** m., f. 1.3
cover **cubrir** v.
covered **cubierto** p.p.
cow **vaca** f. 2.4
crafts **artesanía** f. 2.8
craftsmanship **artesanía** f. 2.8
crater **cráter** m. 2.4
crazy **loco/a** adj. 1.6
create **crear** v.
credit **crédito** m. 1.6
  credit card **tarjeta** f. **de
crédito** 1.6
crime **crimen** m. 2.9
cross **cruzar** v. 2.5
culture **cultura** f. 2.8
cup **taza** f. 2.3
currency exchange **cambio** m. **de
moneda**
current events **actualidades** f., pl.
2.9
curtains **cortinas** f., pl. 2.3
custard (baked) **flan** m. 1.9
custom **costumbre** f. 1.1
customer **cliente/a** m., f. 1.6
customs **aduana** f. 1.5

customs inspector **inspector(a)**
  m., f. **de aduanas** 1.5
cybercafé **cibercafé** m. 2.2
cycling **ciclismo** m. 1.4

D

dad **papá** m. 1.3
daily **diario/a** adj. 1.7
  daily routine **rutina** f.
diaria 1.7
damage **dañar** v. 2.1
dance **bailar** v. 2.1; **danza**
f. 2.8; **baile** m. 2.8
dancer **bailarín/bailarina** m., f. 2.8
danger **peligro** m. 2.4
dangerous **peligroso/a** adj. 2.9
date (appointment) **cita** f. 1.9;
(calendar) **fecha** f. 1.5;
(someone) **salir** v. **con
(alguien)** 1.9
  have a date **tener una cita** 1.9
daughter **hija** f. 1.3
daughter-in-law **nuera** f. 1.3
day **día** m. 1.1
  day before yesterday
anteayer adv. 1.6
deal **trato** m. 2.8
  It's not a big deal. **No es para
tanto.** 2.3
  You've got a deal! **¡Trato
hecho!** 2.8
death **muerte** f. 1.9
decaffeinated **descafeinado/a**
adj. 2.6
December **diciembre** m. 1.5
decide **decidir (+ inf.)** v. 1.3
decided **decidido/a** adj., p.p. 2.5
declare **declarar** v. 2.9
deforestation **deforestación** f. 2.4
delicious **delicioso/a** adj. 1.8;
rico/a adj. 1.8; **sabroso/a**
adj. 1.8
delighted **encantado/a** adj. 1.1
dentist **dentista** m., f. 2.1
deny **negar (e:ie)** v. 2.4
  not to deny **no negar** 2.4
department store **almacén** m. 1.6
departure **salida** f. 1.5
deposit **depositar** v. 2.5
describe **describir** v. 1.3
described **descrito** p.p. 2.5
desert **desierto** m. 2.4
design **diseño** m.
designer **diseñador(a)** m., f. 2.7
desire **desear** v. 1.2
desk **escritorio** m. 1.2
dessert **postre** m. 1.9
destroy **destruir** v. 2.4
develop **desarrollar** v. 2.4
diary **diario** m. 1.1
dictatorship **dictadura** f. 2.9
dictionary **diccionario** m. 1.1
die **morir (o:ue)** v. 1.8

died **muerto** p.p. 2.5
diet **dieta** f. 2.6; **alimentación** f.
  balanced diet **dieta
equilibrada** f. 2.6
  be on a diet **estar a dieta** 2.6
difficult **difícil** adj. 1.3
digital/video camera **cámara** f.
digital/de video 2.2
dining room **comedor** m. 2.3
dinner **cena** f. 1.2, 1.8
  have dinner **cenar** v. 1.2
direct **dirigir** v. 2.8
directions **indicaciones** f., pl. 2.5
  give directions **indicar cómo
llegar** v. 2.5
director **director(a)** m., f. 2.8
dirty **sucio/a** adj. 1.5
  get (something) dirty **ensuciar**
v. 2.3
disagree **no estar de acuerdo**
disaster **desastre** m. 2.9
discover **descubrir** v. 2.4
discovered **descubierto** p.p. 2.5
discrimination **discriminación** f.
2.9
dish **plato** m. 1.8, 2.3
  main dish **plato principal** m. 1.8
dishwasher **lavaplatos** m., sing. 2.3
disk **disco** m.
disorderly **desordenado/a** adj. 1.5
dive **bucear** v. 1.4
divorce **divorcio** m. 1.9
divorced **divorciado/a** adj. 1.9
  get divorced (from) **divorciarse
(de)** v. 1.9
dizzy **mareado/a** adj. 2.1
do **hacer** v. 1.4
  do aerobics **hacer ejercicios
aeróbicos** 2.6
  do household chores **hacer
quehaceres domésticos** 2.3
  do stretching exercises **hacer
ejercicios de estiramiento**
2.6
doctor **doctor(a)** m., f. 1.3, 2.1;
médico/a m., f. 1.3
documentary (film) **documental**
m. 2.8
dog **perro** m. 2.4
domestic **doméstico/a** adj.
  domestic appliance
electrodoméstico m. 2.3
done **hecho** p.p. 2.5
door **puerta** f. 1.2
dormitory **residencia** f.
estudiantil 1.2
double **doble** adj. 1.5
  double room **habitación** f.
doble 1.5
doubt **duda** f. 2.4; **dudar** v. 2.4
  not to doubt **no dudar** 2.4
  there is no doubt...
no cabe duda de... 2.4;
no hay duda de... 2.4
down **abajo** adv.

download **descargar** *v.* 2.2
downtown **centro** *m.* 1.4
drama **drama** *m.* 2.8
dramatic **dramático/a** *adj.* 2.8
draw **dibujar** *v.* 1.2
drawing **dibujo** *m.* 2.8
dress **vestido** *m.* 1.6
   get dressed **vestirse (e:i)** *v.* 1.7
drink **beber** *v.* 1.3; **tomar**
   v. 1.2; **bebida** *f.* 1.8
drive **conducir** *v.* 1.6; **manejar**
   v. 2.2
driver **conductor(a)** *m., f.* 1.1
drug **droga** *f.* 2.6
drug addict **drogadicto/a** *m., f.*
   2.6
dry oneself **secarse** *v.* 1.7
during **durante** *prep.* 1.7; **por**
   prep. 2.2
dust **sacudir** *v.* 2.3; **quitar**
   el polvo 2.3
   dust the furniture **sacudir los**
     muebles 2.3
DVD player **reproductor** *m.* **de**
   DVD 2.2

E

each **cada** *adj.* 1.6
eagle **águila** *f.*
ear (outer) **oreja** *f.* 2.1
early **temprano** *adv.* 1.7
earn **ganar** *v.* 2.7
earthquake **terremoto** *m.* 2.9
ease **aliviar** *v.*
east **este** *m.* 2.5
   to the east **al este** 2.5
easy **fácil** *adj.* 1.3
eat **comer** *v.* 1.3
ecologist **ecologista** *m., f.* 2.4
ecology **ecología** *f.* 2.4
economics **economía** *f.* 1.2
ecotourism **ecoturismo** *m.* 2.4
Ecuador **Ecuador** *m.* 1.1
Ecuadorian **ecuatoriano/a** *adj.* 1.3
effective **eficaz** *adj.*
egg **huevo** *m.* 1.8
eight **ocho** *n., adj.* 1.1
eight hundred **ochocientos/as**
   n., adj. 1.2
eighteen **dieciocho** *n., adj.* 1.1
eighth **octavo/a** *n., adj.* 1.5
eighty **ochenta** *n., adj.* 1.2
either... or **o... o** *conj.* 1.7
eldest **el/la mayor** *adj.* 1.8
elect **elegir** *v.* 2.9
election **elecciones** *f. pl.* 2.9
electric appliance
   electrodoméstico *m.* 2.3
electrician **electricista** *m., f.* 2.7
electricity **luz** *f.* 2.3
elegant **elegante** *adj.* 1.6
elevator **ascensor** *m.* 1.5
eleven **once** *n., adj.* 1.1

e-mail **correo** *m.* **electrónico** 1.4
   e-mail address **dirrección** *f.*
     electrónica 2.2
   e-mail message **mensaje** *m.*
     electrónico 1.4
   read e-mail **leer el correo**
     electrónico 1.4
embarrassed **avergonzado/a**
   adj. 1.5
embrace (each other) **abrazar(se)**
   v. 2.2
emergency **emergencia** *f.* 2.1
   emergency room **sala** *f.* **de**
     emergencia 2.1
employee **empleado/a** *m., f.* 1.5
employment **empleo** *m.* 2.7
end **fin** *m.* 1.4; **terminar** *v.* 1.2
end table **mesita** *f.* 2.3
energy **energía** *f.* 2.4
engaged: get engaged (to)
   comprometerse *v.* **(con)** 1.9
engineer **ingeniero/a** *m., f.* 1.3
English (language) **inglés** *m.* 1.2;
   inglés, inglesa *adj.* 1.3
enjoy **disfrutar** *v.* **(de)** 2.6
enough **bastante** *adv.* 2.1
entertainment **diversión** *f.* 1.4
entrance **entrada** *f.* 2.3
envelope **sobre** *m.* 2.5
environment **medio ambiente**
   m. 2.4
equality **igualdad** *f.* 2.9
equipped **equipado/a** *adj.* 2.6
erase **borrar** *v.* 2.2
eraser **borrador** *m.* 1.2
errand **diligencia** *f.* 2.5
establish **establecer** *v.*
evening **tarde** *f.* 1.1
event **acontecimiento** *m.* 2.9
every day **todos los días** 2.1
everybody **todos** *m., pl.*
everything **todo** *m.* 1.5
   Everything is under control.
     Todo está bajo control. 1.7
exactly **en punto** 1.1
exam **examen** *m.* 1.2
excellent **excelente** *adj.* 1.5
excess **exceso** *m.* 2.6
   in excess **en exceso** 2.6
exchange **intercambiar** *v.*
   in exchange for **por** 2.2
exciting **emocionante** *adj.*
excursion **excursión** *f.*
excuse **disculpar** *v.*
   Excuse me. (May I?) **Con**
     permiso. 1.1; (I beg your
     pardon.) **Perdón.** 1.1
exercise **ejercicio** *m.* 2.6;
   hacer *v.* **ejercicio** 2.6
exit **salida** *f.* 1.5
expensive **caro/a** *adj.* 1.6
experience **experiencia** *f.* 2.9
explain **explicar** *v.* 1.2
explore **explorar** *v.*
expression **expresión** *f.*

extinction **extinción** *f.* 2.4
extremely delicious **riquísimo/a**
   adj. 1.8
extremely serious **gravísimo/a**
   adj. 2.4
eye **ojo** *m.* 2.1

F

fabulous **fabuloso/a** *adj.* 1.5
face **cara** *f.* 1.7
facing **enfrente de** *prep.* 2.5
fact: in fact **de hecho**
fall (season) **otoño** *m.* 1.5
factory **fábrica** *f.* 2.4
fall (down) **caerse** *v.* 2.1
   fall asleep **dormirse (o:ue)** *v.*
     1.7
   fall in love (with) **enamorarse**
     v. **(de)** 1.9
fallen **caído** *p.p.* 2.5
family **familia** *f.* 1.3
famous **famoso/a** *adj.* 2.7
fan **aficionado/a** *adj.* 1.4
   be a fan (of) **ser aficionado/a**
     (a) 1.4
far from **lejos de** *prep.* 1.2
farewell **despedida** *f.* 1.1
fascinate **fascinar** *v.* 1.7
fashion **moda** *f.* 1.6
   be in fashion **estar de moda**
     1.6
fast **rápido/a** *adj.*
fat **gordo/a** *adj.* 1.3; **grasa**
   f. 2.6
father **padre** *m.* 1.3
father-in-law **suegro** *m.* 1.3
favorite **favorito/a** *adj.* 1.4
fax (machine) **fax** *m.*
fear **miedo** *m.* 1.3; **temer** *v.* 2.4
February **febrero** *m.* 1.5
feel **sentir(se) (e:ie)** *v.* 1.7
   feel like (doing something) **tener**
     ganas de (+ inf.) 1.3
festival **festival** *m.* 2.8
fever **fiebre** *f.* 2.1
   have a fever **tener fiebre** 2.1
few **pocos/as** *adj., pl.*
   fewer than **menos de**
     (+ number) 1.8
field: major field of study
   especialización *f.*
fifteen **quince** *n., adj.* 1.1
   fifteen-year-old girl
     quinceañera *f.* 1.9
   young woman's fifteenth birth-
     day celebration **quinceañera**
     f. 1.9
fifth **quinto/a** *n., adj.* 1.5
fifty **cincuenta** *n., adj.* 1.2
fight (for/against) **luchar** *v.* **(por/**
   contra) 2.9
figure (number) **cifra** *f.*
file **archivo** *m.* 2.2

fill **llenar** *v.* 2.2
  fill out (a form) **llenar (un formulario)** 2.5
  fill the tank **llenar el tanque** 2.2
finally **finalmente** *adv.* 2.6; **por último** 1.7; **por fin** 2.2
find **encontrar (o:ue)** *v.* 1.4
  find (each other) **encontrar(se)** *v.*
fine **multa** *f.*
  That's fine. **Está bien.** 2.2
fine arts **bellas artes** *f., pl.* 2.8
finger **dedo** *m.* 2.1
finish **terminar** *v.* 1.2
  finish (*doing something*) **terminar** *v.* **de (+ *inf.*)** 1.4
fire **incendio** *m.* 2.9; **despedir (e:i)** *v.* 2.7
firefighter **bombero/a** *m., f.* 2.7
firm **compañía** *f.* 2.7; **empresa** *f.* 2.7
first **primer, primero/a** *n., adj.* 1.5
fish (*food*) **pescado** *m.* 1.8; (*live*) **pez** *sing.*, **peces** *pl. m.* 2.4; **pescar** *v.* 1.5
fish market **pescadería** *f.* 2.5
fisherman **pescador** *m.*
fisherwoman **pescadora** *f.*
fishing **pesca** *f.* 1.5
fit (*clothing*) **quedar** *v.* 1.7
five **cinco** *n., adj.* 1.1
five hundred **quinientos/as** *n., adj.* 1.2
fix (*put in working order*) **arreglar** *v.* 2.2
fixed **fijo/a** *adj.* 1.6
flag **bandera** *f.*
flank steak **lomo** *m.* 1.8
flat tire: We had a flat tire. **Se nos pinchó una llanta.** 2.2
flexible **flexible** *adj.* 2.6
flood **inundación** *f.* 2.9
floor (*of a building*) **piso** *m.* 1.5; **suelo** *m.* 2.3
  ground floor **planta baja** *f.* 1.5
  top floor **planta alta** *f.*
flower **flor** *f.* 2.4
flu **gripe** *f.* 2.1
fog **niebla** *f.*
folk **folklórico/a** *adj.* 2.8
follow **seguir (e:i)** *v.* 1.4
food **comida** *f.* 1.8; **alimento** *m.*
foolish **tonto/a** *adj.* 1.3
foot **pie** *m.* 2.1
football **fútbol** *m.* **americano** 1.4
for **para** *prep.* 2.2; **por** *prep.* 2.2
  for example **por ejemplo** 2.2
  for me **para mí** 1.8
forbid **prohibir** *v.*
foreign **extranjero/a** *adj.* 2.8
  foreign languages **lenguas** *f. pl.* **extranjeras** 1.2
forest **bosque** *m.* 2.4

forget **olvidar** *v.* 2.1
fork **tenedor** *m.* 2.3
form **formulario** *m.* 2.5
forty **cuarenta** *n., adj.* 1.2
four **cuatro** *n., adj.* 1.1
four hundred **cuatrocientos/as** *n., adj.* 1.2
fourteen **catorce** *n., adj.* 1.1
fourth **cuarto/a** *n., adj.* 1.5
free **libre** *adj.* 1.4
  be free (of charge) **ser gratis** 2.5
  free time **tiempo libre;** 1.4 **ratos libres** 1.4
freedom **libertad** *f.* 2.9
freezer **congelador** *m.* 2.3
French **francés, francesa** *adj.* 1.3
French fries **papas** *f., pl.* **fritas; patatas** *f., pl.* **fritas** 1.8
frequently **frecuentemente** *adv.* 2.1; **con frecuencia** *adv.* 2.1
Friday **viernes** *m., sing.* 1.2
fried **frito/a** *adj.* 1.8
  fried potatoes **papas** *f., pl.* **fritas; patatas** *f., pl.* **fritas** 1.8
  platter of fried food **fuente** *f.* **de fritada**
friend **amigo/a** *m., f.* 1.3
friendly **amable** *adj.* 1.5
friendship **amistad** *f.* 1.9
from **de** *prep.* 1.1; **desde** *prep.* 1.6
  from the United States **estadounidense** *adj.* 1.3
  from time to time **de vez en cuando** 2.1
  He/She/It is from... **Es de...** 1.1
  I'm from... **Soy de...** 1.1
fruit **fruta** *f.* 1.8
fruit juice **jugo** *m.* **de fruta** 1.8
fruit store **frutería** *f.* 2.5
full **lleno/a** *adj.* 2.2
fun **divertido/a** *adj.* 1.7
  fun activity **diversión** *f.* 1.4
  have fun **divertirse (e:ie)** *v.* 1.9
function **funcionar** *v.*
furniture **muebles** *m., pl.* 2.3
furthermore **además (de)** *adv.* 2.1
future **futuro** *adj.* 2.7; **porvenir** *m.* 2.7
  Here's to the future! **¡Por el porvenir!** 2.7
  in the future **en el futuro** 2.7

G

gain weight **aumentar** *v.* **de peso** 2.6; **engordar** *v.* 2.6
game **juego** *m.*; (*match*) **partido** *m.* 1.4
game show **concurso** *m.* 2.8
garage (*in a house*) **garaje** *m.* 2.3; (*repair shop*) **garaje** *m.* 2.2; **taller (mecánico)** *m.* 2.2

garden **jardín** *m.* 2.3
garlic **ajo** *m.* 1.8
gas station **gasolinera** *f.* 2.2
gasoline **gasolina** *f.* 2.2
geography **geografía** *f.* 1.2
German **alemán, alemana** *adj.* 1.3
get **conseguir (e:i)** *v.* 1.4; **obtener** *v.* 2.7
  get along well/badly (with) **llevarse bien/mal (con)** 1.9
  get bored **aburrirse** *v.* 2.8
  get off/out of (a vehicle) **bajar(se)** *v.* **de** 2.2
  get on/into (a vehicle) **subir(se)** *v.* **a** 2.2
  get up **levantarse** *v.* 1.7
gift **regalo** *m.* 1.6
girl **chica** *f.* 1.1; **muchacha** *f.* 1.3
girlfriend **novia** *f.* 1.3
give **dar** *v.* 1.6, 1.9; (*as a gift*) **regalar** 1.9
glass (*drinking*) **vaso** *m.* 2.3; **vidrio** *m.* 2.4
  (made) of glass **de vidrio** 2.4
glasses **gafas** *f., pl.* 1.6
  sunglasses **gafas** *f., pl.* **de sol** 1.6
global warming **calentamiento global** *m.* 2.4
gloves **guantes** *m., pl.* 1.6
go **ir** *v.* 1.4
  be going to (*do something*) **ir a (+ *inf.*)** 1.4
  go away **irse** 1.7
  go by boat **ir en barco** 1.5
  go by bus **ir en autobús** 1.5
  go by car **ir en auto(móvil)** 1.5
  go by motorcycle **ir en motocicleta** 1.5
  go by taxi **ir en taxi** 1.5
  go by the bank **pasar por el banco** 2.5
  go down **bajar(se)** *v.*
  go on a hike (in the mountains) **ir de excursión (a las montañas)** 1.4
  go out **salir** *v.* 1.9
  go out (with) **salir** *v.* **(con)** 1.9
  go up **subir** *v.*
  go with **acompañar** *v.* 2.5
  Let's go. **Vamos.** 1.4
golf **golf** *m.* 1.4
good **buen, bueno/a** *adj.* 1.3, 1.6
  Good afternoon. **Buenas tardes.** 1.1
  Good evening. **Buenas noches.** 1.1
  Good idea. **Buena idea.** 1.4
  Good morning. **Buenos días.** 1.1
  Good night. **Buenas noches.** 1.1
  It's good that... **Es bueno que...** 2.3

good-bye **adiós** m. 1.1
  say good-bye (to) **despedirse** v.
  (e:i) (de)
good-looking **guapo/a** adj. 1.3
government **gobierno** m. 2.4
GPS **navegador GPS** m. 2.2
graduate (from/in) **graduarse** v.
  (de/en) 1.9
grains **cereales** m., pl. 1.8
granddaughter **nieta** f. 1.3
grandfather **abuelo** m. 1.3
grandmother **abuela** f. 1.3
grandparents **abuelos** m., pl. 1.3
grandson **nieto** m. 1.3
grape **uva** f. 1.8
grass **césped** m. 2.4; **hierba**
  f. 2.4
grave **grave** adj. 2.1
gray **gris** adj. 1.6
great **fenomenal** adj. 1.5
great-grandfather **bisabuelo** m.
  1.3
great-grandmother **bisabuela** f.
  1.3
green **verde** adj. 1.6
greet (each other) **saludar(se)**
  v. 2.2
greeting **saludo** m. 1.1
  Greetings to... **Saludos a...** 1.1
grilled (food) **a la plancha** 1.8
  grilled flank steak **lomo a la**
  plancha m. 1.8
ground floor **planta baja** f. 1.5
guest (at a house/hotel) **huésped**
  m., f. 1.5; (invited to a function)
  invitado/a m., f. 1.9
guide **guía** m., f. 2.4
gymnasium **gimnasio** m. 1.4

H

hair **pelo** m. 1.7
hairdresser **peluquero/a** m., f.
  2.7
half **medio/a** adj. 1.3
  half-past... (time) **...y**
  media 1.1
half-brother **medio hermano**
  1.3
half-sister **media hermana** 1.3
hallway **pasillo** m. 2.3
ham **jamón** m. 1.8
hamburger **hamburguesa** f. 1.8
hand **mano** f. 1.1
  Hands up! **¡Manos arriba!**
handsome **guapo/a** adj. 1.3
happen **ocurrir** v. 2.9
happiness **alegría** v. 1.9
happy **alegre** adj. 1.5;
  contento/a adj. 1.5; **feliz** adj.
  1.5
  be happy **alegrarse** v. **(de)** 2.4
  Happy birthday! **¡Feliz**
  cumpleaños! 1.9

hard **difícil** adj. 1.3
hard-working **trabajador(a)**
  adj. 1.3
hardly **apenas** adv. 2.1
haste **prisa** f. 1.3
hat **sombrero** m. 1.6
hate **odiar** v. 1.9
have **tener** v. 1.3
  Have a good trip! **¡Buen**
  viaje! 1.1
  have a tooth removed **sacar(se)**
  un diente 2.1
  have time **tener tiempo** 1.4
  have to (do something) **tener**
  que (+ inf.) 1.3; **deber**
  (+ inf.) v.
he **él** sub. pron. 1.1
head **cabeza** f. 2.1
headache **dolor de cabeza**
  m. 2.1
health **salud** f. 2.1
healthy **saludable** adj. 2.1;
  sano/a adj. 2.1
  lead a healthy lifestyle **llevar**
  una vida sana 2.6
hear **oír** v. 1.4
heard **oído** p.p. 2.5
hearing (sense) **oído** m. 2.1
heart **corazón** m. 2.1
heat **calor** m. 1.5
Hello. **Hola.** 1.1; (on the
  telephone) **Aló.** 2.2;
  ¿Bueno? 2.2; **Diga.** 2.2
help **ayudar** v. 2.3; **servir (e:i)**
  v. 1.5
  help each other **ayudarse** v.
  2.2
her **su(s)** poss. adj. 1.3;
  suyo(s)/a(s) poss. adj. 2.2;
  la f., sing., d.o. pron. 1.5
  to/for her **le** f., sing., i.o. pron.
  1.6
here **aquí** adv. 1.1
  Here it is. **Aquí está.** 1.5
  Here we are at/in... **Aquí**
  estamos en...
hers **suyo(s)/a(s)** poss. pron. 2.2
Hi. **Hola.** 1.1
highway **autopista** f. 2.2;
  carretera f. 2.2
hike **excursión** f. 1.4
  go on a hike **hacer una**
  excursión; ir de
  excursión 1.4
hiker **excursionista** m., f.
hiking **de excursión** 1.4
him **lo** m., sing., d.o. pron. 1.5
  to/for him **le** m., sing., i.o.
  pron. 1.6
hire **contratar** v. 2.7
his **su(s)** poss. adj. 1.3; (of) his
  suyo(s)/a(s) poss. adj. and
  pron. 2.2
history **historia** f. 1.2, 2.8
hobby **pasatiempo** m. 1.4
hockey **hockey** m. 1.4

holiday **día** m. **de fiesta** 1.9
home **casa** f. 1.2
  home page **página** f.
  principal 2.2
homework **tarea** f. 1.2
hood **capó** m. 2.2; **cofre** m. 2.2
hope **esperar** v. **(+ inf.)** 1.2;
  esperar v. 2.4
  I hope (that) **ojalá (que)** 2.4
horror (genre) **de horror** m. 2.8
hors d'oeuvres **entremeses** m.,
  pl. 1.8
horse **caballo** m. 1.5
hospital **hospital** m. 2.1
hot: be (feel) (very) hot **tener**
  (mucho) calor 1.3
  It's (very) hot. **Hace (mucho)**
  calor. 1.5
hotel **hotel** m. 1.5
hour **hora** f. 1.1
house **casa** f. 1.2
household chores **quehaceres** m.
  pl. **domésticos** 2.3
housekeeper **ama** m., f. **de**
  casa 2.3
housing **vivienda** f. 2.3
How...! **¡Qué...!** 1.3
how? **¿cómo?** adv. 1.1
  How are you? **¿Qué tal?** 1.1;
  ¿Cómo estás? fam. 1.1;
  ¿Cómo está usted? form.
  1.1
  How can I help you? **¿En qué**
  puedo servirles? 1.5
  How did it go for you...?
  ¿Cómo le/les fue...? 2.6
  How is it going? **¿Qué tal?** 1.1
  How is/are...? **¿Qué tal...?** 1.2
  How is the weather? **¿Qué**
  tiempo hace? 2.6
  How much/many?
  ¿Cuánto(s)/a(s)? adj. 1.1
  How much does... cost?
  ¿Cuánto cuesta...? 1.6
  How old are you? **¿Cuántos**
  años tienes? fam. 1.3
however **sin embargo**
hug (each other) **abrazar(se)** v.
  2.2
humanities **humanidades** f., pl.
  1.2
hundred **cien, ciento** n., adj. 1.2
hunger **hambre** f. 1.3
hungry: be (very) hungry **tener**
  (mucha) hambre 1.3
hunt **cazar** v. 2.4
hurricane **huracán** m. 2.9
hurry **apurarse** v. 2.6; **darse**
  prisa 2.6
  be in a (big) hurry **tener**
  (mucha) prisa 1.3
hurt **doler (o:ue)** v. 2.1
  It hurts me a lot... **Me duele**
  mucho... 2.1
husband **esposo** m. 1.3

I

I **yo** *sub. pron.* 1.1
  I am... **Yo soy...** 1.1
  I hope/wish (that) **Ojalá (que)** *interj.* 2.4
ice cream **helado** *m.* 1.9
  ice cream shop **heladería** *f.* 2.5
iced **helado/a** *adj.* 1.8
  iced tea **té** *m.* **helado** 1.8
idea **idea** *f.* 1.4
if **si** *conj.* 1.4
illness **enfermedad** *f.* 2.1
important **importante** *adj.* 1.3
  be important to **importar** *v.* 1.7
  It's important that... **Es importante que...** 2.3
impossible **imposible** *adj.* 2.4
  it's impossible **es imposible** 2.4
improbable **improbable** *adj.* 2.4
  it's improbable **es improbable** 2.4
improve **mejorar** *v.* 2.4
in **en** *prep.* 1.2; **por** *prep.* 2.2
  in a good/bad mood **de buen/mal humor** 1.5
  in front of **delante de** *prep.* 1.2
  in love (with) **enamorado/a (de)** *adj.* 1.5
  in search of **por** *prep.* 2.2
  in the afternoon **de la tarde** 1.1; **por la tarde** 1.7
  in the direction of **para** *prep.* 1.1
  in the early evening **de la tarde** 1.1
  in the evening **de la noche** 1.1; **por la tarde** 1.7
  in the morning **de la mañana** 1.1; **por la mañana** 1.7
increase **aumento** *m.* 2.7
incredible **increíble** *adj.* 1.5
inequality **desigualdad** *f.* 2.9
infection **infección** *f.* 2.1
inform **informar** *v.* 2.9
injection **inyección** *f.* 2.1
  give an injection **poner una inyección** 2.1
injure (oneself) **lastimarse** *v.* 2.1
  injure (one's foot) **lastimarse** *v.* **(el pie)** 2.1
inner ear **oído** *m.* 2.1
inside **dentro** *adv.*
insist (on) **insistir** *v.* **(en)** 2.3
installments: pay in installments **pagar a plazos** 2.5
intelligent **inteligente** *adj.* 1.3
intend to **pensar** *v.* **(+ inf.)** 1.4
interest **interesar** *v.* 1.7
interesting **interesante** *adj.* 1.3
  be interesting to **interesar** *v.* 1.7

international **internacional** *adj.* 2.9
Internet **Internet** *m., f.* 2.2
interview **entrevista** *f.* 2.7; **entrevistar** *v.* 2.7
interviewer **entrevistador(a)** *m., f.* 2.7
introduction **presentación** *f.*
  I would like to introduce (name) to you. **Le presento a...** *form.* 1.1; **Te presento a...** *fam.* 1.1
invest **invertir (e:ie)** *v.* 2.7
invite **invitar** *v.* 1.9
iron (clothes) **planchar** *v.* **(la ropa)** 2.3
it **lo/la** *sing., d.o., pron.* 1.5
  It's me. **Soy yo.** 1.1
Italian **italiano/a** *adj.* 1.3
its **su(s)** *poss. adj.* 1.3, **suyo(s)/a(s)** *poss. pron.* 2.2

J

jacket **chaqueta** *f.* 1.6
January **enero** *m.* 1.5
Japanese **japonés, japonesa** *adj.* 1.3
jeans **bluejeans** *m., pl.* 1.6
jewelry store **joyería** *f.* 2.5
job **empleo** *m.* 2.7; **puesto** *m.* 2.7; **trabajo** *m.* 2.7
  job application **solicitud** *f.* **de trabajo** 2.7
jog **correr** *v.*
journalism **periodismo** *m.* 1.2
journalist **periodista** *m., f.* 1.3
joy **alegría** *f.* 1.9
  give joy **dar alegría** 1.9
joyful **alegre** *adj.* 1.5
juice **jugo** *m.* 1.8
July **julio** *m.* 1.5
June **junio** *m.* 1.5
jungle **selva** *f.*; **jungla** *f.* 2.4
just **apenas** *adv.*
  have just (done something) **acabar de (+ inf.)** 1.6

K

key **llave** *f.* 1.5
keyboard **teclado** *m.* 2.2
kilometer **kilómetro** *m.* 2.2
kind: That's very kind of you. **Muy amable.** 1.5
kiss **beso** *m.* 1.9
  kiss each other **besarse** *v.* 2.2
kitchen **cocina** *f.* 2.3
knee **rodilla** *f.* 2.1
knife **cuchillo** *m.* 2.3
know **saber** *v.* 1.6; **conocer** *v.* 1.6
  know how **saber** *v.* 1.6

L

laboratory **laboratorio** *m.* 1.2
lack **faltar** *v.* 1.7
lake **lago** *m.* 2.4
lamp **lámpara** *f.* 2.3
land **tierra** *f.* 2.4
landlord **dueño/a** *m., f.* 1.8
landscape **paisaje** *m.* 1.5
language **lengua** *f.* 1.2
laptop (computer) **computadora** *f.* **portátil** 2.2
large **grande** *adj.* 1.3; (*clothing size*) **talla** *f.* **grande** 1.6
last **durar** *v.* 2.9; **pasado/a** *adj.* 1.6; **último/a** *adj.*
  last name **apellido** *m.* 1.3
  last night **anoche** *adv.* 1.6
  last week **semana** *f.* **pasada** 1.6
  last year **año** *m.* **pasado** 1.6
late **tarde** *adv.* 1.7
later (on) **más tarde** 1.7
  See you later. **Hasta la vista.** 1.1; **Hasta luego.** 1.1
laugh **reírse (e:i)** *v.* 1.9
laughed **reído** *p.p.* 2.5
laundromat **lavandería** *f.* 2.5
law **ley** *f.* 2.4
lawyer **abogado/a** *m., f.* 2.7
lazy **perezoso/a** *adj.*
learn **aprender** *v.* **(a + inf.)** 1.3
least: at least **por lo menos** *adv.* 2.1
leave **salir** *v.* 1.4; **irse** *v.* 1.7
  leave a tip **dejar una propina** 1.9
  leave behind **dejar** *v.* 2.7
  leave for (*a place*) **salir para**
  leave from **salir de**
left **izquierdo/a** *adj.* 1.2
  be left over **quedar** *v.* 1.7
  to the left of **a la izquierda de** 1.2
leg **pierna** *f.* 2.1
lemon **limón** *m.* 1.8
lend **prestar** *v.* 1.6
less **menos** *adv.* 2.1
  less... than **menos... que** 1.8
  less than **menos de (+ *number*)** 1.8
lesson **lección** *f.* 1.1
let **dejar** *v.* 2.3
  let's see **a ver** 1.2
letter **carta** *f.* 1.4, 2.5
lettuce **lechuga** *f.* 1.8
liberty **libertad** *f.* 2.9
library **biblioteca** *f.* 1.2
license (*driver's*) **licencia** *f.* **de conducir** 2.2
lie **mentira** *f.* 1.4
life **vida** *f.* 1.9
  of my life **de mi vida** 2.6
lifestyle: lead a healthy lifestyle **llevar una vida sana** 2.6

lift **levantar** *v.* 2.6
  lift weights **levantar pesas** 2.6
light **luz** *f.* 2.3
like **como** *prep.* 1.8; **gustar** *v.* 1.2
  Do you like… **¿Te gusta(n)…?** *fam.* 1.2
  I don't like them at all. **No me gustan nada.** 1.2
  I like… **Me gusta(n)…** 1.2
  like this **así** *adv.* 2.1
  like very much **encantar** *v.*; **fascinar** *v.* 1.7
likeable **simpático/a** *adj.* 1.3
likewise **igualmente** *adv.* 1.1
line **línea** *f.*; **cola** *(queue) f.* 2.5
listen (to) **escuchar** *v.* 1.2
  Listen! *(command)* **¡Oye!** *fam., sing.* 1.1; **¡Oiga/ Oigan!** *form., sing./pl.* 1.1
  listen to music **escuchar música** 1.2
  listen to the radio **escuchar la radio** 1.2
literature **literatura** *f.* 1.2
little *(quantity)* **poco/a** *adj.* 1.5; **poco** *adv.* 2.1
live **vivir** *v.* 1.3
living room **sala** *f.* 2.3
loan **préstamo** *m.* 2.5; **prestar** *v.* 1.6, 2.5
lobster **langosta** *f.* 1.8
located **situado/a** *adj.*
  be located **quedar** *v.* 2.5
long **largo/a** *adj.* 1.6
look (at) **mirar** *v.* 1.2
  look for **buscar** *v.* 1.2
lose **perder (e:ie)** *v.* 1.4
  lose weight **adelgazar** *v.* 2.6
lost **perdido/a** *adj.* 2.5
  be lost **estar perdido/a** 2.5
lot: a lot **muchas veces** *adv.* 2.1
  a lot of **mucho/a** *adj.* 1.2, 1.3
love *(another person)* **querer (e:ie)** *v.* 1.4; *(inanimate objects)* **encantar** *v.* 1.7; **amor** *m.* 1.9
  in love **enamorado/a** *adj.* 1.5
  I loved it! **¡Me encantó!** 2.6
luck **suerte** *f.* 1.3
lucky: be (very) lucky **tener (mucha) suerte** 1.3
luggage **equipaje** *m.* 1.5
lunch **almuerzo** *m.* 1.8
  have lunch **almorzar (o:ue)** *v.* 1.4

M

ma'am **señora (Sra.)** *f.* 1.1
mad **enojado/a** *adj.* 1.5
magazine **revista** *f.* 1.4
magnificent **magnífico/a** *adj.* 1.5
mail **correo** *m.* 2.5; **enviar** *v.*,

mandar *v.* 2.5; **echar (una carta) al buzón** 2.5
mailbox **buzón** *m.* 2.5
mail carrier **cartero/a** *m., f.* 2.5
main **principal** *adj.* 1.8
maintain **mantener** *v.* 2.6
major **especialización** *f.* 2
make **hacer** *v.* 1.4
  make the bed **hacer la cama** 2.3
makeup **maquillaje** *m.* 1.7
  put on makeup **maquillarse** *v.* 1.7
man **hombre** *m.* 1.1
manager **gerente** *m., f.* 2.7
many **mucho/a** *adj.* 1.3
  many times **muchas veces** 2.1
map **mapa** *m.* 1.2
March **marzo** *m.* 1.5
margarine **margarina** *f.* 1.8
marinated fish **ceviche** *m.* 1.8
  lemon-marinated shrimp **ceviche de camarón** *m.* 1.8
marital status **estado** *m.* **civil** 1.9
market **mercado** *m.* 1.6
  open-air market **mercado** *m.* **al aire libre** 1.6
marriage **matrimonio** *m.* 1.9
married **casado/a** *adj.* 1.9
  get married (to) **casarse** *v.* **(con)** 1.9
marvelous **maravilloso/a** *adj.* 1.5
marvelously **maravillosamente** *adv.* 2.9
massage **masaje** *m.* 2.6
masterpiece **obra maestra** *f.* 2.8
match *(sports)* **partido** *m.* 1.4
  match (with) **hacer juego (con)** 1.6
mathematics **matemáticas** *f., pl.* 1.2
matter **importar** *v.* 1.7
maturity **madurez** *f.* 1.9
maximum **máximo/a** *adj.* 2.2
May **mayo** *m.* 1.5
maybe **tal vez** *adv.* 1.5; **quizás** *adv.* 1.5
mayonnaise **mayonesa** *f.* 1.8
me **me** *sing., d.o. pron.* 1.5; **mí** *pron., obj. of prep.* 1.9
  to/for me **me** *sing., i.o. pron.* 1.6
meal **comida** *f.* 1.8
means of communication **medios** *m. pl.* **de comunicación** 2.9
meat **carne** *f.* 1.8
mechanic **mecánico/a** *m., f.* 2.2
  mechanic's repair shop **taller** *m.* **mecánico** 2.2
media **medios** *m., pl.* **de comunicación** 2.9
medical **médico/a** *adj.* 2.1
medication **medicamento** *m.* 2.1
medicine **medicina** *f.* 2.1
medium **mediano/a** *adj.*

meet (each other) **encontrar(se)** *v.* 2.2; **conocerse(se)** *v.* 1.8
meeting **reunión** *f.* 2.7
menu **menú** *m.* 1.8
message *(telephone)* **recado** *m.* 2.2; **mensaje** *m.*
Mexican **mexicano/a** *adj.* 1.3
Mexico **México** *m.* 1.1
microwave **microonda** *f.* 2.3
  microwave oven **horno** *m.* **de microondas** 2.3
middle age **madurez** *f.* 1.9
midnight **medianoche** *f.* 1.1
mile **milla** *f.* 2.2
milk **leche** *f.* 1.8
million **millón** *m.* 1.2
  million of **millón de** *m.* 1.2
mine **mío(s)/a(s)** *poss. pron.* 2.2
mineral **mineral** *m.* 2.6
  mineral water **agua** *f.* **mineral** 1.8
minute **minuto** *m.* 1.1
mirror **espejo** *m.* 1.7
Miss **señorita (Srta.)** *f.* 1.1
miss **perder (e:ie)** *v.* 1.4
mistaken **equivocado/a** *adj.*
modem **módem** *m.*
modern **moderno/a** *adj.* 2.8
mom **mamá** *f.* 1.3
Monday **lunes** *m., sing.* 1.2
money **dinero** *m.* 1.6
monitor **monitor** *m.* 2.2
month **mes** *m.* 1.5
monument **monumento** *m.* 1.4
moon **luna** *f.* 2.4
more **más** 1.2
  more… than **más… que** 1.8
  more than **más de** **(+ number)** 1.8
morning **mañana** *f.* 1.1
mother **madre** *f.* 1.3
mother-in-law **suegra** *f.* 1.3
motor **motor** *m.*
motorcycle **motocicleta** *f.* 1.5
mountain **montaña** *f.* 1.4
mouse **ratón** *m.* 2.2
mouth **boca** *f.* 2.1
move *(from one house to another)* **mudarse** *v.* 2.3
movie **película** *f.* 1.4
  movie star **estrella** *f.* **de cine** 2.8
  movie theater **cine** *m.* 1.4
MP3 player **reproductor** *m.* **de MP3** 2.2
Mr. **señor (Sr.); don** *m.* 1.1
Mrs. **señora (Sra.); doña** *f.* 1.1
much **mucho/a** *adj.* 1.2, 1.3
  very much **muchísimo/a** *adj.* 1.2
municipal **municipal** *adj.*
murder **crimen** *m.* 2.9
muscle **músculo** *m.* 2.6
museum **museo** *m.* 1.4
mushroom **champiñón** *m.* 1.8

music **música** *f.* 1.2, 2.8
musical **musical** *adj.* 2.8
musician **músico/a** *m., f.* 2.8
must **deber** *v.* (+ *inf.*) 1.3
   It must be... **Debe ser...** 1.6
my **mi(s)** *poss. adj.* 1.3;
   mío(s)/a(s) *poss. adj. and*
   pron. 2.2

N

name **nombre** *m.* 1.1
   be named **llamarse** *v.* 1.7
   in the name of **a nombre de** 1.5
   last name **apellido** *m.*
   My name is... **Me llamo...** 1.1
napkin **servilleta** *f.* 2.3
national **nacional** *adj.* 2.9
nationality **nacionalidad** *f.* 1.1
natural **natural** *adj.* 2.4
   natural disaster **desastre** *m.*
   natural 2.9
   natural resource **recurso** *m.*
   natural 2.4
nature **naturaleza** *f.* 2.4
nauseated **mareado/a** *adj.* 2.1
near **cerca de** *prep.* 1.2
neaten **arreglar** *v.* 2.3
necessary **necesario/a** *adj.* 2.3
   It is necessary that... **Hay**
   que... 2.3, 2.5
neck **cuello** *m.* 2.1
need **faltar** *v.* 1.7; **necesitar** *v.*
   (+ *inf.*) 1.2
negative **negativo/a** *adj.*
neighbor **vecino/a** *m., f.* 2.3
neighborhood **barrio** *m.* 2.3
neither **tampoco** *adv.* 1.7
   neither... nor **ni... ni** *conj.* 1.7
nephew **sobrino** *m.* 1.3
nervous **nervioso/a** *adj.* 1.5
network **red** *f.* 2.2
never **nunca** *adv.* 1.7; **jamás**
   adv. 1.7
new **nuevo/a** *adj.* 1.6
newlywed **recién casado/a**
   m., f. 1.9
news **noticias** *f., pl.* 2.9;
   actualidades *f., pl.* 2.9
newscast **noticiero** *m.* 2.9
newspaper **periódico** *m.* 1.4;
   diario *m.* 2.9
next **próximo/a** *adj.* 2.7
   next to **al lado de** *prep.* 1.2
nice **simpático/a** *adj.* 1.3;
   amable *adj.* 1.5
niece **sobrina** *f.* 1.3
night **noche** *f.* 1.1
   night stand **mesita** *f.* **de**
   noche 2.3
nine **nueve** *n., adj.* 1.1
nine hundred **novecientos/as**
   n., adj. 1.2

nineteen **diecinueve** *n., adj.* 1.1
ninety **noventa** *n., adj.* 1.2
ninth **noveno/a** *n., adj.* 1.5
no **no** *adv.* 1.1; **ningún,**
   ninguno/a(s) *adj.* 1.7
   no one **nadie** *pron.* 1.7
   No problem. **No hay**
   problema. 1.7
   no way **de ninguna manera**
   2.7
nobody **nadie** *pron.* 1.7
none **ningún, ninguno/a(s)**
   pron. 1.7
noon **mediodía** *m.* 1.1
nor **ni** *conj.* 1.7
north **norte** *m.* 2.5
   to the north **al norte** 2.5
nose **nariz** *f.* 2.1
not **no** 1.1
   not any **ningún, ninguno/a(s)**
   adj. 1.7
   not anyone **nadie** *pron.* 1.7
   not anything **nada** *pron.* 1.7
   not bad at all **nada mal** 1.5
   not either **tampoco** *adv.* 1.7
   not ever **nunca** *adv.* 1.7;
   jamás *adv.* 1.7
   Not very well. **No muy bien.**
   1.1
   not working **descompuesto/a**
   adj. 2.2
notebook **cuaderno** *m.* 1.1
nothing **nada** *pron.* 1.1, 1.7
noun **sustantivo** *m.*
November **noviembre** *m.* 1.5
now **ahora** *adv.* 1.2
nowadays **hoy día** *adv.*
nuclear **nuclear** *adj.* 2.4
   nuclear energy **energía**
   nuclear *f.* 2.4
number **número** *m.* 1.1
nurse **enfermero/a** *m., f.* 2.1
nutrition **nutrición** *f.* 2.6
nutritionist **nutricionista** *m., f.* 2.6

O

obey **obedecer** *v.* 2.9
obligation **deber** *m.* 2.9
obtain **conseguir** (e:i) *v.* 1.4;
   obtener *v.* 2.7
obvious **obvio/a** *adj.* 2.4
   it's obvious **es obvio** 2.4
occupation **ocupación** *f.* 2.7
occur **ocurrir** *v.* 2.9
o'clock: It's... o'clock. **Son las...**
   1.1
   It's one o'clock. **Es la una.** 1.1
October **octubre** *m.* 1.5
of **de** *prep.* 1.1
   Of course. **Claro que sí.** 2.7;
   Por supuesto. 2.7
offer **oferta** *f.* 2.3; **ofrecer** *v.* 1.6

office **oficina** *f.* 2.3
   doctor's office **consultorio** *m.*
   2.1
often **a menudo** *adv.* 2.1
Oh! **¡Ay!**
oil **aceite** *m.* 1.8
OK **regular** *adj.* 1.1
   It's okay. **Está bien.**
old **viejo/a** *adj.* 1.3
   old age **vejez** *f.* 1.9
older **mayor** *adj.* 1.3
   older brother/sister **hermano/a**
   mayor *m., f.* 1.3
oldest **el/la mayor** *adj.* 1.8
on **en** *prep.* 1.2; **sobre**
   prep. 1.2
   on behalf of **por** *prep.* 2.2
   on the dot **en punto** 1.1
   on time **a tiempo** 2.1
   on top of **encima de** *prep.*
   1.2
once **una vez** 1.6
one **un, uno/a** *m., f., sing.*
   pron. 1.1
   one hundred **cien(to)** *n., adj.*
   1.2
   one million **un millón** *m.*
   1.2
   one more time **una vez más**
   1.9
   one thousand **mil** *n., adj.* 1.2
   one time **una vez** 1.6
onion **cebolla** *f.* 1.8
only **sólo** *adv.* 1.3; **único/a** *adj.*
   1.3
   only child **hijo/a único/a**
   m., f. 1.3
open **abierto/a** *adj.* 1.5, 2.5;
   abrir *v.* 1.3
open-air **al aire libre** 1.6
opera **ópera** *f.* 2.8
operation **operación** *f.* 2.1
opposite **enfrente de** *prep.* 2.5
or **o** *conj.* 1.7; **u** *conj.* (*before*
   words beginning with **o** *or* **ho**)
orange **anaranjado/a** *adj.* 1.6;
   naranja *f.* 1.8
orchestra **orquesta** *f.* 2.8
order **mandar** 2.3; (*food*)
   pedir (e:i) *v.* 1.8
   in order to **para** *prep.* 2.2
orderly **ordenado/a** *adj.* 1.5
ordinal (*numbers*) **ordinal** *adj.*
other **otro/a** *adj.* 1.6
ought to **deber** *v.* (+ *inf.*) 1.3
our **nuestro(s)/a(s)** *poss. adj.*
   1.3
ours **nuestro(s)/a(s)** *poss. pron.*
   2.2
out of order **descompuesto/a**
   adj. 2.2
outskirts **afueras** *f., pl.* 2.3
oven **horno** *m.* 2.3
over **sobre** *prep.* 1.2

overpopulation **sobrepoblación** *f.* 2.4
own **propio/a** *adj.* 2.7
owner **dueño/a** *m., f.* 1.8

P

P.M. **tarde** *f.* 1.1
pack (one's suitcases) **hacer las maletas** 1.5
package **paquete** *m.* 2.5
page **página** *f.* 2.2
pain **dolor** *m.* 2.1
   have pain **tener dolor** 2.1
paint **pintar** *v.* 2.8
painter **pintor(a)** *m., f.* 2.7
painting **pintura** *f.* 2.3, 2.8
pair **par** *m.* 1.6
   pair of shoes **par de zapatos** *m.* 1.6
pants **pantalones** *m., pl.* 1.6
pantyhose **medias** *f., pl.* 1.6
paper **papel** *m.* 1.2
Pardon me. *(May I?)* **Con permiso.** 1.1; *(Excuse me.)* **Perdón.** 1.1
parents **padres** *m., pl.* 1.3; **papás** *m., pl.* 1.3
park **estacionar** *v.* 2.2; **parque** *m.* 1.4
parking lot **estacionamiento** *m.* 2.5
partner *(one of a married couple)* **pareja** *f.* 1.9
party **fiesta** *f.* 1.9
passed **pasado/a** *adj., p.p.*
passenger **pasajero/a** *m., f.* 1.1
passport **pasaporte** *m.* 1.5
past **pasado** *adj.* 1.6
pastime **pasatiempo** *m.* 1.4
pastry shop **pastelería** *f.* 2.5
path **sendero** *m.* 2.4
patient **paciente** *m., f.* 2.1
patio **patio** *m.* 2.3
pay **pagar** *v.* 1.6
   pay in cash **pagar al contado/ pagar en efectivo** 2.5
   pay in installments **pagar a plazos** 2.5
   pay the bill **pagar la cuenta** 1.9
pea **arveja** *m.* 1.8
peace **paz** *f.* 2.9
peach **melocotón** *m.* 1.8
pear **pera** *f.* 1.8
pen **pluma** *f.* 1.2
pencil **lápiz** *m.* 1.1
penicillin **penicilina** *f.* 2.1
people **gente** *f.* 1.3
pepper *(black)* **pimienta** *f.* 1.8
per **por** *prep.* 2.2
perfect **perfecto/a** *adj.* 1.5
perhaps **quizás; tal vez** *adv.*
permission **permiso** *m.*

person **persona** *f.* 1.3
pharmacy **farmacia** *f.* 2.1
phenomenal **fenomenal** *adj.* 1.5
photograph **foto(grafía)** *f.* 1.1
physical *(exam)* **examen** *m.* **médico** 2.1
physician **doctor(a)** *m., f.* 1.3; **médico/a** *m., f.* 1.3
physics **física** *f.* 1.2
pick up **recoger** *v.* 2.4
picture **cuadro** *m.* 2.3; **pintura** *f.* 2.3
pie **pastel** *m.* 9
pill *(tablet)* **pastilla** *f.* 2.1
pillow **almohada** *f.* 2.3
pineapple **piña** *f.* 1.8
pink **rosado/a** *adj.* 1.6
place **lugar** *m.* 1.4; **poner** *v.* 1.4
plaid **de cuadros** 1.6
plans **planes** *m., pl.*
   have plans **tener planes**
plant **planta** *f.* 2.4
plastic **plástico** *m.* 2.4
   (made) of plastic **de plástico** 2.4
plate **plato** *m.* 2.3
play **drama** *m.* 2.8; **comedia** *f.* 2.8; **jugar (u:ue)** *v.* 1.4; *(a musical instrument)* **tocar** *v.* 2.8
play cards **jugar a las cartas** 1.5
play sports **practicar deportes** 1.4
play a role **hacer el papel de** 2.8
player **jugador(a)** *m., f.* 1.4
playwright **dramaturgo/a** *m., f.* 2.8
pleasant **agradable** *adj.*
please **por favor** 1.1
   Pleased to meet you. **Mucho gusto.** 1.1; **Encantado/a.** *adj.* 1.1
pleasing: be pleasing to **gustar** *v.* 1.2, 1.7
pleasure **gusto** *m.* 1.1; **placer** *m.* 2.6
   It's a pleasure to... **Gusto de (+ inf.)** 2.9
   It's been a pleasure. **Ha sido un placer.** 2.6
   The pleasure is mine. **El gusto es mío.** 1.1
poem **poema** *m.* 2.8
poet **poeta** *m., f.* 2.8
poetry **poesía** *f.* 2.8
police *(force)* **policía** *f.* 2.2
political **político/a** *adj.* 2.9
politician **político/a** *m., f.* 2.7
politics **política** *f.* 2.9
polka-dotted **de lunares** 1.6
poll **encuesta** *f.* 2.9
pollute **contaminar** *v.* 2.4
polluted **contaminado/a** *adj.* 2.4

be polluted **estar contaminado/a** 2.4
pollution **contaminación** *f.* 2.4
pool **piscina** *f.* 1.4
poor **pobre** *adj.* 1.6
population **población** *f.* 2.4
pork **cerdo** *m.* 1.8
   pork chop **chuleta** *f.* **de cerdo** 1.8
portable **portátil** *adj.* 2.2
   portable computer **computadora** *f.* **portátil** 2.2
position **puesto** *m.* 2.7
possessive **posesivo/a** *adj.* 1.3
possible **posible** *adj.* 2.4
   it's (not) possible **(no) es posible** 2.4
postcard **postal** *f.*
poster **cartel** *m.* 2.3
post office **correo** *m.* 2.5
potato **papa** *f.* 1.8; **patata** *f.* 1.8
pottery **cerámica** *f.* 2.8
practice **practicar** *v.* 1.2
prefer **preferir (e:ie)** *v.* 1.4
pregnant **embarazada** *adj.* 2.1
prepare **preparar** *v.* 1.2
preposition **preposición** *f.*
prescribe *(medicine)* **recetar** *v.* 2.1
prescription **receta** *f.* 2.1
present **regalo** *m.*; **presentar** *v.* 2.8
press **prensa** *f.* 2.9
pressure **presión** *f.*
   be under a lot of pressure **sufrir muchas presiones** 2.6
pretty **bonito/a** *adj.* 1.3; **bastante** *adv.* 2.4
price **precio** *m.* 1.6
   fixed/set price **precio** *m.* **fijo** 1.6
print **estampado/a** *adj.*; **imprimir** *v.* 2.2
printer **impresora** *f.* 2.2
private *(room)* **individual** *adj.*
prize **premio** *m.* 2.8
probable **probable** *adj.* 2.4
   it's (not) probable **(no) es probable** 2.4
problem **problema** *m.* 1.1
profession **profesión** *f.* 1.3, 2.7
professor **profesor(a)** *m., f.*
program **programa** *m.* 1.1
programmer **programador(a)** *m., f.* 1.3
prohibit **prohibir** *v.* 2.1
promotion *(career)* **ascenso** *m.* 2.7
pronoun **pronombre** *m.*
protect **proteger** *v.* 2.4
protein **proteína** *f.* 2.6
provided (that) **con tal (de) que** *conj.* 2.4
psychologist **psicólogo/a** *m., f.* 2.7

psychology **psicología** *f.* 1.2
publish **publicar** *v.* 2.8
Puerto Rican **puertorriqueño/a** *adj.* 1.3
Puerto Rico **Puerto Rico** *m.* 1.1
pull a tooth **sacar una muela**
purchases **compras** *f., pl.* 1.5
purple **morado/a** *adj.* 1.6
purse **bolsa** *f.* 1.6
put **poner** *v.* 1.4; **puesto** *p.p.* 2.5
   put (a letter) in the mailbox **echar (una carta) al buzón** 2.5
   put on (*a performance*) **presentar** *v.* 2.8
   put on (*clothing*) **ponerse** *v.* 1.7
   put on makeup **maquillarse** *v.* 1.7

Q

quality **calidad** *f.* 1.6
quarter **trimestre** *m.* 1.2
   quarter after (*time*) **y cuarto** 1.1; **y quince** 1.1
   quarter to (*time*) **menos cuarto** 1.1; **menos quince** 1.1
question **pregunta** *f.* 1.2
quickly **rápido** *adv.* 2.1
quiet **tranquilo/a** *adj.* 2.6
quit **dejar** *v.* 2.7
quiz **prueba** *f.* 1.2

R

racism **racismo** *m.* 2.9
radio (*medium*) **radio** *f.* 1.2; radio (set) **radio** *m.* 2.2
rain **llover (o:ue)** *v.* 1.5; **lluvia** *f.* 2.4
   It's raining. **Llueve.** 1.5; **Está lloviendo.** 1.5
raincoat **impermeable** *m.* 1.6
rain forest **bosque** *m.* **tropical** 2.4
raise (*salary*) **aumento de sueldo** *m.* 2.7
rather **bastante** *adv.* 2.1
read **leer** *v.* 1.3; **leído/a** *p.p.* 2.5
   read a magazine **leer una revista** 1.4
   read a newspaper **leer un periódico** 1.4
   read e-mail **leer correo electrónico** 1.4
ready **listo/a** *adj.* 1.5
   (Are you) ready? **¿(Están) listos?** 2.6
reality show **programa de realidad** *m.* 2.8

reap the benefits (of) **disfrutar** *v.* **(de)** 2.6
receive **recibir** *v.* 1.3
recommend **recomendar (e:ie)** *v.* 1.8, 2.3
record **grabar** *v.* 2.2
recreation **diversión** *f.* 1.4
recycle **reciclar** *v.* 2.4
recycling **reciclaje** *m.* 2.4
red **rojo/a** *adj.* 1.6
red-haired **pelirrojo/a** *adj.* 1.3
reduce **reducir** *v.* 2.4
   reduce stress/tension **aliviar el estrés/la tensión** 2.6
refrigerator **refrigerador** *m.* 2.3
region **región** *f.* 2.4
regret **sentir (e:ie)** *v.* 2.4
relatives **parientes** *m., pl.* 1.3
relax **relajarse** *v.* 1.9; **Tranquilo/a.** 1.7
remain **quedarse** *v.* 1.7
remember **acordarse (o:ue)** *v.* **(de)** 1.7; **recordar (o:ue)** *v.* 1.4
remote control **control remoto** *m.* 2.2
rent **alquilar** *v.* 2.3; (*payment*) **alquiler** *m.* 2.3
repeat **repetir (e:i)** *v.* 1.4
report **informe** *m.* 2.9; **reportaje** *m.* 2.9
reporter **reportero/a** *m., f.* 2.7
representative **representante** *m., f.* 2.9
request **pedir (e:i)** *v.* 1.4
reservation **reservación** *f.* 1.5
resign (from) **renunciar (a)** *v.* 2.7
resolve **resolver (o:ue)** *v.* 2.4
resolved **resuelto** *p.p.* 2.5
resource **recurso** *m.* 2.4
responsibility **deber** *m.* 2.9; **responsabilidad** *f.*
rest **descansar** *v.* 1.2
restaurant **restaurante** *m.* 1.4
résumé **currículum** *m.* 2.7
retire (*from work*) **jubilarse** *v.* 1.9
return **regresar** *v.* 1.2; **volver (o:ue)** *v.* 1.4
   return trip **vuelta** *f.*
returned **vuelto** *p.p.* 2.5
rice **arroz** *m.* 1.8
rich **rico/a** *adj.* 1.6
ride: ride a bicycle **pasear en bicicleta** 1.4
   ride a horse **montar a caballo** 1.5
ridiculous **ridículo/a** *adj.* 2.4
   it's ridiculous **es ridículo** 2.4
right **derecha** *f.* 1.2
   be right **tener razón** 1.3
   right? (*question tag*) **¿no?** 1.1; **¿verdad?** 1.1
   right away **enseguida** *adv.* 1.9
   right here **aquí mismo** 2.2
   right now **ahora mismo** 1.5

   right there **allí mismo** 2.5
   to the right of **a la derecha de** 1.2
rights **derechos** *m.* 2.9
ring (*a doorbell*) **sonar (o:ue)** *v.* 2.2
river **río** *m.* 2.4
road **camino** *m.*
roast **asado/a** *adj.* 1.8
   roast chicken **pollo** *m.* **asado** 1.8
rollerblade **patinar en línea** *v.*
romantic **romántico/a** *adj.* 2.8
room **habitación** *f.* 1.5; **cuarto** *m.* 1.2, 1.7
   living room **sala** *f.* 2.3
roommate **compañero/a** *m., f.* **de cuarto** 1.2
roundtrip **de ida y vuelta** 1.5
   roundtrip ticket **pasaje** *m.* **de ida y vuelta** 1.5
routine **rutina** *f.* 1.7
rug **alfombra** *f.* 2.3
run **correr** *v.* 1.3
   run errands **hacer diligencias** 2.5
   run into (*have an accident*) **chocar (con)** *v.*; (*meet accidentally*) **encontrar(se) (o:ue)** *v.* 2.2; (*run into something*) **darse (con)** 2.1; (*each other*) **encontrar(se) (o:ue)** *v.* 2.2
rush **apurarse** *v.* 2.6; **darse prisa** 2.6
Russian **ruso/a** *adj.* 1.3

S

sad **triste** *adj.* 1.5, 2.4
   it's sad **es triste** 2.4
safe **seguro/a** *adj.* 1.5
said **dicho** *p.p.* 2.5
salad **ensalada** *f.* 1.8
salary **salario** *m.* 2.7; **sueldo** *m.* 2.7
sale **rebaja** *f.* 1.6
salesperson **vendedor(a)** *m., f.* 1.6
salmon **salmón** *m.* 1.8
salt **sal** *f.* 1.8
same **mismo/a** *adj.* 1.3
sandal **sandalia** *f.* 1.6
sandwich **sándwich** *m.* 1.8
Saturday **sábado** *m.* 1.2
sausage **salchicha** *f.* 1.8
save (*on a computer*) **guardar** *v.* 2.2; (*money*) **ahorrar** *v.* 2.5
savings **ahorros** *m.* 2.5
   savings account **cuenta** *f.* **de ahorros** 2.5
say **decir** *v.* 1.4; **declarar** *v.* 2.9
   say that **decir que** *v.* 1.4, 1.9
   say the answer **decir la respuesta** 1.4

scan **escanear** *v.* 2.2
scarcely **apenas** *adv.* 2.1
scared: be (very) scared (of) **tener (mucho) miedo (de)** 1.3
schedule **horario** *m.* 1.2
school **escuela** *f.* 1.1
science **ciencia** *f.* 1.2
science fiction **ciencia ficción** *f.* 2.8
scientist **científico/a** *m., f.* 2.7
screen **pantalla** *f.* 2.2
scuba dive **bucear** *v.* 1.4
sculpt **esculpir** *v.* 2.8
sculptor **escultor(a)** *m., f.* 2.8
sculpture **escultura** *f.* 2.8
sea **mar** *m.* 1.5
season **estación** *f.* 1.5
seat **silla** *f.* 1.2
second **segundo/a** *n., adj.* 1.5
secretary **secretario/a** *m., f.* 2.7
sedentary **sedentario/a** *adj.* 2.6
see **ver** *v.* 1.4
  see (you/him/her) again **volver a ver(te/lo/la)** 2.9
  see movies **ver películas** 1.4
  See you. **Nos vemos.** 1.1
  See you later. **Hasta la vista.** 1.1; **Hasta luego.** 1.1
  See you soon. **Hasta pronto.** 1.1
  See you tomorrow. **Hasta mañana.** 1.1
seem **parecer** *v.* 1.6
seen **visto** *p.p.* 2.5
sell **vender** *v.* 1.6
semester **semestre** *m.* 1.2
send **enviar** *v.* 2.5; **mandar** *v.* 2.5
separate (from) **separarse** *v.* **(de)** 1.9
separated **separado/a** *adj.* 1.9
September **septiembre** *m.* 1.5
sequence **secuencia** *f.*
serious **grave** *adj.* 2.1
serve **servir (e:i)** *v.* 1.8
set (fixed) **fijo/a** *adj.* 1.6
  set the table **poner la mesa** 2.3
seven **siete** *n., adj.* 1.1
seven hundred **setecientos/as** *n., adj.* 1.2
seventeen **diecisiete** *n., adj.* 1.1
seventh **séptimo/a** *n., adj.* 1.5
seventy **setenta** *n., adj.* 1.2
several **varios/as** *adj. pl.* 1.8
sexism **sexismo** *m.* 2.9
shame **lástima** *f.* 2.4
  it's a shame **es una lástima** 2.4
shampoo **champú** *m.* 1.7
shape **forma** *f.* 2.6
  be in good shape **estar en buena forma** 2.6
  stay in shape **mantenerse en forma** 2.6
share **compartir** *v.* 1.3

sharp (time) **en punto** 1.1
shave **afeitarse** *v.* 1.7
shaving cream **crema** *f.* **de afeitar** 1.7
she **ella** *sub. pron.* 1.1
shellfish **mariscos** *m., pl.* 1.8
ship **barco** *m.*
shirt **camisa** *f.* 1.6
shoe **zapato** *m.* 1.6
  shoe size **número** *m.* 1.6
  shoe store **zapatería** *f.* 2.5
  tennis shoes **zapatos** *m., pl.* **de tenis** 1.6
shop **tienda** *f.* 1.6
shopping: to go shopping **ir de compras** 1.5
shopping mall **centro comercial** *m.* 1.6
short (in height) **bajo/a** *adj.* 1.3; (in length) **corto/a** *adj.* 1.6
short story **cuento** *m.* 2.8
shorts **pantalones cortos** *m., pl.* 1.6
should (do something) **deber** *v.* (+ *inf.*) 1.3
show **espectáculo** *m.* 2.8; **mostrar (o:ue)** *v.* 1.4
  game show **concurso** *m.* 2.8
shower **ducha** *f.* 1.7; **ducharse** *v.* 1.7
shrimp **camarón** *m.* 1.8
siblings **hermanos/as** *m., f. pl.* 1.3
sick **enfermo/a** *adj.* 2.1
  be sick **estar enfermo/a** 2.1
  get sick **enfermarse** *v.* 2.1
sign **firmar** *v.* 2.5; **letrero** *m.* 2.5
silk **seda** *f.* 1.6
  (made of) silk **de seda** 1.6
silly **tonto/a** *adj.* 1.3
since **desde** *prep.*
sing **cantar** *v.* 1.2
singer **cantante** *m., f.* 2.8
single **soltero/a** *adj.* 1.9
  single room **habitación** *f.* **individual** 1.5
sink **lavabo** *m.* 1.7
sir **señor (Sr.)** *m.* 1.1
sister **hermana** *f.* 1.3
sister-in-law **cuñada** *f.* 1.3
sit down **sentarse (e:ie)** *v.* 1.7
six **seis** *n., adj.* 1.1
six hundred **seiscientos/as** *n., adj.* 1.2
sixteen **dieciséis** *n., adj.* 1.1
sixth **sexto/a** *n., adj.* 1.5
sixty **sesenta** *n., adj.* 1.2
size **talla** *f.* 1.6
  shoe size **número** *m.* 1.6
skate (in-line) **patinar (en línea)** 1.4
skateboard **andar en patineta** *v.* 1.4
ski **esquiar** *v.* 1.4

skiing **esquí** *m.* 1.4
  waterskiing **esquí** *m.* **acuático** 1.4
skirt **falda** *f.* 1.6
sky **cielo** *m.* 2.4
sleep **dormir (o:ue)** *v.* 1.4; **sueño** *m.* 1.3
  go to sleep **dormirse (o:ue)** *v.* 1.7
sleepy: be (very) sleepy **tener (mucho) sueño** 1.3
slender **delgado/a** *adj.* 1.3
slim down **adelgazar** *v.* 2.6
slippers **pantuflas** *f., pl.* 1.7
slow **lento/a** *adj.* 2.2
slowly **despacio** *adv.* 2.1
small **pequeño/a** *adj.* 1.3
smart **listo/a** *adj.* 1.5
smile **sonreír (e:i)** *v.* 1.9
smiled **sonreído** *p.p.* 2.5
smoggy: It's (very) smoggy. **Hay (mucha) contaminación.**
smoke **fumar** *v.* 1.8, 2.6
  not to smoke **no fumar** 2.6
smoking section **sección** *f.* **de fumar** 1.8
  nonsmoking section *f.* **sección de no fumar** 1.8
snack **merendar (e:ie)** *v.* 1.8, 2.6
  afternoon snack **merienda** *f.* 2.6
  have a snack **merendar (e:ie)** *v.*
sneakers **zapatos de tenis** *m., pl.* 1.6
sneeze **estornudar** *v.* 2.1
snow **nevar (e:ie)** *v.* 1.5; **nieve** *f.*
snowing: It's snowing. **Nieva.** 1.5; **Está nevando.** 1.5
so (in such a way) **así** *adv.* 2.1; **tan** *adv.* 1.5
  so much **tanto** *adv.*
  so-so **regular** 1.1, **así así**
  so that **para que** *conj.* 2.4
soap **jabón** *m.* 1.7
soap opera **telenovela** *f.* 2.8
soccer **fútbol** *m.* 1.4
sociology **sociología** *f.* 1.2
sock(s) **calcetín (calcetines)** *m.* 1.6
sofa **sofá** *m.* 2.3
soft drink **refresco** *m.* 1.8
software **programa** *m.* **de computación** 2.2
soil **tierra** *f.* 2.4
solar **solar** *adj.* 2.4
  solar energy **energía** *f.* **solar** 2.4
soldier **soldado** *m., f.* 2.9
solution **solución** *f.* 2.4
solve **resolver (o:ue)** *v.* 2.4

some **algún, alguno(s)/a(s)** *adj., pron.* 1.7; **unos/as** *pron.; m., f., pl. indef. art.* 1.1

somebody **alguien** *pron.* 1.7
someone **alguien** *pron.* 1.7
something **algo** *pron.* 1.7
sometimes **a veces** *adv.* 2.1
son **hijo** *m.* 1.3
song **canción** *f.* 2.8
son-in-law **yerno** *m.* 1.3
soon **pronto** *adv.* 2.1 '
  See you soon. **Hasta pronto.**
  1.1
sorry: be sorry **sentir (e:ie)** *v.*
  2.4
  I'm sorry. **Lo siento.** 1.4
  I'm so sorry. **Mil perdones** 1.4;
  Lo siento muchísimo. 1.4
soup **sopa** *f.* 1.8
south **sur** *m.* 2.5
  to the south **al sur** 2.5
Spain **España** *f.* 1.1
Spanish (*language*) **español** *m.*
  1.2; **español(a)** *adj.* 1.3
spare time **ratos libres** *m.* 1.4
speak **hablar** *v.* 1.2
spectacular **espectacular** *adj.* 2.6
speech **discurso** *m.* 2.9
speed **velocidad** *f.* 2.2
  speed limit **velocidad** *f.*
  máxima 2.2
spelling **ortografía** *f.*;
  ortográfico/a *adj.*
spend (*money*) **gastar** *v.* 1.6
spoon (*table or large*) **cuchara** *f.*
  2.3
sport **deporte** *m.* 1.4
  sports-related **deportivo/a**
  adj. 1.4
spouse **esposo/a** *m., f.* 1.3
sprain (one's ankle) **torcerse**
  (o:ue) *v.* **(el tobillo)** 2.1
sprained **torcido/a** *adj.* 2.1
  be sprained **estar torcido/a**
  2.1
spring **primavera** *f.* 1.5
square (city or town) **plaza** *f.* 1.4
stadium **estadio** *m.* 1.2
stage **etapa** *f.* 1.9
stairs **escalera** *f.* 2.3
stairway **escalera** *f.* 2.3
stamp **estampilla** *f.* 2.5; **sello**
  m. 2.5
stand in line **hacer cola** 2.5
star **estrella** *f.* 2.4
start **establecer** *v.* 2.7; (a vehicle)
  arrancar *v.* 2.2
station **estación** *f.* 1.5
statue **estatua** *f.* 2.8
status: marital status **estado** *m.*
  civil 1.9
stay **quedarse** *v.* 1.7
  stay in shape **mantenerse en**
  forma 2.6
steak **bistec** *m.* 1.8
steering wheel **volante** *m.* 2.2
step **etapa** *f.*
stepbrother **hermanastro** *m.* 1.3
stepdaughter **hijastra** *f.* 1.3

stepfather **padrastro** *m.* 1.3
stepmother **madrastra** *f.* 1.3
stepsister **hermanastra** *f.* 1.3
stepson **hijastro** *m.* 1.3
stereo **estéreo** *m.* 2.2
still **todavía** *adv.* 1.5
stockbroker **corredor(a)** *m., f.* **de**
  bolsa 2.7
stockings **medias** *f., pl.* 1.6
stomach **estómago** *m.* 2.1
stone **piedra** *f.* 2.4
stop **parar** *v.* 2.2
  stop (*doing something*) **dejar**
  de (+ inf.) 2.4
store **tienda** *f.* 1.6
storm **tormenta** *f.* 2.9
story **cuento** *m.* 2.8; **historia**
  f. 2.8
stove **cocina** *f.* 2.3;
  estufa *f.* 2.3
straight **derecho** *adv.* 2.5
  straight (ahead) **derecho** 2.5
straighten up **arreglar** *v.* 2.3
strange **extraño/a** *adj.* 2.4
  it's strange **es extraño** 2.4
strawberry **frutilla** *f.*, **fresa** *f.*
street **calle** *f.* 2.2
stress **estrés** *m.* 2.6
stretching **estiramiento** *m.* 2.6
  do stretching exercises **hacer**
  ejercicios de estiramiento
  2.6
strike (labor) **huelga** *f.* 2.9
stripe **raya** *f.* 1.6
  striped **de rayas** 1.6
stroll **pasear** *v.* 1.4
strong **fuerte** *adj.* 2.6
struggle (for/against) **luchar** *v.*
  (por/contra) 2.9
student **estudiante** *m., f.* 1.1,
  1.2; **estudiantil** *adj.* 1.2
study **estudiar** *v.* 1.2
stuffed-up (sinuses)
  congestionado/a *adj.* 2.1
stupendous **estupendo/a** *adj.*
  1.5
style **estilo** *m.*
suburbs **afueras** *f., pl.* 2.3
subway **metro** *m.* 1.5
  subway station **estación** *f.* **del**
  metro 1.5
success **éxito** *m.* 2.7
successful: be successful **tener**
  éxito 2.7
such as **tales como**
suddenly **de repente** *adv.* 1.6
suffer **sufrir** *v.* 2.1
  suffer an illness **sufrir una**
  enfermedad 2.1
sugar **azúcar** *m.* 1.8
suggest **sugerir (e:ie)** *v.* 2.3
suit **traje** *m.* 1.6
suitcase **maleta** *f.* 1.1
summer **verano** *m.* 1.5
sun **sol** *m.* 1.5, 2.4
sunbathe **tomar el sol** 1.4

Sunday **domingo** *m.* 1.2
sunglasses **gafas** *f., pl.* **de sol** 1.6
sunny: It's (very) sunny. **Hace**
  (mucho) sol. 1.5
supermarket **supermercado** *m.*
  2.5
suppose **suponer** *v.* 1.4
sure **seguro/a** *adj.* 1.5
  be sure **estar seguro/a** 1.5
surf (the Internet) **navegar** *v.* **(en**
  Internet) 2.2
surprise **sorprender** *v.* 1.9;
  sorpresa *f.* 1.9
survey **encuesta** *f.* 2.9
sweat **sudar** *v.* 2.6
sweater **suéter** *m.* 1.6
sweep (the floor) **barrer** *v.* **(el**
  suelo) 2.3
sweets **dulces** *m., pl.* 1.9
swim **nadar** *v.* 1.4
swimming **natación** *f.* 1.4
swimming pool **piscina** *f.* 1.4
symptom **síntoma** *m.* 2.1

T

table **mesa** *f.* 1.2
tablespoon **cuchara** *f.* 2.3
tablet (pill) **pastilla** *f.* 2.1
take **tomar** *v.* 1.2; **llevar** *v.* 1.6
  take a bath **bañarse** *v.* 1.7
  take a shoe size **calzar** *v.* 1.6
  take a shower **ducharse** *v* 1.7
  take care of **cuidar** *v.* 2.4
  take off **quitarse** *v.* 1.7
  take out the trash *v.* **sacar la**
  basura 2.3
  take photos **tomar fotos** 1.5;
  sacar fotos 1.5
  take someone's temperature
  tomar la temperatura 2.1
talented **talentoso/a** *adj.* 2.8
talk *v.* **hablar** 1.2
talk show **programa** *m.* **de**
  entrevistas 2.8
tall **alto/a** *adj.* 1.3
tank **tanque** *m.* 2.2
tape (audio) **cinta** *f.*
tape recorder **grabadora** *f.* 1.1
taste **probar (o:ue)** *v.* 1.8;
  saber *v.* 1.8
  taste (like) **saber (a)** 1.8
tasty **rico/a** *adj.* 1.8; **sabroso/a**
  adj. 1.8
tax **impuesto** *m.* 2.9
taxi **taxi** *m.* 1.5
tea **té** *m.* 1.8
teach **enseñar** *v.* 1.2
teacher **profesor(a)** *m., f.* 1.1,
  1.2; **maestro/a** *m., f.* 2.7
team **equipo** *m.* 1.4
technician **técnico/a** *m., f.* 2.7
telecommuting **teletrabajo** *m.*
  2.7

telephone **teléfono** *m.* 2.2
  cellular telephone **teléfono** *m.* **celular** 2.2
television **televisión** *f.* 1.2, 2.2
  television set **televisor** *m.* 2.2
tell **contar (o:ue)** *v.* 1.4; **decir** *v.* 1.4
  tell (that) **decir (que)** 1.4, 1.9
  tell lies **decir mentiras** 1.4
  tell the truth **decir la verdad** 1.4
temperature **temperatura** *f.* 2.1
ten **diez** *n., adj.* 1.1
tennis **tenis** *m.* 1.4
tennis shoes **zapatos** *m., pl.* **de tenis** 1.6
tension **tensión** *f.* 2.6
tent **tienda** *f.* **de campaña**
tenth **décimo/a** *n., adj.* 1.5
terrible **terrible** *adj.* 2.4
  it's terrible **es terrible** 2.4
terrific **chévere** *adj.*
test **prueba** *f.* 1.2; **examen** *m.* 1.2
text message **mensaje** *m.* **de texto** 2.2
Thank you. **Gracias.** 1.1
  Thank you very much. **Muchas gracias.** 1.1
  Thank you very, very much. **Muchísimas gracias.** 1.9
  Thanks (a lot). **(Muchas) gracias.** 1.1
  Thanks again. **Gracias una vez más.** *(lit.* Thanks one more time.*)* 1.9
  Thanks for everything. **Gracias por todo.** 1.9, 2.6
that **que, quien(es), lo que** *conj.* 2.3
  that (one) **ése, ésa, eso** *pron.* 1.6; **ese, esa** *adj.* 1.6
  that (over there) **aquél, aquélla, aquello** *pron.* 1.6; **aquel, aquella** *adj.* 1.6
  that which **lo que** *conj.* 2.3
  That's me. **Soy yo.** 1.1
  That's not the way it is. **No es así.** 2.7
  that's why **por eso** 2.2
the **el** *m., sing.* **la** *f., sing.,* **los** *m. pl.* **las** *f. pl.* 1.1
theater **teatro** *m.* 2.8
their **su(s)** *poss. adj.* 1.3; **suyo(s)/a(s)** *poss. adj.* 2.2
theirs **suyo(s)/a(s)** *poss. pron.* 2.2
them **los/las** *pl., d.o. pron.* 1.5; **ellos/as** *pron., obj. of prep.* 1.9
  to/for them **les** *pl., i.o. pron.* 1.6
then **después** *(afterward) adv.* 1.7; **entonces** *(as a result) adv.* 1.7; **luego** *(next) adv.* 1.7; **pues** *adv.* 2.6
there **allí** *adv.* 1.5
  There is/are... **Hay...** 1.1

There is/are not... **No hay...** 1.1
therefore **por eso** *adv.* 2.2
these **éstos, éstas** *pron.* 1.6; **estos, estas** *adj.* 1.6
they **ellos** *m. pron.,* **ellas** *f. pron.* 1.1
thin **delgado/a** *adj.* 1.3
thing **cosa** *f.* 1.1
think **pensar (e:ie)** *v.* 1.4; *(believe)* **creer** *v.*
  think about **pensar en** *v.* 1.4
third **tercero/a** *n., adj.* 1.5
thirst **sed** *f.* 1.3
thirsty: be (very) thirsty **tener (mucha) sed** 1.3
thirteen **trece** *n., adj.* 1.1
thirty **treinta** *n., adj.* 1.1; 1.2
thirty *(minutes past the hour)* **y treinta; y media** 1.1
this **este, esta** *adj.;* **éste, ésta, esto** *pron.* 1.6
  This is... *(introduction)* **Éste/a es...** 1.1
  This is he/she. *(on the telephone)* **Con él/ella habla.** 2.2
those **ésos, ésas** *pron.* 1.6; **esos, esas** *adj.* 1.6
those *(over there)* **aquéllos, aquéllas** *pron.* 1.6; **aquellos, aquellas** *adj.* 1.6
thousand **mil** *m.* 1.6
three **tres** *n., adj.* 1.1
three hundred **trescientos/as** *n., adj.* 1.2
throat **garganta** *f.* 2.1
through **por** *prep.* 2.2
throughout: throughout the world **en todo el mundo** 2.4
Thursday **jueves** *m., sing.* 1.2
thus *(in such a way)* **así** *adj.*
ticket **boleto** *m.* 2.8; **pasaje** *m.* 1.5
tie **corbata** *f.* 1.6
time **vez** *f.* 1.6; **tiempo** *m.* 1.4
  have a good/bad time **pasarlo bien/mal** 1.9
  We had a great time. **Lo pasamos de película.** 2.9
  What time is it? **¿Qué hora es?** 1.1
  (At) What time...? **¿A qué hora...?** 1.1
times **veces** *f., pl.* 1.6
  many times **muchas veces** 2.1
  two times **dos veces** 1.6
tip **propina** *f.* 1.9
tire **llanta** *f.* 2.2
tired **cansado/a** *adj.* 1.5
  be tired **estar cansado/a** 1.5
to **a** *prep.* 1.1
toast **pan** *m.* **tostado;** *(drink)* **brindar** *v.* 1.9
toasted **tostado/a** *adj.* 1.8
  toasted bread **pan** *m.* **tostado** 1.8
toaster **tostadora** *f.* 2.3

today **hoy** *adv.* 1.2
  Today is... **Hoy es...** 1.2
toe **dedo** *m.* **del pie** 2.1
together **juntos/as** *adj.* 1.9
toilet **inodoro** *m.* 1.7
tomato **tomate** *m.* 1.8
tomorrow **mañana** *f.* 1.1
  See you tomorrow. **Hasta mañana.** 1.1
tonight **esta noche** *adv.* 1.4
too **también** *adv.* 1.2, 1.7
  too much **demasiado** *adv.* 1.6
tooth **diente** *m.* 1.7
toothpaste **pasta** *f.* **de dientes** 1.7
tornado **tornado** *m.* 2.9
tortilla **tortilla** *f.* 1.8
touch **tocar** *v.* 2.4, 2.8
touch screen **pantalla táctil** *f.* 2.4
tour **excursión** *f.* 1.4
  tour an area **recorrer** *v.*
tourism **turismo** *m.* 1.5
tourist **turista** *m., f.* 1.1; **turístico/a** *adj.*
toward **hacia** *prep.* 2.5; **para** *prep.* 2.2
towel **toalla** *f.* 1.7
town **pueblo** *m.* 1.4
trade **oficio** *m.* 2.7
traffic **circulación** *f.* 2.2; **tráfico** *m.* 2.2
traffic signal **semáforo** *m.*
tragedy **tragedia** *f.* 2.8
trail **sendero** *m.* 2.4
train **entrenarse** *v.* 2.6; **tren** *m.* 1.5
  train station **estación** *f.* **de tren** 1.5
trainer **entrenador/a** *m., f.* 2.6
translate **traducir** *v.* 1.6
trash **basura** *f.* 2.3
travel **viajar** *v.* 1.2
travel agent **agente** *m., f.* **de viajes** 1.5
traveler **viajero/a** *m., f.* 1.5
  traveler's check **cheque de viajero** *m.* 2.5
treadmill **cinta caminadora** *f.* 2.6
tree **árbol** *m.* 2.4
trillion **billón** *m.*
trimester **trimestre** *m.* 1.2
trip **viaje** *m.* 1.5
  take a trip **hacer un viaje** 1.5
tropical forest **bosque** *m.* **tropical** 2.4
true **verdad** *adj.* 2.4
  it's (not) true **(no) es verdad** 2.4
trunk **baúl** *m.* 2.2
truth **verdad** *f.*
try **intentar** *v.;* **probar (o:ue)** *v.* 1.8
  try *(to do something)* **tratar de** *(+ inf.)* 2.6
  try on **probarse (o:ue)** *v.* 1.7
t-shirt **camiseta** *f.* 1.6

Tuesday **martes** *m., sing.* 1.2
tuna **atún** *m.* 1.8
turkey **pavo** *m.* 1.8
turn **doblar** *v.* 2.5
   turn off (*electricity/appliance*)
     apagar *v.* 2.2
   turn on (*electricity/appliance*)
     poner *v.* 2.2; **prender** *v.*
     2.2
twelve **doce** *n., adj.* 1.1
twenty **veinte** *n., adj.* 1.1
twenty-eight **veintiocho** *n., adj.*
   1.1
twenty-five **veinticinco** *n., adj.*
   1.1
twenty-four **veinticuatro** *n., adj.*
   1.1
twenty-nine **veintinueve** *n., adj.*
   1.1
twenty-one **veintiún,**
   veintiuno/a *n., adj.* 1.1
twenty-seven **veintisiete** *n., adj.*
   1.1
twenty-six **veintiséis** *n., adj.* 1.1
twenty-three **veintitrés** *n., adj.*
   1.1
twenty-two **veintidós** *n., adj.* 1.1
twice **dos veces** *adv.* 1.6
twin **gemelo/a** *m., f.* 1.3
twisted **torcido/a** *adj.* 2.1
   be twisted **estar torcido/a** 2.1
two **dos** *n., adj.* 1.1
   two times **dos veces** 1.6
two hundred **doscientos/as**
   n., adj. 1.2

U

uncle **tío** *m.* 1.3
under **bajo** *adv.* 1.7; **debajo de**
   prep. 1.2
understand **comprender** *v.* 1.3;
   entender (e:ie) *v.* 1.4
underwear **ropa interior** *f.* 1.6
unemployment **desempleo** *m.*
   2.9
United States **Estados Unidos**
   (EE.UU.) *m. pl.* 1.1
university **universidad** *f.* 1.2
unless **a menos que** *conj.* 2.4
unmarried **soltero/a** *adj.*
unpleasant **antipático/a** *adj.* 1.3
until **hasta** *prep.* 1.6; **hasta**
   que *conj.* 2.4
up **arriba** *adv.* 2.6
urgent **urgente** *adj.* 2.3
   It's urgent that... **Es urgente**
     que... 2.3
us **nos** *pl., d.o. pron.* 1.5
   to/for us **nos** *pl., i.o. pron.* 1.6
use **usar** *v.* 1.6
used for **para** *prep.* 2.2
useful **útil** *adj.*

V

vacation **vacaciones** *f. pl.* 1.5
   be on vacation **estar de**
     vacaciones 1.5
   go on vacation **ir de vacaciones**
     1.5
vacuum **pasar la aspiradora** 2.3
vacuum cleaner **aspiradora** *f.*
   2.3
valley **valle** *m.* 2.4
various **varios/as** *adj. pl.* 1.8
vegetables **verduras** *pl., f.* 1.8
verb **verbo** *m.*
very **muy** *adv.* 1.1
   very much **muchísimo** *adv.* 1.2
   (Very) well, thank you. **(Muy)**
     bien, gracias. 1.1
video **video** *m.* 1.1
video camera **cámara** *f.* **de**
   video 2.2
videoconference
   videoconferencia *f.* 2.7
video game **videojuego** *m.* 1.4
vinegar **vinagre** *m.* 1.8
violence **violencia** *f.* 2.9
visit **visitar** *v.* 1.4
   visit monuments **visitar**
     monumentos 1.4
vitamin **vitamina** *f.* 2.6
voice mail **correo de voz** *m.* 2.2
volcano **volcán** *m.* 2.4
volleyball **vóleibol** *m.* 1.4
vote **votar** *v.* 2.9

W

wait (for) **esperar** *v.* (+ *inf.*) 1.2
waiter/waitress **camarero/a**
   m., f. 1.8
wake up **despertarse (e:ie)** *v.*
   1.7
walk **caminar** *v.* 1.2
   take a walk **pasear** *v.* 1.4
   walk around **pasear por** 1.4
walkman **walkman** *m.*
wall **pared** *f.* 2.3
wallet **cartera** *f.* 1.6
want **querer (e:ie)** *v.* 1.4
   I don't want to. **No quiero.** 1.4
war **guerra** *f.* 2.9
warm (oneself) up **calentarse** *v.*
   2.6
wash **lavar** *v.* 2.3
   wash one's face/hands **lavarse**
     la cara/las manos 1.7
   wash oneself *v.* **lavarse** 1.7
   wash the floor, the dishes **lavar**
     el suelo, los platos 2.3
washing machine **lavadora** *f.* 2.3
wastebasket **papelera** *f.* 1.2
watch **mirar** *v.* 1.2; **reloj** *m.*
   1.2

watch television **mirar (la)**
   televisión 1.2
water **agua** *f.* 1.8
   water pollution **contaminación**
     del agua *f.* 2.4
waterskiing **esquí acuático** *m.*
   1.4
way **manera** *f.* 2.7
we **nosotros(as)** *sub. pron.* 1.1
weak **débil** *adj.* 2.6
wear **llevar** *v.* 1.6; **usar** *v.* 1.6
weather **tiempo** *m.*
   The weather is bad. **Hace mal**
     tiempo. 1.5
   The weather is good. **Hace**
     buen tiempo. 1.5
weaving **tejido** *m.* 2.8
Web **red** *f.* 2.2
website **sitio** *m.* **web** 2.2
wedding **boda** *f.* 1.9
Wednesday **miércoles** *m., sing.*
   1.2
week **semana** *f.* 1.2
weekend **fin** *m.* **de semana** 1.4
weight **peso** *m.* 2.6
   lift weights **levantar pesas** 2.6
welcome **bienvenido(s)/a(s)** *adj.*
   2.3
well **pues** *adv.* 1.2, 2.8; **bueno**
   adv. 1.2, 2.8
   (Very) well, thanks. **(Muy)**
     bien, gracias. 1.1
   well organized **ordenado/a** *adj.*
well-being **bienestar** *m.* 2.6
west **oeste** *m.* 2.5
   to the west **al oeste** 2.5
western (*genre*) **de vaqueros** 2.8
what **lo que** *pron.* 2.3
   What a pleasure to... ! **¡Qué**
     gusto (+ *inf.*)...! 2.9
what? **¿qué?** *pron.* 1.1
   At what time...? **¿A qué**
     hora...? 1.1
   What day is it? **¿Qué día es**
     hoy? 1.2
   What do you guys think? **¿Qué**
     les parece? 1.9
   What happened? **¿Qué**
     pasó? 2.2
   What is today's date? **¿Cuál es**
     la fecha de hoy? 1.5
   What nice clothes! **¡Qué ropa**
     más bonita! 1.6
   What size do you take? **¿Qué**
     talla lleva (usa)? *form.* 1.6
   What time is it? **¿Qué hora**
     es? 1.1
   What's going on? **¿Qué**
     pasa? 1.1
   What's happening? **¿Qué**
     pasa? 1.1
   What's... like? **¿Cómo es...?**
     1.3
   What's new? **¿Qué hay de**
     nuevo? 1.1

What's the weather like? **¿Qué tiempo hace?** 1.5

What's wrong? **¿Qué pasó?** 2.2

What's your name? **¿Cómo se llama usted?** *form.* 1.1

What's your name? **¿Cómo te llamas (tú)?** *fam.* 1.1

when **cuando** *conj.* 1.7, 2.4

When? **¿Cuándo?** *adv.* 1.2

where **donde** *prep.*

where (to)? *(destination)* **¿adónde?** *adv.* 1.2; *(location)* **¿dónde?** *adv.* 1.1

Where are you from? **¿De dónde eres (tú)?** *fam.* 1.1; **¿De dónde es (usted)?** *form.* 1.1

Where is...? **¿Dónde está...?** 1.2

which **que** *pron.*, **lo que** *pron.* 2.3

which? **¿cuál?** *pron.* 1.2; **¿qué?** *adj.* 1.2

In which...? **¿En qué...?** 1.2

which one(s)? **¿cuál(es)?** *pron.* 1.2

while **mientras** *conj.*

white **blanco/a** *adj.* 1.6

white wine **vino blanco** *m.* 1.8

who **que** *pron.* 2.3; **quien(es)** *pron.* 2.3

who? **¿quién(es)?** *pron.* 1.1

Who is...? **¿Quién es...?** 1.1

Who is calling? *(on the telephone)* **¿De parte de quién?** 2.2

Who is speaking? *(on the telephone)* **¿Quién habla?** 2.2

whom **quien(es)** *pron.* 2.3

whole **todo/a** *adj.* whose **¿de quién(es)?** *pron., adj.* 1.1

why? **¿por qué?** *adv.* 1.2

widower/widow **viudo/a** *m., f., adj.* 1.9

wife **esposa** *f.* 1.3

win **ganar** *v.* 1.4

wind **viento** *m.* 1.5

window **ventana** *f.* 1.2

windshield **parabrisas** *m., sing.* 2.2

windy: It's (very) windy. **Hace (mucho) viento.** 1.5

wine **vino** *m.* 1.8

red wine **vino tinto** *m.* 1.8

white wine **vino blanco** *m.* 1.8

wineglass **copa** *f.* 2.3

winter **invierno** *m.* 1.5

wireless (connection) **conexión inalámbrica** *f.* 2.2

wish **desear** *v.* 1.2; **esperar** *v.* 2.4

I wish (that) **ojalá (que)** 2.4

with **con** *prep.* 1.2

with me **conmigo** 1.4; 1.9

with you **contigo** *fam.* 1.9

within (ten years) **dentro de** *prep.* **(diez años)** 2.7

without **sin** *prep.* 1.2, 2.4, 2.6; **sin que** *conj.* 2.4

woman **mujer** *f.* 1.1

wool **lana** *f.* 1.6

(made of) wool **de lana** 1.6

word **palabra** *f.* 1.1

work **trabajar** *v.* 1.2; **funcionar** *v.* 2.2; **trabajo** *m.* 2.7; *(of art, literature, music, etc.)* **obra** *f.* 2.8

work out **hacer gimnasia** 2.6

world **mundo** *m.* 2.4

worldwide **mundial** *adj.*

worried (about) **preocupado/a (por)** *adj.* 1.5

worry (about) **preocuparse** *v.* **(por)** 1.7

Don't worry. **No se preocupe.** *form.* 1.7; **No te preocupes.** *fam.* 1.7; **Tranquilo.**

worse **peor** *adj.* 1.8

worst **el/la peor** *adj.* **lo peor** *neuter* 1.8, 2.9

Would you like to...? **¿Te gustaría...?** *fam.* 1.4

write **escribir** *v.* 1.3

write a letter/e-mail message **escribir una carta/ un mensaje electrónico** 1.4

writer **escritor(a)** *m., f.* 2.8

written **escrito** *p.p.* 2.5

wrong **equivocado/a** *adj.* 1.5

be wrong **no tener razón** 1.3

x-ray **radiografía** *f.*

yard **jardín** *m.* 2.3; **patio** *m.* 2.3

year **año** *m.* 1.5

be... years old **tener... años** 1.3

yellow **amarillo/a** *adj.* 1.6

yes **sí** *interj.* 1.1

yesterday **ayer** *adv.* 1.6

yet **todavía** *adv.* 1.5

yogurt **yogur** *m.* 1.8

you **tú** *fam.*, **usted (Ud.)** *form. sing.*, **vosotros/as** *m., f. fam.*, **ustedes (Uds.)** *form., pl.* 1.1; (to, for) you **te** *fam. sing.*, **os** *fam., pl.*, **le** *form. sing.*, **les** *form., pl.* 1.6

you **te** *fam., sing.*, **lo/la** *form., sing.*, **os** *fam., pl.*, **los/las** *form., pl, d.o. pron.* 1.5

You are... **Tú eres...** 1.1

You don't say! **¡No me digas!** *fam.*; **¡No me diga!** *form.* 2.2

You're welcome. **De nada.** 1.1; **No hay de qué.** 1.1

young **joven** *adj.* 1.3

young person **joven** *m., f.* 1.1

young woman **señorita (Srta.)** *f.*

younger **menor** *adj.* 1.3

younger brother/sister **hermano/a menor** *m., f.* 1.3

youngest **el/la menor** *adj.* 1.8

your **su(s)** *poss. adj. form.* 1.3; **tu(s)** *poss. adj. fam. sing.* 1.3; **vuestro(s)/a(s)** *poss. adj. form. pl.* 1.3; **suyo(s)/a(s)** *poss. adj. form.* 2.2; **tuyo(s)/a(s)** *poss. adj. fam. sing.* 2.2

yours **suyo(s)/a(s)** *poss. pron. form.* 2.2; **tuyo(s)/a(s)** *poss. pron. fam. sing.* 2.2; **vuestro(s)/a(s)** *poss. pron. fam.* 2.2

youth **juventud** *f.* 1.9

zero **cero** *m.* 1.1

MATERIAS	ACADEMIC SUBJECTS
la administración de empresas	business administration
la agronomía	agriculture
el alemán	German
el álgebra	algebra
la antropología	anthropology
la arqueología	archaeology
la arquitectura	architecture
el arte	art
la astronomía	astronomy
la biología	biology
la bioquímica	biochemistry
la botánica	botany
el cálculo	calculus
el chino	Chinese
las ciencias políticas	political science
la computación	computer science
las comunicaciones	communications
la contabilidad	accounting
la danza	dance
el derecho	law
la economía	economics
la educación	education
la educación física	physical education
la enfermería	nursing
el español	Spanish
la filosofía	philosophy
la física	physics
el francés	French
la geografía	geography
la geología	geology
el griego	Greek
el hebreo	Hebrew
la historia	history
la informática	computer science
la ingeniería	engineering
el inglés	English
el italiano	Italian
el japonés	Japanese
el latín	Latin
las lenguas clásicas	classical languages
las lenguas romances	Romance languages
la lingüística	linguistics
la literatura	literature
las matemáticas	mathematics
la medicina	medicine
el mercadeo/ la mercadotecnia	marketing
la música	music
los negocios	business
el periodismo	journalism
el portugués	Portuguese
la psicología	psychology
la química	chemistry
el ruso	Russian
los servicios sociales	social services
la sociología	sociology
el teatro	theater
la trigonometría	trigonometry

LOS ANIMALES	ANIMALS
la abeja	bee
la araña	spider
la ardilla	squirrel
el ave (f.), el pájaro	bird
la ballena	whale
el burro	donkey
la cabra	goat
el caimán	alligator
el camello	camel
la cebra	zebra
el ciervo, el venado	deer
el cochino, el cerdo, el puerco	pig
el cocodrilo	crocodile
el conejo	rabbit
el coyote	coyote
la culebra, la serpiente, la víbora	snake
el elefante	elephant
la foca	seal
la gallina	hen
el gallo	rooster
el gato	cat
el gorila	gorilla
el hipopótamo	hippopotamus
la hormiga	ant
el insecto	insect
la jirafa	giraffe
el lagarto	lizard
el león	lion
el lobo	wolf
el loro, la cotorra, el papagayo, el perico	parrot
la mariposa	butterfly
el mono	monkey
la mosca	fly
el mosquito	mosquito
el oso	bear
la oveja	sheep
el pato	duck
el perro	dog
el pez	fish
la rana	frog
el ratón	mouse
el rinoceronte	rhinoceros
el saltamontes, el chapulín	grasshopper
el tiburón	shark
el tigre	tiger
el toro	bull
la tortuga	turtle
la vaca	cow
el zorro	fox

EL CUERPO HUMANO Y LA SALUD

THE HUMAN BODY AND HEALTH

El cuerpo humano

The human body

la barba	beard
el bigote	mustache
la boca	mouth
el brazo	arm
la cabeza	head
la cadera	hip
la ceja	eyebrow
el cerebro	brain
la cintura	waist
el codo	elbow
el corazón	heart
la costilla	rib
el cráneo	skull
el cuello	neck
el dedo	finger
el dedo del pie	toe
la espalda	back
el estómago	stomach
la frente	forehead
la garganta	throat
el hombro	shoulder
el hueso	bone
el labio	lip
la lengua	tongue
la mandíbula	jaw
la mejilla	cheek
el mentón, la barba, la barbilla	chin
la muñeca	wrist
el músculo	muscle
el muslo	thigh
las nalgas, el trasero, las asentaderas	buttocks
la nariz	nose
el nervio	nerve
el oído	(inner) ear
el ojo	eye
el ombligo	navel, belly button
la oreja	(outer) ear
la pantorrilla	calf
el párpado	eyelid
el pecho	chest
la pestaña	eyelash
el pie	foot
la piel	skin
la pierna	leg
el pulgar	thumb
el pulmón	lung
la rodilla	knee
la sangre	blood
el talón	heel
el tobillo	ankle
el tronco	torso, trunk
la uña	fingernail
la uña del dedo del pie	toenail
la vena	vein

Los cinco sentidos

The five senses

el gusto	taste
el oído	hearing
el olfato	smell
el tacto	touch
la vista	sight

La salud

Health

el accidente	accident
alérgico/a	allergic
el antibiótico	antibiotic
la aspirina	aspirin
el ataque cardiaco, el ataque al corazón	heart attack
el cáncer	cancer
la cápsula	capsule
la clínica	clinic
congestionado/a	congested
el consultorio	doctor's office
la curita	adhesive bandage
el/la dentista	dentist
el/la doctor(a), el/la médico/a	doctor
el dolor (de cabeza)	(head)ache, pain
embarazada	pregnant
la enfermedad	illness, disease
el/la enfermero/a	nurse
enfermo/a	ill, sick
la erupción	rash
el examen médico	physical exam
la farmacia	pharmacy
la fiebre	fever
la fractura	fracture
la gripe	flu
la herida	wound
el hospital	hospital
la infección	infection
el insomnio	insomnia
la inyección	injection
el jarabe	(cough) syrup
mareado/a	dizzy, nauseated
el medicamento	medication
la medicina	medicine
las muletas	crutches
la operación	operation
el/la paciente	patient
el/la paramédico/a	paramedic
la pastilla, la píldora	pill, tablet
los primeros auxilios	first aid
la pulmonía	pneumonia
los puntos	stitches
la quemadura	burn
el quirófano	operating room
la radiografía	x-ray
la receta	prescription
el resfriado	cold (illness)
la sala de emergencia(s)	emergency room
saludable	healthy, healthful
sano/a	healthy
el seguro médico	medical insurance
la silla de ruedas	wheelchair
el síntoma	symptom
el termómetro	thermometer
la tos	cough
la transfusión	transfusion

la vacuna	vaccination
la venda	bandage
el virus	virus

cortar(se)	to cut (oneself)
curar	to cure, to treat
desmayar(se)	to faint
enfermarse	to get sick
enyesar	to put in a cast
estornudar	to sneeze
guardar cama	to stay in bed
hinchar(se)	to swell
internar(se) en el hospital	to check into the hospital
lastimarse (el pie)	to hurt (one's foot)
mejorar(se)	to get better; to improve
operar	to operate
quemar(se)	to burn
respirar (hondo)	to breathe (deeply)
romperse (la pierna)	to break (one's leg)
sangrar	to bleed
sufrir	to suffer
tomarle la presión a alguien	to take someone's blood pressure
tomarle el pulso a alguien	to take someone's pulse
torcerse (el tobillo)	to sprain (one's ankle)
vendar	to bandage

EXPRESIONES ÚTILES PARA LA CLASE

USEFUL CLASSROOM EXPRESSIONS

Palabras útiles

Useful words

ausente	absent
el departamento	department
el dictado	dictation
la conversación, las conversaciones	conversation(s)
la expresión, las expresiones	expression(s)
el examen, los exámenes	test(s), exam(s)
la frase	sentence
la hoja de actividades	activity sheet

el horario de clases	class schedule
la oración, las oraciones	sentence(s)
el párrafo	paragraph
la persona	person
presente	present
la prueba	test, quiz
siguiente	following
la tarea	homework

Expresiones útiles

Useful expressions

Abra(n) su(s) libro(s).	Open your book(s).
Cambien de papel.	Change roles.
Cierre(n) su(s) libro(s).	Close your book(s).
¿Cómo se dice ___ en español?	How do you say ___ in Spanish?
¿Cómo se escribe ___ en español?	How do you write ___ in Spanish?
¿Comprende(n)?	Do you understand?
(No) comprendo.	I (don't) understand.
Conteste(n) las preguntas.	Answer the questions.
Continúe(n), por favor.	Continue, please.
Escriba(n) su nombre.	Write your name.
Escuche(n) el audio.	Listen to the audio.
Estudie(n) la Lección tres.	Study Lesson three.
Haga(n) la actividad (el ejercicio) número cuatro.	Do activity (exercise) number four.
Lea(n) la oración en voz alta.	Read the sentence aloud.
Levante(n) la mano.	Raise your hand(s).
Más despacio, por favor.	Slower, please.
No sé.	I don't know.
Páse(n)me los exámenes.	Pass me the tests.
¿Qué significa ___?	What does ___ mean?
Repita(n), por favor.	Repeat, please.
Siénte(n)se, por favor.	Sit down, please.
Siga(n) las instrucciones.	Follow the instructions.
¿Tiene(n) alguna pregunta?	Do you have any questions?
Vaya(n) a la página dos.	Go to page two.

COUNTRIES & NATIONALITIES

PAÍSES Y NACIONALIDADES

North America

Norteamérica

Canada	Canadá	*canadiense*
Mexico	México	*mexicano/a*
United States	Estados Unidos	*estadounidense*

Central America

Centroamérica

Belize	Belice	*beliceño/a*
Costa Rica	Costa Rica	*costarricense*
El Salvador	El Salvador	*salvadoreño/a*
Guatemala	Guatemala	*guatemalteco/a*
Honduras	Honduras	*hondureño/a*
Nicaragua	Nicaragua	*nicaragüense*
Panama	Panamá	*panameño/a*

The Caribbean	El Caribe	
Cuba	**Cuba**	*cubano/a*
Dominican Republic	**República Dominicana**	*dominicano/a*
Haiti	**Haití**	*haitiano/a*
Puerto Rico	**Puerto Rico**	*puertorriqueño/a*

South America	Suramérica	
Argentina	**Argentina**	*argentino/a*
Bolivia	**Bolivia**	*boliviano/a*
Brazil	**Brasil**	*brasileño/a*
Chile	**Chile**	*chileno/a*
Colombia	**Colombia**	*colombiano/a*
Ecuador	**Ecuador**	*ecuatoriano/a*
Paraguay	**Paraguay**	*paraguayo/a*
Peru	**Perú**	*peruano/a*
Uruguay	**Uruguay**	*uruguayo/a*
Venezuela	**Venezuela**	*venezolano/a*

Europe	Europa	
Armenia	**Armenia**	*armenio/a*
Austria	**Austria**	*austríaco/a*
Belgium	**Bélgica**	*belga*
Bosnia	**Bosnia**	*bosnio/a*
Bulgaria	**Bulgaria**	*búlgaro/a*
Croatia	**Croacia**	*croata*
Czech Republic	**República Checa**	*checo/a*
Denmark	**Dinamarca**	*danés, danesa*
England	**Inglaterra**	*inglés, inglesa*
Estonia	**Estonia**	*estonio/a*
Finland	**Finlandia**	*finlandés, finlandesa*
France	**Francia**	*francés, francesa*
Germany	**Alemania**	*alemán, alemana*
Great Britain (United Kingdom)	**Gran Bretaña (Reino Unido)**	*británico/a*
Greece	**Grecia**	*griego/a*
Hungary	**Hungría**	*húngaro/a*
Iceland	**Islandia**	*islandés, islandesa*
Ireland	**Irlanda**	*irlandés, irlandesa*
Italy	**Italia**	*italiano/a*
Latvia	**Letonia**	*letón, letona*
Lithuania	**Lituania**	*lituano/a*
Netherlands (Holland)	**Países Bajos (Holanda)**	*holandés, holandesa*
Norway	**Noruega**	*noruego/a*
Poland	**Polonia**	*polaco/a*
Portugal	**Portugal**	*portugués, portuguesa*
Romania	**Rumania**	*rumano/a*
Russia	**Rusia**	*ruso/a*
Scotland	**Escocia**	*escocés, escocesa*
Serbia	**Serbia**	*serbio/a*
Slovakia	**Eslovaquia**	*eslovaco/a*
Slovenia	**Eslovenia**	*esloveno/a*
Spain	**España**	*español(a)*
Sweden	**Suecia**	*sueco/a*
Switzerland	**Suiza**	*suizo/a*
Ukraine	**Ucrania**	*ucraniano/a*
Wales	**Gales**	*galés, galesa*

Asia	Asia	
Bangladesh	**Banglades**	*bangladesí*
Cambodia	**Camboya**	*camboyano/a*
China	**China**	*chino/a*
India	**India**	*indio/a*
Indonesia	**Indonesia**	*indonesio/a*
Iran	**Irán**	*iraní*
Iraq	**Iraq, Irak**	*iraquí*
Israel	**Israel**	*israelí*

Japan	**Japón**	*japonés, japonesa*
Jordan	**Jordania**	*jordano/a*
Korea	**Corea**	*coreano/a*
Kuwait	**Kuwait**	*kuwaití*
Lebanon	**Líbano**	*libanés, libanesa*
Malaysia	**Malasia**	*malasio/a*
Pakistan	**Pakistán**	*pakistaní*
Russia	**Rusia**	*ruso/a*
Saudi Arabia	**Arabia Saudí**	*saudí*
Singapore	**Singapur**	*singapurés, singapuresa*
Syria	**Siria**	*sirio/a*
Taiwan	**Taiwán**	*taiwanés, taiwanesa*
Thailand	**Tailandia**	*tailandés, tailandesa*
Turkey	**Turquía**	*turco/a*
Vietnam	**Vietnam**	*vietnamita*

Africa / **África**

Algeria	**Argelia**	*argelino/a*
Angola	**Angola**	*angoleño/a*
Cameroon	**Camerún**	*camerunés, camerunesa*
Congo	**Congo**	*congolés, congolesa*
Egypt	**Egipto**	*egipcio/a*
Equatorial Guinea	**Guinea Ecuatorial**	*ecuatoguineano/a*
Ethiopia	**Etiopía**	*etíope*
Ivory Coast	**Costa de Marfil**	*marfileño/a*
Kenya	**Kenia, Kenya**	*keniano/a, keniata*
Libya	**Libia**	*libio/a*
Mali	**Malí**	*maliense*
Morocco	**Marruecos**	*marroquí*
Mozambique	**Mozambique**	*mozambiqueño/a*
Nigeria	**Nigeria**	*nigeriano/a*
Rwanda	**Ruanda**	*ruandés, ruandesa*
Somalia	**Somalia**	*somalí*
South Africa	**Sudáfrica**	*sudafricano/a*
Sudan	**Sudán**	*sudanés, sudanesa*
Tunisia	**Tunicia, Túnez**	*tunecino/a*
Uganda	**Uganda**	*ugandés, ugandesa*
Zambia	**Zambia**	*zambiano/a*
Zimbabwe	**Zimbabue**	*zimbabuense*

Australia and the Pacific / **Australia y el Pacífico**

Australia	**Australia**	*australiano/a*
New Zealand	**Nueva Zelanda**	*neozelandés, neozelandesa*
Philippines	**Filipinas**	*filipino/a*

MONEDAS DE LOS PAÍSES HISPANOS / CURRENCIES OF HISPANIC COUNTRIES

País / Country	**Moneda** / Currency
Argentina	el peso
Bolivia	el boliviano
Chile	el peso
Colombia	el peso
Costa Rica	el colón
Cuba	el peso
Ecuador	el dólar estadounidense
El Salvador	el dólar estadounidense
España	el euro
Guatemala	el quetzal
Guinea Ecuatorial	el franco
Honduras	el lempira
México	el peso
Nicaragua	el córdoba
Panamá	el balboa, el dólar estadounidense
Paraguay	el guaraní
Perú	el nuevo sol
Puerto Rico	el dólar estadounidense
República Dominicana	el peso
Uruguay	el peso
Venezuela	el bolívar

EXPRESIONES Y REFRANES

EXPRESSIONS AND SAYINGS

Expresiones y refranes con partes del cuerpo

Expressions and sayings with parts of the body

A cara o cruz	Heads or tails
A corazón abierto	Open heart
A ojos vistas	Clearly, visibly
Al dedillo	Like the back of one's hand
¡Choca/Vengan esos cinco!	Put it there!/Give me five!
Codo con codo	Side by side
Con las manos en la masa	Red-handed
Costar un ojo de la cara	To cost an arm and a leg
Darle a la lengua	To chatter/To gab
De rodillas	On one's knees
Duro de oído	Hard of hearing
En cuerpo y alma	In body and soul
En la punta de la lengua	On the tip of one's tongue
En un abrir y cerrar de ojos	In a blink of the eye
Entrar por un oído y salir por otro	In one ear and out the other
Estar con el agua al cuello	To be up to one's neck with/in
Estar para chuparse los dedos	To be delicious/To be finger-licking good
Hablar entre dientes	To mutter/To speak under one's breath
Hablar por los codos	To talk a lot/To be a chatterbox
Hacer la vista gorda	To turn a blind eye on something
Hombro con hombro	Shoulder to shoulder
Llorar a lágrima viva	To sob/To cry one's eyes out
Metérsele (a alguien) algo entre ceja y ceja	To get an idea in your head
No pegar ojo	Not to sleep a wink
No tener corazón	Not to have a heart
No tener dos dedos de frente	Not to have an ounce of common sense
Ojos que no ven, corazón que no siente	Out of sight, out of mind
Perder la cabeza	To lose one's head
Quedarse con la boca abierta	To be thunderstruck
Romper el corazón	To break someone's heart
Tener buen/mal corazón	Have a good/bad heart
Tener un nudo en la garganta	Have a knot in your throat
Tomarse algo a pecho	To take something too seriously
Venir como anillo al dedo	To fit like a charm/To suit perfectly

Expresiones y refranes con animales

Expressions and sayings with animals

A caballo regalado no le mires el diente.	Don't look a gift horse in the mouth.
Comer como un cerdo	To eat like a pig
Cuando menos se piensa, salta la liebre.	Things happen when you least expect it.
Llevarse como el perro y el gato	To fight like cats and dogs
Perro ladrador, poco mordedor./Perro que ladra no muerde.	His/her bark is worse than his/her bite.
Por la boca muere el pez.	Talking too much can be dangerous.
Poner el cascabel al gato	To stick one's neck out
Ser una tortuga	To be a slowpoke

Expresiones y refranes con alimentos

Expressions and sayings with food

Agua que no has de beber, déjala correr.	If you're not interested, don't ruin it for everybody else.
Con pan y vino se anda el camino.	Things never seem as bad after a good meal.
Contigo pan y cebolla.	You are all I need.
Dame pan y dime tonto.	I don't care what you say, as long as I get what I want.
Descubrir el pastel	To let the cat out of the bag
Dulce como la miel	Sweet as honey
Estar como agua para chocolate	To furious/To be at the boiling point
Estar en el ajo	To be in the know
Estar en la higuera	To have one's head in the clouds
Estar más claro que el agua	To be clear as a bell
Ganarse el pan	To earn a living/To earn one's daily bread
Llamar al pan, pan y al vino, vino.	Not to mince words.
No hay miel sin hiel.	Every rose has its thorn./There's always a catch.
No sólo de pan vive el hombre.	Man doesn't live by bread alone.
Pan con pan, comida de tontos.	Variety is the spice of life.
Ser agua pasada	To be water under the bridge
Ser más bueno que el pan	To be kindness itself
Temblar como un flan	To shake/tremble like a leaf

Expresiones y refranes con colores

Expressions and sayings with colors

Estar verde	To be inexperienced/wet behind the ears
Poner los ojos en blanco	To roll one's eyes
Ponerle a alguien un ojo morado	To give someone a black eye
Ponerse rojo	To turn red/To blush
Ponerse rojo de ira	To turn red with anger
Ponerse verde de envidia	To be green with envy
Quedarse en blanco	To go blank
Verlo todo de color de rosa	To see the world through rose-colored glasses

Refranes

A buen entendedor, pocas palabras bastan.

Ande o no ande, caballo grande.

A quien madruga, Dios le ayuda.

Cuídate, que te cuidaré.

De tal palo tal astilla.

Del dicho al hecho hay mucho trecho.

Dime con quién andas y te diré quién eres.

El saber no ocupa lugar.

Sayings

A word to the wise is enough.

Bigger is always better.

The early bird catches the worm.

Take care of yourself, and then I'll take care of you.

A chip off the old block.

Easier said than done.

A man is known by the company he keeps.

One never knows too much.

Lo que es moda no incomoda.

Más vale maña que fuerza.

Más vale prevenir que curar.

Más vale solo que mal acompañado.

Más vale tarde que nunca.

No es oro todo lo que reluce.

Poderoso caballero es don Dinero.

You have to suffer in the name of fashion.

Brains are better than brawn.

Prevention is better than cure.

Better alone than with people you don't like.

Better late than never.

All that glitters is not gold.

Money talks.

COMMON FALSE FRIENDS

False friends are Spanish words that look similar to English words but have very different meanings. While recognizing the English relatives of unfamiliar Spanish words you encounter is an important way of constructing meaning, there are some Spanish words whose similarity to English words is deceptive. Here is a list of some of the most common Spanish false friends.

actualmente ≠ actually
actualmente = nowadays, currently
actually = **de hecho, en realidad, en efecto**

argumento ≠ argument
argumento = plot
argument = **discusión, pelea**

armada ≠ army
armada = navy
army = **ejército**

balde ≠ bald
balde = pail, bucket
bald = **calvo/a**

batería ≠ battery
batería = drum set
battery = **pila**

bravo ≠ brave
bravo = wild; fierce
brave = **valiente**

cándido/a ≠ candid
cándido/a = innocent
candid = **sincero/a**

carbón ≠ carbon
carbón = coal
carbon = **carbono**

casual ≠ casual
casual = accidental, chance
casual = **informal, despreocupado/a**

casualidad ≠ casualty
casualidad = chance, coincidence
casualty = **víctima**

colegio ≠ college
colegio = school
college = **universidad**

collar ≠ collar (of a shirt)
collar = necklace
collar = **cuello (de camisa)**

comprensivo/a ≠ comprehensive
comprensivo/a = understanding
comprehensive = **completo, extensivo**

constipado ≠ constipated
estar constipado/a = to have a cold
to be constipated = **estar estreñido/a**

crudo/a ≠ crude
crudo/a = raw, undercooked
crude = **burdo/a, grosero/a**

divertir ≠ to divert
divertirse = to enjoy oneself
to divert = **desviar**

educado/a ≠ educated
educado/a = well-mannered
educated = **culto/a, instruido/a**

embarazada ≠ embarrassed
estar embarazada = to be pregnant
to be embarrassed = **estar avergonzado/a; dar/tener vergüenza**

eventualmente ≠ eventually
eventualmente = possibly
eventually = **finalmente, al final**

éxito ≠ exit
éxito = success
exit = **salida**

físico/a ≠ physician
físico/a = physicist
physician = **médico/a**

fútbol ≠ football
fútbol = soccer
football = **fútbol americano**

lectura ≠ lecture
lectura = reading
lecture = **conferencia**

librería ≠ library
librería = bookstore
library = **biblioteca**

máscara ≠ mascara
máscara = mask
mascara = **rímel**

molestar ≠ to molest
molestar = to bother, to annoy
to molest = **abusar**

oficio ≠ office
oficio = trade, occupation
office = **oficina**

rato ≠ rat
rato = while, time
rat = **rata**

realizar ≠ to realize
realizar = to carry out; to fulfill
to realize = **darse cuenta de**

red ≠ red
red = net
red = **rojo/a**

revolver ≠ revolver
revolver = to stir, to rummage through
revolver = **revólver**

sensible ≠ sensible
sensible = sensitive
sensible = **sensato/a, razonable**

suceso ≠ success
suceso = event
success = **éxito**

sujeto ≠ subject (topic)
sujeto = fellow; individual
subject = **tema, asunto**

LOS ALIMENTOS

FOODS

Frutas

Fruits

la aceituna	olive
el aguacate	avocado
el albaricoque, el damasco	apricot
la banana, el plátano	banana
la cereza	cherry
la ciruela	plum
el dátil	date
la frambuesa	raspberry
la fresa, la frutilla	strawberry
el higo	fig
el limón	lemon; lime
el melocotón, el durazno	peach
la mandarina	tangerine
el mango	mango
la manzana	apple
la naranja	orange
la papaya	papaya
la pera	pear
la piña	pineapple
el pomelo, la toronja	grapefruit
la sandía	watermelon
las uvas	grapes

Vegetales

Vegetables

la alcachofa	artichoke
el apio	celery
la arveja, el guisante	pea
la berenjena	eggplant
el brócoli	broccoli
la calabaza	squash; pumpkin
la cebolla	onion
el champiñón, la seta	mushroom
la col, el repollo	cabbage
la coliflor	cauliflower
los espárragos	asparagus
las espinacas	spinach
los frijoles, las habichuelas	beans
las habas	fava beans
las judías verdes, los ejotes	string beans, green beans
la lechuga	lettuce
el maíz, el choclo, el elote	corn
la papa, la patata	potato
el pepino	cucumber
el pimentón	bell pepper
el rábano	radish
la remolacha	beet
el tomate, el jitomate	tomato
la zanahoria	carrot

El pescado y los mariscos

Fish and shellfish

la almeja	clam
el atún	tuna
el bacalao	cod
el calamar	squid
el cangrejo	crab
el camarón, la gamba	shrimp
la langosta	lobster
el langostino	prawn
el lenguado	sole; flounder
el mejillón	mussel
la ostra	oyster
el pulpo	octopus
el salmón	salmon
la sardina	sardine
la vieira	scallop

La carne

Meat

la albóndiga	meatball
el bistec	steak
la carne de res	beef
el chorizo	hard pork sausage
la chuleta de cerdo	pork chop
el cordero	lamb
los fiambres	cold cuts, food served cold
el filete	fillet
la hamburguesa	hamburger
el hígado	liver
el jamón	ham
el lechón	suckling pig, roasted pig
el pavo	turkey
el pollo	chicken
el cerdo	pork
la salchicha	sausage
la ternera	veal
el tocino	bacon

Otras comidas

Other foods

el ajo	garlic
el arroz	rice
el azúcar	sugar
el batido	milkshake
el budín	pudding
el cacahuete, el maní	peanut
el café	coffee
los fideos	noodles, pasta
la harina	flour
el huevo	egg
el jugo, el zumo	juice
la leche	milk
la mermelada	marmalade, jam
la miel	honey
el pan	bread
el queso	cheese
la sal	salt
la sopa	soup
el té	tea
la tortilla	omelet (Spain), tortilla (Mexico)
el yogur	yogurt

Cómo describir la comida

Ways to describe food

a la plancha, a la parrilla	grilled
ácido/a	sour
al horno	baked
amargo/a	bitter
caliente	hot
dulce	sweet
duro/a	tough
frío/a	cold
frito/a	fried
fuerte	strong, heavy
ligero/a	light
picante	spicy
sabroso/a	tasty
salado/a	salty

DÍAS FESTIVOS

HOLIDAYS

enero
Año Nuevo (1)
Día de los Reyes Magos (6)
Día de Martin Luther King, Jr.

January
New Year's Day
Three Kings Day (Epiphany)

Martin Luther King, Jr. Day

febrero
Día de San Blas (Paraguay) (3)
Día de San Valentín, Día de los Enamorados (14)
Día de los Presidentes
Carnaval

February
St. Blas Day (Paraguay)

Valentine's Day

Presidents' Day
Carnival (Mardi Gras)

marzo
Día de San Patricio (17)
Nacimiento de Benito Juárez (México) (21)

March
St. Patrick's Day
Benito Juárez's Birthday (Mexico)

abril
Semana Santa
Pésaj
Pascua
Declaración de la Independencia de Venezuela (19)
Día de la Tierra (22)

April
Holy Week
Passover
Easter
Declaration of Independence of Venezuela
Earth Day

mayo
Día del Trabajo (1)
Cinco de Mayo (5) (México)
Día de las Madres
Independencia Patria (Paraguay) (15)
Día Conmemorativo

May
Labor Day
Cinco de Mayo (May 5th) (Mexico)
Mother's Day
Independence Day (Paraguay)

Memorial Day

junio
Día de los Padres
Día de la Bandera (14)
Día del Indio (Perú) (24)

June
Father's Day
Flag Day
Native People's Day (Peru)

julio
Día de la Independencia de los Estados Unidos (4)
Día de la Independencia de Venezuela (5)
Día de la Independencia de la Argentina (9)
Día de la Independencia de Colombia (20)

July
Independence Day (United States)

Independence Day (Venezuela)
Independence Day (Argentina)

Independence Day (Colombia)

Nacimiento de Simón Bolívar (24)
Día de la Revolución (Cuba) (26)
Día de la Independencia del Perú (28)

Simón Bolívar's Birthday

Revolution Day (Cuba)

Independence Day (Peru)

agosto
Día de la Independencia de Bolivia (6)
Día de la Independencia del Ecuador (10)
Día de San Martín (Argentina) (17)
Día de la Independencia del Uruguay (25)

August
Independence Day (Bolivia)

Independence Day (Ecuador)

San Martín Day (anniversary of his death) (Argentina)
Independence Day (Uruguay)

septiembre
Día del Trabajo (EE. UU.)
Día de la Independencia de Costa Rica, El Salvador, Guatemala, Honduras y Nicaragua (15)
Día de la Independencia de México (16)
Día de la Independencia de Chile (18)
Año Nuevo Judío
Día de la Virgen de las Mercedes (Perú) (24)

September
Labor Day (U.S.)
Independence Day (Costa Rica, El Salvador, Guatemala, Honduras, Nicaragua)

Independence Day (Mexico)

Independence Day (Chile)

Jewish New Year
Day of the Virgin of Mercedes (Peru)

octubre
Día de la Raza (12)
Noche de Brujas (31)

October
Columbus Day
Halloween

noviembre
Día de los Muertos (2)
Día de los Veteranos (11)
Día de la Revolución Mexicana (20)
Día de Acción de Gracias
Día de la Independencia de Panamá (28)

November
All Souls Day
Veterans' Day
Mexican Revolution Day

Thanksgiving
Independence Day (Panama)

diciembre
Día de la Virgen (8)
Día de la Virgen de Guadalupe (México) (12)
Januká
Nochebuena (24)
Navidad (25)
Año Viejo (31)

December
Day of the Virgin
Day of the Virgin of Guadalupe (Mexico)

Chanukah
Christmas Eve
Christmas
New Year's Eve

NOTE: In Spanish, dates are written with the day first, then the month. Christmas Day is **el 25 de diciembre**. In Latin America and in Europe, abbreviated dates also follow this pattern. Halloween, for example, falls on 31/10. You may also see the numbers in dates separated by periods: 27.4.16. When referring to centuries, roman numerals are always used. The 16th century, therefore, is **el siglo XVI**.

PESOS Y MEDIDAS

WEIGHTS AND MEASURES

Longitud

Length

El sistema métrico
Metric system

El equivalente estadounidense
U.S. equivalent

milímetro = 0,001 metro
millimeter = 0.001 meter = 0.039 inch

centímetro = 0,01 metro
centimeter = 0.01 meter = 0.39 inch

decímetro = 0,1 metro
decimeter = 0.1 meter = 3.94 inches

metro
meter = 39.4 inches

decámetro = 10 metros
dekameter = 10 meters = 32.8 feet

hectómetro = 100 metros
hectometer = 100 meters = 328 feet

kilómetro = 1.000 metros
kilometer = 1,000 meters = .62 mile

U.S. system
Metric equivalent

El sistema estadounidense
inch

El equivalente métrico

= 2.54 centimeters

pulgada
= **2,54 centímetros**

foot = 12 inches = 30.48 centimeters

pie = 12 pulgadas
= **30,48 centímetros**

yard = 3 feet = 0.914 meter

yarda = 3 pies
= **0,914 metro**

mile = 5,280 feet = 1,609 kilometers

milla = 5.280 pies
= **1.609 kilómetros**

Superficie

Surface Area

El sistema métrico
Metric system

El equivalente estadounidense
U.S. equivalent

metro cuadrado
square meter = 10.764 square feet

área = 100 metros cuadrados
area = 100 square meters = 0.025 acre

hectárea = 100 áreas
hectare = 100 ares = 2.471 acres

U.S. system
Metric equivalent

El sistema estadounidense
El equivalente métrico

yarda cuadrada = 9 pies cuadrados = 0,836 metros cuadrados
square yard = 9 square feet = 0.836 square meters

acre = 4.840 yardas cuadradas = 0,405 hectáreas
acre = 4,840 square yards = 0.405 hectares

Capacidad

Capacity

El sistema métrico
Metric system

El equivalente estadounidense
U.S. equivalent

mililitro = 0,001 litro
milliliter = 0.001 liter = 0.034 ounces

centilitro = 0,01 litro
centiliter = 0.01 liter = 0.34 ounces

decilitro = 0,1 litro
deciliter = 0.1 liter = 3.4 ounces

litro
liter = 1.06 quarts

decalitro = 10 litros
dekaliter = 10 liters = 2.64 gallons

hectolitro = 100 litros
hectoliter = 100 liters = 26.4 gallons

kilolitro = 1.000 litros
kiloliter = 1,000 liters = 264 gallons

U.S. system
Metric equivalent

El sistema estadounidense
ounce
El equivalente métrico

= 29.6 milliliters

onza
= **29,6 mililitros**

cup = 8 ounces = 236 milliliters

taza = 8 onzas
= **236 mililitros**

pint = 2 cups = 0.47 liters

pinta = 2 tazas
= **0,47 litros**

quart = 2 pints = 0.95 liters

cuarto = 2 pintas
= **0,95 litros**

gallon = 4 quarts = 3.79 liters

galón = 4 cuartos
= **3,79 litros**

Peso

Weight

El sistema métrico
Metric system

El equivalente estadounidense
U.S. equivalent

miligramo = 0,001 gramo
milligram = 0.001 gram

gramo
gram = 0.035 ounce

decagramo = 10 gramos
dekagram = 10 grams = 0.35 ounces

hectogramo = 100 gramos
hectogram = 100 grams = 3.5 ounces

kilogramo = 1.000 gramos
kilogram = 1,000 grams = 2.2 pounds

tonelada (métrica) = 1.000 kilogramos
metric ton = 1,000 kilograms = 1.1 tons

U.S. system
Metric equivalent

El sistema estadounidense
ounce
El equivalente métrico

= 28.35 grams

onza
= **28,35 gramos**

pound = 16 ounces = 0.45 kilograms

libra = 16 onzas
= **0,45 kilogramos**

ton = 2,000 pounds = 0.9 metric tons

tonelada = 2.000 libras
= **0,9 toneladas métricas**

Temperatura

Temperature

Grados centígrados
Degrees Celsius
To convert from Celsius to Fahrenheit, multiply by $\frac{9}{5}$ and add 32.

Grados Fahrenheit
Degrees Fahrenheit
To convert from Fahrenheit to Celsius, subtract 32 and multiply by $\frac{5}{9}$.

NÚMEROS

Números ordinales

primer, primero/a	1º/1ª
segundo/a	2º/2ª
tercer, tercero/a	3º/3ª
cuarto/a	4º/4ª
quinto/a	5º/5ª
sexto/a	6º/6ª
séptimo/a	7º/7ª
octavo/a	8º/8ª
noveno/a	9º/9ª
décimo/a	10º/10ª

Fracciones

$\frac{1}{2}$	**un medio, la mitad**
$\frac{1}{3}$	**un tercio**
$\frac{1}{4}$	**un cuarto**
$\frac{1}{5}$	**un quinto**
$\frac{1}{6}$	**un sexto**
$\frac{1}{7}$	**un séptimo**
$\frac{1}{8}$	**un octavo**
$\frac{1}{9}$	**un noveno**
$\frac{1}{10}$	**un décimo**
$\frac{2}{3}$	**dos tercios**
$\frac{3}{4}$	**tres cuartos**
$\frac{5}{8}$	**cinco octavos**

Decimales

un décimo	**0,1**
un centésimo	**0,01**
un milésimo	**0,001**

NUMBERS

Ordinal numbers

first	1st
second	2nd
third	3rd
fourth	4th
fifth	5th
sixth	6th
seventh	7th
eighth	8th
ninth	9th
tenth	10th

Fractions

one half
one third
one fourth (quarter)
one fifth
one sixth
one seventh
one eighth
one ninth
one tenth
two thirds
three fourths (quarters)
five eighths

Decimals

one tenth	0.1
one hundredth	0.01
one thousandth	0.001

OCUPACIONES   OCCUPATIONS

el/la abogado/a	lawyer
el actor, la actriz	actor
el/la administrador(a) de empresas	business administrator
el/la agente de bienes raíces	real estate agent
el/la agente de seguros	insurance agent
el/la agricultor(a)	farmer
el/la arqueólogo/a	archaeologist
el/la arquitecto/a	architect
el/la artesano/a	artisan
el/la auxiliar de vuelo	flight attendant
el/la basurero/a	garbage collector
el/la bibliotecario/a	librarian
el/la bombero/a	firefighter
el/la cajero/a	bank teller, cashier
el/la camionero/a	truck driver
el/la cantinero/a	bartender
el/la carnicero/a	butcher
el/la carpintero/a	carpenter
el/la científico/a	scientist
el/la cirujano/a	surgeon
el/la cobrador(a)	bill collector
el/la cocinero/a	cook, chef
el/la comprador(a)	buyer
el/la consejero/a	counselor, advisor
el/la contador(a)	accountant
el/la corredor(a) de bolsa	stockbroker
el/la diplomático/a	diplomat
el/la diseñador(a) (gráfico/a)	(graphic) designer
el/la electricista	electrician
el/la empresario/a de pompas fúnebres	funeral director
el/la especialista en dietética	dietician
el/la fisioterapeuta	physical therapist
el/la fotógrafo/a	photographer
el/la higienista dental	dental hygienist
el hombre/la mujer de negocios	businessperson
el/la ingeniero/a en computación	computer engineer
el/la intérprete	interpreter
el/la juez(a)	judge
el/la maestro/a	elementary school teacher
el/la marinero/a	sailor
el/la obrero/a	manual laborer
el/la obrero/a de la construcción	construction worker
el/la oficial de prisión	prision guard
el/la optometrista	optometrist
el/la panadero/a	baker
el/la paramédico/a	paramedic
el/la peluquero/a	hairdresser
el/la piloto	pilot
el/la pintor(a)	painter
el/la plomero/a	plumber
el/la político/a	politician
el/la programador(a)	computer programer
el/la psicólogo/a	psychologist
el/la quiropráctico/a	chiropractor
el/la redactor(a)	editor
el/la reportero/a	reporter
el/la sastre	tailor
el/la secretario/a	secretary
el/la supervisor(a)	supervisor
el/la técnico/a (en computación)	(computer) technician
el/la vendedor(a)	sales representative
el/la veterinario/a	veterinarian

Every effort has been made to trace the copyright holders of the works published herein. If proper copyright acknowledgment has not been made, please contact the publisher and we will correct the information in future printings.

Photography and Art Credits

All images © Vista Higher Learning unless otherwise noted.

Cover: Sheyne Lucock/500px Prime.

Front Matter (SE): xx: (l) Bettmann/Corbis; (r) Florian Biamm/123RF; **xxi:** (l) Lawrence Manning/Corbis; (r) Design Pics Inc/Alamy; **xxii:** José Blanco; **xxiii:** (l) Digital Vision/Getty Images; (r) Andres/Big Stock Photo; **xxiv:** Fotolia IV/Fotolia; **xxv:** (l) Goodshoot/Corbis; (r) Tyler Olson/Shutterstock; **xxvi:** Shelly Wall/Shutterstock; **xxvii:** (t) Colorblind/Corbis; (b) Moodboard/Fotolia; **xxviii:** (t) Digital Vision/Getty Images; (b) Purestock/Getty Images.

Front Matter (TE): T15: Mike Flippo/Shutterstock; **T16:** Jean Glueck/Media Bakery; **T35:** SimmiSimons/iStockphoto; **T39:** Monkeybusinessimages/Big Stock Photo.

Lección preliminar: 1: Liliana P. Bobadilla; **6:** Jack Hollingsworth/Getty Images; **8:** Ariel Skelley/Media Bakery; **9:** Sylvain Cazenave/Corbis; **13:** Film Fanatic/Alamy; **16:** Radius Images/Corbis.

Lesson 1: 17: Steve Cole/iStockphoto; **26:** (t) Ali Burafi; (b) Scoop/Alamy; **27:** (t) Gianni Dagli Orti/The Art Archive at Art Resource, NY; (m) Face to Face Bildagentur GmbH/Alamy; (b) Highes Hervé/Hemis/Alamy; **31:** ISO K Photography/Fotolia; **35:** Tom Grill/Corbis; **41:** (all) Martín Bernetti; **44:** Corel Collection/Corbis; **45:** John & Lisa Merrill/Danita Delimont Photography/Newscom; **46:** Media Bakery; **47:** Paula Díez; **50:** (tl, mm, mr) Oscar Artavia Solano; (tr) Axiom Photographic Limited/SuperStock; (ml) Bill Gentile/Corbis; (b) Bob Winsett/Corbis; **51:** (tl) Frank Burek/Corbis; (tr) Monty Rakusen/Cultura/AGE Fotostock; (m) Jose Luis Pelaez/Media Bakery; (b) Oscar Artavia Solano.

Lesson 2: 53: Paula Díez; **57:** VHL; **62:** (l) GM Visuals/Blend Images/AGE Fotostock; (r) Quka/Shutterstock; **63:** (t) Zsolt Nyulaszi/Shutterstock; (b) Emiliano Rodriguez/Alamy; **67:** LdF/iStockphoto; **71:** Katie Wade; **72:** (all) Paula Díez; **76:** (t) Gmnicholas/iStockphoto; (ml) Ray Levesque; (mm) Auris/iStockphoto; (mr, br) Liliana P. Bobadilla; (bl) LdF/iStockphoto; (bm) Martín Bernetti; **82:** Martín Bernetti; **83:** Morchella/Fotolia; **86:** (t, b) Ali Burafi; (ml) María Eugenia Corbo; (mm) Galen Rowell/Corbis; (mr) Lauren Krolick; **87:** (tl) María Eugenia Corbo; (tr, b) Ali Burafi; (m) Eduardo Rivero/Shutterstock.

Lesson 3: 89: Rolf Bruderer/Corbis; **93:** (t) TerryJ/iStockphoto; (b) Harry Neave/Fotolia; **98:** (l) Dusko Despotovic/Corbis; (r) Martín Bernetti; **99:** (l) Fran Fernandez/Snapwire; (r) Rafal Cichawa/Shutterstock; **101:** (l) Monkey Business Images/Shutterstock; (r) Anne Loubet; **102:** Blend Images/Alamy; **118:** Glyn Spencer/123RF; **120:** Mike Kemp/AGE Fotostock; **121:** Corel Collection/Corbis; **124:** (tl) Kevin Schafer/Corbis; (tr) Ammit Jack/Shutterstock; (b) Hernan H. Hernandez A/Shutterstock; **125:** (tl) Eric Baker/Shutterstock; (tr) Danny Lehman/Corbis; (m) Photo courtesy of www.Tahiti-Tourisme.com; (b) Claudio Lovo/Shutterstock.

Lesson 4: 127: Paula Díez; **129:** (tl) Gaccworship/Big Stock Photo; (tr) Goodshoot/Alamy; (bl) National Geographic Singles 65/Inmagine; (br) Les Cunliffe/123RF; **136:** (t) Lauren Krolick; (b) Digital Vision/Fotosearch; **137:** (t) Renato Galindo/123RF; (bl) Paul Zahl/National Geographic Creative; (br) Jesse Kraft/123RF; **140:** William Bello/Camara Lucida RF/AGE Fotostock; **145:** (t) Mary Axtmann; (b) Media Bakery; **154:** Laurin Rinder/123RF; **158:** (tl) Andrey Gontarev/Shutterstock; (tr) Fotocolombia; (ml, b) Jesse Kraft/123RF; (mr) Andrew Holbrooke/Corbis; **159:** (tl) Javarman/Shutterstock; (tr) Reuters/Corbis; (bl) Jesse Kraft/Shutterstock; (br) Gary C. Tognoni/Shutterstock.

Lesson 5: 161: Felipe Rodríguez/500px Prime; **170:** (l) www.metro.df.gob.mx; (r) Ali Burafi; **171:** (all) © 2015 Barragan Foundation, Switzerland/Artists Rights Society (ARS), New York; **177:** Paula Díez; **185:** Radius Images/Alamy; **186:** Masterfile; **187:** Paula Díez; **190:** (t) Janne Hämäläinen/Shutterstock; (ml) Alexander Chaikin/Shutterstock; (mr) Buddy Mays/Corbis; (b) Vladimir Melnik/Shutterstock; **191:** (tl) James Jones Jr/Shutterstock; (tr) Corbis; (bl) Pablo Corral V/Corbis; (br) Mireille Vautier/Alamy.

Lesson 6: 193: Thinkstock/Getty Images; **197:** Javier Larrea/AGE Fotostock; **202:** (l) Krysztof Dydynski/Getty Images; (r) Oscar Artavia Solano; **203:** (t) David Mercado/Reuters/Newscom; (b) Stockcreations/Shutterstock; **210:** Diego Cervo/iStockphoto; **216-217:** Tom Grill/Corbis; **218:** Kemter/iStockphoto; **219:** Tomasz Trojanowski/Shutterstock; **224:** (tl) Design Pics/Peter Langer/Newscom; (tr) Jesse Kraft/123RF; (m) Mike Theiss/National Geographic Creative; (b) Steve Allen/Shutterstock; **225:** (t) Daniel Wiedemann/Shutterstock; (m) Martin Gardeazabal/Shutterstock; (b) Martín Bernetti.

Text Credits

Film Credits

Television Credits

Comic Credits